Theorien der Sozialpsychologie
Band I

W0267702

Theorien der Sozialpsychologie

Herausgegeben von Dieter Frey und Martin Irle

Band I:

Kognitive Theorien

Mit Beiträgen von

Dirk Dauenheimer, Dorothee Dickenberger, Friedrich Försterling, Dieter Frey, Anne Gaska, Gisla Gniech, Peter M. Gollwitzer, Hans-Joachim Grabitz, Jochen Haisch, Marianne Hammers, Manfred Hassebrauck, Martin Irle, Waldemar Lilli, Wulf-Uwe Meyer, Günter F. Müller, Olaf Parge, Marion Rook, Dagmar Stahlberg, Robert A. Wicklund

Zweite, vollständig überarbeitete und erweiterte Auflage

Verlag Hans Huber
Bern · Göttingen · Toronto · Seattle

Die Deutsche Bibliothek – CIP-Einheitsaufnahme

Theorien der Sozialpsychologie / hrsg. von Dieter Frey und Martin Irle. – Bern ;
Göttingen ; Toronto ; Seattle : Huber.
NE: Frey, Dieter [Hrsg.]

Bd. 1. Kognitive Theorien / mit Beitr. von Dirk Dauenheimer
... – 2., vollst. überarb. und erw. Aufl. – 1993
ISBN 3-456-82038-0
NE: Dauenheimer, Dirk

3. Nachdruck 2009 der zweiten, vollständig überarbeiteten und erweiterten Auflage 1993
(Dritte Auflage der „Kognitiven Theorie der Sozialpsychologie" 1978)
© 1984 / 1993 / 2001 by Verlag Hans Huber, Bern

Anregungen und Zuschriften bitte an:
Verlag Hans Huber
Länggass-Strasse 76
CH-3000 Bern
Tel: 0041 (0)31 300 4500
Fax: 0041 (0)31 300 4593
E-Mail: verlag@hanshuber.com
Internet: http://Verlag.HansHuber.com

Lektorat: Dr. Peter Stehlin
Herstellung: Peter E. Wüthrich
Druck und buchbinderische Verarbeitung: AZ Druck und Datentechnik GmbH, Kempten
Printed in Germany

RESPECT COPYRIGHT ENCOURAGE CREATIVITY

Dieses Werk, einschließlich aller seiner Teile, ist urheberrechtlich geschützt. Jede Verwertung außerhalb der engen Grenzen des Urheberrechtes ist ohne Zustimmung des Verlages unzulässig und strafbar. Das gilt insbesondere für Vervielfältigungen, Übersetzungen, Mikroverfilmungen sowie die Einspeicherung und Verarbeitung in elektronischen Systemen.

Inhaltsverzeichnis

Vorwort der Herausgeber

1978 wurde der Band „Kognitive Theorien der Sozialpsychologie" zum ersten Mal herausgegeben; 1985 folgten ihm zwei weitere Bände über Gruppen- und Lerntheorien (Band 2) sowie Motivations- und Informationsverarbeitungstheorien (Band 3). Band 1 hat bis zum Jahre 1991 drei weitere unveränderte Auflagen erhalten, so daß noch eine weitere dem Leser nicht mehr zuzumuten war. Kurz vor seinem Tode hat Heinz Heckhausen bei M. I. mündlich darauf insistiert, daß eine umfassend revidierte Neuauflage dieses Buches publiziert werden müsse. Wir haben uns deshalb entschlossen, eine Neuauflage der Kognitiven Theorien herauszugeben, in der die einzelnen Kapitel vollkommen neu geschrieben wurden und damit auch dem aktuellen Stand der Wissenschaft angepaßt werden konnten.

Auch strukturell gab es einige Änderungen, die zur besseren Orientierung des Lesers nun kurz dargelegt werden sollen.

Nicht mehr aufgenommen wurde die Theorie der Selbstwahrnehmung, was vor allem darauf zurückzuführen ist, daß es zu dieser Theorie in den letzten zehn Jahren kaum neuere Forschungen gegeben hat. Der interessierte Leser wird die wichtigsten Grundlagen der Theorie im Kapitel über die Theorie der kognitiven Dissonanz finden, in dem sie als Alternativerklärung zur Dissonanztheorie dargestellt wird.

Neu hinzugekommen ist ein Kapitel über Wissenschaftstheorie, das wir für äußerst wichtig halten. Der Leser hat hier die Möglichkeit, einen Überblick über die wichtigsten wissenschaftstheoretischen Schulen und insbesondere auch Kenntnisse über die Kriterien, die an eine gute Theorie zu stellen sind, zu erhalten. Wir hoffen, dem Leser damit nicht nur die Einordnung der in diesem Werk besprochenen Theorien zu erleichtern, sondern ihm darüber hinaus die Möglichkeit zu geben, sich mit der Wissenschaft als kritischer Beobachter auseinanderzusetzen.

Ebenfalls neu aufgenommen wurde ein Beitrag über das „Elaboration-Likelihood-Model", womit einem starken Forschungstrend Rechnung getragen wird, der innerhalb der Einstellungs-Forschung zu verzeichnen ist. Das Modell subsumiert eine Vielzahl von Minitheorien aus diesem Forschungsgebiet.

Schließlich ist noch ein Kapitel hinzugekommen, das über den Zusammenhang zwischen Einstellung und Verhalten Aussagen macht. Überspitzt gesagt geht es hier darum, unter welchen Bedingungen Kognitionen verhaltenswirksam werden.

Der Entwicklungsstand einer Wissenschaft ist danach zu beurteilen, wie sehr sie fähig ist, erklärungskräftige Theorien anzubieten. Nach wie vor halten wir an diesem Grundsatz fest, der uns auch in dem Entschluß bekräftigte, diesen Theorien-Band neu herauszugeben. Weder im deutschen noch im internationalen Bereich gibt es bislang ein qualitativ vergleichbares

Buch, das einen Überblick über die bestehenden sozialpsychologischen Theorien gibt. Zwar können auch im vorliegenden Werk selbstverständlich nicht alle kognitiven Theorien abgehandelt werden, aber wir haben versucht, zumindest die wichtigsten darzustellen.

Unser Dank geht an die Autoren der Beiträge und an Herrn Stehlin vom Huber-Verlag für die sehr gute Kooperation.

Herzlich bedanken möchten wir uns auch bei den Sekretärinnen in Kiel, Frau Burmeister, Frau Harms, Frau Pinnow und Frau von Wieding, für die Herstellung der vielen Revisionen bis zur Endfassung der Artikel.

Bedanken möchten wir uns außerdem bei Anne Gaska, Jörg Bendrien und Imme Wassmund, die das Sachregister erstellten und bei der gesamten redaktionellen Überarbeitung der Texte unersetzbare Helfer waren, ohne die dieser Band nicht fertigzustellen gewesen wäre.

Kiel und Mannheim, 1992 Dieter Frey und Martin Irle

Einleitung der Herausgeber

Der Leser wird sich vielleicht fragen, warum es sinnvoll ist, einen Reader – dazu in einer zweiten, vollkommen überarbeiteten Auflage – über sozialpsychologische Theorien zu präsentieren.

Die Antwort darauf ist einfach: Es gibt zwar sowohl in den USA als auch in Europa eine Anzahl guter sozialpsychologischer Einführungstexte und Lehrbücher, in denen die verschiedenen Problemfelder aus sozialpsychologischer Perspektive – soziale Wahrnehmung, Einstellungen, Einstellungsänderungen, soziale Motivation, soziale Interaktion, Gruppenprozesse usw. – dargestellt werden. Es gibt bisher jedoch kein Buch, in dem ein komprimierter Überblick über die sozialpsychologischen Theorien gegeben wird. Auch die alten Bücher von DEUTSCH & KRAUSS (1962) sowie SHAW & CONSTANZO (1970) werden diesem Anspruch nicht gerecht, denn diese Autoren verwenden einen anderen Theorienbegriff als den, der sich in den Beiträgen dieses Theorienbandes widerspiegelt. DEUTSCH & KRAUSS sowie SHAW & CONSTANZO präsentieren eher Denkschulen und Traditionen (wie z. B. die lerntheoretisch, gestalttheoretisch oder psychoanalytisch orientierte Schule), während in dem vorliegenden Band versucht wird, falsifizierbare Systeme von Hypothesen (sowie deren Überprüfung) zu präsentieren.

Wir sind der Überzeugung, daß die Kenntnis sozialpsychologischer Theorien neben den methodischen Grundlagen das beste Handwerkszeug ist, das ein Student der Sozialwissenschaften während des Studiums erwerben kann. Das durch diese Theorien vermittelte Wissen ermöglicht es jeweils, neue Sachverhalte zu ordnen, zu interpretieren, zu erklären, vorherzusagen und teilweise sogar praktische Handlungsanweisungen abzuleiten.

Ziel dieses Readers ist es, einen Überblick über die wichtigsten kognitiven Theorien der Sozialpsychologie zu geben. Dadurch soll erreicht werden, daß Studierende wie Lehrende der Sozialwissenschaften (Psychologen, Soziologen, Politologen, Wirtschaftswissenschaftler, Pädagogen, Historiker) einen Überblick darüber erhalten, welche kognitiven Theorien der Sozialpsychologie existieren, welche Anwendungsbereiche diese Theorien haben und inwieweit diese Theorien in der Lage sind, Erklärungen und Prognosen über das menschliche Verhalten aufzustellen.

KURT LEWIN, dem einflußreichsten Sozialpsychologen, wird der Ausspruch zugeschrieben: „Nothing is as practical as a good theory." Gute Theorien (vgl. das Kapitel über Wissenschaftstheorie) erlauben es, menschliches Verhalten zu erklären und vorherzusagen. An eine gute Theorie, also ein System von Hypothesen, werden mehrere strukturelle Anforderungen gestellt: Sie soll hohen Informationsgehalt besitzen, sie soll überprüfbar sein, ihre Prämissen sollen widerspruchsfrei sein, und sie soll nomologischen (Gesetzes-)Charakter haben, also unabhängig von Raum und Zeit sein.

Man kann argumentieren, daß formal-logisch kein Unterschied zwischen Theorien und Gesetzen der Naturwissenschaften und Theorien und Gesetzen der Sozialwissenschaften besteht. Naturwissenschaftliche Theorien wollen menschliches Verhalten und Erleben unter Berücksichtigung bestimmter Randbedingungen erklären und vorhersagen. Sicherlich kann man davon ausgehen, daß sozialwissenschaftliche Theorien zum gegenwärtigen Zeitpunkt nicht immer den Entwicklungsstand naturwissenschaftlicher Theorien aufweisen. Der Leser wird deshalb auch feststellen, daß keine der hier präsentierten Theorien dem wissenschaftstheoretischen Ideal einer Theorie, wie es in dem Kapitel über Wissenschaftstheorie ausführlicher beschrieben wird, entspricht.

Die Entwicklung der Sozialpsychologie in den letzten 30 Jahren ist dadurch gekennzeichnet, daß es eine Unmenge von Experimenten in den unterschiedlichsten Realitätsfeldern gibt. Das ist ein Trend, von dem auch andere Disziplinen innerhalb der Psychologie nicht ausgenommen sind. Demgegenüber ist die Entwicklung von Theorien vernachlässigt worden. Ein Grund für die Überbetonung experimenteller Untersuchungen mag darin liegen, daß insbesondere die beruflichen Aufstiegschancen von Wissenschaftlern (in den USA weitaus mehr als in Europa) von der Anzahl der Publikationen abhängen („publish or perish“). Oft werden in experimentellen Untersuchungen mehr oder weniger theorielos von einem zum anderen Experiment neue unabhängige Variablen induziert und damit eine neue Veröffentlichung angestrebt, ohne die theoretische Relevanz des Experiments und der jeweiligen unabhängigen Variablen zu reflektieren. Die historische Konsequenz war eine Überbetonung der Empirie, begleitet von Theorienaivität und Theorielosigkeit.

Diese mangelnde Orientierung an der Theorie und Überbetonung von ad hoc-Variablen in Experimenten ist auch heute in vielen Fachzeitschriften der Psychologie zu erkennen.

Es ist unsere Grundüberzeugung, daß wichtige Impulse einer Wissenschaft, weniger von der empirischen Forschung, als von der Spekulation und der Kreativität einer Theorie ausgehen. Mehr denn je sollte man deshalb theoretisches Denken und die Entwicklung von Theorien fördern. Stärker als bisher sollte man um Theorien-Pluralismus bemüht sein. Außerdem sollte man bestrebt sein, vorhandene Theorien zu präzisieren und dahingehend zu verfeinern, daß konkrete Anfangsbedingungen, unter denen die Theorien zutreffen, bestimmt werden. Man kann vermuten, daß ein Theorienpluralismus immer zu einer Klärung durch Präzisierung beiträgt. Weiterhin bewirkt die Konfrontation von Theorien eine Stimulierung der empirischen Forschung. Das Streben nach Theorienpluralismus sollte allerdings gleichzeitig mit dem Versuch verbunden sein, isoliert nebeneinander stehende Theorien, die aber über dieselben empirische Realitäten Aussagen machen, zu integrieren und eine allgemeinere Theorie zu entwickeln. Die angestrebten Ziele, sowohl Theorienpluralismus als auch Integration von Theorien mit höherem Allgemeinheitsgrad widersprechen sich also nicht.

Zum Abschluß noch ein Wort zum Aufbau der einzelnen Beiträge: Zunächst werden jeweils die Grundgedanken und Prämissen der Theorie dargestellt, danach wird die empirische Forschung der Theorie in den verschiedenen Anwendungsbereichen präsentiert, und schließlich folgt eine Bewertung der Theorie sowie eine Diskussion über ihre Probleme. Die Herausgeber haben den einzelnen Theorien jeweils eine kurze Einführung vorangestellt.

Dieter Frey und Martin Irle

Die Herausgeber zum folgenden Beitrag

Die Herausgeber haben in dieser vollkommen überarbeiteten Auflage ein eigenes Kapitel über wissenschaftstheoretische Positionen an den Beginn der dreibändigen Reihe gestellt. Wie im Vorwort und der Einleitung schon erläutert, kann es nach unserer Auffassung in der Wissenschaft und damit auch in den wissenschaftlichen Lehrbüchern nicht nur um die Vermittlung von Wissensinhalten gehen, sondern über ein bloßes passives und konsumierendes Lernverhalten hinaus, sollte jeder Leser zum Mit-Denken, Be-Denken und vor allem zum Weiter-Denken aufgefordert werden. Diese Einführung in wissenschaftstheoretische Grundgedanken dient dazu, die Kompetenz des Lesers für eine solche aktive und wissenschaftskritische Betrachtungsweise sozialpsychologischer Inhalte zu fördern. Darüber hinaus werden dem interessierten Leser Kriterien für eine Integration und Systematisierung der vielfältigen sozialpsychologischen Theorien angeboten. Daß viele Theorien den strengen Kriterien, an denen sie gemessen werden, oft nicht gewachsen sind, sollte uns nicht zur Resignation führen, sondern wir sollten dies als Herausforderung begreifen, es besser zu machen.

Wissenschaftstheoretische Grundlagen sozialpsychologischer Theorien

MARION ROOK, Universität Kiel
MARTIN IRLE, Universität Mannheim
DIETER FREY, Universität Kiel

1. Einleitung

Es hat sich durchgesetzt, die Psychologie als *empirische* Sozialwissenschaft zu verstehen. Dies bedeutet, daß psychologische Theorien grundsätzlich von jedem „Fachmann" an der Empirie (durch Erfahrung) überprüfbar sein müssen, um als „wissenschaftlich" anerkannt zu werden. Damit sind bereits zwei zentrale Kennzeichen von Wissenschaft genannt: Überprüfbarkeit und Intersubjektivität. Intersubjektive Überprüfbarkeit bedeutet, daß innerhalb einer Wissenschaftlergemeinschaft zwischen einzelnen Forschern Einigkeit über den Sinn wissenschaftlicher Sätze sowie über die Methoden des Beweises und der Überprüfbarkeit der Aussagen hergestellt werden kann. Eine kühne Gedankenkonstruktion über das Erleben und Verhalten von Menschen ist allein nicht ausreichend, um als wissenschaftliche psychologische Theorie Anerkennung zu finden. Die theoretischen Vorstellungen müssen gemäß den geltenden wissenschaftlichen Maßstäben und Regeln formuliert und überprüft werden, um den qualitativen Sprung von einer alltagspsychologischen Theorie zu einer wissenschaftlichen Theorie zu erreichen.

Allerdings verfügt die Methodenlehre in der Psychologie „nicht über einen allgemein akzeptierten, endgültig fixierten Kanon von Maßstäben und Regeln" (BREUER, 1989, S. IV) für die Formulierung und Überprüfung von wissenschaftlichen Theorien. Dies hängt damit zusammen, daß es ein großes Spektrum von unterschiedlichen Positionen zu folgenden relevanten Fragen in der Psychologie gibt: Wie kann die „Wahrheit" von wissenschaftlichen Aussagen festgestellt werden? Welche Methoden sollen als „wissenschaftlich" von der Fachwissenschaft anerkannt werden? Wie erkennt man eine „gute" Theorie bzw. welche Kriterien gibt es für den Vergleich von Theorien? Soll die Wissenschaft Psychologie für bestimmte Werte in der Gesellschaft Partei ergreifen? Außerdem geht es auch um die Frage, weshalb die hier im Buch dargestellten sozialpsychologischen Theorien als „wissenschaftlich" bezeichnet werden. Was ist das entscheidende Abgrenzungskriterium, das sie von alltagspsychologischen oder religiösen Theorien trennt? Antworten für diese Fragen bieten die Wissenschaftstheorien an.

Wissenschaftstheorie ist die Theorie über Wissenschaft (gr.-lat. theoria = Anschauen), d.h. das Nachdenken über die Entstehung, die Überprüfung und die Strukturierung von wissenschaftlichen Theorien (SEIFFERT, 1972)[1]. Wissenschaftstheoretische Leitvorstellungen (also Vorstellungen über die Weise, wie Wissenschaft betrieben werden sollte) bestimmen das wissenschaftliche Handeln dadurch, daß sie einen Rahmen abstecken, innerhalb dessen Forschung und Lehre stattfinden (vgl. KRAPP/HEILAND, 1986, S. 44). Die oben genannten Kriterien „Intersubjektivität" und „empirische Überprüfbarkeit" sind Bestandteile dieses Rahmens, oder um es an einem anderen Bild zu verdeutlichen: es sind die „Spielregeln" für das Geschehen in der Wissenschaft (vgl. POPPER, 1984).

Es gibt unterschiedliche wissenschaftstheoretische Regelwerke, welche um die Anerkennung in der Wissenschaftlergemeinschaft ringen. „Die" Wissenschaftstheorie gibt es nicht, eher findet man mehrere unterschiedliche Positionen (Schulen) mit unterschiedlichen Auffassungen über Wissenschaften (STRÖKER, 1973). Entsprechend dieser Vieldimensionalität in der Sicht auf Wissenschaft, fallen auch die Aussagen über die Aufgaben und Ziele von Wissenschaften sehr vielfältig aus. Es geht – vereinfacht ausgedrückt – um die Frage, ob Wissenschaften *beschreiben* (Positivismus), *erklären* (Kritischer Rationalismus), *verstehen* (Hermeneutische Richtungen) oder *verändern* (Kritische Theorie) sollen. Je nachdem wie die Antworten ausfallen, ergeben sich weitreichende Konsequenzen für den wissenschaftlichen Arbeitsbetrieb. Die in dieser dreibändigen Reihe dargestellten sozialpsychologischen Theorien basieren weitgehend auf dem wissenschaftstheoretischen Grundkonzept des Kritischen Rationalismus. Um die Vorzüge, aber auch die Grenzen dieses in der Psychologie zur Zeit vorherrschenden Wissenschaftsmodells deutlich machen zu können, werden in dieser Einführung neben dem Kritischen Rationalismus auch die Grundzüge historisch vorhergehender (Klassischer Empirismus, Logischer Positivismus) bzw. eines gleichzeitig bestehenden Wissenschaftsmodells (Kritische Theorie)[2] dargestellt.

2. Der Klassische Positivismus und der Klassische Empirismus

Im 19. Jahrhundert wird der Einfluß der Einzelwissenschaften angesichts der Erfolge der neuzeitlichen Physik und Biologie gegenüber der Philosophie immer größer. Die beiden hier zunächst vorgestellten klassischen wissenschaftstheoretischen Richtungen zeichnen sich durch die erstmals

---

[1] Wissenschaftstheorie ist eine relativ junge Disziplin (vgl. LOSEE, 1977), gemessen an der langen Tradition ihrer Mutterwissenschaft, der Erkenntnistheorie. In der Erkenntnistheorie werden die Bedingungen und Möglichkeiten von Erkenntnis überhaupt untersucht, während die Wissenschaftstheorie sich auf die Untersuchung „wissenschaftlicher" Erkenntnisse beschränkt.

[2] Wichtig dabei erscheint es uns zu betonen, daß es sich um eine Einführung in die Grundgedanken verschiedener Wissenschaftstheorierichtungen handelt. Die vielfältig vorhandenen Differenzierungen und Weiterentwicklungen innerhalb und zwischen den Positionen wurden in den Hintergrund gerückt.

klar erhobene Forderung aus, daß das wesentliche Kennzeichen der Wissenschaft darin bestehen müsse, daß sie ihre Erkenntnisse über das Natur- und Geistesleben an der Erfahrungswelt überprüft. Damit sollte die Wissenschaft auf den sicheren Boden der Erfahrung gestellt werden.

Der klassische Positivismus geht vor allem auf die Arbeiten des französischen Philosophen Auguste Comte zurück. Dieser forderte die Wissenschaftler auf, von dem Tatsächlichen, dem Gegebenen, eben von dem „Positiven" in ihrer wissenschaftlichen Arbeit auszugehen. Ein weiterer klassischer Positivist, Ernst Mach, forderte der Auffassung Comte's entsprechend, daß die Wissenschaft möglichst exakt und ökonomisch das unmittelbar Gegebene beschreiben sollte und alle darüber hinaus gehenden Aussagen - etwa über das Wesen oder den Sinn der Welt - als sinnlose Fragen angesehen werden müßten. Damit nahmen die Positivisten wesentliche Thesen auf, die schon die englischen klassischen Empiristen des 17. und 18. Jahrhunderts aufgestellt hatten.

Die Position des englischen klassischen Empirismus wird vor allem durch Francis Bacon, John Locke, George Berkeley und David Hume repräsentiert. Nach den Vorstellungen der klassischen Empiristen gelangt man, ebenso wie es die Positivisten annehmen, mit Hilfe der Wissenschaft zu „wahren" Erkenntnissen über die Natur. Der klassische Empirismus nimmt an, daß sich die Welt in der sinnlichen Wahrnehmung direkt abbildet (Sensualismus). Der Wahrnehmende, der sich passiv und rezeptiv verhält, hat durch seine Sinne einen unmittelbaren Zugang zu der „wirklichen" Welt und kann völlige Gewißheit über die Objekte und Vorgänge erlangen. Die Sinneserfahrung wurde zur bevorzugten wissenschaftlichen Erkenntnisquelle. Durch diese Wissenschaftsauffassung ergibt sich ein verführerisches Zuverlässigkeitsgefühl, denn folgt man den Grundannahmen, dann sind „die Beobachtungsaussagen, die die Grundlage der Wissenschaft bilden, (...) sicher und zuverlässig, weil sich ihr Wahrheitsgehalt durch den unmittelbaren Gebrauch der Sinnesorgane ermitteln läßt" (Chalmers, 1986, S. 13).

Diese klassischen wissenschaftstheoretischen Positionen betonen also die besondere Rolle der Erfahrung in der Wissenschaft. Allgemeine Theorien lassen sich nach diesen Wissenschaftsmodellen vollständig aus empirischen Beobachtungsdaten ableiten. Aus dieser Auffassung folgt, daß wir in der Wissenschaft die Welt nur sehr genau „beobachten" (bzw. mit Meßinstrumenten „erfahren") müssen, um zu Theorien zu kommen, welche ein Abbild der Wirklichkeit darstellen (ähnlich einem „objektiven" Photo).

2.1 Kritische Würdigung des Klassischen Empirismus/Positivismus

Die klassischen empiristischen Positionen waren in ihrer Zeit des 17. und 18. Jahrhunderts ganz entscheidende Motoren für den Aufschwung der modernen Naturwissenschaften und für die Loslösung aus überkommenen Wahrheits- und Unbezweifelbarkeitsansprüchen seitens der Kirche, sowie politischer und gesellschaftlicher Ordnungsinstitutionen. In der damaligen Zeit war die Berufung auf Wahrnehmungen, Beobachtungen und Experimente als alleinige Basis theoretischer Erkenntnis fortschrittlich: in der heutigen Zeit jedoch muß diese Auffassung von Wissenschaft auf Grund der Fortschritte in den Erkenntnissen über menschliche Wahrnehmung und Theorienbildung als naiv bezeichnet werden. Viele experimentell arbeitende Psychologen und damit auch Sozialpsychologen arbeiten mit dem Selbstverständnis naiver Empiriker (vgl. HOLZKAMP, 1972, S.80) und definieren ihre Forschung als Ansammlung unüberschaubarer Datenmengen, wobei diese Daten als unbestechliche Grundlage für in ihnen zu entdeckende Theorien und Gesetze aufgefaßt werden, so daß über diesen Weg immer objektivere Erkenntnisse über die Natur und die Gesellschaft entstehen. In dieser Wissenschaftsauffassung verbirgt sich der Glaube, daß vorhandenes empirisches Datenmaterial über die Wahrheit einer Hypothese bzw. Theorie entscheiden kann. Diese Auffassung über Wissenschaft ist wissenschaftstheoretisch ebenso unhaltbar geworden wie die Vorstellung, daß es Menschen gibt, die über die „Wahrheit" der Welt und des Schicksals der Menschen mittels göttlicher Eingebungen verfügen können.

In den nun folgenden Darstellungen wissenschaftstheoretischer Positionen des 20. Jahrhunderts soll verdeutlicht werden, welche Weiterentwicklungen in der Wissenschaftstheorie dazu geführt haben, daß diese klassischen Wissenschaftsvorstellungen heute als „naiv" bezeichnet werden.

3. Der Logische Positivismus des Wiener Kreises

Etwa seit 1925 und bis 1955 war der Logische Positivismus die dominierende Wissenschaftsauffassung, in der die klassischen empiristischen Wissenschaftsrichtungen weiter entwickelt wurden[3].

Der Ursprung dieser wissenschaftstheoretischen Position liegt bei dem *Wiener Kreis* (zur Geschichte des Kreises s. KRAFT, 1968). Dieser Diskussionskreis von Philosophen und philosophisch interessierten Wissenschaftlern bildete sich vor allem um MORITZ SCHLICK. Für die Mitglieder des Wiener Kreises (CARNAP, KRAFT, NEURATH, HAHN u.a.) galten besonders die Erfolge der Naturwissenschaften (Entdeckung der Quantentheorie, Relativitätstheorie) als Vorbild des gesicherten Erkenntnisfortschrittes.

Während in der Philosophie eine Anarchie konkurrierender Schulen, Strömungen und Systeme herrschte und keine Einigung über die Grundlagenprobleme hergestellt werden konnte, bestand in den Naturwissenschaften weitestgehend Einigkeit über die intersubjektiv gültigen Theorien. Angesichts dieser Diskrepanz befaßte sich der Wiener Kreis mit der Frage, wodurch die naturwissenschaftlichen Theorien diesen Status der intersubjektiven Gültigkeit erhalten. Sie kamen zu dem Schluß, daß der wesentliche Unterschied zwischen Naturwissenschaften und Philosophien in den *metaphysischen Aussagen* (über Erfahrung hinausgehenden Aussagen) liegt. Da

---

[3] Zur Position des Logischen Positivismus wurden nur die im Zusammenhang der gesamten Darstellung wichtigsten Aspekte herausgegriffen, ausführlichere Besprechungen s. STEGMÜLLER, 1952, S.327–475; KAMITZ, 1973, SCHLEICHERT, 1975.

viele traditionelle philosophische Probleme nur spekulative Lösungen haben, die weder logisch noch empirisch überprüfbar sind, kann über sie auch keine intersubjektive Einigung erzielt werden. Die naturwissenschaftlichen Probleme hingegen haben Lösungen, die durch Logik und Empirie erhärtet werden können; da hier nur beweisbare (d.h. empirisch und logisch überprüfbare) Aussagen gemacht werden, ist auch eine intersubjektive Einigung über diese Aussagen möglich. Aus diesen Analysen heraus leiteten die Vertreter des Wiener Kreises zwei Grundsätze ab, um wissenschaftliche (rationale) von unwissenschaftlichen (metaphysischen) Aussagen trennen zu können: Das *Prinzip des Empirismus* und das *Prinzip des Logizismus.*

Damit zeigt sich als Grundstruktur dieser Wissenschaftsauffassung folgendes: Das Gegebene erfahren die Wissenschaften durch Beobachtungen und Experimente; die Erkenntnis entsteht durch die logische Verarbeitung dieses Gegebenen. Erfahrungsbezug und logische Prüfbarkeit wurden die Erkennungszeichen von wissenschaftlichen Aussagen und damit gleichzeitig auch die Ausgrenzungskriterien für alle metaphysischen Aussagen aus den Wissenschaften (s.u.).

3.1 Das Verifikationsprinzip der Logischen Positivisten

Um sinnvolle Aussagen von sinnlosen Sätzen abzugrenzen, haben die Logischen Positivisten ein Sinnkriterium („empiristisches Sinnkriterium", „Verifikationsprinzip") aufgestellt, wonach nur jene (nichtanalytischen) Aussagen als sinnvoll gelten sollen, von denen angegeben werden kann, durch welche möglichen Erfahrungen sie *prinzipiell* bestätigt (verifiziert) werden können. Eine Aussage verifizieren zu können, bedeutet, genau zu wissen, was der Fall sein muß, wenn die Aussage wahr ist.

Metaphysische Sätze (z.B. über das Seinsprinzip, über Gott, über das Ding an sich, über das Ich, über die Seele, s. CARNAP, 1931) sind nach dieser Wissenschaftsauffassung sinnlos, da sich ihr Wahrheitswert weder auf Grund ihrer logischen Form ergibt, noch auf Grund einer empirischen Basis. Die logischen Untersuchungen sollen zur Klärung der wissenschaftlichen Grundbegriffe und der Struktur von Theorien führen, um so zu vermeiden, daß „durch die Aufstellung von Scheinfragen und Scheinproblemen die geistige Tätigkeit von Forschern nutzlos in eine falsche Richtung gelenkt wird" (STEGMÜLLER, 1952, S.327).

So läßt sich z.B. in der Umgangssprache scheinbar sinnvoll über die „Seele" der Menschen reden. In der Wissenschaft aber soll gefragt werden: „Was ist die Seele?" und nur wenn der Begriff „Seele" exakt und eindeutig erklärt (expliziert) werden kann und empirisch wahrnehmbare Kennzeichen für die Seele angegeben werden, dann erst kann nach dieser Wissenschaftsauffassung über das Vorliegen oder Nichtvorliegen einer Seele im Menschen entschieden werden, dann erst sind die Sätze über die „Seele" sinnvolle Sätze.

Die Logischen Positivisten leiten in den wissenschaftstheoretischen Untersuchungen eine „Wende zur Sprache" ein. Nicht die Sinneswahrnehmungen oder Beobachtungen stehen im Mittelpunkt der Analysen, sondern die

Sprache, in der man diese Wahrnehmungen oder Beobachtungen mitteilt. Es werden also nicht nur die Tatsachen an sich untersucht, sondern vor allem die sprachlichen Repräsentationen dieser Tatsachen (PHILIPPI, 1986). Viel Arbeit wird darauf verwendet, logisch eindeutig aufgebaute Kunstsprachen für die Wissenschaften zu entwickeln, denn wissenschaftliche Probleme haben nach der Auffassung der Logischen Positivisten oft nicht ihre Ursachen im Denken, sondern in den Ungenauigkeiten der Sprache.

3.2 Die empirische Basis der Wissenschaften bei den Logischen Positivisten

Wenn auch für die Logischen Positivisten die Grundforderung des Empirismus erhalten bleibt, daß sich alle Aussagen in der Wissenschaft auf die Erfahrung zurückführen lassen müssen, stellt sich die Frage: Von welcher Art ist diese Erfahrung, auf die alle Erkenntnisse in der Wissenschaft sich zurückführen lassen?

Die größte Nähe zur Empirie haben die sogenannten *Protokollsätze.* Protokollsätze sind die einfachsten Sätze, die nur über das unmittelbar Gegebene (also über die nicht mehr hintergehbaren Erfahrungen) Aussagen machen sollen. Ein Protokollsatz aus einem psychologischen Experiment wäre z. B. folgender: „Die Vpn X hat in dem Experiment X ein Brot für 3.85 DM gekauft." In einer intersubjektiv nachvollziehbaren Form werden in diesem Protokollsatz nur die unmittelbar beobachtbaren in Raum und Zeit gegebenen Ereignisse (Verhaltensweisen der VPN X) während des Versuches Y beschrieben.

An diesem Beispielsatz läßt sich aber auch zeigen, daß es theorieunabhängige Protokoll-(Beobachtungs-)Sprachen nicht gibt, denn hinter all den benutzten Begriffen stehen weitreichende Theoriesysteme, die die Bedeutung dieser Begriffe festlegen: Versuchsperson und Experiment (Methodologie), Brot (Nahrungstechnologie), DM 3.75 (Geldtheorie, Zahlentheorie), „gekauft" (Markttheorie).

Die Funktion solcher Beobachtungssätze besteht darin, die zum Teil hoch abstrakten Theorien mit der empirischen Erfahrungsebene zu verbinden. Sie sind die festen Berührungspunkte der Wissenschaft mit der Wirklichkeit.

3.3 Kritische Würdigung des Logischen Positivismus

Anders als die klassischen empirischen Wissenschaftstheorien erkannten die Logischen Positivisten, daß es keine unmittelbaren, direkten Erfahrungen als unbestechliche Grundlagen von Theorien gibt. Basis der Wissenschaft sind nicht die „unmittelbaren" Erfahrungen, sondern aktiv erhobene, von einer bestimmten Sprache und einer bestimmten logischen Form beeinflußte Beobachtungsaussagen[4].

---

[4] Wie stark unsere Wahrnehmung und Informationsverarbeitung beeinflußt durch Vorannahmen, Einstellungen, vorherige Erfahrungen und Gruppenprozesse sind

Auch wenn sich die ehrgeizigen Pläne der Konstruktion einer künstlichen, wissenschaftlichen Einheitssprache nicht durchsetzen konnten, so gingen doch wertvolle Impulse von den Logischen Positivisten mit ihrem Motto „Wahrheit durch begriffliche Klarheit" für möglichst präzise, logisch konsistente und intersubjektiv nachvollziehbare Begriffs- und Theoriebildungen in den Wissenschaften aus.

In der Sozialpsychologie sind gerade präzise und eindeutige Begriffsdefinitionen bei vielen Theorien eher eine ideale Forderung als eine reale Selbstverständlichkeit. So sind z. B. empirische Überprüfungen und Forschungen zur Dissonanztheorie oder auch zur Reaktanztheorie dadurch gehandicapt, daß die zentralen Begriffe „Dissonanz" bzw. „Reaktanz" zwar theoretisch in ihrem Bedeutungsgehalt eindeutig festgelegt sind (vgl. GADENNE, 1984), aber viele empirische Untersuchungen zu diesen Theorien mit jeweils eigenen Begriffsdefinitionen und damit unterschiedlichen Operationalisierungen arbeiten. Dies schränkt die Vergleichbarkeit der empirischen Arbeiten und damit den Fortgang der Forschung enorm ein.

Stark beeinflußt von der Wissenschaftsauffassung der Logischen Positivisten sind die behavioristischen Theorien der Psychologie. Getreu dem Programm einer strengen Trennung zwischen metaphysisch sinnlosen und wissenschaftlich sinnvollen Sätzen, versuchen diese Theorien, „soziales Verhalten und soziale Interaktionen nur auf Grundlagen zu beschreiben, zu analysieren und zu erklären, die eindeutig registrier- und meßbar sind und damit der Überprüfung weiterer Beobachter offenstehen" (BORNEWASSER u. a., 1986, S. 104).

4. Die Position des Kritischen Rationalismus

Begründet wurde der Kritische Rationalismus 1934 von KARL R. POPPER mit seinem einflußreichen Buch „Logik der Forschung". Das Leitmotiv des Kritischen Rationalismus ist die Idee der Kritik. Das Ziel der Wissenschaften soll nicht länger darin bestehen, Theorien, d. h. Sätze als wahr (verifizierbar) zu erweisen. Vielmehr sollen die Theorien ständigen Widerlegungsversuchen (Falsifikationen) ausgesetzt werden. In den Wissenschaften soll die „Methode der rationalen und kritischen Diskussion" vorherrschend sein. POPPER stellt sich diese Einstellung so vor, daß „wann immer wir nämlich glauben, die Lösung eines Problems gefunden zu haben, sollten wir unsere Lösung nicht verteidigen, sondern mit allen Mitteln versuchen, sie selbst umzustoßen" (POPPER, 1984, S. XV).

---

und Selektionsprozessen unterliegen, zeigen auch ganz deutlich viele sozialpsychologische Theorien, z. B. die Hypothesentheorie der Wahrnehmung, die Theorie der Kognitiven Dissonanz (Band I), die Gruppentheorien (Band II) oder die Informationsverarbeitungstheorien (Band III).

4.1 Ersetzung des Prinzips der Verifikation durch das Prinzip der Falsifikation

Die Verifikation von Theorien ist nach POPPER nur „wahrheitskonservierend", sie treibt die Wissenschaft nicht zu immer neuen Lösungsversuchen von Problemen. Aber noch aus einem anderen Grunde lehnt POPPER das Verifikationsprinzip der Logischen Positivisten ab: „Der Schluß von den durch ‚Erfahrung' (was immer wir auch mit diesem Worte meinen) verifizierten besonderen Aussagen auf die Theorie ist logisch unzulässig, Theorien sind somit niemals empirisch verifizierbar" (POPPER, 1984, S. 14). Diese Überlegung, daß der Schluß von einzelnen Erfahrungen auf allgemeine Theorien logisch unzulässig ist, ist für POPPERS Wissenschaftslogik grundlegend. Auch wenn man noch so viele empirische Untersuchungen durchführt, so lassen sich aus diesen Einzelbeobachtungen nie logisch zwingend allgemeine Sätze (Theorien) schließen. Auf dieses sog. Induktionsproblem (Induktion: Schließen vom Einzelnen auf das Allgemeine) hat schon der Philosoph DAVID HUME (1904) hingewiesen. In Theorien werden generelle Aussagen angestrebt. So möchte man in der Psychologie nicht nur Aussagen über die jeweils untersuchten Versuchspersonen machen, sondern man beansprucht auch, Erkenntnisse über die nicht untersuchten Menschen zu besitzen. Die zentrale Frage dazu lautet: „Wie können die sehr allgemeinen, uneingeschränkten Behauptungen, aus denen sich unsere Theorien zusammensetzen, auf der Grundlage einer nur begrenzten Anzahl von Beobachtungen gerechtfertigt werden?" (CHALMERS, 1986, S. 4).

Für die klassischen Empiristen und Logischen Positivisten ist diese Verallgemeinerung von einer endlichen Zahl von Beobachtungen auf eine unendliche Zahl gerechtfertigt, wenn bestimmte Bedingungen erfüllt sind (große Anzahl von Beobachtungen, Beobachtungen müssen unter eine Vielfalt von Bedingungen durchgeführt worden sein und sie dürfen nicht im Widerspruch zu entsprechenden allgemeinen Gesetzen stehen (ebd. S. 37).

Demnach beruhen für diese Wissenschaftsphilosophen wissenschaftliche Erkenntnisse im wesentlichen auf dem Induktionsverfahren, d. h. wenn in Untersuchungen Hypothesen mehrfach bestätigt werden können, dann ist der Schluß auf allgemeine Aussagen gerechtfertigt.

Zum Beispiel möchte ein Forscher die Aussagen der Reaktanztheorie, nach der Menschen bestrebt sind, ihre persönliche Freiheit zu bewahren, überprüfen. Er bildet die Hypothese: „Wenn Menschen verboten wird ein bestimmtes Buch zu lesen (Freiheitseinschränkung), dann wird dadurch der verbotene Inhalt attraktiver (Attraktivitätsänderung des verbotenen Inhaltes als Ausdruck einer Freiheitswiederherstellung)". Wird diese Hypothese bestätigt und zeigen sich ähnliche Effekte auch in anderen Untersuchungsdesigns, so ist gemäß dem Induktionsverfahren durch die Bestätigung der Untersuchungshypothesen der Schluß auf die Wahrheit der allgemeinen reaktanztheoretischen Aussagen gerechtfertigt.

Schon HUME (1904) bestreitet dieses Ableitungsverfahren mit dem Argument, daß keine noch so große Zahl von Beobachtungsaussagen die Wahrheit einer echten Allaussage rein logisch begründen kann. Denn Induktion ist immer ein *Erweiterungsschluß,* man schließt auf etwas, was in den

Annahmen nicht enthalten ist (vgl. BRAUN & RADERMACHER, 1978; SPECK, 1980). Wenn man die Beobachtung macht, daß bei einer Gelegenheit auf das Ereignis A das Ereignis B folgt, dann ergibt sich daraus nicht die logische Folgerung, daß B auch bei einer anderen Gelegenheit auf A folgt. Ein solcher Schluß folgt weder aus hundert noch aus tausend Beobachtungen dieser Art. Da auch wahrscheinlichkeitstheoretische Versionen des Induktionsverfahrens nicht aus dieser logischen Sackgasse heraus führen, ist festzuhalten, daß eine Begründung induktiver Schlüsse nicht möglich ist (vgl. VETTER, 1967).

Das heißt, unser Forscher, der an der Wahrheitsüberprüfung der Reaktanztheorie interessiert ist, kann seine Untersuchungen während seines ganzen langen Forscherlebens, so oft es ihm möglich ist, wiederholen bzw. in veränderten Versionen durchführen, er wird nie die logische Berechtigung haben, von den Bestätigungen seiner Untersuchungshypothesen auf die Wahrheit der allgemeinen Reaktanztheorie zu schließen, denn es sind immer viele Untersuchungen denkbar, die zu widersprüchlichen Ergebnissen und damit negativen Bestätigungen der Reaktanztheorie führen könnten. Es ist zwar in dem empirischen Sozialforschung üblich von Stichproben auf Universen zu schließen, und es ist auch nicht verboten, jedoch *logisch* ist es nicht begründbar.

POPPER glaubt, dieses Induktionsproblem gelöst zu haben (1973, S. 13), indem er zwar die Erkenntnis anerkennt, daß sich auch durch noch so viele Beobachtungen nie die Wahrheit einer allgemeinen Theorie rechtfertigen läßt, er aber hinzufügt, daß sich auf Grund der logischen Asymmetrie zwischen Verifikation und Falsifikation eine Theorie durch einzelne Beobachtungen zwar nicht als wahr, wohl aber als falsch erweisen kann.

Diese logische Asymmetrie wird an dem so bekannt gewordenen Beispiel POPPERS von den weißen und schwarzen Schwänen deutlich: Angenommen man hat bisher in seinem Leben nur weiße Schwäne gesehen und bildet aufgrund dieser Erfahrungsbasis mittels eines Induktionsschlusses den Allsatz: „Alle Schwäne sind weiß.“

Dieser Allsatz bezieht sich nun nicht nur auf die beobachteten, sondern auch auf alle gegenwärtig, in der Vergangenheit und in der Zukunft existierenden Schwäne. Daraus folgt, daß wir uns dieser Aussage: „Alle Schwäne sind weiß“ eigentlich nie sicher sein können (bzw. sie nie endgültig verifiziert werden kann), denn es könnte immer ein Zeitpunkt kommen oder ein Fleck auf dieser Erde entdeckt werden, an dem ein Schwan beobachtet wird, der nicht weiß ist. Dagegen reicht die Existenz eines einzigen schwarzen Schwanes aus, um den Satz „Alle Schwäne sind weiß“ zu widerlegen (zu falsifizieren).

Was bedeutet dies nun aber für unseren Forscher, der sein Lebenswerk in der Bestätigung des Wahrheitsanspruches der Reaktanztheorie sieht? Dieser Forscher muß umdenken in der Hinsicht, daß er nicht mehr Untersuchungen durchführt, die vermutlich die Aussagen der Reaktanztheorie bestätigen, sondern er ist aufgefordert, sog. kritische Experimente zu konstruieren, d. h. er soll die Grenzen der Theorie testen oder gar versuchen, die Theorie auf der Basis von neuen, ruhig auch spekulativen Weiterentwicklungen zu widerlegen, anstatt zum wiederholten Male die bekannten Phänomene zu überprüfen.

Theorien bleiben für POPPER (1984) auch nach strengen Prüfungen immer fehlbar und vorläufiges Wissen. Theorien können sich zwar bewähren, aber niemals den Status eines endgültig gesicherten Wissens erlangen. In diesem Zusammenhang plädiert POPPER dafür, in der Wissenschaft die Idee der Wahrheit im Sinne einer *regulativen Idee* aufzufassen (Approximationstheorie der Wahrheit): Theorien bleiben grundsätzlich immer hypothetisch, aber das Streben nach Wahrheit soll den Wissenschaftler immer weiter in seinen kritischen Bemühungen vorantreiben. Durch das Lernen aus Fehlern ist nach POPPER eine Annäherung an die Wahrheit möglich.

Diese Aufforderung an den Wissenschaftler, seine eigenen Erwartungen ständig zu korrigieren und mit Widerlegungsversuchen zu konfrontieren, ist eine große Anforderung; denn für jeden Menschen ist es aus seinem alltäglichen Leben heraus naheliegender und auch selbstwertschützender nach Bestätigungen seiner Person sowie seiner Theorien zu suchen, als sich selbst und seine Forschungen ständig in Frage zu stellen (vgl. hierzu die Forschungen zur Theorie der Kognitiven Dissonanz in Band 1 und zur Theorie des Selbstwertschutzes in Band 3). Eine besondere Funktion erhält an dieser Stelle der Gedanke der intersubjektiven Nachprüfbarkeit und damit der Aspekt der Möglichkeit intersubjektiver Kritik. Wenn unser Forscher es selber vielleicht nicht schafft, seine Theorie wirklich *kritisch* zu prüfen, dann können immer noch die anderen Forschungskollegen (vor allem die mit einer konträren theoretischen Auffassung) versuchen, die Theorie zu widerlegen. Besonders an dieser Stelle der Überprüfungsproblematik von Theorien wird innerhalb der Konzeption des Kritischen Rationalismus deutlich, daß Wissenschaft immer auch ein *sozialer Prozeß* ist. Es gilt als wesentliches Moment der POPPERschen Forschungslogik, die Forderung nach rationaler und kritischer Diskussionsfähigkeit der Wissenschaftler festzuhalten (vgl. POPPER, 1973).

4.2 Die empirische Basis der Wissenschaften im Konzept des Kritischen Rationalismus

Die Falsifikation ist ebenso wie die Verifikation abhängig von der Existenz bestimmter „Beobachtungsaussagen". POPPER hält trotz aller Modifikationen an einem empiristischen Grundprinzip fest, wenn er behauptet: „Ein empirisch-wissenschaftliches System muß an der Erfahrung scheitern können" (1984, S. 15). Diese Sätze, welche eine Theorie scheitern lassen können, also die Vermittlungssätze zwischen den Hypothesen (Theorien) und der „Wirklichkeit" sind im Kritischen Rationalismus singuläre „Es gibt"-Sätze und heißen Basissätze (und entsprechen weitgehend den Protokollsätzen bei den Logischen Positivisten).

Basissätze machen Aussagen über Ereignisse in Raum und Zeit, die beobachtbar sind und auch durch Experimente gewonnen werden können. Allerdings geht POPPER nicht mehr wie ein „naiver Empirist" davon aus, daß die Wissenschaft mit Basissätzen beginnt. Vielmehr weist POPPER darauf hin, daß am Anfang jeglicher Wissenschaft Theorien stehen. Beobachtungen und damit Basissätze ergeben sich nur auf Grund von bestimmten theoretischen Interessen: „In der Beobachtung haben wir es mit einer

Wahrnehmung zu tun, die planmäßig vorbereitet ist, die wir nicht ‚haben' (wie eine Sinneswahrnehmung), sondern ‚machen', wie die deutsche Sprache ganz richtig sagt. Der Beobachtung geht ein Interesse voraus, eine Frage, ein Problem - kurz, etwas Theoretisches" (POPPER, 1973, S. 371). Theorien leiten unsere Informationsaufnahme, und es gibt keine Beobachtungen ohne Theorien: „Es gibt keine reinen Beobachtungen: sie sind von Theorien durchsetzt..." (POPPER, 1984, S. 76, Zusatz von 1968).

POPPER (1973) vergleicht diese Bedeutung der Theorie für die Beobachtungen mit Scheinwerfern: Theorien lassen unsere Beobachtungen nicht nur in einem bestimmten Licht erscheinen, sondern sie leiten uns auch in unserem Voranschreiten zu immer neuen Beobachtungen (vgl. dazu auch die Forschungsbefunde zur „Hypothesentheorie der sozialen Wahrnehmung"). Betrachtet man z. B. den Satz „Am 12. 12. 1990 zeigten 60 Prozent der Versuchspersonen am Psychologischen Institut in Kiel nach einem Entscheidungsexperiment keine Dissonanzreduktion", dann stellt man fest, daß dies kein einfacher Beobachtungssatz ist, denn was heißt: „zeigt keine Dissonanzreduktion", welcher Bedeutungsgehalt steckt in dem Wort „Dissonanz" und wie ist „Reduktion von Dissonanz" in dem Versuch beobachtet worden? Um diese Fragen beantworten zu können, muß man die dahinterstehende Theorie, die Dissonanztheorie zu Rate ziehen, denn Dissonanz ist ein *theoretischer,* nicht ein empirischer Begriff. Es ist ein *hypothetisches Konstrukt,* denn der Begriff muß vor aller Beobachtung seine Bestimmung im Zusammenhang einer Theorie erhalten (vgl. HERRMANN & STAPF, 1971). Kein Mensch zeigt Dissonanzreduktion, sondern Forscher beobachten Verhalten und diesen jeweils beobachteten Verhaltensweisen wird die Bedeutung der Dissonanzreduktion zugeschrieben.

Diese wichtige wissenschaftstheoretische Erkenntnis, daß es keine „reinen" von Theorien, von Interessen, also vom erkennenden Subjekt unabhängigen Beobachtungen als Basis für Wissenschaft gibt (wie sehr wir uns dieses unbezweifelbare Fundament auch wünschen mögen), führte POPPER konsequenterweise zu der Folgerung, daß auch Beobachtungsaussagen prinzipiell immer fehlbar sind. POPPER beschreibt dies mit einer Metapher: „So ist die empirische Basis der objektiven Wissenschaft nichts ‚Absolutes'; die Wissenschaft baut nicht auf Felsengrund. Es ist eher ein Sumpfland, über dem sich die kühne Konstruktion ihrer Theorien erhebt... (POPPER, 1984, S. 75 f.). Wenn auch die Beobachtungsaussagen keine sichere Basis für die Überprüfung von Theorien sind, wie können dann Theorien überhaupt widerlegt (falsifiziert) werden?

Aus diesem schwierigen Problem innerhalb der Konzeption des Kritischen Rationalismus führt uns POPPER mit dem sog. *Konventionalismus.* „Die Basissätze werden durch Beschluß, durch Konvention anerkannt, sie sind *Festsetzungen*" (POPPER, 1984, S. 71). Ein Basissatz gilt dann als (vorläufig) akzeptiert, wenn bei Einhaltung der geltenden methodologischen Regeln einer Wissenschaft *innerhalb der Forschergemeinschaft* Einigkeit über die Gültigkeit hergestellt werden kann (intersubjektive Einigkeit über die Erfahrbarkeit des Beobachteten).

Bezogen auf das oben angeführte Beispiel müssen die Forscher sich darüber einigen, welche Verhaltensweisen der VPN als dissonanzreduzierende anerkannt werden sollen. Eine andere Möglichkeit bestünde darin, daß die Dissonanztheorie insofern vervollständigt wird, als sie auch Anweisungen über die zu nutzende Beobachtungssprache, die Operationalisierungs- und Meßmethoden mitliefert. In der Physik gibt es diese Vollständigkeit, denn auch über unterschiedliche Theorienkonzeptionen hinweg, ist diese Wissenschaft im Besitz von standardisierten Meßinstrumenten und empirischen Meßbegriffen. In der Sozialpsychologie gibt es dieses Meßinstrumentarium nicht, so daß hier der Bereich, worüber Einigkeit zwischen Forschern hergestellt werden muß, ungleich größer ist.

4.3 Informationsgehalt als Kriterium für die Güte von Theorien

Wann werden nach POPPER Theorien als *wissenschaftliche* anerkannt? Theorien sind nach seinem Modell wissenschaftlich, wenn sie empirisch, intersubjektiv nachprüfbar, widerspruchsfrei, falsifizierbar und wertfrei sind. Weiterhin kennzeichnet er wissenschaftliche Theorien als allgemeine Sätze, welche Zusammenhänge zwischen verschiedenen in der Realität beobachtbaren Ereignissen behaupten. Aufgestellt werden „Wenn..., dann...“-Beziehungen zwischen Ereignissen, d.h. es werden Ursache-Wirkungs-Zusammenhänge analysiert. Zum Beispiel: „Wenn ein Mensch in seiner Freiheit eingeengt wird, dann zeigt er Reaktanz.“

Als ein Beurteilungskriterium für die Güte von Theorien und aus ihnen abgeleitete Hypothesen führte POPPER den Begriff des *Informationsgehaltes* ein. Informationshaltige d.h. empirisch gehaltvolle Hypothesen sollten möglichst *allgemein* sein (d.h. sie sollten in möglichst vielen Realitätsbereichen Gültigkeit beanspruchen) und sie sollten möglichst *präzise* sein (d.h. sie sollten in vielen unterschiedlichen Situationen hinsichtlich ihrer Geltung untersucht werden). Der Allgemeinheitsgrad bezieht sich auf die WENN-Komponenten; der Präzisionsgehalt auf die DANN-Komponenten.

Mit dem Konzept des Informationsgehaltes wurde von POPPER ein Kriterium des wissenschaftlichen Fortschritts und damit auch ein Kriterium für den Vergleich von wissenschaftlichen Theorien aufgestellt. Je präziser und je umfassender eine Theorie ist, desto anfälliger ist sie für Falsifikationen und desto größer ist ihr empirischer Informationsgehalt und damit auch der wissenschaftliche Erkenntniszugewinn.

4.4 Funktionen von Theorien: Erklärungen, Vorhersagen, Technologien und Ideologiekritik

Bisher wurden vor allem Probleme der Bildung von wissenschaftlichen Theorien und deren Überprüfungsmöglichkeiten besprochen. Nun soll es um die Frage gehen, wozu wir Theorien in der Wissenschaft brauchen, denn die Fragen nach dem Ziel und Zweck von wissenschaftlicher Arbeit gehören ebenso in den Bereich der Wissenschaftstheorie wie die Fragen nach den Grundlagen wissenschaftlicher Theorien.

Gefordert werden im Rahmen des Kritischen Rationalismus vor allem drei Funktionen von wissenschaftlichen Theorien: Theorien sollen bestimmte Ereignisse erklären (warum liegt ein bestimmter Sachverhalt vor?), die Folgen bestimmter Gegebenheiten vorhersagen (prognostizieren) und die Wege angeben, wie man bestimmte Ziele praktisch erreichen kann (Ableitung von Technologien). Den Vorgang der Erklärung beschreibt POPPER (1984, S. 31) als logische Ableitung: „Einen Vorgang ‚kausal erklären' heißt, einen Satz, der ihn beschreibt, aus Gesetzen und Randbedingungen deduktiv ableiten." HEMPEL & OPPENHEIM (1948) haben diesen Erklärungsbegriff im folgenden wissenschaftstheoretischen Beschreibungsmodell (das sog. HEMPEL-OPPENHEIM-Schema: H-O-Schema) dargestellt:

$G_1 \ldots G_n$	(Gesetzesaussagen)	**Explanans**
$A_1 \ldots A_n$	(Anfangsbedingungen, Randbedingungen)	
E	(Ereignis)	**Explanandum**

Abbildung 1: Das Hempel-Oppenheim-Schema

Wichtig sind in diesem H-O-Schema vor allem zwei Begriffe: das Explanans (d. h. das, was erklärt) und das Explanandum (d. h. das zu erklärende Ereignis). Das Explanans setzt sich zusammen aus zwei Klassen von Sätzen: Erstens den Aussagen über allgemeine Gesetzesmäßigkeiten (Hypothesen, Theorien, Naturgesetze) und zweitens den Beschreibungen der für einen besonderen Fall gegebenen Anfangsbedingungen und der Randbedingungen (des Kontextes, der in Experimenten randomisiert oder konstant zu halten versucht wird.). Das Ereignis (das Explanandum) wird aus dem Explanans logisch abgeleitet. Das folgende Beispiel aus dem Bereich der Verhaltenstheorie soll dieses Ableitungsprinzip veranschaulichen (GROEBEN & WESTMEYER, 1981, S. 80):

G: Für alle Reaktionen r gilt: Wenn auf r ein positiver Verstärker folgt, dann erhöht sich die Auftrittswahrscheinlichkeit von r.

A: Auf Reaktion a folgt ein positiver Verstärker.

E: Die Auftrittswahrscheinlichkeit von Reaktion a erhöht sich.

Erklärung, Prognose und Technologie unterscheiden sich nach POPPER und HEMPEL nicht in dem eingesetzten logischen Ableitungsverfahren, wohl aber in dem, was jeweils als bekannt vorausgesetzt wird und als Ausgangspunkt der Ableitung angesehen werden kann (s. PRIM & TILMANN, 1983, S. 100 ff.).

	Erklärung	Prognose	Technologie
Gesetz	gesucht	gesucht	gesucht
Anfangsbedingung, Randbedingung	gesucht	gegeben: Frage: Was folgt daraus?	gesucht (Maßnahmen)
Explanandum	gegeben Frage: Warum gegeben?	gesucht	gegeben als Ziel: Frage: Wie realisierbar?

So schön übersichtlich dieses Schema auch ist, so muß doch ausdrücklich betont werden, daß die Übertragung auf die psychologische Forschungswirklichkeit nicht ohne entscheidende Veränderungen und Einschränkungen möglich ist. Zum einen verfügen wir in der Psychologie lediglich über *Wahrscheinlichkeitsaussagen* und kaum über deterministische Gesetzmäßigkeiten, so daß eine wesentliche Grundbedingung für das H-O-Schema, so wie es bisher dargestellt wurde, nicht gegeben ist (s. dazu w.u. den Abschnitt 4.6). Zum anderen gibt es viele Diskussionen darüber, ob dieses *ideale Modell* die real vorfindbaren Erklärungs- und Prognosemöglichkeiten in der Psychologie sinnvoll darstellen kann (vgl. Groeben & Westmeyer, 1981; Bunge, 1967). Zum Beispiel können psychologische Prognosen meistens nicht so erstellt werden, daß ein einfacher logischer Schluß aufgrund bestimmter Prämissen gezogen wird, sondern dafür sind sehr viel weitreichendere Überlegungen und die Annahmen nicht nur einer, sondern mehrerer Theorien notwendig. Einige Autoren, wie etwa Bateson (1982) gehen in einem noch radikaleren Sinne davon aus, daß das Verhalten lebender Systeme (z.B. menschlicher Systeme) nie nach logischen Ableitungsmodellen im Sinne der „Wenn-dann"-Kausalitätsvorstellungen sinnvoll darstellbar sein wird.

Ganz problematisch ist auch die Annahme einer Strukturgleichheit zwischen Erklärungs- und Technologietheorien. Nach Irle (1975) ist es wichtig zu berücksichtigen, daß die angewandte Forschung nach einer anderen Strategie arbeitet als die Grundlagenforschung. In der angewandten Forschung werden Verhaltens- oder Sozialtechniken gesucht, welche praktische Probleme erklären und möglichst lösen sollen. In der Grundlagenforschung ist das vornehmliche Ziel nach Irle die Prüfung des Erklärungswertes von Theorien. Auch Bunge (1967) hat auf Unterschiede zwischen den Theorien in den Bereichen Wissenschaft, Technologie und Praxis hingewiesen. Als Beispiel für diese Unterscheidung sei Westmeyer (1977) aufgeführt, der zwischen Verhaltenstheorien (Wissenschaft), Therapietheorien (Technologien) und verhaltenstherapeutischen Interventionsschritten (Praxis) differenziert. Aus diesen Überlegungen wird deutlich, daß zumindest für den Bereich der Technologien in der Psychologie die Annahme einer Strukturgleichheit mit dem H-O-Erklärungsschema unangemessen ist.

Neben der Bereitstellung von Erklärungen, Prognosen und Technologien sehen einige Vertreter des Kritischen Rationalismus (z.B. Popper, 1973;

ALBERT, 1980) noch eine weitere Aufgabe von kritisch-rationaler Wissenschaft: Ideologiekritik. Bestehende Ideologien bzw. Vorurteile auf sozialem oder politischem Gebiet, welche den aktuellen Erkenntnissen der Wissenschaften nicht mehr standhalten können, sollen entsprechend dem wissenschaftlichen Erkenntnisstand korrigiert werden (ALBERT, 1980, S. 89). „Die Erklärungen und Analysen von Zuständen, Ereignissen und Wirkungszusammenhängen, die die Wissenschaft zutage fördert, können ins soziale Bewußtsein gebracht und kritisch gegen bisherige Vorurteile verwertet werden" (ebd., S. 89). Gerade in dem Bereich der Psychologie gibt es viele wissenschaftliche Erkenntnisse (etwa im Bereich der Intelligenzforschung: „Intelligenz steht in starker Wechselwirkung mit der Lernumwelt") welche dazu führten, daß bestimmte dogmatisch begründete konservative Ideologien politisch und gesellschaftlich nicht mehr haltbar waren (etwa im Bereich der Schulpolitik). Ideologiekritisches Vorgehen meint aber auch ein Ankämpfen gegen jegliche Form des dogmatischen Denkens - wobei mit dogmatischen Denken ein Verhaltensstil gemeint ist, welcher durch Strategien der Immunisierung gegen relevante Argumente, autoritäre Ordnungs- und Glaubensstrukturen, emotionalen Abwehrhaltungen gegenüber neuen Ideen und Methoden sowie starken Beharrungstendenzen gekennzeichnet ist. Die Methodologie der kritischen Prüfung wird nicht nur als eine sinnvolle Verhaltensweise im Bereich der Wissenschaft gesehen, sondern auch als eine Alternative für eine Praxis zu begrenzter Rationalität in vielen Gesellschaftsbereichen. „Diese Methodologie, in der an die Stelle der Rechtfertigung die permanente Kritik tritt, liefert nämlich ein Modell der Rationalität, das prinzipiell an die Stelle des Rechtfertigungsdenkens in allen sozialen Bereichen treten und den typisch ideologischen Denkstil ersetzen kann..." (ebd., S. 87 f.). Statt auf den eigenen Überzeugungen zu beharren und die ganze Energie in Rechtfertigungen zu stecken (Verifikationsprinzip), sollen die eigenen Glaubenssysteme der Möglichkeit von Kritik und der „Gefahr" sinnvoll erscheinender Veränderungen ausgesetzt werden (Falsifikationsprinzip) - wobei dies alles getragen werden sollte von der Grundüberzeugung, daß es sowohl im Bereich der Wissenschaft, wie auch im sonstigen sozialen Leben keine absoluten Gewißheiten und keine geoffenbarten Wahrheiten gibt.

4.5 Modifikationen der „strengen" Falsifikationstheorie

Würde man im Sinne einer strengen Falsifikationslogik handeln, müßten praktisch alle in diesen drei Bänden aufgeführten sozialpsychologischen Theorien als widerlegt angesehen werden, da es zu fast allen Theorien Untersuchungsergebnisse gibt, welche konträr zu den theoretischen Vorhersagen sind und von daher die Theorie „eigentlich" falsifizieren. Zur Klärung dieses Problems ist zunächst einmal der Hinweis von POPPER (1984) wichtig, daß man unterscheiden muß zwischen einer *prinzipiellen Falsifizierbarkeit* und einer *realen Falsifikation* von Theorien: „Die Falsifizierbarkeit führen wir lediglich als Kriterium des empirischen Charakters von Satzsystemen ein; wann ein System als falsifiziert anzusehen ist, muß durch eigene Regeln bestimmt werden" (POPPER, ebd., S. 54). Theorien müssen also gemäß der Wissenschaftsauffassung des Kritischen Rationalismus empirisch, d. h. prinzipiell falsifizierbar sein, was allerdings mit der Theorie geschieht, wenn bei einer empirischen Überprüfung ein falsifizierendes Untersuchungsergebnis auftaucht, ist bei weitem nicht so eindeutig, wie es auf den ersten Blick scheinen mag. Besonders durch die jüngsten wissenschaftstheoretischen Auseinandersetzungen vor allem zwischen dem Wissenschaftshistoriker KUHN (1976) und Anhängern des Kritischen Rationalismus (s. LAKATOS, 1970) wurde die Notwendigkeit von Erweiterungen der ursprünglichen Falsifikationstheorie deutlich.

Nimmt man als Beispiel die Dissonanztheorie von FESTINGER, so hätte diese Theorie nach strengen und ursprünglich von POPPER auch so gemeinten Falsifikationsvorschriften verworfen werden müssen. Denn Forschungen zur Dissonanztheorie ergaben wiederholt, daß nicht in allen Fällen, in denen FESTINGER (1957) dies mit seiner Theorie voraussagt, Dissonanz entsteht (falsifizierende Untersuchungsergebnisse). Daraufhin ist die Theorie aber nicht gleich verworfen worden, sondern es wurden Präzisierungen und Modifikationen der Theorie entwickelt (sog. ad-hoc Modifikationen der Theorie), um auch die zunächst zur Theorie konträren Untersuchungsergebnisse erklären zu können (vgl. FREY & GASKA in diesem Band).

Im Bereich der Psychologie wurde der Begriff *Exhaustion* durch HOLZKAMP (1964) als eine Strategie der Rettung von Theorien gegen abweichende Untersuchungsergebnisse eingeführt (vgl. GADENNE, 1984, S. 60 ff.). Exhaustion bezeichnet Versuche, abweichende Befunde durch Hinweise auf *störende Bedingungen* zu erklären, so daß die Theorie letztendlich aufrechterhalten werden kann. Zum Verständnis dieses Verteidigungsprinzips ist es wichtig, darauf hinzuweisen, daß bei der konkreten empirischen Prüfung von Forschungshypothesen immer auch andere Theorien sowie hypothetische und meßtechnische Vorannahmen mit eingehen. Ein Forscher arbeitet nicht im luftleeren Raum, sondern er bezieht das in seiner Zeit und in seinem Fach vorhandene Wissen mehr oder weniger bewußt mit ein.

Dieses Wissen bleibt im Hintergrund (Hintergrundwissen) und wird zunächst nicht problematisiert, es dient lediglich zur Konstituierung von Hilfsannahmen, welche notwendig sind, um eine Theorie prüfen zu können (vgl. GADENNE, 1984, S. 23 ff.). Zum Beispiel gehen in die Auswertungsphase von experimentellen Daten Annahmen der Meßtheorie oder statistischen Testtheorie ein oder man geht bei der Aufstellung des Versuchsplanes von der Annahme aus, daß die Versuchspersonen durch einen Geldreiz ausreichend motiviert werden, sich im Versuch anzustrengen. Mit Exhaustion wäre solch eine Verteidigung einer Theorie angesprochen, die abweichende Untersuchungsergebnisse damit erklärt, daß z. B. die Hilfshypothese „Die Versuchspersonen können durch einen entsprechenden Geldbetrag ausreichend für den Versuch motiviert werden" falsch war oder daß eine Selektion der Versuchspersonen die Normalverteiltheitsannahme des eingesetzten statistischen Verfahrens so stark verletzt hat, daß alle Ergebnisse dadurch verfälscht wurden.

Im Sinne eines von LAKATOS (1974) bezeichneten *dogmatischen Falsifikationismus* wäre jeglicher Rettungsversuch einer Theorie angesichts falsifizierender Untersuchungsergebnisse als unwissenschaftlich zu verurteilen (diese dogmatische Position wird besonders von Kritikern fälschlicherweise dem Kritischen Rationalisten untergeschoben). Ein dogmatischer Falsifikationist hat die Vorstellung, daß es in der Wissenschaft möglich sei, mehr oder weniger phantasievolle Theorien aus dem menschlichen Verstand heraus zu schöpfen, wobei über deren Wahrheitsgehalt oder deren Falschheit die Natur mittels eines Experimentes befragt werden muß. Wenn die beobachteten Tatsachen nicht mit den Erwartungen übereinstimmen, dann bestehe die wissenschaftliche Redlichkeit darin, die Theorie ohne Zögern aufzugeben. Die Einhaltung dieser strengen methodischen Vorschrift hätte nicht nur in den Sozialwissenschaften, sondern auch in den Naturwissenschaften dazu geführt, daß bedeutende, klassische Theorien frühzeitig hätten aufgegeben werden müssen, da es zu praktisch allen Theorien besonders in den Entdeckungsphasen widersprüchliche Untersuchungsergebnisse gibt (vgl. KUHN, 1976; LAKATOS, 1970). Bei diesem Tatbestand der vielen die Theorien falsifizierenden Untersuchungsergebnissen, stellt sich die Frage, an Hand von welchen Kriterien man entscheiden kann, wann eine „Rettung" der Theorie durch die Hinzunahme von Hilfshypothesen als rational und damit wissenschaftlich anzuerkennen und wann eine Änderung, d.h. eine Angleichung der Theorie (Adjustierung) an die Tatsachenaussagen als unzulässig und damit als unwissenschaftlich abzulehnen wäre. Eine Antwort auf diese Frage sieht LAKATOS (1970) in einem raffinierten falsifikationistischen Vorgehen. Ein raffinierter Falsifikationist wird nie nur eine Theorie allein beurteilen und aufgrund von Untersuchungsergebnissen verwerfen, sondern er wird seine Entscheidungen immer unter Berücksichtigung einer ganzen Reihe von Theorien treffen. Eine Theorie (T1) ist für den raffinierten Falsifikationisten erst dann falsifiziert, wenn es eine andere, zum Teil schon bewährte Theorie (T2) gibt, welche einen größeren empirischen Gehalt als T1 hat und zudem noch neue, bis dahin unerwartete Tatsachen voraussagt (weiteres dazu s. LAKATOS, 1970). Ein Forscher, der im Sinne einer „raffinierten" Falsifikationslogik handelt, behält also nicht nur die Frage im Sinn: „Ist diese Theorie falsifiziert worden?", sondern er erweitert seine Sichtweise auf den vorhandenen Theorienbestand, indem er fragt: „Gibt es eine andere Theorie, die die gleichen Phänomene ebenso, wenn nicht besser erklären kann?" Hier hat eine Wandlung stattgefunden von einer klaren und eindeutigen Regel („wenn widersprüchliche Ergebnisse zu aus der Theorie entwickelten Hypothesen auftauchen, dann ist die Hypothese falsifiziert, und die Theorie muß verworfen werden") hin zu einer eher weit gehaltenen Empfehlung („grundsätzlich sollten Theorien bei widersprechenden Ergebnissen verworfen werden, aber in einigen Fällen (z.B. keine bessere Theorie vorhanden) ist es sinnvoll, die Theorie trotz widersprüchlicher Ergebnisse zu den Hypothesen vorläufig beizubehalten" (vgl. GADENNE, 1984).

Diese Wandlung von einer strikten Regelung zu einer offeneren Verhaltensrichtlinie gibt dem einzelnen Wissenschaftler einen viel größeren Verhaltensspielraum, aber auch sehr viel mehr Verantwortung für sein Forschungsvorgehen. Jeder Forscher muß in seiner Forschungsarbeit Entscheidungen treffen, denn kein empirisches Ergebnis führt zwangsläufig zur Bestätigung oder Verwerfung von theoretischen Annahmen.

4.6 Folgen der Nicht-Existenz deterministischer Gesetzesaussagen in den Sozialwissenschaften

Bei der Darstellung des HEMPEL-OPPENHEIM-Schemas für Erklärungen, Prognosen und Technologien und bei den Erläuterungen zur Falsifikationstheorie POPPERS wurde wiederholt die Existenz sog. deterministischer Gesetze, d.h. Gesetze mit einem universellen und unbeschränkten Geltungsanspruch in den Wissenschaften vorausgesetzt. Problematisch (und deshalb weit schwieriger als bisher dargestellt) ist es jedoch für die Sozialwissenschaften, daß diese kaum über deterministische Gesetze verfügen (wie z.B. „Alle Menschen zeigen Verhalten zur Wiederherstellung von Freiheit, wenn man ihre Freiheit einengt"). Verfügbar sind meist nur sog. prohabilistische Gesetze mit einem nicht-deterministischen Anspruch (z.B. 75 Prozent aller Menschen, welche sich in ihrer Freiheit eingeengt fühlen, zeigen in bestimmten Situationen Verhalten, ihre Freiheit wieder herzustellen, vgl. GROEBEN & WESTMEYER, 1981, S.107ff.; BREUER, 1989, S.136ff.).

Daß wir in den Sozialwissenschaften nicht über deterministische Gesetze verfügen, könnte entweder daran liegen, daß wir in unseren Erkenntnissen und methodischen Mitteln noch nicht so weit sind, um die gesetzeshaften Zusammenhänge zu erkennen, oder es ist grundsätzlich nicht möglich, Gesetze über alle Menschen zu allen Zeiten aufzustellen. Nach der letzteren Auffassung können sich Menschen auf Grund ihrer Sonderstellung in der Natur freiheitlich und reflektiert zu ihren Handlungen entscheiden und verhalten sich deshalb nicht nur in vorgezeichneten, für alle Menschen geltenden Bahnen (vgl. HERRMANN, 1973). Beide Positionen werden in der Psychologie vertreten.

Betrachtet man sich nur das Faktum der Nicht-Existenz deterministischer Gesetzesaussagen in den Sozialwissenschaften, so hat dies weitreichende Konsequenzen für die Falsifikationstheorie POPPERS.

Hypothesen mit einem Allgmeinheitsanspruch können zwar durch eine einzige empirische Falsifikation als falsch nachgewiesen werden, aber dies gilt nicht für prohabilistische Hypothesen. In prohabilistischen Hypothesen sind „Abweichungen" immer mit in der Hypothese enthalten (25 Prozent der Menschen zeigen laut Hypothese keine Verhaltensweisen, um ihre Freiheit nach einer Freiheitseinengung wiederherzustellen); damit läßt sich aus einem Basissatz (Eine Person hat in einem Versuch kein Freiheit wiederherstellendes Verhalten gezeigt) nicht die Falschheit eines prohabilistischen Gesetzes nachweisen. Die logische Asymmetrie zwischen empirischer Verifikation und empirischer Falsifikation (s.a. POPPER, 1971) gilt nur für deterministische Hypothesen, nicht für statistische Hypothesen (STEGMÜLLER, 1973). Prohabilistische Theorien werden „falsifizierbar" gemacht, indem der Wissenschaftler zusätzlich Entscheidungen darüber trifft, wann der Widerspruch zwischen den gewonnenen Basissätzen (der statistisch interpretierten Ergebnislage) und der prohabilistischen Theorie (eines als wahrscheinlich angenommenen Ergebnisbereiches) so groß ist, daß die Theorie als falsifiziert angesehen werden muß. In dieser notwendigen Vorgehensweise liegt auch die Erklärung dafür, daß nicht die Logik (z.B.

mit ihren Ableitungsverfahren der Induktion und Deduktion), sondern die Statistik als methodisches Verfahren die Sozialwissenschaften dominiert.

Eine weitere Konsequenz des Fehlens deterministischer Gesetze in den Sozial-, Wirtschafts- und auch in einigen Bereichen der Naturwissenschaften besteht darin, daß bezogen auf Einzelereignisse bzw. Einzelpersonen präzise Erklärungen, Prognosen sowie genaue Wirkungsweisen von technologischen Anwendungen wissenschaftlich nicht zu leisten sind. Dies ist eine Folge der Wahrscheinlichkeitsaussagen in den prohabilistischen Theorien, denn eine Wahrscheinlichkeitsaussage bezieht sich immer auf alle in den Aussagenbereich fallenden Ereignisse bzw. Sachverhalte, bei denen die aufgestellten Anfangsbedingungen zutreffen.

In der Medizin wäre ein vorstellbares Untersuchungsergebnis, daß Personen mit Bluthochdruck, Bewegungsmangel und vermehrtem Streß ein erhöhtes Risiko (etwa 80 Prozent) für einen Herzinfarkt haben, als Personen, auf die diese Risikofaktoren nicht zutreffen. Wenn bei einer Person die Risikofaktoren gegeben sind (die Anfangsbedingungen treffen zu), dann ist es für die konkrete Person nicht möglich vorauszusagen, in welche Teilmenge (80 Prozent erleiden einen Herzinfarkt; 20 Prozent erleiden keinen Herzinfarkt) diese fallen wird.

Besonders auf dem Gebiet der Einzeldiagnosen bzw. -prognosen wirkt sich der eingeschränkte Erklärungsanspruch prohabilistischer gegenüber deterministischer Gesetze aus. Immerhin aber ist es möglich, von mehr oder weniger wahrscheinlichen Ereignissen auszugehen, so daß gewisse Erwartungen und Voraussagen wissenschaftlich gerechtfertigt erscheinen. Wem dies Ergebnis oft sehr langwieriger und kostenintensiver Untersuchungen zu winzig erscheint, der sei darauf hingewiesen, wie gefährlich es wäre, wenn wir uns etwa auf dem Gebiet der Medizin oder der Psychologie allein auf alltagspsychologische Behauptungsstrategien stützen könnten.

Diese alltagspsychologischen Argumentationsstrategien sind meistens irreführend, aber auf den ersten Blick sehr überzeugend (vgl. HUBER, 1987, S. 35 f.), wie z. B. der Verweis auf die Stärke einer subjektiven Überzeugung („Ich bin mir sehr sicher, daß mein bisheriger Lebensstil mir nicht schadet") oder die höchst einleuchtend wirkende Überzeugungsstrategie der Aneinanderreihung von Beispielen („Mein Großvater lebte noch viel ungesünder als ich, ist aber 100 Jahre alt geworden, während meine Nachbarin eine wahre Gesundheitsfanatikerin war und einen Herzinfarkt bekam"). Um uns vor solchen, oft fehlerhaften Alltagspsychologien zu schützen und um sie hinterfragen zu können, scheint u. E. der Aufwand in den Wissenschaften allemal gerechtfertigt zu sein.

4.7 Kritische Würdigung des Kritischen Rationalismus

Wichtig für den Erkenntnisanspruch von Wissenschaft war und ist die Einsicht innerhalb der Lehre des Kritischen Rationalismus, daß es keine absolut sichere Basis für Erkenntnis gibt (auch nicht durch empirische Basissätze, da diese durch konventionelle Einigungen belastet sind) – die Wahrheit von Sätzen und Theorien kann und darf deshalb nie in einem endgültigen Sinne behauptet und vertreten werden. Aufgrund des logisch unlösbaren Induktionsproblems ist letztlich keine Theorie beweisbar. Dies bedeutet für die derzeit vertretenen sozialpsychologischen Theorien, daß ihre Erklärungsansprüche immer in einem vorläufigen Sinne verstanden werden sollten; die Theorien gelten solange, bis sie eindeutig widerlegt werden oder bis Theorien entwickelt werden, die in ihrem Informationsgehalt, d.h. in der Reichweite ihrer Erklärungskraft, wesentlich über die alten Theorien hinausgehen.

Nach der bisher erfolgten Darstellung einiger Aspekte der Entwicklung der empirisch ausgerichteten Wissenschaftstheorien sollte jetzt auch verständlicher geworden sein, wieso die Positionen des Klassischen Empirismus/Positivismus bei dem heutigen wissenschaftstheoretischen Erkenntnisstand als „naiv“ bezeichnet werden müssen. Zur Erinnerung und Verdeutlichung sind die beiden folgenden Schemata von WUCHTERL (1987, S. 35) gedacht.

Das naive Wissenschaftsschema:

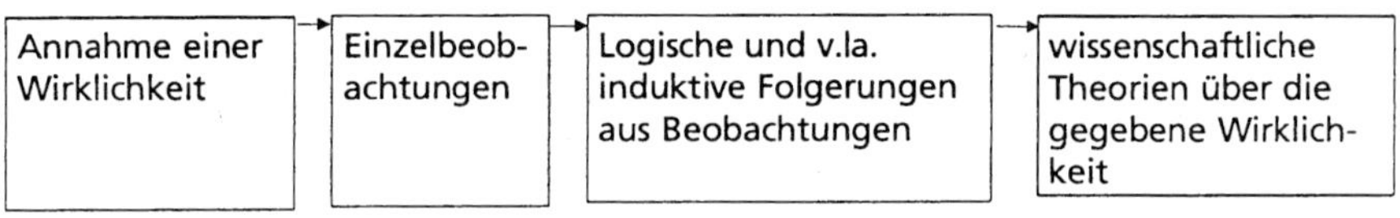

Das Wissenschaftsschema des Kritischen Rationalismus:

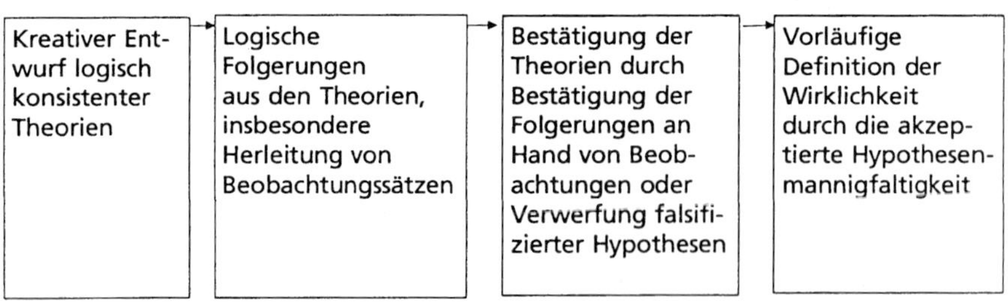

Bei einem Vergleich der beiden Schemata fällt auf, daß der Empirie im Forschungsablauf eine veränderte Rolle zugewiesen wird: Beobachtungen und Erfahrungen werden in der Wissenschaftsauffassung des Kritischen Rationalismus nicht mehr als der Ausgangspunkt wissenschaftlicher Forschung gesehen, sondern am Anfang der Forschung stehen immer Theorien (wie diese Theorien entstanden bzw. „entdeckt“ worden sind, wird als ein „psychologisches Problem“ angesehen und gilt nicht als ein relevantes Thema für die Wissenschaftslogiker; wobei diese Ausgrenzung des Entdeckungszusammenhanges von Theorien aus dem Bereich der Wissenschaftstheorie große Kritik besonders seitens der Kritischen Theoretiker [s.u.] hervorgerufen hat).

Die empirische Grundhaltung der „neueren Positionen“ zeigt sich darin, daß der Erfahrungsbezug der wissenschaftlichen Theorien nachträglich (WUCHTERL, 1987, S. 35) durch die Bestätigung bzw. Verwerfung von aus den Theorien abgeleiteten Hypothesen hergestellt wird. Die Empirie hat die Funktion einer kontrollierenden Kraft gegenüber den spekulativen Theorienentwürfen zugewiesen bekommen.

Diese Forderung nach einer übergeordneten bzw. vorgeordneten Rolle der Theorie gegenüber der Empirie, wird vielfach im realen Forschungsprozeß nicht entsprochen. Immer wieder wird besonders im Bereich der Sozialpsychologie kritisch hervorgehoben, daß viel zu viele vereinzelte Theorien produziert werden, die zu wenig allgemein und damit erklärungskräftig sind. Ob diese Selbstkritik jetzt nur einfach mangelndes Selbstbewußtsein der Sozialpsychologen ist, oder es besonders in diesem Fach an mutigen, kreativen Theorienentwürfen fehlt (besonders gegenüber den so zahlreich angelegten Datenfriedhöfen), mögen wir nicht zu entscheiden.

POPPER hat ein Bild von Wissenschaft entworfen (z.B. Kritik und Selbstkritik in einer rationalen Atmosphäre oder die Forderung, daß nicht der Besitz von Wissen den Wissenschaftler kennzeichnen sollte, sondern sein ständiges Suchen nach Erkenntnissen), dem jeder gern seine Zustimmung ausspricht, doch die Umsetzung dieses Ideals von Wissenschaft stellt sehr hohe Anforderungen an die Wissenschaftsorganisation und die persönlichen Fähigkeiten der einzelnen Wissenschaftler. Oft findet man in der realen, fachwissenschaftlichen Forschungsarbeit nur eine sehr grobe, manchmal auch stark verfälschte Kopie von POPPERS Idealbild (so ahnte POPPER beispielsweise nicht, wie stark sich Zitierkatelle und Seilschaften in den Wissenschaften ausbilden). Der Soziologe ELIAS (1985) hat POPPER aufgrund dieser Beobachtung vorgeworfen, daß er in seiner Logik der Forschung ein Bild von Wissenschaft entworfen hat, wie Wissenschaftler verfahren sollten und nicht wie sie tatsächlich verfahren (S.94).

Nach unserer Auffassung sind die Maximen einer offenen und eben nicht dogmatischen, einer (selbst-)kritischen, rationalen und eben nicht nur emotionalen Argumenten zugänglichen Geisteshaltung, sowohl im wissenschaftlichen als auch im gesellschaftlich-sozialen Bereich zu wichtig, als daß sie aufgrund unseres Scheiterns an ihnen ad acta gelegt werden sollten. Für uns stellt sich eher die entscheidende Frage, wie die bestehende wissenschaftliche (und auch gesellschaftliche) Realität so verändert und gefördert werden kann, daß die Ideale des Kritischen Rationalismus eher erreichbar und damit handlungsleitend werden können.

5. Die Position der Kritischen Theorie bzw. der Frankfurter Schule

Eine bedeutende Gegenrichtung zum Kritischen Rationalismus in Deutschland war besonders Ende der 60er Jahre die Position der Kritischen Theorie[5]. Die Bezeichnungen ‚Kritische Theorie‘ und ‚Frankfurter Schule‘ werden vielfach synonym verwendet (vgl. FRIESENHAHN, 1985, S.1); die

---

[5] Auch hier steht ebenso wie beim Kritischen Rationalismus das Wort „kritisch“ ganz vorn auf die Fahne geschrieben, dabei sollte man aber nicht der Versuchung verfallen, alle anderen Wissenschaftstheorien als unkritisch zu werten.

Identifizierung der Kritischen Theorie mit einem Institut, welches etwa zur gleichen Zeit wie der Wiener Kreis in Frankfurt entstand, weist schon auf gewisse Schwierigkeiten der Charakterisierung dieser Richtung hin. Als herausragende Vertreter der Kritischen Theorie gelten MAX HORKHEIMER, THEODOR W. ADORNO, HERBERT MARCUSE sowie der wohl wichtigste Vertreter in der „zweiten Generation" JÜRGEN HABERMAS.

PETROVIC (1986) charakterisiert die Kritische Theorie folgendermaßen: „Das Projekt war, kurz und einfach, den Marxismus in neuen geschichtlichen Bedingungen schöpferisch weiterzuentwickeln und für die Gesellschaftswissenschaft (oder Sozialforschung) und für die gesellschaftliche Praxis fruchtbar zu machen" (S. 15).

Die Kritische Theorie wird von ihren Vertretern demnach als eine wesentliche Weiterentwicklung des Marxismus angesehen. Ganz im Sinne von MARX besteht die Forderung nach der *Einheit von Theorie und Praxis,* und es ist ein angestrebtes Ziel, Veränderungen innerhalb der gesellschaftlichen Wirklichkeit herbeizuführen. Die *Veränderung der Gesellschaft* soll über das Individuum geschehen, von daher ist der herausragende Begriff dieser Richtung die *„Emanzipation des Menschen".* Mit dem Ziel der Emanzipation ergibt sich als Aufgabe der Kritischen Theorie, „den Weg der Veränderung und die grundlegenden Maßnahmen für die vernünftige Organisation der Gesellschaft" (MARCUSE, 1978, S. 228) aufzuzeigen. Der angestrebte emanzipierte Mensch ist dadurch ausgezeichnet, daß er sich und seine Situation reflektiert und dadurch die Möglichkeit gewinnt, die gegebenen gesellschaftlichen Verhältnisse distanziert zu betrachten und eventuell auch zu verändern (vgl. TSCHAMLER, 1983, S. 81).

5.1 Traditionelle und Kritische Theorie bei HORKHEIMER (1937)

Der zentrale Aufsatz von HORKHEIMER erschien im Jahre 1937, im 5. Jahrgang der Zeitschrift für Sozialforschung, unter dem Titel: „Traditionelle und Kritische Theorie". In diesem Aufsatz findet man die Konzeption und Begründung der frühen Kritischen Theorie. Als traditionelle Theorien gelten für HORKHEIMER alle in seiner Zeit in der Wissenschaft vorhandenen wissenschaftstheoretischen Positionen, z. B. der Positivismus, die Existenzphilosophie, die Phänomenologie. Aber auch die Positionen im Sinne des Kritischen Rationalismus und Logischen Positivismus müßten eher dem traditionellen Theorientypus zugeordnet werden. Das gemeinsame Kennzeichen der traditionellen Theorien liegt in ihrem methodischen Vorgehen. Traditionelle Theorien werden durch ein analytisches Vorgehen gewonnen, d. h. daß komplexe Wirklichkeitszusammenhänge in Einzelaspekte zerlegt und diese dann getrennt voneinander untersucht werden.

Die Kritik an den traditionellen Theorien ist vielfältig. So wendet sich HORKHEIMER gegen die Tendenz zur Spezialisierung und der Beschränkung der Theorienreichweiten auf Teilgebiete, ohne sich um die Zusammenhänge des „Ganzen" (der Gesellschaft i. w. s.) zu kümmern (KORTHALS, 1985).

Dadurch daß auch die Wissenschaften von Mensch und Gesellschaft dem Vorbild der erfolgreichen Naturwissenschaften nachstreben (KORKHEI-

MER, 1988, S. 164) verklären die Fachwissenschaften mit den Idealen der Exaktheit und Objektivität die besonderen Kennzeichen ihrer Forschungsobjekte und übersehen deren gesellschaftlich-geschichtliche Gebundenheit.

Die traditionellen Theorien erkennen nicht, daß die Tatsachen „durch den geschichtlichen Charakter des wahrgenommenen Gegenstands und den geschichtlichen Charakter des wahrnehmenden Organs“ (ebd.: S. 173) in doppelter Weise gesellschaftlich bestimmt sind. Die Tatsachen werden als isolierte Dinge und Ereignisse betrachtet und methodisch untersucht, ohne daß ihre Zusammenhänge mit den historischen Lebensprozessen berücksichtigt werden.

Wie aber wollen die Kritischen Theoretiker Forschung stattdessen betreiben? Der Kritischen Theorie geht es zunächst einmal um ein nicht-analytisches, ein Ganzheiten berücksichtigendes wissenschaftliches Arbeiten. Zum Verständnis dieses von allen bisher besprochenen empirischen Forschungsansätzen sich eindeutig distanzierenden Ansatzes ist der Begriff „Vermitteltheit“ wichtig. HORKHEIMER (1988, S. 173) wirft vielen empirisch arbeitenden Wissenschaftlern vor, daß sie die aus der wahrnehmbaren Welt erhaltenen Daten nicht in ihrer Vermitteltheit erkennen, sondern Untersuchungsergebnisse als Fakten ansehen, welche da sind, hingenommen und beschrieben bzw. erklärt werden müssen. Wenn also empirische Untersuchungsergebnisse, etwa in sozialpsychologischen Experimenten, als „objektiv“ hingenommen werden und nicht die Prägung bzw. Vermitteltheit der sozialen Interaktionen durch die jeweiligen gesellschaftlichen und kulturellen Einflüsse (durch die „Geschichtlichkeit des Menschen“) reflektiert wird, dann kann es dazu kommen, daß die Wissenschaft sich als bloßer Wasserträger für die bestehenden Herrschafts- und Machtverhältnisse betätigt bzw. die Komplexität der Wirklichkeit zugunsten eines objektiven und exakten Scheines in unzulässiger Weise vernachlässigt wird.

Die Kritischen Theoretiker fordern, daß in die Interpretation der Daten die Beeinflussung der Untersuchungsergebnisse („die Vermittlung“) durch folgende Komponenten explizit mit aufgenommen wird: Die Ergebnisse sind vermittelt durch: 1. die Biographien der Vpn (also durch die lebensgeschichtlich erworbenen Einstellungs-, Bedürfnis- und Handlungskonstellationen der Vpn), 2. durch die Gestaltung der Versuchssituation (also durch die Aneignung, Interpretation und Definition der Versuchssituation durch die Vpn) und 3. durch die Art und Weise, wie der Forscher die Daten wahrnimmt, kategorisiert und interpretiert (vgl. MERTENS, 1977). Die Biographien der Vpn, und die Art und Weise, wie in der Forschung Untersuchungen mit Menschen aufgebaut und durchgeführt werden, sind nach Auffassung der Kritischen Theoretiker wiederum abhängig von den gesellschaftlich-historischen Gegebenheiten. Demnach sind nicht nur die sozialpsychologischen Forschungsobjekte nach Auffassung der Kritischen Theoretiker geschichtlich geprägt, sondern auch der Forschungsprozeß selbst.

Folgt man den Vorstellungen der Kritischen Theoretiker, denn müßte z. B. bei den Untersuchungen zur Reaktanztheorie auch von den Forschern reflektiert werden, ob etwa dieses Phänomen der Reaktanz abhängig ist von bestimmten gesellschaftlichen Bedingungen, unter denen ihre untersuchten Versuchspersonen leben. Ebenso müßte die Reaktanztheorie erklären können, unter welchen Randbedingungen die Anfangsbedingung „Einschränkung von Handlungsalternativen" nicht zu Reaktionen der Freiheitswiederherstellung führen. Solche Randbedingungen sind nur in bestimmten Kulturen, Gesellschaften, sozialen Schichten für bestimmte Handlungsfelder denkbar. Interessant wäre es beispielsweise nachzuprüfen, ob die Reaktanztheorie in Ostdeutschland ebenso wie in Westdeutschland Geltung beanspruchen kann.

Die Einbeziehung des individuellen Hintergrundes der Versuchspersonen schließt viele experimentelle Anordnungen von vornherein aus (da in ihnen die Subjekte zu stark auf Forschungsobjekte reduziert werden); die Zusammenfassung und Bildung von Durchschnittswerten beobacht- und meßbarer Äußerungen durch inferenzstatistische Mittel sollte von den Forschern nach Auffassung der Kritischen Theoretiker nur in Einzelfällen, nicht aber als Standarddesign eingesetzt werden. Weiterhin müßten sich die Forscher selber fragen, warum sie dieses Phänomen der Reaktanz in der vorgenommenen Art und Weise untersucht haben (Selbstreflexion der gesellschaftlichen Bestimmtheit) und wie sie der eventuellen Verwertung ihrer Erkenntnisse gegenüberstehen.

5.2 Veränderung der Gesellschaft als Ziel der Sozialwissenschaften

Die traditionellen Wissenschaften fügen sich nach Horkheimer (1988) dem Verwertungszusammenhang der Gesellschaft widerstandslos ein; die eigenen gesellschaftlichen Abhängigkeiten sind kein Thema für die Wissenschaftler. Die gesellschaftliche Situation wird als eine Faktizität, also etwas Feststehendes angesehen; als Folge aus dieser passiven Haltung betreiben die Wissenschaftler eine „Reproduktion des Bestehenden" (Horkheimer, 1988; S. 170).

Ein Kritischer Theoretiker ist sich der Gebundenheit der Wissenschaft an die gesellschaftlich-historischen Zustände bewußt und „bezieht die Gesellschaft in seine Konzeption als bedingende historische Größe von Wissenschaft ein" (Tschamler, 1983, S. 75). Die Kritische Theorie bleibt nicht dabei stehen, die Abhängigkeiten der Wissenschaften von der Gesellschaft aufzuzeigen, sondern sie geht weiter, indem sie als erklärtes Ziel der Sozialwissenschaften die Veränderung der gesellschaftlichen Zustände aufstellt.

Es geht nach der Auffassung der Kritischen Theoretiker in der Wissenschaft demnach auch nicht um Erkenntnis als solche, sondern es geht um die Erkenntnis, die geeignet ist, den historischen Prozeß der Veränderung der Gesellschaft voranzutreiben.

Doch welchen Zustand soll die Gesellschaft erreichen? Welches Ziel soll der durch die Wissenschaft angeregte gesellschaftliche Veränderungsprozeß anstreben? Ein konkretes Ziel kann wegen des schon vermittelten Bewußtseins von den Wissenschaftlern nicht entworfen werden (eine Herauslösung aus der Befangenheit der jetzigen Gesellschaft ist nicht möglich[6]);

---

[6] Solange man in einer Gesellschaft lebt, ist man von ihr auch bestimmt und alle Utopien, die man entwickelt, sind vermittelt durch diese gegebene gesellschaftliche Realität.

ihnen bleibt nur der Prozeß der *„negativen Dialektik"* (die dialektische Bewegung entsteht aus dem Prinzip der Negation): „... und das ist ein entscheidendes Moment in der Kritischen Theorie von damals und von heute: wir waren uns klar, daß man diese richtige Gesellschaft nicht im vorhinein bestimmen kann. Man konnte sagen, was an der gegenwärtigen Gesellschaft das Schlechte ist, aber man konnte nicht sagen, was das Gute sein wird, sondern nur daran arbeiten, daß das Schlechte schließlich verschwinden würde" (HORKHEIMER, 1972, S. 164).

WUCHTERL (1987, S. 135) sieht in dieser Beschränkung auf die Beschreibung des Negativen einen wesentlichen Unterschied der „Neomarxisten" (Frankfurter Schule) zu den „orthodoxen Marxisten": „Der parteiamtliche Optimismus einer Darstellung des Guten in einem Prozeß der dialektischen Höherentwicklung ist einer Resignation gewichen, die zwar noch erkennt, worunter wir alle leiden, zur Bewältigung der anstehenden Aufgaben aber über keine gesellschaftskritischen Allheilmittel mehr verfügt." Da es auch im Bereich der Wissenschaft aufgrund der eigenen Vermitteltheit nicht möglich ist, positive Utopien des Forschungsalltages zu entwerfen, bleibt den Kritischen Theoretikern nach dem Modell der Negativen Dialektik nichts anderes übrig, als permanent und vehement auf die Schwächen des jetzigen Wissenschaftssystems aufmerksam zu machen (immer gemessen an einem doch irgendwie gegebenen Idealbild von Wissenschaft). Aus dieser Zurückhaltung entsteht die Konsequenz, daß es leider nur sehr wenig Vorschläge für das konkrete methodische Vorgehen gemäß den wissenschaftstheoretischen Vorstellungen der Kritischen Theoretiker gibt.

5.3 Das Werturteilsproblem im Positivismusstreit

Als Folge der nationalsozialistischen Herrschaft (Emigration vieler Wissenschaftstheoretiker ins Ausland) kam es in Deutschland erst in den sechziger Jahren in dem sogenannten „Positivismusstreit der deutschen Soziologie" zu einer intensiveren wissenschaftstheoretischen Diskussion zwischen Vertretern des Kritischen Rationalismus (POPPER, ALBERT) und der Kritischen Theorie (ADORNO, HABERMAS). Diese Auseinandersetzung hat stark darunter gelitten (und so läßt sich auch die Bezeichnung ‚Positivismusstreit' erklären), daß die Vertreter der Kritischen Theorie vielfach in ihrer Argumentation nicht unterschieden haben zwischen dem älteren Positivismus (COMTE, MILL), dem Logischen Positivismus (Wiener Kreis), sowie dem Kritischen Rationalismus. In dieser Auseinandersetzung ging es vor allem um das „richtige" (Selbst-)Verständnis und methodische Vorgehen der empirischen Sozialwissenschaften. Ein sehr kontrovers diskutiertes Thema im Positivismusstreit war die Frage der *Werturteilsfreiheit* in den Sozialwissenschaften.

Die offene Frage in dieser Auseinandersetzung um die Werturteilsfreiheit ist, ob Wissenschaft sich gegenüber der Wirklichkeit deskriptiv oder präskriptiv verhalten soll, d.h. soll sie die Wirklichkeit nur erfassen und erkennen – oder soll sie auch auf sie einwirken, sie zu bestimmen versuchen?

Eine deskriptive Aussage wäre z.B.: Die Untersuchung ergab, daß nur sehr wenige Frauen Führungspositionen in den Betrieben einnehmen. Eine präskriptive Aussage wäre dazu folgende: Diese Diskriminierung von Frauen sollte durch staatliche Einflußnahmen so weit wie möglich abgestellt werden.

Schon der Soziologe MAX WEBER hat im Werturteilsstreit mit GUSTAV SCHMOLLER Anfang dieses Jahrhunderts gefordert, daß Werturteile (präskriptive Sätze) streng von wissenschaftlichen Sätzen getrennt werden. Wissenschaft ist zuständig und kompetent im deskriptiven (beschreibenden), nicht aber im präskriptiven (normativen) Bereich. Ein Wissenschaftler hat nach dieser Auffassung keine größere Legitimation oder auch Kompetenz in Entscheidungsfragen über Werte als irgendein Nicht-Wissenschaftler. Denn normative Aussagen gehen im logischen Sinne immer über den Aussageinhalt von deskriptiven Wissenschaftsaussagen hinaus, sie lassen sich empirisch weder bestätigen noch verwerfen, „die Grundwerturteile eines Wissenschaftlers sind letztlich ebenso intersubjektiv beweisbar, wie die Werturteile nicht wissenschaftlich tätiger Bürger“ (PRIM & TILMANN, 1983, S. 135).

Die Kritischen Rationalisten vertreten ebenso wie WEBER die Auffassung, daß ein Wissenschaftler seine Aufgabe in der Feststellung von Tatsachen (dem SEIN) sehen sollte, nicht aber in der Proklamation von Werturteilen (dem SOLLEN) (vgl. ALBERT & TOPITSCH, 1971). Dies bedeutet aber nicht, daß der Wissenschaftler als Staatsbürger niemals Stellung zu politischen oder gesellschaftlichen Wertfragen beziehen darf. Wesentlich ist es nur, daß, wenn ein Wissenschaftler Stellung bezieht, er sehr deutlich kennzeichnet, aus welcher Position heraus (Wissenschaftler oder Staatsbürger) er seine Aussagen trifft. Die Konsequenz aus diesen Überlegungen ist eine strikte Trennung zwischen den Tatsachen und den Werten in den wissenschaftlichen Aussagesystemen.

Die Dialektiker bekämpfen entschieden das Postulat der Wertfreiheit in den Wissenschaften. Für ADORNO ist das Postulat der Wertfreiheit gar nicht realisierbar. „Wert und Wertfreiheit sind nicht getrennt, sondern ineinander; allein wäre jedes falsch...“ (ADORNO, 1969, S. 73) oder „die Dichotomie von Sein und Sollen ist so falsch wie geschichtlich zwanghaft“ (ebd. S. 139). Hinzu kommt, daß neben der Unmöglichkeit einer wertfreien Wissenschaft, diese gemäß der Position der Kritischen Theorie auch gar nicht angestrebt werden sollte. Denn eine werturteilsfreie Wissenschaft führt nur zur Stabilisierung der bestehenden gesellschaftlichen Zustände (ebd. S. 39 und 71 f.). Die Forschungslogik und der praktische Wissenschaftsbetrieb stellen sich nach Ansicht der Kritischen Theoretiker durch ihre Abstinenz von jeglichen Wertungen unkritisch in den Gebrauch gesellschaftlicher Interessen (die Wissenschaft wird zu einem bloßen Mittel, um irrationale Zwecke zu erfüllen). Die Forschung merkt nicht, wie sehr sie, kastriert durch das Postulat der Wertfreiheit, als bloßes Instrument der Interessen mißbraucht werden kann. Solche Forschungsvernunft ist instrumentell, aber setzt nicht genügend Sachkritik bei der Frage nach dem Sinn und den Hintergründen der Forschungsaufträge ein. Die auf diese Art gewonnene Erkenntnis ist gerade durch ihre gesellschaftliche Neutralität ein Politikum (s. ADORNO, 1969; HABERMAS, 1968).

ALBERT hat darauf hingewiesen, daß häufig in der Diskussion des Wertproblems in den Wissenschaften mehrere Aspekte durcheinander gebracht wurden. Zur Klärung der Diskussion führte ALBERT daraufhin eine Unterscheidung zwischen drei Aspekten des Wertproblems in den Wissenschaften ein: die Unterscheidung zwischen Wertbasis, Wertungen im Objektbereich und eigentlichen Werturteilen.

Nach ALBERT (1980) besitzt jede Wissenschaft einen normativen Hintergrund, eine *Wertbasis,* d.h. in jeder Wissenschaft gelten bestimmte metatheoretische Normen (z.B. darüber, wie wissenschaftliche Sätze aussehen sollen). Das Wertfreiheitspostulat ist solch eine metatheoretische Forderung, sie gehört mit zu der Wertbasis der Wissenschaft im Sinne des Kritischen Rationalismus. Die Kritischen Rationalisten und die Kritischen Theoretiker sind sich darin einig, daß die Übernahme gewisser metatheoretischer Vorannahmen und damit die Übernahme von Werten konstituierend und unumgänglich für wissenschaftliche Forschung ist.

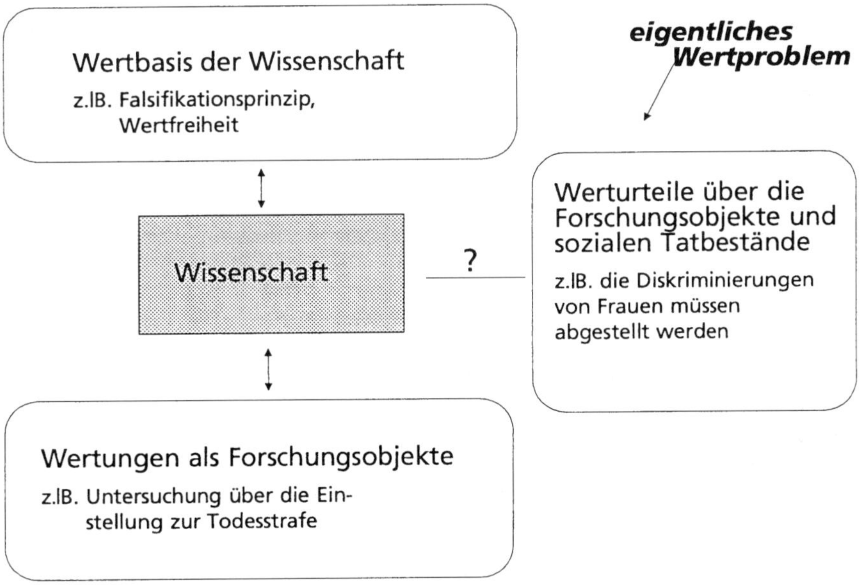

Abbildung 2: Drei Bereiche des Wertproblems in den Wissenschaften nach Albert (1967)

Zulässig sind auch für die Vertreter beider Positionen Beschreibungen, Erklärungen und Voraussagen über *Wertungen als Gegenstand der Wissenschaften* (z.B. Wertungen von Vpn über Todesstrafe). Der eigentliche Streitpunkt in der Werturteilskontroverse bezieht sich auf „die Notwendigkeit, Möglichkeit oder Zweckmäßigkeit von Werturteilen im objektsprachlichen Aussagenzusammenhang der Sozialwissenschaften selbst" (ALBERT, 1968, S.64). Für Anhänger der Kritischen Theorie wäre es legitim, wenn nicht gar notwendig, z.B. sozialpsychologische Theorien und Programme zu entwickeln, welche ganz eindeutige Stellungnahmen und Maßnahmen gegen die derzeitige Behandlung von Frauen in der Arbeitswelt beinhalten. Damit wäre die Trennung zwischen *erkennen und beurteilen* aufgehoben. Gegen solche Vermischung würden kritisch-rationalistische Sozialpsychologen ganz energisch gegen das Argument Widerspruch erheben, daß ein Wissenschaftler wohl als verantwortungsbewußter Bürger mit den Erkenntnissen seines Berufes etwa für die Gleichberechtigung von Frauen und gegen derzeitige gesellschaftliche Restriktionen kämpfen kann, in der Wissenschaft aber solche persönlichen Wertungen sich als Einfallstor dogmatischen Denkens auswirken können. Die Wissenschaft soll sich gerade dadurch auszeichnen, daß hier nur Raum gelassen wird, für rationale, intersubjektive Kritik und Überprüfung zulassende Aussagen. Sozialpsychologische Theorien sollen also gemäß dieser kritisch-rationalistischen Auffassung möglichst wertneutral Erkenntnisse über soziale Verhaltensweisen bereitstellen. Für welche Ziele diese Erkenntnisse eingesetzt werden, ist damit nicht festgelegt. Die Theorien können durchaus Kenntnisse darüber vermitteln, wie das Ziel der Emanzipation der Frauen am Arbeitsplatz am besten erreicht werden kann. Ebenso können die Theorien auch dazu genutzt werden, daß die Männer sich gegenüber den Frauen am Arbeitsplatz „emanzipieren" können. Mit dieser Umkehrung der Ziele am Beispiel der Emanzipation soll der Standpunkt innerhalb des Kritischen Rationalismus hervorgehoben werden, demgemäß keine wissenschaftliche, d.h. wertneutrale Theorie von vornherein nur einer bestimmten Gruppe von Menschen (den Herrschenden im Sinne der Kritischen Theorie) nützlich ist. Diese Position rief u.a. vehementen Widerspruch bei HABERMAS hervor.

5.4 HABERMAS und sein Konzept der Erkenntnisinteressen

Grundlegend für die frühe Philosophie von HABERMAS ist sein Buch „Erkenntnis und Interesse" von 1968. In diesem Buch führt HABERMAS den Begriff des „Erkenntnisinteresses" als Mittel der Unterscheidung von drei verschiedenen Gruppen von Wissenschaftlern ein.

Jeder wissenschaftlichen Erkenntnis geht in der Vorstellung von HABERMAS ein bestimmtes Interesse voraus. Die wissenschaftlichen Erkenntnisse müssen notwendig auf diese sie bedingenden Interessen relativiert werden. „Sobald die Aussagen relativ zu dem vorgängig mitgesetzten Bezugssystem verstanden werden, zerfällt der objektivistische Schein und gibt den Blick auf ein erkenntnisleitendes Interesse frei" (HABERMAS, 1969, S.155). HABERMAS schlägt in bezug auf die unterschiedlichen Erkenntnisinteressen in den Wissenschaften folgende Dreiteilung vor: „Für drei Kategorien von Forschungsprozessen läßt sich ein spezifischer Zusammenhang von logisch-methodischen Regeln und erkenntnisleitenden Interessen nachweisen ... In den Ansatz der empirisch-analytischen Wissenschaften geht ein technisches, in den Ansatz der historisch-hermeneutischen Wissenschaften ein praktisches und in den Ansatz kritisch orientierter Wissenschaften jenes emanzipatorische Erkenntnisinteresse ein" (1969, S.155). Als dazugehörige

Methoden ordnet HABERMAS das Erklären, das Verstehen und das kritisch-ideologische Verändern den jeweiligen Wissenschaften zu.

Wissenschaften	Erkenntnisinteresse	Methoden
empirisch-analytisch	technisches Interesse	Die Methoden beschränken sich im wesentlichen auf das Erklären von Fakten, Zusammenhängen und Prozessen.
historisch-hermeneutische	praktisches Interesse	Die Methoden laufen auf das Verstehen der Gegebenheiten hinaus.
kritisch-orientierte	emanzipatorisches Interesse	Die Methoden streben Erkenntnisse über die Notwendigkeit und Möglichkeit von Veränderung der Wirklichkeit an.

Abbildung 3: Die Einteilung der Wissenschaften bei Habermas (1968)

Die heutige Sozialpsychologie wäre nach dieser Einteilung den empirisch-analytischen Wissenschaften zuzuordnen. Mit dem technologischen Erkenntnisinteresse ist ein wissenschaftliches Vorgehen gemeint, welches danach strebt, vor allem zweckrationale, instrumentale Erkenntnisse zu erforschen. Die Wissenschaft, in der „technische Vernunft“ dominiert, ist nach HABERMAS (1968) geprägt durch die Denkweise moderner Industriegesellschaften. Im Vordergrund stehen die Aspekte des Beherrschenwollens, der Kontrolle sowie der Herrschaft über die Natur und die Menschen.

Für HABERMAS ist es kaum möglich, daß Theorien, welche im Sinne einer technischen Vernunft, d. h. im Streben nach Erklärungen, Vorhersagen und Technologien entwickelt wurden, beliebig für alle Ziele sinnvoll eingesetzt werden können. Angezweifelt wird, ob die vorhandenen sozialpsychologischen Theorien wirklich solche ganzheitlichen Erkenntnisse bereitstellen, um etwa einen „Emanzipationsprozeß“ voranzutreiben oder ob die Anwendung der nur kleinste Analyseeinheiten umfassenden Theorien nicht letztendlich immer wieder auf eine Herrschaft von irgendeiner Gruppe hinauslaufen wird. HABERMAS führt noch einen weiteren Kritikpunkt an einer kritisch-rationalistischen Forschungspraxis an: Es wird zu stark danach gestrebt, Mittel zum Erreichen von Zwecken auf rationalem und überprüfbaren Wegen bereitzustellen, es findet „lediglich eine ‚Rationalisierung der Mittelwahl‘ statt, die Zwecksetzung selbst hingegen bleibt wissenschaftlich unkontrolliert (s. HABERMAS, 1969). Wenn die Wissenschaft bei der Trennung wissenschaftlicher und politisch-ethischer Aussagen verharrt, überläßt sie nach HABERMAS ihre Erkenntnisse ohne Einflußnahme dem freien Kampf gesellschaftlicher Gruppierungen.

Stellen wir uns den Fall vor, daß in naher Zukunft eine bestimmte Gesellschaftsgruppe diktaturähnliche Verhältnisse in Deutschland mittels sozialpsychologisch entwickelter und überprüfter Umerziehungsprogramme einführen will. Wie kann oder wie soll eine Wissenschaft mit welchen Argumenten zu diesem Problem Stellung nehmen?

Es wäre ein Mißverständnis, HABERMAS so zu interpretieren, daß er grundsätzlich alle empirischen sozialpsychologischen Forschungen schlechthin ablehnen würde. Die Ablehnung bezieht sich nur auf die Einseitigkeit der zugelassenen Methodik und die Mißachtung des Einflusses unreflektierter Vorverständnisse auf die wissenschaftliche Arbeit. Wenn keine Reflexion der erkenntnisleitenden Interessen stattfindet und sich die Forscher in der Schein-Sicherheit einer objektiven unabhängigen Wissenschaft wähnen, – erst dann sind nach HABERMAS die empirischen Forschungsergebnisse und die daraus entwickelten Theorien unzureichend und kritikbedürftig, denn die Gefahr, daß die bestehenden gesellschaftlichen Macht- und Strukturverhältnisse durch die Wissenschaft unbemerkt unterstützt werden, ist groß.

5.5 Kritische Theorie und empirische Sozialpsychologie

Für die Psychologie fordern Vertreter der Kritischen Theorie, daß ihre Wissenschaft politisiert werden muß und daß die Psychologie mit ihren Methoden und Theorien zur Verwirklichung der gesellschaftlich im Prinzip gegebenen Entwicklungsmöglichkeiten für jeden einzelnen Menschen Beiträge erbringen sollte. Dazu gehört u. a., daß die psychologische Forschung nach den Gründen für die Lähmung und Hemmung der Entwicklung der Menschen sucht (vgl. REXILIUS, 1988). Viele Theorien der Sozialpsychologie, die im Sinne des Kritischen Rationalismus entworfen und dann überprüft wurden, sind nach dieser Auffassung bei weiten nicht ausreichend, um den Aufgaben einer gesellschaftlich-praktischen Psychologie gerecht werden zu können.

Um gesellschaftlich-emanzipative Ziele in der Psychologie verwirklichen zu können, müssen ganz neue Forschungsansätze entwickelt werden. Die herkömmlichen empirischen Forschungsmethoden führen in der Sichtweise marxistisch orientierter Kritiker zu einer „Degradierung der Untersuchten zu Forschungsobjekten, die durch den Anspruch auf streng objektive Datenermittlung gerechtfertigt wird, in Wirklichkeit aber die Untersuchungssituation Verhaltensmustern der sozialen Herrschaft und Kontrolle angleicht" (BERGER, 1974, S. 9). Mit den empirischen Sozialforschungstechniken wird demnach nur „das an Herrschaftsverhältnisse angepaßte Sozialverhalten und Bewußtsein" (ebd.) erfaßt.

Wird diese Auffassung in aller Konsequenz weitergedacht, dann müßten die meisten an Hand von empirischen Untersuchungsmethoden entworfenen und überprüften sozialpsychologischen Theorien in ihrem Geltungsbereich stark eingeschränkt werden. Wenn überhaupt, dann gelten diese Theorien über soziales Verhalten nur für unsere derzeitige durch besondere Herrschafts-, Arbeits- und Kommunikationsformen geprägte Gesellschaft. Ob die Reaktanztheorie, die Attributionstheorien oder etwa die Equity-Theorie in historisch veränderten gesellschaftlichen und kulturellen Verhältnissen den Individuen angemessene Erklärungen oder Vorhersagen liefern können, wird in Frage gestellt.

Mit dieser Skepsis und dem daraus abgeleiteten Ruf nach neuen Forschungsstrategien unterscheiden sich die Kritischen Theoretiker ganz deutlich von den Auffassungen der Logischen Positivisten und Kritischen Rationalisten, welche eine Wechselwirkung zwischen sozialen Interaktionen von Individuen und gesellschaftlich-kulturellen Einflüssen keinesfalls leugnen (Berücksichtigung von unterschiedlichen Randbedingungen), wohl aber der Auffassung sind, daß es möglich und sinnvoll ist, nach universellen (d. h. in allen Gesellschaften, für alle Menschen geltenden) sozialpsychologischen Theorien zu forschen. Eine Änderung der bestehenden psychologischen Forschungspraxis im Sinne der Kritischen Theorie würde eine grundsätzliche Umorientierung in der Definition psychologischer Forschungsgegenstände und -ziele, sowie die Entwicklung methodologischer Alternativen zum traditionellen experimentell-statistischen Kanon umfassen[7].

5.6 Kritische Würdigung der Position der Kritischen Theorie

Nach dem Abklingen des Positivismusstreites verschwand die Kritische Theorie zunächst in Nischen und philosophisch-theoretische Schutzburgen; im weiten Feld der empirischen-methodologischen Sozialforschung aber wurde versucht, die Vorstellungen des Kritischen Rationalismus umzusetzen.

BERGER (1985) weist darauf hin, daß die Frankfurter Schule es versäumte, praktisch zu werden, also die wissenschaftstheoretischen Erkenntnisse auf die empirische Ebene der Sozialforschung zu beziehen. Der Durchbruch kritisch-theoretischer Vorstellungen in die tägliche Forschungspraxis wurde zu stark vernachlässigt. Es wurde nicht genügend geprüft, wie sich die allgemeinen Postulate in der empirischen Forschungspraxis realisieren lassen.

Nimmt man diejenigen beim Wort, die sich auf die Kritische Theorie berufen, so sollte man sie kritisch befragen, wie sie sich ganz konkret „emanzipierte Menschen in einer veränderten Gesellschaft" vorstellen und wie Psychologen mit welchen Mitteln in Theorie und Praxis verändernd eingreifen sollen. Erst auf dieser konkreten Handlungsebene wird sich dann zeigen, inwieweit und in welcher Form die ideale Rede sich in reale Tätigkeit umgesetzt hat bzw. überhaupt umsetzbar ist. Hinter diesen Fragen nach der konkreten Umsetzbarkeit der kritisch-theoretischen Wissenschafts-

---

[7] HOLZKAMP (1972) entwickelte aus einer Unzufriedenheit mit dem experimentellen Vorgehen in der Psychologie einen eigenen wissenschaftstheoretischen konstruktivistischen Ansatz, welcher unter der Bezeichnung „Kritische Psychologie" den Charakter einer eigenen Schule angenommen hat. Auf dem Hintergrund einer Kritik an der traditionellen bürgerlichen Psychologie versucht HOLZKAMP (1978) eine radikal andere Basis für die Theorie und Praxis von Psychologie aufzubauen. Auch wenn die Konzeption der „Kritischen Psychologie" originär ist, so finden sich doch viele Gemeinsamkeiten mit den Vorstellungen der Kritischen Theoretiker.

auffassung steht eine gewisse Skepsis, denn es fällt relativ leicht, sich auf sehr weite ideale Ziele (wie z. B. Gerechtigkeit, Nächstenliebe, Fortschritt oder eben Emanzipation) zu einigen (Wer behauptet schon, daß er als Psychologe gegen eine Emanzipation der Menschen ist?). Schwierig wird es nur dann immer, wenn aus diesen idealen Zielen unterschiedliche Handlungskonsequenzen abgeleitet werden.

Positiv hervorzuheben ist, daß die Kritischen Theoretiker zu Recht darauf hingewiesen haben, daß das Verhalten einzelner Personen in einem wechselseitigen Zusammenhang mit den gesellschaftlichen Verhältnissen steht. Diese Erkenntnis war und ist nicht neu, aber von dem vehementen Eintreten der Kritischen Theoretiker für eine Berücksichtigung dieses Abhängigkeitsverhältnisses in der Wissenschaft gingen sicherlich entscheidende Impulse für eine stärkere Berücksichtigung gesellschaftlicher Bedingtheiten nicht nur der Forschungsobjekte, sondern auch der Forschungsergebnisse aus. Besonders für die Sozialpsychologie ist es wichtig, sich nicht nur zuständig zu wissen für das Verhalten einzelner Subjekte, sondern auch die Einflüsse der gegebenen „gesellschaftlichen Verhältnisse" in ihre Theorienbildungen mit aufzunehmen. Dies würde letztendlich zu der Forderung nach einer weitestgehenden Aufhebung der Trennung von Soziologie (Erforschung der Verhältnisse) und Psychologie (Erforschung des Verhaltens) führen (MERTENS, 1977, S. 40 ff.).

6. Schluß

Die hier aufgeführten wissenschaftstheoretischen Positionen und noch viele weitere Gegen- und Nebenpositionen befinden sich in einem ständigen Veränderungs- und gegenseitigen Beeinflussungsprozeß. Die unterschiedlichen Positionen führen zu unterschiedlichen Perspektiven auf dieselben Gegenstände. KUHN (1976) hat für diese verschiedenen Perspektiven in der Wissenschaft den Begriff des Paradigmas geprägt. Ein Paradigma beinhaltet eine bestimmte Konstellation von Meinungen, Werten, Regeln, Normen und Methoden, auf die sich die Wissenschaftler als verbindliche „Konventionen" geeinigt haben. Es gibt noch viele weitere wissenschaftstheoretische Paradigmen (wichtige Ansätze wären z. B. noch die *phänomenologisch-hermeneutischen* Wissenschaftstheorien oder die neueren *wissenschaftshistorischen* Konzepte), welche ebenso wie die in dieser Einführung (subjektiv) ausgewählten Richtungen einen Einfluß auf die Psychologie ausüben. Sicher ist, daß wir in der Wissenschaft lernen müssen, eine Vielfalt von metatheoretischen Richtungen zu akzeptieren und Erkenntnisfortschritte nicht zu verabsolutieren, sondern auf den jeweils erkenntnisbedingenden wissenschaftstheoretischen Standort zu relativieren. Die Positionen sind zum Teil sehr kontrovers, aber die Auseinandersetzungen über Unterschiede in den Wahrnehmungen, Auffassungen und Perspektiven sind als der eigentliche Motor wissenschaftlichen Fortschritts anzusehen.

Literatur

Adorno, Th. W. (1969): Einleitung. In: Th. W. Adorno u. a. (Hrsg.): Der Positivismusstreit in der deutschen Soziologie. Neuwied; Berlin: Luchterhand, S. 7–81.

Albert, H. (1967): Wertfreiheit als methodisches Prinzip. In: Ernst Topitsch (Hrsg.): Logik der Sozialwissenschaften. Köln, Berlin: Kiepenheuer & Witsch, S. 181–212.

Albert, H. (1968): Traktat über kritische Vernunft. Tübingen: Mohr.

Albert, H. und Topitsch, E. (1971): Werturteilsstreit. Darmstadt: Wissenschaftliche Buchgesellschaft.

Albert, H. (1980): Die Wissenschaft und die Suche nach Wahrheit. In: G. Radnitzky, G. Andersson (Hrsg.): Fortschritt und Rationalität der Wissenschaft. Tübingen: Mohr, S. 221–247.

Bateson, G. (1982): Geist und Natur. Eine notwendige Einheit. Frankfurt am Main: Suhrkamp.

Berger, H. (1985): Untersuchungsmethode und soziale Wirklichkeit. Eine Kritik an Interview und Einstellungsmessung in der Sozialforschung. Königstein/Ts.: Athenäum, 3. Auflage.

Bornewasser, M. u. a. (1986): Einführung in die Sozialpsychologie. Heidelberg, Wiesbaden: Quelle und Mayer, 3. Auflage.

Braun, E.; Radermacher, H. (1978): Wissenschaftstheoretisches Lexikon. Graz, Wien, Köln: Styria.

Breuer, F. (1989): Wissenschaftstheorie für Psychologen. Eine Einführung. Münster: Aschendorff, 4. völlig neubearbeitete und erweiterte Auflage.

Bunge, M. (1967): Scientific research. I. The search for system; II. The search for truth. Berlin u. a.: Springer.

Carnap, F.; Hahn, H.; Neurath, O. (1929): Wissenschaftliche Weltauffassung – der Wiener Kreis = Veröffentlichungen des Vereines. Wien: Mach, S. 9–30.

Carnap, R. (1931): Überwindung der Metaphysik durch logische Analyse der Sprache. In: Erkenntnis, Bd. 2, 219–241.

Chalmers, A. F. (1986): Wege der Wissenschaft. Einführung in die Wissenschaftstheorie. Hrsg. und übers. von N. Bergmann u. J. Prümper. Berlin, Heidelberg, New York, Tokyo: Springer.

Elias, N. (1985): Das Credo eines Metaphysikers. Kommentare zu Poppers „Logik der Forschung“. Zeitschrift für Soziologie, Jg. 14, Heft 2, S. 93–114.

Friesenhahn, G. J. (1985): Kritische Theorie und Pädagogik. Horkheimer, Adorno, Fromm und Marcuse. Berlin: Express.

Gadenne, V. (1984): Theorie und Erfahrung in der psychologischen Forschung. Tübingen: Mohr.

Groeben, N.; Westmeyer, H. (1981): Kriterien psychologischer Forschung. München: Juventa.

Habermas, J. (1968): Erkenntnis und Interesse. Frankfurt: Suhrkamp, 1968.

Habermas, J. (1969): Gegen einen positivistisch halbierten Rationalismus. Erwiderung eines Pamphlets. In: Theodor W. Adorno: Der Positivismusstreit in der deutschen Soziologie. Neuwied; Berlin: Luchterhand, S. 235–266.

Hempel, C. G.; Oppenheim, P. (1948): Studies in the logic of explanation. In: Philosophy of science, 15, S. 135–175.

Herrmann, Th.; Stapf, K. H. (1971): Über theoretische Konstruktionen in der Psychologie. Psychol. Beitr. 13, 1971, S. 336–354.

Herrmann, Th. (1973): Über einige Einwände gegen die nomothetische Psychologie. In: H. Albert; H. Keuth (Hrsg.): Kritik der kritischen Psychologie. Hamburg: Hoffmann und Campe, S. 41–83.

Holzkamp, K. (1964): Theorie und Experiment in der Psychologie. Berlin: de Gruyter.

Holzkamp, K. (1972): Kritische Psychologie. Vorbereitende Arbeiten. Frankfurt am Main: Fischer.

HOLZKAMP, K. (1978): Gesellschaftlichkeit des Individuums. Köln: Pahl-Rugenstein.
HORKHEIMER, M. (1988): Traditionelle und kritische Theorie. In: Gesammelte Schriften, Bd. 4: Schriften 1936–1941. Frankfurt am Main: Fischer, S. 162–216.
HUBER, O. (1987): Das psychologische Experiment: Eine Einführung. Stuttgart, Toronto: Huber.
HUBER, D. (1904): Traktat über die menschliche Natur. Hamburg, Leipzig: Voss.
IRLE, M. (1975): Lehrbuch der Sozialpsychologie. Göttingen, Toronto, Zürich: Hogrefe.
JAY, M. (1976): Dialektische Phantasie. Die Geschichte der Frankfurter Schule und des Instituts für Sozialforschung 1923–1950. Frankfurt: Fischer.
KORTHALS, M. (1985): Die kritische Gesellschaftstheorie des frühen Horkheimer. In: Zeitschrift für Soziologie, 14, S. 315–329.
KRAFT, V. (1968): Der Wiener Kreis. Der Ursprung des Neopositivismus. Ein Kapitel der jüngsten Philosophiegeschichte. Wien, New York: Springer.
KRAPP, A.; HEILAND, A. (1986): Wissenschaftstheoretische Grundfragen der Pädagogischen Psychologie. In: B. Weidemann, A. Knapp (Hrsg.): Pädagogische Psychologie. München, Weinheim: Urban und Schwarzenberg, S. 41–72.
KUHN, TH. S. (1976): Die Struktur wissenschaftlicher Revolutionen. 2., rev. und um d. Postskriptum von 1969 erg. Auflage: Frankfurt am Main: Suhrkamp.
LAKATOS, I. (1970): Criticism and the methodology of scientific research programmes. In: I. Lakatos, A. Musgrave (Hrsg.): Criticism and the growth of knowledge. Cambridge University Press.
LOSEE, J. (1977): Wissenschaftstheorie. Eine historische Einführung. München.
MARCUSE, H. (1978): Gespräche mit Herbert Marcuse. Frankfurt: Suhrkamp.
MERTENS, W. (1977): Aspekte einer sozialwissenschaftlichen Psychologie. München: Ehrenwirth.
NEURATH, O. (1932/33): Protokollsätze. In: Erkenntnis, Bd. 3, S. 204–214.
PAP, A. (1955): Analytische Erkenntnistheorie. Wien.
PETROVIC, G. (1986): Die Bedeutung der Frankfurter Schule heute. In: A. Honneth; A. Wellmer (Hrsg.): Die Frankfurter Schule und ihre Folgen: Referate eines Symposiums der Alexander-von-Humboldt-Stiftung vom 10.–15. Dezember 1984 in Ludwigsburg. Berlin; New York: de Gruyter, S. 13–25.
PHILIPPI, B. (1986): Protokollsätze versus Konstatierungen. Ein Kernproblem des Wiener Kreises. In: Moritz Schlick: Philosophische Logik, S. I–XLIII.
POPPER, K. R. (1973): Objektive Erkenntnis. Ein evolutionärer Entwurf. Hoffmann und Campe: Hamburg.
POPPER, K. R. (1973): Die offene Gesellschaft und ihre Feinde. Bd. 1 und Bd. 2. Bern, 3. Auflage.
POPPER, K. R. (1984): Logik der Forschung, 8. Auflage. Tübingen: Mohr.
PRIM, R.; TILMANN, H. (1983): Grundlagen einer kritisch-rationalen Sozialwissenschaft. Studienbuch zur Wissenschaftstheorie. Heidelberg: Quelle und Meyer, 5. Auflage.
REIJEN, W. van (1984): Philosophie als Kritik. Einführung in die kritische Theorie. Königstein/Ts.: Hain.
REXILIUS, G. (1988): Eine Standortbestimmung kritischer Psychologie. In: G. Rexilius (Hrsg.): Psychologie als Gesellschaftswissenschaft. Geschichte, Theorie und Praxis Kritischer Psychologie. Opladen: Westdt. Verl., S. 12–26.
SAHNER, H.: Erkenntnistheoretischer Anarchismus als neue Form des Eskapismus. Feyerabend für die Wissenschaftstheorie? Kölner Zeitschrift für Soziologie und Sozialpsychologie.
SEIFFERT, H. (1972): Einführung in die Wissenschaftstheorie, Band 1: Sprachanalyse – Deduktion – Induktion in Natur- und Sozialwissenschaften. München: Beck, 1972, 5., unveränderte Auflage.
SPECK, J. (Hrsg.) (1980): Handbuch wissenschaftstheoretischer Begriffe. Bd. 2. Göttingen: Vandenhoeck und Ruprecht.

SCHLEICHERT, H. (Hrsg.) (1975): Logischer Empirismus - Der Wiener Kreis. München: Wilhelm Fink.
SCHLICK, M. (1930/31): Die Wende der Philosophie. In: Erkenntnis, Bd. 1.
STEGMÜLLER, W. (1952): Hauptströmungen der Gegenwartsphilosophie. Eine historisch-kritische Einführung. Wien, Stuttgart: Humboldt.
STEGMÜLLER, W. (1973): Probleme und Resultate der Wissenschaftstheorie und Analytischen Philosophie, Band IV. Personelle und Statistische Wahrscheinlichkeit. Studienausgabe, Teil A. Berlin, Heidelberg, New York: Springer.
STEGMÜLLER, W. (1980): Neue Wege der Wissenschaftsphilosophie. Berlin, Heidelberg, New York: Springer.
STEGMÜLLER, W. (1987): Hauptströmungen der Gegenwartsphilosophie. Eine kritische Einführung. Band 3 - 8. Auflage - Stuttgart: Kröner.
STRÖKER, E. (1973): Einführung in die Wissenschaftstheorie. Darmstadt.
TSCHAMLER, H. (1983): Wissenschaftstheorie: Eine Einführung für Pädagogen. Bad Heilbronn/Obb.: Klinkhardt, 2., überarb. u. erw. Aufl.
VETTER, H. (1967): Wahrscheinlichkeit und logischer Spielraum. Tübingen: Mohr.
WESTMEYER, H. (1977): Verhaltenstherapie: Anwendungen von Verhaltenstheorien oder kontrollierte Praxis? Möglichkeiten und Probleme einer theoretischen Fundierung der Verhaltenstherapie. In: H. Westmeyer; N. Hoffmann (Hrsg.): Verhaltenstherapie. Grundlegende Texte. Hamburg: Hoffmann und Campe, S. 187-203.
WUCHTERL, K. (1987): Methoden der Gegenwartsphilosophie. Bern, Stuttgart: Haupt, 2. verb. u. neubearb. Aufl.

Die Herausgeber zum folgenden Beitrag

Der Überblick über die verschiedenen Theorien beginnt mit der Hypothesentheorie der sozialen Wahrnehmung. Diese Theorie geht in ihrer Formulierung auf Bruner und Postman zurück und stellt die älteste der in diesem Reader skizzierten Theorien dar. Sie ist im Zuge des „new look in perception" entstanden. Damit ist etwa ab Mitte der 40er Jahre in den USA eine neue Art der Erklärung von Wahrnehmung vor allem auf der Grundlage sozialer Variablen (Bedürfnisse, Motive, Werte) in die Wege geleitet worden. Die grundlegende Annahme der Hypothesentheorie der sozialen Wahrnehmung lautet, daß jeder Wahrnehmungsvorgang mit einer „Hypothese" (perceptual set oder cognitive predisposition) beginnt. Diese Hypothese beeinflußt nicht nur, was gesehen wird, sondern wie das Wahrgenommene interpretiert wird. Da die Theorie Denken, Erinnern und Wahrnehmen im Prozeß der Hypothesenprüfung aufeinander bezieht, kann man sie als eine kognitive Theorie der sozialen Wahrnehmung bezeichnen.

Nach Bruner und Postman fallen der Wahrnehmung vier heuristisch gedachte und nicht immer klar zu trennende Funktionen zu:

1. *Selektion: Was wahrgenommen wird, ist in erster Linie eine Auswahl aus der Reizvielfalt der Umwelt.*
2. *Organisation: Wahrnehmung ist das Ergebnis einer Organisation. Was wahrgenommen wird, ist immer schon sinnvoll gestaltet.*
3. *Akzentuierung: Der wahrgenommene Organismus hebt bestimmte Reizaspekte auf Kosten anderer hervor.*
4. *Fixierung: Was in irgend einer Situation wahrgenommen wird, ist eine Funktion der Fixierung von Wahrnehmungsantworten, die in früheren ähnlichen Situationen erfolgreich waren.*

Der Leser mag sich fragen, warum ein eigenes Kapitel für die Hypothesentheorie der Wahrnehmung reserviert wurde, wo doch dieser Aspekt einen Bestandteil der schemageleiteten Informationsverarbeitung darstellt (vgl. das Kapitel über konzeptgesteuerte Informationsverarbeitung in Band II). Wir sind aber der Meinung, daß die Forschung über soziale Kognition so umfangreich ist, daß es sich lohnt, der Hypothesentheorie der Wahrnehmung einen Extrateil zu widmen.

Die Präsentation dieser Theorie zu Beginn des Readers ist nicht zufällig, denn die Impulse, die von dieser Theorie auf andere sozialpsychologische Theorien ausgegangen sind, sind erheblich.

Die Hypothesentheorie der sozialen Wahrnehmung

Waldemar Lilli, Universität Mannheim
Dieter Frey, Universität Kiel

1. Einleitung

Die Relevanz der Theorie der sozialen Wahrnehmung für viele andere sozialpsychologische Theorien wird sehr oft verkannt. Die Interpretation und Wahrnehmung externer Reize, wie Freiheitseinengungen, dissonante Informationen, Informationen über Vergleichspersonen und über Erregungszustände usw. sind in entscheidendem Maße davon abhängig, auf welche kognitive Prädisposition diese Information fällt. Diese Theorie umfaßt bereits einige Aspekte der Konsistenztheorie, wenn man die Beendigung des Prozesses der Hypothesenprüfung als einen Zustand ansieht, bei dem eine Übereinstimmung (Gleichgewicht) zwischen Reizinformation und Erwartung erreicht ist. In der Sprache der Dissonanztheorie erzeugt das Auftreten einer hypothesenkonträren Information kognitive Dissonanz, die entweder durch Änderung der Hypothese oder Umbewertung der Information reduziert werden kann. Die Hypothesentheorie der sozialen Wahrnehmung macht spezifische Aussagen darüber, wie die Person den Konflikt verarbeitet. Entscheidend ist der Verankerungsgrad der Hypothesen sowie der Zuverlässigkeitsgrad der Information.

Die Hypothesentheorie der Wahrnehmung wurde ursprünglich von Jerome Bruner und Leo Postman 1951 entworfen. Damit verfolgten sie die Absicht, das in der sozialen Wahrnehmung bis dahin führende „directive state"-Konzept[1] zu ersetzen und die Frage nach der sozialen Determination der Wahrnehmung mittels einer systematischen und allgemeinen Konzeption zu beantworten. Was dabei entstand, war eine kompakte, übersichtliche Theorie mit gehaltvollen Vorhersagen, von der man einen weitreichenden Einfluß auf das neue und interessante Gebiet der sozialen Wahrnehmung erwarten konnte.

Soziale Wahrnehmung ist wegen der offenkundigen Attraktivität des angesprochenen Problemfeldes ein zentraler Bestandteil der sozialpsychologischen Forschung. Die seit Allports (1955) klassischem Werk vorliegende, umfassende Würdigung der Hypothesentheorie hat jedoch erstaunlicherweise nicht dazu geführt, daß der integrative Wert dieses Konzeptes erkannt und entsprechend genutzt wurde.

---

[1] Dieses Konzept postulierte einen direkten Einfluß von Werten, Wünschen, Motiven, Bedürfnissen usw. auf die Wahrnehmung. Die wichtigsten Hypothesen wurden in einer früheren Darstellung der Theorie behandelt (Lilli, 1984).

Um den anfänglichen Widerstand gegen diese neue Konzeption verstehen zu können, muß man sich vor Augen halten, daß die These vom *direkten* Einfluß sozialer Variablen (wie Werte, soziale Bedürfnisse) auf die Wahrnehmung zu verlockend war, um sie ohne weiteres aufzugeben. Das „directive-state"-Konzept erschien wohl als eine zeitgerechte Lösung. Ganz unerklärlich ist jedoch die weitgehende Nichtrezeption der Hypothesentheorie in den nachfolgenden Jahrzehnten, also in den Zeiten der Dominanz kognitiver Theorien.

Es wird die Aufgabe dieses Kapitels sein zu zeigen, daß die etwas modifizierte Theorie ihren integrativen Wert nach wie vor behaupten kann. Darüber hinaus soll auch verdeutlicht werden, daß diese Theorie auf einer Reihe von Anwendungsfeldern unmittelbar forschungsanleitend wirken kann.

1.1 Die „directive-state"-Theorie der sozialen Wahrnehmung

Der „new look in perception" gab den Anstoß für unzählige Experimente. Diese Forschungen stimmten zunächst alle darin überein, daß sie einen direkten Einfluß sozialer Variablen auf die Wahrnehmung postulieren. Von dieser Annahme her erklärt sich auch die auf ALLPORT (1955) zurückgehende Bezeichnung dieser Experimente als „directive-state"-Untersuchungen, wobei ihre große Menge hier nur exemplarisch verdeutlicht werden kann. Dabei geht es ganz besonders darum, die theoretischen und operationalen Schwächen dieses Konzepts zu dokumentieren, die den Anlaß zur Entwicklung der Hypothesentheorie der sozialen Wahrnehmung gegeben haben.

Bei der folgenden Darstellung beschränken wir uns darauf, die sechs Haupthypothesen des „directive-state"-Konzepts zu nennen:

1. Die körperlichen Bedürfnisse tendieren dazu, die Wahrnehmung zu determinieren.
2. Die Wahrnehmung wird durch Belohnungen und Bestrafungen determiniert, wenn diese mit bestimmten Reizsituationen assoziiert sind.
3. Die für eine Person charakteristischen Werthaltungen beeinflussen die Wiedererkennungszeit für Wörter, die auf diese Werthaltungen bezogen sind.
4. Der Wert, den ein Objekt für eine Person hat, determiniert die wahrgenommene Größe dieses Objekts.
5. Die Persönlichkeitseigenschaften eines Individuums stellen eine Disposition dar, die Umwelt so wahrzunehmen, daß sie mit diesen Eigenschaften konsistent ist.
6. Verwirrende oder bedrohliche Reize erfordern eine längere Wiedererkennungszeit als neutrale Reize. Oft werden sie in ihrer Bedeutung wahrnehmungsmäßig radikal uminterpretiert und erregen die für sie charakteristischen Emotionen schon bevor sie richtig identifiziert sind.

1.2 Kritik des „directive-state"-Konzepts

Die Kritik am „directive-state"-Konzept kann in sechs Punkten zusammengefaßt werden:

1. Die Ergebnisse der Experimente waren in einigen Fällen mehrdeutig und widersprüchlich. Dies ist zum Teil auch auf Mängel in den Designs und den Operationalisierungen zurückzuführen.
2. Die Wahrnehmungsabwehr (perceptual defense) konnte nicht richtig erklärt werden; ein klares operationales Kriterium wurde nicht genannt. Ist Wahrnehmung als ein Abwehrprozeß vorstellbar? Handelt es sich dabei vielleicht nicht eher um eine Entscheidung zwischen alternativen Wahrnehmungen?
3. Die Wirkung von Bedürfnissen, Motiven und Werten auf die Wahrnehmung wird zwar postuliert, aber es wird nicht erläutert, wie diese Faktoren im Wahrnehmungsprozeß wirksam werden.
4. Die Beteiligung anderer kognitiver Prozesse beim Zustandekommen der Wahrnehmungserlebnisse wurde nicht genügend berücksichtigt; z.B. kann die Relevanz der Bedürfnisse, Motive und Werte oder ihre instrumentelle Funktion genauso wirksam sein wie die Bedürfnisse, Motive und Werte selbst.
5. Die Vorerfahrung der Vpn wurde in den Experimenten meistens nicht berücksichtigt. Möglicherweise ist aber entscheidend, was eine Vp bereits früher wahrgenommen hat, weil diese Wahrnehmungserfahrung eine Bereitschaft konstituieren kann, ein bestimmtes Objekt auf eine bestimmte Weise zu sehen.
6. Die Schwäche der Theorie kam ganz besonders darin zum Ausdruck, daß die Wirkung ständig neuer Mechanismen angenommen werden mußte, um die vielfältigen experimentellen Ergebnisse erklären zu können. Von daher gesehen erschien die Entwicklung eines konsistenten Theorienkonzepts mit wenigen zentralen Annahmen dringend erforderlich.

1.3 Das Konzept der Hypothesentheorie in seinen Grundlagen

Mit ihrer Theorie versuchten BRUNER (1951, 1957) und POSTMAN (1951) das „directive-state"-Konzept zu reformulieren und gleichzeitig eine höhere Konsistenz und einen größeren Allgemeinheitsgrad der Aussagen zu erreichen. Die zentrale Idee dieser Theorie kommt in der Annahme zum Ausdruck, daß jeder Wahrnehmungsvorgang mit einer „Hypothese" (perceptual set oder cognitive predisposition) beginnt: Wir haben „Wahrnehmungs-Erwartungs-Hypothesen" aus früheren Kognitionen und Perzeptionen, die uns sagen, nach welchen Objekten wir Ausschau halten sollen; bis zu einem gewissen Grad sagen sie uns auch, wie wahrscheinlich es ist, daß bestimmte Objekte auftreten.

Im Unterschied zur „directive-state"-Theorie sind bei der Hypothesentheorie im eigentlichen Sinne[2] nicht die Bedürfnisse, Werte und motivationalen Zustände, sondern die *Erwartungshypothesen* die wahrnehmungsdeterminierenden Faktoren; Bedürfnisse, Motive und Werte sind hier nur noch Dimensionen des „perceptual set".

2. Das reformulierte Konzept der Hypothesentheorie

2.1 Allgemeine Grundlagen

Die Ausgangsfrage nach den sozialen Determinanten unserer Wahrnehmung hat sich inzwischen auf einer breiten Basis weiterentwickelt. Man ist sich heute einig darüber, daß die Analyse des eigentlichen Wahrnehmungsaktes, d.h. der Situation in der ein Beobachter auf einen Stimulus trifft, keine befriedigende Auskunft über das Zustandekommen der Wahrnehmung und der Erkenntnis gibt, die der Beobachter gewinnt. Zusätzlich muß gefragt werden: Was ist dem Stimulus vorausgegangen, und was folgt ihm nach? Wie kommt der Beobachter in die Situation und welche Ziele und Erwartungen verfolgt er?

Bei der modernen Betrachtung von sozialer Wahrnehmung und Kognition werden weniger die *strukturellen* als vielmehr die *prozessualen* Bedingungen bei ihrem Zustandekommen herausgestellt. Analyseeinheit ist nicht mehr nur der einfache Wahrnehmungsvorgang, sondern die Beziehungen zwischen den Denk-, Erfahrungs- und Planungsperspektiven des Beobachters und der wahrgenommenen Situation. Man könnte von einer „kognitiven Interaktion" von Organismus und Umwelt sprechen, bei der die Stimulationssituation auf der Grundlage verfügbarer Hypothesen ausgestaltet und interpretiert wird. (Dabei ist eine Erwartung, die aus einem kognitiven Schema abgeleitet ist, identisch mit einer subjektiven Hypothese. Siehe auch Abschnitt 2.3.1.1)

Diese moderne Betrachtung sozialer Wahrnehmung hat folgende Implikationen:

1. Die Wahrnehmung einer Stimulussituation ist nicht zufällig bzw. nicht beliebig.
2. Über die Lösung einer aktuellen Wahrnehmungsaufgabe hinaus trägt die Wahrnehmung wiederum zur Festigung oder Veränderung, d.h. Ergänzung und Erweiterung des Hypothesen-Repertoires oder zur Löschung unbrauchbarer Hypothesen bei.
3. Da sich Wahrnehmungsvorgänge im Lebenslauf eines Beobachters wiederholen, bildet sich ein System bewährter Hypothesen aus.

---

[2] Diese Einschränkung erscheint notwendig, weil in der einschlägigen sozialpsychologischen Literatur bis auf wenige Ausnahmen (z.B. IRLE, 1975; WELLHÖFER, 1976) unter Hypothesentheorie der sozialen Wahrnehmung die gesamten Forschungen zum „new look in perception" subsumiert werden (z.B. McDAVID & HARARI, 1968). Die eigentliche Hypothesentheorie der sozialen Wahrnehmung ist verhältnismäßig unbekannt geblieben.

4. Das Ergebnis sind Wissensvorräte oder soziale Repräsentationen, die sowohl inhaltlich-interpretative Momente als auch Strategien enthalten, wie Wahrnehmungsaufgaben gelöst bzw. Stimuli integriert werden können.

2.2 Zentrale Konzepte der Hypothesentheorie

2.2.1 Wahrnehmungs-Erwartungs-Modell

Jeder Wahrnehmungsvorgang beginnt mit einer Erwartungshypothese (perceptual set oder cognitive predisposition), die der Beobachter aus seinem kognitiven Reservoir auswählt. Bis zu einem gewissen Grade entscheidet die gewählte Hypothese darüber, was wahrgenommen wird. Eine Person kann dabei nur eine (im Extremfall eine Super- oder Monopolhypothese) oder mehrere Hypothesen haben. Diese Hypothesen können ranggeordnet und von unterschiedlicher Stärke sein.

2.2.2 Hypothesenstärke

Wie sehr nun die Wahrnehmung durch Erwartungshypothesen determiniert wird, darüber entscheidet die *Hypothesenstärke*[3]. Verfügt der Beobachter über eine starke Hypothese, so wird das Wahrnehmungsergebnis primär durch diese Erwartungshypothese determiniert sein. Im Sprachgebrauch der „social cognition" entspricht dies einer konzeptgesteuerten Informationsverarbeitung. Andererseits bezieht die Theorie auch solche Wahrnehmungssituationen ein, in denen eine datengesteuerte Verarbeitung stattfindet, der Beobachter also nur über (eine) schwache Hypothese(n) verfügt, wobei die Stimulussituation einen bedeutenden Einfluß darauf hat, wie die Hypothese genau aussieht.

In Abwandlung einer Idee von ALLOY & TABACHNIK (1984) und ALLOY (1988) kann man sich das Grundverhältnis der Beziehung zwischen Erwartungshypothese und situativer Reizinformation mit Hilfe eines Vier-Felder-Schemas veranschaulichen (Abb. 1).

Die Darstellung gibt natürlich nur die Eckpfeiler der an sich kontinuierlich variierenden Beziehungsverhältnisse zwischen Erwartungshypothesen und Reizinformation wieder. Die Felder 1 und vor allem 3 repräsentieren die Situationen, in denen eine hohe Determination durch die Erwartungshypothese vorliegt. Im Sinne der Hypothesentheorie handelt es sich dabei um die „unproblematischen" Fälle. Die Lösung der Wahrnehmungsaufgabe in den Feldern 2 und 4 erfordert dagegen vom Betrachter zusätzliche Anstrengung, z. B. durch Bildung neuer Hypothesen aufgrund von Informationen, die sich aus der Reizsituation ergeben (datengesteuerte

[3] Das Konstrukt der Hypothesenstärke ist das wichtigste Konstrukt in der Hypothesentheorie der sozialen Wahrnehmung. Auf die Determinanten der Hypothesenstärke wird weiter unten näher eingegangen.

Erwartungshypothese		Reizinformation
stark	schwach	
1	2	maximale Informationsmenge
3	4	minimale Informationsmenge

Abbildung 1: Erwartungshypothese und Reizinformation im Vier-Felder-Schema

Information, Feld 2) bzw. durch kognitive Aktivitäten, d. h. Umstrukturierungen und Neubewertungen (konzeptgesteuerte Information, Feld 4). In diesem vierten Feld können insbesondere soziale Einflüsse wirksam werden (vgl. Abschnitt 2.3.1.5). Die Erfahrungen eines guten Freundes mit dieser Situation könnten dazu führen, daß eine schwache Hypothese aufgewertet wird oder eine neue Hypothese entsteht, auf deren Grundlage die Situation bewältigt werden kann.

2.2.3 Das Prüfverfahren

Die prozessuale Dynamik der kognitiven Operationen beim Wahrnehmen kommt im Vorgang des Hypothesentestens zum Ausdruck. Der nach BRUNER (1957) zu durchlaufende dreistufige Zyklus sieht wie folgt aus:

Auf der *ersten Stufe* steht eine Erwartungshypothese bereit, nach der bestimmte Ereignisse eintreffen sollen.

Auf der *zweiten Stufe* erfolgt die Eingabe von Informationen über den Gegenstand der Wahrnehmung.

Mit der *dritten Stufe* ist der Vorgang abgeschlossen, wenn die Hypothese bestätigt wurde, oder er beginnt wieder von neuem, wenn die Hypothese widerlegt wurde.

Im Falle des Wiedereintritts in den Zyklus ergeben sich einige Probleme. Die jetzt wahrscheinlichste oder jetzt stärkste Hypothese soll nun zum Zuge kommen. Im kognitiven System befinden sich nicht nur ranggeordnete Hypothesen, sondern es enthält Verzweigungen, die auch einen Perspektivenwechsel des Beobachters ermöglichen. Wenn z. B. der Durchlauf des Zyklus völlig erfolglos blieb, dann kann ein Suchprozeß nach einem neuen Ansatzpunkt, eine Perspektivenverlagerung nötig sein, z. B. einen Kollegen als Mensch und nicht in seiner Rolle als Wissenschaftler zu betrachten.

Wird der Beobachter als aktiver Informationsverarbeiter verstanden, wird auch die Verfolgung bestimmter Ziele (z. B. Suche nach Wahrheit) in der Wahrnehmungssituation vorausgesetzt. Überwiegend wird versucht, diese Ziele durch eine Strategie der Hypothesenbestätigung zu erreichen, wobei dies besonders für starke Hypothesen gilt. Bei konkurrierenden (schwachen) Hypothesen aber könnte man sich eine Falsifikations- oder Eliminierungsstrategie vorstellen, um zu einer Lösung zu kommen: Ein Schachspieler kann – bevor er seinen Zug macht – verschiedene Möglichkeiten überprüfen und verwerfen. Ein Arzt wird bei der Diagnose einer Krankheit das sukzessive Ausschlußverfahren von Alternativen wählen, d.h. er beginnt mit der Überprüfung von schwachen, vermutlich nicht zutreffenden Hypothesen.

Daraus ergibt sich aber eine wichtige Konsequenz für das gesamte Hypothesenreservoir: Während bisher angenommen wurde, daß nur die *Bestätigung* von Hypothesen ihre Erhaltung garantiert, so ist nun hinzuzufügen, daß ihre Nicht-Bestätigung *keinesfalls automatisch* zu ihrer Löschung führt, z.B. hat sich in *dieser speziellen* Situation der Verdacht auf Herzinfarkt nicht bestätigt, was nicht ausschließt, daß er sich später bestätigen kann. So bleiben auch nicht bestätigte Hypothesen im Reservoir, da sie bei der Erfüllung von zukünftigen Wahrnehmungsaufgaben hilfreich sein können. Hauptsächlich handelt es sich dabei wohl um zentrale Hypothesen, die in allen Lebenslagen bedeutsam werden können; auch Hypothesen aus Expertenwissen (Medizin, Rechtswissenschaft usw.) überleben ihre Nichtbestätigung. Wenn der Beobachter eine Perspektivenänderung (vgl. HEWSTONE, 1988), eine neue Einsicht anstrebt, weil die bisherigen Lösungen nicht mehr gerechtfertigt erscheinen (z.B. der Wechsel vom reinen Gewinndenken zum Umweltbewußtsein im wirtschaftlichen Handeln), so könnte er zunächst hypothesenwiderlegende Informationen favorisieren, um die (starken) gängigen Hypothesen außer Kraft zu setzen. Dies erfordert gegenüber dem Normalfall des bestätigenden Testzyklus einen höheren kognitiven Aufwand und verzögert die Lösung der Aufgabe.

Die Arbeit von COOPER (1981) zeigt an, daß soziale Erwünschtheit (eine „Superhypothese", wie im Abschnitt 2.3.1.5 noch ausgeführt wird) die Informations-Such-Strategie eben auch in die eine oder andere Richtung lenken kann. Der sogenannte Positivitäts-Bias (z.B. KANOUSE & HANSON, 1972) scheint dagegen eine Superhypothese zu sein, nach der in der Personenwahrnehmung überwiegend positive Informationen gesucht werden und Bestätigungsstrategien vorherrschen (vgl. auch SCHÖNBORN, 1988).

Möglicherweise wird die Frage nach der Wahl der einen oder anderen Strategie des Hypothesen-Tests durch die Vermutung aus der Entscheidungsforschung beantwortet, daß Bestätigungsstrategien für die *Vorhersage*, Widerlegungsstrategien dagegen für die *Erklärung* von Ereignissen herangezogen werden (M. LEWICKA, persönliche Mitteilung).

Unberührt davon bleibt jedoch, daß nicht passende, ständig widerlegte Hypothesen gelöscht werden, weil sonst eine Fehlanpassung erlebt würde (z.B.verändertes Autodesign zugunsten der Dynamik und der Sicherheit).

2.3 Die Kernannahmen der Hypothesentheorie

Der Wert einer Theorie wird vor allem daran gemessen, ob sie gehaltvolle und empirisch überprüfbare Vorhersagen macht. Im Abschnitt 2.2 wurden die Begründungen zu den wichtigsten Konstrukten der Theorie beschrieben, nämlich der Erwartungshypothese, die eine Leitorientierung für die Wahrnehmung darstellt, und der Hypothesenstärke, die den Einfluß der Hypothese auf das Wahrnehmungsergebnis bestimmt.

Das *Kernstück der Theorie* besteht aus den folgenden drei Annahmen. Sie verdeutlichen, daß die Hypothesentheorie vor allem eine Theorie der kognitiven Informationsverarbeitung ist.

1. *Je stärker eine Hypothese ist, desto größer ist die Wahrscheinlichkeit, daß sie aktiviert wird.*

   Diese Annahme besagt, daß bei gegebener Wahrnehmungssituation die stärkste Hypothese herangezogen wird (priming).

2. *Je stärker eine Hypothese ist, desto geringer ist die Menge der zu ihrer Bestätigung notwendigen, unterstützenden Reizinformation.*

   Diese Annahme besagt, daß eine starke Hypothese einem Vorweggriff des Stimulus gleichkommt und deshalb keine große Energie für die weitere Informationssuche aufgewendet werden muß. Unter Umständen mag dem Beobachter ein Identifikationshinweis über den Stimulus genügen, um die Erwartungshypothese bestätigt zu finden. Wenn passende Informationen fehlen, kann die Wahrnehmungsorganisation direkt durch die dominante Hypothese bestimmt werden.

3. *Je stärker eine Hypothese ist, desto größer muß die Menge widersprechender Reizinformationen sein, damit sie widerlegt werden kann.*

   Damit ist die Resistenz starker Hypothesen gegen Änderung angesprochen. Eine extrem starke Hypothese (vorgefaßte Meinung, Vorurteil) kann unter den normalen Bedingungen *einer* kurzzeitigen Wahrnehmungssituation kaum zu Fall gebracht werden. Wiederholte widersprechende Informationen sind vermutlich dann am wirksamsten, wenn sie zu verschiedenen Zeiten oder in verschiedenen Situationen auftreten.

   In der ursprünglichen Fassung der Theorie spielte die *Veridikalität* der Hypothese noch eine Rolle. Das hat hauptsächlich damit zu tun, daß Bruner & Postman (1949a, b) vor allem solche Forschungen zu erklären versuchten, bei denen physikalisch definierte Stimuli (z. B. Größen, Farben, Gewichte) verwendet wurden. Für den Bereich sozialer Stimuli steht dieses Problem nicht so sehr im Vordergrund, obwohl mit dem *Signal-Entdeckungs-Konzept* (Upmeyer, 1985) eine Methode zur Verfügung steht, die Stimulus- und Response-Effekte getrennt zu erheben erlaubt (vgl. dazu auch den Beitrag von Beckmann & Mattenklott in Band III).

2.3.1 Determinanten der Hypothesenstärke

Wie erwähnt, stellt die Hypothese eine variable Einflußgröße im Prozeß der sozialen Wahrnehmung dar. Auf dem gedachten Kontinuum des Einflusses der Erwartungshypothese gibt die Hypothesenstärke die konkreten Bedingungen an, unter denen eine Determination der Wahrnehmung erfolgt. Bruner (1951) konnte fünf Determinanten der Hypothesenstärke differenzieren, die sich in zahlreichen experimentellen Arbeiten der traditionellen Wahrnehmungsforschung als wirksam erwiesen haben (zu diesen Arbeiten vgl. Lilli, 1984).

2.3.1.1 Die Häufigkeit früherer Bestätigungen der Hypothese

Je öfter eine Hypothese in der Vergangenheit bestätigt wurde, desto stärker wirkt sie, d.h. desto geringer ist die Menge an Reizinformation, die man benötigt, um sei bei späteren Gelegenheiten zu bestätigen. Starke, gemeint sind hier vor allem bewährte Hypothesen, können als elaborierte oder hochstrukturierte Wahrnehmungs-Schemata verstanden werden. Dabei ist eine Erwartung, die aus einem kognitiven Schema abgeleitet ist, identisch mit einer subjektiven Hypothese (Neisser, 1976). Es ist zu erwarten, daß eine häufig bestätigte Hypothese die Reaktionszeit bis zum Wahrnehmungsurteil senkt und die Konsistenz des Urteils bei wiederholter Messung erhöht.

2.3.1.2 Die Anzahl verfügbarer Alternativ-Hypothesen

Je größer die Zahl konkurrierender Hypothesen, die in einer Wahrnehmungssituation wirksam werden können, desto größer muß die Menge passender Reizinformationen sein, um eine davon zu bestätigen. Monopol einer einzigen Hypothese auf der einen Seite und extreme Vielfalt von Hypothesen auf der anderen Seite bilden die Grenzen in dieser Frage. Je größer die Zahl von Alternativhypothesen, desto weniger wahrscheinlich ist es, daß eine gegebene Menge von Reizinformationen irgendeine von ihnen bestätigt; die Hypothesen wetteifern miteinander und die stärkste, für die die Informationen passend sind, wird bestätigt. Die Grundüberlegung hier enthält die Vorstellung einer Entscheidungssituation, wobei im einfachsten Fall zwischen zwei Hypothesen zu entscheiden ist und in dem für den Beobachter ungünstigsten Fall beliebig viele, schwache bzw. unwahrscheinliche Hypothesen in Frage kommen können.

Diese Annahme ist relevant für zwei Arten von Wahrnehmungssituationen:

1. Für unklare Reizsituationen, d.h. bei geringer und unspezifischer Information, in denen eine Lösung der Wahrnehmungsaufgabe eher zufällig erfolgt, da alle Hypothesen eine geringe Stärke aufweisen.
2. Für mehrdeutige Situationen, d.h. bei großer Informationsmenge, in der verschiedene Lösungsgesichtspunkte enthalten sind, die für den Beobachter wichtig sein können, und er sich für einen davon entscheiden muß bzw. seine Aufmerksamkeit auf eine davon gelenkt wurde (z.B. Hofer, 1984).

Beide Arten von Situationen finden sich in unserem Alltag wieder. Man könnte sich vorstellen, daß in unklaren Situationen bei geringer Sicherheit eher die Erprobung bestimmter Strategien der Hypothesenverwendung eine Rolle spielen mag. Hier bestehen gewisse Ähnlichkeiten zu Tverskys (1972) Vorstellung vom Entscheidungsvorgang als einer sukzessiven Elimination von Alternativen. Es ist zu erwarten, daß die Zeitspanne zwischen Eingabe der Information und Bestätigung einer Hypothese groß ist, da der Testzyklus mehrmals durchlaufen wird.

Die experimentellen Vorgehensweisen zur Reduzierung der Anzahl verfügbarer Hypothesen sind meistens von der Art, daß Vpn auf eine zu erwartende Situation eingestellt wurden bzw. die Instruktion erhielten, auf den einen oder anderen Aspekt des Stimulus zu achten. Die Wahrnehmungsurteile fallen nicht nur qualitativ anders aus, wenn auf verschiedene Aspekte des Stimulus geachtet werden soll, sondern die interindividuelle Varianz dieser Urteile nimmt auch zu, wenn keine hypothesenleitende Instruktion vorlag, also beliebige Hypothesen das Wahrnehmungsurteil bestimmten konnten (LILLI, 1987).

In Forschungen, die stärker am klassischen Wahrnehmungsparadigma orientiert sind (z. B. BRUNER & POSTMAN, 1949a, b), konnte u.a. gezeigt werden, daß die Wahrnehmung effizienter ist, wenn die Aufmerksamkeit der Vpn z. B. auf eine einzige Klasse von Worten, die im Tachistoskop erschienen, gerichtet waren. Sinnvolle Interpretationen werden schneller erreicht und die Reizinformation kann wirksamer genutzt werden, wenn sie für eine geringere Zahl von Alternativhypothesen passend ist.

Stereotype bilden den extremsten Fall der Reduktion von Alternativen auf eine einzige starke Hypothese. Bereits in einer frühen Phase der Forschung wurde der Begriff des Stereotyps (z. B. von RICE, 1926; LITTERER, 1933) im Sinne einer monopolistischen (nicht-veridikalen) Hypothese über Klassen von Sachverhalten verstanden. Eine solche Hypothese kann schon durch eine minimale Menge an Reizinformation bestätigt werden: Die Annahme, alle Juden seien geschäftstüchtig, wird bereits in dem Augenblick bestätigt, in dem ein Mann als Jude erkannt wurde, weil die Beziehung zwischen „Jude" und „Geschäftstüchtigkeit" so stark ist, daß die Information, mit der eine Person als Jude identifiziert wird, bereits genügt, um das Stereotyp zu bestätigen. Wenn alternative Hypothesen über Juden bestehen, müssen mehr passende Informationen über die betreffende Person auftreten, um eine andere Hypothese zu bestätigen. Im neueren, auf TAJFEL (1963; TAJFEL & WILKES, 1963) zurückgehenden Stereotypenkonzept, werden monopolistische Hypothesen operationalisiert, z. B. als die Wahrscheinlichkeit des Zusammenhangs zwischen bestimmten Attributen und Klassen- oder Gruppenzugehörigkeiten (LILLI, 1970): Je höher dieser Zusammenhang, desto stärker die Hypothese. Dadurch wird die Varianz der Urteile zwischen den zur selben Klasse gehörenden Stimuli verringert und der Unterschied zu Stimuli, die in andere Klassen fallen, erhöht. Monopolistische Hypothesen können damit auch Ingroup-Outgroup-Effekte erklären. Ein anschauliches Beispiel aus der politischen Urteilsbildung (Partei-Präferenz-Hypothese) findet sich bei LILLI (1982).

2.3.1.3 Motivationale Einflüsse

Je stärker die motivationale Unterstützung für eine Hypothese ist, desto geringer ist die Menge der passenden Reizinformation, die zu ihrer Bestätigung, und desto größer ist die Menge der widersprechenden Information, die zu ihrer Widerlegung nötig ist.

Motivationale Einflüsse waren im präkognitiven „directive state"-Konzept des „new look in perception" die einzig und alles entscheidenden „sozialen" Determinanten der Wahrnehmung. Die Kausalbeziehungen zwischen Bedürfnissen, Trieben, Wünschen und Wertvorstellungen, heute in einer gewissen Ratlosigkeit als „hot“ cognitions (MARKUS & ZAJONC, 1985) bezeichnet, und den Selektions- und Attributionsmechanismen, Defiziten und Irrtümern der menschlichen Informationsverarbeitung („cold“ cognitions) konnten bisher nicht aufgeklärt werden (siehe auch die „Affekt-versus-Kognition“-Debatte zwischen LAZARUS (1984) und ZAJONC (1984).

Nach der Hypothesentheorie kann *jeder* motivationale oder emotionale Einfluß wirksam werden; auch die für den Beobachter z. B. belohnend oder bestrafend wirkenden Konsequenzen der Bestätigung oder Widerlegung einer Hypothese gehören dazu. Die vielfältige Bedeutung emotionaler oder motivationaler Variablen in der hypothesengeleiteten Wahrnehmung ist kaum einzugrenzen. Sie können bei der Auswahl der Hypothese durch Hinlenkung der Aufmerksamkeit genauso wirksam werden wie durch Weglenkung oder selektive Unaufmerksamkeit (WHITE, 1986), wenn sich dadurch die Wahrnehmungsschwelle für eine bestimmte Klasse von Informationen erhöht. Zwei ebenfalls wichtige Einflußgrößen sind die Stimmungslage des Beobachters und die Stimmungswirkung aufgrund der Reizinformation. Aus der Depressionsforschung liegen Erkenntnisse über die Dominanz negativer Selbstbezogenheit der Informationsverarbeitung vor, was bedeuten könnte, daß stets versucht wird, positiv gerichtete Hypothesen zu falsifizieren, wodurch diese nach und nach aus dem Repertoire ausscheiden. Man kann hier entsprechend dem Positivitäts-Bias (siehe Abschnitt 2.2.3) von einem Negativitäts-Bias sprechen. Vermutlich könnte man hypothesentheoretische Überlegungen zur Therapie derartiger psychischer Krankheitsbilder noch stärker einsetzen, als dieses in der kognitiven Therapie bereits gemacht wird.

Die Ergebnisse von älteren Forschungen zu den motivationalen Einflüssen auf die soziale Wahrnehmung - soweit sie im Erklärungsbereich der Hypothesentheorie liegen - sollen hier nur ganz kurz erwähnt werden; detaillierte Schilderungen und ausführlichere Literaturangaben finden sich bei LILLI (1984).

1. Bis zu einem gewissen Sättigungsgrad nimmt die Häufigkeit bedürfnisbezogener Wahrnehmungsantworten als Funktion zunehmender Intensität von Bedürfnissen (Hunger, Durst usw.) zu. Nahrungsentzug über 20 Stunden hinaus steigert die Zahl nahrungsbezogener „Responses“ allerdings nicht mehr.
2. Werthaltungen und emotionale Haltungen bewirken eine stark selektive Ausrichtung in der Objektwahrnehmung. Die Wahrnehmungssensitivität ist jedoch höher gegenüber negativen Verstärkern, weil diese als bedrohlich erlebt werden, d.h. die diesbezüglichen Hypothesen sind stärker.
3. Die vielfältigen und teilweise widersprüchlichen Studien zur Wahrnehmungsakzentuierung (vgl. LILLI, 1975 a)[4] können weitgehend hypothesentheoretisch erklärt werden. Nach BRUNER (1951) ist ein Akzentuierungseffekt nur dann zu erwarten, wenn die Objektgröße eine passende

---

[4] Akzentuierung meint die Überbetonung von Objektattributen unter Motivations- und Werteinflüssen.

Reizinformation zur Bestätigung einer motivations- oder wertbezogenen Hypothese darstellt. Die Debatte über eine absolute (d.h. einzelobjektbezogene) oder eine relative (d.h. auf Objektvergleiche bezogene) Akzentuierung hat ergeben, daß man den Effekt durch eine kognitive Regel, d.h. eine Zusammenhangshypothese verursacht sieht (LILLI, 1975a, b). Beispiele: Je höher der Wert eines Objektes, desto größer ist es. Aber auch: Je kleiner ein Objekt, desto wertvoller.

4. Ein großer Teil der sehr umfangreichen Forschungen zur Wahrnehmungsabwehr (perceptual defense) und Wahrnehmungserleichterung (perceptual vigilance) und das damit angesprochene Problem der hohen oder niedrigen Wahrnehmungsschwelle konnte mit der Dominanz starker und änderungsresistenter Hypothesen erklärt werden[5]. Unter Vigilanzbedingungen stehen starke Hypothesen sozusagen zum raschen Einsatz bereit. Wahrnehmungsabwehr tritt dagegen in Situationen in Erscheinung, in denen nicht etwa keine Wahrnehmung stattfindet, sondern z.B. die Superhypothese der sozialen Erwünschtheit verhindert, daß eine Wahrnehmungs*antwort* erfolgt (z.B. bei der Präsentation von Tabu-Wörtern).

2.3.1.4 Kognitive Einflüsse

Je fester eine Hypothese im kognitiven System des Beobachters verankert ist, desto geringer ist die Menge passender Reizinformationen, die zu ihrer Bestätigung nötig ist, und desto größer ist die Resistenz dieser Hypothese gegen Änderung.

Die Ähnlichkeit dieser Argumentation mit der Einbettung von Einstellungen in größere Zusammenhänge und der daraus resultierenden Änderungsresistenz ist offensichtlich. Man denkt an ein kognitives Netzwerk oder ein Gebäude aus Hypothesen. Aufeinander bezogene Hypothesen könnten durch eine gemeinsame Superhypothese verbunden sein. Bildet eine Superhypothese aber nur die Klammer - das Dach - von Wahrnehmungs-Erwartungs-Hypothesen?

Was bedeutet das Scheitern einer verankerten Hypothese für das kognitive System? Was bewirkt z.B. erzwungene Einwilligung (forced compliance) im Experiment hypothesentheoretisch gesehen? Folgende Grundüberlegungen könnten zu Antworten auf diese Fragen führen: Durch die Verankerung ist eine Hypothese nicht nur fixiert, sondern kann auch durch Bezüge zu Nachbarhypothesen (Begründungszusammenhänge) im kognitiven System präzisiert sein. Je stärker diese Bezüge, desto mehr muß geändert werden, um eine dieser Hypothesen zu ändern. Aber der Wahrnehmende hat auch stets die Möglichkeit, Einflüssen öffentlich nachzugeben (z.B. im Experiment), ohne seine Hypothesen tatsächlich geändert zu haben.

---

[5] Einschränkend soll erwähnt werden, daß die Asch-Untersuchungen nur bedingt als Beispiel für Wahrnehmungsurteile herangezogen werden können, da der Gruppendruck primär Wirkungen auf der Response-Ebene, jedoch nicht unbedingt auf der Ebene des tatsächlichen Wahrnehmungsurteils liegt.

Man kann sich kognitive Einflüsse sowohl bei der Entstehung einer Hypothese als auch bei der Entscheidung für eine bestimmte Hypothese vorstellen. Bei großer Informationsmenge werden eher Mechanismen der Selektion, bei geringer Reizinformation eher Mechanismen der kognitiven Ergänzung wirksam werden. Im Einzelnen läßt sich annehmen:

1. *Je stärker die kognitive Unterstützung z.B. durch Argumente, Begründungen, Betonungen für eine Hypothese, desto größer muß die Menge widersprechender Reizinformationen sein, um sie zu widerlegen.*

   Bei NISBETT & ROSS (1980) werden zwei Effekte genannt, die eine kognitive Unterstützung der Hypothese bewirken können:

   a) Salienz-Effekte: Die Hervorhebung oder Betonung bestimmter Reizaspekte erhöht die Wahrscheinlichkeit von ganz bestimmten Hypothesen. Beispiel: Einzelne auffallende Ausländer in einer Personengruppe.

   b) Vividness-Kriterium: Konkrete Informationen sind interessanter als abstrakte und haben daher größeren Einfluß auf die Hypothese.

2. *Je geringer die Menge unterstützender Reizinformation, desto stärker die Tendenz, daß eine dominante Hypothese die Lösung der Wahrnehmungsaufgabe bestimmt.*

   Hypothesen können auch unabhängig von Reizsituationen alleine schon durch Organisations- und Regelprinzipien unterstützt werden, die im Wahrnehmen und Denken verfügbar sind. Das Konsistenzprinzip (HEIDER, 1958), das Schließen von Wirkungen auf Ursachen (Kovariationsprinzip, KELLEY & MICHELA, 1980), Linearitätsregeln zur hierarchischen oder transitiven Ordnung von Informationen (TSUJIMOTO et al., 1978), das Wissen um zentrale und periphere Cues (ASCH, 1946) oder Regeln der Informationskombination in der Personenwahrnehmung (cognitive algebra, ANDERSON, 1974) können die Basis für dominante Hypothesen bilden (zum Überblick vgl. SCHNEIDER et al., 1979). Heuristiken, Daumenregeln der Urteilsbildung (TVERSKY & KAHNEMAN, 1973) können dominante Hypothesen in informationsarmen Reizsituationen stützen; ähnliches gilt für die Zusammenhangstäuschung (illusory correlation, CHAPMAN, 1967; HAMILTON & GIFFORD, 1976; LILLI & REHM, 1983; 1984).

   Ökologisch valide Hypothesen können so dominant sein, daß sie zu einem offensichtlichen Fehlurteil führen. Im Versuch von BRUNER, POSTMAN & RODRIGUES (1950) wurden Objekte des täglichen Lebens (Zitronen, Bananen, Karotten usw.) gezeigt, deren Farben eindeutig der normalen Erfahrung widersprachen. Dennoch verschoben die Vpn bei dieser Identifikationsaufgabe die Farben der Objekte in Richtung auf die dominante Hypothese.

   Dieses Ergebnis entspricht durchaus der Alltagsvermutung. Angesichts erfahrungsgemäß nicht vereinbarer Informationen kommt die dominante Hypothese zum Zuge. Dabei kann – vor allem, wenn es sich um eine wichtige Sache handelt – die Sicherheit des Wahrnehmungsurteils abnehmen, was u.U. zu einem Wiedereintritt in den Testzyklus auf der Grundlage einer veränderten Hypothese führt.

2.3.1.5 Soziale Einflüsse

In Abwesenheit von passenden Reizinformationen kann die Übereinstimmung von Mitgliedern einer Gruppe als Bestätigung einer Hypothese dienen.

Soziale Einflüsse sind vermutlich die wichtigsten Determinanten der Wahrnehmung überhaupt. Impliziter oder expliziter Konsensus zwischen Mitgliedern einer sozialen Gruppe ist angesichts mangelnder objektivierbarer Standards im Bereich sozialer Stimuli der häufigste Mechanismus zur Feststellung der Angemessenheit der eigenen Wahrnehmung und Urteilsbildung. Diese Überlegung liegt auch der Theorie sozialer Vergleichsprozesse zugrunde (vgl. den Beitrag von FREY, DAUENHEIMER, PARGE & HAISCH in diesem Band). Dabei sind zwei Formen sozialer Einflüsse zu unterscheiden:

a) *Impliziter Konsensus:*

Der implizite Konsensus wird durch eher versteckt wirkende, operational schwer zu fassende Einflüsse von der Sozialisation, der Kultur und Gesellschaft, in der ein Beobachter aufgewachsen ist und lebt, gebildet. Die vor dem Hintergrund dominanter und vermittelter Wert- und Normvorstellungen entstandenen generellen Interpretationsrichtlinien könnte man so als Super- oder Leithypothesen verstehen.

Es gibt eine ganze Reihe von kulturvergleichenden Studien (siehe TRIANDIS & LONNER, 1980), in denen sozusagen von einer ökologischen Repräsentativität (BRUNSWIK, 1956) ausgehend, kulturbedingte dominante Hypothesen aufgespürt wurden. Im Bereich der visuellen Wahrnehmung ist dies in der umfangreichen Studie von SEGALL, CAMPBELL und HERSKOVITZ (1966), zumindest was Unterschiede in der Wahrnehmung von optischen Täuschungen (z. B. in der Tiefenwahrnehmung und der Farbwahrnehmung) zwischen westlichen und nicht-westlichen Kulturen angeht, überzeugend gelungen. ALLPORT und PETTIGREW (1957) haben kulturbedingte Dominanzen in der Wahrnehmung von architektonischen runden versus rechtwinkligen Merkmalen festgestellt. BAGBY (1957) konnte zeigen, daß bei konkurrierenden Reizvorlagen (binocular rivalry) in den Wahrnehmungsantworten stets die der Herkunftskultur entsprechende Vorlage genannt wurde.

Aus der Attributionsforschung wissen wir auch, daß Kausalattributionen von Erfolg und Mißerfolg z. B. im ostasiatischen Kulturkreis nicht wie bei uns internal bei Erfolg und external bei Mißerfolg, sondern genau umgekehrt vorgenommen werden (siehe auch FISKE & TAYLOR, 1984).

b) *Expliziter Konsensus:*

Die zweite Form von sozialem Einfluß ergibt sich aus dem konkreten sozialen Kontext, in dem die Wahrnehmung stattfindet. Hier scheint die empirische Überprüfung leichter möglich als im erstgenannten Fall.

Bis heute ist die Studie von SHERIF (1936) zum autokinetischen Effekt ein prototypisches Beispiel für die Konvergenz der Wahrnehmungsurteile in einer reizarmen Situation (zur Kritik des Sherif-Ansatzes vgl. jedoch BRAUNS, 1983).

Auf eine viel drastischere Weise hatte ASCH (1951; 1956) in seinen

Gruppendruck-Experimenten einzelne Vpn in eine Konfliktsituation gebracht; sie wurden angesichts einer eindeutigen Lösung einer Wahrnehmungsaufgabe mit einem widersprechenden Wahrnehmungsurteil der Gruppenmehrheit konfrontiert. Gerade Gruppendruck kann mit Hilfe der Hypothesentheorie erklärt werden (vgl. LILLI, 1983): Die einzelne Vp befindet sich in dem Dilemma, zwischen zwei starken Hypothesen entscheiden zu müssen. Soll sie der eigenen Wahrnehmung vertrauen oder dem Gruppenurteil folgen? Wie sich in dieser Studie zeigt, nähert sich das Urteil der einzelnen Vp nur dann der Gruppenmeinung an, wenn die Hypothese „Vertrauen in die Gruppe" gestärkt wurde, was besonders wirksam war bei Vpn mit einem hohen Score auf der sozialen Erwünschtheits-Skala (DICKENBERGER et al., 1978). Soziale Erwünschtheit wirkt offenbar wie eine Superhypothese, die die Entscheidung erleichtert.

Andere Erklärungsversuche des Gruppendruckeffektes, wie der von ROSS et al. (1976), die einen Attributionskonflikt annahmen, und der von SANTEE & MASLACH (1982), die Aspekte des Selbstkonzeptes in sozialen Einflußsituationen untersuchten, sind von der hypothesentheoretischen Argumentation keineswegs soweit entfernt, wie dies auf den ersten Blick erscheinen mag.

3. Die Hypothesentheorie im Überblick

1. Der Wahrnehmungsvorgang beginnt mit einer *Erwartungshypothese* bereits vor Eingabe der Reizinformation.
2. Wie sehr das Wahrnehmungsergebnis durch eine Erwartungshypothese bestimmt wird, darüber entscheidet die *Stärke der Hypothese.*
3. Es besteht ein kontinuierliches Beziehungsverhältnis zwischen (Stärke der) Erwartungshypothese und (Verfügbarkeit von) Reizinformation: Je stärker eine Hypothese ist, desto kleiner die Menge der zu ihrer Bestätigung benötigten Reizinformation; je schwächer die in Frage kommenden Hypothesen sind, desto mehr Reizinformation ist nötig, um eine davon zu bestätigen.
4. Wahrnehmung ist ein Entscheidungsvorgang, der normalerweise einem dreistufigen Zyklus folgt, an dessen Ende die Bestätigung einer Hypothese steht. Wird dieser Zyklus mehrmals durchlaufen, bis ein Wahrnehmungsergebnis vorliegt, so kann dies bedeuten, daß eine Strategie der Hypothesenfalsifizierung gewählt wurde und/oder ein Wechsel in der Perspektive des Beobachters eingetreten ist.
5. Das zentrale Konstrukt der Theorie ist die Hypothesenstärke:
   1. Starke Hypothesen werden mit größerer Wahrscheinlichkeit aktiviert als schwache.
   2. Je stärker sie sind, desto geringer ist die zur Bestätigung erforderliche Menge unterstützender Reizinformation und
   3. desto größer muß die Menge widersprechender Reizinformation sein, um sie zu widerlegen.
6. Es sind fünf Determinanten der Hypothesenstärke zu erkennen:

1. Die Häufigkeit, mit der eine Hypothese früher bestätigt worden ist; Je häufiger, desto stärker das subjektive Vertrauen in diese Hypothese. Dabei spielen auch Recency-Effekte eine Rolle insofern, als sie Auswirkungen auf die retrospektiv wahrgenommene Häufigkeit haben.
2. Die Anzahl in einer Situation verfügbarer Hypothesen: Je höher die Anzahl, desto geringer die Wahrscheinlichkeit, daß eine davon zum Zuge kommt. Die Entscheidungszeit wird verlängert und die Entscheidungssicherheit nimmt ab. In solchen Situationen sind Perspektiven- und Strategienwechsel des Beobachters wahrscheinlich.
3. Motivationale Einflüsse: Motivation wirkt in der Regel selektiv durch Hinlenkung auf hypothesenunterstützende und Weglenkung von hypothesenwidersprechenden Informationen. Solche Einflüsse können aber auch schon bei der Wahl der Erwartungshypothese wirksam werden.
4. Kognitive Einflüsse: Je stärker eine Hypothese im kognitiven System verankert ist, desto größer ihre Dominanz und Änderungsresistenz und desto größer die zu ihrer Widerlegung erforderliche Menge widersprechender Reizinformation. Solche Einflüsse umfassen generelle Prinzipien des Wahrnehmens und Denkens genauso wie Heuristiken des Alltags, Regeln über die Kombination von Informationen oder Effekte der Aufmerksamkeits-Lenkung.
5. Soziale Einflüsse: Bei Abwesenheit passender Reizinformationen kann die Übereinstimmung von Mitgliedern einer Gruppe als Bestätigung einer Hypothese dienen. Impliziter, durch Sozialisation entstandener Konsensus (Leithypothesen), und explizite, im konkreten sozialen Kontext auftretende Übereinstimmung, erscheinen als wichtigste Mechanismen in der hypothesengeleiteten Wahrnehmung.

4. Charakterisierung der Hypothesentheorie im Bezug zu anderen kognitiven Konzepten

4.1 Die Rolle der Erwartungshypothesen

Die Theorie geht von Erwartungshypothesen aus, die der Beobachter in Wahrnehmungssituationen einbringt und überprüft.

Die Stimulusinformation hat in diesem Konzept drei Funktionen:

a) Reduzierung möglicher Hypothesen auf eine Alternative,
b) Unterstützung oder
c) Widerlegung der Hypothese.

Auf diese Weise werden Hypothesen verändert, d.h. gestärkt oder geschwächt.

Damit hebt sich die Hypothesentheorie von all den Konzepten ab, in denen Wahrnehmung als Aktivität der Reizanalyse (Gibson, 1959; 1973; 1982; vgl. auch: Hagen, 1985; Munz, 1989) oder unter dem Gesichtspunkt der Integration einzelner Reizinformationen zu einem Gesamtergebnis verstanden wird (z.B. ist nicht die Reizinformation, sondern die Erwartungshypothese die Grundlage der Wahrnehmung in der Hypothesentheorie).

4.2 Hypothesentheorie und Schemaforschung

Ähnlich wie Schemata die Informationsverarbeitung beeinflussen, prägen auch konkrete Erwartungen bzw. Hypothesen, wie sie Gegenstand der Hypothesentheorie der Wahrnehmung sind, die Informationsverarbeitung. Im Gegensatz zu Schemata sind Hypothesen im Sinne dieser Theorie klar definierte Erwartungen über Reizzustände. Trotzdem ist das Konstrukt der Hypothese mehrdeutig. Normalerweise enthält eine Hypothese zwar eine konkrete Erwartung über eine Wahrnehmungssituation, insgesamt variieren Hypothesen jedoch nicht nur inhaltlich, sondern auch nach Komplexität, Abstraktionshöhe und Grad der Verankerung im kognitiven System. Je nach Wahrnehmungsaufgabe kann es sich um eine einfache Indikationsannahme handeln (z.B. im Objektbereich) oder um eine elaborierte Erwartung z.B. über Personen oder soziale Ereignisse. Unberührt davon bleibt die Stärke einer Hypothese das entscheidende Kriterium ihrer Wirksamkeit bei der Lösung einer Wahrnehmungsaufgabe.

Zwischen der Hypothese und dem kognitiven Schema, dem Oberbegriff in der sozialen Kognitionsforschung (Taylor & Crocker, 1981; Markus & Zajonc, 1985), bestehen trotz prinzipieller Ähnlichkeit der Perspektive einige bemerkenswerte Unterschiede: Die Hypothesentheorie analysiert den Wahrnehmungsvorgang, die Schemaforschung befaßt sich überwiegend mit Gedächtnisprozessen. Bei der Schemaforschung spricht man von Salienz, während man bei der Hypothesentheorie der Wahrnehmung von Dominanz einer Hypothese spricht, aber beide - Hypothese und Schema - determinieren letztlich die Informationssuche, die Informationsspeicherung und den Informationsabruf.

Durch den Begriff der Hypothesenstärke, für den es in der Schemaforschung keinen äquivalenten Begriff wie etwa eine Schemastärke gibt, kann die Hypothesentheorie der Wahrnehmung in bestimmten Bereichen sehr präzise Aussagen machen, die von der Schemaforschung nicht erfaßt werden können.

Andererseits können wir aber annehmen, daß Aspekte wie Priming oder das Erinnern an hypothesenkonsistente oder -inkonsistente Informationen, Recency-Effekte usw. ebenso auf die Hypothesentheorie angewandt werden könnten, obwohl dieses bisher noch nicht untersucht wurde. Konkret könnte man also postulieren, daß eine Hypothese, die im Gedächtnis „obenauf“ liegt, auch eher zur Datensteuerung angewandt wird und hypothesenunterstützendes Material eher erinnert wird.

Die Hypothesentheorie ist ein Gebäude aufeinander bezogener Annahmen, die Ansätze zum kognitiven Schema sind heterogen und zum Teil divergent.

Welche babylonische Vielfalt im Bereich der kognitiven Ordnungssysteme vorherrscht, kann an ausgewählten Beispielen verdeutlicht werden: Bruner (1951) sprach bekanntlich von Hypothesen, was 30 Jahre später in recht ähnlicher Weise von SNYDER (1981) und seinen Kollegen (SNYDER & SWANN, 1978; SNYDER & URANOWITZ, 1978) ohne Rückbezug auf BRUNER aufgegriffen wurde[6]. BRUNER & TAGIURI (1958) haben von impliziten Theorien bei der Personenwahrnehmung gesprochen und EPSTEIN (1973) hat die Idee generalisiert. Bei JONES & THIBAUT (1958) ist von „inferential sets" die Rede, ROSCH (1973) verstand Kategorien als Strukturmodelle des kognitiven Systems. TAJFEL (1969; 1982) bevorzugte soziale Kategorien und Stereotype (auch: HAMILTON, 1981; LILLI, 1982). CANTOR & MISCHEL (1977; 1979) bezeichneten den Prototyp als das beste Beispiel einer kognitiven Kategorie. TESSER & COWAN (1975; 1977) haben Einstellungen als soziale Repräsentationen verstanden. ABELSON (1976; SCHANK & ABELSON, 1977) belegten sequentielle oder anders verbundene kognitive Einheiten mit dem Ausdruck des Skripts und für FORGAS (1979) bildeten soziale Episoden die kognitiven Einheiten in alltäglichen Interaktionen.

Für einen wesentlichen Teil der Argumentation dieser Konzepte könnte die Hypothesentheorie als Bezugsrahmen dienen. Es ist insbesondere vorstellbar, daß immer dann, wenn in diesbezüglichen Untersuchungen die *Stärke* des zugrundeliegenden kognitiven Konstrukts, der *Umfang* und die *Konsistenz* der zu verarbeitenden Informationen kontrollierbar variieren, hypothesentheoretische Erklärungen zutreffen könnten.

4.3 Hypothesentheorie und Forschungen zur sozialen Kognition

Forschungen zur sozialen Kognition ergänzen den Fragenkatalog der Hypothesentheorie insofern, als sie sich mit den Vorgängen befassen, die gewissermaßen „hinter" den Hypothesen oder Schemata stattfinden. Art und Organisation der im Gedächtnis gespeicherten Informationen, ihre Implikationen für Urteilsbildung und Verhalten sowie Inhalt und Struktur sozialer Repräsentationen sind dabei zentrale Themen (vgl. SHERMAN et al., 1989). Einzelheiten können hier leider nicht erörtert werden, bei Durchsicht programmatischer Arbeiten (z.B. BREWER & KRAMER, 1985; HIGGINS & BARGH, 1987; WYER & SRULL, 1986) wird aber deutlich, daß sich zum Geltungsbereich der Hypothesentheorie keine Alternative anbietet, die ähnlich präzise und kompakt wäre wie diese.

SHERMAN et al. (1989) haben zwischen zwei Typen der gespeicherten Information unterschieden, die möglicherweise die Ausgangsbasis für die Annahme verschiedenartiger Hypothesen bilden. Der erste Typ besteht aus abstrakten, summarischen Eindrücken über einen sozialen Stimulusbereich. Es könnte sich hierbei um starke monopolistische Hypothesen (Prototypen) handeln, die im Augenblick des ersten Reizkontaktes aktiviert werden. Der zweite Typ bezieht sich auf die Rohdaten des Stimulus, aus denen das Wahrnehmungsurteil gebildet wird. Bei dieser stimulusorientierten Analyse können vielfältige Hypothesen unterschiedlicher Stärke entstehen. Beziehungen zwischen beiden Typen könnten Einsichten über die Organisation

---

[6] Wohlgemerkt: Es gibt im Detail erhebliche Unterschiede zwischen den Begriffen.

des Hypothesensystems vermitteln und möglicherweise Bedingungen angeben, unter denen ein bestimmter Typ von Hypothesen aktiviert wird.

4.4 Hypothesentheorie und Dissonanztheorie

Enge Verflechtungen gibt es zwischen der Dissonanztheorie und der Hypothesentheorie der Wahrnehmung. Sowohl die Dissonanztheorie als auch die Hypothesentheorie der Wahrnehmung sind so unmittelbar relevant für Risiko- und Gefahreneinschätzungen. Wie wir seit Tschernobyl wissen, folgen solche Einschätzungen keineswegs einer rationalen oder objektiven Grundlage, sondern sie sind entsprechend der Hypothese oder der jeweiligen Entscheidung verzerrt; auch Experten sind gegenüber Fehleinschätzungen nicht immun. Hier liefert die Hypothesentheorie der Wahrnehmung Erklärungansätze, warum Gefahren unterschätzt werden. Die IRLEsche Formulierung der Dissonanztheorie (vgl. auch den Beitrag zur Dissonanztheorie von FREY & GASKA in diesem Band) ist insofern mit der Hypothesentheorie der Wahrnehmung verknüpft, als Dissonanz nur dann entsteht, wenn zwei Kognitionen einer subjektiven Hypothese widersprechen. Die Hypothesentheorie der Wahrnehmung und die Dissonanztheorie haben teilweise ein ähnliches Anwendungsfeld, so z. B. bei der Suche und Bewertung von Informationen im Lichte einer Hypothese (Hypothesentheorie) oder im Lichte einer tentativen Entscheidung (Dissonanztheorie). Dissonanztheorie und Hypothesentheorie der Wahrnehmung machen also auf dem Bereich der Informationsverarbeitung und Informationssuche dekkungsgleiche Aussagen.

5. Exemplarische Anwendungsgebiete

Die Anwendungsmöglichkeiten der Theorie sind inhaltlich natürlich nicht beschränkt, sondern sie erstrecken sich auf alle Gebiete, in denen eine Erwartungshypothese die Urteilsbildung bzw. Entscheidung leitet oder in denen das Verhalten anderer vorauszusagen versucht wird (vgl. HIEBSCH, 1986).

5.1 Personenwahrnehmung, Einstellungen, Stereotype und Vorurteile

Nur relativ wenige Arbeiten gehen explizit von der Hypothesentheorie aus. SCHEUFELE (1985) konnte zeigen, daß vor allem negative Warentest-Informationen bei der Kaufentscheidung wie starke Hypothesen berücksichtigt werden. LIST (1985) hat versucht, von der ausbildungsbedingten Orientierung von Therapeuten ausgehend, die Diagnose eines Falles vorherzusagen. SCHÖNBORN (1988) hat u. a. differenzierte Prozesse des Hypothesentestens bei der Personal-Selektion nachgewiesen. In den Arbeiten von DEUTSCH (1982), FRÖHLICH et al. (1987) und SCHÖNBORN et al. (1987) wurde versucht, den labeling approach (vgl. BECKER, 1973; ERIKSON, 1962; PRUS, 1975) mit

Hilfe der Hypothesentheorie zu präzisieren. Als geradezu klassische Anwendungsfelder der Theorie können die Personenwahrnehmung, Einstellungen, Stereotype und Vorurteile verstanden werden. Die Hypothesentheorie der Wahrnehmung bietet in diesem Sinne auch eine gute Erklärung dafür, daß Menschen oft Gerüchte über Personen (bis hin zum Rufmord) oder soziale Ereignisse in die Welt setzen, obwohl die Reizgrundlage für solche „Informationen" absolut nicht ausreichend ist. Aber bei sehr starken Hypothesen (motivational z. B. durch Neid, Eifersucht und Haß bedingt) reichen schon minimale Anhaltspunkte (also eine diffuse Stimulussituation) aus, um ein Bild zu vervollständigen und daraus Hirngespinste und Phantasien abzuleiten (der Chef hat ein Verhältnis mit seiner Sekretärin, die gutaussehende Frau kann es nur durch Beziehungen, aber nicht durch ihre Kompetenz zu etwas gebracht haben usw.). Wenn solche Phantasien von anderen akzeptiert werden, steigt die Sicherheit bezüglich der Richtigkeit der Hypothese (vgl. Realitätstest 2. Ordnung in FESTINGERS Theorie der sozialen Vergleichsprozesse, siehe den Beitrag von FREY et al. in diesem Band). Juden wurde im Mittelalter vorgeworfen, die Brunnen vergiftet zu haben, als Erklärung für den um sich greifenden Tod durch die Pest. Diese Hypothese war nahezu Allgemeingut: Auch wenn niemand einen Juden bei der Brunnenvergiftung beobachtet hatte, so wurde dieses dennoch als Realität angesehen. Viele Intrigen funktionieren nach einem ähnlichen Muster. Der Betroffene ist relativ machtlos, weil ein sozialer Konsens über die Richtigkeit der aufgestellten Hypothesen besteht und eine geringe Anzahl bestimmter Informationen bereits ausreicht, um ein Bild zu komplettieren (readiness to perceive), auch wenn dieses komplette Bild der Wahrheit in keiner Weise entspricht.

Die in Modellen zur Eindrucksbildung, zu Inferenzprozessen und Attributionsmechanismen enthaltenen Grundüberlegungen sind zum überwiegenden Teil im Sinne von dauerhaften Hypothesen oder Konzepten zu verstehen (z. B. GERGEN & GERGEN, 1986). Für diese Bereiche besonders interessant ist die viel zu wenig beachtete Erkenntnis, daß das Hypothesen-Repertoire eines Beobachters durch lebenslange Sozialisationsprozesse geprägt wird. Damit weist es nicht nur eine mehr oder weniger verfestigte Struktur auf, sondern es sind auch Ähnlichkeiten in der Lösung von Wahrnehmungsaufgaben zwischen Personen mit bestimmten Sozialisationsmustern zu erwarten. Mit der Überlegung, daß in bestimmten Lebensabschnitten ganz spezifische Wahrnehmungserfahrungen dominant sind, könnte man ein Konzept der Wahrnehmungs-Sozialisation propagieren. Die Übergänge von einem zum anderen Lebensabschnitt könnten im Sinne der Wahrnehmungs-Erfahrung mit neuen Umwelten, d. h. als eine Verschiebung im Hypothesen-Reservoir des Individuums durch Löschung alter und Entwicklung neuer Hypothesen verstanden werden.

Die seit BRUNER & TAGIURI (1954) und CRONBACH (1955) mit dem Namen „implicit personality theory" belegten Forschungen zur gruppen-, schicht- oder kulturspezifischen Meinung über zusammenpassende oder nicht zusammenpassende Persönlichkeits- und Verhaltensmerkmale können im Sinne eines festgelegten Systems von Hypothesen verstanden werden.

In einer engen Beziehung zur impliziten Persönlichkeitstheorie steht die

Eindrucks- und Urteilsbildung (impression formation), in der man sich seit der bekannten Untersuchung von ASCH (1946) um Antworten auf die Frage bemüht, wie einzelne Informationen zu einem Gesamteindruck integriert werden (vgl. auch WYER, 1974; ROSCH, 1976). Es erscheint zumindest plausibel, die im Prozeß der Eindrucksbildung zentralen, d.h. den Gesamteindruck wesentlich bestimmenden Informationen als dominante Hypothesen aufzufassen und die hinzukommenden peripheren, d.h. weniger wichtigen Informationen im Sinne von hypothesenunterstützenden oder widersprechenden Informationen zu verstehen. Möglicherweise lassen sich aus diesen Überlegungen alternative Erklärungen zu den in der Eindrucksbildung viel diskutierten Modellen der Informationsintegration ableiten, die durchweg „small-range"-Theorien sind.

KELLEY (1949) hat zeigen können, daß das Verhalten eines Lehrers in einer Gruppensituation ganz verschieden wahrgenommen wurde, je nachdem, ob dieser Lehrer vorher als warmherzig (warm) oder als kühl (cold) angekündigt worden war. Das tatsächliche Verhalten des Lehrers wurde in Richtung der dominanten Hypothese interpretiert, was für die Lehrer-Schüler-Interaktion überdauernde Konsequenzen haben kann (vgl. Herrel, 1971).

Die Hypothesentheorie der sozialen Wahrnehmung ist von BRUNER & POSTMAN von Anfang an auch als eine Einstellungstheorie begriffen worden, denn das zentrale Konstrukt dieser Theorie, die Hypothese, wurde im Sinne einer kognitiven Prädisposition zur Vorhersage künftiger Ereignisse erläutert. Damit entspricht sie weitgehend einer kognitiven Definition des Einstellungsbegriffs (vgl. ZIMBARDO & EBBESEN, 1969).

Im Konzept der Hypothesentheorie findet sich u.E. sowohl ein auf konkrete Reizsituationen abhebender (perzeptueller) Einstellungsbegriff, der Variabilität des kognitiven Systems und Anpassung meint, als auch ein nicht-perzeptueller Einstellungsbegriff, der die Stabilität und das Beharrungsvermögen des kognitiven Systems betont. Mit der Betonung der Variabilität von Einstellungen ist der Forschungsschwerpunkt Einstellungsänderung angesprochen, mit der Betonung der Stabilität der Forschungsschwerpunkt Stereotype, auf den wir nochmals kurz eingehen wollen.

Stereotype sind Einstellungen, die die Aufmerksamkeit auf bestimmte Klassen von Informationen beschränken (Urteilssimplifizierung); diese Definition entspricht der monopolistischen Hypothese in einer bestimmten Situation. Stereotype werden aber oft auch als gruppenspezifische Übereinstimmungen des Urteils bezeichnet (Urteilshomogenität); hier wird darauf abgestellt, daß eine bestimmte Erwartungstendenz über längere Prozesse im Sozialisationsgeschehen entstanden ist. Experimentelle Belege bezüglich der Urteilssimplifizierung sind zahlreich und sehr bekannt; wir verweisen deshalb hier lediglich auf die berühmte Untersuchung von SECORD et al. (1956), in der gefunden wurde, daß Personen mit Vorurteilen gegen Schwarze deren Hautfarbe dunkler einschätzten als sie tatsächlich war.

Ein interessantes Experiment zur Urteilshomogenität stammt von COOPER et al. (1975). Sie untersuchten die Frage, wie der Studienerfolg einer Person eingeschätzt wird, wenn vorab Informationen über die Rassenzugehörigkeit und die soziale Herkunft dieser Person gegeben wurden. Im Einklang mit dem gängigen Stereotyp wurde dieser Person die Erreichung eines höheren akademischen Grades eher zugetraut, wenn sie aus der Mittelschicht kam als wenn es sich um eine Unterschicht-Person handelte. Weißen Personen der Mittelschicht wurde größere Selbstverantwortung für Mißerfolg im Studium zugeschrieben als allen anderen Personen. Die Urteile der Vpn zeigten sich um so stärker am gängigen Stereotyp orientiert, je geringer ihre Schulbildung war.

5.2 „Self-fulfilling-prophecy"

Ganz andere Wurzeln als die Hypothesentheorie scheint die Theorie der „self-fulfilling-prophecy" zu haben (MERTON, 1948), die in zahlreichen sozialen Situationen zur Wirkung kommt. Seit der „Entdeckung" des Pygmalion-Effektes durch ROSENTHAL & JACOBSON (1968) sind hunderte von Beiträgen zur „self-fulfilling-prophecy" erschienen, in denen u. a. gezeigt wurde, daß die Tendenz zur Wunscherfüllung in der interpersonalen Erwartung z. B. auch die Art und Häufigkeit der Interaktion verändert (vgl. DARLEY & FAZIO, 1980). ROSENTHAL (1973) hat ein Konzept der Erwartungswirkung in der (dyadischen) Lehrer-Schüler-Interaktion entwickelt, das 4 Kategorien des Lehrerverhaltens unterscheidet. Danach erhalten ‚high-expectancy'-Schüler a) ein besseres sozio-emotionales Klima, b) differenziertere Rückmeldungen c) anspruchsvollere Inhalte und d) mehr Antwortgelegenheiten (HARRIS & ROSENTHAL, 1985). Die Klammer zur Hypothesentheorie ergibt sich über die Hypothesenstärke: Je größer der Wunsch nach dem Eintritt des Ereignisses, desto mehr Verhaltensenergie wird in diese Richtung gelenkt.

5.3 Das kognitive Rollenkonzept

Zentrale Argumentationen der Hypothesentheorie der Wahrnehmung finden sich im Rollenkonzept wieder. Insbesondere im kognitiven Rollenkonzept von BIDDLE (1979) sind die in der Gesellschaft geteilten Erwartungen über adäquate Verhaltensweisen bei der Rollenausübung wichtig. Es wird zwischen einfachen Erwartungen, die eine einzige modale Reaktion auf eine Eigenschaft enthalten, und komplexen Erwartungen, die sich auf zusammengesetzte Verhaltensweisen beziehen unterschieden. Stärke und Umfang der Erwartung sind zentrale Variablen dieses Konzepts.

BIDDLE hat überdauernde Verhaltenserwartungen - Leithypothesen - von hoher sozialer Verbindlichkeit im Auge.

5.4 Organisationspsychologie und Konsumentenforschung

Auch in anderen Anwendungsbereichen gibt es eine ganze Menge von Studien, in denen mit dem Begriff der Erwartung (expectancy, expectation), seltener mit dem Hypothesenbegriff, gearbeitet wurde. Offenbar handelt es sich um einen Begriff, der zentrale Assoziationen zum sozialen Verhalten hervorruft. Innerhalb der Psychologie wurde mit den Arbeiten von KRECHEVSKY (1932) und TOLMAN (1932) eine systematischere Betrachtung eingeleitet, die aber erst in der Hypothesentheorie von BRUNER & POSTMAN (1951) und der Lerntheorie ROTTERS (1954) konkrete Ausformungen erfuhr. In der Organisationspsychologie versucht man heute, den traditionellen Themen der Arbeitszufriedenheit, der Leistungsmotivation und auch der Führung mit Hilfe von expectancy-Ansätzen neue Impulse zu geben (vgl. MINER, 1980). Nach der Theorie der Arbeitsmotivation von VROOM (1964) präferieren Personen ganz bestimmte Ziele und Ergebnisse und lehnen andere ab. Positiv (negativ) valente Ergebnisse werden zu erreichen (vermeiden) versucht; lang- und kurzfristige Ziele werden realisiert, indem Handlungsergebnisse bezüglich ihres Wertes zur Zielerreichung vorgewichtet werden. In dieser Denkweise kommt eine dominante Hypothese des individuellen Nutzens zum Ausdruck; folgerichtig wird immer wieder versucht, expectancy-Theorien auf ein SEU-Modell zurückzuführen (z. B. VAN HOE, 1987).

In der Konsumentenforschung könnten Fragestellungen zur entscheidungssteuernden Wirkung von Erwartungen belebend auf die Monotonie der Einstellungs-Verhaltens-Studien nach dem FISHBEIN & AJZEN-Modell (1975, vgl. auch den Beitrag von FREY, STAHLBERG & GOLLWITZER in diesem Band) wirken. WARSHAW & DAVIS (1985) konnten z. B. zeigen, daß die Verhaltenserwartung einen besseren Prädikator darstellt als die Verhaltens-Intention. In der Verhaltenstherapie wird die Selbstwirksamkeitstheorie von BANDURA (1977; 1986) diskutiert, in der Hypothesen über das Selbst eine Rolle spielen.

Sofern in den eben genannten Bereichen theoretische Bezugspunkte gegeben sind, beziehen sich diese auf ROSENTHAL (1973), BANDURA (1986) und ROTTER (1954). Es bedarf nur geringer Phantasie, um sich hier die Möglichkeiten der Hypothesentheorie vorzustellen. Auch für die Sozialisationsforschung könnte die Hypothesentheorie eine Bereicherung darstellen; man kann die verschiedenen Lebensabschnitte im Sinne ihrer jeweils dominanten Erwartungshypothesen darstellen. Dies würde auch einen neuen Zugang zum Problem des Generationskonflikts eröffnen.

5.5 Wirtschaft und Politik

Die Hypothesentheorie der Wahrnehmung hat natürlich auch eine große Relevanz für den Makrobereich in Wirtschaft und Politik. Auch wenn in den meisten volkswirtschaftlichen Modellen auf den Erwartungsbegriff verzichtet und mit Parametern wie Preis, Zins, Eigen- und Fremdkapital gearbeitet wird, so spielen doch Erwartungen im Sinne von Hypothesen eine zentrale Rolle bei den Wirtschaftssubjekten. Die Sparquote eines Landes als wichtiger Indikator ist abhängig von den Zukunftshypothesen der Wirtschaftssubjekte. Nicht das gegenwärtige Einkommen ist tatsächlich entscheidend für die Sparquote, sondern das in der Zukunft erwartete. In gewissem Sinne trifft dieses auch auf das Konsumentenverhalten zu: Der

Kauf mancher Güter wird von dem in der Zukunft zu erwartenden Einkommen abhängig gemacht. Für das Investitionsverhalten der Unternehmer spielen Hypothesen über die kurzfristige, mittelfristige und langfristige Wirtschaftslage eine Rolle. Dabei beziehen sich solche Hypothesen sowohl auf die eigene als auch auf die allgemeine wirtschaftliche Lage (vgl. FREY & GÜLKER, 1987). Erwartungen als Hypothesen haben bekanntermaßen einen sehr starken Einfluß auf Konjunkturverläufe und damit auf Prozesse der Inflation, Rezession und Prosperität. Derartige Leithypothesen (insbesondere Erwartungen über die zukünftige wirtschaftliche Entwicklung) haben vor allem Auswirkungen auf höchster Aggregatebene, wenn sie aufgrund von Prozessen des kollektiven Lernens, vermittelt durch Massenmedien oder Meinungsführer, von einer breiten Bevölkerungsgruppe geteilt werden. Es ist z. B. weitgehend akzeptiert, daß die Erwartungsbildung oder die Antizipation wirtschaftlicher Ereignisse für die Analyse volkswirtschaftlicher Phänomene relevant ist. Zwar wird das Konstrukt der Erwartung heute auch in der Volkswirtschaftslehre häufig erwähnt, tatsächlich hat aber die Übernahme des Erwartungskonstrukts nur wenig Einfluß auf die volkswirtschaftliche Modellbildung genommen, die nach wie vor überwiegend an rein ökonomischen Größen orientiert ist (vgl. FREY & GÜLKER, 1987; STRÜMPEL & PAWLOWSKY, 1987).

Es wurde mit diesen Ausführungen gezeigt, daß die Hypothesentheorie relevant für Aspekte der Makroökonomie sowie der Mikroökonomie ist. Das Verhalten sowohl einer ganzen Volkswirtschaft als auch von Unternehmern und Unternehmensverbänden kann nach gewissen Erwartungshypothesen, die über kollektives Lernen erworben werden, das Verhalten beeinflussen. Ebenso können Erwartungen über die Zukunft von Kultur, Politik und Wirtschaft ganze Konjunkturverläufe sowie das Verhalten der Investoren und der Konsumenten beeinflussen. Überall, wo es auch in der Ökonomie um Urteile und Entscheidungen geht (z. B. über Standortfragen, Investitionsfragen, Fragen von Betriebserweiterungen oder Betriebsschließungen, Personalfragen, Werbe- und Marketingstrategien usw.), fließen Hypothesen mit ein und können so unter Umständen die Urteilsprozesse beeinflussen und je nach Konstellation auch zu Fehlurteilen führen. Die Relevanz der Hypothesentheorie der Wahrnehmung zur Erklärung volks- und betriebswirtschaftlicher Phänomene ist bei weitem noch nicht ausgeschöpft. Wir stehen hier erst am Beginn einer Erschließung dieses Gebietes.

Literatur

ABELSON, R. P. (1976): Script processing in attitude formation and decision making. In: J. S. CAROLL & J. PAYNE (Eds.), Cognition and social behavior. Hillsdale, NJ: Erlbaum.

ALLOY, L. B. (1988): Expectations and situational information as cocontributers to covariation assessment. Psychological Review, *95*, 299–301.

ALLOY, L. B. & TABACHNIK, N. (1984): Assessment of covariation by humans and animals: The joint influence of prior expectations and current situational information. Psychological Review, *91*, 112–149.

ALLPORT, F.H. (1955): Theories of perception and the concept of structure. New York, London: John Wiley & Sons.

ALLPORT, G.W. & PETTIGREW, T.F. (1957): Cultural influence on the perception of movement: The trapezoididal illusion among Zulus. Journal of Abnormal and Social Psychology, *55*, 103–113.

ANDERSON, N.H. (1974): Information integration theory: A brief survey. In: D.H. KRANTZ, R.D. LUCE, R.C. ATKINSON & P. SUPPES (Eds.), Contempory developments in mathematical psychology, *2*, 236–305. San Francisco: W.H. Freeman & Co.

ASCH, S.E. (1946): Forming impressions of personality. Journal of Abnormal and Social Psychology, *41*, 258–290.

ASCH, S.E. (1951): Effects of group pressure upon the modification and distortion of judgements. In: J. GUETZKOW (Ed.), Groups, leadership, and men (pp. 177–190). Pittsburgh: Carnegie Press.

ASCH, S.E. (1956): Studies of independence and conformity: I. A. minority of one against an unanimous majority. Psychological Monographs, *70*, 416.

BAGBY, J.W. (1957): A cross-cultural study of perceptual predominance in binocular rivalry. Journal of Abnormal Social Psychology, *54*, 331–334.

BANDURA, A. (1977): Self-efficacy: Toward a unifying theory of behavioral change. Psychological review, *84*, 191–215.

BANDURA, A. (1986): Social foundations of thought and action: A social cognitive theory. Englewood-Cliffs, NJ: Prentice Hall.

BECKER, H.S. (1973): Outsiders. Studies in Sociology of deviance. New York.

BIDDLE, B.J. (1979): Role Theory: Expectations, identities, and behaviors. New York, San Francisco, London: Academic Press.

BRAUNS, H.P. (1983): Theoretische und empirische Analysen zur Untersuchung sozialer Normen mit der Sherif-Technik. Frankfurt, Bern, New York: Peter Lang.

BREWER, M.B. & KRAMER, R.M. (1985): The psychology of intergroup attitudes and behavior. Annual Review of Psychology, *36*, 219–243.

BRUNER, J.S. (1951): Personality dynamics and the process of perceiving. In: R.R. BLAKE & G.V. RAMSEY (Eds.), Perception, an approach to personality (pp. 121–147). New York: The Ronald Press.

BRUNER, J.S. (1957): On perceptual readiness. Psychological Review, *64*, 123–152.

BRUNER, J.S. & POSTMAN, L. (1948): Symbolic value as an organizing factor in perception. Journal of Social Psychology, *27*, 203–208.

BRUNER, J.S. & POSTMAN, L. (1949a): Perception, cognition and behavior. Journal of Personality, *18*, 14–31.

BRUNER, J.S. & POSTMAN, L. (1949b): On the perception of incongruity: A paradigm. Journal of Personality, *18*, 206–223.

BRUNER, J.S. & POSTMAN, L. (1951): An approach to social perception. In: W. DENNIS & R. LIPPITT (Eds.), Current trends in social psychology (pp. 71–118). Pittsburgh: University of Pittsburgh Press.

BRUNER, J.S., POSTMAN, L. & RODRIGUES, J.S. (1950): Stimulus appropriateness and ambiguity as factors in judgment. Paper read at Eastern Psychological Association.

BRUNER, J.S. & TAGIURI, R. (1954): Person perception. In: G. LINDZEY (Ed.), Handbook of Social Psychology, Vol. 2. Reading Ma.: Addison-Wesley.

BRUNER, J.S. & TAGIURI, R. (1958): The perception of people. In: G. LINDZEY (Ed.), Handbook of social psychology (Vol. 2). Reading Ma.: Addison-Wesley.

BRUNSWIK, E. (1956): Perception and the representative design of psychological experiments. University of California Press.

CANTOR, N. & MISCHEL, W. (1977): Traits as prototypes: Effects on recognition memory. Journal of Personality and Social Psychology, *35*, 38–48.

CANTOR, N. & MISCHEL, W. (1979): Prototypes in person perception. In: L. BERKOWITZ (Ed.), Advances in experimental social psychology (Vol. 12). New York: Academic Press.

CAUTHEN, N. R., ROBINSON, J. R. & KRAUSS, H. H. (1971): Stereotypes: A review of the literature 1926-1968. Journal of Social Psychology, *84,* 103-125.
CHAPMAN, L. J. (1967): Illusory correlation in observational report. Journal of Verbal Learning and Verbal Behavior, *6,* 151-155.
COOPER, W. H. (1981): Controlling a confirmatory bias in interpersonal hypothesis testing (Unpublished manuscript).
COOPER, H. M., BARON, R. M. & LOWE, CH. A. (1975): The importance of race and social class information in the formation of expectancies about academic performance. Journal of Educational Psychology, *67,* 312-319.
CRONBACH, L. J. (1955): Processes affecting scores on „understanding of others" and „assumed similarity". Psychological Bulletin, *52,* 177-193.
DARLEY, J. M. & FAZIO, R. H. (1980): Expectancy confirmation processes arising in the social interaction sequence. American Psychologist, *35,* 867-881.
DEUTSCH, B. (1982): Der kognitive Prozeß der Verarbeitung von Informationen über kriminelle und gesetzestreue Bürger: Ein Beitrag zum labeling approach vor dem Hintergrund der Hypothesentheorie der sozialen Wahrnehmung (Diplomarbeit). Mannheim: Universität Mannheim.
DICKENBERGER, D., HOLTZ, S. & GNIECH, G. (1978): Bedürfnis nach sozialer Anerkennung: Validierung der „Marlowe-Crown-Social Desirability Scale" über ein Konzept individuell relevanter Gruppen. Diagnostika, *57,* 24-38.
EPSTEIN, S. (1973): The self-concept revisted: Or a theory of a theory. American Psychologist, *28,* 404-416.
ERIKSON, K. (1962): Notes on the sociology of deviance. Social Problems, *9,* 307-314.
FISHBEIN, M. & AJZEN, I. (1975): Belief, attitude, intention and behavior: An introduction to theory and research. Reading, Ma.: Addison-Wesley.
FISKE, S. T. & TAYLOR, S. E. (1984): Social Cognition. Reading, Ma.: Addison-Wesley.
FORGAS, J. P. (1979): Social episodes: the study of interaction routines. London, New York: Academic Press.
FREY, D. & GÜLKER, G. (1987): Psychologie und Volkswirtschaftslehre: Möglichkeiten einer interdisziplinären Zusammenarbeit. In: E. BOETTCHER, P. HERDER-DORNEICH & K.-E. SCHENK (Hrsg.), Jahrbuch für neue politische Ökonomie (Seite 168-191). Tübingen.
FRÖHLICH, G., SCHÖNBORN, C. & LILLI, W. (1987): Der Einfluß positiver Erwartungshypothesen auf die nachfolgende Informationsverarb. Eine experimentelle Studie am Bsp. des „guten Lehrers". Zeitschrift für Pädagogische Psychologie, *1,* 259-265.
GERGEN, K. J. & GERGEN, M. M. (1986): Social Psychology. New York, Berlin, Tokyo u. a.: Springer.
GIBSON, J. J. (1959): Perception as a function of stimulation. In: S. KOCH (Ed.), Psychology: A study of a science (Vol. 1). New York: McGraw Hill.
GIBSON, J. J. (1973): Die Sinne und der Prozeß der Wahrnehmung. Bern: Huber.
GIBSON, J. J. (1982): Wahrnehmung und Umwelt. München: Urban & Schwarzenberg.
HAGEN, M. A. (1985): James J. Gibson's approach to visual perception. In: S. KOCH & D. LEARY (Eds.), A century of psychology as science (pp. 231-249). New York: McGras Hill.
HAMILTON, D. L. (1981): Cognitive processes in stereotyping and intergroup behavior. Hillsdale N. J.: Erlbaum.
HAMILTON, D. L. & GIFFORD, R. K. (1976): Illusory correlation in interpersonal perception: A cognitive basis of stereotypic judgements. Journal of Experimental Social Psychology, *12,* 392-407.
HARRIS, M. J. & ROSENTHAL, R. (1985): Mediation of interpersonal expectancy effects: 31 meta-analyses. Psychological Bulletin, *97,* 363-386.
HEIDER, F. (1958): The psychology of interpersonal relations. New York: Wiley.
HERREL, J. M. (1971): Galatea in the classroom: Student expectations affect teacher behavior. Proceeding of the Annual Convention of the APA 6, 521-522.
HEWSTONE, M. (1988): Attributional bases of intergroup conflict. In: W. STROEBE,

A. W. KRUGLANSKI, D. BAR-TAL & M. HEWSTONE (Eds.), The social psychology of intergroup conflict (pp. 47–71). Berlin, Heidelberg u. a.: Springer.
HIEBSCH, H. (1986): Interpersonelle Wahrnehmung und Urteilsbildung. Berlin: VEB Deutscher Verlag der Wissenschaften.
HIGGINS, E. T. & BARGH, J. A. (1987): Social cognition and social perception. Annual Review of Psychology, *38*, 369–425.
HOFER, M. (1984): Interpersonelle Wahrnehmung und Hypothesentheorie. In: M. IRLE (Hrsg.), Sozialwissenschaftliche Entscheidungsforschung. Probleme, Resultate, Perspektiven (pp. 336–344). Mannheim: Universität Mannheim.
IRLE, M. (1975): Lehrbuch der Sozialpsychologie. Göttingen, Toronto, Zürich: Verlag für Psychologie, Hogrefe.
JONES, E. E. & THIBAUT, J. W. (1958): Interaction goals as bases of inference in interpersonal perception. In: R. TAGIURI & L. PETRULLO (Eds.), Person perception and interpersonal behavior. Stanford Ca: Stanford University Press.
KANOUSE, D. E. & HANSON, L. R. (1972): Negativity in evaluations. In: E. E. JONES, D. E. KANOUSE, H. H. KELLEY, R. E. NISBETT et al. (Eds.), Attribution: Perceiving the causes of behavior (pp. 47–62). Morristown NJ: General Learning Press.
KELLEY, H. H. (1949): The effect of expectations upon first impressions of persons. American Psychologist, *4*, 252.
KELLEY, H. H. & MICHELA, J. L. (1980): Attribution theory and research. Annual Review of Psychology, *31*, 457–501.
KRECHEVSKY, J. (1932): „Hypotheses“ versus „chance“ in the presolution period in sensory discrimination learning. University of California Publications in Psychology, *6*, 27–44.
LAZARUS, R. S. (1984): On the primacy of cognition. American Psychologist, *39*, 124–129.
LILLI, W. (1970): Das Zustandekommen von Stereotypen über einfache und komplexe Sachverhalte. Zeitschrift für Sozialpsychologie, *1*, 57–79.
LILLI, W. (1975 a): Soziale Akzentuierung. Stuttgart, Berlin, Köln, Mainz: Kohlhammer.
LILLI, W. (1975 b): Zur Konvergenz der absoluten und der relativen Akzentuierungstheorie. Zeitschrift für Sozialpsychologie, *6*, 189–201.
LILLI, W. (1982): Grundlagen der Stereotypisierung. Göttingen: Hogrefe.
LILLI, W. (1983): Die Hypothesentheorie der Wahrnehmung. In: D. FREY & S. GREIF (Hrsg.), Schlüsselbegriffe der Sozialpsychologie (pp. 192–195). München: Urban & Schwarzenberg.
LILLI, W. (1984): Die Hypothesentheorie der sozialen Wahrnehmung. In: D. FREY & M. IRLE (Hrsg.), Theorien der Sozialpsychologie: Kognitive Theorien (Vol. 1) (2. Aufl.). Bern, Stuttgart, Toronto: Huber.
LILLI, W. (1987): Das Bewerbungsgespräch: Eine experimentelle Studie zum Einfluß negativer Informationen auf die Entscheidung sowie eine Befragung von Praktikern zu seiner Funktion im Prozeß der Personalauslese (Forschungsbericht). Mannheim: Universität Mannheim.
LILLI, W. & REHM, J. (1983): Theoretische und empirische Untersuchungen zum Phänomen der „illusorischen Korrelation“. I: Ableitung von Randbedingungen für das Auftreten von Effekten der illusorischen Korrelation aus dem Konzept der Verfügbarkeitsheuristik. Zeitschrift für Sozialpsychologie, *14*, 251–261.
LILLI, W. & REHM, J. (1984): Theoretische und empirische Untersuchungen zum Phänomen der Zusammenhangstäuschung. II: Entwicklung eines Modells zum quantitativen Urteil und Diskussion seiner Implikationen für die soziale Urteilsbildung. Zeitschrift für Sozialpsychologie, *15*, 60–73.
LIST, R. (1985): Zum Einfluß von Paradigmata auf die Informationsverarbeitung und Urteilsbildung von Therapeuten. Versuch einer Vorhersage mit Hilfe der Hypothesentheorie der sozialen Wahrnehmung (Diplomarbeit). Mannheim: Universität Mannheim.
LITTERER, O. F. (1933): Stereotypes. Journal of Social Psychology, *4*, 59–69.

Locke, E.A., Motowidlo, St.J. & Bobko, P. (1986): Using self-efficacy theory to resolve the conflict between goal-setting theory and expectancy-theory in organizational behavior and industrial/organizational psychology. Journal of Social and Clinical Psychology, *4,* 328–338.

Markus, H. & Zajonc, R.B. (1985): The cognitive perspective in social psychology. In: G. Lindzey & G.E. Aronson (Eds.), The handbook of social psychology (Vol. 1, pp. 137–230) (3rd ed.). New York: Random House.

McDavid, J.W. & Harari, H. (1968): Social Psychology. New York, Evanston and London: Harper & Row.

Merton, R.K. (1948): The self-fulfilling prophecy. Antioch Review, *8,* 193–210.

Miner, J.B. (1980): Theories of organizational behavior. New York: The Dryden Press.

Munz, C. (1989): Der ökologische Ansatz zur visuellen Wahrnehmung: Gibsons Theorie der Entnahme optischer Information. Psychologische Rundschau, *40,* 63–75.

Neisser, U. (1976): Cognition and reality. San Francisco: Freeman.

Nisbett, R.E. & Ross, L. (1980): Human inference: Strategies and shortcomings in social judgment. Englewood Cliffs NJ: Prentice-Hall.

Persson, L.O. & Sjöberg, L. (1985): Mood and positive expectations. Social Behavior and Personality, *13,* 171–181.

Postman, L. (1951): Toward a general theory of cognition. In: J.H. Rohrer & M. Sherif (Eds.), Social psychology at the crossroads, 242–272.

Prus, R.C. (1975): Labeling theory: A reconceptualisation and propositional statement on typing. Sociological Focus, *8,* 79–96.

Rice, S.A. (1926): Stereotypes: A source of error in judging human character. Journal of Personality Research, *5,* 267–276.

Rosch, E.H. (1973): Natural categories. Cognitive Psychology, *4,* 328–350.

Rosch, E.H. (1976): Der Einfluß von positiven versus negativen und homogenen versus heterogenen Eigenschaftskombinationen auf die Beurteilung von Personen. Bericht aus dem Sonderforschungsbereich 24 der Universität Mannheim, Mannheim.

Rosenthal, R. (1973): The mediation of Pygmalion effects: A four-factor „theory". Papua New Guinea Journal of Education, *9,* 1–12.

Rosenthal, R. & Jacobson, L. (1968): Pygmalion in the classroom. New York: Holt, Rinehart & Winston.

Ross, L, Bierbrauer, G. & Hoffman, S. (1976): The role of attribution processes in conformity and dissent. Revisiting the Asch-Situation. American Psychologist, 148–157.

Rotter, L.B. (1954): Social learning and clinical psychology. Englewood Cliffs NJ: Prentice Hall.

Santee, R.T. & Maslach, C. (1982): To agree or not to agree: Personal dissent and social pressure to conform. Journal of Personality and Social Psychology, *42,* 690–700.

Schank, R.C. & Abelson, R.P. (1977): Scripts, plans, goals and understanding. Hillsdale NJ: Erlbaum.

Scheufele, G. (1985): Änderungsresistenz evaluativ unterschiedlicher Objektkategorisierungen (Diplomarbeit). Mannheim: Universität Mannheim.

Schneider, D.J., Hastorf, A.H. & Ellsworth, P.C. (1979): Person perception. Reading Ma.: Addison-Wesley.

Schönborn, C. (1988): Informationssuche und Informationsgewichtung im Kontext der Personalselektion. Ergebnisse zweier experimenteller Studien (Dissertation). Mannheim: Universität Mannheim.

Schönborn, C., Fröhlich, G. & Lilli, W. (1987): Der Prozeß der Kategorisierung einer Person als Krimineller – eine experimentelle Untersuchung. Kriminologisches Journal, *3,* 229–238.

SECORD, P. F., BEVAN, W. & KATZ, B. (1966): The negro stereotype and perceptual accentuation. Journal of Abnormal and Social Psychology, *33,* 78–83.

SEGALL, M. H., CAMPBELL, D. T. & HERSKOWITZ, M. J. (1966): The influence of culture on visual perception. Indianapolis IND: Bobbs-Merrill.

SHERIF, M. (1936): The psychology of social norms. New York: Harper.

SHERMAN, ST. J., JUDD, C. M. & PARK, B. (1989): Social cognition. Annual review of Psychology, *40,* 281–326.

SNYDER, M. (1981): Seek and ye shall find: Testing hypotheses about other people. In: E. T. HIGGINS, C. P. HERMAN & M. P. ZANNA (Eds.), Social cognition: The Ontario symposium (Vol. 1). Hillsdale NJ: Erlbaum.

SNYDER, M. (1984): When belief creates reality. In: L. BERKOWITZ (Ed.), Advances in Experimental Social Psychology, *18,* 248–305.

SNYDER, M. & SWANN, W. B. (1978): Hypotheses-testing processes in social interaction. Journal of Personality and Social Psychology, *36,* 1202–1212.

SNYDER, M. & URANOWITZ, S. W. (1978): Reconstructing the past: Some cognitive consequences of person perception. Journal of Personality and Social Psychology, *36,* 941–950.

STAHLBERG, D. (1983): Assimilation and Kontrast. In: D. FREY & S. GREIF (Hg.), Sozialpsychologie: Ein Handbuch in Schlüsselbegriffen (S. 111–121). München.

STRÜMPEL, B. & PAWLOWSKY, P. (1987): Psychologie gesamtwirtschaftlicher Prozesse. In: D. FREY, C. GRAF HOYOS & D. STAHLBERG (Hrsg.), Angewandte Psychologie: Ein Handbuch (S. 242–259). München.

TAJFEL, H. (1963): Stereotypes. Race, *5,* 3–14.

TAJFEL, H. (1969): Social and cultural factors in perception. In: G. LINDZEY & E. ARONSON (Eds.), The handbook of social psychology (Vol. 3). Reading Ma.: Addison-Wesley.

TAJFEL, H. (1982): Gruppenkonflikt und Vorurteil. Bern: Huber.

TAJFEL, H. & WILKES, A. L. (1963): Classification and quantitative judgment. British Journal of Psychology, *54,* 101–114.

TAYLOR, S. E. & CROCKER, J. (1981): Schematic bases of social information processing. In: E. T. HIGGINS, C. P. HERMAN & M. P. ZANNA (Eds.), Social cognition: The Ontario symposium (Vol. 1). Hillsdale NJ: Erlbaum.

TESSER, A. & COWAN, C. L. (1975): Some effects on thought and number of cognitions on attitude change. Social Behavior and Personality, *3,* 165–173.

TESSER, A. & COWAN, C. L. (1977): Some attitudinal and cognitive consequences of thought. Journal of Research in Personality, *11,* 216–226.

TOLMAN , E. C. (1932): Purposive behavior in animals and men. New York: Century.

TRIANDIS, H. C. & LONNER, W. (Eds.) (1980): Handbook of cross-cultural psychology. Boston: Allyn & Bacon.

TSUJIMOTO, R. N., WILDE, J. & ROBERTSON, D. R. (1978): Distorted memory of exemplars of a social structure: Evidence for schematic memory processes. Journal of Personality and Social Psychology, *36,* 1402–1414.

TVERSKY, A. (1972): Choice by elimination. Journal of Mathematical Psychology, *9,* 341–367.

TVERSKY, A. & KAHNEMAN, D. (1973): Availability: A heuristic for judging frequency and probability. Cognitive Psychology, *5,* 207–232.

UPMEYER, A. (1985): Soziale Urteilsbildung. Stuttgart: Kohlhammer.

VAN HOE, R. (1987): Testing expectancy models: A conjoint measurement approach. Psychologica Belgica, *27,* 123–141.

VROOM, V. H. (1964): Work and motivation. New York: Wiley.

WAGNER, D. G., FORD, R. S. & FORD, TH. W. (1986): Can gender inequalities be reduced? American Sociological Review, *51,* 47–61.

WARSHAW, P. R. & DAVIS, F. D. (1985): Disentangling behavioral intention and behavioral expectation. Journal of Experimental Social Psychology, *21,* 213–228.

WELLHÖFER, P. R. (1976): Grundstudium Sozialpsychologie. Stuttgart: Enke.

WHITE, R.K. (1986): Psychology and the prevention of nuclear war: A book of readings. New York: New York University Press.
WYER, R.S. (1974): Cognitive organization and change: An information processing approach. New York: Wiley.
WYER, R.S. & SRULL, T.K. (1986): Human cognition in its social context. Psychological Review, *93,* 322–359.
ZAJONC, R.B. (1984): On the primacy of affect. American Psychologist, *39,* 117–123.
ZIMBARDO, P.G. & EBBESEN, E.B. (1969): Influencing attitudes and changing behavior. Reading, Ma.: Addison-Wesley.

Die Herausgeber zum folgenden Beitrag

Die Theorie der sozialen Vergleichsprozesse hat mehrere Wurzeln: Einerseits Festingers Theorie des informellen Gruppendrucks sowie die Ansätze zur Anspruchsniveauforschung, andererseits die soziologischen Arbeiten zur Bezugsgruppentheorie. Entsprechend den Postulaten der Theorie haben Personen das Bedürfnis, eigene Meinungen und Fähigkeiten zu vergleichen und zu bewerten. Die vorliegende Fassung stellt eine wesentliche Erweiterung der ursprünglichen Fassung der Theorie von Festinger – wie sie noch in der ersten Auflage präsentiert wurde – dar. In der vorliegenden Weiterentwicklung der Theorie der sozialen Vergleichsprozesse wird einerseits der Relevanz der Selbstwertaspekte beim Vergleich eine zentralere Rolle zugeteilt, andererseits wird die von Festinger als Individualtheorie konzipierte Theorie auf Gruppenprozesse übertragen. Als Integration wird schließlich ein Modell vorgestellt, das zentrale Teile der ursprünglichen Theorie Festingers mit Tajfels Theorie der sozialen Identität sowie der Selbstwertschutztheorie – wie sie in Band III der Theorienbände von Stahlberg, Osnabrügge & Frey formuliert wurde – verbindet.

Die Theorie sozialer Vergleichsprozesse

DIETER FREY, Universität Kiel
DIRK DAUENHEIMER, Universität Kiel
OLAF PARGE, Universität Kiel
JOCHEN HAISCH, Universität Kassel

1. Einleitung

Die Theorie der sozialen Vergleichsprozesse von FESTINGER (1954) gehört zu den älteren, aber immer noch populären Theorien in der Sozialpsychologie. FESTINGER postuliert darin, daß ein großer Teil von Gruppenprozessen und Vorgängen im menschlichen Zusammenleben dem Bedürfnis der beteiligten Individuen entspringt, die eigenen Meinungen und Fähigkeiten zu bewerten. Um zu einer solchen Bewertung zu gelangen, vergleichen sie sich mit anderen Personen. FESTINGER beschreibt in dieser Theorie, welche Personen unter welchen Rahmenbedingungen für einen sozialen Vergleich ausgewählt werden und welche Konsequenzen sich aus dem Vergleich ergeben.

In den vergangenen 35 Jahren wurde eine Vielzahl empirischer Untersuchungen durch die Theorie angeregt, denen sie erhebliche Präzisierungen verdankt. Im Rahmen dieser Forschung wurde deutlich, daß der soziale Vergleich ein wesentliches Prinzip des menschlichen Verhaltens darstellt. Dafür spricht u. a. die Bedeutsamkeit von Vergleichsprozessen im Rahmen anderer prominenter sozialpsychologischer Theorien (z. B. Theorie der sozialen Identität, TAJFEL, 1978, 1979; Austauschtheorien, THIBAUT & KELLY, 1959; HOMANS, 1961, 1968; WALSTER, BERSCHEID & WALSTER, 1973, 1978) und in soziologischen Arbeiten wie der Bezugsgruppentheorie (z. B. MERTON & ROSSI, 1949). Im Laufe der folgenden Abschnitte wollen wir u. a. zeigen, daß entgegen FESTINGERS vorsichtiger Einschränkung auf Meinungen und Fähigkeiten nahezu alle Zustände und Eigenschaften zum Gegenstand des Vergleichsprozesses werden können, was ihre Bedeutsamkeit zusätzlich unterstreicht. Die erhebliche Komplexität sozialer Vergleichsprozesse wollen wir zum Anlaß nehmen, um am Ende dieses Kapitels ein eigenes integratives Konzept vorzustellen, das versucht, die verschiedenen theoretischen Perspektiven in einem einzigen Rahmen abzubilden.

2. Vorläufer der Theorie der sozialen Vergleichsprozesse

Die Grundlagen der Theorie schuf FESTINGER mit seiner Forschung zum individuellen Anspruchsniveau in Leistungssituationen (FESTINGER, 1942) sowie zum informellen Gruppendruck (FESTINGER, 1950). Bedeutung für die Entstehung der Theorie besaßen außerdem die soziologischen Arbeiten zur Bezugsgruppentheorie (MERTON & ROSSI, 1949; MERTON & KITT, 1950) und zur Theorie der relativen Deprivation (STOUFFER, SUCHMAN, DE VINNEY, STAR & WILLIAMS, 1949a; STOUFFER, LUNDSDALE, WILLIAMS, SMITH, JANIS, STAR & COTHELL, 1949b). Auf diese Forschungsansätze soll daher kurz eingegangen werden.

2.1 Die Forschung zum Anspruchsniveau

Nach FESTINGER (1942) ist das Anspruchsniveau ein persönlicher Standard zur Beurteilung von Leistungen oder Zuständen. Es besagt, wie gut jemand in einer Leistungssituation sein will. Die Bewertung und die Höhe des Standards werden von den eigenen Erfahrungen und den Vergleichen mit anderen Personen beeinflußt. Aus der Forschung zum Anspruchsniveau lassen sich folgende Hypothesen ableiten (vgl. FESTINGER, 1942; LEWIN, DEMBO, FESTINGER & SEARS, 1944):

1. Personen sind zufrieden, wenn ihre Leistung das eigene Anspruchsniveau erreicht oder übertrifft und unzufrieden, wenn ihre Leistung darunter liegt.
2. Nach Erfolgserlebnissen steigt das Anspruchsniveau, nach Mißerfolg sinkt es.
3. Wenn Personen im Verhältnis zu einer Vergleichsgruppe, die für sie relevant ist, überdurchschnittlich gut abschneiden, verringern sie ihr persönliches Anspruchsniveau, liegt ihre Leistung unterhalb des Gruppendurchschnittes, erhöhen sie es.

Die dritte Hypothese fand in veränderter Form auch in der Theorie sozialer Vergleichsprozesse Berücksichtigung. FESTINGER (1954) formuliert dort einen Konformitätsdruck beim Auftreten von Diskrepanzen zwischen Gruppe und Individuum.

2.2 Die Theorie des informellen Gruppendrucks

In dem Aufsatz mit dem Titel „Informal Social Communication" präsentierte FESTINGER (1950) eine Theorie (wir wollen sie Theorie des informellen Gruppendrucks nennen), die sich mit informellen, spontanen Kommunikationsprozessen in Gruppen beschäftigt (vgl. dazu auch IRLE, 1985, in Band II dieses Werkes). Darin wird der Konformitätsdruck in Gruppen beschrieben, der zur Folge hat, daß Gruppen häufig uniforme Urteile über Sachverhalte fällen, die für sie relevant sind. Mitglieder einer Gruppe, die eine andere Meinung vertreten als die Mehrheit der Mitglieder, stehen danach unter dem sozialen Druck, ihre Meinung der Mehrheit anzupassen oder die Gruppe zu verlassen (vgl. dazu auch das Phänomen des „groupthink" von JANIS, 1972; vgl. auch FREY, 1991).

Die Annahme eines Konformitätsdrucks in Gruppen und daraus abzuleitende Verhaltenstendenzen finden sich in der Theorie sozialer Vergleichsprozesse wieder, die im Gegensatz zur Theorie des informellen Gruppendrucks das Individuum in den Mittelpunkt des Forschungsinteresses rückt.

2.3 Die Bezugsgruppentheorie aus der soziologischen Tradition

Gegenstand der soziologischen Arbeiten zur Bezugsgruppentheorie sind diejenigen Bewertungs- und Selbsteinschätzungsprozesse, in denen ein Individuum die Werte und Standards anderer Personen und Gruppen als Bezugsmaßstäbe verwendet. Ihr Ziel ist die Systematisierung der Determinanten und Konsequenzen derartiger Prozesse (vgl. MERTON & KITT, 1950; MERTON & ROSSI, 1949). Sie Enthält Ähnliche Grundannahmen, Wie FESTINGERS Theorie sozialer Vergleichsprozesse (1954), mit deren Entstehung sie verbunden ist:

1. Menschen erfahren etwas über sich selbst, indem sie sich auf jeder beliebigen Dimension mit anderen vergleichen.
2. Der Prozeß der sozialen Bewertung auf Basis dieses Vergleichs:
   - führt zu positiven, neutralen oder negativen Selbstbewertungen; diese sind relativ zu den Standards, die von den Bezugspersonen gesetzt werden; entscheidend ist dabei nicht wieviel man tatsächlich „besitzt", sondern wieviel man im Vergleich zur Bezugsgruppe „besitzt".
   - ist die Ursache für Zufriedenheit bzw. Unzufriedenheit der Menschen.

Diejenigen sozialen Einheiten, mit denen sich eine Person vergleicht, werden dabei als Bezugsgruppe oder Bezugsindividuen definiert. In der Soziologie und der Sozialpsychologie sind eine Reihe von Merkmalen für die Kategorisierung von möglichen Vergleichsgruppen eines Individuums genannt worden; auf einige davon soll im folgenden kurz eingegangen werden:

HYMAN (1942) unterscheidet zwischen „membership-group" (Gruppe, der eine Person angehört) und „reference group" (Gruppe, die als Maßstab für Zufriedenheit und Selbstbewertung dient). Die beiden Gruppen können bei einem Individuum übereinstimmen, müssen es aber nicht. Weichen die Gruppen voneinander ab, kann dies zu einer latenten Unzufriedenheit einer Person mit ihrer Mitgliedschaft in der „membership-group" führen; sie wird sich die Frage stellen, ob sie die Gruppe verlassen soll oder kann. KELLEY (1952) differenziert zwischen Bezugsgruppen mit normativem und komparativem Charakter: Rein komparative Bezugsgruppen setzen lediglich Vergleichsmaßstäbe für die Selbsteinschätzung, ohne daß das Werte- und Normensystem übernommen wird. Normativ sind Bezugsgruppen, wenn sie Einstellungs- und Verhaltensnormen setzen, an denen sich eine Person orientiert; sie erfüllen damit gleichzeitig eine komparative Funktion. Als weiteres Klassifikationskriterium dient die Einteilung in positive und negative Bezugsgruppen in Abhängigkeit von dem Bemühen einer Person, sich den Normen und dem Verhalten einer Gruppe zu nähern oder sich von diesen abzugrenzen. Ein Hort latenter Unzufriedenheit kann eine Konstellation dieser Merkmale werden, wenn z. B. die „reference-group" einen positiven normativen und komparativen Charakter besitzt, jedoch nicht mit der „membership-group" übereinstimmt und gleichzeitig der Gruppenwechsel unmöglich ist. Für viele Thailänder z.B. ist die Gruppe der Weißen (Australier, Amerikaner und Europäer) eine positive, normative und komparative Bezugsgruppe, kann jedoch – bedingt durch die Hautfarbe – niemals ihre „membership-group" werden. In FESTINGERS Theorie sozialer Vergleichsprozesse (1954) sind Vergleiche mit der Gruppe sowohl komparativer als auch normativer Art: Die Vergleichsgruppe setzt dort einerseits den Vergleichsmaßstab und andererseits Normen, denen sich das Individuum anzupassen hat, wenn Diskrepanzen im Vergleichsprozeß zutage treten.

In engem Zusammenhang zur Bezugsgruppentheorie steht die Theorie der relativen Deprivation. Diese hat ihren Ursprung in einer Untersuchung von STOUFFER, SUCHMAN, DE VINNEY, STAR & WILLIAMS (1949a), die mit amerikanischen Soldaten durchgeführt wurde. Es zeigte sich in dieser Studie, daß Militärpolizisten sehr zufrieden waren, wenn sie an einer Fördermaßnahme teilnehmen konnten, weil insgesamt nur sehr wenige Personen ihrer „reference-group" (Militärpolizisten) in den Genuß einer solchen Förderung kamen. Die Militärpolizisten äußerten jedoch keine Unzufriedenheit, wenn sie nicht an der Maßnahme teilnehmen konnten, da sie wegen der geringen Quoten gar nicht erwartet hatten, gefördert zu werden. Im Gegensatz dazu stand die Reaktion von Mitgliedern der Luftwaffe („Air-Corps"). Ihre Erwartungen, an einer Fördermaßnahme teilnehmen zu können, waren sehr hoch, da die meisten Mitglieder der Luftwaffe (und damit ihrer „reference-group") gefördert wurden. Durften sie an der Förderung teilnehmen, so entsprach dies ihren Erwartungen, diejenigen aber, die von der Maßnahme ausgeschlossen wurden, zeigten Unzufriedenheit und Enttäuschung. STOUFFER, SUCHMAN, DE VINNEY, STAR & WILLIAMS (1949a) begreifen diese Gefühle als Ergebnis einer relativen Deprivation. Als relativ wird diese Form der Deprivation deshalb bezeichnet, weil als Maßstab für die Erwartungen die in der „reference-group" üblichen Ergebnisse oder Zustände herangezogen werden.

RUNCIMAN (1966) führte weitere Differenzierungen ein. Er unterscheidet zum einen zwischen den Gefühlen der relativen Deprivation und Gratifikation. Das Gefühl der relativen Deprivation entsteht dann, wenn sich eine Gruppe oder Person im Verhältnis zu einer relevanten Vergleichsperson/gruppe benachteiligt, das der relativen Gratifikation, wenn sie sich hervorgehoben fühlt. Zum anderen trennt er zwischen individueller (egoistic) vs. sozialer (fraternal) relativer Deprivation. Individuell ist die relative Deprivation dann, wenn sich eine Person gegenüber einer Vergleichsperson/gruppe benachteiligt fühlt. Erlebt die Person die Situation ihrer Binnengruppe (Ingroup = Gruppe, der die Person selbst angehört) als unvorteilhaft gegenüber einer Außengruppe (Outgroup = Gruppe, der die Person selbst nicht angehört), führt dies zu einer sozialen (fraternalen) relativen Deprivation. Soziale (fraternale) Deprivation ergibt sich also aus der Mitgliedschaft in einer sozialen Gruppe (x) und dem Vergleich dieser Gruppe (x) mit einer anderen Gruppe (y).

GURR (1970) legte den Schwerpunkt seiner Erweiterungen auf die individuelle Deprivation. Für ihn ist die relative Deprivation eine wahrgenommene Diskrepanz zwischen dem, worauf die Individuen glauben ein Anrecht zu haben (subjektive Ansprüche, die überwiegend aufgrund von Vergleichen entstehen) und dem, was sie tatsächlich besitzen. Individuen fühlen sich dann relativ depriviert, wenn sie wahrnehmen, daß sie wahrscheinlich nicht in der Lage sind, die Dinge zu erreichen, auf die sie glauben, einen rechtmäßigen Anspruch zu haben[1]. Die daraus resultierende Unzufriedenheit kann unter bestimmten Randbedingungen zu Protestverhalten und zur Rebellion führen. Als Randbedingungen ließen sich extrahieren, daß a) die Unzufriedenheit nicht nur individuell, sondern kollektiv erlebt wird, b) eine Ideologie zur Lösung der Unzufriedenheit bereit steht, c) Meinungsführer Aktionen organisieren usw. (vgl. ROHRMANN & PRESTER, 1987).

GURR (1970) führte eine Untersuchung durch, die, wie vorhergesagt, einen positiven Zusammenhang zwischen dem Ausmaß der individuellen relativen Deprivation und einem Index für soziale Unruhen nachweisen konnte. Im Unterschied zu GURR, der die individuelle Deprivation zur Erklärung sozialen Wandels heranzieht, vermutet RUNCIMAN, daß ausschließlich die soziale (fraternale) Deprivation dafür verantwortlich ist. WALKER und PETTIGREW (1984) schließen sich dieser Sichtweise mit folgender Überlegung an: Generell sollten interindividuelle Vergleiche ein Verhalten auf individueller Ebene und Gruppenvergleiche ein Verhalten auf Gruppenebene bewirken. Daraus leiten sie ab, daß das Verhalten zwischen Gruppen, welches bei einem sozialen Wandel von entscheidender Bedeutung ist, durch Vergleiche auf der intergruppalen Ebene determiniert wird. Die Behauptung, daß die soziale (fraternale) Deprivation eher zu sozialen Aktionen führt als die individuelle, konnte durch mehrere Untersuchungen bestätigt werden. So konnten u.a. CAPLAN und PAIGE (1968) sowie CAPLAN (1970) belegen, daß die soziale (fraternale) Deprivation ein besserer Prädiktor für die Teilnahme an Tumulten von Schwarzen in Amerika war als die individuelle Deprivation. Auch PETTIGREW (1964, 1967, 1978) sowie VANNEMAN und PETTIGREW (1972) konnten diese Sichtweise empirisch stützen:

(a) soziale (fraternale) Deprivation erwies sich als besserer Prädiktor für die Unruhen unter der schwarzen Bevölkerung in den 60igern als individuelle Deprivation und
(b) die größte Abneigung, schwarze Politiker zu unterstützen und das negativste Image schwarzer Politiker fand man bei denjenigen Personen, die sozial, nicht individuell, depriviert waren.

---

[1] Hier ergibt sich ein Bezug zur Equity-Theorie. Wesentliches Prinzip dieser Theorie ist die Annahme, daß Individuen in sozialen Beziehungen nach Gerechtigkeit in den „input“-„output“-Verhältnissen streben. Wenn eine Person das Gefühl hat, ungerecht behandelt zu werden (d.h. die „outputs“ geringer sind als nach den „inputs“ erwartet werden durfte), setzt das Streben nach Wiederherstellung der Gerechtigkeit ein. Nach der Equity-Theorie wird die Person versuchen, die „inputs“ zu verringern, eine Erhöhung der „outputs“ anzustreben, die Vergleichsmaßstäbe zu verändern usw. (vgl. dazu MÜLLER & HASSEBRAUCK, in diesem Band).

Offen bleibt die Frage, warum GURR (1970) dennoch den Effekt individueller Deprivation nachweisen konnte. Möglicherweise waren die Personen in GURRS Untersuchung sowohl individuell als auch sozial (fraternal) depriviert, woraus der positive Zusammenhang mit dem Index für soziale Unruhen resultierte.

Die wesentliche Übereinstimmung mit FESTINGERS Theorie sozialer Vergleichsprozesse (1954) findet sich in der Grundannahme MERTON & ROSSIS (1949), daß Menschen wichtige Informationen über sich und ihre Umwelt durch den Vergleich mit bedeutsamen anderen Personen erhalten. FESTINGER schränkt jedoch die Vergleiche auf Fähigkeiten und Meinungen ein.

3. Die Theorie sozialer Vergleichsprozesse von Festinger (1954)

Unter Berücksichtigung seiner eigenen theoretischen Arbeiten zum informellen Gruppendruck und dem individuellen Anspruchsniveau, die bereits implizit Vergleichsprozesse voraussetzten, entwickelte FESTINGER (1954) vor dem historischen Hintergrund der Bezugsgruppentheorie (MERTON & KITT, 1950; MERTON & ROSSI, 1949) seine Theorie der sozialen Vergleichsprozesse. Einen Überblick über neuere Forschungsarbeiten geben BIERHOFF (1984), WITTE (1989), STROEBE (1987).

Folgende zentrale Annahmen formulierte FESTINGER (1954) in seiner Theorie sozialer Vergleichsprozesse: Individuen haben das Motiv, die eigenen Meinungen und Fähigkeiten (abilities) zu bewerten; zu diesem Zweck vergleicht es sich mit anderen Personen. Bei diesem Vergleich bevorzugt es stets „objektive“ Kriterien gegenüber sozialen Kriterien. Zusätzlich nimmt FESTINGER an, daß es ein einseitiges Streben nach Leistungsverbesserung gibt. Für den Vergleich werden Personen herangezogen, die hinsichtlich der Meinungen und Fähigkeiten (abilities) als ähnlich wahrgenommen werden. In einer weiteren Hypothese beschäftigt sich die Theorie mit der Interaktion zwischen Individuum und Gruppe. Stellen Personen im Vergleichsprozeß Diskrepanzen bei Meinungen und Fähigkeiten fest, so sind sie bestrebt, diese Diskrepanzen zu reduzieren; dafür stehen dem Individuum verschiedene Verhaltensstrategien zur Verfügung. Jeder der folgenden Abschnitte befaßt sich mit der detaillierten Darstellung einer Hypothese innerhalb dieser Theorie. Im Anschluß daran werden die zentralen Hypothesen noch einmal zusammenfassend diskutiert.

3.1 Das Motiv nach Bewertung der eigenen Meinungen und Fähigkeiten

FESTINGERS (1954) grundlegende Hypothese der Theorie der sozialen Vergleichsprozesse besagt, daß Menschen das Motiv besitzen, eigene Meinungen und Fähigkeiten zu bewerten (*„There exists in human organism a drive to evaluate his opinions and abilities...“*, FESTINGER, 1954, S. 117). Um dieses Ziel zu erreichen, vergleichen sie sich mit anderen Personen. Diese Motivannahme stellt die wesentliche Neuerung im Vergleich zu den Vorläufern der Theorie dar. Die Existenz des Motives leitet sich aus folgender Überlegung ab: Für Individuen ist es notwendig, in der sozialen Realität auf verschiedene Situationen adäquat reagieren zu können, um Fehleinschätzungen und daraus resultierende Probleme in der sozialen Interaktion zu vermeiden. Voraussetzung für angemessene Reaktionen ist eine korrekte Einschätzung der Umgebung (Person und Situation) sowie der eigenen Meinungen und Fähigkeiten. Daraus ergibt sich das Bedürfnis des Individuums, subjektive Gewißheit über die Korrektheit der eigenen Einschätzungen über Meinungen und Fähigkeiten zu erlangen und falsche Informationen und Kognitionen zu vermeiden. Dem Bedürfnis entspringt das Motiv, die eigenen Einschätzungen an möglichst zuverlässigen Kriterien zu überprüfen, also zu vergleichen. Je geringer die subjektive Gewißheit ausgeprägt ist (je unsicherer sich also eine Person ist), desto weniger ist das Bedürfnis befriedigt und desto stärker wird somit die Vergleichsmotivation ausfallen[2].

FESTINGERS Annahmen implizieren, daß ein Vergleich besonders dann gesucht wird, wenn eine Überprüfung der Fähigkeit oder einer Meinung wichtig erscheint, wenn z.B. in naher Zukunft eine Einschätzung der eigenen Fähigkeit gefordert wird. JONES und REAGAN (1974) überprüften diese Hypothese mit einem Experiment, in dem ihre Vpn zunächst einen Test zu absolvieren hatten. Nach einem Feedback über ihre Leistungen in diesem Test wurden die Vpn aufgefordert, die Aufgabenschwierigkeit (10 Schwierigkeitsstufen) für einen zweiten Test auszuwählen, an dem sie abschließend teilnehmen sollten. Zur Variation der Relevanz von Vergleichsinformationen wurden zwei Gruppen gebildet: die erste Gruppe erhielt die Möglichkeit, sich vor der Wahl der Aufgabenschwierigkeit über die Testergebnisse anderer Personen zu informieren (hohe Relevanz), die zweite Gruppe erst nach der Festlegung der Schwierigkeitsstufe (niedrige Relevanz). Die Vpn der ersten Gruppe zeigten ein höheres Interesse für die Leistungen anderer Personen; dies gilt auch dann, wenn der zweite Test dieselbe Fähigkeit erfaßt wie der erste. Diese Ergebnisse stützen die Hypothese, daß Vergleichsinformationen besonders dann gesucht werden, wenn sie für die eigene Einschätzung wichtig sind (bzw. sich als nützlich erweisen können).

3.2 Realitätstests anhand „objektiver" und sozialer Kriterien

FESTINGER (1954) unterscheidet zwei Arten von Realitätstests, mit denen eine Person die Korrektheit ihrer Meinungen und die Einschätzung ihrer Fähigkeiten überprüfen kann:

---

[2] Dieser Aspekt wird später in der Kontrolltheorie (vgl. OSNABRÜGGE, STAHLBERG & FREY, 1985, in Band III dieser Ausgabe) wieder aufgegriffen, die daraus den Wunsch des Individuums nach einer vorhersehbaren, strukturierten Umwelt ableitet, in der die Person sich selbst als kompetent und wirksam (vgl. WHITE, 1959) erlebt.

a) anhand „objektiver" Kriterien, die einen direkten, intersubjektiv überprüfbaren Vergleich ermöglichen;
b) anhand sozialer Kriterien, die einen Vergleich zwischen Individuen beinhalten.

„Objektive" Kriterien sind intersubjektiv überprüfbare Informationen, z. B. im Sinne physikalischer Messungen wie der Bestimmung der Geschwindigkeit mit einem Tachometer oder auch psychologischer Messungen wie der Bestimmung des Intelligenzquotienten mit einem Intelligenztest. Liegen solche „objektiven" Kriterien nicht vor, können Personen nur dann einen Zuwachs an Sicherheit erreichen, wenn sie ihre eigenen Fähigkeiten und Meinungen mit denen anderer, für sie relevanter Individuen vergleichen.

FESTINGER nimmt an, daß Individuen bei der Überprüfung ihrer Meinungen und Fähigkeiten „objektive" Kriterien bevorzugen. Erst dann, wenn keine „objektiven" Kriterien verfügbar sind, gewinnen die sozialen an Bedeutung: Die Person beginnt, ihre Meinungen und Fähigkeitseinschätzungen mit denen anderer Personen zu vergleichen. Fehlen „objektive" Kriterien vollständig, ist die Person auf die Meinungen und Fähigkeiten anderer angewiesen, wenn sie ihre eigenen überprüfen will. Ist jedoch auch kein Vergleich mit anderen Personen möglich, der Person stehen also weder „objektive" noch soziale Kriterien zur Verfügung, so kann nach FESTINGER erwartet werden, daß ihre Kognitionen instabil und unpräzise sind. Sie sollte dann besonders empfänglich für jede Art von Informationen (Feedback) sein, die ihre Unsicherheit beseitigen könnte.

Eine umstrittene Hypothese im Rahmen der Theorie sozialer Vergleichsprozesse ist, daß die „objektiven" Kriterien grundsätzlich den sozialen vorgezogen werden. MILLER (1977) stellte demgegenüber die Hypothese auf, daß es Bedingungen gebe, unter denen umgekehrt die sozialen Kriterien bevorzugt würden und versucht, diese zu spezifizieren. Die Präferenz für soziale Kriterien sollte um so größer sein:

1. je attraktiver und wichtiger die Mitgliedschaft in einer potentiellen Vergleichsgruppe für eine Person ist (denn damit steigt die Abhängigkeit vom Urteil dieser Gruppe);
2. je eher die Person in ihrer interpersonellen Orientierung personen- statt aufgabenorientiert ist.

MILLER (1977) überprüfte diese Hypothesen in einem Experiment, in dem die Präferenz für „objektive" bzw. soziale Kriterien dadurch erfaßt wurde, daß die Vpn zwischen zwei verschiedenen Informationen auswählen konnten:

1. sie konnten ihre absolute Punktzahl (0–100 Punkte) in einem Test erfahren (eher „objektives Kriterium") oder
2. sie konnten ihren Rangplatz innerhalb der Gruppe ohne genaue Punktzahl erfragen (eher soziales Kriterium).

Die Ergebnisse dieser Untersuchung bestätigen MILLERS Hypothesen: je attraktiver und wichtiger die Bezugsgruppe war bzw. je personenorientierter die Personen waren, desto eher wurde das soziale Bewertungskriterium gewählt. Die Allgemeingültigkeit der Hypothese, daß „objektive" Kriterien grundsätzlich gegenüber sozialen bevorzugt werden, wenn beide verfügbar sind, muß somit in Frage gestellt werden.

In einer Reihe von Untersuchungen, deren eigentlicher Gegenstand der Konformitätsdruck von Gruppen ist, lassen sich weitere Hinweise für die Klärung der Frage finden, welches Kriterium bevorzugt wird. In Experimenten zum autokinetischen Effekt konnte mehrfach nachgewiesen werden, daß soziale Kriterien im Sinne FESTINGERS wirksam werden, wenn „objektive" Kriterien fehlen. Die Wirkung sozialer Kriterien äußerte sich darin, daß einzelne Personen ihre eigene Meinung derjenigen einer Mehrheit von Personen anpaßten, also einem Konformitätsdruck nachgaben (vgl. SHERIF, 1935; LINTON, 1954; ENDLER, 1960). Zweifel an der Bevorzugung verfügbarer „objektiver" Kriterien läßt ein anderes Experiment mit dem autokinetischen Effekt aufkommen. In einer Untersuchung von ROHRER, BARON, HOFFMANN und SWANDER (1954) trainierten die Vpn zunächst in Einzelsitzungen ihre Fähigkeit, die Bewegungen des Lichtpunktes mit Hilfe eines relevanten Bezugssystems („objektives" Kriterium) zu beurteilen. Während der folgenden Gruppenuntersuchung stand dieses Bezugssystem jedoch nicht mehr zur Verfügung. Trotz dieses Trainings mit einem „objektiven" Kriterium konnte nachgewiesen werden, daß sich der Konformitätsdruck (soziales Kriterium) auf die Urteile auswirkte. Den Effekt des Konformitätsdruckes konnten die Autoren bei denselben Probanden auch nach einem Jahr noch nachweisen, was auf eine stabile Meinungsänderung hindeutet. Auch die Ergebnisse anderer Experimente zum Konformitätsdruck in Gruppen lassen Zweifel an der Bevorzugung „objektiver" Kriterien aufkommen (vgl. z. Übersicht MOSCOVICI & FAUCHEUX, 1972).

Die Experimentalserie von ASCH (1951, 1955, 1956) kann zur Unterstützung der obigen Argumentation herangezogen werden. ASCH untersuchte darin den Einfluß von Urteilen anderer Personen auf das eigene Urteilsverhalten eines Individuums bei der Beurteilung objektiv meßbarer Größen. Seine Vpn sollten beurteilen, welche von drei zur Auswahl stehenden Streckenlängen mit einer vorgegebenen Streckenlänge identisch war. Im Einzelversuch waren diese Strecken eindeutig unterscheidbar. Mit der vorgegebenen Länge der Strecke stand also ein „objektives" Kriterium zur Verfügung. Bevor die Vp ihr Urteil im Hauptversuch nannte, gaben Strohmänner des Versuchsleiters jeweils falsche Urteile ab (soziales Kriterium). Ein Konformitätsdruck war für die Vp dann festzustellen, wenn sich eine Mehrheit mit einer abweichenden Meinung gegenüber der urteilenden Vp formierte (s.a. DEUTSCH & GERARD, 1955). ASCH konnte dabei weiter feststellen, daß bereits bei einer Majorität von drei gegenüber einer Person ein maximaler Konformitätsdruck zugunsten der Mehrheitsgruppe entstand. Die offensichtlich falsch urteilende Mehrheit erzielte bei etwa einem Drittel der Vpn Konformität. Die ausgelöste Tendenz zur Uniformität erwies sich allerdings als entscheidend schwächer, wenn die Vp mit ihrer Meinung nicht allein stand, sondern eine weitere Person von der Mehrheit abwich (ASCH, 1951; ALLEN & LEVINE, 1969, 1971; MORRIS & MILLER, 1975). Vergleichbare Resultate für Uniformierungstendenzen erhielten CRUTCHFIELD (1955), BRAGG und ALLEN (1972), DIVESTA (1959) sowie WIENER, CARPENTER und CARPENTER (1957).

LINTON (1954) gab zu bedenken, daß sich der Uniformitätsdruck zwar auf die geäußerten Urteile auswirken, die tatsächliche Wahrnehmung der Objekte jedoch vom sozialen Einfluß frei bleiben könnte, da z.B. die zu vergleichenden Strecken in den Experimenten von ASCH (1955, 1956) eindeutig unterscheidbar waren und ohne sozialen Einfluß korrekt unterschieden wurden. Eine Untersuchung von ROSENHAN, DE WILDE und MCDOUGAL (1963) stützt LINTONS Argumentation: Unter Verwendung einer ähnlichen experimentellen Anordnung wie bei ASCH sollten die Vpn einfache logische Probleme lösen. Dabei zeigte sich, daß 49 Prozent der Vpn entsprechend der instruierten Mehrheit falsche Lösungen angaben, während die Fehlerquote ohne sozialen Konformitätsdruck lediglich 0,5 Prozent betrug. Eine experimentelle Überprüfung, ob es sich tatsächlich um Effekte einer veränderten Wahrnehmung oder lediglich der geäußerten Urteile handelt, führte UPMEYER (1971) mit Hilfe des Signal-Entdeckungs-Paradigmas durch. Das Experiment bestand aus einem Vor- und einem Hauptversuch. In beiden Durchgängen wurde den Vpn eine Serie von Diskriminationsaufgaben vorgegeben, in der sie entscheiden mußten, ob zwischen zwei Lichtreizen Helligkeitsunterschiede bestehen. Zusätzlich sollten sie angeben, wie sicher sie sich bezüglich Ihrer Entscheidung sind. Im Hauptversuch wurde jede Vp außerdem mit den Urteilen dreier Mitwisser des Versuchsleiters konfrontiert. Dabei gab zunächst die Vp ihre Entscheidungen bezüglich der Helligkeit und der Sicherheit ihres Urteils ab, danach verkündeten die Strohmänner ihre Entscheidungen. UPMEYER fand, daß die Vpn einerseits ihre Wahrnehmungsleistungen gegenüber dem Vorversuch verbesserten und andererseits den Grad der Sicherheit dem Urteil der Gruppe im Laufe der Aufgabenserie anpaßten. Die Ergebnisse des Experimentes sprechen also dafür, daß die Wahrnehmungsleistungen nicht beeinträchtigt werden, sondern das geäußerte Urteil dem Gruppenurteil angenähert wird.

Die dargestellten Untersuchungen legen die Schlußfolgerung nahe, daß die abweichende Meinung anderer soziale Vergleichsprozesse auslöst, die die Urteilsbildung auch dann beeinflussen, wenn „objektive" Kriterien vorhanden sind. Wenn die Diskrepanz zwischen einem „objektiven" Kriterium (z.B. eine eindeutig bestimmbare Streckenlänge) und dem sozialen Kriterium (z.B. die Aussagen einer Minderheit von anderen Personen) zu groß wird, steigt die Wahrscheinlichkeit, daß das soziale Kriterium entscheidend an Bedeutung gewinnt und das Urteil entsprechend dem Konformitätsdruck gefällt wird. Die Gründe könnten in einem mangelnden Vertrauen der Person in die eigenen Urteile liegen sowie in dem Wunsch nach Annäherung an das Gruppenurteil, um von der Gruppe belohnt zu werden oder Bestrafungen zu vermeiden. An den Ergebnissen wird außerdem deutlich, daß FESTINGERS ursprünglich vorsichtige Einschätzung der Bedeutung von Vergleichsprozessen auf Basis sozialer Kriterien zu pessimistisch war; tatsächlich scheinen soziale Vergleiche von erheblicher Bedeutsamkeit im Erkenntnisprozeß zu sein[3].

---

[3] Nicht zuletzt FESTINGERS eigene theoretische Arbeiten zur Dissonanztheorie (FESTINGER, 1957) lassen Zweifel an der Annahme aufkommen, daß verfügbare

In seiner Theorie unterscheidet FESTINGER (1954) zwischen der Bewertung/dem Vergleich von Meinungen und der Bewertung/dem Vergleich von Fähigkeiten. Er postuliert, daß Individuen bestrebt sind, ihre Fähigkeiten und Leistungen ständig zu verbessern nicht aber ihre Meinungen (*„There is an unidirectional drive upwards in the case of abilities which is largely absent in opinions.“*. FESTINGER, 1954, S. 124). FESTINGER mißt dem Begriff der Fähigkeit offenbar eine andere Bedeutung zu, als es heute üblich ist. Der Begriff der Fähigkeit läßt sich definieren als „die Grundgesamtheit der zur Ausführung einer bestimmten Leistung erforderlichen Bedingungen“ (DORSCH, BERGIUS & RIES, 1982, S. 200). Fähigkeiten bilden sich im Laufe der Entwicklung aus und werden dann als relativ stabil angesehen. Davon zu unterscheiden sind die Fertigkeiten, deren Ausmaß sich aus den Fähigkeiten und den relevanten Merkmalen (Übung, Leistungsmotivation usw.) zusammensetzt. Fertigkeiten können im Gegensatz zu Fähigkeiten lebenslang gesteigert werden, weshalb im Zusammenhang mit einer Verbesserung nur noch der Begriff der Fertigkeiten verwendet werden soll.

Die Ursache für das ständige Streben der Individuen nach einer Verbesserung der eigenen Fertigkeiten könnte darin liegen, daß Personen mit besseren Fertigkeiten adäquater in der Umwelt agieren können und somit normalerweise auch besser bewertet werden. Ein Beispiel dafür, daß eine Verbesserung der Fertigkeiten auch negative Konsequenzen haben kann und deshalb vermieden wird, beschreibt HORNER (1968). Sie versucht, die Unterschiede in der Leistungsmotivation zwischen Männern und Frauen damit zu erklären, daß Frauen ein Motiv besitzen, Erfolg zu vermeiden. Frauen erwarten danach, daß der Erfolg negative Konsequenzen auslösen kann wie z. B. soziale Zurückweisung oder das Gefühl nicht feminin zu sein. Ein Beispiel für negative Konsequenzen aus dem Gebiet der Altersforschung stammt von BALTES und BALTES (1989). Sie konnten feststellen, daß Individuen dann erfolgreicher altern, wenn sie ihre Leistungen nicht mehr ständig verbessern wollen.

Unabhängig von möglichen negativen Konsequenzen stößt das Streben nach einer Verbesserung der Fertigkeiten aber auch auf natürliche Grenzen, die nur bedingt der individuellen Kontrolle unterliegen. Die Grenze nach oben ergibt sich aus der individuellen Fähigkeit der Person und der

---

„objektive“ Kriterien in jedem Falle bevorzugt werden. So konnte z. B. in Untersuchungen zur Dissonanz nach Entscheidungen (postdecisional dissonance, vgl. FREY & GASKA in diesem Band) mehrfach nachgewiesen werden, daß konsonante Informationen, die die Entscheidung als richtig erscheinen ließen, bevorzugt gesucht werden. Es läßt sich hypostasieren, daß unter solchen Bedingungen entscheidungskonsonante Urteile bedeutsamer anderer Personen (soziale Kriterien) gegenüber dissonanten „objektiven“ Informationen bevorzugt werden. Auch Forschungsarbeiten zu Theorien menschlicher Informationsverarbeitung, die sich mit der Selektivität menschlicher Wahrnehmung befassen (vgl. auch die Kapitel zur konzeptgesteuerten Informationsverarbeitung, von SCHWARZ, 1985; STRACK, 1987), stützen diese Annahme.

optimalen Ausprägung der relevanten Merkmale. Eine Steigerung der Fertigkeiten über diese Grenze hinaus ist nicht möglich.

Bei Meinungen ist es nicht sinnvoll von einer Verbesserung zu sprechen. Hier läßt sich stattdessen ein Streben nach möglichst hoher Korrektheit der eigenen Meinung annehmen. Als Maß für die Korrektheit dient den Individuen der Grad an Übereinstimmung mit anderen Personen. Um möglichst korrekte Meinungen vertreten zu können, überprüfen sie das Ausmaß an Übereinstimmung mit relevanten Personen. Diese korrekten Meinungen ermöglichen es dem Individuum, analog zu den ausgeprägten Fähigkeiten, ein adäquateres Verhalten in der Umwelt zu zeigen.

3.4 Die Ähnlichkeitshypothese

Eine zentrale Annahme in der Theorie der sozialen Vergleichsprozesse ist die Ähnlichkeitshypothese. Sie besagt: Je größer die Ähnlichkeit zwischen einer Meinung und/oder Fähigkeit der eigenen Person und der einer anderen, desto eher wird diese als Vergleichsperson ausgewählt. FESTINGER (1954) postuliert, daß das Individuum durch den Vergleich mit einer ihm ähnlichen Person eine maximale Information bezüglich der Korrektheit der eigenen Meinung oder dem Ausmaß der eigenen Fähigkeiten erhält. Der Begriff der Ähnlichkeit ist in Anlehnung an FESTINGERS Formulierung zunächst ausschließlich im Sinne von „Ähnlichkeit bezüglich der Leistung" interpretiert worden, d.h., daß sich Personen am ehesten mit leistungsähnlichen anderen Personen vergleichen. Ein klassisches Experiment zur Untersuchung dieser Hypothese wurde von WHEELER (1966) durchgeführt. Er entwickelte das sogenannte Rangordnungs-Paradigma: Die Vpn führen in Gruppen von sieben bis neun Personen einen fiktiven Persönlichkeitstest durch, der (angeblich) eine positiv bewertete intellektuelle oder soziale Fähigkeit mißt (z.B. intellektuelle Flexibilität oder soziale Intelligenz). Allen Vpn wird einzeln derselbe Punktwert zurückgemeldet, der ihnen den mittleren Rangplatz zuweist. Anschließend werden die Vpn aufgefordert, diejenige Person auszuwählen, deren Testergebnis sie gerne detaillierter ansehen würde; die fiktive Reihenfolge der Personen ist ihnen dabei bekannt. Die Untersuchung erbrachte folgende Ergebnisse: die meisten Vpn wollten sich mit denjenigen Personen vergleichen, die einen Rangplatz über oder unter ihr lagen (55,4 Prozent), also eine ähnliche Leistung gezeigt hatten. Andere Ergebnisse zeigte eine Untersuchung von WHEELER, SHAVER, JONES, GOETHALS, COOPER, ROBINSON, GRUDER und OUTZINE (1969): 47 Prozent ihrer Vpn verglichen sich mit einer Person, die einen Rang besser abschnitt; keine Vpn suchte den Vergleich mit einer Person, die schlechter eingestuft war als sie selbst, jedoch 41,2 Prozent von ihnen mit der besten Person ihrer Gruppe. Dieses der Hypothese widersprechende Ergebnis trug dazu bei, daß die Ähnlichkeitshypothese modifiziert wurde. Die Ähnlichkeit bezüglich der Leistung konnte nicht mehr als die entscheidende Variable zur Auswahl von Vergleichspersonen angesehen werden.

GOETHALS und DARLEY (1977) lieferten eine differenziertere Interpretation des Ähnlichkeitsbegriffes, die erheblich zur Spezifikation des Konzeptes beitrug. Nach ihrem attributionstheoretischen Ansatz ist die aktuell erbrachte Leistung einer Person das Ergebnis des Zusammenwirkens ihrer Fähigkeiten und leistungsrelevanten Eigenschaften wie z. B. Alter, Anstrengung und Erfahrung (relevante Attribute). Will ein Individuum nun einschätzen, wie hoch seine eigenen Fähigkeiten ausgeprägt sind, nützt es ihm wenig, sich Personen zum Vergleich auszuwählen, die eine ähnliche Leistung erbracht haben, wenn keine Informationen über die anderen relevanten Attribute vorliegen: Zeigt das Individuum z. B. eine schlechte Leistung, so können die Fähigkeiten, die relevanten Attribute oder beide gering ausgeprägt sein. Gleiche Leistungen können z. B. auf unterschiedliche Ausprägungen in der Erfahrung, dem Alter oder der Anstrengung zurückzuführen sein. Daher sollte nach GOETHALS und DARLEY (1977) eine Vergleichsperson ausgewählt werden, die ähnliche Ausprägungen in den relevanten Attributen zeigt: Bei gleich großer Ausprägung der Anstrengung, des Alters und der Erfahrung zweier Personen, lassen sich unterschiedliche Leistungen mit höherer Sicherheit auf unterschiedliche Fähigkeiten zurückführen. Demnach geht ein Individuum bei der Auswahl seiner Vergleichspersonen vor wie ein Wissenschaftler in einem Experiment: Durch die Konstanthaltung der Rahmenbedingungen (relevante Attribute sind ähnlich oder gleich) läßt sich die Variation in der abhängigen Variablen (die Leistung) kausal auf unterschiedliche Ausprägungen des zugrundegelegten Konstruktes (Fähigkeit) zurückführen. GOETHALS und DARLEY (1977) vermuten daher, daß zur Beurteilung der Ähnlichkeit einer Vergleichsperson anstatt der Leistung eher die relevanten Attribute herangezogen werden.

Ein analoger Prozeß wird auch bei der Auswahl von Personen, für die Einschätzung der Korrektheit der eigenen Meinungen angenommen. Individuen wählen nicht diejenige Person aus, die die gleiche Meinung zu einem speziellen Sachverhalt hat wie sie selbst, sondern eine Person, die ihr bezüglich der relevanten Attribute ähnlich ist, z. B. wird ein Experte für osteuropäische Geschichte seine Meinung mit einer Person vergleichen, die ähnlich viel Erfahrung (relevantes Attribut) in diesem Bereich hat, ohne daß sie die gleiche Meinung haben muß. Auch Lebenseinstellungen und Wertesysteme des Individuums können relevante Attribute für die Auswahl von ähnlichen Vergleichspersonen sein.

Empirisch gestützt wird die Annahme, daß die Personen bei der Auswahl einer ähnlichen Vergleichsperson die relevanten Attribute berücksichtigen durch eine Studie von ZANNA, GOETHALS und HILL (1975). Ihre Vpn absolvierten zunächst einen Test zur Ermittlung der intellektuellen Leistungsfähigkeit, bei dem starke Geschlechtsunterschiede auftreten sollten. Um anschließend ihre Leistungen beurteilen zu können, wurden ihnen Informationen über die Verteilung der Werte einer männlichen und einer weiblichen Stichprobe zur Wahl angeboten. Die Studie ergab, daß sich daraufhin tatsächlich alle Vpn mit Gleichgeschlechtlichen verglichen. Der Glaube, daß das Geschlecht ein relevantes Attribut für die Leistung darstellt, führt demnach dazu, daß für den Vergleich Personen bevorzugt werden, die bezüglich des relevanten Attributes der eigenen Person ähnlich sind (siehe auch SULS, GASTORF & LAWHON, 1978; WHEELER, KOESTNER & DRIVER, 1982). SULS, GAES und GASTORF (1979) interpretieren diese Ergebnisse auch noch in einem anderen Sinne: Das Geschlecht sei im allgemeinen ein identitätsdefinierendes Merkmal. Derartige Merkmale sollen grundsätzlich als relevantes Attribut angesehen werden, auch dann, wenn sie nicht unbedingt leistungsrelevant sind.

Die Hypothese der relevanten Attribute hat einen wichtigen Beitrag zur Spezifikation der Ähnlichkeitshypothese FESTINGERS geleistet. Die Untersuchungsergebnisse legen die Vermutung nahe, daß die Wahl der relevanten Attribute, sowohl von der Situation als auch von der Person, die die Wahl trifft, abhängig ist. Die Personen wählen die Attribute, die sie für die jeweilige Situation als wichtig erachten (subjektive Wichtigkeit der Attribute), wobei die Einschätzung der Wichtigkeit über die Personen variiert. Attribute werden für die Person subjektiv an Wichtigkeit gewinnen, wenn sie die Identität des Individuums betreffen.

Zwei bedeutsame Phänomene werden bereits an dieser Stelle deutlich:

1. Vergleichsprozesse finden offenbar nicht nur bei Fähigkeiten und Meinungen statt, sondern können auch andere Merkmalsdimensionen (wie Alter, Erfahrung usw.) betreffen, da die Wahl einer Vergleichsperson mit ähnlichen Eigenschaften voraussetzt, daß ein diesbezüglicher Vergleich bereits stattgefunden hat.
2. Es zeigt sich, daß Vergleiche parallel auf mehreren Dimensionen in einem einzigen Vergleichsprozeß ablaufen können und oftmals notwendig sind, um verläßliche Informationen zu erhalten: Der Urteils- bzw. Bewertungsprozeß auf der eigentlich interessanten Dimension setzt Vergleichsurteile auf damit verbundenen Merkmalsdimensionen voraus (KRUGLANSKI & MAYSELESS, 1990, vgl. auch Abschnitt 4.2).

3.5 Soziale Vergleiche bei Meinungs- und Fertigkeitsdiskrepanzen

Stellt eine Person im Vergleichsprozeß fest, daß sich ihre Meinungen und Fertigkeiten von denen anderer relevanter Gruppenmitglieder unterscheiden, so wird sie nach FESTINGER (1954) versuchen, diese Diskrepanzen zu reduzieren. Die Bemühungen der Person, die Diskrepanzen zu reduzieren, wachsen a) mit der Relevanz der Meinungen und Fertigkeiten und b) mit der Attraktivität der Gruppe.

Als Verhaltensstrategien zur Diskrepanzreduktion nannte FESTINGER a) die Änderung der eigenen Position und b) die Veränderung der Position der anderen Personen, unter der Bedingung, daß die Person in der Gruppe verbleiben will. Mißlingen beide Strategien so verläßt c) das Individuum die Gruppe oder es wird d) von der Gruppe ausgeschlossen.

Das Streben nach Diskrepanzreduktion wird sowohl für Meinungen als auch für Fertigkeiten angenommen. Meinungen und Fertigkeiten unterscheiden sich durch ihren Grad der Veränderbarkeit: Hindernisse für die Veränderung von Meinungen hängen im wesentlichen von der Änderungsbereitschaft der beteiligten Personen ab. Demgegenüber stoßen Fertigkeiten und damit verbundene Leistungen auf Grenzen, die durch das individuell gegebene Potential gesetzt werden. Diese beiden Gegenstände der Hypothesen werden daher im folgenden getrennt behandelt.

3.5.1 Meinungsdiskrepanzen

Die in Abschnitt 3.2 dargestellten Untersuchungen zum Uniformitätsdruck in Gruppen konnten bereits zeigen, daß Personen, die eine Diskrepanz zwischen ihrer eigenen Meinung und der einer Gruppenmehrheit feststellen, dazu neigen, ihre eigene Meinung zu ändern, um die Diskrepanz zu beseitigen. FESTINGER, GERARD, HYMOVITCH, KELLEY und RAVEN (1952) ließen in einer Untersuchung Kleingruppen bilden, die über einen strittigen Punkt diskutieren sollten. Die Vpn erhielten dabei falsche Informationen über die Meinungen der anderen Diskussionsteilnehmer: Ihnen wurde entweder mitgeteilt, daß sie mit ihrer Meinung von der Gruppennorm abwichen oder daß sie mit der Meinung aller Gruppenmitglieder übereinstimmten. Vpn, die einen Konsens mit der Gruppenmeinung annahmen, änderten ihre Meinung im Laufe der Diskussion nicht. Sie kommunizierten vor allem mit auffallend „nicht normkonformen" Gruppenmitgliedern. Demgegenüber paßten 23 Prozent der Personen, die selbst glaubten, nicht normkonform zu sein, ihre eigene der Gruppenmeinung an. Sie unternahmen wenige Versuche, diejenigen Mitglieder zu überzeugen, die die am häufigsten geäußerte Meinung (Gruppenmeinung) vertraten, sondern kommunizierten bevorzugt mit denjenigen, die eine Meinung vertraten, die zwischen der Gruppenmeinung und ihrer eigenen einzuordnen war. Dieses Ergebnis legt, wie die Experimente zum Konformitätsdruck, die Vermutung nahe, daß die Änderung der eigenen Meinung und der Versuch, die Meinung anderer zu ändern von verschiedenen Ausgangspositionen der Person abhängt: Personen, die annehmen, eine abweichende Position gegenüber einer Mehrheit zu vertreten, neigen eher dazu, ihre eigene Meinung zu ändern, während Personen, die glauben eine Mehrheitsposition zu vertreten, eher versuchen, die Meinung einer anderen Person zu ändern.

In Untersuchungen zum Minoritäteneinfluß in Gruppen (vgl. MAASS, WEST & CLARK, 1985, in Band 2 dieser Ausgabe) konnte mehrfach nachgewiesen werden, daß konsistent argumentierende Minoritäten einen Einfluß auf Mehrheitsmeinungen ausüben können. Ein empirischer Beleg dazu stammt von MORIARTY (1974). Er suggerierte seinen Vpn, daß sie von der Mehrheitsmeinung abwichen. Es zeigte sich zwar, daß insbesondere Einzelpersonen, deren Abweichung offenkundig war, den Wunsch äußerten, ihre Meinung derjenigen der Majorität anzupassen, jedoch auch, daß Meinungsabweichende eine neue, konsistent von der Mehrheit abweichende Gruppe bildeten, wenn andere nonkonforme Personen als solche erkennbar waren. Dies deutet an, daß neben den von FESTINGER (1954) angenommenen Strategien zur Diskrepanzreduktion eine dritte existiert, die Bildung von Untergruppen beim Auftreten von Meinungsdiskrepanzen.

Die Thesen, daß der Druck zur Diskrepanzreduktion mit der Relevanz der Meinungen und der Attraktivität der Gruppe zunimmt, wurden von SCHACHTER (1951) überprüft. Er konnte zeigen, daß die Gruppenmitglieder versuchten eine Person mit einer abweichenden Meinung zu beeinflussen und sie schließlich ablehnten, wenn sie ihre Meinung nicht veränderte. Die Beeinflussungsversuche und die Ablehnungen der Person durch die Gruppenmitglieder wurden um so stärker, je relevanter das Thema und je attraktiver die Gruppe war. Der Einfluß der Attraktivität auf die Meinungskonformität konnte in weiteren Untersuchungen belegt werden (z. B. BACK, 1951; WYER, 1966). Der Druck zur Konformität der Meinungen nahm mit der Attraktivität der Gruppe zu. Dieser lineare Zusammenhang war nach den Untersuchungen von KIESLER und CORBIN (1965) nur dann gültig, wenn eine Person die Freiheit besaß, die Gruppe verlassen zu können. Sobald diese Freiheit eingeschränkt war, ergab sich ein kurvilinearer Zusammenhang. Die Gruppenmitglieder zeigten bei niedriger und hoher Attraktivität der Gruppe eine höhere Konformitätsbereitschaft, während die Konformitätsbereitschaft bei mittlerer Attraktivität am geringsten war (TAJFEL, 1978, 1979, vgl. Abschnitt 5.4 und 7.2, beschreibt diesen Aspekt in seiner Theorie der sozialen Identität mit der Dimension, der > sozialen Mobilität <).

Die vorliegenden experimentellen Befunde lassen keine eindeutige Spezifikation der Randbedingungen zu, unter denen die verschiedenen Verhaltensweisen auftreten. Die Untersuchungen belegen aber den Einfluß mehrerer Bedingungen auf das Verhalten der Gruppenmitglieder: Die Anzahl der Gruppenmitglieder, die eine diskrepante Meinung äußern, die Konsistenz mit der die Meinung vertreten wird und die Freiheit der einzelnen Person, die Gruppe verlassen zu können. Neben diesen empirisch gewonnenen Randbedingungen sind weitere Faktoren denkbar, die die Verhaltenstendenzen beeinflussen: ein positives Selbstwertgefühl, die Bedeutsamkeit der Meinung innerhalb des kognitiven Systems, eine hohe Sicherheit bezüglich der Korrektheit der eigenen Meinung (z. B. aufgrund einer hohen Anzahl verfügbarer „objektiver“ Kriterien) oder eine große Bedeutsamkeit der Meinung innerhalb des kognitiven Systems, können dem Druck zur Diskrepanzreduktion entgegenwirken und dazu führen, daß das Gruppenmitglied seine eigene Meinung eher beibehält (vgl. auch Abschnitt 7.2)[4].

---

[4] FESTINGER selbst greift das Problem, daß die Bedingungen für die Wahl einer Strategie in der ursprünglichen Formulierung seiner Theorie sozialer Vergleichsprozesse unzureichend spezifiert waren, in der drei Jahre später veröffentlichten Theorie kognitiver Dissonanz (FESTINGER, 1957; vgl. FREY & GASKA in diesem Band) wieder auf. Die Wahrnehmung von Diskrepanzen zwischen der eigenen Einstellung und der Gruppenmeinung erzeugt nach diesem neueren theoretischen Konstrukt kognitive Dissonanz. Die gewählte Art der Dissonanzreduktion ist vom Änderungswiderstand der beteiligten Kognitionen abhängig, d. h. vom kognitiven Aufwand, der betrieben werden müßte, um eine langfristig stabile Dissonanzreduktion zu erzielen. Konkret auf das vorliegende Problem angewandt bedeutet dies u. E. folgendes: Die eigene Einstellung wird nur dann in Richtung auf die Gruppenmeinung geändert, wenn die Änderungsresistenz der eigenen Einstellung relativ niedrig ist und die Gruppenmeinung als sehr wichtig angesehen wird. Ein Versuch, die Gruppenmeinung zu ändern, wird dann unternommen, wenn die Chance einer Einflußnahme wahrgenommen wird. Besteht diese Aussicht nicht, wird entweder die eigene Meinung geändert oder aber der Vergleich wird aufgegeben.

3.5.2 Fertigkeitsdiskrepanzen

Vergleicht sich eine Person mit anderen Gruppenmitgliedern hinsichtlich ihrer Fertigkeiten und stellt dabei Diskrepanzen fest, so setzt zumindest bei Gruppen mit hoher Kohäsion ein komplexer Prozeß ein. Einerseits versuchen die Personen, deren Leistungen geringer sind, diese zu steigern, da schlechte Leistungen in den meisten Gruppen negativ bewertet werden. Die anderen Gruppenmitglieder werden bemüht sein, sie in ihrem Anpassungsprozeß an das Gruppenniveau zu unterstützen. Andererseits wollen auch Personen, die bereits besonders gute Leistungen erbringen, noch besser werden, so daß ein langfristiger Gleichgewichtszustand selten zustande kommt. Die Leistungsstärkeren werden ihre Leistungen nur dann anpassen, wenn ihnen die Gruppe wichtig ist und die Gefahr der negativen Konsequenzen einer zu guten Leistung groß ist (vgl. auch HORNER, 1968; BALTES & BALTES, 1989).

Als problematisch erweist sich, daß FESTINGER es versäumte, ausreichende Randbedingungen für die Auswahl der Verhaltensstrategien bei Diskrepanzen zu formulieren, weshalb wir in unserem integrativen Ansatz eine Systematik von Randbedingungen und Verhaltensstrategien vorstellen werden (vgl. Abschnitt 7.2).

4. Motive und Strategien bei sozialen Vergleichsprozessen

In seiner ursprünglichen Fassung der Theorie sozialer Vergleichsprozesse gab FESTINGER (1954) nur wenige Hinweise dafür, mit welchen Personen sozialer Vergleich stattfindet und welche Dimensionen des Selbst dazu herangezogen werden. Die Hypothesen zu der Ähnlichkeit und dem Streben nach Verbesserung der Fertigkeiten deuten zwar an, welche Personen ausgewählt werden können, bleiben bei FESTINGER jedoch zu unpräzise. Zwar gelang es GOETHALS und DARLEY (1977), die Merkmale zu präzisieren, die als ähnlichkeitsdefinierend empfunden werden (relevante Attribute, vgl. Abschnitt 3.4), die weitere Forschung zeigte jedoch, daß nicht ausschließlich ähnliche Personen zum Vergleich herangezogen werden. Die Auswahlstrategie scheint außerdem von verschiedenen Motiven des Individuums abzuhängen. So läßt sich zeigen, daß die Motive nach kognitiver Strukturiertheit und nach Selbstwertschutz bzw. -erhöhung unterschiedliche Vergleichsstrategien bewirken. Gegenstand der folgenden Abschnitte sollen daher diese Motive sein, in deren Dienst Vergleichsprozesse stehen können. Im abschließenden Fazit geben wir eine systematische Übersicht dieser Determinanten.

4.1 Exakte Standortbestimmung und kognitive Strukturiertheit

Ziel der Suche nach Vergleichsinformationen ist nach FESTINGER eine möglichst exakte Bewertung der eigenen Merkmale. GOETHALS und DARLEY

(1977, s. Abschnitt 3.4) wiesen überzeugend nach, daß die Wahl von Personen mit ähnlichen Ausprägungen in den relevanten Attributen zu solch exakten Einschätzungen eigener Fähigkeiten führt. Die Möglichkeit, ähnliche Personen auszuwählen, setzt jedoch bereits eine kognitive Strukturiertheit der Umwelt voraus:

Die Person muß wissen, wer ihr in den relevanten Attributen ähnlich bzw. unähnlich ist. Der Erwerb dieses Wissen setzt voraus, daß bereits vor der aktuellen Bewertung eines Merkmals soziale Vergleiche stattgefunden haben, die eine zuverlässige Kategorisierung und die Bestimmung des eigenen Standortes in dem kognitiven Kategoriensystem ermöglichen. Soziale Vergleichsprozesse können demnach im Dienste des Strebens nach kognitiver Strukturiertheit stehen (vgl. dazu OSNABRÜGGE, STAHLBERG & FREY, 1985, in Band III dieses Werks)[5].

Welche Strategie wird nun ein Individuum im Vergleichsprozeß verfolgen, bei dem das Ziel der Strukturiertheit im Vordergrund steht? Die präziseste Bestimmung des eigenen Standortes wird dann gelingen, wenn möglichst viele Informationen über die Positionen anderer Personen in das subjektive Urteil einbezogen werden können. Der Vergleich sollte demnach in alle Richtungen erfolgen, d.h. es werden Informationen über Personen gesucht, die sowohl ähnliche als auch unähnliche Meinungen und Fähigkeiten/Fertigkeiten besitzen. Es bleibt die Frage, unter welchen Bedingungen das Bedürfnis nach Strukturiertheit im Vordergrund steht. Der erwachsene Mensch wird für die meisten der alltäglichen Situationen über relativ stabile Kategoriensysteme verfügen, was dieses Bedürfnis in den Hintergrund treten läßt. Vornehmlich in neuen, unbekannten Situationen, kann eine Aktualisierung des Motives erwartet werden. Im Kindes- und Jugendalter sind demgegenüber häufiger Vergleichsprozesse zu erwarten, die im Dienste der Strukturierung der sozialen Umwelt stehen. In dieser Betrachtung deutet sich bereits eine entwicklungspsychologische Perspektive der Veränderung von Vergleichsprozessen über die verschiedenen Lebensphasen hinweg an, die in Abschnitt 5.3 noch einmal aufgegriffen wird.

4.2 Das Motiv nach Selbstwertschutz bzw. -erhöhung

FESTINGER sieht im Rahmen der Theorie sozialer Vergleichsprozesse das Individuum als ein primär rationales Wesen an, das Informationen im Bewertungsprozeß „objektiv" gewichtet. Diese Rationalität wurde bereits wiederholt in Frage gestellt. So vermuten METTEE und SMITH (1977), daß Personen neben dem Bedürfnis nach einer exakten Selbstbewertung (self-evaluation accuracy need) mit Hilfe des Vergleichs auch das Bedürfnis nach vorteilhafter Selbstbewertung (self-evaluation favorability need) befriedigen wollen. Eine ähnliche Annahme formuliert GOETHALS (1984, S.25): *„It seems that there is more of a drive to think that our opinions are*

---

[5] Es ist anzunehmen, daß FESTINGER (1954) diesen Gedanken zumindest implizit voraussetzte.

correct and our abilities are good than to find out the truth." FESTINGER (1954) selbst nimmt das Motiv an, die eigenen Fähigkeiten zu verbessern. Hinter diesem Motiv läßt sich ähnlich wie bei den Annahmen von METTEE und SMITH und von GOETHALS das Bedürfnis vermuten, sich positiv von anderen Personen abgrenzen zu wollen. Diese beiden Annahmen und FESTINGERS Annahme lassen sich miteinander vereinbaren, wenn ein Motiv angenommen wird, sich subjektiv als positiv von anderen abgegrenzt wahrnehmen zu können. Dieses selbstwertdienliche Streben im sozialen Vergleichsprozeß läßt sich dem allgemeineren Motiv nach Selbstwertschutz bzw. -erhöhung unterordnen. Tatsächlich belegen einige Studien, daß dieses Motiv die Wahl von Vergleichsstrategien determinieren kann. Die eigenen Fertigkeiten tatsächlich zu verbessern, ist dabei nur eine von vielen Strategien, die dem Motiv nach Selbstwertschutz bzw. -erhöhung dienen können.

Wird das Ziel der Verbesserung angestrebt, ist der Vergleich mit Personen, die bessere Leistungen zeigen („Vergleich nach oben") sinnvoll: Nimmt das Individuum an, eine leistungsbessere Person habe die gleiche Grundfähigkeit, können diejenigen relevanten Attribute gesucht werden, die für den Leistungsunterschied verantwortlich sind (z. B. Training) und gezielt verbessert werden. Insofern kann also der „Vergleich nach oben" im Dienste des Motives nach Selbstwerterhöhung stehen. Der soziale Vergleich hat hier die Funktion einer Rückmeldung (Feedback), die einerseits motivationalen Charakter besitzt, d. h. das Individuum wird dadurch angespornt, bessere Leistungen anzustreben und andererseits informativen Charakter haben kann, d. h. Informationen liefert, wie die eigene Leistung verbessert werden kann. Ob eine Leistungsverbesserung tatsächlich angestrebt wird, hängt indes von weiteren Bedingungen ab:

- es muß überhaupt die Möglichkeit wahrgenommen werden, die Fertigkeiten zu verbessern, da sonst jede Anstrengung vergebens wäre;
- die Vergleichsdimension muß derart wichtig für die Person sein, daß der mit der Verbesserung verbundene Aufwand gerechtfertigt erscheint;
- die erreichte Leistungsverbesserung darf nicht negativ sanktioniert werden.

Welche Möglichkeiten bleiben der Person im sozialen Vergleichsprozeß, wenn eine Verbesserung der eigenen Fähigkeiten und Meinungen nicht angestrebt wird oder unmöglich ist, der Selbstwert aber massiv bedroht erscheint? Effiziente Strategien liefert dabei die subjektive Verzerrung der Wahrnehmung und Bewertung von Vergleichsdimensionen und -personen im sozialen Vergleich:

1. Wechsel der Vergleichsperson

OSNABRÜGGE (1988) fand in ihren Experimenten, die die Auswirkungen variabler vs. stabiler Attribution im sozialen Vergleich untersuchten u. a., daß Personen, die im Vergleich feststellten, daß sie schlechtere Leistungen erbrachten als relevante Vergleichspersonen und diese Leistungen stabil attribuierten, den Vergleich mit Personen bevorzugten, die noch schlechtere Leistungen erbracht hatten. Demnach scheinen Personen, deren Selbstwert massiv bedroht ist (stabile Attribution negativer Ergebnisse), den „Vergleich nach unten“ zu bevorzugen: Die Erkenntnis, daß es auch Personen gibt, die schlechtere Leistungen erbringen, schützt vor dem drohenden Verlust des Selbstwertes.

Diese selbstwertschützende Funktion des „Vergleiches nach unten“ findet seit einigen Jahren auch im Bereich der klinischen Psychologie Beachtung. Personen, die an ernsthaften Krankheiten leiden, neigen dazu ihren körperlichen Zustand mit dem anderer Personen zu vergleichen. Die ständige Konfrontation mit der eigenen Erkrankung läßt den körperlichen Zustand zu einer relevanten Vergleichsdimension werden. Bevorzugte Strategie in diesem Prozeß ist der Vergleich mit Personen, deren Gesundheitszustand noch schlechter ist. Wills (1981, 1983) sieht in dieser Strategie einen Bewältigungs-Mechanismus (Coping), der in der Lage ist, die allgemeine Stimmungs- und Gefühlslage zu verbessern. Der „Vergleich nach unten“ konnte bei verschiedenen klinischen Gruppen nachgewiesen werden, so bei Menschen mit mentaler Retardierung (Gibbons, 1985; Harter, 1985), Depressiven (Gibbons, 1986; Weary, Elbin & Hill, 1987) und Krebspatienten (Taylor, Lichtman & Wood, 1983). Es zeigte sich in diesen Untersuchungen, daß die Patienten dazu neigten, sich eine negative Vergleichsperson vorzustellen, wenn kein direkter Vergleich möglich war. Es scheint demnach, als könne es bereits ausreichen sich mit einer fiktiven Person zu vergleichen, um das subjektive Wohlbefinden zu verbessern.

In den oben erwähnten Experimenten von Osnabrügge (1988) zeigte sich jedoch auch, daß bei weniger massiver Bedrohung des Selbstwertes, d.h. wenn die schlechteren Ergebnisse variabel attribuiert wurden, der „Vergleich nach unten“ keine bedeutsame Rolle spielte: Es fand ein Vergleich bezüglich der relevanten Attribute statt. Läßt sich eine schlechtere Leistung z.B. auf einen Trainingsrückstand zurückführen, scheint die Bedrohung des Selbstwertes vermindert. Die Art der Attribution scheint demnach eine bedeutsame Randbedingung für die Auswahl dieser Strategien.

2. Wechsel der Vergleichsdimensionen oder Aufwertung anderer Dimensionen

Eine andere Strategie, den bedrohten Selbstwert zu schützen, stellt u.E. der Wechsel auf eine andere Vergleichsdimension, auf der die Person besser abschneidet, dar: „Er kann zwar besser rechnen und besser reden als ich, dafür kann ich aber wesentlich besser mit Menschen umgehen.“ Bereits Tajfel (1978, 1979) formuliert diese Annahme allerdings auf Gruppenebene in seiner Theorie der sozialen Identität (vgl. Abschnitt 5.4). Dieser Wechsel hilft dem bedrohten Selbstwert nur dann, wenn die gewählte Dimension mindestens als gleichwertig zur ursprünglichen Dimension angesehen wird. Daher ist häufig eine Aufwertung des gewählten Vergleichsmerkmales nötig. Rost, Frey und Rost-Schaude (1975) stellten z.B. fest, daß die Einschätzung der Bedeutsamkeit einer Vergleichsdimension im Dienste des Motives nach Selbstwerterhöhung stehen kann: Je positiver die Vpn auf einer Vergleichsdimension abgeschnitten hatten (Erfolg in einem Schulfach), als desto wichtiger und wünschenswerter wurde ein gutes Ergebnis auf dieser Dimension erachtet. Es liegt demnach nahe anzunehmen, daß schon vor dem Beginn des Vergleichsprozesses Dimensionen ausgesucht werden, die ein positives Abschneiden im Vergleich gewährleisten. Voraussetzungen für den Einsatz dieser Strategien sind daher, daß erstens eine andere Vergleichsdimension ähnlicher Relevanz zur Verfügung steht und zweitens keine Vergleichsdimension betroffen ist, die zentrale Bedeutung im Selbstkonzept eines Individuums besitzt (vgl. dazu z.B. Epstein, 1979).

3. Abwertung von Vergleichspersonen

Untersuchungen verschiedener Autoren (Stricker, 1963; Berkowitz & Holmes, 1959; Griffitt & Guay, 1969) belegen, daß massive und unausweichlich scheinende Bedrohungen des Selbstwertes (variable Attribution und Wechsel einer wichtigen Vergleichsdimension oder - Person sind unmöglich) zu einer allgemeinen Abwertung der Vergleichsperson führen können. Die Bedeutung einer besseren Leistung kann z.B. dadurch herabgewürdigt werden, daß die Vergleichsperson einer insgesamt angeblich „minderwertigen" Rasse angehöre: die Tatsache, daß ein Dunkelhäutiger im Intelligenztest besser abschneidet, ändert nichts daran, daß er angeblich „minderwertiger" sei, weil die eigene Rasse (aus welchen Gründen auch immer) angeblich überlegen ist. Eine ähnliche Strategie im Dienst des Wunsches sich positiv abgrenzen zu können, berichten Tesser & Campbell (1982): Vergleichspersonen, die in einer näheren Beziehung zum Vergleichenden stehen (z.B. Freunde), werden positive Werte eher auf Dimensionen mit geringer persönlicher Relevanz zugestanden als auf Dimensionen mit hoher persönlicher Relevanz. Bei fremden Vergleichspersonen zeigen sich die entgegengesetzten Effekte.

4. Vermeidung des Vergleiches

Individuen neigen dazu, die Ergebnisse ihres Verhaltens zu antizipieren und zu bewerten, bevor sie handeln. Nimmt eine Person wahr, daß durch den Vergleich eine massive Selbstwertbedrohung entsteht und diese möglicherweise nur durch eine Abwertung der Vergleichsperson aufgehoben werden könnte, ist die Wahrscheinlichkeit hoch, daß sie den Vergleich vermeidet. So ist einerseits der Selbstwert geschützt, ohne daß andererseits eine Belastung der Beziehung zur Vergleichsperson entsteht. Brickman und Bulman (1977) formulieren allgemeiner, daß der Vergleich besonders dann vermieden wird, wenn dadurch negative Konsequenzen entstehen könnten. In diesem Fall ist dem Individuum die Vermeidung negativer Konsequenzen offenbar wichtiger als das Bedürfnis nach exakter Selbstbewertung.

5. Der Vergleich mit „Super Copern"

Eher eine Ausnahme stellt der Vergleich mit Personen dar, die der Idealvorstellung eines angestrebten Zustandes entsprechen (Super Coper), wie es bei verschiedenen klinischen Gruppen festzustellen war. Nach der Hypothese des Selbstwertschutzes sollten derartige Vergleiche gerade in Situationen vermieden werden, in denen der Selbstwert bedroht erscheint. Dennoch konnten Wood, Taylor und Lichtman (1985) feststellen, daß Brustkrebspatientinnen den Vergleich mit anderen an Brustkrebs erkrankten Frauen anstrebten, über die in verschiedenen Medien wegen ihrer guten Anpassungsleistung an die neuen Lebensumstände berichtet wurde (Super

Coper). Dieses Streben war besonders dann festzustellen, wenn keine oder nur wenige andere Vergleichsinformationen von anderen Brustkrebspatientinnen verfügbar waren. Tatsächlich schätzten diese Frauen ihre eigene Anpassungsleistung schlechter ein als vor diesen Vergleichen. Ein Ansatz für die Erklärung, daß diese Vergleiche dennoch vorgenommen werden, findet sich bereits bei SCHACHTER (1959, vgl. Abschnitt 5.1): Personen, die in Ihnen bislang unbekannten Situationen nicht wissen können, ob ihre emotionale Reaktionen (Angst) angemessen sind, zeigen eine verstärkte Vergleichsmotivation mit Personen, die sich in einem ähnlichen Zustand befanden. Möglicherweise führte eine solch verstärkte Vergleichsmotivation bei den Krebspatientinnen dazu, sich jede verfügbare Information über Leidensgenossinnen zu verschaffen, so daß einigen von ihnen, denen keine ähnliche Vergleichsperson zur Verfügung stand, nur die Möglichkeit blieb, sich Informationen über die besagten Super Coper zu beschaffen[6].

4.3 Zusammenfassender Überblick über Motive, Randbedingungen und Vergleichsstrategien

Das nachfolgende Schema (s. Abb. 1) gibt eine systematische Übersicht der Motive und Randbedingungen, die sich aufgrund der berichteten Forschung als bedeutsam für die Auswahl von Strategien im sozialen Vergleich erwiesen haben. Neben FESTINGERS (1954) Motiv nach exakter Bewertung der eigenen Meinungen und Fähigkeiten/Fertigkeiten, werden in diesem Schema die Motive nach kognitiver Strukturiertheit und Selbstwertschutz bzw. -erhöhung ergänzt.

Es wird deutlich, daß eine Reihe verschiedener Strategien im sozialen Vergleich verwendet werden kann. Das jeweils aktualisierte Motiv, insbesondere der Selbstwertschutz, beeinflußt die Auswahl der motivdienlichen Strategien. Welche der möglichen Strategien zum Einsatz kommt, hängt maßgeblich von der Art der Attribution und der subjektiven Relevanz einer Vergleichsdimension ab. Es ist anzunehmen, daß auch mehrere der genannten Motive gleichzeitig aktualisiert werden können. Die relative Dominanz eines der Ziele entscheidet dann, welches Motiv den Prozeß stärker beeinflußt. Die relative Dominanz kann seinerseits von situativen und persönlichen Merkmalen abhängen, was letztlich Gegenstand der spezifischen Motivtheorien ist.

---

[6] Ähnliche Vergleichstendenzen jedoch mit anderen Zielen und Konsequenzen zeigten sich in Experimenten mit apidösen Personen. KLUGE (1988) sowie HAISCH (1990) fanden, daß mehrfach erfolglos therapierte bzw. therapieunwillige Adipöse dazu neigen, sich mit Personen zu vergleichen, die einem unerreichbaren Schlankheitsideal entsprechen. Nach HAISCH und HAISCH (1987) sowie HAISCH (1990) erlaubt es die ständige Konfrontation mit dem Ideal, den Mißerfolg zu entschuldigen: der Mißerfolg wird mit der Unerreichbarkeit des Zieles und nicht mit dem eigenen Unvermögen erklärt. Auch auf diese Weise scheint also die Bedrohung des Selbstwertes vermeidbar.

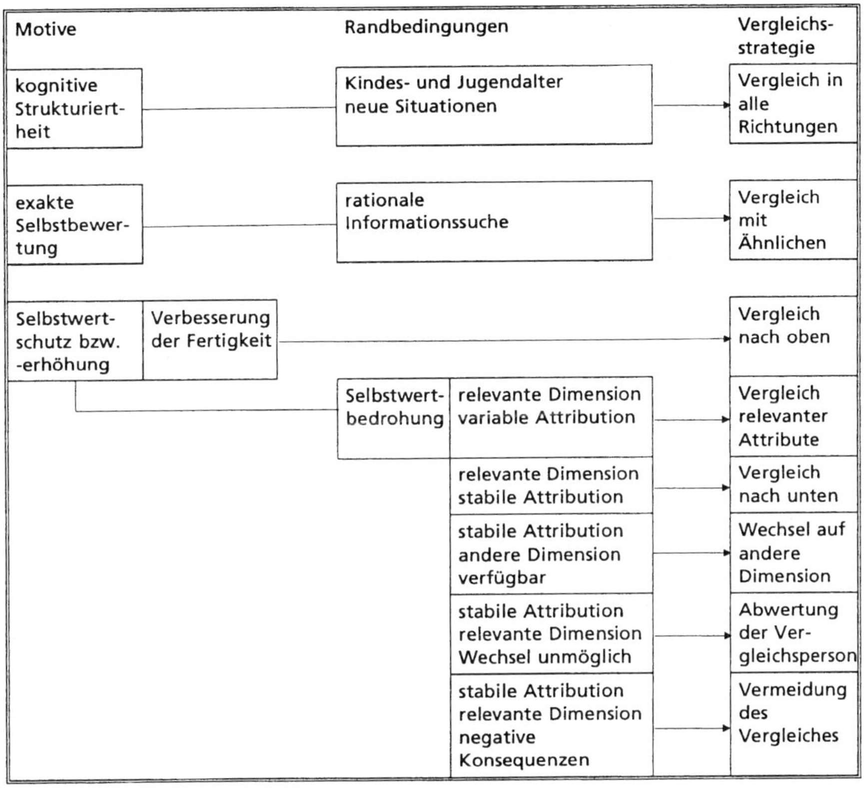

Abbildung 1: Systematische Übersicht der Motive und Randbedingungen für die Auswahl von Vergleichsstrategien

5. Erweiterungen der Theorie

5.1 Soziale Vergleichsprozesse bei Emotionen

Eine der ersten Erweiterungen der Theorie sozialer Vergleichsprozesse regte SCHACHTER (1959) an. Während FESTINGERS Theorie nur den Vergleich von Meinungen und Fertigkeiten thematisiert, nimmt SCHACHTER an, daß diese auch bei Emotionen stattfinden. Er postuliert, daß ähnliche andere Personen als Informationsquelle genutzt werden, um die Angemessenheit eigener Reaktionen auf angsterzeugende Situationen zu überprüfen. Es existiert demnach das Bedürfnis, in bestimmten Situationen mit anderen Personen in Kontakt zu treten (Gesellungsbedürfnis).

SCHACHTER beschrieb einige Determinanten, die zu einem vermehrten Geselligkeitsbedürfnis (Affiliation) führen. In seinem klassischen Experiment (SCHACHTER, 1959) zeigte sich eine enge Beziehung zwischen Angst und Affiliation: Er variierte das Angstniveau seiner weiblichen Vpn, indem diese entweder die Information erhielten sie würden in der Versuchssituation extrem schmerzhafte oder sehr schwache Elektroschocks erhalten.

Anschließend wurden sie gefragt, ob sie mit einer anderen Person gemeinsam auf das Experiment warten wollten oder nicht. Bei starker Angst (Ankündigung schmerzhafter Schocks) zeigte sich eine stärkere Präferenz, mit anderen gemeinsam zu warten, als bei geringerer Angst. Eine zweite Untersuchung ergab, daß diese Präferenz sich als noch stärker erwies, wenn die andere Person auf dasselbe bedrohende Ereignis wartete. Diese Ergebnisse können nach SCHACHTER (1959) mit Hilfe der sozialen Vergleichstheorie interpretiert werden: Emotionen können im sozialen Vergleichsprozeß bewertet werden. Eine Person, die mit einer höchst bedrohlichen Situation konfrontiert wird, weiß die Angemessenheit ihrer emotionalen Reaktionen nicht korrekt einzuschätzen und hat daher das Bedürfnis, sich mit anderen zu vergleichen, die sich in einer ähnlichen Lage befinden.

Auch an einem weiteren, ebenfalls schon klassisch zu nennenden Experiment SCHACHTERS und SINGERS (1962) zur Attribution unspezifischer physiologischer Erregung im Rahmen der kognitiven Emotionstheorie zeigt sich die Bedeutung sozialer Vergleichsprozesse für Emotionen. Unter dem Vorwand, ein Vitaminpräparat testen zu wollen, ließen SCHACHTER & SINGER ihren Vpn zur Erzeugung unterschiedlicher physiologischer Erregungszustände entweder Adrenalin oder eine Kochsalzlösung (als Placebo) injezieren. Zur Variation der Attributionsmöglichkeiten für die Erregung erhielten die Probanden unterschiedliche Informationen über die möglichen Nebenwirkungen des „Vitaminpräparates". Eine Adrenalin-Gruppe erhielt gar keine Information, eine weitere erfuhr die tatsächliche Wirkung des Mittels, eine dritte, die als Kontrollgruppe gedacht war, erhielt falsche Informationen über die zu erwartenden Wirkungen des Mittels. Die Placebo-Gruppe erhielt ebenfalls keine Information über Nebenwirkungen. Für jede dieser Gruppen wurde nun die Situation variiert, in der sich die Personen nach der Injektion befanden: Unter der Ärger-Bedingung sahen sich die Probanden mit einer weiteren „Versuchsperson" konfrontiert, einem Strohmann der Versuchsleiter; diese reagierte auf die schriftlich vorgelegten, teilweise unverschämten Fragen der Versuchsleiter (z. B.: Mit wievielen Männern hat ihre Mutter nach der Eheschließung geschlafen?) mit sichtbar zunehmendem Ärger bis hin zu Wutausbrüchen. In der Euphorie-Bedingung befanden sich die Probanden mit einer Person im Versuchsraum, die fröhlich ausgelassene Stimmung verbreitete und die Vpn aufforderte, sich an verschiedenen fröhlichen Spielereien zu beteiligen. Beide Gruppen, die keine angemessene Erklärung für ihre physiologische Erregung hatten (falsch bzw. gar nicht informierte Personen) zeigten gegenüber der richtig informierten Gruppe tendenziell stärkere Neigungen, sich den emotionalen Empfindungen der Strohmänner anzuschließen.

Ungeachtet der erheblichen methodischen Kritik, die gegenüber SCHACHTERS und SINGERS Experiment vielfach geäußert wurde (vgl. hierzu SCHULZ-GAMBARD, 1987), lassen sich diese Ergebnisse als Folge eines sozialen Vergleichsprozesses deuten: Personen, die keine angemessene Erklärung für ihre physiologische Erregung haben, scheinen demnach den Vergleich mit anderen Individuen zu suchen, die sich vermeintlich in der gleichen Situation befinden, um die Angemessenheit ihrer Emotionen zu überprüfen. Neuere Untersuchungen zur Attribution unspezifischer Erregung stützen diese Befunde (vgl. DARLEY & ARONSON, 1966; KISSEL, 1967; ZIMBARDO & FORMICA, 1963; GERARD & RABBIE, 1961; COTTRELL & EPLEY, 1977; ELLSWORTH, FRIEDMAN, PERLICK & HOYT, 1978; MORRIS, WORCHEL, BOIS, PEARSON, ROUNTREE, SAMAHA, WACHTLER & WRIGHT, 1976).

5.2 Temporale Vergleichsprozesse

Weniger als Erweiterung, sondern als eigenständiges theoretisches Konzept versteht ALBERT (1977) seine Übersetzung der Theorie sozialer Vergleichsprozesse in die Theorie temporaler Vergleichsprozesse. Als zentrale Komponente postuliert ALBERT das Bedürfnis nach Aufrechterhaltung der Ich-Identität und des Erlebens intrapersonaler Kontinuität. Im Zentrum der Aufmerksamkeit eines Individuums stehen daher Vergleiche der eigenen aktuellen Persönlichkeit mit derjenigen zu einem früheren Zeitpunkt; soziale Vergleiche mit anderen Personen sollen demgegenüber in den Hintergrund treten.

In dem postulierten Bedürfnis findet sich die Umsetzung des Konzeptes der „Ähnlichkeit“ aus FESTINGERS Theorie: Die Auswahl der Vergleichsdimensionen und Zeitpunkte aus der persönlichen Lebensgeschichte für die aktuelle Person folgt dem Ziel, eine möglichst hohe Konsistenz („Ähnlichkeit“) über die Zeit festzustellen. Wie GOETHALS (1984, 1986) nimmt ALBERT also an, daß selektive Verzerrungen in der subjektiven Wahrnehmung auftreten. Eine Ausnahme bilden in diesem Konzept die Fähigkeiten. Analog zu FESTINGERS Hypothese soll die Tendenz bestehen, subjektiv eine Verbesserung der Fähigkeiten über die Zeit wahrzunehmen. Die Wahrscheinlichkeit temporaler Vergleichsprozesse soll unter bestimmten Rahmenbedingungen ansteigen:

- in Zeiten rapider Veränderungen der Lebensumstände (wie z. B. derzeit in den fünf neuen Bundesländern),
- in Lebenslagen mit negativer affektiver Qualität,
- in Lebenslagen, die eine Suche nach dem Sinn des Lebens oder nach Ursachen für Veränderungen provozieren (z. B. nach der Pensionierung).

Betrachtet man das Konzept als Erweiterung der Theorie FESTINGERS, lassen sich zwei Aspekte hervorheben:

1. Die Annahme temporaler Vergleiche ist höchst plausibel, wenn FESTINGERS Hypothese des Strebens nach Leistungsverbesserung Gültigkeit besitzt: Die Feststellung einer eingetretenen Verbesserung ist ausschließlich durch Vergleiche auf der Zeitdimension überhaupt denkbar. Es stellt sich allerdings die Frage, welcher Art dieser Vergleich ist, d. h. welches Maß zur Beurteilung herangezogen wird: a) erfolgt die Beurteilung der Veränderung auf Basis der relativen Stellung innerhalb einer Gruppe (normorientiert) oder b) erfolgt die Beurteilung bezüglich eines absoluten Kriteriums unabhängig von einer Normgruppe? Im ersten Fall wären auch an temporalen Vergleichsprozessen soziale Vergleiche beteiligt.

2. Nach FILIPP (persönliche Mitteilung) bedeutet ALBERTS Konzept einen ersten Schritt in die Richtung einer stärker entwicklungspsychologisch orientierten Betrachtung, was in Abschnitt 5.3 noch einmal thematisiert wird.

Die Theorie temporaler Vergleichsprozesse hat bislang kaum empirische Untersuchungen angeregt.

5.3 Entwicklungsbedingte Veränderungen sozialer Vergleichsprozesse

Die Frage nach der intraindividuellen Entwicklung sozialer Vergleichsprozesse findet erst in neuerer Zeit verstärkte Aufmerksamkeit. SULS et al. (SULS & MULLEN, 1982; SULS & SANDER, 1982; SULS, 1986) bieten ein Modell an, das die Veränderungen von sozialen Vergleichsprozessen über die gesamte Lebensspanne hinweg beschreibt. Es postuliert fünf Entwicklungsstufen, die sich durch die Art der bevorzugten Vergleichsinformationen und -personen voneinander unterscheiden. Bevor diese Stufen näher erläutert werden, sei die Annahme der Altersabhängigkeit sozialer Vergleichsprozesse begründet. Um Informationen aus dem Vergleich mit ähnlichen anderen Personen nutzen zu können, müssen nach SULS (1986) vier kognitive Elemente verfügbar sein:

1. Die Person muß verstehen, daß Fähigkeit ein abstraktes, hypothetisches Konstrukt ist, das nur über die Leistung erschlossen werden kann (vgl. DARLEY & GOETHALS, 1980).
2. Sie muß wissen, daß jede Leistung aus der Kombination von Fähigkeiten und den damit verbundenen Attributen (related attributes) wie Alter, Geschlecht, Erfahrung, Ermüdung usw. resultiert.
3. Die Person muß über implizite Regeln verfügen, wie Fähigkeiten und Attribute zusammenwirken (z.B. daß eine ausgeprägte Erfahrung [Attribut] niedrige Fähigkeiten kompensieren kann und umgekehrt).
4. Das Abwertungsprinzip (discounting principle), wonach die Rolle der Fähigkeit (Ursache) für das Auftreten eines bestimmten Effektes abgewertet wird, wenn auch andere Ursachen den Effekt ausgelöst haben könnten (KELLEY, 1973).

Diese Elemente sind nicht von Geburt an vorhanden, sie müssen erst im Verlaufe der Entwicklung erworben werden. Im folgenden werden die fünf Stufen des Modells von SULS et al. kurz erläutert.

Frühe Kindheit (3. bis 5. Lebensjahr): In diesem Entwicklungsstadium sind die vier oben erwähnten kognitiven Elemente noch nicht ausgebildet. Es wird daher angenommen, daß Kinder in diesem Alter keine sozialen Vergleichsinformationen verwenden. Sie überprüfen ihre Leistung mit Hilfe temporaler Vergleiche.

Mittlere Kindheit (etwa 5. bis 8. Lebensjahr): Auch in dieser Altersstufe sind die notwendigen kognitiven Elemente noch nicht ausgebildet. Ausgelöst durch ein gesteigertes Interesse an anderen Personen, verstärkt durch ein verändertes soziales Umfeld, das Leistung vermehrt in den Mittelpunkt des Interesses rückt (Schule, Vorschule), erscheinen dennoch erstmals soziale Vergleiche, während zeitliche Vergleiche in den Hintergrund treten. Es zeigt sich dabei, daß die Vergleiche wahllos mit ähnlichen und unähnlichen Personen (Gleichaltrige, Erwachsene usw.) erfolgen (vgl. DINNER, 1976). Dies unterstützt die Annahme, daß Kinder in diesem Alter noch nicht wissen, welche Faktoren eine Leistung bedingen können.

Späte Kindheit und frühes Erwachsenenalter: Zahlreiche Untersuchungen (z. B. SHAKLEE, 1976; NICHOLLS, 1980; KUN, 1977; KARNIOL & ROSS, 1976) legen den Schluß nahe, daß die notwendigen kognitiven Elemente erst ab dem 8. bis 9. Lebensjahr erworben werden. Mit Ausbildung dieser Elemente rücken Vergleichsprozesse mit ähnlichen Personen in den Mittelpunkt (vgl. ZANNA, GOETHALS & HILL, 1975; DINNER, 1976; WHEELER, KOESTNER & DRIVER, 1982; GASTORF & SULS, 1978; SULS, GASTORF & LAWHON, 1978).

Mittleres Erwachsenenalter: Ab einem bestimmten Alter (etwa 35. Lebensjahr) scheinen wieder vermehrt Vergleiche mit unähnlichen Personen in den Vordergrund zu rücken. Es werden zwei Gründe dafür angegeben:

1. Das soziale Umfeld stellt vermehrt Informationen über unähnliche Personen zur Verfügung. Es legitimiert und erwartet, daß diese Informationen zum Vergleich genutzt werden. Der Wettbewerb im Berufsleben z. B. zwingt zur Auseinandersetzung mit jüngeren oder besser ausgebildeten Personen.
2. Psychologische Phänomene, wie die midlife-crisis, führen zu einer allgemein verstärkten Vergleichsmotivation. Es wird angenommen, daß bei einer allgemeinen Bestandsaufnahme des bisherigen Lebens der Wunsch im Hintergrund steht, etwas einzigartiges im Leben geleistet zu haben. Ergebnisse von SNYDER und FROMKIN (1980) legen nahe, daß sich durch Vergleiche mit unähnlichen Personen eher eine solche Einzigartigkeit herausstellen läßt (z. B. durch Auswahl einer weniger erfolgreichen Vergleichsperson).

Gerade die zweite Begründung, durch eine allgemeine Bestandsaufnahme, läßt jedoch die Annahme temporaler Vergleichsprozesse als ebenso plausibel erscheinen.

Rentenalter: Es wird angenommen, daß im fortgeschrittenen Lebensalter (ab etwa dem 65. Lebensjahr) temporale Vergleichsprozesse an Bedeutung gewinnen. Die Plausibilität dieser Hypothese läßt sich durch die von ALBERT (1977) spezifizierten Rahmenbedingungen für eine erhöhte Wahrscheinlichkeit zeitlicher Vergleiche stützen (vgl. Abschnitt 5.2). Die Pensionierung bringt eine radikale Veränderung der Lebensumstände mit sich, einsetzende körperliche Gebrechen können negative affektive Stimmungen bedingen und die zeitliche Nähe zum Lebensende kann die Frage nach dem Sinn des Lebens aufwerfen (s. o.). Vor einer überzogenen Homogenisierung der Menschen nach dem 65. Lebensjahr sei jedoch gewarnt: Es zeigen sich gerade in dieser Altersgruppe große Unterschiede in Aktivitäten und in der Anpassung an die neuen Lebensumstände.

Die von Tajfel (1978, 1979; vgl. auch Mummendey, 1985, in Band II dieser Ausgabe) formulierte Theorie der sozialen Identität stellt keine Erweiterung des Konzeptes von Festinger dar, sondern eine eigenständige Theorie. Da soziale Vergleichsprozesse in ihrem Rahmen eine bedeutsame Funktion besitzen, wird sie dennoch an dieser Stelle dargestellt. Während das Vergleichsmotiv bei Festinger im Individuum verankert wird, verlagert es Tajfel auf die Ebene der Gruppe.

Tajfels theoretisches Konzept der sozialen Identität basiert zum einen auf einer Klassifikation situativer Rahmenbedingungen des Sozialverhaltens und zum anderen auf der Beschreibung der psychischen Prozesse, die zur Entstehung des Verhaltens zwischen Gruppen führen.

Basis der Klassifikation von Rahmenbedingungen ist die Annahme von vier miteinander verbundenen theoretischen Kontinua, auf denen soziale Situationen variieren:

1. Situationen variieren auf einem Kontinuum zwischen eindeutig interpersonellem und eindeutig intergruppalem Verhalten.
2. Situationen variieren auf einem Kontinuum zwischen individueller Variabilität von Einstellungen bzw. Verhalten und einem Maximum an Uniformität.
3. Auf dem dritten Kontinuum variieren Situationen zwischen der Wahrnehmung, Beurteilung und Behandlung von Mitgliedern anderer Gruppen einerseits entsprechend deren individuell unterschiedlichen Merkmalen und andererseits als undifferenzierte, austauschbare Teile innerhalb der entsprechenden Kategorie.
4. Situationen variieren auf einem Kontinuum zwischen > sozialer Mobilität < und > sozialer Veränderung <. Bei gegebener sozialer Mobilität ist es dem Individuum leicht möglich, aus einer Gruppe in eine andere zu wechseln, im Falle sozialer Veränderung wird es als schwierig oder unmöglich wahrgenommen, die eigene Gruppe zu verlassen.

Auf Seiten der psychologischen Prozesse finden sich folgende Prinzipien:

Im ersten Schritt gelangt ein Individuum zu einer sozialen Kategorisierung, indem es seine Umwelt hinsichtlich unterschiedlicher Merkmalsdimensionen in verschiedene, voneinander abgegrenzte Kategorien oder Gruppen segmentiert. Bereits auf dieser Ebene finden also Vergleichsprozesse statt, ohne die eine Einteilung der Objektmengen nicht denkbar wäre. Im nächsten Schritt vergleicht das Individuum die eigenen Merkmale mit denen der Gruppen und ordnet sich selbst einer (oder mehreren) Kategorie(n) zu, es gelangt somit zu einer sozialen Identität. Ziel des letzten Schrittes ist es, über soziale Vergleiche zu einer positiven Abgrenzung (positive Distinktheit) der eigenen Gruppe gegenüber einer Außengruppe zu gelangen. Auf diese Weise erreicht das Individuum die subjektive Wahrnehmung einer positiven sozialen Identität. Auf allen Ebenen des Weges zu einer positiven sozialen Identität erfüllen soziale Vergleichsprozesse also eine entscheidende Funktion. Analog zu Goethals' und Darleys (1977) Konzept der Ähnlichkeit wird angenommen, daß zum Vergleich bevorzugt solche Gruppen herangezogen werden, die hinsichtlich relevanter Attribute ähnlich sind.

Um das Ziel einer positiven sozialen Identität zu erreichen, werden verschiedene Strategien in dem Vergleich eingesetzt:

- es werden Merkmale verglichen, die für die Gruppendefinition relevant sind. Dabei besteht die Neigung, Mitglieder der Ingroup als positiver wahrzunehmen als diejenigen der Outgroup.
- es werden Vergleichsdimensionen gesucht, auf denen die Ingroup der zum Vergleich herangezogenen Außengruppe überlegen ist (vergleichen z. B. Hochschulassistenten ihr Einkommen mit jungen Akademikern in Wirtschaftsunternehmen, schneiden sie schlechter ab. Sie neigen daher wahrscheinlich eher dazu, die „theoretische Kompetenz“ als Vergleichsdimension heranzuziehen).

Das Vergleichsmotiv, das Streben nach Strukturiertheit, die Ähnlichkeitshypothese und nicht zuletzt das Streben nach positiver Abgrenzung gegenüber anderen sind deutliche strukturelle Übereinstimmungen zwischen TAJFELS Theorie und der Theorie sozialer Vergleichsprozesse, die wir daher in unserem eigenen integrativen Ansatz (Abschnitt 7) aufgreifen werden.

6. Zusammenfassende Diskussion

Insgesamt muß festgestellt werden, daß die zentralen Annahmen von FESTINGERS Theorie sozialer Vergleichsprozesse mit Ausnahme der Ähnlichkeitshypothese und der Annahme, daß „objektive“ stets den sozialen Kriterien vorgezogen werden, nur in Ansätzen überprüft wurden. So zeigte es sich im Forschungsprozeß, daß FESTINGERS ursprüngliche Einschätzung der Bedeutsamkeit sozialer Kriterien zu vorsichtig war: „objektive“ Kriterien werden häufig auch dann nicht zur Urteilsfindung herangezogen, wenn sie leicht verfügbar sind, da die soziale Konformität für die Harmonie des Gruppenlebens oder die Verzerrung der Realität für die Aufrechterhaltung des Selbstbildes von größerem Nutzen sein können. Auch die zurückhaltende Einschränkung der Vergleichsmotivation auf Meinungen und Fähigkeiten erwies sich als zu pessimistisch: Es ist anzunehmen, daß nahezu jeder Zustand und jede Eigenschaft eines Individuums zur Vergleichsdimension werden kann. Für Emotionen zeigte dies SCHACHTER (1959, SCHACHTER & SINGER, 1962), für Gesundheitszustände u. a. TAYLOR, LICHTMAN und WOOD (1983) und WILLS (1981); bereits die soziologische Bezugsgruppentheorie (HYMAN, 1942) postuliert, daß Vergleiche hinsichtlich aller Dimensionen vorgenommen werden können.

In einigen Hypothesen erwies sich die ursprüngliche Formulierung der Theorie als zu unpräzise:

- Der Begriff der Ähnlichkeit führte zunächst zu umstrittenen Interpretationen, konnte jedoch durch die Arbeit von GOETHALS und DARLEY (1977) über „relevante Attribute“ erheblich präziser gefaßt werden, als FESTINGER es in der ursprünglichen Theorie formuliert hatte.

- Es wurde keine Entscheidungsregel für die Wahl von Verhaltensregeln bei Diskrepanzen, die im Vergleichsprozeß festgestellt werden, expliziert. Dieses Problem bearbeitet FESTINGER jedoch in der drei Jahre später erschienenen Dissonanztheorie, die es ermöglicht, wie bereits festgestellt, Prognosen für das Verhalten bei Diskrepanzen abzuleiten.

Trotz aller Kritik wird die Bedeutsamkeit sozialer Vergleichsprozesse für das menschliche Verhalten, Erleben und Erkennen nicht zuletzt daran deutlich, daß sie in verschiedenen anderen prominenten sozialpsychologischen Theorien Beachtung finden: Für die Emotionstheorie (SCHACHTER, 1959), die Selbstwerttheorie und die Theorie der sozialen Identität (TAJFEL, 1978, 1979) wurde dies bereits ausführlich dargestellt. Als weiteres Konstrukt ist die Austauschtheorie von THIBAUT & KELLEY (1959) zu erwähnen. Im Rahmen dieser theoretischen Betrachtung von Interaktionsbeziehungen spielen das Vergleichsniveau (comparison level, Cl) sowie das Vergleichsniveau für Alternativen (comparison level for alternatives, Cl_{alt}) eine zentrale Rolle dafür, wie zwischenmenschliche Beziehungen von dem Individuum beurteilt werden. Dieses Vergleichsniveau bildet sich sowohl aufgrund eigener Erfahrungen als auch aufgrund von Fremderfahrungen, d. h. durch Beobachtung und Informationen von relevanten Bezugspersonen. Objektiv gleiche Ergebnisse aus Interaktionen können unterschiedlich zufriedenstellend sein, je nachdem wie hoch das Vergleichsniveau einer Person ist. Das Vergleichsniveau für Alternativen gibt an, wie gut das Ergebnis der nächst besten Alternative ist. Auch dieser Maßstab richtet sich nach Selbst- und Fremderfahrung. Mit diesem Vergleichsmaßstab läßt sich erklären, warum Menschen Austauschbeziehungen auch dann beibehalten, wenn sie unterhalb ihres Vergleichsniveaus liegen; sind die Interaktionsergebnisse vorhandener Beziehungen höher als diejenigen der wahrgenommenen Alternativen, werden die Beziehungen aufrechterhalten. Ähnlich bedeutsam sind Vergleichsprozesse im Rahmen anderer Austauschtheorien, so z. B. für die Equity-Theorie (HOMANS, 1961, 1968; WALSTER, BERSCHEID & WALSTER, 1973, 1978).

Die empirische Forschung zu Vergleichsprozessen zeigt, daß soziale Vergleiche im Dienste verschiedener Ziele des Individuums stehen können, die z. B. die Auswahl der Vergleichspersonen und -dimensionen beeinflussen: Insbesondere die Motive nach kognitiver Strukturiertheit und nach Schutz bzw. Erhöhung des Selbstwertes erwiesen sich als bedeutsame Determinanten für die Auswahlstrategien im Vergleichsprozeß. Da FESTINGER (1954) bei seiner Formulierung der Theorie diese Motive nicht berücksichtigte, gelten seine Hypothesen streng genommen nur für Individuen, die nach möglichst „objektiven" Informationen suchen. Angesichts dieser Komplexität und der allgemeinen Bedeutsamkeit sozialer Vergleichsprozesse scheint es sinnvoll, einen Ausblick auf ein mögliches integratives Konzept zu bieten, das versucht, einen gemeinsamen theoretischen Rahmen für die verschiedenen Determinanten und Dimensionen, die im Vergleichsprozeß relevant werden können, bereitzustellen.

7. Vorstellung eines integrativen Konzeptes sozialer Vergleichsprozesse

Mit Blick auf die umfangreiche empirische Forschung zu sozialen Vergleichsprozessen und ihrer unbestrittenen Bedeutung als Prinzip menschlichen Verhaltens, scheint der Versuch ein übergreifendes Konzept zu schaffen, das verschiedene Paradigmen zu diesem Phänomen integriert, angemessen. Basis aller weiteren nachfolgend ausgeführten Schritte unserer Integration soll die Annahme sein, daß grundsätzlich jede Eigenschaft und jeder Zustand zum Gegenstand des sozialen Vergleiches werden kann.

Zur Übersicht sei kurz der Gang der Integration vorweggenommen: Zunächst werden die Theorie der sozialen Identität und die Theorie sozialer Vergleichsprozesse in einem gemeinsamen theoretischen Rahmen zusammengefaßt, um interindividuelle wie intergruppale Vergleichssituationen gleichermaßen erfassen zu können. Dies ermöglicht im Anschluß die wechselseitige Übertragung von Forschungsergebnissen zu Vergleichsstrategien und Verhaltenseffekten zwischen den beiden Theorien. Dadurch wird es möglich auch Aspekte der soziologischen Bezugsgruppentheorie in dem Konzept abzubilden. Im nächsten Schritt werden die Motive nach kognitiver Strukturiertheit sowie das Motiv nach Selbstwertschutz bzw. -erhöhung in den gemeinsamen theoretischen Rahmen übertragen, da sie sich als wichtige Determinanten bei der Wahl von Vergleichsstrategien erwiesen haben. Im letzten Schritt sollen Bedingungen spezifiziert und Hypothesen abgeleitet werden, die eine Vorhersage von Verhaltensstrategien ermöglichen, wenn im sozialen Vergleich Diskrepanzen festgestellt werden. Die dabei aufgestellte Systematik berücksichtigt zusätzlich die theoretischen Vorstellungen THIBAUTS und KELLEYS (1959).

7.1 Grundlegende Annahmen des integrativen Konzeptes

7.1.1 Interindividuelle und intergruppale Vergleichssituationen

TAJFEL (1978, 1979, vgl. Abschnitt 5.4) postuliert ein theoretisches Kontinuum, auf dem soziale Situationen allgemein zwischen den Extremen eindeutig interpersonalem und eindeutig intergruppalem Verhalten variieren. Akzeptiert man diese Voraussetzung, gilt dies auch für Situationen des sozialen Vergleiches, so daß sich u. E. analog dazu ein theoretisches Kontinuum annehmen läßt auf dem soziale Vergleichssituationen zwischen den Extremen des interindividuellen und des intergruppalen Vergleiches variieren. An dem interindividuellen Punkt vergleicht eine Person Dimensionen ihres Selbst (ihrer individuellen Identität) mit denen eines anderen Individuums. Im intergruppalen Extremfall vergleicht sich eine Gruppe (bzw. die Mitglieder einer Gruppe) auf Merkmalsdimensionen ihrer Gruppenidentität mit einer anderen Gruppe, wenn z. B. eine Arbeitsgruppe in einem Betrieb ihre eigene Produktivität mit der einer anderen Abteilung vergleicht. Zwischen diesen extremen Ausprägungen variieren Vergleichssituationen, in denen die soziale bzw. die individuelle Identität mehr oder weniger im Vordergrund des Vergleichsprozesses stehen.

Betrachtet man die theoretischen Konzepte Festingers (1954) und Tajfels (1978, 1979) läßt sich vereinfachend feststellen, daß Festingers Theorie sozialer Vergleichsprozesse vorwiegend Situationen erfaßt, die dem individuumsbetonten Extrem zuzuordnen sind, während Tajfels Theorie der sozialen Identität den Schwerpunkt auf Aspekte des intergruppalen Vergleiches legt. Gemeinsam können sie also das gesamte theoretische Kontinuum abbilden. Diese grundsätzliche Ableitung stellt die Basisannahme der hier vorgestellten Integration dar. Ansatzpunkte der weiteren Analyse sind zunächst äquivalente theoretische Annahmen beider Theorien.

Eine wesentliche Übereinstimmung der beiden Theorien besteht in der Annahme, daß Menschen etwas über ihr Selbst erfahren, indem sie sich mit anderen vergleichen. Im persönlichen Vergleich mit einer (oder mehreren) anderen Person(en) erhält das Individuum Informationen (Feedback) über Aspekte seiner individuellen Identität, z.B. über ihr persönliches Leistungsvermögen oder die „Korrektheit" ihres Werte- und Einstellungssystems. Über ihre soziale Identität als dem anderen Teil ihres Selbstkonzeptes erfährt die Person etwas, wenn sie Merkmale der Gruppe, der sie angehört mit denen anderer Gruppen vergleicht, z.B. wenn Chemiefacharbeiter von Hoechst ihr Einkommen mit dem von Chemiefacharbeitern der Firma Bayer vergleichen. Im Lichte der Grundannahme eines gemeinsamen theoretischen Kontinuums betrachtet, kann also angenommen werden, daß beide Ausprägungen des Vergleiches auf ein und dasselbe Bedürfnis nach sozialem Vergleich zurückgehen.

Es stellt sich an diesem Punkt die Frage, wann welcher Vergleichsprozeß, individuell oder intergruppal, ablaufen wird. Dies kann als situationsabhängig betrachtet werden: Betrifft eine Situation relevante Aspekte des persönlichen Selbst, wird eine Person bevorzugt den Vergleich mit anderen Individuen bezüglich dieser Dimension suchen, sind hingegen relevante Aspekte der sozialen Identität betroffen, wird sie Merkmale vergleichen, die ihre Zugehörigkeit zu einer sozialen Kategorie oder Gruppe kennzeichnen. Die Situation determiniert damit unterschiedliches Verhalten bei der selektiven Informationssuche eines Individuums im Vergleichsprozeß; diese Prognose sollte daher einer experimentellen Überprüfung zugänglich sein. An dieser Stelle findet auch die soziologische Bezugsgruppentheorie ihren Platz in dem integrativen Konzept: Forschungsergebnisse zur relativen Deprivation scheinen zu belegen, daß die Voraussetzung für soziale Unruhen (Verhalten auf Gruppenebene) eher das Ergebnis einer sozialen (fraternalen) Deprivation sind, die einen Vergleich zwischen Gruppen voraussetzt (vgl. u.a. Caplan, 1970; Caplan & Paige, 1968; Pettigrew, 1964, 1967, 1978). Welche Dimensionen des jeweiligen Selbst als relevant erachtet werden, hängt seinerseits von den Zielen ab, in deren Diensten der Vergleich steht. Diese Ziele gilt es im folgenden näher zu betrachten, weshalb sich unser integratives Konzept in den weiteren Schritten zunächst wichtigen Determinanten für die Wahl von Vergleichsstrategien zuwendet: den Motiven nach Selbstwertschutz und kognitiver Strukturiertheit. Die Wahl von Verhaltensstrategien als Reaktion auf wahrgenommene Diskrepanzen im sozialen Vergleich und eine Klassifikation von Zielen des Vergleiches sind Gegenstand der daran anschließenden Betrachtungen.

7.1.2 Motive als Determinanten von Vergleichsprozessen im Rahmen des integrativen Konzeptes

Als ein Ziel sozialer Vergleiche wurde in Abschnitt 4.1 die kognitive Strukturiertheit herausgestellt. Auch TAJFEL (1978, 1979) postuliert ein äquivalentes Streben nach sozialer Kategorisierung. Dieses Ziel läßt sich sinnvoll mit unserem postulierten Kontinuum erfassen: Strukturiert das Individuum die Umwelt auf persönlicher Ebene, erfährt es, welche Personen ihm ähnlich sind bzw. positiv oder negativ auf einer Merkmalsdimension von ihm abweichen, entsprechendes Feedback erhalten Gruppen, die sich mit anderen Gruppen vergleichen. Die erworbene kognitive Struktur ermöglicht schließlich eine exakte Standortbestimmung, die als weiteres bedeutsames Ziel sozialer Vergleiche in Abschnitt 4 herausgestellt wurde: Auf individueller Ebene gelangt eine Person einerseits zu einer Bewertung der eigenen Merkmale relativ zu ähnlichen Vergleichspersonen, andererseits erfährt sie, welcher Gruppe von Personen sie selbst angehört („soziale Identität" i.S. TAJFELS, 1978, 1979). Auf Gruppenebene wird es möglich, Gruppen mit ähnlichen Merkmalen heranzuziehen, um den Standort der eigenen Gruppen exakt bestimmen zu können.

In Abschnitt 4.2 konnten wir zeigen, daß soziale Vergleiche dem individuellen Ziel dienen können, sich positiv von anderen Personen abzugrenzen. Auch TAJFEL postuliert auf Gruppenebene ein äquivalentes Streben nach positiver Distinktheit. Betrachtet man analog zu TAJFEL (1978) das Selbstkonzept einer Person als zusammengesetzt aus seiner individuellen und seiner sozialen Identität, läßt sich das auf individueller Ebene angenommene Basismotiv nach Selbstwertschutz bzw. -erhöhung im Sinne unseres postulierten Kontinuums als > Streben nach Schutz bzw. Erhöhung des Selbst- bzw. Gruppenkonzeptes < begreifen.

Setzt man nach unserer Argumentation also voraus, daß dieselben grundlegenden Motive auf Individual- und Gruppenebene in der dargestellten Weise wirksam werden können, läßt sich weiter hypostasieren, daß die in Abschnitt 4.3 dargestellte Systematik von Zielen Randbedingungen und damit verbundenen Vergleichsstrategien in allen Bereichen des postulierten theoretischen Kontinuums Gültigkeit besitzt. Da die Systematik die Ableitung eindeutiger Hypothesen ermöglicht, ist diese Annahme einer empirischen Überprüfung zugänglich. Wichtige Aufgabe künftiger Forschung wird es jedoch auch sein, Randbedingungen zu finden, die eine Vorhersage ermöglichen, wann der Vergleich auf Gruppenebene und wann auf Individualebene stattfindet.

Die Möglichkeiten des integrativen Ansatzes beschränken sich jedoch nicht allein auf die Übertragung der verschiedenen Vergleichsstrategien in die verschiedenen Vergleichsebenen, sondern lassen Hypothesen über weitere bislang nicht diskutierte Strategien im Vergleich zu. So läßt sich annehmen, daß beim Vergleich der verschiedenen Aspekte eines Selbstkonzeptes sowohl Merkmale der individuellen als auch der sozialen Identität parallel aktualisiert sind. Es ist denkbar, daß eine Person, die feststellt, daß sie auf Dimensionen Ihrer sozialen Identität unvorteilhaft abschneidet, die Vergleichsebene wechselt und den Vergleich auf individueller Ebene sucht, wo sie möglicherweise besser abschneidet.

7.2 Die Wahl von Verhaltensstrategien bei Diskrepanzen

Einen weiteren interessanten Ansatz bietet die hier vertretene theoretische Perspektive für die Prognose der Verhaltensstrategien beim Auftreten von Meinungs- und Fähigkeitsdiskrepanzen. FESTINGERS Grundkonzept lieferte keine Entscheidungsregeln dafür, welche der Strategien (Änderung der eigenen Position, Veränderung der Position anderer Personen, Verlassen der Gruppe durch die Person, Ausschluß der Person durch die Gruppe) wann zur Anwendung kommt.

Grundsätzlich kann angenommen werden, daß an der Wahl einer Verhaltensstrategie bei Diskrepanzen, die im Vergleichsprozeß auf wichtigen Dimensionen festgestellt werden, kognitive Prozesse beteiligt sind (vgl. hierzu das Kapitel zur Dissonanztheorie, FREY & GASKA et al. in diesem Band). Die Wahl setzt also (mit Ausnahme von Impulsverhalten) einen Entscheidungsprozeß voraus, bei dem Bewertungen möglicher Verhaltensalternativen und deren Ergebnisse vorgenommen werden, weshalb auch THIBAUTS und KELLEYS (1959) theoretische Perspektive einbezogen werden soll. Überträgt man TAJFELS Konzept der sozialen Mobilität vs. sozialen Veränderung (vgl. Abschnitt 5.3) auf das gemeinsame Konstrukt, läßt sich unter Berücksichtigung des Motives nach Schutz des Selbstkonzeptes folgende Systematik ableiten:

1. Änderung der eigenen Person

Das Individuum wird maximalen Konformitätsdruck verspüren, wenn die Vergleichsgruppe die Macht besitzt, Sanktionen zu verhängen (z. B. den Ausschluß aus der Gruppe) und die Person diese Sanktionen als negativ bewertet.

Die Wahrscheinlichkeit der negativen Bewertung von Sanktionen (z. B. eines Ausschlusses aus der Gruppe) steigt mit der Attraktivität der Gruppe. Die Attraktivität steigt ihrerseits:

a) mit der Immobilität des sozialen Systems, also wenn keine Alternativgruppen zur Verfügung stehen, die das Bedürfnis nach positiver Distinktheit in ähnlicher Weise befriedigen können, wie die Vergleichsgruppe.
b) mit der subjektiven Relevanz der Dimensionen, auf denen die Gruppe positive Distinktheit gegenüber anderen Gruppen besitzt.

Die Wahrscheinlichkeit der Änderung der eigenen Position wird demnach dann am größten sein, wenn keine Alternativgruppe zur Verfügung steht, die auf einer wichtigen Vergleichsdimension positive Distinktheit bieten kann und wenn der Ausschluß aus der Gruppe droht, somit die soziale Identität bedroht erscheint (hier zeigt sich eine Übereinstimmung mit

THIBAUTS und KELLEYS (1959) theoretischer Perspektive: Das Vergleichsniveau für Alternativen, Cl_{alt}, beeinflußt demnach die Attraktivitätseinschätzung der Ingroup).

2. Veränderung der Position anderer bzw. Behauptung der eigenen Position

2.1 Veränderung der Position der anderen Gruppenmitglieder

Der Versuch, die Position anderer Personen zu verändern, wird grundsätzlich dann erfolgen, wenn der Verbleib in der Gruppe beabsichtigt ist. Die Bereitschaft, andere zur Veränderung ihrer Position zu bewegen, steigt:

a) mit der Bewertung der wahrgenommenen Erfolgschancen für die Veränderung;
b) mit der wahrgenommenen Bedrohung des Selbstkonzeptes bei Änderung der eigenen Meinung;
c) mit der subjektiven Sicherheit der eigenen Position.
d) mit der sozialer Absicherung der eigenen Position z. B. durch relevante andere.

Sie sinkt mit der wahrgenommenen Wahrscheinlichkeit von negativen Sanktionen durch die Gruppe für Änderungsversuche, wenn die Gruppe eine hohe Attraktivität besitzt.

2.2 Behauptung der eigenen Person

Die Bereitschaft, die eigene Position zu behaupten, auch wenn Versuche fehlschlagen, die Position der anderen zu ändern steigt

a) mit der Attraktivität von Alternativgruppen (vgl. dazu THIBAUTS & KELLEYS Konzept des Vergleichsniveaus von Alternativen, 1959);
b) mit dem Ausmaß der Bedrohung des Selbstkonzeptes durch die Änderung der eigenen Position.

Sie sinkt, je höher die Attraktivität der eigenen Gruppe ist und je eher die Gruppe in der Lage und bereit ist, negative Sanktionen zu verhängen.

3. Verlassen der Gruppe

Die Bereitschaft, selbst die Gruppe zu verlassen wird dann am höchsten ausgeprägt sein, wenn das Selbstkonzept durch die Änderung der eigenen Position bedroht wäre, eine äquivalente Alternativgruppe zur Verfügung steht und wenn Änderungen der Position der übrigen Gruppenmitglieder ausgeschlossen scheinen.

4. Ausschluß aus der Gruppe

Die Wahrscheinlichkeit, daß die Gruppe die Person ausschließt steigt:

a) in dem Maße, wie die Position der Einzelperson die soziale Identität der Gruppe zu bedrohen scheint;
b) je geringer die Gruppe die Möglichkeit einschätzt, daß die Einzelperson ihre Position ändert
c) je geringer die Attraktivität der Einzelperson für die Gruppe ist.

Die Wahrscheinlichkeit, daß ein Individuum die Gruppe verläßt sollte demnach dann am größten sein, wenn die Bedingungen 3 und 4 gemeinsam auftreten. Denkbar ist in diesem Zusammenhang, daß weitere Persönlichkeitsdimensionen diese Effekte modifizieren können. Zumindest die Bedingungen 1 bis 3 finden gerade in ASCHs (1955, 1956) Experimenten zum Konformitätsdruck (vgl. Abschnitt 3.2) und in empirischen Befunden zum Minoritäteneinfluß (MOSCOVICI & FAUCHEUX, 1972) Bestätigung. Diese Untersuchungen zeigen, daß Personen am ehesten dann ihre Meinung behaupten, wenn mindestens eine weitere Person dieselbe Meinung gegenüber der Majorität vertrat wie sie selbst. Sowohl Untersuchungen zum Minoritäteneinfluß als auch der politische Alltag vermögen die Hypothese zu stützen, daß Meinungen mit zentraler Bedeutung für das Selbstkonzept eher behauptet werden. Auf politischer Ebene sind häufig Wertvorstellungen von Individuen betroffen, denen eine zentrale Bedeutung für das Selbst zugeschrieben werden muß. Es zeigt sich, daß dabei eine größere Neigung besteht, Subgruppierungen (Splitterparteien) zu bilden und sie gegenüber einer Majorität zu behaupten. Inwieweit die vorgestellte Systematik auf Verhalten zwischen Gruppen übertragbar ist, vermag die bereits erwähnte Forschung zur Bezugsgruppentheorie insbesondere zur relativen Deprivation zu vermitteln. Es erwies sich dabei, daß soziale Diskrepanzen, wie Benachteiligung von Minderheiten (z.B. von Schwarzen) auch zu gemeinsamem Verhalten der Gruppe führte mit dem Ziel, die Diskrepanzen zu beseitigen (soziale Unruhen, vgl. u.a. CAPLAN & PAIGE, 1968; CAPLAN, 1970; PETTIGREW, 1964, 1967, 1978). Differenzierte Betrachtungen möglicher Strategien im Sinne unserer Systematik stehen hier allerdings noch aus.

Empirische Forschung wird letztendlich erst zeigen müssen, wie tragfähig das hier vorgestellte Konzept tatsächlich ist; die abgeleiteten eindeutigen Verhaltensprognosen sollten es jedoch erleichtern, experimentelle Paradigmen zu konstruieren, die weitere Spezifikationen ermöglichen.

Literatur

ALBERT, S. (1977): Temporal comparison theory. Psychological Review, *84,* 485–503.

ALLEN, V.L. & LEVINE, J.M. (1969): Consensus and conformity. Journal of Experimental Social Psychology, *5,* 389–399.

ALLEN, V.L. & LEVINE, J.M. (1971): Social support and conformity: The role of independent assessment of reality. Journal of Experimental Social Psychology, *7,* 48–58.

ASCH, S.E. (1951): Effects of group pressure on the modification and distortion of judgments. In: H. GUETZKOW (Ed.), Groups, leadership, and men. Pittsburgh: Carnegie.

ASCH, S.E. (1955): Opinions and social pressure. Scientific American, *193,* 31–35.

ASCH, S.E. (1956): Studies of independence and conformity: A minority of one against an unanimous majority. Psychological Monographs, *70,* No. 9.

BACK, K. (1951): Influence through social communication. Journal of Abnormal and Social Psychology, *46,* 9–23.

BALTES, P.B. & BALTES, M.M. (1989): Optimierung durch Selektion und Kompensation. Ein psychologisches Modell erfolgreichen Alterns. Zeitschrift für Pädagogik, *35,* 85–105.

BERKOWITZ, S. & HOLMES, D.S. (1959): The generalization of hostility to disliked objects. Journal of Personality, *27,* 565–577.

BIERHOFF, H.W. (1984): Sozialpsychologie. Stuttgart: Kohlhammer.

BRAGG, B. W. E. & ALLEN, V. L. (1972): Role of public and private social support on conformity. Psychonomic Science, *29,* 81–82.

BRICKMAN, P. & BULMAN, R. J. (1977): Pleasure and pain in social comparison. In: J. M. SULS & R. L. MILLER (Eds.), Social comparison processes: Theoretical and empirical perspective. Washington, DC: Hemisphere.

CAPLAN, N. (1970): The new ghetto man: A review of recent empirical studies. Journal of Social Issues, *26,* 59–73.

CAPLAN, N. & PAIGE, J. M. (1968): A study of ghetto rioters. Scientific American, *219 (2),* 15–21.

COTTRELL, N. B. & EPLEY, S. W. (1977): Affiliation, social comparison, and socially mediated stress reduction. In: J. M. SULS & R. L. MILLER (Eds.), Social comparison processes: Theoretical and empirical perspectives. Washington, DC: Hemisphere.

CRUTCHFIELD, R. S. (1955): Conformity and character. American Psychologist, *10,* 191–198.

DARLEY, J. M. & ARONSON, E. (1966): Self evaluation vs. direct anxiety reduction as determinants of the fear-affiliation relationship. Journal of Experimental Social Psychology, *1,* 66–79.

DARLEY, J. M. & GOETHALS, G. R. (1980): People's analyses of the causes of ability-linked performances. In: L. BERKOWITZ (Ed.), Advances in experimental and social psychology, Vol. 13. New York: Academic Press.

DEUTSCH, M. & GERARD, H. B. (1955): A study of normative and informatical social influences upon individual judgment. Journal of Abnormal and Social Psychology, *51,* 629–636.

DINNER, S. (1976): Social comparison and self-evaluation in children. Dissertation Abstracts International, *37 (4-B),* 1968–1969.

DIVESTA, F. J. (1959): Effects of confidence and motivation on susceptibility to informational social influence. Journal of Abnormal and Social Psychology, *59,* 204–209.

DORSCH, F., BERGIUS, R. & RIES, H. (1982): Psychologisches Wörterbuch. Bern: Huber.

ELLSWORTH, P. C., FRIEDMAN, H. S., PERLICK, D. & HOYT, M. E. (1978): Some effects of gaze on subjects motivated to seek or to avoid social comparison. Journal of Experimental Social Psychology, *14,* 69–87.

ENDLER, N. S. (1960): Social conformity in perception of the autokinetic effect. Journal of Abnormal and Social Psychology, *61,* 489–490.

EPSTEIN, S. (1979): Entwurf einer integrativen Persönlichkeitstheorie. In: S. H. FILIPP (Hrsg.), Selbstkonzept-Forschung. Stuttgart: Klett-Cotta.

FESTINGER, L. (1942): Wish, expectation, and group standards as factors influencing level of aspiration. Journal of Abnormal and Social Psychology, *37,* 184–200.

FESTINGER, L. (1950): Informal social communication. Psychological Review, *57,* 271–282.

FESTINGER, L. (1954): A theory of social comparison processes. Human Relations, *7,* 117–140.

FESTINGER, L. (1957): A theory of cognitive dissonance. Evanston: Row, Patterson and Company.

FESTINGER, L., GERARD, H. B., HYMOVITCH, B., KELLEY, H. H. & RAVEN, B. H. (1952): The influence process in the presence of extreme deviates. Human Relations, *5,* 327–346.

FREY, D. (1991): Informationssuche und Informationsbewertung bei Einzel- und Gruppenentscheidungen und mögliche Auswirkungen auf Politik und Wirtschaft. In: D. FREY (Hrsg.), Bericht über den 37. Kongreß der Deutschen Gesellschaft für Psychologie in Kiel 1990. Göttingen: Hogrefe.

GASTORF, J. & SULS, J. (1978): Performance evaluation via social comparison: Performance similarity versus related attribute similarity. Social Psychology, *41,* 297–305.

GERARD, H.B. & RABBIE, J.M. (1961): Fear and social comparison. Journal of Abnormal and Social Psychology, *62,* 586-592.

GIBBONS, F.X. (1985): Social stigma perception: Social comparison among mentally retarded persons. American Journal of Mental Deficiency, *99,* 98-106.

GIBBONS, F.X. (1986): Social comparison and depression: Company's effect on misery. Journal of Personality and Social Psychology, *51,* 140-148.

GOETHALS, G.R. & DARLEY, J.M. (1977): Social comparison theory: An attributional approach. In: J.M. SULS & R.L. MILLER (Eds.), Social comparison processes: Theoretical and empirical perspectives. Washington, DC: Hemisphere.

GOETHALS, G.R. (1984): Social comparison theory: Psychology from the lost and found. Paper presented at the annual meeting of the American Psychological Association, Toronto.

GOETHALS, G.R. (1986): Fabricating and ignoring social reality: Self-serving Estimates of consensus. In: J.M. OLSEN, C.P. HERMAN, M.P. ZANNA (Eds.), The Ontario Symposium, Vol. 4. Hillsdale, NJ: Lawrence Erlbaum Associates.

GRIFFITT, W. & GUAY, P. (1969): „Object" evaluation and conditioned affect. Journal of Experimental Research in Personality, *4,* 1-8.

GURR, T.R. (1970): Why men rebel. Princeton, NJ: Princeton University Press.

HAISCH, J. & HAISCH, I. (1987): Anwendungen der Sozialpsychologie in der Klinischen Psychologie. In: J. SCHULTZ-GAMBARD (Hrsg.), Angewandte Sozialpsychologie. München, Weinheim: Psychologie Verlags Union.

HAISCH, J. (1990): Physikalische und soziale Vergleiche bei der Therapieaufnahme: Ein Betrag zur Differentialdiagnostik bei Adipositas. Zeitschrift für Klinische Psychologie, Psychopath. Psychotherm., *44,* 4.

HARTER, S. (1985): Commentary: On the need for a developmental perspective in understanding child and adolescent disorders. Journal of Social and Clinical Psychology, *3,* 484-499.

HOMANS, G.C. (1961): Social behavior: Its elementary forms. New York: Harcourt, Brace & World.

HOMANS, G.C. (1968): Elementarformen menschlichen Verhaltens. Köln: Westdeutscher Verlag.

HORNER, M. (1968): Sex differences in achievement motivation and performance in competetive and non-competitive situations. Unpublished doctoral dissertation, University of Michigan.

HYMAN, H.H. (1942): The psychology of status. Archives of Psychology, Columbia University, 269.

IRLE, M. (1985): Konvergenz und Divergenz in Gruppen. In: D. Frey & M. Irle (Hrsg.), Theorien der Sozialpsychologie, Bd. II: Bern: Huber.

JANIS, I.L. (1972): Victims of groupthink, a psychological study of foreign-policy decisions and fiascoes. Boston, Atlanta, Dallas: Houghton Mifflin Company.

JONES, S.C. & REAGAN, D.T. (1974): Ability evaluation through social comparison. Journal of Experimental Social Psychology, *10,* 133-146.

KARNIOL, R. & ROSS, M. (1976): The developmental of causal attributions in social perception. Journal of Personality and Social Psychology, *34,* 455-464.

KELLEY, H.H. (1952): Two functions of reference groups. In: G.E. SWANSON, T.M. NEWCOMB & E.L. HARTLEY (Eds.), Readings in Social Psychology, 2nd. New York: Holt, Rinehart & Winston.

KELLEY, H.H. (1973): The process of causal attributions. American Psychologist, *28,* 107-128.

KIESLER, C.A. & CORBIN, L.H. (1965): Commitment, attraction and conformity. Journal of Personality and Social Psychology, *2,* 890-895.

KISSEL, S. (1967): Anxiety affiliation and juvenile deliquency. Journal of Clinical Psychology, *23,* 173-175.

KLUGE, R. (1988): Soziale Vergleichsprozesse als Determinanten von Therapiemotivation und -erfolg. Eine Untersuchung im Rahmen der Adipositastherapie.

Unveröffentlichte Diplomarbeit. Bielefeld: Psychologisches Institut der Universität Bielefeld.
KRUGLANSKI, A.W. & MAYSELESS, O. (1990): Classic and current social comparison research: Expanding the perspective. Psychological Bulletin, *108, 2,* 195–208.
KUN, A. (1977): Development of magnitude-covariation and compensation schemata in ability and effort attributions of performance. Child Development, *48,* 862–873.
LEWIN, K., DEMBO, T., FESTINGER, L. & SEARS, P. (1944): Level of aspiration. In: J.McV.HUNT (Ed.) Personality and behavior disorders. New York: Ronald Press.
LINTON, H.B. (1954): Autokinetic judgment as a measure of influence. Journal of Abnormal and Social Psychology, *49,* 464–466.
MAASS, A., WEST, S.G. & CLARK, R.D. (1985): Soziale Einflüsse von Minoritäten in Gruppen. In: D.FREY & M.IRLE (Hrsg.), Theorien der Sozialpsychologie, Bd.2. Bern: Huber.
MERTON, K.M. & ROSSI, A.K. (1949): Contributions to the theory of reference group behavior. In: R.K.MERTON (Ed.), Social theory and social structure, rev. ed., The Free Press.
MERTON, R.K. & KITT, A. (1950): Contributions to the theory of reference group behavior. In: R.K.MERTON & P.F.LAZARSFELD (Eds.), Continuities in social research: Studies in the scope and method of „The American soldier". New York: Free Press of Glencoe.
METTEE, D.R. & SMITH, G. (1977): Social comparison and interpersonal attraction: The case for dissimilarity. In: J.M.SULS & R.L.MILLER (Eds.), Social comparison processes: Theoretical and empirical perspectives. Washington, DC: Hemisphere.
MILLER, R.L. (1977): Preference for social vs. non-social comparison as a means of self-evaluation. Journal of Personality, *45,* 343–355.
MORIARTY, T. (1974): Role of stigma in the experience of deviance. Journal of Personality and Social Psychology, *29,* 849–855.
MORRIS, W.N. & MILLER, R.S. (1975): The effects of consensus-breaking and consensus-preempting partners on reduction of conformity. Journal of Experimental Social Psychology, *11,* 215–223.
MORRIS, W.N., WORCHEL, S., BOIS, J.L., PEARSON, J.A., ROUNTREE, A.C., SAMAHA, G.M., WACHTLER, J. & WRIGHT, S.L. (1976): Collective coping with stress. Group reactions to fear, anxiety, and ambiguity. Journal of Personality and social Psychology, *33,* 674–679.
MOSCOVICI, S. & FAUCHEUX, C. (1972): Social influence, conformity bias, and the study of active minorities. In: L.BERKOWITZ (Ed.), Advances in Experimental Social Psychology, Vol.6. New York: Academic Press.
MUMMENDEY, A. (1985): Verhalten zwischen sozialen Gruppen: Die Theorie der sozialen Identität. In: D.FREY & M.IRLE (Hrsg.), Theorien der Sozialpsychologie, Bd.2: Bern: Huber.
NICHOLLS, J. (1980): The development of the concept of difficulty. Merrill-Palmer Quarterly, *26,* 271–281.
OSNABRÜGGE, G. (1988): Selbstwertschutz im sozialen Vergleich. Unveröffentlichte Dissertation. Kiel: Psychologisches Institut der Universität Kiel.
OSNABRÜGGE, G., STAHLBERG, D. & FREY, D. (1985): Die Theorie der kognizierten Kontrolle. In: D.FREY & M.IRLE (Hrsg.), Theorien der Sozialpsychologie, Bd.III: Bern: Huber.
PETTIGREW, T.F. (1964): A profile of the negro american. Princeton, NJ: Van Nostrand.
PETTIGREW, T.F. (1967): Social evaluation theory. In: D.LEVINE (Ed.), Nebraska Symposium on motivation, Vol.15. Lincoln, NB: University of Nebraska Press.
PETTIGREW, T.F. (1978): Three issues in ethnicity: Boundaries, deprivations and perceptions. In: J.M.YINGER & S.J.CUTLER (Eds.), Major Social Issues. New York: The Free Press.
ROHRER, J.H., BARON, S.H., HOFFMANN, E.L. & SWANDER, D. (1954): The stability

of autokinetic judgments. Journal of Abnormal and Social Psychology, *49,* 595-597.

ROHRMANN, B. & PRESTER, H.G. (1987): Neue soziale und politische Verhaltensformen. In: D. FREY & S. GREIF (Hrsg.), Sozialpsychologie: Ein Handbuch in Schlüsselbegriffen. München: PVU.

ROSENHAN, D., DE WILDE, D. & MCDOUGAL, S. (1963): Pressure to conform and logical problem solving. Psychological Reports, *13,* 227-230.

ROST, W., FREY, D. & ROST-SCHAUDE, E. (1975): Der Einfluß von Erfolg und Mißerfolg auf Attraktivitätsurteile im Bereich der Schule. In: W. TACK (Hrsg.), Bericht über den 29. Kongreß der Deutschen Gesellschaft für Psychologie in Salzburg. Göttingen: Hogrefe.

RUNCIMAN, W.G. (1966): Relative deprivation and social justice. Berkeley, CA: University of California Press.

SCHACHTER, S. (1951): Deviation, rejection, and communication. Journal of Abnormal and Social Psychology, *46,* 190-207.

SCHACHTER, S. (1959): The psychology of affiliation. Minneapolis: University of Minnesota Press.

SCHACHTER, S. & SINGER, J.E. (1962): Cognitive, social, and psychological determinants of emotional state. Psychological Review, *69,* 379-399.

SCHULZ-GAMBARD, J. (1987): Wahrnehmung der eigenen Gefühle: Das Experiment von SCHACHTER und SINGER. In: D. FREY & S. GREIF (Hrsg.), Sozialpsychologie: Ein Handbuch in Schlüsselbegriffen. München: PVU.

SCHWARZ, N. (1985): Theorien konzeptgesteuerter Informationsverarbeitung. In: D. FREY & M. IRLE (Hrsg.), Theorien der Sozialpsychologie, Bd. III: Bern: Huber.

SHAKLEE, H. (1976): Development in inferences of ability and task difficulty. Child Development, *47,* 1051-1956.

SHERIF, M.A. (1935): Study of some social factors in perception. Archives of Psychology, *27,* Nr. 187.

SNYDER, D.R. & FROMKIN, H. (1980): Uniqueness. The human pursuit of difference. New York: Plenum.

STAHLBERG, D., OSNABRÜGGE, G. & FREY, D. (1985): Die Theorie des Selbstwertschutzes und der Selbstwerterhöhung. In: D. FREY & M. IRLE (Hrsg.), Theorien der Sozialpsychologie, Bd. III: Bern: Huber.

STRICKER, G. (1963): Scapegoating: An experimental investigation. Journal of Abnormal and Social Psychology, *67,* 125-131.

STOUFFER, S.A., SUCHMAN, E.A., DE VINNEY, L.C., STAR, S.A. & WILLIAMS, R.M. (1949a): The American soldier: Adjustment during army life, Vol. I, Princeton, NJ: Princeton University Press.

STOUFFER, S.A., LUNDSDALE, A.A., WILLIAMS, R.M., SMITH, M.B., JANIS, I.J., STAR, S.A. & COTHELL, L.S. (1949b): The American soldier: Combat and its aftermath, Vol. II, Princeton, NJ: Princeton University Press.

STRACK, F. (1987): Soziale Informationsverarbeitung. In: D. FREY & S. GREIF (Hrsg.), Sozialpsychologie: Ein Handbuch in Schlüsselbegriffen. München: PVU.

STROEBE, W. (1987): Soziale Vergleichsprozesse. In: D. FREY & S. GREIF (Hrsg.), Sozialpsychologie: Ein Handbuch in Schlüsselbegriffen. München: PVU.

SULS, J. (1986): Comparison processes in relative deprivation: A life-span analysis. In: J.M. OLSON, C.P. HERMAN & M.P. ZANNA (Eds.), The Ontario Symposium, Vol. 4. Hillsdale, NJ: Lawrence Erlbaum Associates.

SULS, J. & MULLEN, B. (1982): From the cradle to the grave: Comparison and self-evaluation across the life-span. In: J. SULS (Ed.), Psychological perspectives on the self, Vol. 1. Hillsdale, NJ: Lawrence Erlbaum Associates.

SULS, J. & SANDER, G.S. (1982): Self-evaluation through social comparison: A development analysis. In: L. WHEELER (Ed.), Review of personality and social psychology, Vol. 3. Berverly Hills, CA: Sage.

SULS, GAES, G. & GASTORF, J. (1979): Evaluation a sexrelated ability: Comparison with same-, opposite-, and combined-sex norms. Journal of Research in Personality, *13,* 294–304.

SULS, J., GASTORF, J. & LAWHON, J. (1978): Social comparison choices for evaluating a sex- and age-related ability. Personality and Social Psychology Bulletin, *4,* 102–105.

TAJFEL, H. (1978): Differentiation between social groups. London: Academic Press.

TAJFEL, H. (1979): Individual and groups in social psychology. British Journal of Social and Clinical Psychology, *18,* 183–190.

TAYLOR, S.E., LICHTMAN, R.R. & WOOD, J.V. (1983): Attributions, beliefs about control, and adjustment to breast cancer. Journal of Social Issues, *39,* 19–40.

TESSER, A. & CAMPBELL, J. (1982): Self-evaluation maintenance and the perception of friends and strangers. Journal of Personality, *50,* 261–279.

THIBAUT, J.W. & KELLEY, H.H. (1959): The social psychology of groups. New York: Wiley.

UPMEYER, A. (1971): Social perception and signal detectability theory: Group influence on discrimination and usage of scale. Psychologische Forschung, *34,* 283–294.

VANNEMAN, R.D. & PETTIGREW, T.F. (1972): Race and relative deprivation in the urban United States. Race, *13,* 461–486.

WALKER, I. & PETTIGREW, T.F. (1984): Relative deprivation theory: An overview and conceptual critique. British Journal of Social Psychology, *23,* 301–310.

WALSTER, E., BERSCHEID, E. & WALSTER, G.W. (1973): New directions in equity research. Journal of Personality and Social Psychology, *25,* 151–176.

WALSTER, E., BERSCHEID, E. & WALSTER, G.W. (1978): New directions in equity research. In: L. BERKOWITZ & E. WALSTER (Eds.), Advances in Experimental Social Psychology, Vol. 9. New York: Academic Press.

WEARY, G., ELBIN, S. & HILL, M.G. (1987): Attributional and social comparison processes in depression. Journal of Personality and Social Psychology, *52,* 605–610.

WHEELER, L. (1966): Motivation as a determinant of upward comparison. Journal of Experimental Social Psychology, supplement 1, 27–31.

WHEELER, L., SHAVER, K.G., JONES, R.A., GOETHALS, G.R., COOPER, J., ROBINSON, J.E., GRUDER, L.C. & OUTZINE, K.W. (1969): Factors determining the choice of a comparison other. Journal of Experimental Social Psychology, *5,* 219–232.

WHEELER, L., KOESTNER, R. & DRIVER, R.R. (1982): Related attributes in the choice of comparison others: It's there, but it isn't all there is. Journal of Experimental Social Psychology, *18,* 489–500.

WHITE, R.W. (1959): Motivation reconsidered: The concept of competence. Psychological Review, *66,* 297–333.

WIENER, M, CARPENTER, J.T. & CARPENTER, B. (1957): Some determinants of conformity behavior. Journal of Social Psychology, *5,* 289–297.

WILLS, T.A. (1981): Downward comparison principles in social psychology. Psychological Bulletin, *90,* 245–271.

WILLS, T.A. (1983): Social comparison in coping and need-seeking. In: B.M. DEPAULO, A. NADLER & J.D. FISHER (Eds.), New directions in helping, Vol. 2. New York: Academic Press.

WITTE, E.H. (1989): Sozialpsychologie. München: PVU.

WOOD, J.V., TAYLOR, S.E. & LICHTMAN, R.R. (1985): Social comparison in adjustment to breast cancer. Journal of Personality and Social Psychology, *49,* 1169–1183.

WYER, R.S., Jr. (1966): Effects of incentive to perform well, group attraction, and group acceptance on conformity in a judgment task. Journal of Personality and Social Psychology, *4,* 21–26.

ZANNA, M., GOETHALS, G. & HILL, J. (1975): Evaluating a sex-related ability: Social comparison with similar others and standard setters. Journal of Experimental Social Psychology, *11,* 86–93.

ZIMBARDO, P.G. & FORMICA, R. (1963): Emotional comparison and self-esteem as determinants of affiliation. Journal of Personality, *31,* 141–162.

Die Herausgeber zum folgenden Beitrag

Das Ich-Selbst einer Person besitzt eine innere und eine äußere Umwelt. Die Person kann z. B. eine Prothese ihrer innerlich-körperlichen Umwelt oder der äußeren Umwelt zurechnen. Die Grenzen zwischen innerer und äußerer Umwelt sind raumzeitlich variabel. Eine Person nimmt Veränderungen in ihrer inneren Umwelt wahr, die man grob als physiologische Zustandsänderungen bezeichnen kann. Solche viszeralen Vorgänge sind unspezifisch. Die Pulsfrequenz steigt z. B. angesichts erwünschter wie bedrohlicher Ereignisse in der äußeren Umwelt. Spezifisch werden diese Kognitionen inner-umweltlicher Veränderungen dann – und nur dann –, so diese Theorie, wenn sie – falls unerklärlich für die Person – als Emotionen durch den Vergleich mit anderen Personen erklärlich werden. Die im folgenden behandelte Theorie ist als Folge der Theorie Sozialer Vergleichsprozesse entstanden. In diesem Sinne ist sie eine sozialpsychologische Theorie. Sie erklärt spezifische Emotionen zweifaktoriell, durch Kognitionen, die wahrgenommene (sinnlich perzipierte) Zustandsänderungen erfassen, die physiologisch beschrieben und kognitiv spezifiziert werden können.

Ein seinerzeitiger Doktorand von Schachter (Valins) wies empirisch nach, daß Fehlwahrnehmungen nicht vorhandener physiologischer Zustandsänderungen ausreichen, um spezifische Emotionen hervorzubringen. Schachter hat diese Folgerung aus seiner Theorie nie für falsch erklärt. Kaum eine andere Theorie hat zu derart massiven und ausgedehnten Widersprüchen gereizt. Also ist diese Theorie fruchtbar, weil vielfach falsifizierbar und modifizierbar; diese Theorie ist nicht gegen Falsifikationen immunisiert. Sie wurde dennoch bis zur Stunde nicht durch eine erklärungskräftigere Theorie ersetzt. Weitgehend unbeachtet ist geblieben, daß Schachter im letzten Jahrzehnt seine Position radikal gewandelt hat, außerhalb sozialpsychologischer Perspektiven: Er wurde theoretischer Reduktionist, der z. B. süchtiges Verhalten physiologisch zu erklären sucht. Dennoch: Es liegt kein Gegenentwurf einer Emotionstheorie vor, mit dem sozial beschreibbare Anfangsbedingungen – via sozialer Vergleichsprozesse – vollständiger für emotionale Zustände zur Erklärung herangezogen werden können. Hier nur ein Beispiel zur Verständigung: Nach Massenkarambolagen auf einer Autobahn schlägt Panik der Beteiligten in höchster, physiologisch beschreibbarer Erregung um in mutiges, organisiertes Helfen, wenn auch nur ein tatkräftiges Vorbild vorhanden ist.

Die kognitiv-physiologische Theorie der Emotion von Schachter

MARIANNE HAMMERL, Universität Düsseldorf
HANS-JOACHIM GRABITZ, Universität Düsseldorf
GISLA GNIECH, Universität Bremen

1. Einleitung

Eine der andauernden Kontroversen im Untersuchungsbereich „Emotion" betrifft die Frage, welche Faktoren am Zustandekommen des jeweiligen gefühlsmäßigen Erlebens beteiligt sind und wie sie zusammenwirken. Ist das, was wir als Emotion erleben, allein Ausdruck physischer Veränderungen? Oder sind die feststellbaren körperlichen Vorgänge Folgeerscheinungen des emotionalen Erlebens?

Räumt man körperlichen Vorgängen die ursächliche Priorität ein, so kann man fragen, welcher Art diese Vorgänge sind, z. B., ob es sich um peripher-physiologische oder um zentralnervöse Prozesse handelt, und auf welche Weise sie die erlebnismäßig unterscheidbaren Gefühlszustände bewirken.

Es gibt eine Reihe von Theorien, die Lösungsvorschläge zu diesem Problem anbieten. Wir wollen uns in diesem Kapitel näher mit der Emotions-Theorie von SCHACHTER befassen. S. SCHACHTER (1959, 1964, 1965, 1970, 1971a sowie SCHACHTER & SINGER, 1962) gilt als Hauptvertreter der Sichtweise, daß kognitive Faktoren eine entscheidende Rolle bei emotionalen Zuständen spielen (s. auch LAZARUS, 1984; LAZARUS, COYNE & FOLKMAN, 1984; MANDLER, 1975, 1984, 1990).

Bevor wir die Theorie von SCHACHTER beschreiben, erscheint es uns zweckmäßig, auf einige der früher formulierten theoretischen Ansätze und mit diesen zusammenhängende Fragen einzugehen.

2. Emotions-Theorien

2.1 Ältere Emotions-Theorien

2.1.1 Die James-Lange-Theorie

Nach der James-Lange-Theorie (JAMES, 1884; LANGE, 1885) löst die Perzeption entsprechender Ereignisse der Umwelt Veränderungen in den Eingeweiden (Viszera) und der Skelettmuskulatur aus. Der Verlauf dieser Veränderungen wird über sensorische Impulse an die Hirnrinde rückgemeldet. Die damit gegebene bewußte Wahrnehmung der organischen Veränderungen *ist* die Emotion.

Die James-Lange-Theorie stand im Widerspruch zu der in jener Zeit verbreiteten Auffassung, nach der die Perzeption erregender externer Ereignisse die Emotion auslöst und diese erst die organischen Veränderungen bewirkt.

Gegen die Theorie von James und Lange wurde, insbesondere von Cannon (1927, 1929), eine Reihe von Einwänden erhoben. Diese betreffen folgende Punkte:

1. Die künstliche Erzeugung viszeraler Veränderungen, wie sie normalerweise bei heftigen Emotionen beobachtbar sind, ruft diese Emotion nicht hervor.
2. Bei ganz unterschiedlichen emotionalen Zuständen liegen dieselben viszeralen Veränderungen vor.
3. Die Viszera sind wenig sensitiv; Veränderungen können nur ungenau wahrgenommen werden.
4. Die viszeralen Veränderungen sind zu langsam, um als Ursache des meist unmittelbar vorhandenen gefühlsmäßigen Erlebens in Frage zu kommen.
5. Eine vollständige Trennung der Viszera vom zentralen Nervensystem (ZNS) verändert das emotionale Verhalten nicht.

2.1.2 Die Cannon-Bard-Theorie

Cannon (1927, 1929, 1931) stellte eine alternative Theorie auf, in der nicht wie bei der James-Lange-Theorie periphere Prozesse im Vordergrund stehen, sondern die Aktivierung bestimmter Strukturen des zentralen Nervensystems als Ursache emotionaler Zustände angesehen wird. Bard (1934, 1950) reformulierte den Entwurf Cannons. Die Cannon-Bard-Theorie, auch als „Thamalische Theorie der Emotionen" bezeichnet, geht davon aus, daß im Zwischenhirn, insbesondere im Thalamus, eine Reihe neuronaler Erregungsmuster existieren, die normalerweise dem hemmenden Einfluß der Hirnrinde unterliegen. Die Hemmung wird aufgehoben, wenn im Kortex von den Rezeptoren „emotionsauslösende" Impulse eintreffen. In diesem Fall leitet der Thalamus vorprogrammierte Reizmuster zum Kortex, wo das emotionale Erlebnis hervorgerufen wird. Gleichzeitig werden die Körperorgane angeregt, wodurch bestimmte körperliche Symptome (z.B. Schwitzen, Zittern) ausgelöst werden. Eine direkte Überwindung der Hemmung des Thalamus ist gemäß der Cannon-Bard-Theorie durch Impulse möglich, die von sehr intensiven Reizen stammen.

2.2 Die Aktivierungs-Theorie

Als das eine Ende eines Kontinuums von Erregung werden Emotionen von der Aktivierungs-Theorie (Lindsley, 1950, 1951) beschrieben. Duffy (1934, 1941, 1962), die eine verhaltensorientierte Aktivierungs-Theorie vertritt, bestreitet demgemäß, daß Emotionen eine besondere Klasse von Verhalten darstellt und ist wiederholt dafür eingetreten, den Begriff „Emotion" aus dem wissenschaftlichen Sprachgebrauch zu eliminieren.

Indikatoren unterschiedlicher Erregung (arousal) sind physiologische Veränderungen, z. B. des elektrischen Hautwiderstandes, der Herzfrequenz, des Blutdruckes und für LINDSLEY (1951) vor allem Änderungen im Rhythmus des Elektroenzephalogramms (EEG). Im Zustand der Erregung treten an die Stelle des bei einer wachen, aber entspannten Person beobachtbaren sog. Alpha-Rhythmus (8–12 Wellen in der Sekunde bei mäßiger Amplitude) Wellen mit hoher Frequenz und niedriger Amplitude. Dieses Aktivierungsmuster im EEG kann auch durch elektrische Stimulation der Formatio reticularis im Hirnstamm erzeugt werden (MORUZZI & MAGOUN, 1949). Läsionen dieser Neuronenformation hingegen führen zu apathischem Verhalten und EEG-Rhythmen, die typischerweise im Schlaf auftreten (LINDSLEY, BOWDEN & MAGOUN, 1949). Die Formatio reticularis sendet Nervenimpulse zur Hirnrinde, ins vegetative Nervensystem und zur Skelettmuskulatur. Nach LINDSLEY (1957, 1970) werden Emotionen dementsprechend auf drei Weisen ausgedrückt, (1) kortikal (z. B. in Form von Angst), (2) viszeral (z. B. durch Schwitzen) und (3) somato-motorisch (z. B. durch Muskelanspannung).

2.3 Die Emotions-Theorie von SCHACHTER

Der Einwand von CANNON gegen die James-Lange-Theorie, daß künstliche Erzeugung viszeraler Prozesse keine entsprechenden Emotionen auslöst, stützt sich auf die Ergebnisse einer Untersuchung von MARANON (1924). MARANON injizierte 210 Patienten Adrenalin, was im Effekt einer Entladung des sympathischen Nervensystems sehr nahe kommt (Ansteigen des systolischen Blutdrucks, Erhöhung der Blutzucker- und Milchsäurekonzentration, beschleunigter Herzschlag, schnelleres Atmen, Zittern usw.) und protokollierte anschließend ihre Introspektionen. 71 Prozent der Patienten beschrieben lediglich physische Erscheinungen, 29 Prozent berichteten von Emotionen, allerdings in einer „als ob" Form („es ist, als ob ich Angst hätte"). Echte emotionale Reaktionen konnte MARANON nur dann feststellen, wenn er mit den Patienten über gefühlsträchtige Situationen (z. B. die verstorbenen Eltern) sprach. Im Normalfall, d. h. ohne Adrenalin, lösten diese Situationen keine Emotionen aus.

Die Ergebnisse MARANONS regten SCHACHTER (SCHACHTER & SINGER, 1962; SCHACHTER, 1964) zu der Frage an, was passieren würde, wenn man Personen „verdeckt" Adrenalin injizieren würde. Die Personen würden in diesem Fall Anzeichen physiologischer Erregung an sich feststellen, ohne daß sie, wie bei MARANON, in der Injektion eine angemessene Erklärung für ihren Zustand hätten. SCHACHTER (1959) postulierte in Anlehnung an FESTINGER (1954), daß in diesem Fall ein „Bedürfnis nach Bewertung", d. h. ein Bestreben, die körperlichen Erscheinungen zu verstehen und zu kennzeichnen, bei der Person entstehen würde und, daß die Interpretation der körperlichen Erscheinungen mittels kognitiver bzw. situativer Faktoren vorgenommen werden würde.

Die Grundannahme der Theorie SCHACHTERS ist also, daß Emotionen eine Funktion sowohl kognitiver oder situativer Faktoren als auch physiologischer Erregung sind. Aus dieser Grundannahme werden folgende Behauptungen abgeleitet:

1. Befindet sich ein Individuum in einem Zustand physiologischer Erregung, für den es keine selbstverständliche Erklärung hat, dann wird es diesen Zustand entsprechend der ihm zur Verfügung stehenden Kognitionen etikettieren. Auf diese Weise kann derselbe Erregungszustand, in Abhängigkeit von den kognitiven Aspekten der Situation, ganz unterschiedlich gekennzeichnet werden.
2. Befindet sich ein Individuum in einem physiologischen Erregungszustand, für den es eine plausible Erklärung hat, so entsteht kein Bedürfnis zur Bewertung. Das Individuum muß seinen Zustand nicht mittels alternativer Kognitionen erklären.
3. Sind emotionsträchtige Kognitionen vorhanden, so wird das Individuum nur in dem Maße emotional reagieren oder emotionales Erleben berichten, in dem gleichzeitig ein Zustand physiologischer Erregung vorhanden ist.

3. Die Untersuchung von Schachter & Singer (1962) und Folgeuntersuchungen

In ihrem inzwischen klassischen Experiment variierten SCHACHTER & SINGER (1962) 1. das Ausmaß physiologischer Erregung, 2. den Umfang, in dem die Vpn eine angemessene Erklärung für physiologische Erregung hatten und 3. die situativen Faktoren, die gegebenenfalls als Erklärung für eine physiologische Erregung dienen konnten. Da Elemente der experimentellen Anordnung dieser Untersuchung auch in späteren Experimenten verwendet wurden, soll diese Untersuchung hier etwas ausführlicher geschildert werden.

Den Vpn wurde mitgeteilt, daß der Effekt von „Suproxin" (angeblich ein Vitaminpräparat) auf das Sehvermögen untersucht werden sollte und daß dazu eine Injektion des Präparates notwendig sei. Tatsächlich wurde entweder Epinephrin (Adrenalin) oder als Placebo eine Salzlösung injiziert. Epinephrin führt zu ähnlichen Effekten wie eine Aktivierung des sympathischen Nervensystems. Die subjektiven Symptome sind Herzklopfen, Zittern, zeitweilig das Gefühl des Errötens und beschleunigtes Atmen. Diese Begleiterscheinungen setzen, subkutan injiziert, 3–5 Minuten nach der Injektion ein und halten 10–60 Minuten an.

Die Angemessenheit der Erklärung für die körperliche Erregung wurde in drei Stufen variiert. Eine Gruppe wurde über die tatsächlichen Nebeneffekte der Injektion informiert (Epi-Inf). Einer zweiten Gruppe (Epinephrin ignorant) wurde mitgeteilt, daß das Präparat harmlos sei und keine Nebeneffekte verursache (Epi-Ign). Unter einer dritten Bedingung (Epinephrin misinformed) schließlich wurden den Vpn falsche, tatsächlich nicht auftretende Effekte wie taube Füße, Jucken und Kopfschmerzen als mögliche Begleiterscheinungen genannt (Epi-Mis). Diese Bedingung wurde eingeführt, da nicht ausgeschlossen werden konnte, daß die Mitteilung von Nebeneffekten die Vpn zu introspektiver, möglicherweise beunruhigter Selbstbeobachtung veranlaßt und die zwischen den Epi-Inf und Epi-Ign beobachtbaren Unterschiede durch dieses Verhalten und nicht durch die Angemessenheit der Erklärung verursacht wird. Die Vpn der Placebo-Bedingung erhielten dieselbe Erklärung wie die Vpn der Epi-Ign- Bedingung.

Zur Manipulation der externen Hinweise, die zur Erklärung einer autonomen Erregung dienen konnten, wurden zwei emotional unterschiedlich gestaltete Situationen gewählt. Bei der Realisierung wurde davon ausgegangen, daß Personen ihre Gefühle durch Vergleich mit anderen Personen bewerten (SCHACHTER, 1959; WRIGHTSMAN, 1960). In der einen Bedingung wurden die Vpn unter dem Vorwand, die Wirkung des Präparates abzuwarten, mit einer anderen angeblichen Versuchsperson zusammengebracht, die sich euphorisch verhielt, in der zweiten Bedingung mit einer Person, die ein zunehmend verärgertes Verhalten zeigte. Die Epi-Mis-Bedingung wurde nur zusammen mit der euphorischen Situation verwirklicht, so daß insgesamt sieben unterschiedliche Bedingungen im Experiment bestanden.

Der emotionale Zustand der Vpn als abhängige Variable wurde durch eine standardisierte Verhaltensbeobachtung und durch Selbstbeurteilung der Vpn auf Skalen, die u.a. Fragen nach dem emotionalen Befinden enthielten, gemessen.

Sowohl unter der Euphorie- als auch unter der Ärger-Bedingung zeigten die Epi-Ign- und die Epi-Mis-Vpn stärkere Emotionen als die entsprechenden Epi-Inf-Vpn. Die Ergebnisse der Placebo-Bedingungen erwiesen sich insofern als nicht hypothesenkonform, als die Werte dieser Gruppen zwischen denen der Epi-Ign und denen der Epi-Inf lagen und sich unter der Euphorie-Bedingung bei beiden Formen der Messung von keiner der anderen Gruppen signifikant unterschieden. SCHACHTER & SINGER führen zur Erklärung dieser Ergebnisse zwei Argumente an: Erstens können die autonom erregten, aber ohne plausible Erklärung gelassenen Epi-Ign-Vpn ihre Erregung auf die Injektion selbst zurückgeführt haben, sich selbst informiert haben und deshalb weniger Emotion gezeigt haben. Dies stellte sich anhand einer nachträglichen Analyse der Fragebogen-Ergebnisse tatsächlich heraus. Zweitens ist es möglich, daß in der Placebo-Bedingung physiologische Erregung durch die dramatische Situation hervorgerufen wurde. Wird ein Ansteigen der Puls-Frequenz als ein Indikator für Erregung verwendet, so zeigt sich, daß Vpn mit gestiegener Puls-Frequenz auch mehr Emotionen berichten. Zur besseren empirischen Absicherung dieser Argumente führten SCHACHTER und Kollegen einige Folgeuntersuchungen durch.

Zur Prüfung des ersten Argumentes schloß SINGER (1963) die im Experiment von SCHACHTER & SINGER (1962) vorhandene Möglichkeit, physiologische Erregung auf eine Injektion zurückzuführen, aus, indem er Ratten verwendete. SINGER konnte zeigen, daß Ratten, denen Epinephrin injiziert worden war, unter furchterzeugenden Bedingungen stärkere Anzeichen von Furcht zeigten, als Ratten, denen Placebo injiziert worden war. Unter nicht furchterzeugenden Bedingungen unterschieden sich die Gruppen nicht.

LATANE & SCHACHTER (1962) fanden, daß Ratten, denen Epinephrin injiziert worden war, Vermeidungsreaktionen besser lernten als eine Placebo-Gruppe.

Zur Stützung des zweiten Argumentes, daß bei den Vpn der Placebo-Bedingung im Experiment von SCHACHTER & SINGER (1962) ein gewisses Ausmaß an physiologischer Erregung vorlag, verglichen SCHACHTER & WHEELER (1962) eine Epinephrin-, eine Placebo- und eine Chlorpromazin-Gruppe in ihrer Reaktion auf einen humoristischen Film. Chlorpromazin unterdrückt die Sympathikus-Aktivierung und wirkt als Tranquilizer. SCHACHTER & WHEELER fanden, daß die Epinephrin-Gruppe das meiste Vergnügen (die stärkste Emotion) bei Betrachten des Films zeigten, gefolgt von der Placebo- und schließlich der Chlorpromazin-Gruppe.

Das Experiment von SCHACHTER & SINGER (1962) wurde von verschiedenen Autoren kritisiert. PLUTCHIK & AX (1967) erheben eine ganze Reihe methodischer Einwände, so u.a., daß vermutlich das Erregungsniveau in den vergleichbaren experimentellen Bedingungen unterschiedlich war, daß die Selbstbeurteilungen nicht eindeutig interpretierbar sind und daß die Ergebnisse übergeneralisiert worden sind. IRLE (1975) bemängelt am Versuchsplan, daß nicht alle möglichen Kombinationen der drei unabhängigen Variablen physiologische Erregung (Epi, Placebo), Umfang der Erklärung der Erregung (Inf, Ign, Mis) und Art der Situation (Euphorie, Ärger) realisiert wurden. Von den sich ergebenden 12 Versuchsbedingungen wurden lediglich 7 untersucht, so daß nach Meinung IRLEs ein Test gegen die These, daß Kognitionen nur bei Vorhandensein einer physiologischen Erregung zu Emotionen führen, ausgeschlossen war. STRICKLER (1967) nimmt Bezug auf einen Befund von NOWLIS & NOWLIS (1965), wonach physiologisch erregte Individuen dazu neigen, das Verhalten anderer Personen zu imitieren. Verhaltensänderungen der Vpn in Richtung auf das Verhalten eines Mitwissers, wie sie im Experiment von SCHACHTER & SINGER (1962) beobachtet wurden, müssen daher nicht unbedingt Veränderungen im emotionalen Erleben anzeigen.

Problematischer als die angeführten Kritikpunkte sind die fehlgeschlagenen Replikationsversuche der Schachter-Singer-Untersuchung (ROGERS & DECKNER, 1975; MASLACH, 1979; MARSHALL & ZIMBARDO, 1979). ROGERS & DECKNER (1975) untersuchten in zwei Experimenten die Anwendbarkeit der experimentellen Anordnung von SCHACHTER & SINGER (1962) im Kontext der Einstellungsänderung von Rauchern. In ihrem ersten Experiment zeigten sie Rauchern nach einer Injektion von Epinephrin bzw. Placebo einen Film über die verheerenden Gesundheitsschäden des Rauchens oder eine Komödie. Nach SCHACHTERS Theorie müßten die Vpn, die Epinephrin erhalten haben *und* den Film gesehen haben, am ehesten gewillt sein, mit dem Rauchen aufzuhören. Tatsächlich ergab sich jedoch kein Einfluß der physiologischen Erregung, sondern nur ein Haupteffekt des Films. Unabhängig von der Art der Injektion berichteten die Vpn, die den Anti-Raucher-Film gesehen hatten, größere Bedenken dem Rauchen gegenüber als die Vpn, die die Komödie gesehen hatten. Im zweiten Experiment, in dem das Ausmaß der durch den Film erzeugten Furcht variiert wurde, zeigte sich wiederum kein Einfluß der physiologischen Erregung.

Die Untersuchungen von MASLACH (1979) und MARSHALL & ZIMBARDO (1979), die von SCHACHTER & SINGER (1979) nicht als adäquate Replikationsversuche ihrer Studie anerkannt werden, ergaben, daß die Vpn die bei ihnen erzeugte physiologische Erregung auch anfänglich nicht als neutral, sondern bereits als aversiv erleben. Darüber hinaus konnten MARSHALL & ZIMBARDO (1979), die die Euphorie-Bedingung der Schachter-Singer-Untersuchung zu replizieren versuchten, keinen Einfluß des fröhlichen sozialen Kontextes auf das Emotionserleben der Vpn feststellen. MASLACH (1979), die ihre Vpn statt durch eine Epinephrin-Injektion mittels hypnotischer Suggestion in Erregung versetzte, fand weder unter der Euphorie- noch der Ärger-Bedingung einen Einfluß auf das subjektive Erleben der Vpn. SCHACHTER & SINGER (1979) kritisieren an der Untersuchung von MARSHALL & ZIMBARDO, daß dort eine höhere Dosis Epinephrin verabreicht wurde als in der Originalarbeit. An dem Experiment von MASLACH bemängeln sie das Ausmaß der verstrichenen Zeit zwischen dem Einsetzen der physiologischen Erregung und dem Beginn der experimentell manipulierten Situationsbedingung (Euphorie, Ärger). Aufgrund dieser Abweichungen zur Versuchsmethodik in der Originalarbeit kann die zum Teil sehr polemisch geführte Debatte (SCHACHTER & SINGER, 1979) vermutlich nicht entschieden werden. COTTON (1981) weist in diesem Zusammenhang u. E. zu Recht darauf hin, daß – sofern die von SCHACHTER & SINGER aufgeführten Unterschiede theoretische Relevanz besitzen – der Gültigkeitsbereich der Theorie SCHACHTERS stark eingeschränkt wäre.

Teilweise geglückte Replikationen stellen die Untersuchungen von ERDMANN & JANKE (1978) und GERDES (1979) dar. In der Studie von ERDMANN & JANKE stimmten die Ergebnisse der Euphorie- und Ärger-Bedingung mit SCHACHTERS Theorie überein. In der zusätzlich untersuchten Angst-Bedingung (Androhung von Schocks) ergab sich jedoch kein Zusammenhang mit dem Ausmaß physiologischer Erregung. Die Arbeit von ERDMANN & JANKE stellt insofern eine methodische Verbesserung dar, als die Vpn hier nicht gewahr wurden, daß sie eine Droge verabreicht bekamen. Bei diesem Medikament handelte es sich allerdings nicht um das sonst verwendete Epinephrin, sondern um Ephedrin, eine (anders als Epinephrin) sowohl zentral als auch peripher wirkende Substanz. Dieser Sachverhalt wird von COTTON (1981) kritisch diskutiert, da seiner Meinung nach Unklarheit über die Vergleichbarkeit dieser beiden Medikamente besteht.

Die Untersuchung von GERDES (1979), die mit Patienten durchgeführt wurde, die in einer Zahnklinik eine chirurgische Behandlung erwarteten, ergab ebenfalls eine Bestätigung von SCHACHTERS Theorie; allerdings trafen die Hypothesen nur für die männlichen Vpn zu.

Insgesamt betrachtet ergeben die beschriebenen Replikationsversuche der Schachter-Singer-Untersuchung eine nur geringe empirische Evidenz für die Thesen SCHACHTERS.

4. Schachters Theorie im Lichte der Kritikpunkte Cannons

Auch in SCHACHTERS Theorie ist physiologische Erregung notwendige Voraussetzung von emotionaler Erregung. Damit entsteht die Frage, ob sich die Kritik CANNONS an der James-Lange-Theorie auch gegen den Ansatz SCHACHTERS vorbringen läßt.

Der Einwand CANNONS, daß die künstliche Erzeugung viszeraler Veränderungen keine Emotion nach sich zieht, ist auf SCHACHTERS Theorie nicht anwendbar, da die kognitiv-physiologische Formulierung ja gerade die Bedingungen spezifiziert, unter denen viszerale Erregung eine Komponente emotionaler Erregung darstellt. Auch der Einwand, daß dieselben viszeralen Veränderungen ganz unterschiedlichem emotionalen Erleben zugrunde liegen, wird durch die Annahme der kognitiven Interpretation physiologischer Erregung, wie sie SCHACHTER macht, hinfällig. Für einen rein viszeralen Standpunkt, wie er von JAMES und LANGE vertreten wurde, war dieser Einwand hingegen schwerwiegend, da die frühen Versuche, emotionale Zustände physiologisch zu unterscheiden, durchweg zu negativen Ergebnissen führten. Erst neuere Untersuchungen lieferten Hinweise auf eine mögliche Differenzierung. WOLF & WOLFF (1943) konnten bei einem Patienten mit einer Magenfistel verschiedene Arten der Magenaktivität feststellen, je nachdem, ob der Patient zornig oder ängstlich war. Differenzierungen von Ärger und Furcht (und Schmerz) mit Hilfe physiologischer Indikatoren gelangen auch AX (1953) und J. SCHACHTER (1957), deren Befunde von WEERTS & ROBERT (1976) repliziert wurden. Demnach korreliert Ärger mit einem Anstieg des diastolischen Blutdrucks, während die Herzrate und der systolische Blutdruck bei Ärger und Furcht gleichermaßen ansteigen. SCHWARTZ, WEINBERGER & SINGER (1981) konnten anhand kardiovaskulärer Maße zwischen Ärger, Furcht, Trauer und Glücksgefühl differenzieren. Untersuchungen, die zur Prüfung der sog. „facial feedback"-Hypothese (s. Abschnitt 6.3) durchgeführt wurden, ergaben ebenfalls eine Differenzierung emotionaler Erlebnisse. Die Anzahl unterschiedlicher Emotionen, für die entsprechende Korrelate identifiziert wurden, ist allerdings nicht sehr groß (EKMAN & OSTER, 1982). Subjektiv sind bis zu 34 Emotionen zu unterscheiden, wie neuere Untersuchungen ergeben haben (LYMAN & WATERS, 1986; NIEUWENHUYSE, OFFENBERG & FRIJDA, 1987; SHIELDS, 1984). Andere Autoren (z. B. CANDLAND, 1977; MANDLER, 1984) kommen, nach Sichtung der Literatur, allerdings zu dem Schluß, daß keine charakteristischen viszeralen Reaktionsmuster für verschiedene Emotionen existieren.

Den Einwand CANNONS, daß die Viszera wenig sensitive Strukturen besitzt, betrachtet SCHACHTER als für seine Theorie irrelevant. Er meint, daß solange überhaupt viszerale und kardiovaskuläre Erregung vorhanden sei, die kognitiv-physiologische Hypothese anwendbar sei.

Die beiden übrigen Einwände CANNONS, nämlich, daß viszerale Veränderungen zu langsam vor sich gehen, um Ursache von Emotionen zu sein, und daß die Trennung der Viszera vom zentralen Nervensystem das emotionale Verhalten nicht verändert, treffen die Theorien SCHACHTERS in gleicher Weise wie die Theorie von JAMES. Beide Einwände beziehen sich auf Bedingungen, unter denen offensichtlich eine emotionale Erregung ohne physiologische Erregung auftritt. CANNON hat seine Einwände auf Ergebnisse von Untersuchungen mit Sympathektomien (Funktionsausfall des sympathischen Nervensystems durch Unfall, Operation usw.), die an Hunden (SHERRINGTON, 1900) und Katzen (CANNON, LEWIS & BRITTON, 1927) vorgenommen worden waren, gestützt sowie auf den Bericht über eine Frau, die infolge eines Sturzes vom Pferd vom Hals abwärts gelähmt war und, obwohl sie keine Körperempfindungen mehr hatte, laut Darstellung zu normalem emotionalen Erleben fähig war (DANA, 1921). Nach SCHACHTER (1964) ist jedoch bei diesen Beispielen nicht auszuschließen, daß emotionales Verhalten vor dem Funktionsausfall gelernt wird und deshalb später auch ohne Wahrnehmung viszeraler Veränderungen gezeigt werden kann. Unterstützt wird diese Vermutung durch eine Untersuchung von WYNNE & SOLOMON (1955), in der operativ erzeugte Funktionsunfähigkeit des sympathischen Systems bei Hunden zu einem (im Vergleich zu Kontrolltieren) verlangsamten Erlernen und zu schnellerer Extinktion einer Vermeidungsreaktion führte. Wird die Sympathektomie nach dem Erlernen der Vermeidungsreaktion ausgeführt, so unterscheidet sich der Extinktionsprozeß nicht von dem der Kontrolltiere.

Denkbar ist auch, daß nach einer Sympathektomie zwar noch emotionales Verhalten auftritt, jedoch kein emotionales Erleben mehr vorhanden ist. Für diese These sprechen Ergebnisse von HOHMANN (1966) über das per Introspektion untersuchte emotionale Erleben von Querschnittsgelähmten und Quadriplegikern (Quadriplegie = Lähmung aller vier Extremitäten). Je höher die Verletzung im Bereich des Rückenmarks eingetreten war und je geringer demgemäß die verbliebenen viszeralen Empfindungen waren, desto größer war der nach der Verletzung eingetretene Abfall im emotionalen Erleben.

5. Kognitiv-physiologischer Ansatz versus Identitäts-Annahme

SCHACHTER (1971 a) sieht in den Introspektionen der Patienten von HOHMANN und denen der Patienten von MARANON die zwei Seiten ein und derselben Medaille. MARANONS Personen berichten die körperlichen Erscheinungen physiologischer Erregung, beschreiben sich aber wegen des Fehlens entsprechender Kognitionen nicht als emotional empfindend. HOHMANNS Patienten beschreiben die angemessene Reaktion auf eine emotionsträchtige Situation, sehen sich selbst wegen des Fehlens viszeraler Erregung aber offensichtlich nicht als emotional erregt. Nach SCHACHTER (1971 a) entsprechen diese Ergebnisse genau dem, was man aus einer Konzeption von Emotion als gemeinsamer Funktion von kognitiven und physiologischen Faktoren vorhersagen würde. Er wendet sich daher gegen die Annahme der „Identität“ (SCHACHTER, 1970), d.h. gegen die Vorstellung einer direkten Beziehung zwischen Mustern physiologischer Prozesse oder biochemischer Vorgänge und psychischen Zuständen, wie von der James-Lange-Theorie bezüglich peripherer Vorgänge und von der Cannon-Bard-Theorie sowie von neueren, hirn-physiologisch orientierten Theorien hinsichtlich zentraler Vorgänge in unterschiedlichen Strukturen des ZNS angenommen wird. Er glaubt, daß weder ein rein peripherer, noch ein rein zentralistischer Standpunkt in der Lage ist, die vorhandenen Tatsachen zu klären und daß ein zentralistischer Standpunkt denselben Einwänden ausgesetzt ist wie ein peripherer. Nach SCHACHTER haben Vertreter zentraler Theorien zwar zahlreiche Demonstrationen geliefert, daß Verletzungen bzw. Stimulationen von Teilen des ZNS zu intensiven emotionalen Zuständen führen können, es bleibt seiner Meinung nach jedoch die Frage, ob solche Manipulationen unausweichlich zu bestimmten emotionalen Veränderungen führen oder ob die Art der Konsequenzen dieser Manipulationen abhängig von situativen bzw. kognitiven Faktoren ist. SCHACHTER ist der Auffassung, daß die externen Umstände eine wichtige Rolle dabei spielen, ob erzeugte Veränderungen im ZNS zu emotionalen oder motivationalen Effekten führen. Er verweist auf Experimente von MILLER, BAILEY & STEVENSON (1950) und TEITELBAUM (1955), die zeigen konnten, daß Läsionen im ventromedialen Bereich des Hypothalamus (VMH-Läsionen) bei Tieren nur dann zu Überfressen und Fettleibigkeit führen, wenn das zur Verfügung stehende Futter schmackhaft ist. Ist das Futter unangenehm, so fressen die Tiere der Experimentalbedingungen weniger als Tiere der Kontrollgruppen. In ähnliche Richtung lassen sich die Ergebnisse der Untersuchung von HUTCHINSON & RENFREW (1966) interpretieren.

6. Weitere Entwicklungen auf der Grundlage der Theorie Schachters

6.1 Falsche Rückmeldung physiologischer Erregung

Die von CANNON vorgebrachten Kritikpunkte an der James-Lange-Theorie, die sich auf das Auftreten von Emotionen ohne viszerale Erregung beziehen, können auch von SCHACHTER nicht vollständig ausgeräumt werden.

SCHACHTERS Auffassung von der Rolle physiologischer Erregung als notwendiger Voraussetzung für die Existenz von Emotionen wird auch von anderer Seite in Frage gestellt. Für VALINS (1966) sind Kognitionen für das Entstehen von Emotionen völlig ausreichend. Autonome Erregung ist lediglich durch ihre Funktion als Stimulus für kognitive Information an der Emotion beteiligt. Für VALINS hat dementsprechend die nicht-veridikale (nur kognitiv erzeugte, nicht auf tatsächlich existierende Zustände zurückgehende) Repräsentation von physiologischer Erregung denselben Effekt wie die Registrierung einer tatsächlich vorhandenen Erregung. Zur Überprüfung dieser Behauptung lieferte VALINS (1966) seinen Vpn Informationen, die diese glauben ließen, sie seien in einem Zustand autonomer Erregung. Im Experiment von VALINS wurden (männlichen) Vpn Dias von attraktiven halbnackten Frauen gezeigt. Gleichzeitig hörten sie über Kopfhörer ihren „eigenen" Herzschlag. Tatsächlich waren die Herztöne vorprogrammiert und genau auf die Bilder abgestimmt. In der Experimentalbedingung wurde bei der Hälfte der Dias eine Veränderung der Herz-Frequenz (Beschleunigung oder Verlangsamung) vorgegeben, d.h. der Zustand physiologischer Erregung vorgetäuscht. Den Vpn der Kontrollbedingung wurden die Töne als bedeutungslose Geräusche deklariert. Eine Beurteilung der Attraktivität der abgebildeten Frauen ergab, daß Bilder, die mit einer Veränderung der Herzfrequenz gekoppelt waren, von den Vpn der Experimentalbedingung als attraktiver eingestuft wurden und häufiger als Geschenk ausgewählt wurden als von den Vpn der Kontrollbedingung.

Nach VALINS würde man diese Ergebnisse auch genau dann erwartet haben, wenn man die Herzfrequenz-Änderungen bei einigen Bildern pharmakologisch induziert hätte. Der Mechanismus, der abläuft und diese Effekte hervorruft, ist nach VALINS für veridikale und nicht-veridikale Rückmeldung derselbe.

Bestreitet also SCHACHTER die Möglichkeit einer Erklärung von Emotionen allein durch Prozesse peripherer oder zentraler Erregung, so bestreitet VALINS die Notwendigkeit zumindest peripherer Prozesse für ein Zustandekommen von Emotionen überhaupt.

Manche Autoren sehen in der Vorstellung und den Ergebnissen von VALINS lediglich eine Erweiterung der Theorie SCHACHTERS (z.B. STRONGMAN, 1973; HARRIS & KATKIN, 1975), andere eine Erschütterung (z.B. WEINER, 1972). Ob es sich um eine Erweiterung oder um eine Erschütterung der Position SCHACHTERS handelt, hängt von der Beurteilung verschiedener Faktoren ab.

Zunächst läßt sich feststellen, daß aus SCHACHTERS Darstellung seiner Theorie nicht hervorgeht, ob eine kognitive Repräsentation tatsächlicher physiologischer Erregung als vermittelnde Stufe abgelehnt wird. Eindeutig erscheint aber, daß eine lediglich nicht-veridikale Repräsentation physiologischer Erregung nicht hinreichend ist. Die bei SCHACHTER vorgesehene Interpretation (und Fehlinterpretation) von Erregung schließt physiologische Erregung selbst nicht ein.

Ein zweiter Aspekt betrifft die Vorgehensweise von VALINS. Die von VALINS (1966) gegebene Beschreibung seiner Ergebnisse läßt nämlich Zweifel daran aufkommen, daß die Behauptung, nicht-veridikale Repräsentation physiologischer Erregung führe in gleicher Weise zu emotionaler Erregung wie eine veridikale Repräsentation, die allein mögliche Erklärung seiner Ergebnisse ist. VALINS (1966) berichtet, daß eine Reihe von Vpn bei Rückmeldung von verändertem Herzschlag die dargebotenen Bilder eingehend inspizierten, offensichtlich um sich zu überzeugen, daß die Darstellung tatsächlich besonders attraktiv war. Gelang dies nicht, so wurde auch nach anderen Erklärungen für die veränderte Herz-Frequenz gesucht. BAREFOOT & STRAUB (1971) konnten in diesem Zusammenhang feststellen, daß eine Veränderung des Attraktivitätsurteils in Abhängigkeit von der Änderung der Herz-Frequenz nur dann eintrat, wenn den Vpn genügend Zeit zur Betrachtung der Bilder gelassen wurde. VALINS (1966, 1974) beschreibt diesen Vorgang als Prozeß der „Selbst-Überredung" (self-persuasion) und beruft sich auf das von SCHACHTER (1959) postulierte Bedürfnis nach Bewertung eines physiologischen Erregungszustandes. BAREFOOT

& Straub (1971) glauben, daß die Selbst-Überredung wesentlich komplexer ist als ein Inferenz-Prozeß der Art: „Ich reagiere physiologisch auf das Bild, also mag ich es." Eine Replikation der Untersuchung von Barefoot & Straub (1971) ergab allerdings, daß eine Veränderung des Attraktivitätsurteils auch dann zu beobachten war, wenn den Vpn nur wenig Zeit zum Betrachten der Bilder gelassen wurde (Beck, Gibson, Elliott, Simmons, Matteson & McDaniel, 1988).

Nun muß das Geschehen in den Experimenten von Valins (1966) und anderen nicht unbedingt die Form der Selbst-Wahrnehmung haben, wie sie Bem (1967, 1972, 1974) behauptet (s. auch Nisbett & Valins, 1971). Die Annahme, daß es sich um die kognitive Interpretation „physiologischer" Erregung handelt, wie sie Schachter postuliert, ist jedoch ebenfalls nicht zwingend. Während nämlich bei Schachter & Singer (1962) von den Vpn für eine vorhandene Erregung eine passende Erklärung gesucht wird, suchen die Vpn im Experiment von Valins (1966) eine Erklärung für zwei nicht passende (inkonsistente) Kognitionen. Mit anderen Worten, die Befunde von Valins sind möglicherweise gar nicht das Ergebnis eines emotionalen Prozesses, sondern stellen Attitüdenänderungen bezüglich der Bilder als Folge von Inkonsistenzreduktion dar, wobei lediglich die bedeutungsmäßigen Inhalte dem emotionalen Bereich entstammen. Dieser Deutung widerspricht nicht, daß Valins (1967) zeigen konnte, daß die falsche Rückmeldung der Herztöne sich auf die Attraktivitätsurteile stärker bei Personen auswirkte, die aufgrund eines Fragebogens als besonders emotional eingestuft worden waren, und sie steht auch im Einklang mit dem Ergebnis von Valins (1974), daß der Prozeß der Selbst-Überredung durch Aufklärung der Vpn über die experimentelle Irreführung nicht rückgängig gemacht wird.

Es gibt eine Reihe anderer Einwände gegen das Experiment von Valins (1966), die sich auf unterschiedliche Teile des Zusammenhangs von falscher Rückmeldung, Stärke des emotionalen Stimulus und tatsächliche physiologische Erregung beziehen. Stern, Botto & Herrick (1972) sowie Parkinson & Manstead (1981) führen die Variable „Aufmerksamkeit" als Alternativerklärung der Ergebnisse von Valins an. Sie fanden nämlich auch dann einen Effekt falscher Rückmeldung, wenn den Vpn die ihnen dargebotenen Töne als bedeutungslos deklariert wurden. Allerdings galt das nur für den Fall, daß die Vpn den Tönen Aufmerksamkeit schenkten. Parkinson & Manstead (1986), die ebenfalls den Faktor „Aufmerksamkeit" variierten, fanden nur für diejenigen Vpn einen Effekt, die die präsentierten Töne als ihren Herzschlag aufgefaßt hatten. Diesen Unterschied in den Ergebnissen erklären die Autoren mit der Verwendung unterschiedlichen Materials. Während in der Untersuchung von Parkinson & Manstead (1981) die Vpn unangenehme Bilder (Abbildungen von Hauterkrankungen) beurteilten, wurden in der Untersuchung von 1986 angenehme Bilder präsentiert (Darstellung von attraktiven nackten Frauen).

Eine weitere Erklärung der Ergebnisse von Valins stammt von Goldstein, Fink & Mettee (1972), die glauben, daß in stark emotionalen Situationen nicht die induzierte Kognition physiologischer Erregung, sondern die tatsächliche Erregung entscheidend bei der Vermittlung von

Emotionen ist. HIRSCHMANN (1975) und DETWEILER & ZANNA (1976) vertreten die Auffassung, daß falsche physiologische Rückmeldung tatsächliche physiologische Veränderungen zur Folge hat.

Insgesamt gesehen handelt es sich bei dem sogenannten „VALINS-Effekt" um ein robustes Phänomen (HIRSCHMANN & CLARK, 1983), das allerdings auch unter Bedingungen auftritt, die die von VALINS geforderten Voraussetzungen nicht erfüllen. BECK et al. (1988, Experiment 3 und 4) fanden z. B. einen Effekt bei Darbietung neutraler Stimuli (Darstellung römischer Architektur) oder auch bei falscher Rückmeldung von Augenblinzeln. Bei der zuletzt genannten Versuchsbedingung war also gar keine physiologische Erregung rückgemeldet worden, die sich die Vpn hätten erklären müssen. Überdies kann der „VALINS-Effekt", wie oben geschildert, durch zahlreiche Alternativthesen erklärt werden.

6.2 Fehl-Attribution physiologischer Erregung

Gemäß SCHACHTERS Theorie wird ein Individuum, das sich in einem Zustand physiologischer Erregung befindet, für den es keine selbstverständliche Erklärung hat, diesen Zustand entsprechend der ihm zur Verfügung stehenden Kognitionen etikettieren. Mit dieser Kennzeichnung ist eine Ursachenzuschreibung verknüpft. Die Epi-Ign-Vpn im Experiment von SCHACHTER & SINGER (1962) empfanden Freude bzw. Ärger. Gleichzeitig wurde als Ursache dieser Emotion vermutlich die euphorische bzw. ärgerliche Situation angesehen. Objektiv betrachtet, handelt es sich hierbei um eine Fehl-Attribution. NISBETT & SCHACHTER (1966) konnten zeigen, daß natürliche Zustände autonomer Erregung in ähnlicher Weise manipulierbar sind. Ein Teil der in ihrem Experiment durch Elektroschocks hervorgerufenen Erregung wurde von den Vpn der Experimentalgruppe den Nebenwirkungen einer vorher verabreichten, harmlosen Droge zugeschrieben. Diese Personen empfanden die Schocks als weniger schmerzhaft und waren bereit, mehr davon zu erdulden. ROSS, RODIN & ZIMBARDO (1969) konnten die Ergebnisse von NISBETT & SCHACHTER (1966) replizieren. Sie brachten einen Teil ihrer Vpn dazu, die mit der Furcht vor einem erwarteten elektrischen Schock verbundene Erregung einem lauten Gespräch zuzuschreiben. Die Vpn sollten dann zwei (unlösbare) Denkaufgaben bearbeiten, wobei das Lösen der einen Aufgabe mit einer Vermeidung des Schocks, das Lösen der anderen Aufgabe mit einer Belohnung durch Geld verknüpft war. Wie vorhergesagt, arbeiteten Vpn, die ihre Erregung dem Geräusch zugeschrieben hatten, weniger lange an der Aufgabe, mit deren Lösung sich der Schock vermeiden ließ, als Vpn, die ihre Erregung allein auf die Furcht vor dem Schock zurückführten.

DIENSTBIER & MUNTER (1971) fanden, daß Personen, die ihre beim Mogeln entstehende Erregung als Nebenwirkung eines Präparates (tatsächlich Placebo) interpretieren können, in größerem Umfang mogeln.

Auch in anderen Bereichen konnten die Auswirkungen der Fehl-Attribution physiologischer Erregung beobachtet werden. Eine Attribution körperlicher Erregung auf nicht-emotionale Ursachen führt zu einer Verringerung aggressiven Verhaltens nach einer Provokation (HARRIS & HUANG, 1974) und reduziert das subjektive Empfinden von „crowding" in einer engen Interaktion (WORCHEL & YOHAI, 1979).

FRIES & FREY (1980) fanden in einer Leistungssituation, in der sie den Vpn eine negative Rückmeldung über ihre erbrachten Ergebnisse gaben, bei Vpn, die ihre Erregung anderen Ursachen (Tabletten) zuschreiben konnten, eine Reduktion an Verhaltensweisen, die normalerweise in solchen Experimenten zu beobachten sind, nämlich ein Herunterspielen der Bedeutung des Tests und eine Attribution der schlechten Leistungen auf einen Mangel an Anstrengung. Ähnliche Ergebnisse zeigten sich auch bei FREY, FRIES & OSNABRÜGGE (1983).

Die meisten Untersuchungen zur Fehl-Attribution physiologischer Erregung sind unter klinischen Gesichtspunkten durchgeführt worden. Die hierzu einschlägigen Experimente und eine abschließende Bewertung der Fehl-Attributions-Untersuchungen sind daher Abschnitt 7.3 zu entnehmen.

6.3 Arbeiten, die im Zusammenhang mit SCHACHTERS Theorie stehen

Es gibt eine Reihe von Untersuchungen und theoretischen Weiterentwicklungen, die einen mehr oder weniger direkten Bezug zur Theorie SCHACHTERS haben. Einige dieser Arbeiten sollen hier erwähnt werden.

Eine Verbindung von Argumenten aus SCHACHTERS Theorie und Argumenten der „Choice Certainty" von MILLS (1968) nimmt O'NEAL (1971) vor. Gemäß der Theorie von MILLS will eine Person sicher sein, daß eine Alternative, für die sie sich entscheidet, besser ist als andere Alternativen. O'NEAL geht von der Hypothese aus, daß Entscheidungsunsicherheit mit Erregung verbunden ist und, daß eine Person, die bei einer Entscheidung Erregung verspürt, als Ursache dieser Erregung die mit dieser Entscheidung verbundene Unsicherheit annimmt. Als Folge davon wird sie sich um größere Sicherheit bemühen. O'NEAL konnte diese Hypothese bestätigen. Durch Koffein erregte Personen zeigten eine stärkere Tendenz, ihre Sicherheit zu erhöhen.

Eine wichtige Ergänzung zu SCHACHTERS Theorie stammt von ZILLMANN (1971, 1978, 1983), der eine Theorie der Erregungsübertragung entwickelt hat. Er gibt zu bedenken, daß eine Erregung nicht plötzlich aufhört, sondern in der Regel langsam abklingt. Daher ist es durchaus möglich, daß die in einer bestimmten Situation entstandene Erregung noch vorhanden ist, wenn sich die Person schon in einer neuen Umgebung befindet. Diese „übertragene" Erregung kann in der neuen Situation zu emotionalem Erleben führen, was ohne diese „Resterregung" vielleicht nicht der Fall gewesen wäre. Sie ist aber nur dann wirksam, wenn sie nicht auf ihre richtige Ursache zurückgeführt wird. In dem schon als klassisch zu bezeichnenden Experiment von CANTOR, ZILLMANN & BRYANT (1975) führte eine durch körperliches Training erzeugte Erregung in einer nachfolgenden Situation zu einer Intensivierung sexueller Empfindungen. Nach ZILLMANN ist es unerheblich, ob die Qualität der Resterregung und die der nachfolgenden Erregung kompatibel sind oder nicht. Neuere Untersuchungen lassen allerdings Zweifel an dieser These aufkommen. So fand beispielsweise BRANSCOMBE (1985), daß bei einem schnellen Aufeinanderfolgen der beiden Erregungszustände die Qualität der Resterregung die Bewertung des nachfolgenden Erregungszustandes beeinflußt.

MANDLER (1975, 1984, 1990) geht ebenso wie SCHACHTER und ZILLMANN von einem Emotionskonzept aus, das auf einer unspezifischen Erregung basiert, die durch kognitive Prozesse erst etikettiert wird. Diese kognitive Bewertung bestimmt die Qualität des emotionalen Erlebens, während die Erregung über die Intensität der Emotion entscheidet. Über den Prozeß der Erregungserzeugung hat MANDLER andere Annahmen als SCHACHTER und ZILLMANN. Nach MANDLER ist der Hauptmechanismus der Erregungsentstehung die Diskrepanz, die gegebenenfalls auftritt zwischen den aktuellen Ereignissen, denen eine Person ausgesetzt ist, und den von ihr erwarteten Ereignissen. Ein unerwartet auftretendes Ereignis stellt nach MANDLER eine Störung dar, die eine physiologische Erregung erzeugt und dadurch emotionales Erleben ermöglicht. Die Art der Diskrepanz (besser vs. schlechter als erwartet) entscheidet über die Qualität der Emotion. In einer Untersuchung von MACDOWELL & MANDLER (1989), in der versucht wurde, lebensnahe Emotionen über ein Video-Spiel zu erzeugen, konnte die These MANDLERS bestätigt werden.

Anders geartete interne Signale als SCHACHTER & SINGER (1962) untersuchten LAIRD (1967) und LONDON & MONELLO (1974). LAIRD (1967) berichtet einen Effekt kinästhetischer „cues“ auf emotionale Zustände. Er brachte Vpn unter dem Vorwand der elektrophysiologischen Registration der Anspannung von Gesichtsmuskeln dazu, zu lächeln bzw. die Stirn zu runzeln. Lächelnde Personen berichteten eine frohere Stimmung als Personen, die die Stirn runzelten (s. auch LAIRD & CROSBY, 1974). Ähnliche Resultate erzielten STRACK, MARTIN & STEPPER (1988), die ihre Vpn einen Stift mit den Zähnen (Simulation eines Lächelns) oder den Lippen (Simulation eines Stirnrunzelns) halten ließen. Vpn, die ein Lächeln simulieren mußten, fanden Cartoons lustiger als Vpn einer Kontrollbedingung, während Vpn, die ein Stirnrunzeln simulierten, diese Cartoons weniger lustig fanden. Diese Experimente wurden im Kontext der „facial feedback“-Hypothese (IZARD, 1977; TOMKINS, 1962, 1963, 1984) durchgeführt (eine Übersicht über den Forschungsstand geben ADELMANN & ZAJONC, 1989). Anders als in den bisher betrachteten Ansätzen (SCHACHTER, ZILLMANN, MANDLER) gehen Vertreter der „facial-feedback“-Hypothese nicht von einem unspezifischen Erregungskonzept aus, sondern von spezifischen physiologischen Korrelaten für unterschiedliche Emotionen. Insbesondere die motorischen und physiologischen Prozesse, die sich im Gesichtsbereich abspielen, werden als relevant für das Emotionserleben angesehen. Unterstützung erfährt dieser Ansatz seitens phänomenologisch-orientierter Studien. Demnach basiert die subjektive Differenzierung verschiedener Emotionen, wenngleich nicht ausschließlich, auf entsprechenden Rückmeldungen aus der Gesichtsregion (z. B. LYMAN & WATERS, 1986).

7. Anwendungsbezogene Forschung im Rahmen der Theorie Schachters

7.1 Fettleibigkeit

7.1.1 Externalitätshypothese

Nahrungsdeprivation führt zu einer Reihe peripherer physiologischer Veränderungen wie Senkung des Blutzuckerspiegels, Magenkontraktionen usw., die ihrerseits eine Aktivierung von Nahrungszentren im Hypothalamus zur Folge haben. Ausgehend von den Befunden BRUCHS (1961) und den Ergebnissen von STUNKARD (1959) sowie STUNKARD & KOCH (1964) stellt SCHACHTER (1967, 1968, 1971 a, b, c) die Frage, ob diese biologischen Signale ausreichen, daß wir uns als hungrig beschreiben und essen. Er kommt zu der Auffassung, daß große interindividuelle Differenzen hinsichtlich des Ausmaßes bestehen, in dem solche physiologischen Veränderungen mit dem Verlangen nach Nahrung verknüpft sind und daß die Beachtung bzw. Nichtbeachtung solcher internaler Hungersignale eine wichtige Determinante der Fettleibigkeit darstellt.

BRUCH (1961) hatte beobachtet, daß ihre übergewichtigen Patienten nicht wußten, wann sie „physiologisch" hungrig waren. STUNKARD (1959) und STUNKARD & KOCH (1964) untersuchten den Zusammenhang von Magenkontraktionen und Berichten von Hungergefühlen bei normal- und übergewichtigen Personen. Die Quote an Magenkontraktionen erwies sich bei beiden Gruppen als etwa gleich, ebenso wie die Häufigkeit, mit der Hungergefühle berichtet wurden, wenn keine Magenkontraktionen vorlagen. In den Zeiten, in denen Magenkontraktionen gemessen wurden, stieg die Zahl der berichteten Hungergefühle bei Normalen stark, bei Fettleibigen jedoch kaum an. Anzumerken ist, daß die von STUNKARD verwendete Methode, mittels eines in den Magen eingeführten Ballons Magenkontraktionen zu messen, nicht unumstritten ist. So fanden DAVIS, GARAFOLO & KVEIM (1959) keine Hinweise für Magenkontraktionen, außer, wenn ein Ballon eingeführt wurde.

SCHACHTER (1967, 1968) vermutet, daß das Eßverhalten von Fettleibigen relativ unabhängig von internen Zuständen ist und weitgehend von äußeren Reizen gesteuert wird (Externalität). Diese Vermutung wird bestätigt durch Untersuchungen von GOLDMANN, JAFFA & SCHACHTER (1968) und NISBETT (1968). GOLDMAN et al. fanden u. a., daß fettleibige Juden am Yom Kippur (Buß- und Fastentag der Juden) eher fasten als normalgewichtige und daß übergewichtige Studenten intoleranter gegenüber Mensa-Essen sind als Studenten normalen Gewichts. NISBETT (1968) stellte fest, daß Untergewichtige eher auf interne, durch Nahrungsdeprivation erzeugte Reize ansprechen als auf externe wie z. B. den Geschmack der Nahrung. Bei Übergewichtigen zeigte sich ein umgekehrter Zusammenhang.

SCHACHTER & RODIN (1974) gehen davon aus, daß die Externalität ein genereller Reaktionsstil übergewichtiger Personen ist und als Ursache für Fettleibigkeit anzusehen ist. Hinweise darauf, daß Externalität nicht auf Eßverhalten beschränkt ist, geben eine ganze Reihe von Untersuchungen.

Pliner (1973a) fand, daß Übergewichtige auf auffällige externe Reize stärker und auf unauffällige externe Reize weniger stark ansprechen als Normalgewichtige. In einem Experiment von Rodin (1973) ließen Fettleibige sich von einer Aufgabe, die Konzentration verlangte (Korrekturlesen), durch interessantes, emotional getöntes Material (z. B. Radiobericht über die verheerenden Folgen des Atombombenabwurfs über Hiroshima) leichter ablenken als Normalgewichtige. Schachter & Gross (1968) manipulierten mittels präparierter Uhren die Zeitvorstellung ihrer Vpn. Sie stellten fest, daß Fettleibige mehr aßen, wenn sie glaubten, daß ihr normaler Essenszeitpunkt bereits überschritten sei, als wenn sie glaubten, vor ihrer üblichen Essenszeit zu essen. Für Normalgewichtige zeigte sich kein solcher Effekt. Goldmann, Jaffa & Schachter (1968) fanden eine im Vergleich zu Normalgewichtigen schnellere Anpassung übergewichtiger Fluggäste an Zeitzonenänderungen. Pliner (1973b) konnte die Hypothese bestätigen, daß Übergewichtige mehr Zeit als Normalgewichtige auf das Nachdenken über ein Problem verwenden, wenn problemrelevante externe Hinweise vorhanden sind und weniger Zeit verwenden, wenn keine solchen Reize vorhanden sind. Die Zeiteinschätzung in Abhängigkeit von der Fettleibigkeit untersuchte Rodin (1975). Sie fand, daß Übergewichtige, wenn sie gelangweilt wurden (ein langweiliges Tonband anhören mußten), die tatsächlich verstrichene Zeit mehr überschätzten als Normalgewichtige und dementsprechend früher eine Pause zur Nahrungsaufnahme einlegten. Wurde interessantes Material geboten, so unterschätzten Übergewichtige die tatsächlich verstrichene Zeit und verschoben dementsprechend ihre Pause. Normalgewichtige schätzten die verstrichene Zeit unter den verschiedenen Bedingungen ungefähr gleich ein.

Viele dieser (die Externalitätshypothese stützenden) Untersuchungen konnten allerdings nicht repliziert werden. Der z. B. von Nisbett (1968) gefundene Zusammenhang, daß Übergewichtige eher auf externe Reize der Nahrung reagieren als auf durch Nahrungsdeprivation erzeugte interne Reize, konnte von McKenna (1972) nicht bestätigt werden. Auch Nisbett & Storms (1974) sowie Pliner (1974) stellten fest, daß Übergewichtige nach vorheriger Aufnahme flüssiger Nahrung auf interne Reize offensichtlich reagieren. Tom & Rucker (1975) kommen zu dem Schluß, daß Übergewichtige unter starker Deprivation auf interne Reize reagieren, wenngleich anders als Normale. Sie fanden, daß Übergewichtige auf Nahrungsdeprivation mit einer geringeren Nahrungsaufnahme, reduzierten Kaufabsichten und einer geringeren Einschätzung von Dias mit Darstellungen von Nahrung reagierten als Normalgewichtige. Nisbett & Kanhouse (1969) beobachteten Vpn beim Einkauf von Lebensmitteln in einem Supermarkt. Normalgewichtige kauften mehr, wenn sie längere Zeit nichts gegessen hatten, als wenn sie gerade etwas gegessen hatten. Für Übergewichtige ergab sich der umgekehrte Zusammenhang. Schachter, Friedman & Handler (1974) stellten bei Beobachtungen in China-Restaurants fest, daß Übergewichtige angesichts von Essen die schnellste und effektivste Methode der Nahrungsaufnahme wählten. Übergewichtige benutzten im Vergleich zu Normalgewichtigen häufiger Besteck als Stäbchen.

Auch bei Verwendung sozialer Reize konnte die Externalitätsthese nicht bestätigt werden. In der Untersuchung von CONGER, CONGER, COSTANZO, WRIGHT & MATTER (1980) z. B. wurden Normal- und Übergewichtige mit Modell-Personen konfrontiert, die unterschiedlich viel aßen. CONGER et al. konnten sowohl Imitationsverhalten als auch gegenteilige Reaktionen bei den Vpn beobachten; allerdings unterschieden sich Übergewichtige nicht von normalgewichtigen Personen.

RODIN (1981) kommt in ihrer Analyse der einschlägigen Untersuchungen zu dem Schluß, daß der Zusammenhang zwischen Externalität und Körpergewicht nicht sehr groß ist und die simple Internal-External-Dichotomie, die sie zusammen mit SCHACHTER verfolgt hatte (SCHACHTER & RODIN, 1974), aufgegeben werden sollte. Eine alternative Sichtweise zum Problembereich Fettleibigkeit wird im nachfolgenden Abschnitt vorgestellt.

7.1.2 Set-Point-Theorie

NISBETT (1972) formulierte eine zur Externalitätshypothese, die zu Beginn der 70er Jahre noch vorherrschte, alternative Theorie. Ausgehend von der Ähnlichkeit des Verhaltens von fettleibigen und hungrigen Individuen, stellt NISBETT die These auf, daß sich mäßig übergewichtige Personen in einem dauernden Zustand eines Energie-Defizits befinden und ständig hungrig sind. Die Ursache hierfür liegt nach NISBETT darin, daß die Übergewichtigen ständig versuchen, ihr Gewicht unter einem Wert zu halten, der biologisch festgelegt ist (set point) und über dem sog. Idealgewicht liegt. Dieses ständige Diäthalten führt nach NISBETT zu einer chronischen Deprivation, die die beobachtete erhöhte Reaktionsbereitschaft Übergewichtiger externen Nahrungsreizen gegenüber produziert. Die sog. Externalität Übergewichtiger stellt demnach nur ein Epiphänomen dar.

HERMAN & MACK (1975) konnten an Normalgewichtigen das Zutreffen der aus NISBETTS (1972) Set-Point-Theorie ableitbaren Behauptung demonstrieren, daß nicht Fettleibigkeit als solche, sondern die relative Deprivation (relativ zum Set-Point-Gewicht) die kritische Variable für individuelle Unterschiede im Eßverhalten ist. Auch in anderen Untersuchungen konnten die Vorstellungen NISBETTS bestätigt werden (RUDERMAN, 1985; RUDERMAN, BELZER & HALPERIN, 1985; SPENCER & FREMOUW, 1979). Ein in diesen Experimenten typischerweise zu beobachtendes Ergebnis ist, daß Diät haltende Personen nach dem Verzehr eines angeblich sehr kalorienhaltigen Getränkes (z. B. Milchshake) zweimal soviel Eiscreme zu sich nehmen wie Personen einer Bedingung, in der das Getränk als kalorienarm beschrieben wurde. Bei nicht Diät haltenden Vpn ergibt sich der umgekehrte Zusammenhang. Erklärt werden diese Ergebnisse mit der bei Diät haltenden Personen vorhandenen „Alles-oder-Nichts"-Einstellung der Befolgung des Diätplanes gegenüber. Ein durch das Experiment erzwungenes Mißachten führt vermutlich zu Kognitionen wie „Jetzt ist es auch egal". Als Folge davon wird der Fehltritt durch weitere „kompensiert".

Auch wenn in einigen Untersuchungen gegenteilige Befunde beobachtet wurden (RUDERMAN & CHRISTENSEN, 1983; WARDLE & BEALES, 1987), ist das Fazit von GILBERT (1989) dennoch interessant. Sie vermutet, daß „Überfressen" und vielleicht auch Übergewicht durch Diät entstehen: Übergewichtige Personen nehmen im Verlauf der Diät wahr, daß eine Gewichtsabnahme immer schwieriger wird, und normalgewichtige Personen, die eine Diät beginnen, werden feststellen, daß sie mehr statt weniger essen, und Gefahr laufen, übergewichtig zu werden.

Die Externalitätshypothese, mit der wir den Abschnitt zur Fettleibigkeit begonnen haben, läßt sich zwar (wie wir gesehen haben) in dieser Form nicht mehr halten, sie stellt jedoch als Ausgangspunkt einer mittlerweile großen Zahl an Forschungsansätzen einen wichtigen Beitrag zur Untersuchung der Ursachen und zur Therapie von Übergewicht dar.

7.2 Romantische Liebe

Ausgehend von Schachters Emotions-Theorie entwickelten Berscheid & Walster (1974) eine Theorie der romantischen Liebe. Gemäß dieser Theorie wird romantische Liebe von den daran Beteiligten als Emotion erlebt. Daher wird postuliert, daß Liebe denselben Gesetzmäßigkeiten unterliegt wie andere Emotionen auch. Berscheid & Walster nehmen analog zu Schachters kognitiv-physiologischer Theorie an, daß Personen dann Liebe erleben, wenn sie (a) in einem Zustand physiologischer Erregung sind und (b) Reize wahrnehmen, die zur Etikettierung der Erregung als Liebe geeignet sind. Um sich „verliebt" zu fühlen, müssen also wie bei Schachters Theorie zwei Komponenten zusammenkommen. Dabei kann dann jede beliebige Erregung als Liebe erlebt werden, sofern die Hinweisreize „stimmen".

Dutton & Aron (1974), die zu ähnlichen Annahmen wie Berscheid & Walster (1974) kamen, fanden eine empirische Bestätigung des Ansatzes. Sie berichten von drei Experimenten, in denen sie bei männlichen Vpn entweder auf natürlichem Wege (Gang über eine schwankende Hängebrücke) oder im Labor (Androhung von elektrischen Schocks) eine Erregung induzierten. In den entsprechenden Kontrollgruppen (Gang über eine stabile Fußgängerbrücke bzw. keine Androhung von Schocks) lag keine Erregung vor. Alle Vpn wurden entweder von einer attraktiven Frau (Hinweisreiz „Liebe") oder einem Mann (kein Hinweisreiz) interviewt. Als Resultat ergab sich, daß erregte Vpn, die von einer Frau interviewt wurden, beim Thematischen Apperzeptions-Test (TAT) häufiger sexuelle Bildinterpretationen abgaben als nicht erregte Vpn und solche, die von einem Mann interviewt worden waren. Darüber hinaus wurde festgestellt, daß diese Vpn auch häufiger versuchten, nach Abschluß des Experimentes mit der Frau Kontakt aufzunehmen.

Kenrick & Cialdini (1977) geben zu bedenken, daß die beiden Erregungssituationen durch Angst induziert wurden, und vermuten daher, daß die erregten Vpn nicht Liebe, sondern Erleichterung empfunden haben. Die Beendigung der aversiven Situation (Verlassen der Hängebrücke) wirkte vermutlich angstreduzierend und führte deshalb zu der beobachteten Anziehung. Kenrick, Cialdini & Linder (1979) testeten diese Alternativerklärung. Sie fanden keinen Anziehungseffekt, wenn die Erregungsinduzierung eindeutig auf einen angsterregenden Reiz zurückging. In zwei Experimenten von WHITE, FISHBEIN & RUTSTEIN (1981) konnte jedoch nachgewiesen werden, daß auch eine nicht angstbedingte Erregungsinduzierung zu einer erhöhten Attraktivitätsbewertung führt. Die Erregung wurde durch körperliche Übung (Experiment 1) bzw. Betrachten von sog. Horror-Videos oder lustiger Filme (Experiment 2) erzeugt. Unabhängig von der Qualität der Erregung war romantische Anziehung zu beobachten, sofern geeignete Hinweisreize vorhanden waren (attraktive vs. unattraktive Frau).

Neuerdings favorisiert BERSCHEID (1983), ausgehend von MANDLERS Emotionstheorie (s. Abschnitt 6.3), eine „Störungs"-Theorie der Liebe. Nach BERSCHEID erleben Personen in einer engen Beziehung dann Emotionen, wenn in irgendeiner Art und Weise eine Unterbrechung der gemeinschaftlichen Interaktion stattfindet (z. B. durch einen „Seitensprung") und dadurch bestimmte Ziele und Wünsche der betroffenen Personen nicht in Erfüllung gehen. Zu Beginn einer Beziehung ist das Ausmaß an Unsicherheit und damit auch an Störungsmöglichkeiten groß. Im Verlauf der Beziehung läßt dies nach und damit auch das Erleben von Emotionen. Nach BERSCHEID ist aber das Emotionserleben eine wichtige Voraussetzung für das Liebesgefühl. Daher ist es ihrer Meinung nach schwierig, romantische Liebe über einen längeren Zeitraum aufrechtzuerhalten.

7.3 Fehl-Attributionen als therapeutische Methode

Die in Abschnitt 6.2 dargestellten Experimente zur Fehl-Attribution physiologischer Erregung wurden auf klinische Fragestellungen übertragen. STORMS & NISBETT (1970) nehmen Bezug auf die Experimente von SCHACHTER & SINGER (1962) sowie NISBETT & SCHACHTER (1966). Sie erklären den Unterschied zwischen den Placebo-Vpn und den Epi-Inf-Vpn damit, daß die letzteren auch ihre natürliche, durch die Situation hervorgerufene Erregung dem Epiphrenin zuschreiben, die Injektion also überkompensieren. Darin zeigt sich, wie bei NISBETT & SCHACHTER (1966), daß ein Teil der natürlichen Erregung auf eine künstliche, externe Quelle zurückgeführt werden kann. STORMS & NISBETT (1970) wendeten diese Überlegungen auf Patienten mit Einschlafstörungen an und konnten folgende Hypothesen bestätigen. (1) Patienten, denen ein Präparat (Placebo) gegeben wird, von dem sie glauben, daß es Erregung hervorruft, werden ihre natürliche Erregung dem Präparat zuschreiben, werden deshalb weniger intensive Emotionen verspüren und werden daher früher als gewöhnlich einschlafen. (2) Patienten, denen ein Präparat (Placebo) gegeben wird, von dem sie glauben, daß es sie beruhigt, werden mehr als sonst ihre natürliche Erregung internen emotionalgetönten Kognitionen zuschreiben, werden intensivere Emotionen erleben und werden deshalb später als gewöhnlich einschlafen. Hypothese 2, deren Denkschema dem des „augmentation principle" von KELLEY (1972, 1973) entspricht, beschreibt den „negativen Placebo-Effekt" und steht im Gegensatz zur „Suggestions-Hypothese", die von der direkten Wirkung eines unwirksamen Präparates mittels psychischer Beeinflussung ausgeht.

In ähnlicher Weise wie STORMS & NISBETT (1970) argumentieren BAREFOOT & GIRODO (1972), die ein Placebo-Präparat bei der Raucherentwöhnung einsetzten. Patienten, denen die Wirkung des Placebos als erregungserhöhend und appetitsteigernd (= typische Symptome des Nikotinentzugs) beschrieben worden waren, klagten über weniger Mißbehagen und einen geringeren Wunsch, eine Zigarette zu rauchen, als Patienten, die keine Informationen über das „Präparat" erhalten hatten.

BRODT & ZIMBARDO (1981) konnten mit der Methode der Fehl-Attribution bei sog. schüchternen Patienten das bei diesem Klientel zu beobachtende zurückhaltende, scheue Verhalten reduzieren.

In Fehl-Attributions-Untersuchungen, auch Mißattributionsstudien genannt, wurde eine Vielzahl an klinisch relevanten Störungen behandelt, aber insgesamt nicht mit durchgängigem Erfolg (eine Übersicht geben HARVEY & GALVIN, 1984; ROSS & OLSON, 1981). So mißlang beispielsweise der Versuch, die Ergebnisse von STORMS & NISBETT (1970) zu replizieren (BOOTZIN, HERMAN & NICASSIO, 1976; KELLOGG & BARON, 1975). In beiden Untersuchungen wurde ein Suggestions-Effekt gefunden. KELLOG & BARON fanden überdies eine deutliche Zunahme der Schlafstörungen unter der Bedingung, daß dem Präparat ein Erregung erzeugender Effekt zugeschrieben wurde. Auch die von BAREFOOT & GIRODO (1972) erzielten Erfolge bei der Raucherentwöhnung ließen sich nicht replizieren (CHAMBLISS & MURRAY, 1979).

Als Grund für die negativen Befunde vermuten ROSS & OLSON (1981) eine möglicherweise aufgetretene Asynchronizität zwischen dem Beginn der erwarteten Placebo-Effekte und den emotionalen Reaktionen. Darüber hinaus werden Patienten kaum davon zu überzeugen sein, die in der Vergangenheit erlebten emotionalen Erregungen nun auf eine Tablette zurückzuführen. Von daher widersprechen diese negativen Ergebnisse nicht unbedingt der Theorie von SCHACHTER, da zur Erzeugung der Mißattributionseffekte zunächst eine Unsicherheit bezüglich der Erregungsquelle bestehen muß. Tragischer sind die Mißerfolge eher in therapeutischer Hinsicht. Für SCHACHTERS Theorie relevant ist hingegen die Tatsache, daß Alternativtheorien für das Mißattributions-Paradigma existieren (z.B. CALVERT-BOYANOWSKY & LEVENTHAL, 1975).

8. Diskussion

SCHACHTERS Theorie wurde in Abhebung zu solchen Theorien formuliert, die in irgendeiner Form die Identität von peripheren oder zentralen Prozessen und emotionalem Erleben postulieren. Der wesentliche Vorteil der Theorie SCHACHTERS ist, daß sie eine Erklärung für die Vielzahl der erlebnismäßig unterscheidbaren Gefühlszustände liefert. In diesem Punkt ist der SCHACHTERsche Ansatz älteren Theorien überlegen. Hinsichtlich des Prozesses der Entstehung von Emotionen bietet die Theorie SCHACHTERS weniger als z.B. die James-Lange-Theorie oder die Cannon-Bard-Theorie. SCHACHTERS Aussagen beschränken sich nämlich weitgehend auf die Feststellung der für die Existenz eines emotionalen Zustandes notwendigen Voraussetzungen. Der Prozeß des Entstehens eines schließlich als Emotion zu bezeichnenden Zustandes wird, hinsichtlich der Verursachung seiner Komponenten und deren Zusammenwirken an verschiedenen Stationen des Organismus, nicht näher beschrieben. Auch die Aussage SCHACHTERS, daß in alltäglichen Situationen eine enge Verknüpfung zwischen Erregung und den entsprechenden kognitiven bzw. situativen Faktoren besteht (SCHACHTER, 1964), enthält keine detaillierte Festlegung bezüglich des ursächlichen, zeitlichen und örtlichen Verlaufs des emotionalen Prozesses.

8.1 Entstehung physiologischer Erregung

IRLE (1975) schlägt, ausgehend vom Experiment von SCHACHTER & SINGER (1962), zur besseren Erklärung der Ergebnisse der Placebo-Bedingungen folgende Reformulierung der Theorie SCHACHTERS vor: „Wenn kognitive (perzeptive) externe oder interne Signale (‚cues') auftreten, die zu einer spezifischen Emotion bisher in Beziehung standen, so wird auf diese Kognitionen hin in dem Maße ein physiologischer Erregungszustand entstehen, in dem diese Kognitionen als realitätsgebunden erfahren werden." (S. 150).

Die Verarbeitung bestimmter Reizgegebenheiten oder Signale verursacht physiologische Erregung. Dieser Vorstellung würde SCHACHTER vermutlich nicht widersprechen. Das von ihm zur Erläuterung der in Alltagssituationen engen Verknüpfung von physiologischer Erregung und kognitiver Interpretation erwähnte Beispiel des Mannes, der in einer dunklen Allee eine Gestalt mit einer Pistole wahrnimmt, beschreibt genau diesen Ablauf.

Die Aussage von IRLE steht u. E. nicht im Widerspruch zur Ableitung (3) von SCHACHTER, denn SCHACHTER behauptet, daß emotions-induzierende Kognitionen nur in dem Maße zu Emotionen führen, in dem das Individuum physiologische Erregung empfindet, und IRLE beschreibt, unter welchen Umständen Kognitionen die Entstehung von physiologischer Erregung nach sich ziehen. SCHACHTERS Aussage bezieht sich also auf die für den Zustand der emotionalen Erregung notwendigen Komponenten, die Aussage von IRLE betrifft die zeitliche und ursächliche Abfolge der Bereitstellung dieser Komponenten. Kognitive Kontrolle von Emotion in der Form „Kognition verursacht physiologische Erregung und damit emotionale Erregung" dürfte, insbesondere in natürlichen Situationen, ziemlich wahrscheinlich sein. Vermutlich ist aber auch SCHACHTER nicht der Meinung, daß die Situation im Experiment von SCHACHTER & SINGER (1962) den Normalfall darstellt, d. h., daß sich ein von physiologischer Erregung überkommenes Individuum auf die Suche nach einer Erklärung für diese Erregung macht. Das von SCHACHTER erwähnte Beispiel des Mannes in der dunklen Allee läßt den Schluß zu, daß die Auffassung, daß im Normalfall externe Ereignisse häufig gleichzeitig Anlaß physiologischer Erregung und Quelle der Interpretation dieser Erregung bilden, von SCHACHTER geteilt wird.

8.2 *Stellenwert der Theorie* SCHACHTERS

Fast drei Jahrzehnte, nachdem SCHACHTER & SINGER (1962) ihr als klassisch zu bezeichnendes Experiment (1962) publizierten, ergibt sich als (vorläufiges) Fazit, daß direkte Replikationsversuche und auch Experimente, die zu weiteren, aus SCHACHTERS Theorie abgeleiteten Fragestellungen durchgeführt wurden, an der Allgemeingültigkeit der kognitiv-physiologischen Theorie SCHACHTERS zweifeln lassen (s. auch die Übersichten von COTTON, 1981; LEVENTHAL & TOMARKEN, 1986; REISENZEIN, 1983).

Da jedoch SCHACHTERS Annahmen zu einer Vielzahl an interessanten Experimenten und Vorhersagen geführt haben, die nach Meinung einiger Autoren (z. B. WEST & WICKLUND, 1985) „zu den fesselndsten in der Sozialpsychologie überhaupt gehören" (S. 183), ist die Beschäftigung mit dieser Theorie immer noch lohnend. Überdies sind viele Fragen, die von SCHACHTER aufgeworfen wurden, nach wie vor Gegenstand der Emotions- und Sozialpsychologie. Exemplarisch werden im folgenden einige dieser Aspekte skizziert.

1. Notwendigkeit physiologischer Erregung

Für SCHACHTER stellt die physiologische Erregung eine notwendige Voraussetzung für das Erleben von Emotionen dar. Einen konträren Standpunkt vertritt VALINS (1966), für den Kognitionen völlig hinreichend sind (vgl. Abschnitt 6.1). Die empirische Robustheit des „VALINS-Effektes" veranlaßt beispielsweise REISENZEIN (1983) zu der Aussage, daß die Rolle der Erregung bei der Entstehung von Emotionen überbewertet wurde. Allerdings lassen die Ergebnisse der Experimente zum „VALINS-Effekt" durchweg Alternativerklärungen zu und zwar auch solche, in denen die Entstehung einer tatsächlicher Erregung postuliert wird. Darüber hinaus fanden auch andere Emotionstheorien, die von einem Erregungskonzept ausgehen, wie ZILLMANNS Theorie der Erregungsübertragung und MANDLERS Diskrepanz-Theorie (vgl. Abschnitt 6.3), empirische Bestätigung. In der Untersuchung von MACDOWELL & MANDLER (1989) beispielsweise wurde ein Zusammenhang zwischen autonomer Erregung und dem Erleben von Emotionen beobachtet. KATKIN (1985), der einen solchen Zusammenhang ebenfalls fand, weist überdies darauf hin, daß sowohl SCHACHTER als auch seine Kritiker dem eigentlichen Vorgang und der Qualität der Selbstwahrnehmung physiologischer Prozesse wenig Aufmerksamkeit geschenkt haben. Erst in neuerer Zeit werden im Rahmen der Interozeptionsforschung, insbesondere im kardialen Bereich (z. B. STÖRMER, HEILIGTAG & KNOLL, 1989), und der Biofeedback-Therapie (KRÖNER-HERWIG & SACHSE, 1988) subjektive Wahrnehmungsprozesse explizit untersucht.

2. (Un)spezifisches Erregungsmuster

Während SCHACHTER von einem unspezifischen Erregungskonzept ausgeht und die Emotionsdifferenzierung der kognitiven Interpretation des Erregungszustandes überläßt, scheint nach heutiger Sicht, nicht zuletzt dank verbesserter Meßtechnik, eine Differenzierung der Emotionen auf physiologischer Ebene möglich (vgl. Abschnitt 4). Ob jedoch auch die Person z. B. zwischen einer Erhöhung des systolischen und des diastolischen Blutdruckes unterscheiden kann (Furcht vs. Ärger), bleibt hingegen fraglich. Auf subjektiver Ebene, so haben neuere Untersuchungen ergeben, werden emotionsspezifische Reaktionsmuster körperlicher Prozesse unterschieden. Die Annahmen SCHACHTERS waren, gemessen an dem Kenntnisstand der damaligen Zeit, sicherlich ein adäquater Vorschlag zur Lösung der von der James-Lange-Theorie aufgeworfenen Probleme. Nach dem jetzigen Wissensstand müssen diese Annahmen vermutlich revidiert werden.

3. Kognition vs. Emotion

In der Emotions- und Sozialpsychologie ist (erneut) eine Kognitions-Emotions-Debatte entbrannt, auf die hier nicht ausführlich eingegangen werden kann (s. dazu u.a. das Diskussionsforum der Psychologischen Rundschau, Heft 4/1989). Die von LAZARUS (1982, 1984) und ZAJONC (1980, 1984) begonnene Diskussion bezieht sich auf den ursächlichen Zusammenhang zwischen Kognitionen, d.h. der Wahrnehmung und Bewertung relevanter Umweltereignisse, und dem Emotionserleben. Während LAZARUS davon ausgeht, daß alle Emotionen vorheriger Kognitionen bedürfen, betont ZAJONC, daß in einigen Situationen Emotionen durchaus ohne kognitive Beteiligung direkt als Reaktion auf die situativen Gegebenheiten zustande kommen. Nach seiner Meinung sind Emotionen und Kognitionen voneinander unabhängige Systeme. Diese Debatte wird von LEVENTHAL & SCHERER (1987) zu Recht als vornehmlich semantische Kontroverse kritisiert. Weder LAZARUS noch ZAJONC geben explizite Definitionen für die von ihnen verwendeten Begriffe, und die Beschreibung der postulierten Prozesse ist vage. Bemühungen, die Kontroverse auf theoretischem Wege beizulegen, wie die Gleichsetzung von Emotion mit Kognition (LAIRD, 1989) oder der Vorschlag eines komplexen Regelkreismodells, bei dem die ursächliche Abfolge nur eine Frage der Interpunktion ist (PLUTCHIK, 1985), dürften daher die Unübersichtlichkeit der Sachlage eher noch erhöhen. Und die bisherigen Vorschläge zur empirischen Klärung der Frage, wie etwa die Messung und der anschließende Vergleich der Reaktionszeiten beider Systeme (SCHMIDT-ATZERT, 1988), muten ebenfalls wenig aussichtsreich an. Die Theorie SCHACHTERS, obwohl wegbereitend bei der „Kognitivierung" der Emotionspsychologie, spielt innerhalb der heutigen Kognitions-Emotions-Debatte bestenfalls noch eine periphere Rolle, vermutlich nicht zuletzt deshalb, weil diese Debatte weitgehend unter Aussparung der Rolle körperlicher Prozesse und mit Begriffen geführt wird, die an Präzision nicht gewonnen haben.

Daß das Individuum beim Erleben emotionaler Zustände größtenteils auch körperliche Prozesse wahrnimmt, sind u.E. theoretische Ansätze oder Debatten, in denen auf diese erlebnismäßig vorhandenen Ereignisse nicht Bezug genommen wird, wenig hilfreich. Diesbezüglich stellt die Theorie SCHACHTERS für die Anwendbarkeit von Grundlagenforschung einen nicht zu unterschätzenden Wert dar.

Literatur

ADELMAN, P.K. & ZAJONC, R.B. (1989): Facial efference and the experience of emotion. Annual Review of Psychology, *40,* 249–280.

AX, A.F. (1953): The physiological differentiation between fear and anger in humans. Psychosomatic Medicine, *14,* 433–442.

BARD, P. (1934): Emotion 1. The neuro-humonol basis of emotional reactions. In: C. MURCHISON (Ed.), Handbook of general experimental psychology. Worcester: Clark University Press.

BARD, P. (1950): Central nervous mechanisms for the expression of anger in animals. In: M.L. REYMERT (Ed.), Feelings and emotions: The Mooseheart Symposium. New York: McGraw-Hill.

BAREFOOT, J.C. & GIRODO, M. (1972): The misattribution of smoking cessation symptoms. Canadian Journal of Behavioral Science, *4,* 358–363.

BAREFOOT, J.C. & STRAUB, R.B. (1971): Opportunity for information search and the effect of false heart-rate feedback. Journal of Personality and Social Psychology, *17,* 154–157.

BECK, R.C., GIBSON, C., ELLIOTT, W., SIMMONS, C., MATTESON, N. & MCDANIEL, L. (1988): False physiological feedback and emotion: Experimenter demand and salience effects. Motivation and Emotion, *12,* 217–236.

BEM, D.J. (1967): Self-perception: An alternative interpretation of cognitive dissonance phenomena. Psychological Review, *74,* 183–200.

BEM, D.J. (1972): Self-perception theory. In: L. BERKOWITZ (Ed.), Advances in experimental social psychology, Vol. 6. New York: Academic Press.

BEM, D.J. (1974): Cognitive alteration of feeling states: A discussion. In: H. LONDON & R.E. NISBETT (Eds.), Thought and feeling. Chicago: Aldine.

BERSCHEID, E. (1983): Emotion. In: H.H. KELLEY, E. BERSCHEID, A. CHRISTENSEN, J.H. HARVEY, T.L. HUSTON, G. LEVINGER, E. MCCLINTOCK, L.A. PEPLAN & D.R. PETERSON, Close relationships. New York: Freeman.

BERSCHEID, E. & WALSER, E.H. (1974): A little bit about love. In: T.L. HUSTON (Ed.), Foundations of interpersonal attraction. New York: Academic Press.

BOOTZIN, R.R., HERMAN, C.P. & NICASSIO, P. (1976): The power of suggestion: Another examination of misattribution and insomnia. Journal of Personality and Social Psychology, *34,* 673–679.

BRANSCOMBE, N.R. (1985): Effects of hedonic valence and physiological arousal and emotion: A comparison of two theoretical perspectives. Motivation and Emotion, *9,* 153–169.

BRODT, S.E. & ZIMBARDO, P.G. (1981): Modifying shyness-related social behavior through symtom misattribution. Journal of Personality and Social Psychology, *41,* 437–449.

BRUCH, H. (1961): Transformation of oral impulses in eating disorders: A conceptual approach. Psychiatric Quarterly, *35,* 458–481.

CALVERT-BOYANOWSKY, J. & LEVENTHAL, H. (1975): The role of information in attenuating behavioral responses to stress: A reinterpretation of the misattribution phenomenon. Journal of Personality and Social Psychology, *32,* 214–221.

CANDLAND, D.K. (1977): The persistent problems of emotion. In: D.K. CANDLAND, J.P. FELL, E. KEEN, A.I. LISHNER, R. PLUTCHIK & R.M. TARPY, Emotion. Monterey, Calif.: Brooks/Cole.

CANNON, W.B. (1927): The James-Lange theory of emotions: A critical examination and an alternative. American Journal of Psychology, *39,* 106–124.

CANNON, W.B. (1929): Bodily changes in pain, hunger, fear and rage. New York: Appleton (2nd ed.).

CANNON, W.B. (1931): Again the James-Lange and the thalamic theories of emotions. Psychological Review, *38,* 281–295.

CANNON, W.B., LEWIS, J.T. & BRITTON, S.W. (1927): The dispensability of the sympathetic division of the autonomic nervous system. Boston Medical and Surgical Journal, *197,* 514–515.

CANTOR, J.R., ZILLMANN, D. & BRYANT, J. (1975): Enhancement of experienced sexual arousal in response to erotic stimuli through misattribution of unrelated residual excitation. Journal of Personality and Social Psychology, *32,* 69–75.

CHAMBLISS, C. & MURRAY, E.J. (1979): Cognitive procedures for smoking reduction: Symptom attribution versus efficacy attribution. Cognitive Therapy and Research, *3,* 91–95.

CONGER, J.C., CONGER, A.J., COSTANZO, P.R., WRIGHT, K.L. & MATTER, J.A. (1980): The effect of social cues on the eating behavior of obese and normal subjects. Journal of Personality, *48,* 258–271.

COTTON, J.L. (1981): A review of research on Schachter's theory of emotion and misattribution of arousal. European Journal of Social Psychology, *11,* 365–397.

DANA, C.L. (1921): The anatomic seat of the emotions: A discussion of the James-Lange theory. American Medical Association Archives of Neurological Psychiatrics, *6,* 634–639.

DAVIS, R.C., GARAFOLO, L. & KVEIM, K. (1959): Conditions associated with gast-

rointestinal activity. Journal of Comparative and Physiological Psychology, *52,* 466–475.
DETWEILER, R.A. & ZANNA, M.P. (1976): Physiological mediation of attitudinal responses. Journal of Personality and Social Psychology, *33,* 107–116.
DIENSTBIER, R.A. & MUNTER, P.O. (1971): Cheating as a function of the labeling of natural arousal. Journal of Personality and Social Psychology, *17,* 208–213.
DUFFY, E. (1934): Emotion: An example of the need for reorientation in psychology. Psychological Review, *41,* 184–198.
DUFFY, E. (1941): An explanation of „emotional" phenomena without the use of concept „emotion". Journal of General Psychology, *25,* 283–293.
DUFFY, E. (1962): Activation and behavior. New York: Wiley.
DUTTON, D.G. & ARON, A.P. (1974): Some evidence for heightened sexual attraction under conditions of high anxiety. Journal of Personality and Social Psychology, *30,* 510–517.
EKMAN, P. & OSTER, H. (1982): Review of research, 1970–1980. In: P. EKMAN (Ed.), Emotion in the human face. Cambridge: Cambridge University Press (2nd ed.).
ERDMANN, G. & JANKE, W. (1978): Interaction between physiological and cognitive determinants of emotions: Experimental studies on Schachter's theory of emotions. Biological Psychology, *6,* 61–74.
FESTINGER, L. (1954): A theory of social comparison processes. Human Relations, *7,* 114–140.
FREY, D., FRIES, A. & OSNABRÜGGE, G. (1983): Reactions to failure after taking a placebo: A study of dissonance reduction. Personality and Social Psychology Bulletin, *9,* 481–488.
FRIES, A. & FREY, D. (1980): Misattribution of arousal and the effects of self-threatening information. Journal of Experimental Social Psychology, *16,* 405–416.
GERDES, E.P. (1979): Autonomic arousal as a cognitive cue in stressful situations. Journal of Personality, *47,* 677–711.
GILBERT, S. (1989): Psychological aspects of obesity and its treatment. In: R. SHEPERD (Ed.), Handbook of the psychophysiology of human eating. Chichester: Wiley.
GOLDMAN, R., JAFFA, M. & SCHACHTER, S. (1968): Yom kippur, Air France, dormitory food and the eating behavior of obese and normal persons. Journal of Personality and Social Psychology, *10,* 117–123.
GOLDSTEIN, D., FINK, D. & METTEE, D. (1972): Cognition of arousal and actual arousal as determinants of emotion. Journal of Personality and Social Psychology, *21,* 41–51.
HARRIS, M.B. & HUANG, L.C. (1974): Aggression and the attribution process. Journal of Social Psychology, *92,* 209–216.
HARRIS, V.A. & KATKIN, E.S. (1975): Primary and secondary emotional behavior: An analysis of the role of autonomic feedback on affect, arousal, and attribution. Psychological Bulletin, *82,* 904–916.
HARVEY, J.H. & GALVIN, K.S. (1984): Clinical implications of attribution theory and research. Clinical Psychology Review, *4,* 15–33.
HERMAN, C.P. & MACK, D. (1975): Restrained and unrestrained eating. Journal of Personality, *43,* 647–660.
HIRSCHMAN, R. (1975): Cross-modal effects of anticipatory bogus heart rate feedback in a negative emotional context. Journal of Personality and Social Psychology, *31,* 13–19.
HIRSCHMAN, R. & CLARK, M. (1983): Bogus physiological feedback. In: J.T. CACIOPPO & R.E. PETTY (Eds.), Social psychophysiology: A sourcebook. New York: Guilford Press.
HOHMANN, G.W. (1966): Some effects of spinal cord lesions on experienced emotional feelings. Psychophysiology, *3,* 143–146.
HUTCHINSON, R.R. & RENFREW, J.W. (1966): Stalking attack and eating behavior elicted from the same sites in the hypothalamus. Journal of Comparative and Physiological Psychology, *61,* 360–367.

IRLE, M. (1975): Lehrbuch der Sozialpsychologie. Göttingen: Hogrefe.
IZARD, C.E. (1977): Human emotions. New York: Plenum.
JAMES, W. (1884): What is an emotion? Mind, *9,* 188–205.
KATKIN, E.S. (1985): Blood, sweat, and tears: Individual differences in autonomic self-perception. Psychophysiology, *22,* 125–137.
KELLEY, H.H. (1972): Causal schemata and the attribution process. New York: General Learning Press.
KELLEY, H.H. (1973): The processes of causal attribution. American Psychologist, *28,* 107–128.
KELLOGG, R. & BARON, R.S. (1975): Attribution theory, insomnia and the reverse placebo effect: A reversal of Storms' and Nisbett's findings. Journal of Personality and Social Psychology, *32,* 231–236.
KENRICK, D.T. & CIALDINI, R.B. (1977): Romantic attraction: Misattribution versus reinforcement explanations. Journal of Personality and Social Psychology, *35,* 381–391.
KENRICK, D.T., CIALDINI, R.B. & LINDER, D.E. (1979): Misattribution under fear-producing circumstances: Four failures to replicate. Personality and Social Psychology Bulletin, *5,* 329–334.
KRÖNER-HERWIG, B. & SACHSE, R. (1988): Biofeedbacktherapie. Stuttgart: Kohlhammer.
LAIRD, J.D. (1967): The effect of facial expression on emotional experience. Paper presented at Eastern Psychological Association meetings (zitiert nach LAIRD & CROSBY, 1974).
LAIRD, J.D. (1989): Mood affects memory because feelings *are* cognitions. In: D. KUIKEN (Ed.), Mood and memory: Theory, research, and applications. Special issue of the Journal of Social Behavior and Personality, *4,* 33–38.
LAIRD, J.D. & CROSBY, M. (1974): Individual differences in the self-attribution of emotion. In: H. LONDON & R.E. NISBETT (Eds.), Thought and feeling. Chicago: Aldine.
LANGE, C.G. (1922): The emotions. (Engl. transl. publ. 1922). Baltimore: William and Wilkins (Original 1885).
LATANE, B. & SCHACHTER, S. (1962): Adrenaline and avoidance learning. Journal of Comparative and Physiological Psychology, *65,* 369–372.
LAZARUS, R.S. (1982): Thoughts on the relations between emotion and cognition. American Psychologist, *37,* 1019–1024.
LAZARUS, R.S. (1984): On the primacy of cognition. American Psychologist, *39,* 124–129.
LAZARUS, R.S., COYNE, J.C. & FOLKMAN, S. (1984): Cognition, emotion and motivation: The doctoring of humpty-dumpty. In: K.R. SCHERER & P. EKMAN (Eds.), Approaches to emotion. Hillsdale, N.J.: Lawrence Erlbaum Associates.
LEVENTHAL, H. & SCHERER, K. (1987): The relationship of emotion and cognition: A functional approach to a semantic controversy. Cognition and Emotion, *1,* 3–28.
LEVENTHAL, H. & TOMARKEN, A.J. (1986): Emotion: Today's problems. Annual Review of Psychology, *37,* 565–610.
LINDSLEY, D.B. (1950): Emotions and the electroencephalogram. In: M.L. REYMERT (Ed.), Feelings and emotions: The Mooseheart Symposium. New York: McGraw-Hill.
LINDSLEY, D.B. (1951): Emotion. In: S.S. STEVENS (Ed.), Handbook of experimental psychology. New York: Wiley.
LINDSLEY, D.B. (1957): Psychophysiology and motivation. In: M.R. JONES (Ed.), Nebraska symposium on motivation. Lincoln, Nebraska: University of Nebraska Press.
LINDSLEY, D.B. (1970): The role of nonspecific reticulo-thalamocoritical systems in emotion. In: P. BLACK (Ed.), Physiological correlates of emotion. New York: Academic Press.
LINDSLEY, D.B., BOWDEN, J. & MAGOUN, H.W. (1949): Effect upon the EEG of acute

injury to the brain stem activating systems. Electroencephalography and Clinical Neurophysiology, *1,* 475–487.
LONDON, H. & MONELLO, L. (1974): Cognitive manipulation of boredom. In: H. LONDON & R. E. NISBETT (Eds.), Thought and feeling. Chicago: Aldine.
LYMAN, D. & WATERS, J. C. E. (1986): The experiential loci and sensory qualities of various emotions. Motivation and Emotion, *10,* 25–37.
MACDOWELL, K. A. & MANDLER, G. (1989): Constructions of emotion: Discrepancy, arousal, and mood. Motivation and Emotion, *13,* 105–124.
MANDLER, G. (1975): Mind and emotion. New York: Wiley.
MANDLER, G. (1984): Mind and body: Psychology of emotion and stress. New York: Norton.
MANDLER, G. (1990): A constructivist theory of emotion. In: N. S. STEIN, B. L. LEVENTHAL & T. TRABASSO (Eds.), Psychological and biological approaches to emotion. Hillsdale, N. J.: Lawrence Erlbaum Associates.
MARANON, G. (1924): Contribution à l'étude de l'action émotive de l'adrénaline. Revue française d'Endocrinologie, *2,* 301–325.
MARSHALL, G. D. & ZIMBARDO, P. G. (1979): Affective consequences of inadequately explained physiological arousal. Journal of Personality and Social Psychology, *37,* 970–988.
MASLACH, C. (1979): Negative emotional biasing of unexplained arousal. Journal of Personality and Social Psychology, *37,* 953–969.
MCKENNA, R. J. (1972): Some effects of anxiety level and food cues on the eating behavior of obese and normal subjects: A comparison of the Schachterian and Psychosomatic conceptions. Journal of Personality and Social Psychology, *22,* 311–319.
MILLER, N. E., BAILEY, C. J. & STEVENSON, J. A. F. (1950): Decreased "hunger" but increased food intake resulting from hypothalamic lesions. Science, *112,* 256–259.
MILLS, J. (1968): Interest in supporting and discrepant information. In: R. ABELSON et al. (Eds.), Theories of cognitive consistency: A sourcebook. Chicago: Rand McNally.
MORUZZI, G. & MAGOUN, H. W. (1949): Brain stem reticular formation and activation of the EEG. Electroencephalography and Clinical Neurophysiology, *1,* 455–473.
NIEUWENHUYSE, B., OFFENBERG, L. & FRIJDA, N. H. (1987): Subjective emotion and reported body experience. Motivation and Emotion, *11,* 169–182.
NISBETT, R. E. (1968): Taste, deprivation, and weight determinants of eating behavior. Journal of Personality and Social Psychology, *10,* 107–116.
NISBETT, R. E. (1972): Hunger, obesity, and the ventromedical hypothalamus. Psychological Review, *79,* 433–453.
NISBETT, R. E. & KANOUSE, D. E. (1969): Obesity and food deprivation and supermarket shopping behavior. Journal of Personality and Social Psychology, *12,* 289–294.
NISBETT, R. E. & SCHACHTER, S. (1966): Cognitive manipulation of pain. Journal of Experimental Social Psychology, *2,* 227–236.
NISBETT, R. E. & STORMS, M. D. (1974): Cognitive and social determinants of food intake. In: H. LONDON & R. E. NISBETT (Eds.), Thought and feeling. Chicago: Aldine.
NISBETT, R. E. & VALINS, S. (1971): Perceiving the causes of one's own behavior. In: JONES, E. E. et al., Attribution: Perceiving the causes of behavior. Morristown, N. J.: General Learning Press.
NOWLIS, V. & NOWLIS, H. H. (1965): The description and analysis of mood. Ann. N. Y. Acad. Sci., *65,* 345–355.
O'NEAL, E. (1971): Influence of future choice importance and arousal upon the halo effect. Journal of Personality and Social Psychology, *19,* 334–340.
PARKINSON, B. & MANSTEAD, A. S. R. (1981): An examination of the roles played by meaning of feedback and attention to feedback in the "Valins effect". Journal of Personality and Social Psychology, *40,* 239–245.

PARKINSON, B. & MANSTEAD, A.S.R. (1986): False autonomic feedback: Effects of attention to feedback on ratings of erotic stimuli. Motivation and Emotion, *10,* 11-24.

PLINER, P. (1973a): The effects of cue salience on the behavior of obese and normal subjects. Journal of Abnormal Psychology, *82,* 226-232.

PLINER, P. (1973b): Effects of external cues on the thinking behavior of obese and normal subjects. Journal of Abnormal Psychology, *82,* 233-238.

PLINER, P. (1974): Effects of liquid and solid preloads on the eating behavior of obese and normal persons. In: S. SCHACHTER & J. RODIN, Obese humans and rats. Potomac, Maryland: Lawrence Erlbaum Associates.

PLUTCHIK, R. (1985): On emotion: The chicken-and-egg problem revisited. Motivation and Emotion, *9,* 197-200.

PLUTCHIK, R. & AX, A. (1967): A critique of determinants of emotional state by SCHACHTER and SINGER (1962). Psychophysiology, *4,* 79-82.

REISENZEIN, R. (1983): The Schachter theory of emotion: Two decades later. Psychological Bulletin, *94,* 239-264.

RODIN, J. (1973): Effects of distraction on the performance of obese and normal subjects. Journal of Comparative and Physiological Psychology, *83,* 68-78.

RODIN, J. (1975): Causes and consequences of time perception differences in overweight and normal weight people. Journal of Personality and Social Psychology, *31,* 898-904.

RODIN, J. (1981): Current status of the internal-external hypothesis for obesity: What went wrong? American Psychologist, *36,* 361-372.

ROGERS, R.W. & DECKNER, C.W. (1975): Effects of fear appeals and physiological arousal upon emotion, attitudes, and cigarette smoking. Journal of Personality and Social Psychology, *32,* 222-230.

ROSS, M. & OLSEN, J.M. (1981): An expectancy-attribution model of the effects of placebo. Psychological Review, *88,* 408-437.

ROSS, L., RODIN, J. & ZIMBARDO, P.G. (1969): Toward an attribution therapy: The reduction of fear through cognitive-emotional misattribution. Journal of Personality and Social Psychology, *12,* 279-288.

RUDERMAN, A.J. (1985): Dysphoric mood and overeating: A test of restraint theory's disinhibition hypothesis. Journal of Abnormal Psychology, *94,* 78-85.

RUDERMAN, A.J., BELZER, L.J. & HALPERIN, A. (1985): Restraint, anticipated consumption, and overeating. Journal of Abnormal Psychology, *94,* 547-555.

RUDERMAN, A.J. & CHRISTENSEN, H. (1983): Restraint theory and its applicability to overweight individuals. Journal of Abnormal Psychology, *92,* 210-215.

SCHACHTER, J. (1957): Pain, fear and anger in hypertensives and normotensives: A psychophysiologic study. Psychosomatic Medicine, *19,* 17-29.

SCHACHTER, S. (1959): The psychology of affiliation. Stanford, Calif.: Stanford University Press.

SCHACHTER, S. (1964): The interaction of cognitive and physiological determinants of emotional state. In: L. BERKOWITZ (Ed.), Advances in experimental social psychology, Vol. 1. New York: Academic Press.

SCHACHTER, S. (1965): A cognitive-physiological view of emotion. In: KLINEBERG & CHRISTIE (Eds.), Perspectives in social psychology. New York: Holt, Rinehart & Winston.

SCHACHTER, S. (1967): Cognitive effects on bodily functioning: Studies of obesity and eating. In: D.C. GLASS (Ed.), Neurophysiology and emotion. New York: Rockefeller University Press and Russell Sage Foundation.

SCHACHTER, S. (1968): Obesity and eating. Science, *161,* 751-756.

SCHACHTER, S. (1970): The assumption of identity and peripheralist-centralist controversies in motivation and emotion. In: M.B. ARNOLD (Ed.), Feelings and emotions: The Loyola Symposium. New York: Academic Press.

SCHACHTER, S. (1971a): Emotion, obesity and crime. New York: Academic Press.

SCHACHTER, S. (1971b): Eat, eat. Psychology Today, *4,* 44-47.

SCHACHTER, S. (1971c): Some extraordinary facts about obese humans and rats. American Psychologist, *26*, 129–144.
SCHACHTER, S., FRIEDMAN, L.N. & HANDLER, J. (1974): Who eats with chopsticks? In: S. SCHACHTER & J. RODIN, Obese humans and rats. Potomac, Maryland: Lawrence Erlbaum Associates.
SCHACHTER, S. & GROSS, L.P. (1968): Manipulated time and eating behavior. Journal of Personality and Social Psychology, *10*, 98–106.
SCHACHTER, S. & RODIN, J. (1974): Obese humans and rats. Potomac, Maryland: Lawrence Erlbaum Associates.
SCHACHTER, S. & SINGER, J.E. (1962): Cognitive, social, and physiological determinants of emotional state. Psychological Review, *69*, 379–399.
SCHACHTER, S. & SINGER, J.E. (1979): Comments on the Maslach and Marshall-Zimbardo experiments. Journal of Personality and Social Psychology, *37*, 989–995.
SCHACHTER, S. & WHEELER, L. (1962): Epinephrine, chlorpromazine, and amusement. Journal of Abnormal and Social Psychology, *65*, 121–128.
SCHMIDT-ATZERT, L. (1988): Affect and cognition: On the chronological order of stimulus evaluation and emotion. In: K. FIEDLER & J. FORGAS (Eds.), Affect, cognition and social behavior. Toronto: Hogrefe.
SCHWARTZ, G.E., WEINBERGER, D.A. & SINGER, J.A. (1981): Cardiovascular differentiation of happiness, sadness, anger, and fear following imagery and exercise. Psychosomatic Medicine, *43*, 343–364.
SHERRINGTON, C.S. (1900): Experiments on the value of vascular and visceral factors for the genesis of emotion. Proceedings of the Royal Society of London, *66*, 390–403.
SHIELDS, S.A. (1984): Reports of bodily change in anxiety, sadness, and anger. Motivation and Emotion, *8*, 1–21.
SINGER, J.E. (1963): Sympathetic activation, drugs and fright. Journal of Comparative and Physiological Psychology, *56*, 612–615.
SPENCER, J.A. & FREMOUW, W.J. (1979): Binge eating as a function of restraint and weight classification. Journal of Abnormal Psychology, *88*, 262–267.
STERN, R.M., BOTTO, R.W. & HERRICK, C.D. (1972): Behavioral and physiological effects of false heartrate feedback: A replication and extension. Psychophysiology, *9*, 21–29.
STÖRMER, S., HEILIGTAG, U. & KNOLL, J.F. (1989): Heartbeat detection and knowledge of results: A new method and some theoretical thoughts. Journal of Psychophysiology, *3*, 409–417.
STORMS, M.D. & NISBETT, R.E. (1970): Insomnia and the attribution process. Journal of Personality and Social Psychology, *16*, 319–328.
STRACK, F., MARTIN, L.L. & STEPPER, S. (1988): Inhibiting and facilitating conditions of the human smile: A nonobtrusive test of the facial feedback hypothesis. Journal of Personality and Social Psychology, *54*, 768–777.
STRICKLER, G. (1967): A pre-experimental inquiry concerning cognitive determinants of emotional state. The Journal of General Psychology, *76*, 73–79.
STRONGMAN, K.T. (1973): The psychology of emotion. London: Wiley.
STUNKARD, A.J. (1959): Obesity and the denial of hunger. Psychosomatic Medicine, *21*, 281–289.
STUNKARD, A.J. & KOCH, C. (1964): The interpretation of gastric motility: I. Apparent bias in the reports of hunger by obese persons. Archives of Genetic Psychiatry, *11*, 74–82.
TEITELBAUM, P. (1955): Sensory control of hypothalamic hyperphagia. Journal of Comparative and Physiological Psychology, *48*, 156–163.
TOM, G. & RUCKER, M. (1975): Fat, full, and happy: Effects of food deprivation, external cues and obesity on preference ratings, consumption, and buying intentions. Journal of Personality and Social Psychology, *32*, 761–766.
TOMKINS, S.S. (1962): Affect, imagery, consciousness. Vol. 1: The positive affects. New York: Springer.

TOMKINS, S.S. (1963): Affect, imagery, consciousness. Vol. 2: The negative affects. New York: Springer.
TOMKINS, S.S. (1984): Affect theory. In: K.R. SCHERER & P. EKMAN (Eds.), Approaches to emotion. Hillsdale, N.J.: Lawrence Erlbaum Associates.
VALINS, S. (1966): Cognitive effects of false heart-rate feedback. Journal of Personality and Social Psychology, *4,* 400-408.
VALINS, S. (1967): Emotionality and information concerning internal reactions. Journal of Personality and Social Psychology, *6,* 458-463.
VALINS, S. (1974): Persistent effects of information about internal reaction: Ineffectiveness of debriefing. In: H. LONDON & R.E. NISBETT (Eds.), Thought and feeling. Chicago: Aldine.
WARDLE, J. & BEALES, S. (1987): Restraint and food intake: An experimental study of eating patterns in the laboratory and in normal life. Behaviour Research and Therapy, *25,* 179-185.
WEERTS, T.C. & ROBERT, R. (1976): The physiological effects of imagining angerprovoking and fear-provoking scenes. Psychophysiology, *13,* 174 (Abstract).
WEINER, B. (1972): Theories of motivation. Chicago: Rand McNally.
WEST, S.G. & WICKLUND, R.A. (1985): Einführung in sozialpsychologisches Denken. Weinheim: Beltz.
WHITE, G.L., FISHBEIN, S. & RUTSTEIN, J. (1981): Passionate love and the misattribution of arousal. Journal of Personality and Social Psychology, *41,* 56-62.
WOLF, S. & WOLFF, H.G. (1943): Human gastric function. New York: Oxford University Press.
WORCHEL, S. & YOHAI, S.M.L. (1979): The role of attribution in the experience of crowding. Journal of Experimental Social Psychology, *15,* 91-104.
WRIGHTSMAN, L.S. (1960): Effects of waiting with others on changes in level of felt anxiety. Journal of Abnormal and Social Psychology, *61,* 216-220.
WYNNE, L.C. & SOLOMON, R.L. (1955): Traumatic avoidance learning: Acquisition and extinction in dogs deprived of normal peripheral autonomic functioning. Genetic Psychology Monographs, *52,* 241-284.
ZAJONC, R.B. (1980): Feeling and thinking: Preferences need no inferences. American Psychologist, *35,* 151-175.
ZAJONC, R.B. (1984): On the primacy of affect. American Psychologist, *39,* 117-123.
ZILLMAN, D. (1971): Excitation transfer in communication-mediated aggressive behavior. Journal of Experimental Social Psychology, *7,* 419-434.
ZILLMAN, D. (1978): Attribution and misattribution of excitatory reactions. In: J.H. HARVEY, W. ICKES & R.F. KIDD (Eds.), New directions in attribution research (Vol. 2). Hillsdale, N.J.: Lawrence Erlbaum Associates.
ZILLMAN, D. (1983): Transfer of excitation in emotional behavior. In: J.T. CAPIOPPO & R.E. PETTY (Eds.), Social psychophysiology: A sourcebook. New York: Guilford Press.

Die Herausgeber zum folgenden Beitrag

Die Theorie der Selbstaufmerksamkeit postuliert, daß bei Zuständen mit Selbstaufmerksamkeit Aspekte des Selbst aktualisiert und intensiviert werden. Der Begriff Selbstaufmerksamkeit meint im Rahmen der Theorie, daß die Person sich selbst als Objekt sieht bzw. zum Objekt macht. Man könnte diesen Zustand auch als auf das Selbst konzentrierte Aufmerksamkeit (self-focused attention), Selbstreflexion oder Selbstzentrierung bezeichnen.

Selbstzentrierung bewirkt, daß interne Standards salient werden und die Person versucht, die Diskrepanz zwischen diesen internen Standards und der Realität zu reduzieren. Diskrepanzreduktion kann zum einen durch erhöhte Defensivreaktionen – also durch Selbstschutzreaktion – erreicht werden mit dem Ziel, Verantwortung für bestimmte Informationen oder Ereignisse zu leugnen. Zum anderen kann sich Diskrepanzreduktion in direktem Verhalten zeigen, indem Personen versuchen, sich so zu verhalten, daß sie die internen Standards erreichen können.

Als diese Theorie in der ersten Auflage des Theorienbandes (1978) zum erstenmal im deutschen Sprachraum vorgestellt wurde, war noch nicht sicher, ob sie sich in der internationalen Scientific Community durchsetzen würde. Wie die jetzige überarbeitete Fassung zeigt, hat die Theorie in den letzten 15 Jahren sehr viel Forschung in ganz heterogenen Bereichen initiiert.

Die Theorie der Selbstaufmerksamkeit

ROBERT A. WICKLUND, Universität Bielefeld
DIETER FREY, Universität Kiel

1. Die Grundlagen der Theorie

Die Theorie der Selbstaufmerksamkeit wurde zum ersten Mal von DUVAL & WICKLUND (1972) präsentiert und von WICKLUND (1975) weiterentwickelt und präzisiert. Einen Überblick über den Stand der Forschung bis 1978 geben FREY, WICKLUND & SCHEIER (1978) und bis 1990 GIBBONS (1990).

Die Theorie der Selbstaufmerksamkeit nimmt an, daß die Aufmerksamkeit eines Menschen in einem bestimmten Augenblick entweder überwiegend auf das Selbst oder überwiegend auf externe Ereignisse gerichtet ist. Unter Selbstaufmerksamkeit wird dabei ein Zustand verstanden, in dem die Person sich selbst als Objekt sieht, d.h. in dem das Selbst im Mittelpunkt der Aufmerksamkeit bzw. des Bewußtseins steht. Gegenstand der Selbstaufmerksamkeit können alle Aspekte sein, die eine Person als Teil ihres Selbst kogniziert, z.B. ihre jeweiligen Stimmungen, Affekte, Selbsteinschätzungen, Intentionen, Aspirationen, Erwartungen, Standards, Einstellungen, Ziele und Verpflichtungen.

Selbstaufmerksamkeit bewirkt also erstens eine Intensivierung und Aktualisierung all jener Aspekte, die im Brennpunkt der Aufmerksamkeit stehen. Selbstaufmerksamkeit hat zweitens zur Folge, daß sich Personen der Diskrepanzen zwischen ihrem tatsächlichen Verhalten und ihren Intentionen und Aspirationen (also ihrem idealen Selbst) stärker bewußt werden. Die Theorie postuliert, daß diese kognizierten Diskrepanzen eine Motivation erzeugen, das Verhalten den jeweiligen Standards, Intentionen, Aspirationen und Zielen anzupassen, also die Diskrepanzen zwischen den kognizierten Teilen des Selbst und der jeweiligen Realität zu reduzieren. Außer der Verhaltensänderung besteht eine Möglichkeit der Diskrepanzreduktion in dem Bestreben der Person, selbstbedrohende Informationen oder Ereignisse dahingehend zu interpretieren, daß sie für das Selbst weniger bedrohend wirken. Selbstbedrohende Ereignisse werden demnach eine Defensivreaktion hervorrufen.

Meistens werden die kognizierten Diskrepanzen negativ erlebt, da Standards bzw. Aspirationen im allgemeinen moralisch „höher" sind als das tatsächliche Verhalten. Zusätzlich zur Diskrepanzreduktion bewirkt der negative Affekt, der durch die Diskrepanz hervorgerufen wird, Vermeidungen von Selbstaufmerksamkeit erzeugenden Stimuli. Die selbstzentrierte Person wird – sofern es möglich ist und sie weder die Diskrepanz reduzieren noch ihre Aufmerksamkeit auf positivere Aspekte des Selbst lenken kann – versuchen, den die Selbstzentrierung erzeugenden Stimuli zu entgehen. Selbstaufmerksamkeit ist nur dann nicht aversiv, wenn die Person ihre Aufmerksamkeit (z. B. aufgrund eines vorhergehenden Erfolgs) auf positive Aspekte des Selbst lenken kann.

Experimentell wurde Selbstaufmerksamkeit durch die Implementierung von Spiegeln, Kameras und dem Abspielen eines Tonbandes mit der eigenen Stimme der Person hervorgerufen (WICKLUND & DUVAL, 1971). Aber auch allein das Wissen, von anderen beobachtet zu werden bzw. im Focus der Aufmerksamkeit zu stehen, bewirkt einen Trend zur Selbstreflexion. In einigen Experimenten wurde Selbstaufmerksamkeit auch als Meßvariable eingeführt: FENIGSTEIN, SCHEIER & BUSS (1975) konstruierten eine Skala, die den dispositionalen Grad der Selbstaufmerksamkeit („private self-consciousness“) messen soll. Die Skala beinhaltet z. B. Items wie „Ich denke oft über mich selbst nach“. Es wurde wiederholt nachgewiesen (vgl. BUSS & SCHEIER, 1976; SCHEIER & CARVER, 1977; SCHEIER, 1976), daß sich Vpn mit hoher „private self-consciousness“ wie Vpn unter der Spiegel-Bedingung verhalten, während Personen mit niedriger „private self-consciousness“ sich eher wie Vpn verhalten, die nicht mit einem Spiegel konfrontiert sind. Das Ausmaß der Selbstreflexion ist also sowohl das Ergebnis situationaler als auch dispositionaler Variablen.

Im Kern besagt die Theorie der Selbstaufmerksamkeit demnach folgendes: Selbstaufmerksamkeit bewirkt eine Intensivierung und Aktualisierung der Aspekte des Selbst, die Gegenstand der Aufmerksamkeit sind, und hat zur Folge, daß sich die Person ihrer Intra-Selbst-Diskrepanz bewußt wird. Es entsteht eine Motivation, diese Diskrepanz zu reduzieren. Diese Diskrepanzreduktion kann sich zum einen in direktem Verhalten äußern, wobei versucht wird, die Diskrepanz zu minimieren, und zum anderen in Defensivreaktionen, mit Hilfe derer versucht wird, Verantwortung für selbstbedrohende Informationen und Ereignisse abzulehnen. Eine weitere Reaktion auf kognizierte Diskrepanz besteht darin, daß die selbstaufmerk-

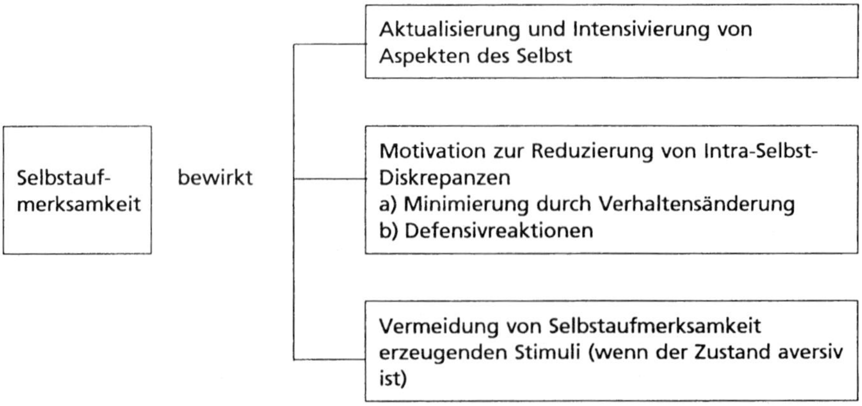

Abbildung 1: Schematische Darstellung der Wirkung von Selbstaufmerksamkeit

same Person die Selbstaufmerksamkeit erzeugenden Stimuli zu vermeiden sucht, sofern sie als aversiv empfunden werden. Abbildung 1 soll das bisher gesagte noch einmal verdeutlichen.

2. Selbstaufmerksamkeit und Perspektivenübernahme

Nach den Forschungsergebnissen der Entwicklungspsychologie (Piaget, 1924; Bandura, 1977; Hoffman, 1977; Kohlberg, 1980; Moir, 1982) findet eine allmähliche Entwicklung zur moralischen Reife, Unabhängigkeit und Konsistenz den eigenen Standards gegenüber statt. Nachdem diese Entwicklungsphasen vollzogen sind, wendet die Person ihre Standards nunmehr auf quasi automatische Weise an. Falls ein Individuum unmoralisches, egozentrisches oder inkonsistentes Verhalten aufweist, wird dies nicht auf einen vorübergehenden psychologischen Zustand des Individuums, sondern auf Entwicklungslücken zurückgeführt (Rothenberg, 1982).

Piaget (1924) verbindet mit dem Abbau von Egozentrismus die sich allmählich entwickelnde Fähigkeit, die geographische oder räumliche Perspektive (Sichtweise) einer gegenüberstehenden Person von der eigenen Perspektive oder Sichtweise zu unterscheiden (siehe Coie, Costanzo & Franhill, 1982; Flavell et al., 1968; Piaget & Inhelder, 1947). Mit zunehmendem Alter werden Kinder z.B. fähig, zwischen „links“ für die eigene Person und „links“ für die Zielperson zu unterscheiden.

Die von Bandura, Hoffman, Piaget u.a. beschriebenen Entwicklungsprozesse werden von uns nicht in Frage gestellt. Ihr Ansatz setzt sozial erlernte Standards, Maßstäbe für moralisches Verhalten und die Bereitschaft, fremde Perspektiven zu verstehen, voraus. Die Existenz solcher Fähigkeiten unter (den meisten) Erwachsenen betrachten wir als unstrittig. Der Unterschied zwischen diesen Entwicklungsansätzen und der hier dargestellten Selbstaufmerksamkeitsthese besteht darin, daß die Fähigkeit, sich in fremde Perspektiven hineinversetzen zu können, keine notwendige Wirkung auf die Handlung hat. Ähnliches gilt für moralische Maßstäbe, Leistungsstandards und andere Handlungsregeln: Solche internalisierten Regeln müssen sich nicht automatisch und unmittelbar in Verhalten niederschlagen. Unter welchen Voraussetzungen das Potential, die Fähigkeit oder Bereitschaft zur Handlungsausführung, tatsächlich wahrgenommen wird, hängt vom Grad der Aufmerksamkeit, den eine Person auf das eigene Selbst lenkt, ab (Duval & Wicklund, 1972).

Selbstorientierte Aufmerksamkeit ermöglicht dem Individuum (ganz im Sinne von Piaget, 1924), die latenten Diskrepanzen zwischen den eigenen Perspektiven und Perspektiven, die sich im sozialen Milieu befinden, zur Kenntnis zu nehmen. Ohne selbstgerichtete Aufmerksamkeit ist die Person eher geneigt, die Allgemeingültigkeit der eigenen Betrachtungsweisen zu überschätzen, denn das Abweichen der eigenen Perspektive von fremden Perspektiven ist dem Individuum nicht immer bewußt. Durch selbstgerichtete Aufmerksamkeit wird also die Einzigartigkeit der eigenen Perspektive wahrgenommen und dadurch die Anerkennung der Verschiedenheit sämtlicher Perspektiven begünstigt.

Die Wahrnehmung dieser Diskrepanz ist nur *einer* der postulierten Effekte des Selbstaufmerksamkeitszustandes. Weitere Diskrepanzarten sind vorstellbar, denn jedes Individuum verkörpert ein ganzes Repertoire an internalisierten Standards. Jeder Standard impliziert dabei eine potentielle Verhaltensrichtung, wie z. B. hilfreiches Benehmen, Ehrlichkeit, Geselligkeit oder Fleiß. Sollte das Individuum aufgefordert werden, sich innerhalb eines für einen bestimmten Standard relevanten Handlungsbereiches zu entscheiden, besteht die Möglichkeit, das eigene Verhalten von den entsprechenden Standards leiten zu lassen. Das Miteinbeziehen des Verhaltensstandards beim Verhaltensablauf ist aber keine psychologische Notwendigkeit. Falls die selbstgerichtete Aufmerksamkeit *nicht* vorhanden ist, wirken die internalisierten Standards weniger auf das Verhalten, unabhängig davon, welche Faktoren hinter dem Handlungsablauf stehen. Zum Beispiel läuft eine oft wiederholte Handlung „von selbst", ohne daß dies von kognizierten Selbstkomponenten gesteuert wird (Langer, 1975). Weiterhin können vorhandene Hinweisreize – sowohl soziale als auch nichtsoziale – für die Verhaltensrichtung ausschlaggebend sein, wie dies zum Beispiel bei Situationen, die sozial erwünschtes Verhalten forcieren, der Fall ist (s. Jones, 1964; Schlenker, 1975; Snyder, 1987). In solchen Fällen wird die Verhaltensrichtung wenig Rücksicht auf die früher angeeigneten Standards nehmen. Sobald die Aufmerksamkeit des Individuums aber auf das eigene Selbst gerichtet wird, kann es zu einer kognitiven Zentrierung auf eine für die Situation bedeutsame Diskrepanz kommen. Aufgrund der reflexiven Aufmerksamkeit nimmt das Individuum den Standard zur Kenntnis, gleichzeitig wird ihm die in Frage kommende Handlung bewußt. Sollte die geplante oder schon durchgeführte Handlung nicht in Übereinstimmung mit dem Standard stehen, erlebt die Person eine Diskrepanz (Duval & Wicklund, 1972).

Piaget legt – wie vorher gezeigt – die Vermutung nahe, daß die Betrachtung des eigenen Selbst die Fähigkeit zur Perspektivenübernahme zugrundelegt. Die Theorie der Selbstaufmerksamkeit führt diese Idee einen Schritt weiter und stellt zwei Postulate auf: a) Wenn eine Person zu einem bestimmten Zeitpunkt nicht imstande ist, die eigene Person als Objekt wahrzunehmen, wird es einen Verfall der Differenzierung zwischen der eigenen Perspektive und der fremden Perspektive geben. b) Der Egozentrismus in der Wahrnehmung einer Person wird sich abbauen, sobald die Selbstbetrachtung begünstigt oder forciert wird. Dies kann an zwei Experimentalparadigmen demonstriert werden:

Im Kontext eines Experimentes über Geschick und Rechts-/Linkshändigkeit (Hass, 1984) wurden die weiblichen Vpn aufgefordert, sich ein großes „E" möglichst schnell auf die eigene Stirn zu malen. Obwohl keine konkrete Person im Zimmer war, die das „E" eventuell „lesen" sollte, konnte ein auf die eigene Stirn gezeichnetes „E" nur eine von zwei möglichen Perspektiven berücksichtigen: die eigene oder die fremde Perspektive. Es stellte sich heraus, daß ohne Forcierung der Selbstaufmerksamkeit nur 18 Prozent der Vpn sich beim Zeichnen von der hypothetischen fremden Perspektive leiten ließen. Wenn die Selbstaufmerksamkeit durch eine laufende Fernsehkamera, deren Anwesenheit angeblich einem pädagogischen Zweck dienen sollte, erhöht wurde, berücksichtigten 55 Prozent der Vpn[1] die fremde Perspektive.

STEPHENSON und WICKLUND (1984) gestalteten eine Situation, in der eine Zielperson mit Hilfe der Versuchsperson im Kontext eines Labyrinths den richtigen Weg zum Ziel nachvollziehen mußte. Die Aufgabe der Zielperson bestand darin, an zehn Entscheidungspunkten des Labyrinths richtig zu entscheiden. Die Zielperson sollte die Aufgabe mit geschlossenen Augen lösen, wobei ihr von der Vp geholfen wurde. Vp und Zielperson saßen einander gegenüber.

Das kritische Perspektivenübernahmemaß bezog sich auf die Anweisungen, die der Zielperson an den zehn Entscheidungspunkten mitgeteilt wurden – Anweisungen wie: „jetzt links, jetzt rechts". Jeder Ansagefehler, der im Grunde eine egozentrische Äußerung (z.B. „links" statt „rechts") zugrunde lag, wurde als Perspektivenübernahmefehler kodiert. Ohne experimentelle Induzierung von Selbstaufmerksamkeit begingen die Vpn durchschnittlich 2.10 Perspektivenübernahmefehler.

Die Existenz bzw. Induzierung von selbstgerichteter Aufmerksamkeit wurde durch zwei Methoden erreicht:

1. STEPHENSON und WICKLUND (1984) hatten angenommen, daß eine soziale Atmosphäre, die eine allgemeine selbstgerichtete Aufmerksamkeit verkörpert, ansteckend wirken könnte. Eine Person, die sich in einer mit Selbstaufmerksamkeit beladenen Situation befindet, würde dazu tendieren, denselben reflexiven Zustand zu übernehmen. Um die angemessene, selbstgerichtete Atmosphäre zu kreieren, mußte sowohl die Vp als auch die Zielperson einen „Selbstaufmerksamkeitsfragebogen" zu Beginn der Sitzung ausfüllen. Kurz bevor die Labyrinth-Aufgabe begonnen wurde, bekam die Vp eine von zwei Rückmeldungen.
   a) Die Zielperson weist (im Fragebogen) einen hohen Grad an Selbstaufmerksamkeit auf, oder
   b) die Zielperson äußert weniger selbstbezogene Gedanken.

2. Die chronische Tendenz der Vpn, einen hohen (bzw. niedrigen) Grad an Selbstaufmerksamkeit zu erleben, wurde anhand eines Selbstaufmerksamkeitsfragebogen (siehe FENIGSTEIN, SCHEIER & BUSS, 1975) gemessen. Von der „Ansteckungs"-Manipulation abgesehen, war also auch eine weitere Aufteilung der Vpn aufgrund von chronischer Selbstaufmerksamkeit möglich.

Die Anwesenheit eines einzelnen Selbstaufmerksamkeit erhöhenden Faktors ist offensichtlich genug, um die Fehlerhäufigkeit deutlich zu senken.

---

[1] In einem zweiten ähnlichen Experiment von HASS (1984) stand die Fernsehkamera *hinter* der Vp. Wie in der ersten Untersuchung war die Anzahl von Vpn, die die fremde Perspektive beim „E"-Zeichnen berücksichtigte, gering (17 Prozent); Vpn, denen eine laufende Kamera hinter den Kopf gestellt wurde, zeigten dagegen eine entscheidend bessere Perspektivenübernahmeleistung (48 Prozent).

Zum Beispiel weisen die Vpn in der Bedingung „Selbstgerichtete Atmosphäre“ relativ wenig Fehler auf (höchstens einen Fehler pro Vp), auch wenn sie keine hohe, chronische Selbstaufmerksamkeitsneigung mitbringen. Die einzige Kombination, die relativ viele Fehler in der Perspektivenübernahme zuläßt, bildet die Vpn-Gruppe, die weder chronische Selbstaufmerksamkeit berichtet noch Selbstaufmerksamkeit erzeugende Bedingungen erfahren hatte.

Die Ergebnisse sind mit dem Befund von HASS (1984) (siehe auch drei Studien von STEPHENSON & WICKLUND, 1983) konsistent und implizieren eine wichtige Qualifikation der bekannten PIAGET-These. Die „reife“ Person, die seit der späteren Kindheit zur Perspektivenübernahme befähigt ist, zeigt immer noch die Fehler, die mit einem momentanen Egozentrismus verbunden sind. Der von PIAGET vermutete Zusammenhang zwischen Selbstbeobachtung und Egozentrismus-Abbau läßt sich aber bestätigen, wobei der Zusammenhang noch übergreifender als PIAGETS These scheint. Wir schließen daher, daß die Tendenz zur Perspektivenübernahme als etwas Variables zu betrachten ist, und nicht als ein permanentes Merkmal des Erwachsenseins, das ab einem bestimmten Alter oder Intelligenzgrad automatisch vorliegt.

3. Selbstaufmerksamkeit: Auf welchen Dimensionen des Selbst?

Sowohl bei Perspektivenübernahme als auch bei moralischem Verhalten (siehe unten) handelt es sich um besondere, abgrenzbare Aspekte des Individuums. Das Selbst als eine Art „Sammelbegriff“ scheint uns nicht adäquat, um eine hinreichende Beschreibung der hier erforschten psychologischen Prozesse zu ermöglichen. Eine Vpn muß sich auf die Dimension konzentrieren, die für die jeweilige Perspektivendifferenzierung nötig ist. In den HASS-Studien ist dies z. B. die eigene Sichtweise hinsichtlich des „E“-Buchstabens. Eine Möglichkeit, die Konzentration der Person auf diese Dimension zu lenken, bestünde darin, sie direkt durch Versuchsanweisungen zu betonen. Im Rahmen der Forschung zur Perspektivenübernahme oder der Empathieforschung sind solche Vorgänge nicht unbekannt, die Selbstaufmerksamkeitstheorie (DUVAL & WICKLUND, 1972; WICKLUND, 1975; 1979) betrachtet diese Form der Anweisung aber als überflüssig. Zur Theorie gehört ein *Transfer*-Prinzip, wonach sich die selbstgerichtete Aufmerksamkeit in Richtung der dominanten, in der jeweiligen Situation hervorstechenden Dimension verlagert. Sobald die Aufmerksamkeit nach innen gerichtet ist (z. B. durch die Wahrnehmung des eigenen Gesichtes in einem Spiegel), findet ein Prozeß des Aufmerksamkeitstransfers oder der Aufmerksamkeitsverlagerung statt. Dabei rückt die gerade erforderliche (aktivierte) Dimension des Selbst (wie z. B. eine visuelle Perspektive, eine Moral, ein Leistungsstandard) in den Mittelpunkt der Selbstaufmerksamkeit (s. DUVAL & WICKLUND, 1972; WICKLUND, 1979; FREY, WICKLUND & SCHEIER, 1978). Nicht nur die Experimente von HASS (1984) und STEPHEN-

SON & WICKLUND (1984), sondern beinahe alle Studien, die im Rahmen dieser Theorie durchgeführt werden, machen sich diese Transfer-Prinzipien zunutze.

4. Konkurrierende Selbst-Dimensionen

In der oben dargestellten Forschung wurde der Vp eine zentrale, entscheidende und verhaltensrelevante Dimension ziemlich nahegelegt. Die psychologische Betrachtungsweise solcher Paradigmen darf aber die mögliche Anwesenheit von konkurrierenden, selbstbezogenen Beschäftigungen nicht außer acht lassen. Als Beispiel sei ein Versuch zum Thema Perspektivenübernahme von STEPHENSON & WICKLUND (1983) dargestellt. Sie variierten dabei nicht nur den Grad an Selbstaufmerksamkeit, sondern auch das Ausmaß an kognitiver Beschäftigung der Vpn mit einem persönlich relevanten Problem, und zwar einer in Frage kommenden Neurose. Einer Gruppe wurde mitgeteilt, daß eine Neurose anhand der Qualität der eigenen Stimme festgestellt werden könnte, so daß die Vpn dieser Gruppe Rückmeldung hinsichtlich ihrer psychischen Gesundheit erwarteten. Wie bei den bereits dargelegten Experimenten wirkte die Induzierung von Selbstaufmerksamkeit zugunsten einer Bereitschaft zur Perspektivenübernahme, wobei der Effekt jedoch nur unter den Vpn auftrat, deren psychische Gesundheit nicht in Frage gestellt wurde.

Ähnliche Effekte haben STEPHENSON & WICKLUND (1983) bei Vpn gefunden, deren Gedanken in Richtung der eigenen Fettleibigkeit gelenkt wurden. Es läßt sich also bestätigen, daß das Induzieren einer Beschäftigung mit einem irrelevanten, konkurrierenden Thema die Leistungsfähigkeit zur Perspektivenübernahme verschlechtern kann.

5. Selbstaufmerksamkeit und Aktualisierung von Aspekten des Selbst

5.1 Selbstaufmerksamkeit und Benutzung der Ich-Form

Wie zuvor erwähnt, nimmt die Theorie der Selbstaufmerksamkeit an, daß Personen durch Selbstzentrierung bestimmte Aspekte ihres Selbst stärker wahrnehmen und als Folge davon Aspekte außerhalb des Selbst in den Hintergrund treten. DAVIS & BROCK (1975) konnten z.B. in zwei Experimenten nachweisen, daß Personen im Zustand der Selbstaufmerksamkeit (operationalisiert mittels Spiegel oder Kameras) häufiger Pronomen der ersten Person wählen als Vpn ohne Selbstaufmerksamkeit. Ein ähnliches Ergebnis ließ sich beobachten, wenn der Grad der gemessenen „private self-consciousness" mitberücksichtigt wurde (CARVER & SCHEIER, 1978): Vpn mit hoher „private self-consciousness" neigten dazu, unvollständige Sätze mit der eigenen Person zu vervollständigen. Darüber hinaus bewirken das Abspielen der eigenen Stimme (STEPHENSON & WICKLUND, 1983) und die

Anwesenheit eines Publikums (CARVER & SCHEIER, 1978) eine vermehrte Anwendung der ersten Person.

5.2 Selbstaufmerksamkeit und Intensivierungen von Emotionen und Affekten

Attributionsuntersuchungen zeigen, daß im Zustand der Selbstaufmerksamkeit bei wenig egoinvolvierenden Ereignissen das Selbst stärker als Faktor in der Kausalattribution herangezogen wird als ohne Selbstaufmerksamkeit (vgl. DUVAL & WICKLUND, 1972, 1973; FREY, WICKLUND & SCHEIER, 1978, S. 196f.). SCHEIER (1976) ging noch einen Schritt weiter und behauptete, daß Affekte oder Stimmungen einer Person (wie z. B. Ärger) bei Selbstzentrierung intensiviert werden. Seine Vpn wurden zunächst durch einen männlichen Strohmann beleidigt. Anschließend wurden sie gebeten, die Rolle eines Lehrers zu spielen und dem Studenten, der sie vorher als Strohmann provoziert hatte, Schocks zu verabreichen. Es wurde entsprechend des Punktwertes in „private self-consciousness" eine Gruppenextremisierung durchgeführt, wobei sich folgende Ergebnisse ergaben: Unter zuvor provozierten Vpn bewirkte chronische Selbstreflexion eine höhere Schockintensität; der entgegengesetzte Effekt läßt sich bei nicht provozierten Vpn beobachten. SCHEIER (1976) konnte die gleichen Ergebnisse auch mit der traditionellen Spiegel-Operationalisierung nachweisen, wobei unter der Spiegelbedingung die verabreichte Schockintensität höher als ohne Spiegelbedingung war. Auch andere Untersuchungen bestätigen, daß der jeweilige Affektzustand bei Selbstzentrierung intensiviert wird. SCHEIER & CARVER (1977) zeigten ihren Vpn Bilder mit unbekleideten Mädchen und fanden, daß unter hoher Selbstzentrierung diese Bilder als angenehmer beurteilt wurden, unabhängig davon, ob Selbstzentrierungen durch einen Fragebogen gemessen oder durch die Anwesenheit eines Spiegels induziert wurden. Den Vpn wurden ebenso Photographien mit „ekelhaften" Ereignissen vorgelegt und wiederum ließ sich eine Verstärkung der Reaktion bei selbstzentrierten Individuen beobachten.

6. Selbstaufmerksamkeit, Defensivattribution und Diskrepanzreduktion

6.1 Selbstaufmerksamkeit und Defensivattribution

BUSS & SCHEIER (1976) sowie DUVAL & WICKLUND (1973) fanden, daß die Selbstattribution für hypothetische Ereignisse unter Selbstaufmerksamkeit höher ist als ohne Selbstaufmerksamkeit. Die in diesen Experimenten vorhandenen Situationen waren persönlich nicht involvierend und nicht ego-bedrohend. Wenn es sich um eine persönliche Bedrohung handelt, postuliert die Theorie der Selbstaufmerksamkeit, daß bei Selbstzentrierung Vermeidungsreaktionen oder Defensivmaßnahmen zur Verleugnung der Verantwortung für negative Informationen oder Ereignisse eintreten. Diese

Defensivmaßnahmen sind als Bestandteil der Diskrepanzreduktion zu sehen. FEDEROFF & HARVEY (1976) gaben ihren Vpn eine kurze Anleitung in der Anwendung einer Therapie und baten sie dann, sich um einen Patienten mit einer Phobie zu kümmern. Einem Teil der Vpn wurde Erfolg, dem anderen Mißerfolg induziert. Es zeigte sich, daß unter der Mißerfolgsbedingung dem Patienten mehr Verantwortung zugeschrieben wurde, wenn die Vpn sich in einem Zustand der Selbstaufmerksamkeit befanden. Hatten die Vpn Erfolg, so schrieben sie bei Selbstaufmerksamkeit dem Patienten weniger Erfolgsverantwortung zu. Die Untersuchung zeigt also, daß bei egobedrohenden Informationen unter Selbstzentrierung stärkere Defensivmechanismen einsetzen, um das Selbst zu schützen als ohne Selbstzentrierung.

Auch Untersuchungen zur Beziehung zwischen kognitiver Dissonanz und Selbstaufmerksamkeit zeigen das verstärkte Auftreten von Defensivmechanismen im Zustand der Selbstzentrierung. Vpn, die selbstaufmerksam gemacht wurden, zeigten eine erhöhte Tendenz, ihre Kognitionen so zu ordnen, als ob die Entscheidung in Übereinstimmung mit ihren Werten oder Einstellungen stünde. WICKLUND & DUVAL (1971, 2. Experiment) baten ihre Vpn, fünf einstellungsdiskrepante Aufsätze zu schreiben. Vpn, die das Verhalten bei Anwesenheit einer Fernsehkamera durchführten, zeigten größere Einstellungsänderungen als Vpn ohne Kamera. In Experimenten von BREHM & WICKLUND (1970) sowie ZANNA, LEPPER & ABELSON (1973) zeigte sich analog, daß Dissonanz dann verstärkt reduziert wird, wenn die Aufmerksamkeit des Individuums direkt auf die dissonanten Elemente gelenkt wird. Diskrepanz- bzw. Dissonanzreduktion kann andererseits verhindert werden, wenn es gelingt, die Aufmerksamkeit vom Selbst abzulenken (ALLEN, 1965).

Generell kann der Vorgang der Reduktion von Dissonanz als defensiv betrachtet werden (vgl. WICKLUND & BREHM, 1976; FREY & GASKA in diesem Band), und viele charakteristische dissonanzerzeugende Situationen scheinen eine Verteidigungsbereitschaft einzuleiten, die durch Selbstzentrierung intensiviert wird. Sind Ereignisse also egobedrohend, lassen sich bei Selbstzentrierung erhöhte Defensivmechanismen feststellen.

6.2 Diskrepanzreduktion durch Erfüllen salienter Standards oder durch Einstellungs-Verhaltens-Konsistenz

In den meisten Fällen wird die Reduktion der kognizierten Diskrepanz unter Selbstaufmerksamkeit eine Änderung der Einstellung oder des Verhaltens in Richtung auf einen spezifischen salienten Wertmaßstab („standard of correctness“) bedeuten. Das heißt, sie wird eine Konsistenz zwischen Verhalten und Einstellungen bzw. zwischen Verhalten und Persönlichkeitseigenschaften hervorrufen. Im folgenden sollen Beispiele für Untersuchungen genannt werden, die zu diesem Problembereich durchgeführt wurden.

6.2.1 Selbstkonsistenz, Testvalidität und Selbstberichtvalidität

Die Selbstbericht-Messungen zur Vorhersage von Verhalten (vgl. MISCHEL, 1968; WEST, 1983; WICKER, 1969) ergeben überraschend niedrige Korrelationen zwischen Selbstberichten (gemessen über Persönlichkeitstests, Einstellungs- oder Interessentests) und den Verhaltenskriterien. Die Frage lautet demnach, unter welchen Umständen ein Individuum die Diskrepanz zwischen Verhaltensweise und Selbstbericht registrieren und auch reduzieren wird. Aufgrund der Ergebnisse zur Anwendung der Selbstaufmerksamkeitstheorie auf dieses Problem läßt sich feststellen, daß die selbstorientierte Person *kognitiv* in der Lage ist, solche Diskrepanzen zu erkennen und darüber hinaus auch motiviert, sie auszuräumen (für Zusammenfassungen s. GIBBONS, 1983; WICKLUND, 1982).

Die selbstzentrierte Person wird also bestrebt sein, ihren Selbstbericht dem Verhalten bzw. das Verhalten dem Selbstbericht anzugleichen. In den entsprechenden Experimenten benötigt man zum einen ein objektives Indiz der Verhaltensweisen bei jeder Vp und zum anderen einen verhaltensrelevanten Selbstbericht, erhoben unter selbstaufmerksamkeitsreduzierenden Bedingungen. Solche Studien findet man bei PRYOR, GIBBONS, WICKLUND, FAZIO & HOOD (1977); SCHEIER, BUSS & BUSS (1978); HORMUTH (1982); GIBBONS & GAEDDERT (1984); GIBBONS, SMITH, INGRAM, PEARCE, BREHM & SCHROEDER (1985).

PRYOR et al. (1977) wiesen nach, daß erhöhte Selbstaufmerksamkeit die Validität eines einfachen Tests über Soziabilität erhöht: Unter der Nicht-Spiegelbedingung war die Korrelation zwischen dem Test und dem Verhaltensindex r = .16, während sie unter der Spiegelbedingung r = .62 war. Unter Berücksichtigung der „postdiktiven" Validität führten PRYOR et al. (1977) zwei weitere Experimente durch. Das eine Experiment zeigte, daß die Vpn über ihr Abschneiden im College-Aufnahmeexamen unter Selbstaufmerksamkeit genauer berichten; in dem zweiten Experiment wurde nachgewiesen, daß Einstellungen gegenüber Wahlalternativen eher tatsächlichen Wahlen entsprechen, wenn die Vpn selbstzentriert sind. SCHEIER, BUSS & BUSS (1978) zeigten z. B., daß die Korrelation zwischen Selbstberichten über die eigene Feindseligkeit und darauf folgendem aggressiven Verhalten bei Personen mit niedriger Selbstaufmerksamkeit nur r = .09, bei Personen mit hoher Selbstaufmerksamkeit jedoch r = .66 beträgt, wobei diese Ergebnisse auf chronischen Selbstaufmerksamkeitsunterschieden zwischen den Vpn basieren.

Unabhängig davon, welche zentrale Dimension in der jeweiligen Studie gewählt worden war (z. B. Soziabilität, Intelligenz, allgemeine Feindseligkeit, psychische Krankheit oder Kreativität), fanden die obigen Autoren eine größere Konsistenz zwischen Verhaltensindiz und Selbstbericht unter aufmerksamkeitserzeugenden Bedingungen. Dieser Teil der Forschung berührt insbesondere die Ehrlichkeit dem eigenen Selbst gegenüber. Die eher selbstorientierten Vpn, deren Selbstbeschreibungen auf den üblichen Verhaltensweisen basieren, weisen ein Wissen über das Selbst auf – ein Wissen, das im Grunde dauernd vorhanden ist. Das latente Vorhandensein reicht aber nicht, um die konsistente Mitteilung über das Selbst zustande zu bringen. Wie die oben geschilderten Studien veranschaulichen, werden die Einstellung, der Wert und das Persönlichkeitsmerkmal erst dann in Zusammenhang mit der üblichen Verhaltensweise gebracht, wenn das Denken einen reflexiven Charakter annimmt. Selbstberichte spiegeln also eher das tatsächliche Verhalten wider, wenn sie unter selbstzentrierenden Bedingungen wiedergegeben werden. Die These, daß Selbstaufmerksamkeit die Selbstkonsistenz erhöht, bzw. daß nur in Zuständen von Selbstzentrierung Selbstkonsistenz zu erreichen ist, wird durch diese Untersuchungen gestützt.

6.2.2 Nicht-Aggression als salienter Standard

Eine Reihe von Arbeiten zum Verhältnis zwischen Selbstaufmerksamkeit und Wertmaßstäben befaßt sich mit aggressivem Verhalten, einem Verhalten, dessen Auftreten stark von persönlichen Normen oder Wertmaßstäben abhängig ist. In allen unten erwähnten Untersuchungen war das aggressionshervorrufende Instrument die Schockmaschine von Buss (1961), wobei die Vp bei dieser Prozedur die Rolle eines Lehrers übernimmt und unterschiedliche Stärken der Bestrafung für die lernende Person (ein Strohmann) wählen kann. Scheier, Fenigstein & Buss (1974) führten zwei Untersuchungen durch, in denen aufgrund der experimentellen Anordnung ein interner Standard, die Verabreichung von Schocks abzulehnen, angenommen wurde. Die männlichen Vpn sollten als „Lehrer" einer Studentin (Strohmann) Elektroschocks verabreichen, angeblich um die Lernrate zu erhöhen. Im ersten Experiment wurde Selbstaufmerksamkeit durch die Anwesenheit eines Spiegels operationalisiert, im zweiten durch die Anwesenheit eines Publikums, mit dem die Vpn häufig Augenkontakt haben mußten[2].

Selbstzentrierte Aufmerksamkeit bewirkte dabei eine Verminderung der durchschnittlichen Stärke der Schocks, die der Studentin verabreicht wurden.

6.2.3 Aggression als salienter Standard

Es gibt natürlich auch Bedingungen, unter denen das Auftreten von aggressivem Verhalten salienten Standards entspricht. Carver (1974) führte ein ähnliches Experiment durch, bei dem er aber einige Änderungen vornahm: Die Vpn wurden dahingehend instruiert, daß hohe Schockraten das Lernen erleichtern würden, wodurch sie die „Bestrafungen" als legal erachten konnten. Außerdem handelte es sich um ausschließlich männliche „Opfer", was weniger Hemmungen beim Verabreichen von Schocks erzeugen dürfte als bei weiblichen Vpn. Die Ergebnisse bestätigen die Vorhersagen und sind daher den Experimentaldaten von Scheier et al. (1974)

---

[2] Die Publikumsbedingung ist zwar nicht frei von konfundierenden „demand characteristics", aber es zeigt sich, daß die zwei Selbstaufmerksamkeitsinduktionen ähnlich wirken.

gerade entgegengesetzt: Vpn unter der Spiegel-Bedingung geben intensivere Elektroschocks als Vpn unter der spiegelfreien Bedingung.

Die Verbindung zwischen persönlichen Wertmaßstäben und selbstzentrierter Aufmerksamkeit erfahren durch zwei weitere Untersuchungen von CARVER (1975) besonders deutliche Bestätigung: Entsprechend der zunächst erfaßten persönlichen Einstellungen der Vpn gegenüber Aggression und Strafe in Lernsituationen wurde eine Gruppenextremisierung vorgenommen. Anschließend wurden beide Gruppen mit einer Situation konfrontiert, die einen ähnlichen Ablauf wie in den oben besprochenen Experimenten aufwies. Unter der Bedingung ohne Spiegel gaben hoch straforientierte Vpn nicht mehr elektrische Schocks als gering straforientierte, d.h. sie zeigten nicht die Verhaltensweisen, die mit ihren Maßstäben übereinstimmten. Man mußte folglich den Schluß ziehen, daß die früher angegebenen Werte zur Strafe keinen Einfluß auf die tatsächlichen Handlungen hatten. Unter der Bedingung mit Spiegel ließ sich eine deutliche Beziehung zwischen der zuvor ausgedrückten Wertvorstellung und dem Ausmaß der verabreichten Strafe feststellen.

6.2.4 Kreativität als salienter Standard

Auch im Bereich Kreativität zeigt Selbstreflexion eine ähnliche Wirkung: HORMUTH (1982) teilte seine Vpn in zwei Gruppen, die sich durch hohes vs. niedriges selbstberichtetes Kreativitätspotential unterschieden - gemessen anhand einer „self-report form". Anschließend wurde die Bereitschaft der Vpn erfaßt, sich außergewöhnliche Assoziationen auszudenken. Die Rolle der Selbstreflexionsvariable war insofern deutlich, als der Zusammenhang zwischen Selbstbericht (d.h. Kreativitätspotential) und Handlung (d.h. kreative Assoziationen) erst unter Spiegelbedingungen feststellbar war.

6.2.5 Das Bedürfnis nach Entscheidungssicherheit als salienter Standard

Eine Möglichkeit, dem Bedürfnis des Menschen nach Entscheidungssicherheit (s. MILLS, 1965) nachzukommen, besteht in der Suche nach Informationen vor Entscheidungen. WICKLUND & ICKES (1972) boten ihren Vpn eine tentative Entscheidung zwischen zwei akademischen Kursen über Sexualität an; dann wurden die Vpn gebeten, vor ihrer Entscheidung so viele Informationen über die Kurse abzurufen, wie sie wünschten. Ein Teil der Vpn hörte gleichzeitig von einem Tonband die eigene Stimme, der andere Teil eine fremde. Vpn im Zustand selbstkonzentrierter Aufmerksamkeit riefen in Übereinstimmung mit der Theorie mehr Informationen ab als Vpn ohne selbstkonzentrierte Aufmerksamkeit.

6.2.6 Hilfeverhalten als salienter Standard

Wird eine Person auf die Diskrepanz zwischen der eigenen Passivität und der Norm, anderen Menschen zu helfen, aufmerksam gemacht, so kann man bei Selbstzentrierung verstärktes Hilfeverhalten erwarten. Ist sie dagegen zu stark auf andere Dimensionen gerichtet, so wird selbstzentrierte Aufmerksamkeit Hilfeverhalten verhindern. Entscheidend ist also, auf welchen Aspekt des Selbst bzw. auf welche Dimension die Aufmerksamkeit gerichtet ist (vgl. Abschnitt 4). Hinsichtlich der Untersuchungen zum Hilfeverhalten ergibt sich die gleiche Frage, die im Kontext der Forschung zur Perspektivenübernahme gestellt worden ist: Kann eine saliente Selbstkomponente, die mit der zur Verfügung stehenden Aufmerksamkeit konkurriert, die Vp daran hindern, auf die andere, im sozialen Kontext noch wichtigere, Dimension zu achten?

Eine Studie von GIBBONS & WICKLUND (1982) zeigt eine Wechselwirkung: Unter Vpn, die positives Feedback über die eigene Fähigkeit beim Anagrammlösen erhielten, wirkte sich der Spiegel begünstigend auf das Hilfeverhalten aus; bei Vpn, deren Beschäftigung mit negativem Feedback eine ablenkende Funktion hatte, wurde die Hilfeleistung durch die Anwesenheit des Spiegels beeinträchtigt, d.h. die Vpn waren langsamer in der Hilfeleistung.

Die direkte Induktion einer negativen Stimmung kann ähnliche, konkurrierende und selbstbezogene Wirkungen haben. In einem Experiment von BERKOWITZ (1987) wirkte Fokussierung auf negative Ereignisse wie bei GIBBONS & WICKLUND (1982) konkurrierend und entkräftete die Wirksamkeit der Selbstaufmerksamkeitsvariablen auf Hilfsbereitschaft. Je positiver die erzeugte Stimmung, desto größer waren die begünstigenden Effekte der Selbstaufmerksamkeit. Die allgemeine Schlußfolgerung aus den Experimenten zum Hilfeverhalten (s. BERKOWITZ, 1987; DUVAL, DUVAL & NEELEY, 1979; KARYLOWSKI, 1979; KIDD & MARSHALL, 1982; MAYER, DUVAL, HOLTZ & BOWMAN, 1985) verbindet drei Variablen als Voraussetzung für helfende Handlungen: Selbstaufmerksamkeit, die Salienz und/oder Legitimität der Aufforderung zur Hilfe und die Abwesenheit konkurrierender Selbstdimensionen. Es scheint eindeutig, daß die Hilfeleistung dann größer wird, wenn alle drei Komponenten vorhanden sind.

7. Die Vermeidung von Selbstaufmerksamkeit

Selbstzentrierung wird dann als aversiv empfunden, wenn das Selbst auf einen nicht erfüllten internen Standard fixiert ist, so daß die Person eine Diskrepanz zur Realität feststellt. Eine theoretische Möglichkeit zur Reduktion dieser Diskrepanz besteht darin, die Selbstaufmerksamkeit zu verringern. Bei negativer Diskrepanz sagt die Theorie daher eine Vermeidung physikalischer Stimuli (wie z.B. Spiegel oder Kameras) vorher, die Selbstaufmerksamkeit erzeugen.

Laut eines Postulates der Selbstaufmerksamkeitstheorie (DUVAL & WICKLUND, 1972) ist die Konzentration auf eine selbstverbundene Diskrepanz Ursache eines Affekt- oder Angstzustandes. Auch unter den klassischen Angst-Theoretikern wie WINE (1971), SARASON (1984) und EASTERBROOK (1959) ist der Zusammenhang zwischen Aufmerksamkeitsrichtung und Angst ziemlich eng. Genau wie bei anderen motivationalen Ansätzen

(McClelland, 1961; Festinger, 1957; Freud, 1920)[3] erzeugt die Wahrnehmung der Inkonsistenz einen Zustand, der als negativ empfunden wird und daher möglichst schnell verändert werden soll. Falls die Person ihre Aufmerksamkeit vom eigenen Selbst weglenken kann, vermindert sich der Angstzustand. Mehrere Studien haben dieses Ablenkungspostulat überprüft und die Vermeidung von selbstaufmerksamkeitserzeugenden Elementen festgestellt (s. Duval et al., 1972; Gibbons & Wicklund, 1976; Greenberg & Musham, 1981; Pyszczynski & Greenberg, 1985; Hull & Young, 1983; Archer, Hormuth & Berg, 1982).

Bei Duval, Wicklund & Fine (1972) erhielten z.B. Vpn zunächst Feedback über Erfolg (oder Mißerfolg) hinsichtlich ihrer Intelligenz und Kreativität. Danach wurden sie gebeten, in einem Laborzimmer auf einen weiteren Vl zu warten. Für die Hälfte der Vpn wurde das Zimmer mit einem großen Spiegel ausgerüstet, so daß der einzige in Frage kommende Sitzplatz sich direkt vor dem Spiegel befand. Als weitere Instruktion wurde mitgeteilt, daß die Vpn das Zimmer verlassen dürfe, falls der Vl nicht innerhalb von 5 Minuten erscheinen sollte. Die abhängige Variable war also die Anzahl der verstrichenen Minuten, ehe die Vp aufstand und das Zimmer verließ.

Die Befunde von Duval et al. (1972) zeigen, daß bei starkem negativen Feedback die Vpn signifikant schneller den Raum verließen, wenn sie mit einem Spiegel konfrontiert waren, während sich bei positiver Diskrepanz keine Unterschiede zeigten. In einem theoretisch ähnlichen Experiment von Gibbons & Wicklund (1976) erhielten männliche Vpn entweder ablehnende oder akzeptierende Reaktionen von einem weiblichen „Strohmann", die den ersten Eindruck, den die männliche Vp auf sie machte, beschreiben sollten. Dann wurde den Vpn die Möglichkeit gegeben, 12 Minuten lang auf einem Tonband der eigenen Stimme oder der Stimme einer anderen Person zuzuhören. Wurden die Vpn von dem „Strohmann" akzeptiert, so hörten sie länger der eigenen Stimme zu als die Vpn, die abgelehnt wurden.

Die Befunde bestätigen die Vermutung, die von Wolff (1932) aufgestellt wurde, daß Selbstorientiertheit mit einem „affektiven Widerstand" verbunden ist[4]. Diese Gedanken finden heute ein Gegenstück in der neuesten Selbstaufmerksamkeitsforschung. Der Widerstand gegen das Erkennen einer selbstbezogenen Schwäche ist bei allen oben aufgeführten Experimen-

---

[3] Schon bei Freud (1920) gab es einen direkten Hinweis auf Angst als einen integrativen Baustein der moralischen Entwicklung. Eine ähnliche theoretische Annahme liegt dem Piaget-Ansatz (1924) zugrunde: Erst durch Konflikt oder Konfrontation mit anderen Menschen wird der Egozentrismus allmählich beseitigt und durch eine Bereitschaft zur Perspektivenübernahme ersetzt.

[4] In dem Wolff-Paradigma (1932) wurden in Anwesenheit der Vpn mehrere Stimmen mittels eines Tonbandgerätes abgespielt, darunter sowohl bekannte, aber fremde Stimmen als auch die eigene Stimme. Interessant bei Wolff war die Proportion von fremden Stimmen, die erkannt wurden, im Vergleich zur Häufigkeit des Erkennens der eigenen Stimme. Wolff konnte in seinen Experimenten den Zusammenhang zwischen einem negativen Zustand (induzierter Angst) und der Vermeidung von Selbstaufmerksamkeit (verzögertes Erkennen des eigenen Photos) verdeutlichen.

ten zu beobachten. Es läßt sich daher der Schluß ziehen, daß den Konsistenz- und Moralitätseffekten, die mit Selbstaufmerksamkeit verbunden sind, eine motivationale Basis zugrundeliegt - eine Basis, die aus wahrgenommener Heuchelei, persönlichen Schwächen und allgemeinen Ängsten besteht.

8. Abschließende Diskussion: Probleme und Forschungsperspektiven

Im Zustand der Selbstaufmerksamkeit sollte ein Individuum zunehmend auf diejenige Dimension des Selbst aufmerksam werden, die am eindringlichsten (salientesten) ist. Dies kann experimentell gut kontrolliert werden, indem gewisse Dimensionen für die Person in das Zentrum der Aufmerksamkeit gestellt werden (z. B. durch Übermittlung eines Erfolges oder Mißerfolges auf einer bestimmten Dimension). Im Alltagsleben mag dies etwas schwierig sein, da die Bestimmung, welche Dimension zu einem gewissen Zeitpunkt gerade salient ist, sehr schwer und kaum meßbar ist. Diese Schwierigkeit kann dadurch noch erhöht werden, daß bei Konfrontation mit selbstzentrierenden Stimuli eine Person versuchen kann, sich von negativen Dimensionen ab- und positiven zuzuwenden.

Bei negativ erlebter Diskrepanz erfährt die selbstzentrierte Person in einem gewissen Ausmaß einen negativen Affekt. Die Theorie gibt zwei mögliche Reaktionen an, um diesem meist aversiven Status zu entfliehen:

a) Vermeidung des für die Selbstaufmerksamkeit verantwortlichen Stimulus und/oder Beschäftigung mit Aktivitäten, die nach außen gerichtete Aufmerksamkeit verlangen, oder
b) eine Verhaltensänderung, die eine Person dem angestrebten Standard („standard of correctness") oder Wertmaßstab näher bringt.

Die Theorie macht bisher keine spezifischen Aussagen über die relative Präferenz dieser beiden Reaktionsweisen. Man kann vermuten, daß eine Person die Reduktionsart bevorzugt, die den negativen Affekt am schnellsten und effektivsten vermindert. Möglicherweise ist dies die Vermeidungsstrategie, wobei das Verlangen, selbstzentrierende Stimuli zu vermeiden, vor allem dann relevant wird, wenn die bestehende Diskrepanz nicht reduziert werden kann. Die zukünftige Forschung sollte dieses Problem weiter untersuchen (siehe dazu die Auseinandersetzungen zwischen STEENBARGER & ADERMAN, 1979 und CARVER & SCHEIER, 1981).

Bestimmte Arten von Selbstaufmerksamkeit erzeugenden Stimuli haben nur für eine kurze Zeit Einfluß (vgl. ICKES, WICKLUND & FERRIS, 1973). Zwei Gründe können dafür verantwortlich sein: Entweder lernen die Vpn, Stimuli zu vermeiden, oder sie gewöhnen sich einfach an die Stimuli. In vielen Untersuchungen gab es vielleicht deshalb keine Probleme, weil die abhängige Variable oft kurz nach der Manipulation gemessen wurde. Durch systematische Variation von Meßzeitpunkten könnte es möglich sein, in weiteren Untersuchungen das Problem der Adaption zu untersuchen.

Die zukünftige Forschung sollte sich ebenso mit dem Problem der vermittelnden Mechanismen beschäftigen. Dabei sollten mehr als bisher die internen Standards einer Person gemessen werden. Mit solchen Daten könnte dann überprüft werden, ob man in Situationen von Selbstaufmerksamkeit diese Standards stärker zu erreichen versucht bzw. unter welchen Bedingungen sie geändert werden (s. BALWIN & HOLMES, 1987).

Der Anwendungsbereich der Theorie der Selbstaufmerksamkeit kann auf zusätzliche Gebiete erweitert werden. So scheint sie nicht nur für die Sozialpsychologie, sondern auch für die Klinische Psychologie relevant zu sein (siehe BREHM, 1976). Entsprechend den Formulierungen der Theorie und den empirischen Untersuchungen kann man annehmen, daß viele psychische Probleme bei einem hohen Grad an Selbstzentrierung verstärkt werden. Die bei den meisten psychisch Kranken vorhandene depressive Stimmung verbunden mit einem äußerst negativen Selbstwert wird durch Selbstzentrierung intensiviert (vgl. SCHEIER & CARVER, 1977). Mehrere Möglichkeiten für eine klinische Forschungsrichtung werden von GIBBONS (GIBBONS, 1990; GIBBONS et al., 1985) angeboten.

Literatur

ALLEN, V. L. (1965): Effect of extraneous cognitive activity on dissonance reduction. Psychological Reports, *16,* 1145–1151.

ARCHER, R. L., HORMUTH, S. E. & BERG, J. H. (1982): Avoidance of self-disclosure: An experiment under conditions of self-awareness. Personality and Social Personality Bulletin, *8,* 122–128.

BALWIN, M. W. & HOLMES, J. G. (1987): Salient private audiences and awareness of the self. Journal of Personality and Social Psychology, *52,* 1087–1098.

BANDURA, A. (1977): Social learning theory. Englewood Cliffs, N. J.: Prentic-Hall.

BATSON, C. D. (1987): Prosocial motivation. Is it ever truly altruistic? In: L. BERKOWITZ (Ed.), Advances in experimental social psychology, *20,* 65–122. New York: Academic Press.

BERKOWITZ, L. (1987): Mood, self-awareness, and willingness to help. Journal of Personality and Social Psychology, *52,* 721–729.

BREHM, S. S. (1976): The application of social psychology to clinical practice. New York: Wiley.

BREHM, J. W. & WICKLUND, R. A. (1970): Regret and dissonance as a function of postdecision salience of dissonant information. Journal of Personality and Social Psychology, *14,* 1–7.

BUSS, A. H. (1961): The psychology of aggression. New York: Wiley.

BUSS, D. M. & SCHEIER, M. F. (1976): Self-consciousness, self-awareness, and self-attribution. Journal of Research in Personality, *10,* 463–468.

CARVER, C. S. (1974): Facilitation of physical aggression through objective self-awareness. Journal of Experimental Social Psychology, *10,* 365-370.

CARVER, C. S. (1975): Physical aggression as a function of objective self-awareness and attitudes toward punishment. Journal of Experimental Social Psychology, *11,* 510–519.

CARVER, C. S. & SCHEIER, M. F. (1978): Self-focusing effects of dispositional self-consciousness, mirror-presence, and audience presence. Journal of Personality and Social Psychology, *36,* 324-332.

CARVER, C. S. & SCHEIER, M. F. (1981): Attention and Self-regulation: A control-theory approach to human behavior. New York: Springer.

COIE, J. D., COSTANZO, P. R. & FRANHILL, D. (1982): Spezifische Entwicklungsschritte

der räumlichen Perspektivenübernahme. In: D. GEULEN (Hrsg.), Perspektivenübernahme und soziales Handeln (S. 86–108). Frankfurt (Main): Suhrkamp.
DAVIS, D. & BROCK, T.C. (1975): Use of first-person pronouns as a function of increased objective self-awareness and performance feedback. Journal of Experimental Social Psychology, *11,* 381–388.
DUVAL, S., DUVAL, V.H. & NEELEY, R. (1979): Self-focus, felt responsibility, and helping behavior. Journal of Personality and Social Psychology, *37,* 1769–1778.
DUVAL, S. & WICKLUND, R.A. (1972): A theory of objective self-awareness. New York: Academic Press.
DUVAL, S. & WICKLUND, R.A. (1973): Effects of objective self-awareness on attribution of causality. Journal of Experimental Social Psychology, *9,* 17–31.
DUVAL, S., WICKLUND, R.A. & FINE, R.L. (1972): Avoidance of objective self-awareness under conditions of high and low intra-self discrepancy. In: S. DUVAL & R.A. WICKLUND (Ed.), A theory of objective self-awareness. New York: Academic Press.
EASTERBROOK, J.A. (1959): The effect of emotion on cue utilization and the organization of behavior. Psychological Review, *66,* 183–201.
FEDEROFF, N.A. & HARVEY, J.H. (1976): Focus of attention, self-esteem, and the attribution of causality. Journal of Research in Personality, *10,* 336–345.
FENIGSTEIN, A., SCHEIER, M.F. & BUSS, A.H. (1975): Public and private self-consciousness: Assessment and theory. Journal of Consulting and Clinical Psychology, *43,* 522–527.
FESTINGER, L. (1957): A theory of cognitive dissonance. Stanford, CA.: Stanford University Press.
FLAVELL, J., BOTKIN, P.T., FRY, C.L., WRIGHT, J.W. & JARVIS, P.E. (1968): The development of role-taking and communication skills in children. New York: Wiley.
FREUD, S. (1920): A general introduction to psychoanalysis. New York: Boni & Liveright.
FREY, D., WICKLUND, R.A. & SCHEIER, M.F. (1978): Die Theorie der objektiven Selbstaufmerksamkeit. In: D. FREY (Hrsg.), Kognitive Theorien der Sozialpsychologie (S. 192–216). Bern: Huber.
GIBBONS, F.X. (1983): Self attention and self-report: The "veridicality" hypothesis. Journal of Personality, *51,* 517–554.
GIBBONS, F.X. (1990): Self-attention and behavior: A review and theoretical update. In: M.P. ZANNA (Ed.), Advances in experimental social psychology, Vol. 23, pp. 249–303. New York: Academic Press.
GIBBONS, F.X. & GAEDERT, W.P. (1984): Focus of attention and placebo utility. Journal of Experimental Social Psychology, *20,* 159–176.
GIBBONS, F.X., SMITH, T.W., INGRAM, R.E., PEARCE, K., BREHM, S.S. & SCHROEDER, D.J. (1985): Self-awareness and self-confrontation: Effects of self-focused attention on members of a clinical population. Journal of Personality and Social Psychology, *48,* 662–675.
GIBBONS, F.X. & WICKLUND, R.A. (1976): Selective exposure to self. Journal of Research in Personality, *10,* 98–106.
GIBBONS, F.X. & WICKLUND, R.A. (1982): Self-focused attention and helping behavior. Journal of Personality and Social Psychology, *43,* 462–474.
GREENBERG, J. & MUSHAM, C. (1981): Avoiding and seeking self-focused attention. Journal of Research in Personality, *15,* 191–200.
HASS, G. (1984): Perspective taking and self-awareness: Drawing an E on your forehead. Journal of Personality and Social Psychology, *46,* 788–798.
HOFFMAN, M.L. (1977): Moral internalization: Current theory and research. In: L. BERKOWITZ (Ed.), Advances in experimental social psychology, Vol. 10, pp. 85–133. New York: Academic Press.
HORMUTH, S.E. (1982): Self-awareness and drive-theory: Comparing internal standards and dominant responses. European Journal of Social Psychology, *12,* 31–45.

HULL, J.G. & YOUNG, R.D. (1983): Self-consciousness, self-esteem, and success-failure as determinants of alcohol consumption in male social drinkers. Journal of Personality and Social Psychology, *44,* 1097–1109.

ICKES, W.J., WICKLUND, R.A. & FERRIS, C.B. (1973): Objective self-awareness and self-esteem. Journal of Experimental Social Psychology, *9,* 202–219.

JONES, E.E. (1964): Ingratiation. New York: Appleton-Century-Crofts.

KARYLOWSKI, J. (1979): Self-focused attention, prosocial norms and prosocial behavior. Polish Psychological Bulletin, *10,* 57–66.

KIDD, R.F. & MARSHALL, L. (1982): Self-reflection, mood, and helpful behavior. Journal of Research in Personality, *16,* 319–334.

KOHLBERG, L. (1980): Stages of moral development as a basis for moral education. In: B. MUNSEY (Ed.), Moral development, moral education, and Kohlberg (pp. 15–98). Birmingham, Ala.: Religious Education Press.

LANGER, E.J. (1975): The illusion of control. Journal of Personality and Social Psychology, *32,* 311–328.

LANZETTA, J.T., BIERNAT, J.J. & KLECK, R.E. (1982): Self-focused attention, facial behavior, autonomic arousal, and the experience of emotion. Motivation and Emotion, *6,* 49–63.

MAYER, F.S., DUVAL, S., HOLTZ, R. & BOWMAN, C. (1985): Self-focus, helping request salience, felt responsibility, and helping behavior. Personality and Social Psychology Bulletin, *11,* 133–134.

MCCLELLAND, D.C. (1961): The achieving society. Van Nostrand, Princeton, N.J.

MILLS, J. (1965): The effect of certainty on exposure to information prior to commitment. Journal of experimental Social Psychology, *1,* 348–355.

MISCHEL, W. (1968): Personality and assessment. New York: Wiley.

MOIR, D.J. (1982): Egozentrismus und die Entstehung konventioneller Moral bei Mädchen in der Voradoleszenz. In: D. GEULEN (Hrsg.), Perspektivenübernahme und soziales Handeln (S. 361–373). Frankfurt (Main): Suhrkamp.

PIAGET, J. (1966): Judgment and reasoning in the child. (first edition, 1924) Totawa, N.J.: Littlefield, Adams.

PIAGET, J. & INHELDER, B. (1971): Die Entwicklung des räumlichen Denkens beim Kinde. (zuerst frz. 1947) Stuttgart: Klett.

PRYOR, J.B., GIBBONS, F.X., WICKLUND, R.A., FAZIO, R.H. & HOOD, R. (1977): Self-focused attention and self report validity. Journal of Personality, *45,* 513–527.

PYSZCZYNSKI, T. & GREENBERG, J. (1985): Depression and preference for self-focusing stimuli following success and failure. Journal of Personality and Social Psychology, *49,* 1066–1075.

ROTHENBERG, B.B. (1982): Soziale Sensibilität bei Kindern und ihr Zusammenhang mit interpersoneller Kompetenz, subjektivem Wohlbefinden und intellektuellem Niveau. In: D. GEULEN (Hrsg.), Perspektivenübernahme und soziales Handeln (S. 121–148). Frankfurt (Main): Suhrkamp.

SARASON, I.G. (1984): Stress, anxiety, and cognitive interference: Reactions to tests. Journal of Personality and Social Psychology, *46,* 929–938.

SCHEIER, M.F. (1976): Self-awareness, self-consciousness, and angry aggression. Journal of Personality, *44,* 627–644.

SCHEIER, M.F., BUSS, A.H. & BUSS, D.M. (1978): Self-consciousness, self report of aggressiveness and aggression. Journal of Research in Personality, *12,* 133–140.

SCHEIER, M.F. & CARVER, C.S. (1977): Self-focused attention and the experience of emotion: Attraction, repulsion, elation, and depression. Journal of Personality and Social Psychology, *36,* 625–636.

SCHEIER, M.F., FENIGSTEIN, A. & BUSS, A.H. (1974): Self-awareness and physical aggression. Journal of Experimental Social Psychology, *10,* 264–273.

SCHLENKER, B.R. (1975): Self-presentation: Managing the impression of consistency when reality interferes with self-enhancement. Journal of Personality and Social Psychology, *32,* 1030–1037.

SNYDER, M. (1987): Public appearances/private realities. New York: Freeman.

STEENBARGER, B. N. & ADERMAN, D. (1979): Objective self-awareness as a nonaversive state: Effect of anticipating discrepancy reduction. Journal of Personality, *4*, 330–339.

STEPHENSON, B. & WICKLUND, R. A. (1983): Self-directed attention and taking the other's perspective. Journal of Experimental Social Psychology, *19*, 58–77.

STEPHENSON, B. & WICKLUND, R. A. (1984): The contagion of self-focus within a dyad. Journal of Personality and Social Psychology, *46*, 163–168.

WEST, S. G. (Ed.) (1983): Special Issue: Personality and prediction: Nomothetic and idiographic approaches. Journal of Personality, *51*.

WICKER, A. W. (1969): Attitudes versus actions. The relationship of verbal and overt behavioral responses to attitude objects. Journal of Social Issues, *25*, 41–78.

WICKLUND, R. A. (1975): Objective self-awareness. In: L. BERKOWITZ (Ed.), Advances in experimental social psychology, Vol. 8, pp. 233–275. New York: Academic Press.

WICKLUND, R. A. (1979): The influence of self-awareness on human behavior. American Scientist, *67*, 187–193.

WICKLUND, R. A. (1982): Self-focused attention and the validity of self-reports. In: M. P. ZANNA, E. T. HIGGINS & C. P. HERMAN (Eds.), Consistency in social behavior: The Ontario Symposium, Vol. 2, pp. 149–172. Hillsdale, N. J.: Erlbaum.

WICKLUND, R. A. & BREHM, J. W. (1976): Perspectives on cognitive dissonance. Hillsdale, N. J.: Erlbaum.

WICKLUND, R. A. & DUVAL, S. (1971): Opinion change and performance facilitation as a result of objective self-awareness. Journal of Experimental and Social Psychology, *7*, 319–342.

WICKLUND, R. A. & ICKES, W. J. (1972): The effect of objective self-awareness on predecisional exposure to information. Journal of Experimental Social Psychology, *8*, 378–387.

WINE, J. D. (1971): Test anxiety and direction of attention. Psychological Bulletin, *76*, 92–104.

WISPE, L. (1986): The distinction between sympathy and empathy: To call forth a concept, a word is needed. Journal of Personality and Social Psychology, *50*, 314–321.

WOLFF, W. (1932): Selbstbeurteilung und Fremdbeurteilung im wissentlichen und unwissentlichen Versuch. Psychologische Forschung, *16*, 251–328.

ZANNA, M. P. & FAZIO, R. H. (1982): The attitude-behavior relation: Moving toward a third generation of research. In: M. P. ZANNA, E. T. HIGGINS & C. P. HERMAN (Eds.), Consistency in social behavior: The Ontario Symposium, Vol. 2, pp. 283–301. Hillsdale, N. J.: Erlbaum.

ZANNA, M. P., LEPPER, M. R. & ABELSON, R. P. (1973): Attentional mechanisms in children's devaluation of a forbidden activity in a forced compliance situation. Journal of Personality and Social Psychology, *28*, 355–359.

Die Herausgeber zum folgenden Beitrag

Im Experiment setzt und variiert der Forscher die konkreten Anfangsbedingungen („Ursachen") und erklärt die Wirkungen mit Hilfe von Hypothesen, die er zumeist aus einer Theorie abgeleitet hat. Im abgeschlossenen System des Laboratoriums kann er die Effekte vorhersagen, indem er andere, unvermeidbare („schmutzige") Anfangsbedingungen randomisiert oder als Kovariate kontrolliert. In nicht geschlossenen Systemen (Umwelten) beobachten wir – ob Laien oder Wissenschaftler – Objekte/Vorgänge (Ereignisse), deren Ursachen wir rückwärts mit Hilfe (impliziter) Laientheorien oder auch wissenschaftlicher Theorien zu erschließen suchen. Das geschieht bei physikalisch (chemisch, biologisch) beschreibbaren Ereignissen ebenso wie bei verhaltens- und sozialwissenschaftlich beschreibbaren Ereignissen.

Die Attributionstheorie sucht zu erklären, unter welchen Bedingungen die einen oder anderen bestimmten Erklärungsmuster aufgegriffen werden. Ist sie eine sozialpsychologische Theorie? Ja! Handlungen von Individuen und höheren sozialen Systemen haben Effekte, die intentional, inzidentiell und/oder akzidentiell sind. Nur Verhalten und soziale Ereignisse haben intendierte Ziele, das Inkaufnehmen erwartbarer Nebenwirkungen und unvorhergesehene – positive wie negative – Effekte, bezogen auf Intentionen. Ursachen-Attributionen verzerren die Zusammenhänge, ob bei Fremdbeobachtungen oder bei Selbstrechtfertigungen der Handelnden. Warum, unter welchen Bedingungen und auf welche Weise?

Attributionen haben erhebliche Konsequenzen in der Veränderung und Aufrechterhaltung personaler und sozialer Systeme. Beispiel: Normative Gesetze erfüllen oft nicht die Erwartungen der Legislative. Ihre relative Unwirksamkeit (Menge und Schwere der Gesetzesverstöße) wird selten von der Legislative ihrer eigenen verhaltens- und sozialwissenschaftlichen Unbedarftheit attribuiert. Die Gesetze werden dann – normativ – verschärft. Die Attribution von erwarteten Wirkungen zu gesetzten Ursachen führt bei fehlerhaften Vorhersagen oft zu „Erklärungen", die es erlauben, das Bewußtsein richtiger Normsetzungen und -sanktionen aufrecht zu erhalten. Hier berührt sich die Theorie der Attribution (z. B.) mit der kognitiver Dissonanz. Obwohl die Theorie der Ursachen-Attribution beliebig viele Ableitungen auch zur Wirkungs-Attribution erlaubt, wurde dieser Schritt theoretisch wie empirisch nur sehr selten, wenn überhaupt, vollzogen. Alle auch nur annähernd nomologischen Theorien sind klüger als ihre Benutzer. Die folgende Darstellung ist zwar ausgedehnt, aber dennoch kompakt, also nicht kürzbar.

Die Attributionstheorie

WULF-UWE MEYER, Universität Oldenburg
FRIEDRICH FÖRSTERLING, Universität Bielefeld

In den letzten zwanzig Jahren hat kein anderer theoretischer Ansatz in der Sozialpsychologie soviel Aufmerksamkeit gefunden wie die Attributionstheorie. Dies geht unter anderem darauf zurück, daß im Zentrum attributionstheoretischer Überlegungen die grundlegende Frage steht, wie diejenigen Prozesse beschaffen sind, aufgrund derer uns unsere alltägliche Umgebung verstehbar, vorhersagbar und kontrollierbar erscheint. Attributionen sind Ursachenzuschreibungen, die der Mann auf der Straße (wir alle) als ‚naiver' Psychologe im Hinblick auf Ereignisse vornimmt. Die Attributionstheorie beschäftigt sich jedoch nicht mit der Erklärung von Ereignissen jeder Art, sondern insbesondere mit Prozessen der Ursachenzuschreibung von eigenem Verhalten und dem Verhalten anderer Personen sowie den Ergebnissen von Verhalten. Sie versucht also, Antworten zu geben auf Fragen wie: Aufgrund welcher Informationen und Prozesse kommen Sie zu dem Schluß, daß eine an Sie ergangene Einladung auf Sympathie des Gastgebers und nicht auf bloße Höflichkeit zurückgeht? Wie gelangt ein Lehrer zu der Ansicht, daß die schlechte Zeugnisnote eines Schülers an dessen mangelnder Fähigkeit liegt? Wie kommen Sie zu dem Schluß, daß das Nicht-Verstehen eines Textes an Ihnen und nicht am Autor liegt? Unter welchen Bedingungen ist man sich sicher, die richtigen Ursachen von Verhalten gefunden zu haben?

Auf diese und ähnliche Fragen geben verschiedene Attributionsforscher jedoch manchmal unterschiedliche Antworten oder – aufgrund der Beschäftigung mit Teilaspekten von Attributionsprozessen – gar keine Antworten. Es ist daher eine Vereinfachung, wenn in der Überschrift dieses Beitrages von „der" Attributionstheorie die Rede ist. Wir halten diese Vereinfachung jedoch aus zwei Gründen für zulässig. Erstens knüpfen die meisten einschlägigen Autoren an die grundlegenden Überlegungen von FRITZ HEIDER (1944, 1958) an, ohne daß eine gänzlich neue theoretische Perspektive eingeführt wurde. Zweitens teilen die meisten Autoren eine Reihe von gemeinsamen Annahmen (s. Abschnitt 1), so daß die verschiedenen Ansätze Varianten einer recht homogenen Attributionstheorie sind.

Der vorliegende Beitrag stellt kein Sammelreferat zur Attributionstheorie dar. Der Leser findet daher keinen vollständigen Überblick über einschlägige Theorien und Ergebnisse. Der Beitrag soll vielmehr eine erste orientierende Einführung in Fragestellungen und Befunde der Attributionstheorie liefern. Eine ausführlichere Einführung bieten die Monographien von HEWSTONE (1989), SHAVER (1975), WEARY, STANLEY & HARVEY (1989) sowie eine Arbeit von HERKNER (1980). Ein Sammelreferat der bis Ende der 70er Jahre vorliegenden theoretischen Überlegungen und empirischen Ergebnisse haben KELLEY & MICHELA (1980) vorgelegt. Eine ausführliche Behandlung ausgewählter Probleme findet sich in folgenden Sammelbänden: HARVEY, ICKES & KIDD (1976, 1978, 1981); GÖRLITZ, MEYER & WEINER (1978); HEWSTONE (1983); JASPERS, FINCHAM & HEWSTONE (1983) sowie bei BIERHOFF & BIERHOFF-ALFERMANN (1983).

1. Gegenstand und allgemeine Orientierung der Theorie

Gegenstand der Attributionstheorie sind diejenigen Bedingungen und Prozesse, aufgrund derer der Mann auf der Straße Ursachenzuschreibungen (Attributionen) für Ereignisse vornimmt. Das heißt, der Betrachtungsschwerpunkt der Theorie liegt auf Attributionen als von Prozessen der Informationsaufnahme und Informationsverarbeitung *abhängigen* Variablen. Attributionen können dann ihrerseits - wie wir noch sehen werden - Einfluß auf Erleben und Verhalten haben. Derartige Wirkungen sind jedoch nicht Gegenstand der Attributionstheorie im eigentlichen Sinne, sondern sog. *attributionaler Theorien.* Attributionale Theorien finden sich in ganz unterschiedlichen Teilbereichen der Psychologie; sie werden dort zum Beispiel zur Erklärung emotionaler Reaktionen (SCHACHTER & SINGER, 1962), leistungsbezogenen Verhaltens (WEINER, 1979) oder reaktiver Depression (ABRAMSON, SELIGMAN & TEASDALE, 1978) herangezogen.

Funktion von Attributionen. Warum fragen und suchen Individuen unter bestimmten Bedingungen nach den Ursachen von Ereignissen und geben sich nicht damit zufrieden, Beobachtetes einfach zu registrieren? Welche Funktion erfüllen Attributionen? Bloßes Registrieren von Ereignissen, Verhalten und Verhaltensresultaten würde dazu führen, daß am Individuum ein Strom von Begebenheiten vorbeizieht, den es nicht *verstehen,* nicht *vorhersagen* und daher nicht *kontrollieren* kann (vgl. HEIDER, 1958). Attributionen als Bestandteile naiver Theorien schaffen Ordnung und ermöglichen Vorhersage und Kontrolle. Indem Verhalten auf eine bestimmte Ursache zurückgeführt wird, erhält es zunächst eine bestimmte Bedeutung: Wenn ich in der Straßenbahn von einer anderen Person angestoßen werde, so bekommt dies für mich die Bedeutung eines aggressiven Aktes, wenn ich das Verhalten auf eine Absicht der anderen Person zurückführe, mich zu verletzen. Wenn ich dagegen den Stoß darauf zurückführe, daß der andere gestolpert ist und mich dabei unabsichtlich angestoßen hat, dann werde ich das Geschehen nicht als aggressiven Akt bewerten, sondern als zufälliges Ereignis ansehen. Meine Ursachenzuschreibung des Geschehens erlaubt es mir weiterhin, Vorhersagen hinsichtlich dieses oder eines ähnlichen Geschehens zu machen und es - unter bestimmten Bedingungen -

zu kontrollieren. Wenn ich den Stoß in der Straßenbahn auf eine Absicht des anderen zurückführe, mir Schaden zuzufügen, dann komme ich vielleicht zu der Vorhersage, daß sich dieses oder ein ähnliches Verhalten des anderen wiederholen wird, und ich werde versuchen, dies zu vermeiden (zu kontrollieren), indem ich ihn zur Rede stelle, bei anderen Fahrgästen um Hilfe nachsuche oder die Straßenbahn an der nächsten Haltestelle verlasse.

Ziel der nach Ursachen suchenden Person ist es, so HEIDER (1958), *dispositionelle* (invariante) Merkmale von Personen, Objekten und Ereignissen aufzufinden, die beobachteten Effekten zugrundeliegen. Denn es sind eben diese Merkmale, die Objekte, Personen und Ereignisse „veranlassen (dispose), sich unter bestimmten Bedingungen in bestimmter Weise zu manifestieren, ... [und] die eine mehr oder weniger stabile, vorhersagbare und kontrollierbare Welt möglich machen" (HEIDER, 1958, S. 80). Naiv-psychologische Theorien und Attributionen als deren Bestandteile ermöglichen es also – ebenso wie wissenschaftliche Theorien dies zu tun beanspruchen –, Ereignisse verstehbar, vorhersagbar und kontrollierbar zu machen, und sie haben damit letztlich die *Funktion,* eine möglichst effektive Auseinandersetzung des Individuums mit seiner Umgebung zu gewährleisten.

Wann treten Warum-Fragen auf? Individuen fragen nicht unablässig nach den Ursachen von Ereignissen. Wenn ich zum Beispiel beobachte, daß mein Nachbar die Haustür abschließt, wenn er sein Haus verläßt, so werde ich nicht fragen, warum er dies tut. In der Regel haben wir bereits implizite, nicht-reflektierte Annahmen (Schemata) über die kausale Struktur von Ereignissen. (Meinem Nachbarn ist sein Eigentum bedeutsam, das er durch den Akt des Abschließens vor Verlust schützen möchte.) Solche Schemata dienen dem unmittelbaren – keine aufwendigen Analysen erfordernden – Verstehen von Ereignissen, und sie leiten in nicht-bewußter Weise unser Handeln. Und solange sich solche Schemata bewähren – Ereignisse mit unseren impliziten Annahmen vereinbar sind – besteht kein Anlaß, Warum-Fragen, d.h. Fragen nach den Ursachen eines Ereignisses zu stellen. Man verfügt bereits über implizites Wissen in bezug auf dessen Verursachung – solches Wissen ist schon Bestandteil des Schemas.

ISAACS (1930) hat die Auffassung vertreten, daß es insbesondere erwartungs- bzw. wissensdiskrepante (schemadiskrepante) Ereignisse sind, die zu Warum-Fragen führen und Erklärungen herausfordern. Das ist auch eines der Hauptergebnisse empirischer Arbeiten zur Frage, wann Attributionen auftreten (zusammenfassend WEINER, 1985). Offensichtlich wird unser implizites Wissen dann, wenn sich Ereignisse als wissens(schema)-diskrepant erweisen, bewußtseinspflichtig, da es möglicherweise falsch und daher revisionsbedürftig ist. Es tritt von der nicht-bewußten Ebene, auf der es sozusagen automatisch das Verstehen von Ereignissen und Handeln steuerte, zumindest teilweise auf die Ebene bewußtseinsmäßiger Repräsentanz, um dort mit Hilfe höherer mentaler Prozesse einer näheren Überprüfung und – falls notwendig – einer Revision unterzogen zu werden. Dazu dienen unter anderem Prozesse der kausalen Analyse des Ereignisses, die dazu führen können, daß das relevante Schema verändert wird und danach wieder in nicht-bewußter Weise Handeln steuert. Wenn daher Attributionen als Ergebnisse kausaler Analysen in unserem Bewußtsein phänomenal gegeben sind, dann stehen sie vermutlich sehr häufig im Dienste der „Theorierevision", indem sie nämlich unsere bisherigen impliziten Kausalannahmen erweitern, berichtigen oder vollständig revidieren (s. dazu MEYER, 1988).

2. Theoretische Ansätze

Wir werden in diesem Abschnitt nicht alle einschlägigen Ansätze behandeln. Das Schwergewicht der Darstellung liegt auf den Arbeiten von FRITZ HEIDER und HAROLD H. KELLEY. Unberücksichtigt bleibt die Theorie der korrespondierenden Inferenzen (JONES & DAVIS, 1965; JONES & MCGILLIS, 1976), und zwar deswegen, weil sie auf die Zuschreibung von Motiven bzw. Intentionen beschränkt ist und vergleichsweise wenige Forschungsarbeiten angeregt hat. Ebenfalls nicht behandelt werden die Selbstwahrnehmungstheorie von BEM und die Theorie der Laienepistemologie von KRUGLANSKI. BEM wird in dem Kapitel über Dissonanztheorie erörtert. Dem Ansatz KRUGLANSKIS ist ein eigenes Kapitel in den vorliegenden „Theorien der Sozialpsychologie" gewidmet.

2.1 Die grundlegenden Arbeiten von FRITZ HEIDER

FRITZ HEIDER (1896–1988) – ein österreichischer Psychologe, der ab 1930 in den Vereinigten Staaten tätig war, wird im allgemeinen als Begründer der Attributionstheorie angesehen, und zwar aufgrund seiner Monographie *The psychology of interpersonal relations* (1958; deutsch, 1977). HEIDER greift hier auf die von JOHN STUART MILL (1872) beschriebene Differenzmethode zurück und erklärt sie zu der „fundamentalen" Strategie der Kausalanalyse des Mannes auf der Straße. Es ist dieser Aspekt der HEIDERschen Überlegungen, der den größten Einfluß auf die weitere Entwicklung der Attributionstheorie ausgeübt hat, insbesondere auf die theoretischen und empirischen Arbeiten von HAROLD H. KELLEY, an die dann wiederum andere Autoren angeknüpft haben. Wie wir aber noch sehen werden, sind Differenzbeobachtungen bei HEIDER nur eine Methode, um zu kausalen Zuschreibungen zu gelangen. In vorauslaufenden Arbeiten hatte HEIDER sich mit anderen attributionswirksamen Faktoren befaßt, vor allem mit Ähnlichkeit und Nähe von Ereignissen (s. EIMER, 1987). Wir kommen darauf gleich zurück. Lassen Sie uns zunächst HEIDERS Konzeption der naiven Handlungsanalyse betrachten.

2.1.1 Naive Handlungsanalyse

HEIDER geht davon aus, daß in der naiven (ebenso wie in der wissenschaftlichen) Psychologie Handlungsergebnisse von zwei Gruppen von Faktoren abhängig gemacht werden – Faktoren, die als der Person zugehörig betrachtet werden und Faktoren, die als der Umgebung zugehörig angesehen werden. Die Gesamtheit der ersten Faktoren nennt er *effektive Kraft der Person,* die Gesamtheit der zweiten Faktoren *effektive Kraft der Umgebung* (s. im einzelnen Abb. 1). Die effektive Kraft der Person und die der Umgebung sind – so HEIDER – additiv miteinander verknüpft: Wenn die effektive Kraft der Umgebung null ist, d. h. Umgebungsfaktoren weder förderlich noch hinderlich in bezug auf ein Handlungsergebnis sind, dann hängt das Ergebnis alleine von Personfaktoren ab. Umgekehrt kann – so HEIDER – ein Handlungsergebnis ohne jedes persönliche Zutun eintreten;

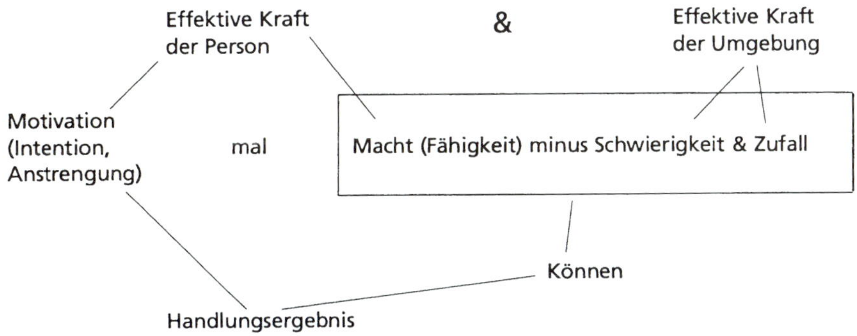

Abbildung 1: Determinanten eines Handlungsergebnisses in der naiven Psychologie (nach HEIDER, 1958).

in diesem Falle ist die effektive Kraft der Person null, und das Ergebnis ist alleine aufgrund förderlicher Umgebungsfaktoren zustandegekommen. HEIDER verdeutlicht dies an einem Ruderer, dessen Boot vom Wind sicher ans Ufer getrieben wurde, während der Ruderer schlief.

Person- und Umweltkraft werden von HEIDER weiter differenziert. Die effektive Kraft der Person setzt sich aus einem *Motivations-* und einem *Machtfaktor* zusammen. Der Motivationsfaktor umfaßt, was eine Person zu tun beabsichtigt *(Intention)* und wie stark sie es tut *(Anstrengung).* Der Machtfaktor bezieht sich insbesondere auf die körperliche und geistige Fähigkeit einer Person. Beide Faktoren sind multiplikativ miteinander verknüpft, so daß die effektive Kraft der Person null wird, wenn entweder bei vorhandener Anstrengung keine Fähigkeit gegeben ist, um ein bestimmtes Ergebnis zu erzielen, oder wenn bei vorhandener Fähigkeit keine Anstrengung aufgewendet wird.

Die effektive Kraft der Umgebung umfaßt nach HEIDER vor allem die *Schwierigkeit* (bzw. Leichtigkeit) von Aufgaben und Tätigkeiten sowie *Zerfall* bzw. *Gelegenheit.* Beide können sich in fördernder oder hindernder Weise auf ein Handlungsergebnis auswirken.

Ob eine Person ein Handlungsergebnis herbeiführen *kann* (s. Abb. 1, *Können*), ist zwar eine Funktion ihrer Fähigkeit, hängt aber darüber hinaus von der effektiven Kraft der Umgebung ab. Nur dann, wenn die Fähigkeiten einer Person größer sind als die handlungshemmenden Faktoren der Umgebung – zum Beispiel größer sind als die Schwierigkeit einer Aufgabe –, kann die Person ein bestimmtes Ergebnis herbeiführen.

Handlungsergebnisse sind demnach in der naiven Psychologie eine Funktion von Motivation und Können. Keines von beiden ist hinreichend, sondern beide sind notwendig für ein Handlungsergebnis und daher multiplikativ miteinander verknüpft.

Es sind also – wenn man HEIDER folgt – insbesondere vier Ursachen, auf die Handlungsergebnisse zurückgeführt werden: Fähigkeit (Macht), Bemühen (Motivation), Schwierigkeit und Zufall. Diese vier Faktoren spielen später in den WEINERschen Analysen leistungsbezogenen Handelns eine zentrale Rolle (zusammenfassend WEINER, 1986). Und auch die durch WEINER bekannt gewordenen Ordnungsgesichtspunkte für Ursachen von Handlungsergebnissen finden sich bereits bei HEIDER. So unterscheidet HEIDER – wie wir gerade gesehen haben – Ursachen zunächst danach, ob sie innerhalb (Fähigkeit, Motivation) oder außerhalb (Schwierigkeit, Zufall) der Person liegen. In der neueren Literatur spricht man in diesem Zusammenhang von der Kausaldimension *Lokation* oder Personabhängigkeit mit den Endpunkten internal und external. HEIDER unterscheidet zweitens zwischen dispositionellen, das heißt zeitlich relativ stabilen Faktoren (Fähigkeit, Schwierigkeit) und variablen Faktoren (Bemühen, Zufall). Man spricht in diesem Zusammenhang von der Kausaldimension *Stabilität über Zeit* mit den Endpunkten stabil und variabel. Und HEIDER unterscheidet Ursachen drittens unter dem Gesichtspunkt der persönlichen Verantwortlichkeit. Fähigkeit sowie Intention und Anstrengung sind zwar innerhalb der Person lokalisierte Faktoren; verantwortlich gemacht wird man in der Regel jedoch nur für die eigenen Intentionen und das Ausmaß der Anstrengung, nicht jedoch für Fähigkeit (und ebenfalls nicht für Schwierigkeit und Zufall). Daran anknüpfend findet sich in der neueren Literatur *Intentionalität* (ROSENBAUM, 1972) bzw. *Kontrollierbarkeit* (z.B. WEINER, 1980a) als ein weiterer Klassifikationsgesichtspunkt für Ursachen von Handlungsergebnissen.

Welches sind die Bedingungen dafür, daß man Handlungsergebnisse (allgemeiner: Ereignisse) auf die in der Abbildung 1 (S. 179) aufgeführten Ursachenfaktoren zurückführt? In seinen frühen Arbeiten hat sich HEIDER bei der Beantwortung dieser Frage von Überlegungen der Gestalttheorie leiten lassen (HEIDER, 1944; HEIDER & SIMMEL, 1944) und sich mit der zentralen Rolle beschäftigt, die Personen als Ursachen (Ursprünge) von Ereignissen spielen, und mit dem Einfluß von raum-zeitlicher Nähe und Ähnlichkeit auf die Attribution (s. auch HEIDER, 1978a, b). Später, im Jahre 1958, kam unter Rückgriff auf den englischen Philosophen JOHN STUART MILL (1806–1873) die „Differenzmethode" als wichtiges Prinzip der Ursachenanalyse hinzu. Lassen Sie uns zunächst „Personen als Ursprünge" und den Einfluß von Ähnlichkeit und Nähe auf die Attribution kurz betrachten. (Eine ausgezeichnete, ausführliche Darstellung der Überlegungen HEIDERS findet sich bei EIMER, 1987.)

2.1.2 Personen als Ursprünge, Ähnlichkeit, Nähe

Die besondere Rolle, die *Personen* – insbesondere deren Motiven – als Ursachen zukommt, läßt sich anhand eines Experiments veranschaulichen, das HEIDER zusammen mit MARIANNE SIMMEL durchführte (HEIDER & SIMMEL, 1944, s. auch HEIDER, 1984, S. 136 f.). Den Versuchsteilnehmern wurde ein kleiner Film gezeigt, in dem sich drei geometrische Figuren – ein kleines Dreieck, ein großes Dreieck und ein Kreis – in unterschiedliche Richtungen und mit unterschiedlichen Geschwindigkeiten bewegten. Weiterer Bestandteil des Films war ein Rechteck; eine Sektion des Rechtecks öffnete oder schloß sich im Film wie eine Tür (s. Abb. 2). Die Versuchspersonen wurden aufgefordert niederzuschreiben, was in dem Film geschah. Das wichtigste

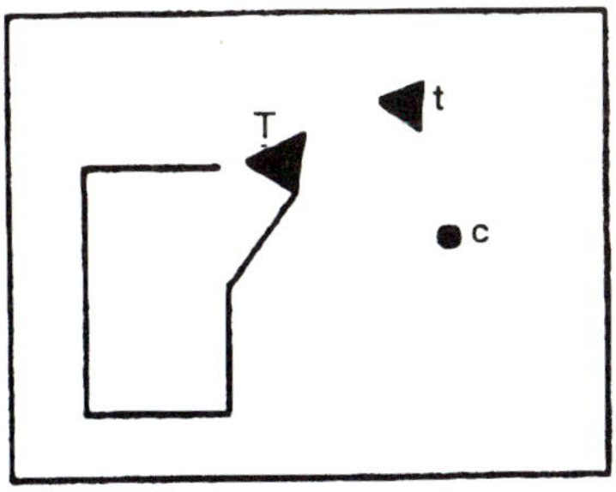

Abbildung 2: Geometrische Figuren aus der Arbeit von HEIDER & SIMMEL (1944, S. 244).

Ergebnis dieser Arbeit war, daß alle Versuchsteilnehmer – mit einer Ausnahme – die beobachteten Bewegungen der Figuren als kohärente Handlungsabfolgen von Lebewesen (insbesondere Personen) interpretierten.

HEIDER führt solche Interpretationen des Geschehens im Film als Handlungen von Personen auf folgenden Sachverhalt zurück: „Es ist offensichtlich, daß diese Organisation viele Vorteile ... unter dem Gesichtspunkt der Anpassung des Organismus an die Umgebung hat. Wenn die Veränderungen mit einer konstanten figuralen Einheit verbunden werden, dann folgen sie einander nicht mehr in willkürlicher und unverbundener Weise. ... Bislang haben wir nur die Attribution des Ursprungs von Bewegung auf die Person als ganze betrachtet. Oft geht die Attribution darüber hinaus. Die Beschreibungen machen nicht nur klar, welche Person für die Bewegung verantwortlich ist, sondern auch, welches Motiv oder Bedürfnis innerhalb der Person für die Bewegung verantwortlich ist. Wenn wir sehen, daß T [das große Dreieck] t [das kleine Dreieck] schlägt, dann scheinen wir zugleich wahrzunehmen, daß T den Wunsch hat, t zu verletzen. ... Handlungen von Personen müssen in Termini von Motiven gesehen werden, damit die Abfolge von Veränderungen zu einer zusammenhängenden Sequenz wird" (HEIDER & SIMMEL, 1944, S. 256 ff.).

Personen stellen HEIDER zufolge den „Prototyp von Ursprüngen" dar.

Eine Zuschreibung einer Handlung oder eines Ereignisses auf eine Person und deren Motive erlaubt eine *einfache* kausale Organisation. Dies führt allerdings – so HEIDER – häufig dazu, daß der Einfluß anderer (situativer) Faktoren außer acht gelassen bzw. unterschätzt wird und Verhalten als Manifestation von Charakteristika der Person betrachtet wird.

Von Einfluß auf die Bildung kausaler Einheiten ist darüber hinaus die *Beziehung der Teile* eines Feldes untereinander. HEIDER (1944; 1978b) beruft sich auf die WERTHEIMERschen Gestaltgesetze, insbesondere auf *Ähnlichkeit* und *Nähe* als einheitsbildende Faktoren. Ähnlichkeit und Nähe erzeugen „nicht nur phänomenale Zugehörigkeit, *sondern auch phänomenale Verursachung*" (HEIDER, 1978b): „Wenn zwei Ereignisse einander ähnlich sind oder nahe beieinander gelegen sind, dann wird wahrscheinlich das eine als Ursache für das andere wahrgenommen" (HEIDER, 1944, S. 362). Häufig ist es aber nicht nur die bloße Konfiguration der Teile eines Feldes (ähnlich, nahe), die zur Bildung bestimmter kausaler Einheiten führt; gleichzeitig spielen die Erfahrungen bzw. das Wissen der erklärenden Person eine Rolle: „Wenn jemand zwei Tiere hintereinander durch hohes Gras laufen sieht, so wird er diese Bewegungen in Übereinstimmung mit anderen Daten interpretieren. Wenn das vordere Tier ein Hase ist und das hintere ein Hund, so wird er wahrnehmen, daß ein Hund einen Hasen jagt. Wenn das erste Tier ein großer Hase ist und das zweite ein kleiner, dann wird er nicht ‚Jagen', sondern ‚Leiten' und ‚Folgen' sehen" (HEIDER & SIMMEL, 1944, S. 255). Das heißt, in beiden Fällen ist zwar raumzeitliche Nähe der zwei Tiere gegeben; die Art der kausalen Relation zwischen beiden Tieren ist jedoch vom Wissen des Beobachters um Hasen und Hunde bestimmt.

2.1.3 Differenzmethode

Mit Erscheinen der Monographie „The psychology of interpersonal relations" im Jahre 1958 führte HEIDER – wie bereits erwähnt – ein weiteres Prinzip der Kausalanalyse ein. Es ist die auf MILL zurückgehende *Differenzmethode.* HEIDER (1958, S. 152) spricht in diesem Zusammenhang von dem Prinzip, „das fundamental in bezug auf die Festlegung einer Attribution ist", und er formuliert es folgendermaßen: *„Diejenige Gegebenheit wird für einen Effekt als verantwortlich angesehen, die vorhanden ist, wenn der Effekt vorhanden ist, und die nicht vorhanden ist, wenn der Effekt nicht vorhanden ist."* Dieses Prinzip hat, wie wir noch sehen werden, HAROLD H. KELLEY aufgegriffen, und es hat dann den wohl größten Einfluß auf die weitere Entwicklung der Attributionstheorie gehabt. Während in den frühen Arbeiten HEIDERS das einmalige Beobachten bestimmter Charakteristika einer Situation (Ähnlichkeit, Nähe) hinreichend für eine Attribution war, erfordert die Anwendung der Differenzmethode das Beobachten von Bedingung-Effekt-Veränderungen (s. EIMER, 1987).

HEIDER veranschaulicht diese Methode unter anderem anhand des Tatbestandes, daß sich jemand über ein bestimmtes Objekt freut. Um herauszufinden, ob diese Freude (allgemeiner: der zu erklärende Effekt) auf Merkmalen der Person oder des Objektes beruht, hat man folgendes zu betrachten: 1) Inwieweit der Effekt mit dem Vorhandensein und Nichtvorhandensein des Objekts variiert, 2) inwieweit der Effekt mit Veränderungen des Objekts variiert, 3) inwieweit der Effekt über verschiedene Personen hinweg variiert.

Variation des Effekts mit dem Vorhandensein und Nichtvorhandensein des Objekts: „Wenn ich immer Freude empfinde, wenn ich mit dem Objekt interagiere, und etwas anderes als Freude, wenn das Objekt abwesend ist, dann werde ich das Objekt als Ursache der Freude betrachten" (HEIDER, 1958, S. 152). Auf der anderen Seite: „Wenn ich mich manchmal an dem Objekt erfreue und manchmal nicht, dann variiert der Effekt nicht mit dem Objekt, sondern mit etwas innerhalb von mir. Ich mag in der Lage sein oder nicht, dieses Etwas näher zu bestimmen, aber ich weiß, daß der Effekt mit irgendeinem fluktuierenden persönlichen Zustand zu tun hat" (S. 153). Mit anderen Worten: Wenn der Effekt mit dem Vorhandensein bzw. Nichtvorhandensein des Objekts variiert, dann erfolgt eine Attribution des Effekts auf das Objekt. Wenn der Effekt (Freude) dagegen nicht mit dem Objekt variiert, sondern auch dann vorhanden ist, wenn das Objekt nicht vorhanden ist, dann kann nicht ein stabiles Merkmal des Objekts Ursache für meine Freude sein; es erfolgt vielmehr eine Attribution auf einen variablen (nicht-dispositionellen) Faktor der Person.

Variation des Effekts mit Veränderungen des Objekts. HEIDER betrachtet verschiedene Varianten der Veränderung eines Objekts. Die Veränderung kann sich zum einen auf dessen *Zustand* beziehen, zum Beispiel auf eine bestimmte Stadt zu verschiedenen Jahreszeiten. Wenn mich die Stadt zu jeder Jahreszeit erfreut, dann werde ich meine Freude auf bestimmte Merkmale der Stadt (des Objekts) zurückführen. Veränderung kann zum anderen aber auch so erfolgen, daß das in Frage stehende Objekt durch andere Objekte *ersetzt* wird. Diese anderen Objekte können derselben Objektklasse angehören wie das in Frage stehende (zum Beispiel eines Spielzeugs durch andere Spielzeuge); Ersetzung kann aber auch über verschiedene Objektklassen hinweg erfolgen (zum Beispiel Spielzeug durch Essen). „Wenn die Freude in der Weise mit dem Vorhandensein der Klasse oder Klassen von Objekten koordiniert ist, daß Abwesenheit von Freude auch erlebt wird, wenn ein Objekt abwesend ist, das die Klasse oder die Klassen repräsentiert, dann wird eine Attribution auf das Objekt erfolgen" (HEIDER, 1958, S. 152).

Variation des Effekts über Personen. Eine Attribution eines Effektes auf ein dispositionelles (stabiles) Merkmal der Person erfordert Informationen darüber, ob der Effekt (zum Beispiel Freude über ein bestimmtes Objekt oder Erfolg bzw. Mißerfolg) auch bei anderen Personen auftritt. „Wenn wir wissen, daß aus einer großen Anzahl (von Personen) nur eine Person Erfolg hatte oder nur eine Person Mißerfolg hatte bei einem bestimmten Unterfangen, dann werden wir Erfolg oder Mißerfolg dieser Person zuschreiben – ihrer großen Fähigkeit oder ihrem Mangel an Fähigkeit. Wenn wir auf der anderen Seite wissen, daß praktisch jedermann, der sich anstrengt, Erfolg hat, dann werden wir den Erfolg der Aufgabe zuschreiben. Die Aufgabe wird dann als leicht beschrieben. Wenn kaum jemand Erfolg hat, dann wird sie als schwer erlebt" (HEIDER, 1958, S. 89). Mit anderen Worten: Wenn der Effekt (zum Beispiel Erfolg) über verschiedene Personen variiert – im Extremfall nur bei einer Person gegeben ist, bei allen anderen Personen dagegen nicht, dann wird der Effekt auf Unterschiede zwischen den Personen (zum Beispiel die herausragende Fähigkeit der einen in Frage stehenden Person) zurückgeführt und nicht auf Merkmale des Objekts.

Der Leser wird im nachfolgenden Abschnitt 2.2 feststellen, daß HEIDER mit diesen fundamentalen Datenmustern bzw. mit der Differenzmethode genau das Vorgehen der Kausalanalyse beschreibt, das KELLEY später unter Rückgriff auf HEIDER und MILL Kovariationsprinzip bzw. Varianzanalyse-Modell genannt hat. KELLEY (1967) nennt die Informationen, die sich aus der Beobachtung von Variationen eines Effektes a) mit dem Vorhandensein bzw. Nichtvorhandensein des Objekts, b) mit Veränderungen des Objektes und c) mit verschiedenen Personen ergeben, a) Konsistenz-, b) Distinktheits- und c) Konsensus-Informationen.

2.1.4 Zusammenwirken von Ursachenfaktoren

Es sind bei HEIDER nicht nur raum-zeitliche Nähe und Ähnlichkeit sowie die Differenzmethode, aufgrund derer kausale Zuschreibungen erfolgen. Darüber hinaus kann man aufgrund *impliziten Wissens um das Zusammenwirken potentieller Ursachenfaktoren* hinsichtlich eines Ereignisses auf dessen Verursachung schließen. Dieses Wissen ermöglicht nicht nur Ursachen-, sondern auch Eigenschaftszuschreibungen (zum Beispiel, wie fähig jemand ist), und es erlaubt unter bestimmten Bedingungen Vorhersagen darüber, wie stark man sich anstrengen muß, um bei einer Aufgabe erfolgreich zu sein. HEIDER (1958, S. 111) veranschaulicht dies anhand von Fähigkeit, Anstrengung und Aufgabenschwierigkeit (s. Abb. 3).

$$\text{Anstrengung} = f\ \frac{\text{Schwierigkeit}}{\text{Fähigkeit}} \qquad \text{Fähigkeit} = f\ \frac{\text{Schwierigkeit}}{\text{Anstrengung}}$$

Abbildung 3: Erschließen von Anstrengung und Fähigkeit.

Wenn ich zum Beispiel weiß, daß jemand bei einer sehr schwierigen Aufgabe Erfolg hatte und sich wenig angestrengt hat, dann werde ich den Erfolg auf die hohe Fähigkeit dieser Person zurückführen. Oder: „Wenn zwei Personen sich in der gleichen Weise anstrengen, dann hat diejenige Person, die die schwierigere Aufgabe löst, höhere Fähigkeit" (S. 111). Weiterhin: „Wenn die [Schwierigkeit der] Aufgabe konstant gehalten wird, dann muß sich diejenige Person, die geringere ... Fähigkeit hat, mehr anstrengen, um erfolgreich zu sein" (S. 111). Ähnliche, wenn auch differenziertere Überlegungen hinsichtlich des Zusammenwirkens von Ursachenfaktoren in bezug auf einen Effekt finden sich später in den Arbeiten von KELLEY (1972, s. hier Abschnitt 2.3).

2.1.5 *Das Erschließen von Absichten: Persönliche Kausalität*

Kausale Zuschreibungen haben - wie gezeigt - die Funktion, Ereignisse verstehbar, vorhersagbar und kontrollierbar zu machen. Vorhersagbarkeit von Verhalten (Ereignissen) im zwischenmenschlichen Bereich - dieser steht im Zentrum der Analysen HEIDERS - ist in besonders hohem Maße dann möglich, wenn das Verhalten einer Person mit deren *Absicht* und einer hinter dieser Absicht stehenden *Disposition* in ursächlichen Zusammenhang gebracht wird. Denn dies führt zu der Vorhersage, daß sich das Verhalten selbst unter veränderten Umständen wiederholen kann. Wenn auf der anderen Seite das Verhalten einer Person auf nicht-dispositionelle (variable) Gegebenheiten zurückgeführt wird, so erlaubt dies keine (oder

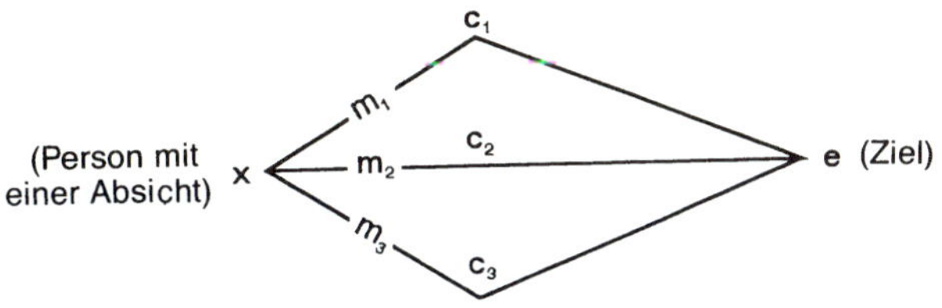

Abbildung 4a: Äquifinalität bei persönlicher Kausalität

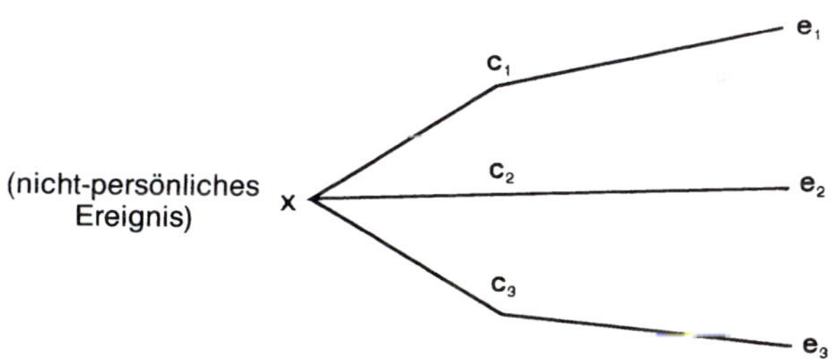

Abbildung 4b: Multifinalität bei nichtpersönlicher Kausalität

erschwert zumindest) Vorhersagen über das zukünftige Verhalten der Person.

Liegt eine Attribution auf eine Absicht vor, so ist auch *persönliche Kausalität* gegeben (HEIDER, 1958, S. 100: „Persönliche Kausalität bezieht sich auf Fälle, in denen *p*(erson) absichtlich *x* verursacht"). Wie aber kann man auf das Vorliegen einer Absicht schließen und daher persönliche von nichtpersönlicher Kausalität unterscheiden? Man hat die Situation daraufhin zu untersuchen, ob *Äquifinalität* und *lokale Kausalität* gegeben sind.

Äquifinalität meint, daß „Invarianz des Ziels und Variabilität der Mittel" gegeben sind (HEIDER, 1958, S. 101). Eine Person x, die zum Beispiel die Intention hat, mir Schaden zuzufügen, erreicht ihr Ziel (e) auch bei Vorliegen ganz unterschiedlicher Bedingungen, indem sie nämlich in Abhängigkeit von den Bedingungen c_1, c_2 und c_3 die Mittel m_1, m_2 und m_3 wählt (s. Abb. 4a). Im Falle von nicht-persönlicher Kausalität dagegen ist Multifinalität gegeben (s. Abb. 4b); verschiedene Umstände (c_1, c_2, c_3) führen zu unterschiedlichen Effekten (e_1, e_2, e_3): „Wenn ich von einer Gefahr aus einer nicht-persönlichen Quelle bedroht werde, dann brauche ich im allgemeinen nur die Bedingungen zu verändern, um der Gefahr zu entgehen. Wenn ich auf einem Berg von fallenden Steinen bedroht bin, dann kann ich mich aus der Gefahrenzone begeben und Schutz suchen. Die Steine werden ihren Weg nicht ändern, um mich hinter dem Schutz zu finden. Wenn mich jedoch eine Person mit einem Stein treffen will und sie schneller laufen kann als ich, dann bin ich der Gefahr, getroffen zu werden, in viel größerem Maße ausgesetzt..." (HEIDER, 1958, S. 101).

Äquifinalität ist jedoch nicht das einzige Merkmal von persönlicher Kausalität. Äquifinalität kann auch in physikalischen Systemen, das heißt auch im Falle nicht-persönlicher Kausalität, gegeben sein. HEIDER veranschaulicht dies anhand einer Kugel in einer Schüssel. Unabhängig davon, von wo aus die Kugel in der Schüssel gestartet wird, kommt sie auf einer Vielzahl von Wegen immer am tiefsten Punkt der Schüssel zum Stillstand. Die Kräfte, die zu diesem Endzustand führen, werden hier jedoch nicht durch einen Teil des Systems kontrolliert, wie dies im Falle persönlicher Kausalität gegeben ist. Dort „kontrolliert die Person die kausalen Linien, die von ihr ausgehen, (und) sie ist daher nicht nur die ursprüngliche Quelle der hergestellten Veränderungen, sondern sie bleibt auch die andauernde Ursache" (HEIDER, 1958, S. 101 f.). HEIDER bezeichnet dies als *lokale Kausalität.* Persönliche Kausalität ist durch Äquifinalität und lokale Kausalität gekennzeichnet. Wenn Äquifinalität und lokale Kausalität beobachtet werden, dann können Ereignisse auf die Absicht einer Person als Ursache zurückgeführt werden.

2.2 Systematisierung und Weiterführung durch HAROLD H. KELLEY

HAROLD H. KELLEY hat in einem einflußreichen 1967 erschienenen Aufsatz an HEIDERS Überlegungen angeknüpft. Sein Anliegen ist es dort, zentrale Gedanken aus HEIDERS Arbeiten aufzugreifen und diese in mehr systematisierter Weise, als dies bei HEIDER der Fall war, darzustellen. In der erwähnten Arbeit greift KELLEY (1967) die Differenzmethode auf, die er später (KELLEY, 1973) auch das *Kovariationsprinzip* (oder Kovariationskonzept) nennt. Die Differenzmethode hat dann unter dieser Bezeichnung Eingang in die attributionstheoretische Literatur gefunden. Die Anwendung des Kovariationsprinzips erfordert - wie gleich ersichtlich wird - *mehrfache* Beobachtungen der Variation von Effekten mit potentiellen Ursachen dieser Effekte. Ein anderer Fall liegt vor, wenn mehrfache Beobachtungen nicht möglich sind oder aus bestimmten Gründen nicht angestellt werden, sondern nur eine *einzige* Beobachtung eines Effektes vorliegt. Auch in diesen Fällen ist - so KELLEY - eine Attribution nicht ausgeschlossen. Es kommt nur ein anderes Prinzip der Kausalanalyse zum Tragen, nämlich die sogenannten *Konfigurationskonzepte.* Lassen Sie uns zunächst das Kovariationsprinzip betrachten.

2.2.1 Das Kovariationsprinzip

KELLEY (1967, S. 194) formuliert dieses Prinzip übereinstimmend mit der HEIDERschen Beschreibung der Differenzmethode (s. hier S. 182). Später benutzt er eine abgewandelte Formulierung: *„Ein Effekt wird derjenigen seiner möglichen Ursachen zugeschrieben, mit der er, über die Zeit hinweg, kovariiert“* (KELLEY, 1973, S. 108). Er beschreibt „den zur Diskussion stehenden Prozeß, nämlich die Inferenz einer Ursache aufgrund von Kovarianz-Beobachtungen, in Termini der Varianzanalyse, wie sie in den Sozialwissenschaften angewendet wird, um experimentelle Ergebnisse zu interpretieren ... Die Annahme ist, daß der Mann auf der Straße, der naive Psychologe, eine naive Version der Methode benutzt, die auch in der Wissenschaft benutzt wird. Seine naive Version ist zweifellos eine schwache Kopie der wissenschaftlichen [Version] - unvollständig, anfällig gegenüber Vorurteilen, bereit, auf unvollständiger Grundlage zu arbeiten, und so weiter. Gleichwohl hat sie einige allgemeine Merkmale mit der Varianzanalyse gemeinsam, so wie wir Verhaltenswissenschaftler sie benutzen“

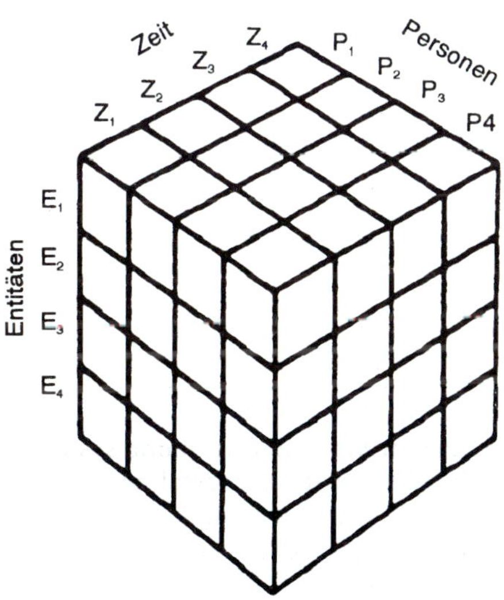

Abbildung 5: Varianzanalytisches Modell der Ursachenerklärung bei mehrfachen Beobachtungen (nach KELLEY, 1973, S. 110)

Abbildung 6: Daten-Muster, das zu einer Attribution auf die Person führt (nach KELLEY, 1973, S. 110).

(KELLEY, 1973, S. 109). In dieser naiven Varianzanalyse sind die möglichen Ursachen für einen Effekt die unabhängigen Variablen, der Effekt ist die abhängige Variable.

KELLEY nennt drei Klassen von Ursachen, die in vielen Situationen für die Erklärung von Ereignissen (Effekten) in Frage kommen: Personen, Entitäten und Zeit (s. Abb. 5). Wenn zum Beispiel Karl einen Seminartext nicht versteht, so kann die Ursache für diesen Effekt ein Merkmal der *Person* (Karl) sein, oder es kann ein Merkmal des Textes (allgemeiner der *Entität*) sein, oder es können besondere Umstände sein, die zu dem *Zeitpunkt* des Nichtverstehens des Textes durch Karl vorliegen. Allgemeiner: die Klasse *„Person"* als Ursache umfaßt (stabile) Merkmale derjenigen Person, von der eine Handlung ausgeht bzw. bei der ein Effekt vorliegt. Die Klasse *„Entität"* als Ursache umfaßt (stabile) Merkmale derjenigen Gegebenheit, auf die eine Handlung gerichtet ist. In unserem Beispiel ist die Entität der Text. Entitäten können aber auch andere Objekte oder Personen sein, auf die Handlungen gerichtet sind. Die Klasse *„Zeit"* als Ursache umfaßt „besondere Umstände" zu einem bestimmten Zeitpunkt bzw. „ein Bündel nicht spezifizierter, jedoch vorübergehender Kausalfaktoren" (KELLEY, 1973, S. 110). Solche vorübergehenden (variablen) Faktoren sind zum Beispiel Zufall (external) oder mangelnde Anstrengung (internal). Wir kommen auf die Ursachenklasse „Zeit" zurück.

Lassen Sie uns zur Veranschaulichung der Kausalanalyse mittels des Kovariationsprinzips noch einmal auf unser Beispiel zurückgreifen. Der zu erklärende Effekt ist, daß Karl (P_2, s. Abb. 5 und 6) einen Seminartext nicht verstanden hat. Stellen Sie sich vor, Sie hätten aufgrund mehrfacher Beobachtungen folgende weitere Informationen: a) Alle anderen Seminarteilnehmer (P_1, P_3, P_4...) haben den Text verstanden; b) Karl hat diesen Text schon einige Male gelesen und ihn zu keinem dieser Zeitpunkte (Z_1, Z_2, Z_3) verstanden; c) Karl hat andere Seminartexte (E_1, E_2, E_3) ebenfalls nicht verstanden. Dieses Datenmuster ist in der Abbildung 6 veranschaulicht; das Vorliegen des Effekts (Nichtverstehen) ist durch Schraffierungen gekennzeichnet.

Betrachtet man diese drei Informationen unter dem Aspekt der Kovariation von Effekt und potentiellen Ursachen (Person, Entität, Zeitpunkt), dann variiert der Effekt über verschiedene *Personen:* Bei Karl liegt Nichtverstehen vor, bei allen anderen Personen dagegen nicht. Der Effekt variiert dagegen nicht über die *Zeit:* Zu jedem Zeitpunkt der Beschäftigung von Karl mit diesem Text ist Nichtverstehen gegeben. Der Effekt variiert ebenfalls nicht über *Entitäten:* Karl hat diesen einen Seminartext nicht verstanden und andere Seminartexte ebenfalls nicht. Der Effekt variiert also ausschließlich über Personen, und er sollte daher entsprechend dem Kovariationsprinzip auf Merkmale der in Frage stehenden Person, also zum Beispiel auf geringe Fähigkeit von Karl zurückgeführt werden.

Informationen darüber, inwieweit ein Effekt mit Personen, Zeitpunkten und Entitäten als potentiellen Ursachen kovariiert, nennt KELLEY *Konsensus-*, *Konsistenz-* und *Distinktheits*informationen (vgl. die „fundamentalen Datenmuster" bei HEIDER, s. hier S. 182 ff.). Von der Konstellation dieser Informationen hängt es (unter anderem) ab, auf welche Ursache ein Effekt zurückgeführt wird. Lassen Sie uns zunächst diese drei Informationsarten noch einmal näher betrachten.

Konsensus bezieht sich darauf, inwieweit ein Effekt über verschiedene Personen variiert, wenn alle Personen mit derselben Entität konfrontiert sind. Konsensus ist hoch, wenn der Effekt nicht nur bei der in Frage stehenden Person, sondern auch bei den anderen betrachteten Personen gegeben ist (keine Kovariation). Konsensus ist niedrig, wenn der Effekt nur bei der in Frage stehenden Person und nicht auch bei anderen Personen gegeben ist (Kovariation).

Konsistenz bezieht sich darauf, inwieweit ein Effekt über verschiedene Zeitpunkte variiert, zu denen die in Frage stehende Person mit derselben Entität konfrontiert ist. Hohe zeitliche Konsistenz liegt vor, wenn der Effekt zu verschiedenen Zeitpunkten immer wieder auftritt (keine Kovariation). Niedrige Konsistenz des Effekts liegt vor, wenn er nur zu diesem Zeitpunkt und nicht auch zu anderen Zeitpunkten gegeben ist (Kovariation).

Distinktheit bezieht sich darauf, inwieweit der Effekt bei der in Frage stehenden Person über verschiedene Entitäten variiert, die einander mehr oder weniger ähnlich sind. Niedrige Distinktheit liegt vor, wenn der Effekt

Tabelle 1: Ideale Informationsmuster, die nach KELLEY (1967, 1973) zu Attributionen auf die Person, die Entität und die Umstände führen.

Ursache	Informationen		
	Konsensus	Distinktheit	Konsistenz
Person	niedrig	niedrig	hoch
Entität	hoch	hoch	hoch
Umstände	niedrig	hoch	niedrig

bei allen Entitäten auftritt (keine Kovariation). Hohe Distinktheit liegt vor, wenn der Effekt bei der einen Entität auftritt und bei den anderen nicht (Kovariation).

Folgt man KELLEY (1973; ORVIS, CUNNINGHAM & KELLEY, 1975), so gibt es bestimmte *ideale* Muster dieser drei Informationen, die zu Person-, Entitäts- und Zeit-Attributionen führen. KELLEY und MICHELA (1980, S. 462) nennen diese Muster die „wichtigsten Implikationen" des varianzanalytischen Modells. Diese vielzitierten, idealen Muster sind in der Tabelle 1 dargestellt. Das Muster „Konsensus niedrig/Distinktheit niedrig/Konsistenz hoch" führt zu Personattributionen, und zwar deswegen, weil der Effekt ausschließlich über Personen variiert. Das Muster „Konsensus hoch/Distinktheit hoch/Konsistenz hoch" führt zu Entitätsattributionen, weil der Effekt ausschließlich über Entitäten variiert.

2.2.2 GRIMMS Kritik am Kovariationsprinzip

Betrachtet man allerdings das nach KELLEY für Umständeattributionen ideale Informationsmuster näher (s. Tab. 1), dann wird deutlich, daß hier die Logik des Kovariationsprinzips verlassen wird. Darauf hat erstmalig GRIMM (1979) hingewiesen. Denn dieses Muster beinhaltet eine Kovariation des Effekts mit allen drei möglichen Ursachen: Der Effekt variiert über Personen (Konsensus niedrig), er variiert über Entitäten (Distinktheit hoch) und er variiert gleichzeitig auch über die Zeit (Konsistenz niedrig). Eine Attribution auf die zu einem bestimmten *Zeitpunkt* gegebenen *Umstände* sollte aufgrund des Kovariationsprinzips jedoch dann erfolgen, wenn der Effekt nur über die Zeit variiert. Eine eindeutige Ursachenzuschreibung dürfte daher bei Vorliegen des in der Tabelle 1 beschriebenen Umstände-Musters nicht möglich sein. Daß man in einschlägigen Untersuchungen bei Vorliegen dieses Musters dennoch ein Überwiegen der Attributionen auf „die besonderen Umstände" findet (z. B. MCARTHUR, 1972), führt GRIMM (1979) darauf zurück, daß dieser Faktor eine Restkategorie von Ursachenfaktoren bildet, die alles das umfaßt, was nicht durch stabile Merkmale der Person und durch stabile Merkmale der Entität abgedeckt ist. Würde man den Versuchsteilnehmern die Möglichkeit einräumen zu antworten „ich weiß nicht, woran der Effekt gelegen hat", dann würde man vermutlich bei Vorliegen des in Frage stehenden Musters ein Überwiegen eben dieser Nicht-Wissen-Antwort finden (GRIMM, 1979).

GRIMM hat dann weiterhin die Frage untersucht, welchen Status die „Zeit" als potentielle Ursache für einen Effekt in den KELLEYschen Überlegungen hat. Die Differenzmethode (das Kovariationsprinzip) enthält ja zunächst keinerlei Festlegungen in bezug auf Ursachen von Effekten. Sie „spezifiziert eine Regel der Informationsverarbeitung, ist aber offen hinsichtlich der Arten einbezogener Ursachen und Effekte" (KELLEY & MICHELA, 1980, S. 462). Die spezifische Ausgestaltung im „Würfelmodell" (s. Abb. 6) mit Zeit, Entität und Person als potentiellen Ursachen hat die Methode durch KELLEY (1967) erfahren.

Das Kovariationsprinzip besagt nun, daß ein Effekt derjenigen seiner möglichen Ursachen zugeschrieben wird, mit der er *„über die Zeit hinweg"* kovariiert (KELLEY, 1973, S. 108). Das Kovariationsprinzip setzt also – wie GRIMM darlegt – zeitlich wiederholte Beobachtungen voraus. Der ‚Ursache' Zeit (s. Abb. 6) komme daher ein anderer konzeptueller Status zu als den Ursachen Person und Entität. „Die Zeit ist eigentlich gar keine Ursache in dem Sinne wie Personen oder Entitäten, die Ereignisse bewirken können ... vielmehr spielen sich die Ergebnisse in der Zeit ab. Die Zeit ist also der Hintergrund, vor dem die Veränderungen bzw. Ereignisse möglich sind und auftreten" (GRIMM, 1979, S. 164 f.). Zu sagen, die Ursache für ein Ereignis sei die Zeit selbst, ist – wie GRIMM weiter darlegt – offensichtlich „unsinnig". Im KELLEYschen Würfelmodell findet daher auch keine Attribution auf die Zeit oder auf Zeitpunkte statt, sondern auf die zu einem bestimmten Zeitpunkt gegebenen *Umstände;* das heißt, die Zeitpunkte im Würfel (s. Abb. 6) müssen für die Attribution in Umstände transformiert werden.

Die Zeitpunkte betreffende Konsistenzinformation ist nach Grimm dafür entscheidend, ob eine dispositionelle *vs.* nichtdispositionelle Ursachenzuschreibung erfolgt (s. auch Kelley, 1973). Notwendige Voraussetzung für eine subjektiv valide Attribution eines Effekts auf ein *dispositionelles* Merkmal der Person oder der Entität ist zunächst, daß *hohe Konsistenz* vorliegt, d.h. ein Effekt (bei einer bestimmten Person) beständig auftritt. Und es ist dann die Distinkheits- bzw. Konsensus-Information, die darüber entscheidet, ob die Ursache für den Effekt ein dispositionelles Merkmal der Entität oder der Person ist. *Niedrige Konsistenz* auf der anderen Seite besagt, daß die Voraussetzung für eine Dispositionsattribution nicht gegeben ist. Das Ereignis wird ‚den Umständen' zugeschrieben werden, wobei es sich hier „sozusagen um eine Attribution per negationem handelt, das heißt man kann hier eigentlich nur sagen, daß man nicht in der Lage ist, eine Zuschreibung auf eine stabile Ursache vorzunehmen ... Die Attribution auf

Tabelle 2: Zusammenfassung der Überlegungen Grimms zum Kovariationsprinzip (nach Grimm, 1979, S.166)

Konsensus	Distinktheit	Konsistenz	Ursache
hoch	hoch	hoch	stabiles Merkmal der Entität
niedrig	niedrig	hoch	stabiles Merkmal der Person
niedrig	hoch	hoch	Person X Entität
hoch	niedrig	hoch	—
hoch	hoch	niedrig	unbekannt (variabler Faktor)
niedrig	niedrig	niedrig	unbekannt (variabler Faktor)
niedrig	hoch	niedrig	unbekannt (variabler Faktor)
hoch	niedrig	niedrig	unbekannt (variabler Faktor)

die Umstände bezieht sich also auf eine Restklasse von Ursachen, die alle möglichen nichtdispositionalen Faktoren umfaßt, ohne daß man aufgrund der Konsensus- oder Distinktheitsinformation eine Identifizierung oder Lokalisation vornehmen kann" (Grimm, 1979, S.169f.).

Diese Überlegungen Grimms sind in Tabelle 2 zusammengefaßt. Im Falle hoher zeitlicher Konsistenz eines Effektes (die ersten vier Zeilen der Tabelle) kann eine Attribution auf die Entität, die Person oder auf eine Verschränkung von Person und Entität erfolgen. Das Datenmuster in Zeile 4 dagegen erlaubt bei Anwendung des Kovariationsprinzips keine Attribution, da hier keine Variation des Effektes mit potentiellen Ursachen vorliegt. Im Falle niedriger zeitlicher Konsistenz eines Effektes (die letzten vier Zeilen) ist eine subjektiv valide Attribution auf eine *spezifische* Ursache nach GRIMM nicht möglich; man weiß aufgrund der gegebenen Informationen lediglich, daß dem Effekt ein variabler (nichtdispositioneller) Ursachenfaktor zugrundeliegt.

2.3 Konfigurations-Konzepte

Für Attributionsprozesse, wie sie in alltäglichen Situationen stattfinden, ist es sicherlich nicht charakteristisch, daß eine mehr oder weniger aufwendige Analyse der Kovariation eines Effektes mit dessen potentiellen Ursachen erfolgt. Dem Individuum fehlt nämlich oft die Gelegenheit, die Zeit oder die Motivation, um die für eine „ideale" Ursachenanalyse notwendigen Informationen über Konsensus, Konsistenz und Distinktheit durch mehrfache Beobachtungen eines Effektes einzuholen (KELLEY, 1972, 1973). Aber auch im Falle der *einmaligen* Beobachtung eines Effektes ist eine Attribution nicht ausgeschlossen. Gewöhnlich hat das Individuum nämlich ähnliche Effekte vorauslaufend beobachtet, und es hat daher gewisse Vorstellungen über mögliche relevante Ursachen erworben und darüber, in welcher Weise sie mit dieser Art von Effekt in Verbindung stehen. KELLEY faßt solche Vorstellungen unter dem Begriff „kausales Schema" (Plural: Schemata) zusammen. „Kausale Schemata sind Konzeptionen über die Art des Zusammenwirkens von zwei oder mehreren Ursachenfaktoren im Hinblick auf eine bestimmte Art von Effekt" (KELLEY, 1972, S. 152). Wenn Sie zum Beispiel einen Effekt ein einziges Mal beobachten – jemand löst eine Aufgabe in kurzer Zeit –, und wenn Sie gleichzeitig wissen, daß die

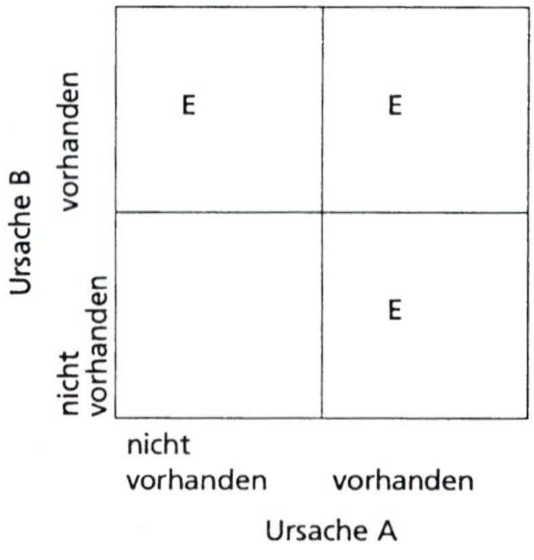

Abbildung 8: Kausalschema für multiple hinreichende Ursachen (nach KELLEY, 1972, S. 2).

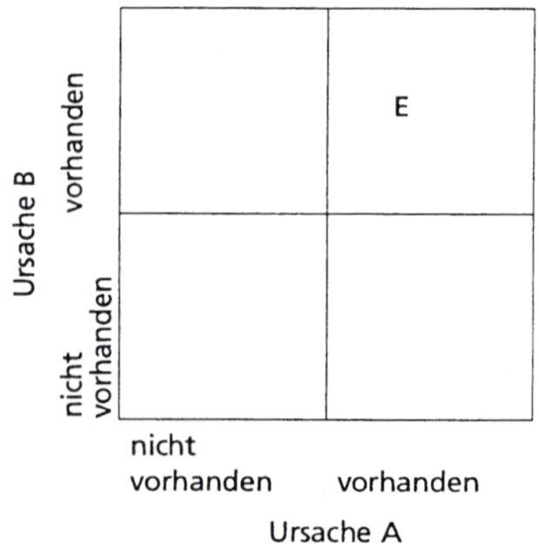

Abbildung 9: Kausalschema für multiple notwendige Ursachen (nach KELLEY, 1972, S. 6).

Aufgabe extrem schwer ist, dann werden Sie aufgrund ihres Wissen um das Zusammenwirken des (für den Effekt abträglichen) Faktors „hohe Aufgabenschwierigkeit“ und des Faktors „Begabung“ vermutlich zu dem Schluß kommen, daß der Effekt auf die hohe Begabung der handelnden Person zurückgeht (s. dazu auch die hier unter 2.1.4 dargestellten Ausführungen HEIDERS).

Aus der Vielzahl der von KELLEY (1972) beschriebenen kausalen Schemata seien hier nur zwei herausgegriffen, nämlich das Schema für „multiple hinreichende Ursachen“ und das für „multiple notwendige Ursachen“ (s. Abb. 7 und 8). Ersteres Kausalschema besagt, daß das Vorhandensein entweder der Ursache A *oder* der Ursache B *hinreichend* ist, damit der Effekt (E) eintritt. Nur wenn keine der beiden potentiellen Ursachen vorhanden ist, tritt auch der Effekt nicht ein. Das zweite Kausalschema besagt, daß das Vorhandensein der Ursachen A *und* B *notwendig* ist, damit der Effekt eintritt. Kausale Schemata gestatten also, bei *einmaliger* Beobachtung eines Effektes die Ursache(n) für den Effekt zu identifizieren. Sie erlauben darüber hinaus aber auch, bei Kenntnis potentieller Ursachen das Eintreten oder Nichteintreten eines Effektes vorherzusagen.

Je nachdem, ob zur Erklärung eines Effektes das Schema für hinreichende oder das für notwendige Ursachen zur Anwendung kommt, ergeben sich unterschiedliche Attributionen. Bei Anwendung des Schemas für notwendige Ursachen kommt man zu dem Schluß, daß der Effekt (z. B. Erfolg) auf die Ursachen A (z. B. Anstrengung) und B (z. B. Fähigkeit) zurückgeht. Bei Anwendung des Schemas für hinreichende Ursachen dagegen ist Unsicherheit gegeben, ob der Effekt auf A oder auf B zurückgeht. In Abhängigkeit vom Gebrauch des einen oder anderen Schemas ergeben sich auch unterschiedliche Vorhersagen in bezug auf das Eintreten des Effekts. Wenn man weiß, daß A vorhanden ist, B aber nicht, dann wird man *nur* bei Anwendung eines Schemas für hinreichende Ursachen des Eintreten von E erwarten.

KELLEY (1972) geht davon aus, daß das Kausalschema für multiple hinreichende Ursachen bei der Erklärung von gewöhnlichen Ereignissen zum Tragen kommt (z. B. Erfolg bei leichten Aufgaben), das Kausalschema für multiple notwendige Ursachen bei der Erklärung von ungewöhnlichen oder extremen Ereignissen (z. B. Erfolg bei sehr schweren Aufgaben).

3. Weiterentwicklungen des Kelley-Modells

Seit der ursprünglichen Formulierung (KELLEY, 1967, 1973) ist KELLEYS Kovariations-Modell (s. 2.2) bis in die Gegenwart hinein Gegenstand konzeptioneller Analysen und empirischer Überprüfungen geblieben. Diese haben zu Ergänzungen, Revisionen und Weiterentwicklungen des Modells geführt (s. CHENG & NOVICK, 1990 a, b; FÖRSTERLING, 1989; HEWSTONE & JASPARS, 1987; HILTON & SLUGOSKI, 1986; JASPARS, 1983; MEDCOF, 1990; ORVIS, CUNNINGHAM & KELLEY, 1975). Die Kritik von GRIMM (1979) fand dabei keine Berücksichtigung, da sie unveröffentlicht geblieben ist. Aus

Gründen der Übersichtlichkeit beschränken wir uns hier auf die Darstellung des Diamanten-Modells (Pruitt & Insko, 1980) sowie des Anova-Modells.

3.1 Das Diamanten-Modell (Pruitt & Insko, 1980)

Pruitt & Insko (1980) machen darauf aufmerksam, daß man mit einer anderen Darstellungsweise der Kelleyschen Überlegungen als der in der Form eines Würfels (s. Abb. 9a) zeigen könne, daß das Kelley-Modell nicht alle attributionsrelevanten Informationen berücksichtigt: Die wesentlichen potentiellen Ursachen in Kelleys Theorie sind eine *Person,* die

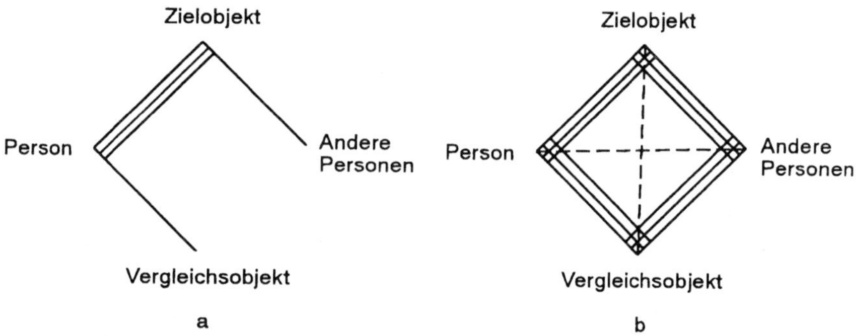

Abbildung 9: Die Beziehungen zwischen den Variablen des Kelley-Modells (a) und die „vollständigen" Beziehungen (b). Aus „Extension of the Kelley Attribution Model: The Role of Comparison-Object Consensus, Target-Object Consensus, Distinctiveness, and Consistency" von D. J. Pruitt & C. A. Insko, 1980, *Journal of Personality and Social Psychology, 39,* pp. 40 und 42. Copyright 1980 bei der American Psychological Association.

gegenüber einer *Entität* (Zielobjekt) ein bestimmtes Verhalten zeigt. Ferner berücksichtigt das Modell Informationen über das Verhalten der betreffenden Person in bezug auf andere Entitäten (Vergleichsobjekte) und darüber, wie sich andere Personen im Hinblick auf die Entität (Zielobjekt) verhalten.

Zur Verdeutlichung: Für den Effekt „Hans hat eine Aufgabe nicht gelöst" sind die möglichen Ursachen die Person (Hans), die Entität (das Zielobjekt, d. h. die Aufgabe) oder „besondere Umstände" (siehe Abb. 9a). Konsistenz-Information (z. B. „Hans hat die Aufgabe auch in der Vergangenheit schon nicht gelöst") zeigt der Versuchsperson an, wie sich die

Person zu unterschiedlichen Zeitpunkten hinsichtlich der Entität (Zielobjekt) verhalten hat (angedeutet durch mehrfache Verbindungslinien zwischen der Person und dem Zielobjekt). Distinktheits-Information gibt Auskunft darüber, wie sich die Person hinsichtlich anderer, ähnlicher Entitäten (Vergleichsobjekte) verhält (z. B. „Andere Aufgaben dieser Art löst Hans"). Diese wird durch die Verbindung von „Person" und „Vergleichsobjekt" dargestellt. Schließlich erfährt man durch Konsensus, wie sich andere Personen hinsichtlich der in Frage stehenden Entität (Zielobjekt) verhalten (z. B. „Alle anderen lösen die Aufgabe"); dies wird durch die Verbindung „andere Personen"-„Zielobjekt" ausgedrückt.

Aus der Abbildung 9b ist nun ersichtlich, daß weitere Beziehungen zwischen diesen Konzepten bei KELLEY unberücksichtigt bleiben. Besonders wichtig ist dabei nach PRUITT & INSKO (1980), daß Konsensus, Distinktheit und Konsistenz sensu KELLEY nicht darüber Auskunft geben, wie sich andere Personen hinsichtlich anderer Entitäten (Vergleichsobjekte) verhalten. Diese Informationskategorie nennen sie Vergleichsobjekt-Konsensus (comparison object consensus). Nehmen wir z. B. an, es läge ein typisches, nach KELLEY zu Personenzuschreibungen führendes Datenmuster vor: Hans löst eine Aufgabe nicht (Effekt), er schafft sie auch zu anderen Zeitpunkten nicht (hohe Konsistenz), er löst auch andere Aufgaben nicht (niedrige Distinktheit), andere Personen lösen diese Aufgabe (niedriger Konsensus). Hoher Vergleichsobjekt-Konsensus würde nun besagen, daß andere Personen bei anderen Aufgaben gleiche Effekte erzielen wie Hans (d. h. „Alle anderen lösen andere Aufgaben auch nicht"). Niedriger Vergleichsobjekt-Konsensus würde dagegen beinhalten, daß andere Personen bei vergleichbaren Aufgaben - anders als unsere in Betracht stehende Person - Erfolg bei der Lösung der Aufgabe hatten.

Bei niedrigem Vergleichsobjekt-Konsensus ist man in diesem Muster ganz eindeutig dazu geneigt, die Person für das Ergebnis verantwortlich zu machen. Wohl deshalb, weil sich Hans nicht nur hinsichtlich der in Frage stehenden Aufgabe, sondern auch bei anderen Aufgaben von anderen Personen unterscheidet. Ist jedoch der Vergleichsobjekt-Konsensus hoch (andere lösen andere Aufgaben ebenfalls nicht), dann sind wir nicht in gleicher Weise geneigt, stabile Charakteristika unserer Stimulusperson zur Erklärung des Mißerfolges heranzuziehen. Möglicherweise erklären wir in diesem Fall Mißerfolg durch ein Zusammenwirken von Merkmalen der kritischen Aufgabe mit besonderen Merkmalen von Hans. Denn normalerweise unterscheidet sich Hans (hinsichtlich anderer Aufgaben) nicht von den anderen, die ja „normalerweise" auch Mißerfolg haben.

Konsistent mit ihren Überlegungen wiesen PRUITT & INSKO (1980) nach, daß Vergleichsobjekt-Konsensus Attributionen maßgeblich beeinflußt; sie schlugen daher vor, das KELLEY-Modell entsprechend zu erweitern.

3.2 Das ANOVA-Modell (FÖRSTERLING, 1989)

Ähnlich wie PRUITT & INSKO (1980) zeigen CHENG & NOVICK (1990a, b), FÖRSTERLING (1989) und HILTON & SLUGOSKI (1986), daß die durch Konsensus, Distinktheit und Konsistenz sensu KELLEY vorgegebenen Informationen unvollständig sind. Wenn man strikt dem ursprünglichen Vorschlag KELLEYS folgt, daß der Attributionsprozeß als eine Analogie zur statistischen Methode der Varianzanalyse verstanden werden kann, sind nämlich die möglichen Ursachen (Personen, Entitäten und Zeitpunkte) die unabhängigen Variablen und die beobachteten Effekte die abhängigen Variablen. In der einfachsten Form läge einer solchen „naiven" Varianzanalyse ein 2 (Personen) x 2 (Entitäten) x 2 (Zeitpunkte) Versuchsplan mit acht Zellen zugrunde (s. Tab.3): Zwei Personen interagieren zu zwei unterschiedlichen Zeitpunkten mit zwei verschiedenen Entitäten. Unter welchen Bedingungen (in welchen der 8 Zellen) der Effekt auftritt oder nicht auftritt, ist in diesem „naiven" Versuchsplan die abhängige Variable.

Tabelle 3: Ursachenzuschreibungen als Analogie zu einem vollständig gekreuzten varianzanalytischen Versuchsplan.

	Person 1				Person 2			
	Entität 1		Entität 2		Entität 1		Entität 2	
	Zeit 1	Zeit 2	Zeit 1	Zeit 2	Zeit 1	Zeit 2	Zeit 1	Zeit 2
	1	2	3	4	5	6	7	8
A.	E	E	E	?	—	?	?	?
B.	E	E	—	?	E	?	?	?
C.	E	—	—	?	—	?	?	?
D.	E	E	—	—	E	E	—	—
E.	E	E	E	E	—	—	—	—
F.	E	—	E	—	E	—	E	—
G.	E	E	—	—	—	—	—	—
H.	E	E	E	?	E	?	E	E
I.	E	E	E	?	E	?	—	—

Fall A–C: Informationen über Kovariation von Effekten und potentiellen Ursachen, die durch Konsensus, Distinktheit und Konsistenz vermittelt werden und zu Personen- (A), Entitäts- (B) und Umständeattributionen (C) führen sollen. Fall D–G: Datenmuster, die nach dem vollständigen ANOVA-Modell zu Attributionen auf die Entität (D), die Person (E), die Zeit (F) und eine Interaktion von Person und Entität (G) führen sollen. Fall H–I: Datenmuster mit hohem Konsensus, niedriger Distinktheit und hoher Konsistenz, die ein „normales" Verhalten (H) bzw. ein „abnormales" Verhalten (I) charakterisieren.
E = Effekt ist vorhanden; – = Effekt ist nicht vorhanden; ? = Keine Information darüber, ob der Effekt vorhanden oder nicht vorhanden ist.

Nun lassen Sie uns untersuchen, inwieweit die typischen Operationalisierungen von Konsensus, Konsistenz und Distinktheit Informationen über das Auftreten bzw. Ausbleiben von Effekten (der abhängigen Variablen) in den verschiedenen Zellen der naiven Varianzanalyse vermitteln (s. Tab. 3, Fall A). Die Schilderung des Effektes („Hans hat Mißerfolg bei der Aufgabe") informiert darüber, daß der Effekt in Zelle 1 auftaucht. Konsensus (z. B. „Alle anderen haben auch Mißerfolg bei der Aufgabe") informiert darüber, inwieweit ein Effekt auch bei anderen Personen bei dieser Entität auftritt, also über die Ereignisse in der Zelle 5. Distinktheit informiert darüber, ob der Effekt bei Hans auch bei der Interaktion mit anderen Entitäten auftritt (Zelle 3). Schließlich betrifft Konsistenz die Frage, ob die Person hinsichtlich der in Frage stehenden Entität den Effekt auch zu anderen Zeitpunkten zeigt bzw. auslöst (Zelle 2).

Es zeigt sich also, daß Konsensus, Distinktheit und Konsistenz nicht über das Auftreten oder Ausbleiben von Effekten in den Zellen 4, 6, 7 und 8 informieren. Es fehlt Information darüber, wie sich andere Personen bei anderen Entitäten verhalten. Diese Information ist aber genau diejenige, die PRUITT & INSKO (1980) mit „Vergleichsobjekt-Konsensus" bezeichnet haben.

Auf seiten der abhängigen Variable gibt es wie in einer statistischen (2x2x2) Varianzanalyse auch in der naiven Varianzanalyse drei Haupteffekte (auf die Person, Entität und Zeit), drei zweifache Interaktionen (Zusammenwirken von Person und Entität, Person und Zeit, Zeit und Entität) sowie eine dreifache Interaktion (Zusammenwirken von Person, Entität und Zeit) (s. dazu auch HEWSTONE & JASPARS, 1987). Tabelle 3 stellt aus der Perspektive eines vollständigen varianzanalytischen Versuchsplans ideale Informationsmuster dar, die zu Entitäts- (Fall D), Person- (Fall E) und Zeit-Attributionen (Fall F) führen sollten. Dem Kovariationsprinzip folgend soll ein Effekt derjenigen Ursache (Person, Entität oder Zeitpunkt) zugeschrieben werden, die vorhanden ist, wenn der Effekt vorhanden ist, und die nicht vorhanden ist, wenn der Effekt nicht vorhanden ist. Beispielsweise sollte ein Effekt (z. B. Hans' Mißerfolg) eindeutig der Person zugeschrieben werden, wenn Hans zu allen Zeitpunkten und bei allen Aufgaben Mißerfolg hat und andere Personen bei der betreffenden und bei anderen Aufgaben zu allen Zeitpunkten Erfolg haben (s. Fall E in Tab. 3).

Ein *Zusammenwirken* von Person und Entität würde man etwa dann annehmen, wenn ein Effekt nur auftritt, wenn eine bestimmte Person nur bei einer bestimmten Entität, und nicht bei anderen, den Effekt zeigt oder erzielt, also das Vorliegen der Person allein oder das der Entität allein nicht hinreichend ist, um den Effekt zu erzeugen (s. Fall G in Tab. 3).

Zu beachten ist – wie bereits vorher erwähnt – der besondere konzeptionelle Status von „Zeit" als Kausalfaktor. In der hier vorgestellten ANOVA-Analogie nimmt sie den gleichen konzeptionellen Status als potentielle Ursache ein wie die Entität oder die Person. Nach der vorauslaufend dargestellten Argumentation von GRIMM (1979) mag das nicht unproblematisch sein.

Tabelle 3 zeigt, daß sich die nach dem ANOVA-Modell zu Person- (Fall E) und Entitätsattributionen (Fall D) führenden Datenmuster mit den von

KELLEY identifizierten Idealmustern für Person- (Fall A) und Entitätszuschreibungen (Fall B) decken (nnh und hhh Kombinationen, s. Tab. 1). Sie enthalten aber zudem Informationen über die Zellen 4, 6, 7 und 8. Das nach dem ANOVA-Modell zu Zeit-Attributionen führende Muster (s. Fall F in Tab. 3) entspricht aber nicht dem KELLEYschen Idealmuster für Umständeattributionen (Fall C) (dem nhn-Muster, in dem der Effekt mit allen Ursachen kovariiert), sondern vielmehr dem hnn-Muster, in dem der Effekt nur mit dem Zeitpunkt kovariiert.

Das nach KELLEY für Umständeattributionen ideale Muster (nhn) würde nach dem ANOVA-Modell zu einer Zuschreibung auf eine Interaktion aller involvierten möglichen Ursachen führen (Person, Entität und Zeit), da hier der Effekt nur vorliegt, wenn alle Ursachen vorhanden sind und bereits abwesend ist, wenn eine der Ursachen abwesend ist.

Im (2x2x2) ANOVA-Modell gibt es neben den 8 bisher diskutierten Kombinationen von Konsensus, Distinktheit und Konsistenz weitere Datenmuster (und zwar insgesamt 128, d. h. 16 innerhalb jeder der 8 in Tabelle 3 dargestellten Datenmuster). Es ist nach dem Modell zu erwarten, daß sich innerhalb gleicher Konfigurationen von Konsensus, Distinktheit und Konsistenz in Abhängigkeit von Variationen der nicht durch diese Dimensionen spezifizierten Informationen Attributionsunterschiede ergeben (s. auch CHENG & NOVICK, 1990 a, b).

Im Rahmen einer empirischen Überprüfung des ANOVA-Modells gab FÖRSTERLING (1989) Versuchspersonen alle durch das (2x2x2) ANOVA-Modell spezifizierten Informationen. Den Versuchspersonen wurde durch in Tabellen zusammengefaßte Information mitgeteilt, ob ein Effekt (Erfolg) für zwei Personen zu zwei Zeitpunkten (Wochentagen) bei zwei Entitäten (Videospielen) anwesend war oder nicht. In dem nach dem Modell zu Person-Attributionen führenden Muster erfuhren die Versuchspersonen etwa, daß die Person zu beiden Zeitpunkten bei beiden Aufgaben Erfolg hatte, während eine weitere Person bei beiden Aufgaben zu beiden Zeitpunkten Mißerfolg hatte (Fall E in Tab. 3). Die Ergebnisse dieser Untersuchung waren gänzlich konsistent mit den Vorhersagen des ANOVA-Modells: Ein Effekt wurde etwa der Person zugeschrieben, wenn er bei allen Entitäten zu allen Zeitpunkten bei der Person vorlag, dem Zeitpunkt, wenn der Effekt bei allen Personen bei allen Aufgaben nur zu einem Zeitpunkt, nicht jedoch zu einem anderen Zeitpunkt auftrat. Ebenfalls machten Versuchspersonen eine Interaktion von Ursachen für den Effekt verantwortlich (etwa die Person und die Zeit), wenn der Effekt nur auftrat, wenn beide Ursachen gemeinsam vorlagen (z. B. wenn allein Peter zu einem Zeitpunkt bei allen Aufgaben Erfolg hatte, zu anderen Zeitpunkten aber Mißerfolg).

Man kann also zusammenfassend festhalten, daß Revisionen und Ergänzungen des KELLEY-Modells (das Diamanten-Modell und auch das hier nicht besprochene „Abnormal Conditions Focus Model") in die ursprünglich von KELLEY vorgeschlagene Analogie zur Varianzanalyse integriert werden können. Individuen, die hinsichtlich der Kovariationsmuster vollständig informiert sind, nehmen Attributionen vor, die bemerkenswert konsistent mit dem ANOVA-Modell sind.

4. Weitere Determinanten von Attributionen

Das Modell von KELLEY sowie dessen Weiterentwicklungen gehen davon aus, daß Individuen bei kausalen Urteilen die verfügbaren Informationen ähnlich wie ein Statistiker oder Computer berücksichtigen und verarbeiten. Daher sollten Attributionen allein durch die strukturellen Merkmale der Situation (Kovariationsinformationen) bestimmt sein und nicht durch spezifische Merkmale oder Implikationen von Ereignissen. Es sollten zum Beispiel keine unterschiedlichen Ursachenzuschreibungen in Abhängigkeit davon auftreten, ob das zu erklärende Ereignis die eigene Person oder ein anderes Individuum betrifft, oder ob es sich um einen Erfolg oder einen Mißerfolg handelt: Wenn die Kovariationsinformationen für die Ereignisse identisch sind, sind identische Attributionen zu erwarten.

Zahlreiche Forschungsarbeiten haben sich damit befaßt, ob und unter welchen Bedingungen Ursachenzuschreibungen von den rationalen Modellen abweichen und welche Mechanismen dafür verantwortlich sind. Verschiedene Untersuchungen haben zum Beispiel gezeigt, daß Attributionen von der Art des Ereignisses, der subjektiven Bedeutung des Handlungsergebnisses oder der inhaltlichen Zuordnung (z. B. Konsensus vs. Distinktheit) der zur Verfügung stehenden Informationen abhängen.

Zu unterscheiden ist, ob Attributionen in unsystematischer Weise von den Vorhersagen der Modelle abweichen, das heißt einmal in die eine und ein anderes Mal in die andere Richtung gehen, oder ob systematische Abweichungen (stets in eine Richtung) vorliegen. Im ersten Fall würde man von Irrtümern sprechen, die leicht auf den trivialen Sachverhalt zurückzuführen wären, daß Individuen keine Rechenmaschinen sind. Im zweiten Fall würde man dagegen von Verzerrungen (biases) im Attributionsprozeß reden und annehmen, daß ihnen regelhafte Mechanismen zugrunde liegen (s. FISKE und TAYLOR, 1984).

Im folgenden wollen wir uns mit zentralen Arbeiten zu systematischen „Verzerrungen" von Attributionen befassen. Dabei werden wir zunächst die Phänomene und ihre empirische Dokumentation beschrieben, um dann unterschiedliche theoretische Erklärungen für solche Verzerrungen zu diskutieren.

4.1 Unterschiede zwischen Akteuren und Beobachtern

Stellen Sie sich vor, Sie sind in einem Restaurant und beobachten, daß ein Gast eine Rechnung von DM 48.70 mit einem 50-Mark Schein bezahlt und sich das Restgeld von DM 1.30 genau herausgeben läßt. Worauf führen Sie das Verhalten dieser Person zurück? Auf Merkmale des Gastes (der Person) oder auf Merkmale der Situation? Nun stellen Sie sich auf der anderen Seite vor, Sie selbst hätten auf genaue Herausgabe des Wechselgeldes gedrängt. Woran liegt das? An Merkmalen Ihrer Person oder an Merkmalen der Situation (z. B. der Kellnerin).

Jones und Nisbett (1972) sagen vorher, daß Sie das eigene Verhalten auf die Situation zurückführen (z. B. auf schlechten Service), das Verhalten des von Ihnen beobachteten Gastes dagegen auf relativ stabile Personeneigenschaften (z. B. Geiz): *„there is a pervasive tendency for actors to attribute their actions to situational requirements, whereas observers tend to attribute the same actions to stable personal dispositions"* (p. 80).

Zahlreiche empirische Arbeiten haben sich der Prüfung der Hypothese von Jones & Nisbett (1972) gewidmet (s. zusammenfassend Watson, 1982). In manchen dieser Studien führt die Versuchsperson eine Handlung aus (z. B. nimmt an einer Diskussion teil) und gibt an, warum sie sich in bestimmter Weise (z. B. freundlich) verhalten hat. Verglichen wird diese Attribution mit derjenigen einer anderen Person, die das entsprechende Verhalten lediglich beobachtet hat (s. z. B Storms, 1973). In anderen Studien werden Versuchspersonen lediglich gebeten, Ursachenzuschreibungen für hypothetisches eigenes Verhalten und solches einer anderen Person (Freund, Vater oder Fernsehdarsteller) vorzunehmen (s. z. B Nisbett, Caputo, Legant & Marecek, 1973).

In einem Sammelreferat der bis 1981 erschienenen Arbeiten zur Hypothese von Jones und Nisbett berichtet Watson (1982, S. 688), daß in 24 von 26 Studien der Akteur-Beobachter-Effekt auftrat. Er macht jedoch darauf aufmerksam, daß diese (generelle) Hypothese in spezifischere Unterhypothesen unterteilt werden müsse und nur einzelne dieser Unterhypothesen konsistent Bestätigung erfahren hätten.

Nach Watson (1982) trifft die Hypothese von Jones und Nisbett Aussagen über zwei jeweils zweistufige Faktoren: Die Person (Akteur versus Beobachter) und die Attribution (dispositional versus situativ). Die Kreuzung dieser Faktoren in einer 2x2-Tafel illustriert, daß sich die Hypothese von Jones & Nisbett auf mehrere Vergleiche innerhalb dieser 2x2-Tafel beziehen (s. Tab. 4).

Zum einen kann aus der Hypothese abgeleitet werden, daß (1) Handelnde häufiger auf die Situation als auf Dispositionen attribuieren (Zelle a versus b). Ferner sollen (2) Beobachter mehr auf Dispositionen attribuieren als auf die Situation (Zelle c versus d). (3) Akteure sollten häufiger auf die Situation attribuieren als Beobachter (Zelle b versus d), und schließlich sollten (4) Beobachter häufiger auf Dispositionen attribuieren als Akteure (Zelle a versus c). Der allgemeinste Test der Akteur-Beobachter-Hypothese bestünde also im Vergleich der Summe der Akteur-Situa-

		Attribution	
		Dispositional	Situativ
Person	Akteur	a	b
	Beobachter	c	d

Tabelle 4: Mögliche Attributionsunterschiede zwischen Akteuren und Beobachtern

tions- und der Beobachter-Dispositions-Attributionen zum einen (b+c); diese sollte größer sein als die Summe der dispositionalen Attributionen der Akteure und der situationalen Zuschreibungen der Beobachter (a+d).

Nach WATSON (1982) zeigen die einschlägigen Studien, daß sowohl Akteure als auch Beobachter in höherem Maße Dispositions-Attributionen vornehmen als Situations-Attributionen. Dieser Befund ist inkonsistent mit dem Postulat (Vergleich 1), daß Akteure mehr Situations- als Dispositions-Attributionen vornehmen; er steht aber im Einklang mit Vergleich 2, wonach Beobachter mehr dispositionale als situative Attributionen vornehmen.

Die Mehrzahl der Studien ergab, daß Attributionen von Handelnden auf die Situation häufiger sind als Attributionen von Beobachtern auf die Situation (Vergleich 3); kein signifikanter Unterschied ergibt sich hinsichtlich der Akteur-Attributionen und der Beobachter-Attributionen auf die Person (Vergleich 4). Die Bestätigung der Hypothese von JONES & NISBETT (1972) basiert also im wesentlichen darauf, daß Akteure in höherem Maße die Situation verantwortlich machen als Beobachter (Vergleich 2). Differenzen hinsichtlich der Bevorzugung von Person-Attributionen zeigen sich dagegen nicht zwischen Akteuren und Beobachtern.

4.2 Erklärungsmechanismen

Nach JONES & NISBETT (1972, s. auch KELLEY & MICHELA, 1980) können zwei Mechanismen zur Erklärung der divergenten Attributionen für eigenes und fremdes Verhalten herangezogen werden: Information und Motivation. Zum einen können solche Divergenzen auf rationalen Prozessen basieren und ihr Entstehen kann dadurch erklärt werden, daß in diese rationalen Prozesse unterschiedliche Informationen eingehen (s. JONES & NISBETT, 1972). Zum anderen können emotionale Zuständlichkeiten, Wünsche und Bedürfnisse (etwa ein positives Bild seiner Selbst aufrechtzuerhalten) Ursache für die Attributionsunterschiede zwischen Akteuren und Beobachtern sein (PYSZCZYNSKI & GREENBERG, 1987).

Diese beiden grundlegenden Mechanismen werden auch zur Erklärung anderer Attributionsphänomene, die wir weiter unten besprechen werden, herangezogen. Da Attributionsunterschiede zwischen Akteuren und Beobachtern jedoch zu einem der am intensivst erforschten Gebiete der Attributionspsychologie gehören, sind diese beiden Mechanismen und ihre Variationen in besonders umfassender Weise zur Erklärung dieses Phänomens herangezogen worden.

4.2.1 Information

Attributionsunterschiede zwischen Akteuren und Beobachtern gehen möglicherweise auf unterschiedliche Informationen zurück, die Akteuren und Beobachtern zur Verfügung stehen.

JONES und NISBETT (1972) nehmen an, daß Beobachter meist nicht darüber informiert sind, wie sich der Handelnde vorauslaufend in vergleichbaren Situationen verhalten hat. In der Terminologie KELLEYS besitzt der Beobachter keine Informationen über Konsistenz und Distinktheit des Verhaltens des Akteurs. Er stützt daher sein kausales Urteil allein auf Konsensus. In dem Beispiel (kein Trinkgeld hinterlassen) liegt niedriger Konsensus vor (die meisten Personen hinterlassen Trinkgeld in einer solchen Situation) und dies legt eine Personattribution nahe. Der Handelnde weiß dagegen um seine eigenen Reaktionen in der Vergangenheit (besitzt also Distinktheits- und Konsistenzinformationen). Er weiß, ob er in der Vergangenheit in vergleichbaren Situationen ein Trinkgeld gegeben hat oder nicht. Er mag etwa erinnern, daß er in der Vergangenheit und in anderen Situationen Trinkgeld hinterlassen hat. Somit wäre sein zu erklärendes Verhalten (in dieser Situation kein Trinkgeld zu hinterlassen) hoch distinkt und inkonsistent. Diese Informationslage würde dispositionale Attributionen aber ausschließen.

Wenn Attributionsunterschiede zwischen Akteuren und Beobachtern allein auf die unterschiedlichen Informationslagen zurückzuführen wären, dann sollten sie nicht mehr auftauchen, wenn man über die beobachtete Person in gleicher oder ähnlicher Weise informiert ist wie über sich selbst. Dies sollte etwa bei guten Bekannten der Fall sein. Konsistent mit dieser Hypothese fanden NISBETT et al. (1973) und GOLDBERG (1981), daß die Anzahl situativer Attributionen für das Verhalten einer beobachteten Person mit dem Grad der Bekanntheit zunahm (s. zusammenfassend WATSON, 1982).

4.2.1.1 Perspektive

Ein anderer Erklärungsansatz für Akteur-Beobachter-Unterschiede betont die unterschiedliche Wahrnehmungsperspektive, die Akteure und Beobachter einnehmen. Akteure richten ihre Aufmerksamkeit während der Handlung auf die situativen Anforderungen der Tätigkeit (Aufgabe), wogegen Beobachter ihre Aufmerksamkeit auf den Handelnden lenken. Für den Akteur sind also externe Stimuli hervorstechend (salient). Sie sind „Figur“ und die eigene Person tritt in den Hintergrund, während für den Beobachter die beobachtete Person Hauptgegenstand der Betrachtung ist (Figur), und die situativen Faktoren der Handlung allein den Hintergrund der Betrachtung darstellen.

In einem klassischen Experiment überprüfte STORMS (1973) diese Erklärung: Zwei Versuchspersonen mußten eine kurze Diskussion führen, und zwei weitere sollten jeweils eine der diskutierenden Versuchspersonen beobachten. Von diesem Geschehen wurden Videoaufnahmen gemacht: Die handelnden (diskutierenden) Personen wurden aus der Sicht ihrer Beobachter aufgenommen, und aus der Sicht der handelnden Person wurde die jeweils andere Person (der Diskussionspartner) aufgenommen. Durch das Vorführen dieser Videoaufnahmen nach der Diskussion konnte STORMS die Perspektive von Akteuren und Beobachtern nachträglich umkehren: Den aktiv diskutierenden Akteuren konnte die Perspektive der Beobachter vorgeführt werden; d.h. Akteure konnten sich selbst auf dem Video betrachten und zwar so, wie sie vom Beobachter gesehen worden waren. Auch konnten die Beobachter die Perspektive des Handelnden übernehmen, indem sie ein Video sahen, das den Diskussionspartner der jeweils handelnden Person während der Diskussion zeigte.

In einer Bedingung nahmen Akteure und Beobachter Attributionen (für das Verhalten der Akteure) vor, ohne mit Videoaufnahmen konfrontiert worden zu sein. In einer zweiten Bedingung sahen die Versuchspersonen die bereits während der Diskussion eingenommene Perspektive noch einmal: Die Akteure sahen Aufnahmen ihres Diskussionspartners und die Beobachter Aufnahmen der vorauslaufend von ihnen beobachteten handelnden Person. In der dritten Bedingung wurde dann die Perspektive verändert. Die Akteure sahen sich aus der Perspektive der Beobachter (d. h. sie sahen Videos von sich selbst), und die Beobachter wurden mit der Perspektive des Handelnden konfrontiert (sie sahen das Video des Diskussionspartners der von ihnen beobachteten Person).

In den ersten beiden Bedingungen, in denen Akteure und Beobachter ihre gewohnte Perspektive einnahmen bzw. während des Videos beibehielten, nahmen Akteure mehr situative Erklärungen für ihr eigenes Verhalten vor als Beobachter. In der dritten Bedingung, in der diese Perspektive vertauscht wurde, nahmen nun die Beobachter mehr situative Zuschreibungen vor als die Akteure. Diese Ergebnisse stützen die Vermutung, daß Unterschiede bei den Attributionen von Akteuren und Beobachtern auf deren unterschiedliche Perspektive zurückzuführen sind.

4.2.2 Motivation

Die bisher besprochenen Erklärungen gehen davon aus, daß Individuen ihre kausalen Zuschreibungen aufgrund unterschiedlicher Informationen treffen. Motivationale Erklärungen auf der anderen Seite gehen davon aus, daß Individuen solche Attributionen vornehmen, die positive Konsequenzen für das Selbstbild und für die eigenen Affekte mit sich bringen.

4.2.2.1 Selbstwertdienlichkeit

Das Bestreben, positive Ereignisse auf sich selbst zu beziehen, sich aber von negativen Ereignissen zu distanzieren, ist als Erklärung für Akteur-Beobachter-Unterschiede herangezogen worden. Die eingangs erwähnte Unterlassung, ein Trinkgeld zu geben, mag man als unerwünschtes oder negatives soziales Verhalten bezeichnen. Dadurch, daß man dieses Verhalten, wenn man es selbst zeigt, durch die Situation erklärt, distanziert man sich von dem negativen Verhalten und schützt sich vor Schuldgefühlen. Ist man allerdings Beobachter dieses Geschehens, hat man keine emotionalen oder selbstwertschützenden Vorteile von einer externen (situativen) Attribution und kann Eigenschaften der beobachteten Person für das Verhalten verantwortlich machen.

Sollten solche selbstwertdienlichen Mechanismen die Attributionsunterschiede bezüglich eigenen und fremden Verhaltens bestimmen, dann dürfte man diese Unterschiede lediglich bei der Erklärung negativer Ereignisse finden. Bei positiven Ereignissen sollten Akteure bestrebt sein, durch dispositionale Attributionen eigenen Verhaltens die positiven affektiven Konsequenzen zu maximieren, und nach dieser Hypothese wäre dann ein „umgekehrter" Akteur-Beobachter-Unterschied zu erwarten. Die einschlägigen Studien kommen nicht zu einheitlichen Befunden. Zwar konnten TAYLOR und KOIVUMAKI (1976) zeigen, daß Akteure mehr als Beobachter dazu neigten, (eigenes) positives Verhalten zu internalisieren und negatives Verhalten zu externalisieren. Dieser Befunde konnte aber von den gleichen Autoren in einer zweiten Studie schon nicht mehr repliziert werden.

4.2.2.2 Kontrollmotivation

MILLER, NORMAN & WRIGHT (1978) gehen davon aus, daß man das Verhalten anderer Personen insbesondere dann vorhersagen und kontrollieren kann, wenn man vorauslaufendes Verhalten der Person auf deren Disposition zurückführt. Das Motiv, Kontrolle über andere auszuüben, soll bewirken, daß man das Verhalten anderer mehr als das eigene Verhalten auf dispositionale Eigenschaften zurückführt. Diese Erklärung impliziert, daß Beobachter vorwiegend dann dispositionale Attributionen vornehmen, wenn es von besonderer Wichtigkeit ist, das Verhalten anderer vorherzusagen und/oder zu kontrollieren.

Um die Tragfähigkeit dieser Erklärung zu prüfen, ließen MILLER et al. (1978) Versuchspersonen an einem Spiel entweder aktiv teilnehmen (Akteure) oder einen Teilnehmer beobachten. Das Spiel bestand darin, mit einem Partner zu verhandeln. Der Verhandlungspartner war aber in Wirklichkeit nicht vorhanden; die angeblich von ihm stammenden Reaktionen während des Spiels waren durch den Versuchsleiter festgelegt. Einigen Beobachtern wurde gesagt, daß sie später mit dem Akteur, der mit dem angeblich vorhandenem Partner verhandelte, das Spiel selbst spielen müßten, und andere Versuchspersonen erwarteten keine weitere Interaktion mit der beobachteten Person. Versuchspersonen, die eine spätere Interaktion mit der beobachteten Person erwarteten, gaben mehr als die anderen Versuchspersonen an, durch die Beobachtung etwas über die persönlichen Dispositionen des Spielers gelernt zu haben. Dieser Befund steht im Einklang mit der Hypothese, daß dispositionale Attributionen mit dem Bedürfnis kovariieren, das Verhalten einer beobachteten Person vorhersagen und kontrollieren zu können.

Zusammenfassend sind Attributionsunterschiede zwischen Akteuren und Beobachtern im Sinne der Hypothese von JONES & NISBETT (1972) gut belegt. Es gibt allerdings wenig Einigkeit über die Mechanismen, die für diese Unterschiede verantwortlich sind, bzw. über die Bedingungen, unter denen die unterschiedlichen Mechanismen in Kraft treten.

4.3 Unterbenutzung von Konsensus

Das Kovariationsprinzip macht die Attribution von Informationen über Konsensus, Distinktheit und Konsistenz abhängig (s. Abschnitt 2.2 bis 2.3). Jede dieser drei Informationen sollte das gleiche Gewicht in bezug auf die

Attributionen haben. Bereits McARTHUR (1972) und ORVIS et al. (1975) fanden jedoch, daß dies nicht der Fall ist. Information über Konsensus erklärte signifikant weniger Varianz der Attributionen als Information über Distinktheit und Konsistenz.

In anderen Studien, die sich – diesen Befunden nachgehend – mit der Vernachlässigung von Konsensus-Information beschäftigten, wurde allein Konsensus explizit vorgegeben. Zum Beispiel informierten NISBETT & BORGIDA (1975) ihre Versuchspersonen, daß eine zu beurteilende Stimulusperson in einer bestimmten Situation einer anderen Person nicht geholfen habe. Einigen der Versuchspersonen wurde mitgeteilt, daß in solchen Hilfeexperimenten (z. B. LATANE & DARLEY, 1968) Probanden erst nach sehr langer Zeit oder gar nicht einer anscheinend in Not geratenen Person helfen (Konsensus-Information); andere Versuchspersonen erhielten dagegen keine zusätzliche Information über Konsensus. Es zeigte sich, daß die Attributionen der Versuchspersonen für die durch die Stimulusperson erbrachte oder nicht erbrachte Hilfeleistung nicht durch Information über Konsensus beeinflußt wurden.

Solche Befunde wurden später in verschiedenen Kontexten repliziert (s. zsf. BORGIDA & BREKKE, 1981; KASSIN, 1979). Eine Erklärung für den geringen Einfluß von Konsensus-Information ist, daß Individuen bereits feste Vorstellungen darüber haben könnten, wie sich andere Personen in einer gegebenen Situation verhalten. Die vom Experimentator vorgegebene Information kann dann entweder redundant oder diskrepant zu den Erfahrungen des Individuums sein. Die meisten Versuchspersonen in dem Experiment von NISBETT & BORGIDA (1975) mögen die Erfahrung gemacht haben, daß viele Menschen anderen, die in eine Notlage gelangt sind, helfen. Diese Erfahrung ist in hoher Weise diskrepant zu der Mitteilung des Experimentators, daß nur wenig Menschen in dieser Situation geholfen haben, und mag bewirken, daß diese Information nicht in die Urteilsbildung einfließt, weil sie unglaubwürdig erscheint. In der Tat zeigen Studien, daß die Auswirkungen von Konsensus-Information auf die Attribution zunehmen, wenn Versuchspersonen keine konkreten Erwartungen über Konsensus hegen (s. KASSIN, 1979). Wir kommen später (Abschnitt 4.6.1) noch einmal auf eine andere Erklärung für die Unterbenutzung von Konsensus-Information zurück.

4.4 Der „falsche Konsensus-Effekt“

Eine weitere Verzerrung, die Konsensus betrifft, bezieht sich nicht auf die Verarbeitung vorhandener Konsensus-Information, sondern auf Besonderheiten der Gewinnung dieser Information.

ROSS, GREENE & HOUSE (1977) fanden, daß Individuen in unrealistischer Weise annehmen, ihre eigenen Verhaltensweisen und Einstellungen entsprächen denen anderer Personen. Dagegen werden Einstellungen und Verhaltensweisen, die sich von den eigenen unterscheiden, als unüblich und abweichend betrachtet. Es besteht also sowohl bei Personen, die ein bestimmtes Verhalten zeigen, als auch bei denen, die das Gegenteil dieses

Verhaltens zeigen, die Annahme, daß hoher Konsensus hinsichtlich des eigenen Verhaltens besteht. ROSS et al. (1977) befragten Student(inn)en, ob sie bereit wären, ein Plakat über das Universitätsgelände zu tragen. Diejenigen Personen, die sich dazu bereit erklärten, gaben an, 63.5 Prozent anderer Student(inn)en würden ebenfalls zustimmen, das Plakat zu tragen. Dagegen meinten Versuchspersonen, die der Bitte nicht zustimmten, daß nur 23.3 Prozent ihrer Kommiliton(inn)en einer solchen Anfrage nachkommen würden. Hier liegt also „falscher Konsensus" vor: Die Schätzung des Anteils sich gleich verhaltender Individuen unterscheidet sich signifikant bei Versuchspersonen, die selbst das Verhalten zeigen würden und denen, die das Verhalten nicht ausführen würden. Wessen Einschätzung dabei „richtiger" ist, bleibt ungeklärt.

Der „falsche Konsensus-Effekt" scheint ein recht stabiles Phänomen zu sein, das in 45 publizierten Arbeiten nachgewiesen werden konnte und hinsichtlich eigenen Verhaltens, eigener Einstellungen und hinsichtlich persönlicher Probleme auftrat (s. MARKS & MILLER, 1987).

Eine der wichtigsten Erklärungen für diesen Effekt ist, daß Individuen selektiv mit solchen Personen Kontakt haben, die ihnen ähnlich sind und daher ähnliches Verhalten und ähnliche Einstellungen wie sie selbst zeigen (Selective Exposure). Demzufolge würde der „falsche Konsensus-Effekt" auf unterschiedlichen Informationen über die Häufigkeiten von Einstellungen und Verhalten basieren: Personen, die ein bestimmtes Verhalten zeigen, kennen vorzugsweise Individuen, die aufgrund ihrer Ähnlichkeit das Verhalten ebenfalls zeigen würden. Das Gleiche trifft für Personen zu, die das Gegenteil des in Frage stehenden Verhaltens tun würden. Nach dieser Erklärung entsteht der „falsche Konsensus-Effekt" somit dadurch, daß aus der eigenen „Stichprobe" auf die Population geschlossen wird.

4.5 Der „fundamentale Attributionsfehler"

In den ersten Studien zum KELLEY-Modell (MCARTHUR, 1972; ORVIS et al., 1975) zeigte sich bereits, daß nicht alle Attributionsmöglichkeiten (Person, Entität oder Umstände) in gleicher Weise gewählt werden, sondern daß eine starke Bevorzugung von Person-Attributionen zu verzeichnen ist. So nahmen bei MCARTHUR (1972) in der Bedingung, in der der Effekt lediglich mit der Person, nicht aber mit der Entität oder den Umständen kovariierte, 82 Prozent der Probanden Person-Attributionen vor. Dagegen nahmen lediglich 63 Prozent der Probanden in der Bedingung, in der der Effekt nur mit der Entität, nicht aber mit der Person oder der Zeit kovariierte, eine Entitätsattribution vor. Die Präferenz für Person-Attributionen und die damit einhergehende Unterschätzung situativer Verhaltensdeterminanten ist ein häufig replizierter Befund und ist später von ROSS (1977) in einer vielzitierten Arbeit „fundamentaler Attributionsfehler" genannt worden.

4.6 *Selbstwertdienliche (?) Attributionen für Erfolg und Mißerfolg*

Viele Studien haben gezeigt, daß Personen dazu neigen, dispositionale (interne) Attributionen für ihre Erfolge und situative (externe) Attributionen für ihre Mißerfolge vorzunehmen (s. z. B. BECKMAN, 1970; JOHNSON, FEIGENBAUM & WEIBY, 1964; zusammenfassend MILLER & ROSS, 1975; PYSZCZYNSKI & GREENBERG, 1987 und ZUCKERMAN, 1979). Dieser Befund ist sowohl hinsichtlich der Attributionen für Ergebnisse interpersonaler Beeinflussungs-Versuche nachgewiesen worden als auch für Ursachenerklärungen von Erfolg und Mißerfolg bei fähigkeitsbezogenen Aufgaben, an denen die Versuchspersonen selbst arbeiten. Ferner findet man dieses - auch als „Attributionsasymmetrie" bezeichnete - Phänomen sowohl bei der Erklärung eigener als auch fremder Erfolge und Mißerfolge (s. z. B. TILLMAN & CARVER, 1980; FRIEZE & WEINER, 1971).

Die Attributionsasymmetrie ist zunächst als Ausdruck selbstwertdienlicher Motive betrachtet worden (s. z. B. HASTORF, SCHNEIDER & POLEFKA, 1970): Attributionen von Erfolg auf die eigene Person geben Anlaß zu positiven selbstwertbezogenen Affekten und zu einem Konzept hoher eigener Fähigkeit und sind daher dem Selbstwert dienlich (self enhancement). Externe Attributionen für Mißerfolg sind emotional weniger belastend als interne und könnten daher das Selbst vor negativen Affekten und Zweifeln an der eigenen Begabung schützen (self-protection) (s. MCFARLAND & ROSS, 1982). Die Präferenz für interne Attributionen bei Erfolg und für externe bei Mißerfolg könnte daher auf ein Bestreben zurückgehen, das Selbst nach Erfolg aufzuwerten und nach Mißerfolg zu schützen.

Eine nichtmotivationale Erklärung für die Attributionsasymmetrie besagt, daß Individuen in der Regel Tätigkeiten beginnen, wenn sie Erfolg erwarten, d. h. wenn sie sich im Besitz der für die Tätigkeit erforderlichen Fähigkeiten wähnen. Wenn der erwartete Erfolg eintritt, ist dies im Einklang mit der Annahme, daß man hinreichend begabt für die Aufgabe ist, und man attribuiert *daher* - und nicht aufgrund der affektiven Konsequenzen - das Ergebnis internal (auf Fähigkeit). Mißerfolg wird in der Regel nicht erwartet, da man meint, die zur Aufgabenlösung notwendigen Fähigkeiten zu besitzen. Deshalb wird man eher Zufall (einen externen Faktor) für den Mißerfolg verantwortlich machen als sofort seine Fähigkeitseinschätzung zu revidieren.

Nach der Publikation nichtmotivationaler Erklärungen sind später (s. ZUCKERMAN, 1979) Studien vorgelegt worden, die solche kognitiven Erklärungen ausschließen sollten. Das generelle Vorgehen dieser Studien bestand darin, das Ausmaß des durch selbstwertdienliche Attributionen zu erzielenden „Affektgewinns" zu variieren und die Versuchspersonen an (sonst) gleichen Aufgaben Erfolg und Mißerfolg erleben zu lassen. STEPHAN & GOLLWITZER (1981) teilten ihren Versuchspersonen etwa mit, daß sie eine Pille (in Wirklichkeit ein Placebo) eingenommen hätten, die autonome emotionale Erregung produziere. Damit sollte erreicht werden, daß die nach Erfolg bzw. Mißerfolg erwarteten Affekte nicht mehr auf das Leistungsergebnis und dessen Verursachungsfaktoren (z. B. Fähigkeit oder Zufall) zurückgeführt werden, sondern auf die Pille. Dies sollte zur Folge haben, daß man durch selbstwertdienliche Attributionen keine positiven Affekte maximieren oder negative minimieren konnte, denn die Affekte sollten auf die eingenommene Pille zurückgeführt werden. Im Einklang mit der auf Selbstwertdienlichkeit basierenden Erklärung nahmen Versuchspersonen, die ihre emotionalen Reaktionen nach Erfolg und Mißerfolg auf die Pille zurückführen konnten, in geringerem Maße interne Erfolgs- und externe Mißerfolgs-Attributionen vor als Versuchspersonen, die kein Placebo erhalten hatten.

Zusammenfassend ist eine generelle Tendenz nachgewiesen worden, Erfolge mehr als Mißerfolge durch interne Faktoren zu erklären. Die vorliegenden Experimente erlauben aber nicht, eindeutig zwischen einer motivationalen und einer kognitiven Erklärung dieses Sachverhaltes zu entscheiden. Die meisten einschlägigen Sammelreferate kommen zu dem Schluß, daß es selbstwertdienliche Attributionen gibt und daß wahrscheinlich nicht alle Ergebnisse durch rationale Mechanismen erklärt werden können.

4.6.1 Eine informationsbezogene Erklärung der Unterbenutzung von Konsensus, des „fundamentalen Attributionsfehlers" und „selbstwertdienlicher" Attributionen

Im Abschnitt 3 wurde erwähnt, daß in den typischen Studien zum KELLEY-Modell nicht alle attributionsrelevanten Informationen spezifiziert werden. CHENG & NOVICK (1990a, b) und FÖRSTERLING (1992) haben darauf hingewiesen, daß verschiedene Abweichungen der Attributionen vom normativen Kovariationsprinzip durch diese Unvollständigkeit der Information zustandekommen könnten. Die fehlende Information darüber, welche Effekte andere Personen bei anderen Entitäten erzielen, ist schon innerhalb der Varianzanalyse, die ja die Analogie für den Attributionsprozeß darstellt, von großer Wichtigkeit. Deshalb könnte die Unterbenutzung von Konsensus-Information (s. Abschnitt 4.3) darauf zurückzuführen sein, daß Versuchspersonen die Unvollständigkeit der Information über Kovariation von Effekten mit Personen in Rechnung stellen und daher in ganz rationaler Weise dieser Informationskategorie weniger Bedeutung beimessen als Distinktheit oder Konsistenz. Aus dieser Perspektive betrachtet ist die Unterbenutzung von Konsensus-Information keine Abweichung des Attributionsprozesses von dem statistischen Modell der Varianzanalyse, sondern vielmehr Ausdruck einer bemerkenswerten Konsistenz mit diesem Modell.

Ebenso mag der „fundamentale Attributionsfehler" darauf beruhen, daß Versuchspersonen in ihrem kausalen Urteil über die (unvollständigen) vorgegebenen Informationen hinausgehen. Wenn in einem Szenario etwa geschildert wird, daß Sue Angst vor dem Hund hat (Effekt) und hoher Konsensus (alle haben Angst vor dem Hund), hohe Distinktheit (sie hat nur Angst vor diesem Hund) und hohe Konsistenz (sie hat vor diesem Hund immer Angst) besteht, dann wäre nach dem Kovariationsprinzip eine Entitätsattribution zu erwarten. Wenn Versuchspersonen nun auch in dieser Situation angeben, daß der Effekt (Sues Angst) nicht nur am Hund, sondern auch an der Person liegt, mag dieses Urteil der impliziten Annahme Rechnung tragen, daß die meisten anderen Personen keine Angst vor anderen Hunden haben. Diese Annahme betrifft die Zellen 7 und 8 (s. Tab. 3) des ANOVA-Modells. Unter dieser Annahme wäre es vor dem Hintergrund des erweiterten ANOVA-Modells (s. Abschnitt 3.3) rational - und kein fundamentaler Attributionsfehler - auch die Person als mögliche Ursache für den Effekt zu betrachten, denn der Effekt kovariiert in diesem Beispiel sowohl mit der Person als auch mit der Entität.

Das gleiche Argument kann auch für die unterschiedlichen Attributionen für Erfolg und Mißerfolg herangezogen werden, die sich selbst dann finden, wenn Personen vollständig hinsichtlich Konsensus, Distinktheit und Konsistenz informiert sind (s. STEVENS & JONES, 1976). Wenn Versuchspersonen annehmen, daß sie selbst sowie die meisten anderen Menschen bei den meisten Dingen, die sie sich vornehmen, Erfolg haben, dann wäre es hoch rational, Mißerfolge - mehr als Erfolge - auf besondere Umstände zurückzuführen. In der Tat zeigt sich in den Untersuchungen von CHENG & NOVICK (1990a, b) und FÖRSTERLING (1989, 1992), daß weder Unterbenutzung von Konsensus-Information noch der fundamentale Attributionsfehler oder Attributionsunterschiede zwischen Erfolg und Mißerfolg auftauchen, wenn Versuchspersonen vollständig über alle in der ANOVA-Analogie enthaltenen Informationen in Kenntnis gesetzt werden. Diese drei hier erwähnten „Attributionsfehler" scheinen also weniger die Inferenzprozesse bei der Attribution, sondern vielmehr die in den Attributionsprozeß eingehenden Informationen zu betreffen.

5. Schluß

In diesem Beitrag haben wir uns mit den zentralen Forschungsfragen der Attributionspsychologie beschäftigt, nämlich, wie Ursachenzuschreibungen zustande kommen und wann sie vorgenommen werden. Die Frage, ob, wann und wie Ursachenzuschreibungen Einfluß auf nachfolgendes Verhalten und Erleben haben, ist nicht Gegenstand der Attributionstheorie im eigentlichen Sinne, sondern Gegenstand sogenannter attributionaler Theorien (s. Abschnitt 1), und sie wurde daher hier nicht aufgegriffen.

Erwähnt sei lediglich, daß es verschiedene Forschungsstränge gibt, die Verhalten mit Hilfe von Attributions-Konzepten erklären. Zu den bekanntesten und umfassendsten Forschungsprogrammen gehören WEINERS attributionale Analyse leistungsbezogenen Verhaltens (s. zsf. WEINER, 1986) und die Analyse reaktiver Depression durch ABRAMSON, SELIGMAN & TEASDALE (1978; s. auch ABRAMSON, METALSKY & ALLOY, 1989). Sie sind aber nicht dem engeren Forschungsfeld der Sozialpsychologie zuzuordnen, da sie sich vorwiegend mit der Erklärung eigener Handlungsergebnisse und deren Auswirkungen auf Verhalten befassen und nicht mit der Erklärung des Verhaltens anderer Personen.

Im engeren Bereich der Sozialpsychologie versucht man, mit Hilfe des Attributions-Konstruktes insbesondere interpersonales Verhalten wie Hilfeleistungen, bestimmte Emotionen und soziale Beeinflussung zu erklären.

Ein Blick in die gegenwärtigen Standard-Werke der Sozialpsychologie zeigt, daß kaum eines der klassischen sozialpsychologischen Phänomene (z. B. Konformität, Einstellungs-Änderung, Gewinnaufteilung) nicht auch aus einer attributionstheoretischen Perspektive betrachtet worden ist.

Attributionstheoretische Analysen interpersonalen Verhaltens gehen davon aus, daß man das Verhalten anderer nicht nur beobachtet, sondern (unter bestimmten Bedingungen) auch fragt, warum es gezeigt wird. Die Antwort auf diese Warum-Frage (die Attribution) soll dann wiederum das auf den anderen gerichtete Verhalten beeinflussen. So hängen unsere Reaktionen gegenüber Partnern zum Beispiel davon ab, wie wir deren Verhalten erklären (s. zsf. BRADBURY & FINCHAM, 1990). Weiterhin hängen das Strafmaß und Entscheidungen darüber, ob man Strafen zur Bewährung aussetzt, von der Einschätzung ab, warum die in Frage stehende Person die Straftat begangen hat (CARROLL & PAYNE, 1976). LANZETTA & HANNAH (1969) sowie WEINER & KUKLA (1970) zeigen, daß Lob und Tadel nach Erfolg und Mißerfolg davon abhängig ist, wie wir das Zustandekommen von Leistungsergebnissen erklären.

Im Gegensatz zu den meisten anderen sozialpsychologischen Theorien wurde die Attributionstheorie auch von anderen psychologischen Teildisziplinen aufgegriffen. Sie hat sich als fruchtbarer konzeptioneller Rahmen innerhalb der Motivationspsychologie erwiesen (s. WEINER, 1980a, b; 1986), der Emotionspsychologie (s. SCHACHTER & SINGER, 1962; REISENZEIN, 1983), der Klinischen Psychologie (s. ABRAMSON et al., 1978; FÖRSTERLING, 1990) und der Pädagogischen Psychologie (s. WEINER, 1979). Attributionspsychologische Überlegungen haben auch Einzug in die Entwicklungspsychologie (s. BULLOCK, GELMAN & BAILLARGEON, 1982; WHITE, 1988) und in die Kognitionspsychologie gehalten (s. EINHORN & HOGARTH, 1986; KAHNEMANN und MILLER, 1986; SCHUSTACK & STERNBERG, 1981). Darüber hinaus betonen neuere Theorien zum klassischen und operanten Konditionieren Parallelen dieser Phänomene zum Attributionsprozeß (s. ALLOY & TABACHNIK, 1984; SHANKS, 1989).

Zusammenfassend ist festzuhalten, daß Attributionen seit 30 Jahren bis in die Gegenwart hinein Gegenstand kontinuierlicher intensiver Forschungsbemühungen sind. Dies gilt sowohl für die grundlegenden Modelle des Attributionsprozesses als auch für die Anwendungen attributionstheoretischer Überlegungen. Es gibt nur wenige Teildisziplinen der Psychologie, in der Attributionstheorien nicht eine mehr oder weniger wichtige Rolle einnehmen. Dies liegt wohl daran, daß es zur grundlegenden Ausstattung des Menschen gehört, Warum-Fragen zu stellen.

Literatur

ABRAMSON, L. Y., SELIGMAN, M. E. P. & TEASDALE, J. D. (1978): Learned helplessness in humans: Critique and reformulation. Journal of Abnormal Psychology, *87,* 49–74.

ABRAMSON, L. B., METALSKY, G. I. & ALLOY, L. B. (1989): Hopelessness depression: A theory-based subtype of depression. Psychological Review, *96,* 358–372.

ALLOY, L.B. & TABACHNIK, N. (1984): Assessment of covariation by humans and animals: The joint influence of prior expectations and current situational information. Psychological Review, *91,* 112–149.

Beckman, L.J. (1970): Effects of students' performance on teachers' and observers' attributions of causality. Journal of Educational Psychology, *61,* 76–82.

BIERHOFF, H.W. & BIERHOFF-ALFERMANN, D. (1983): Kognitive Prozesse im Motivationsgeschehen: Attributionen als Ursachenerklärungen von Handlungen. In: H.THOMAE (Hrsg.), Theorien und Formen der Motivation (S.93–226). Göttingen: Hogrefe.

BORGIDA, E. & BREKKE, N. (1981): The base rate fallacy in attribution and prediction. In: J.H.HARVEY, W.J.ICKES & R.F.KIDD (Eds.), New directions in attribution research (Vol.3). Hillsdale, NJ: Erlbaum.

BRADBURY, T.N. & FINCHAM, F.D. (1990): Attributions in marriage: Review and critique. Psychological Bulletin, *107,* 3–33.

BULLOCK, M., GELMAN, R. & BAILLARGEON, R. (1982): The development of causal reasoning. In: W.J.FRIEDMAN (Ed.), The developmental psychology of time (pp.209–254). Orlando, FL: Academic Press.

CARROLL, J.S. & PAYNE, J.W. (1976): The psychology of the parole decision process: A joint application of attribution theory and information processing psychology. In: J.S.CARROLL & J.W.PAYNE (Eds.), Cognition and social behavior. Hillsdale, NJ: Erlbaum.

CARROLL, J.S. & PAYNE, J.W. (1977): Crime seriousness, recidivism risk and causal attributions in judgments of prison term by students and experts. Journal of Applied Psychology, *62,* 595–602.

CHENG, P.W. & NOVICK, L.R. (1990a): Where is the bias in causal attribution? In: K.J.GILHOLEY, M.T.K.KAYNE, R.H.LOGIE & G.ERDOS (Eds.), Lines of thinking (pp.181–197). John Wiley & Sons.

CHENG, P.W. & NOVICK, L.R. (1990b): A probabilistic contrast model of causal induction. Journal of Personality and Social Psychology, *58,* 545–567.

EIMER, M. (1987): Konzepte von Kausalität. Verursachungszusammenhänge und psychologische Begriffsbildung. Bern: Verlag Hans Huber.

EINHORN, H.J. & HOGARTH, R.M. (1986): Judging probable cause. Psychological Bulletin, *99,* 3–19.

FISKE, S.T. & TAYLOR, S.E. (1984): Social cognition. New York: Random House.

FÖRSTERLING, F. (1989): Models of covariation and causal attribution: How do they relate to the analysis of variance? Journal of Personality and Social Psychology, *57,* 615–625.

FÖRSTERLING, F. (1990): Attributional therapy. In: S.GRAHAM & V.FOLKES (Eds.), Attribution theory: Applications to achievement, mental health and interpersonal conflict. Hillsdale, N.J.: Lawrence Erlbaum Press (pp.123–139).

FÖRSTERLING, F. (1992): The KELLEY model as an analysis of variance analogy: How far can it be taken? Journal of Experimental Social Psychology.

FRIEZE, I.H. & WEINER, B. (1971): Cue utilization and attributional judgments for success and failure. Journal of Personality, *39,* 591–606.

GOLDBERG, L.R. (1981): Unconfounding situational attributions from uncertain, neutral, and ambiguous ones: A psychometric analysis of descriptions of oneself and various types of others. Journal of Personality and Social Psychology, *41,* 517–552.

GÖRLITZ, D., MEYER, W.-U. & WEINER, B. (Hrsg.) (1978): Bielefelder Symposium über Attribution. Stuttgart: Klett-Cotta.

GRIMM, K.-H. (1979): Ursachenerklärungen in Leistungssituationen. Eine Untersuchung zum KELLEYschen Kovariationskonzept. Unveröffentlichte Dissertation, Universität Bielefeld.

HARVEY, J.H., ICKES, W.J. & KIDD, R.F. (Eds.) (1976): New directions in attribution research (Vol.1). Hillsdale, NJ: Erlbaum.

HARVEY, J.H., ICKES, W.J. & KIDD, R.F. (Eds.) (1978): New directions in attribution research (Vol. 2). Hillsdale, NJ: Erlbaum.
HARVEY, J.H., ICKES, W.J. & KIDD, R.F. (Eds.) (1981): New directions in attribution research (Vol. 3). Hillsdale, NJ: Erlbaum.
HASTORF, A., SCHNEIDER, D. & POLEFKA, J. (1970): Person perception, Reading, Mass.: Addison-Wesley.
HEIDER, F. (1944): Social perception and phenomenal causality. Psychological Review, *51*, 358–374.
HEIDER, F. (1958): The psychology of interpersonal relations. New York: Wiley (deutsch: Psychologie der interpersonalen Beziehungen. Stuttgart: Ernst Klett Verlag, 1977).
HEIDER, F. (1978a): Wahrnehmung und Attribution. In: D. GÖRLITZ, W.-U. MEYER & B. WEINER (Hrsg.), Bielefelder Symposium über Attribution (S. 13–18). Stuttgart: Klett-Cotta.
HEIDER; F. (1978b): Über Balance und Attribution. In: D. GÖRLITZ, W.-U. MEYER & B. WEINER (Hrsg.), Bielefelder Symposium über Attribution (S. 19–28). Stuttgart: Klett-Cotta.
HEIDER, F. (1984): Das Leben eines Psychologen. Eine Autobiographie. Bern: Verlag Hans Huber.
HEIDER, F. & SIMMEL, M. (1944): An experimental study of apparent behavior. American Journal of Psychology, *57*, 243–259.
HERKNER, W. (1980): Attribution: Psychologie der Kausalität. Bern: Verlag Hans Huber.
HEWSTONE, M. (Ed.) (1983): Attribution theory: Social and functional extensions. Oxford, England: Basil Blackwell.
HEWSTONE, M. (1989): Causal attribution: From cognitive processes to collective beliefs. Oxford: Basil Blackwell.
HEWSTONE, M. & JASPERS, J. (1987): Covariation and causal attribution: A logical model of the intuitive analysis of variance. Journal of Personality and Social Psychology, *53*, 663–672.
HILTON, D.J. & SLUGOSKI, B.R. (1986): Knowledge-based causal attribution: The abnormal conditions focus model. Psychological Review, *93*, 75–88.
ISAACS, N. (1930): Children's "why" questions. In: S. ISAACS (Ed.), Intellectual growth in young children (pp. 291–349). London: Routledge & Kegan Paul.
JASPERS, J. (1983): The process of attribution in common sense. In: M. R. C. HEWSTONE (Ed.), Attribution theory: Social and functional extensions (pp. 28–44). Oxford, England: Basil Blackwell.
JASPARS, J, FINCHAM, F.D. & HEWSTONE, M. (Eds.) (1983): Attribution theory and research: Conceptual, developmental and social dimensions. London: Academic Press.
JASPARS, J., HEWSTONE, M. & FINCHAM, F.D. (1983): Attribution theory and research: The state of the art. In: J. JASPARS, F.D. FINCHAM & M. HEWSTONE (Eds.), Attribution theory and research: Conceptual, developmental and social dimensions (pp. 3–36). London: Academic Press.
JOHNSON, T.J., FEIGENBAUM, R. & WEIBY, M. (1964): Some determinants and consequences of the teachers' perceptions of causation. Journal of Educational Psychology, *55*, 237–246.
JONES, E.E. & DAVIS, K.E. (1965): From acts to dispositions: The attribution process in person perception. In: L. BERKOWITZ (Ed.), Advances in experimental social psychology (Vol. 2) (pp. 219–266). New York: Academic Press.
JONES, E.E. & MCGILLIS, D. (1976): Correspondent inferences and the attribution cube: A comparative reappraisal. In: J. H. HARVEY, W. J. ICKES & R. F. KIDD (Eds.), New directions in attribution research (Vol. 1) (pp. 389–420). Hillsdale, NJ: Erlbaum.
JONES, E.E. & NISBETT, R.E. (1972): The actor and the observer: Divergent perceptions of the causes of behavior. In: E.E. JONES, D.E. KANOUSE, H.H. KELLEY,

R. E. NISBETT, S. VALINS & B. WEINER (Eds.), Attribution: Perceiving the causes of behavior (pp. 79–94). Morristown, NJ: General Learning Press.
KAHNEMAN, D. & MILLER, D. T. (1986): Norm theory: Comparing reality to its alternatives. Psychological Review, *93,* 136–153.
KASSIN, S. M. (1979): Consensus information, prediction, and causal attribution: A review of the literature and issues. Journal of Personality and Social Psychology, *37,* 1966–1981.
KELLEY, H. H. (1967): Attribution theory in social psychology. In: D. LEVINE (Ed.), Nebraska Symposium on Motivation. Lincoln: University of Nebraska Press.
KELLEY, H. H. (1972): Causal schemata and the attribution process. Moristown, NJ: General Learning Press.
KELLEY, H. H. (1973): The processes of causal attribution. American Psychologist, *28,* 107–128.
KELLEY, H. H. & MICHELA, J. (1980): Attribution theory and research. Annual Review of Psychology, *31,* 457–501.
LANZETTA, J. T. & HANNAH, T. E. (1969): Reinforcing behavior of "naive" trainers. Journal of Personality and Social Psychology, *11,* 245–252.
LATANE, B. & DARLEY, J. M. (1968): Group inhibition of bystander intervention in emergency. Journal of Personality and Social Psychology, *10,* 215–221.
MARKS, G. & MILLER, N. (1987): Ten years of research on the false-consensus effect: An empirical and theoretical review. Psychological Bulletin, *102,* 72–90.
MCARTHUR, L. A. (1972): The how and what of why: Some determinants and consequences of causal attribution. Journal of Personality and Social Psychology, *22,* 171–193.
MCFARLAND, C. & ROSS, M. (1982): The impact of causal attributions on affective reactions to success and failure. Journal of Personality and Social Psychology, *43,* 937–946.
MEDCOF (1990): PEAT: An integrative model of attribution processes. In: M. P. ZANNA (Hrsg.) Advances in Experimental Social Psychology, *23,* 111–209.
MEYER, W.-U. (1988): Die Rolle von Überraschung im Attributionsprozeß. Psychologische Rundschau, *39,* 136–147.
MILL, J. S. (1872): A system of logic. Ratiocinative and inductive (8th ed.). London: Longmans, Green, Reader, and Dyer (Original erschienen 1843).
MILLER, D. T., NORMAN, S. A. & WRIGHT, E. (1978): Distortion in person perception as a consequence of the need for effective control. Journal of Personality and Social Psychology, *36,* 598–607.
MILLER, D. T. & ROSS, M. (1975): Self-serving biases in the attribution of causality: Fact or fiction? Psychological Bulletin, *82,* 213–225.
NISBETT, R. E. & BORGIDA, E. (1975): Attribution and the psychology of prediction. Journal of Personality and Social Psychology, *32,* 932–943.
NISBETT, R. E., CAPUTO, C., LEGANT, P. & MARECEK, J. (1973): Behaviour as seen by the actor and as seen by the observer. Journal of Personality and Social Psychology, *27,* 154–164.
ORVIS, B. R., CUNNINGHAM, J. D. & KELLEY, H. H. (1975): A closer examination of causal inference: The role of consensus, distinctiveness, and consistency information. Journal of Personality and Social Psychology, *32,* 605–616.
PRUITT, D. J. & INSKO, C. A. (1980): Extension of the KELLEY attribution model: The role of comparison-object consensus, target-object consensus, distinctiveness, and consistency. Journal of Personality and Social Psychology, *39,* 39–58.
PYSZCZYNSKI, T. A. & GREENBERG, J. (1987): Toward an integration of cognitive and motivational perspectives on social inference: A biased hypothesis-testing model. In: L. BERKOWITZ (Ed.), Advances in Experimental Social Psychology (Vol. 20). San Diego, Cal.: Academic Press.
REISENZEIN, R. (1983): The SCHACHTER theory of emotion: Two decades later. Psychological Bulletin, *94,* 239–264.

ROSENBAUM, R. M. (1972): A dimensional analysis of the perceived causes of success and failure. Unveröffentlichte Dissertation, University of California, Los Angeles.
ROSS, L. (1977): The intuitive psychologist and his shortcomings: Distortions in the attribution process. In: L. BERKOWITZ (Ed.), Advances in Experimental Social Psychology (Vol. 10) (pp. 173–220). New York: Academic Press.
ROSS, L., GREENE, D. & HOUSE, P. (1977): The false consensus phenomenon: An attributional bias in self-perception and social perception processes. Journal of Experimental Social Psychology, *13*, 279–301.
SCHACHTER, S. & SINGER, J. E. (1962): Cognitive, social, and physiological determinants of emotional states. Psychological Review, *69*, 379–399.
SCHUSTACK, M. W. & STERNBERG, R. J. (1981): Evaluation of evidence in causal inference. Journal of Experimental Psychology: General, *110*, 101–120.
SHANKS, D. R. (1989): Selectional processes in causality judgment. Memory & Cognition, *17*, 27–34.
SHAVER, K. G. (1975): An introduction to attribution processes. Cambridge, Mass.: Winthrop Publishers.
STEPHAN, W. F. & GOLLWITZER, P. (1981): Affect as mediator of attributional egotism. Journal of Experimental Social Psychology, *17*, 443–458.
STEVENS, L. & JONES, E. E. (1976): Defensive attribution and the KELLEY cube. Journal of Personality and Social Psychology, *34*, 809–820.
STORMS, M. D. (1973): Videotape and the attribution process: Reversing actors' and observers' point of view. Journal of Personality and Social Psychology, *27*, 165–175.
TAYLOR, S. E. & KOIVUMAKI, J. H. (1976): The perception of self and others: Acquaintanceship, affect, and actor-observer differences. Journal of Personality and Social Psychology, *33*, 403–408.
TILLMAN, W. S. & CARVER, C. S. (1980): Actors' and observers' attributions for success and failure: A comparative test of predictions from KELLEY's cube, self-serving bias, and positivity bias formulations. J. of Exp. Social Psychology, *16*, 18–32.
WATSON, D. (1982): The actor and the observer: How are their perceptions of causality divergent? Psychological Bulletin, *92*, 682–700.
WEARY, G., STANLEY, M. A. & HARVEY, J. H. (1989): Attribution. New York: Springer.
WEINER, B. (1979): A theory of motivation for some classroom experiences. Journal of Educational Psychology, *71*, 1–29.
WEINER, B. (1980a): Human motivation. New York: Holt, Rinehart & Winston.
WEINER, B. (1980b): A cognitive (attribution) – emotion action model of motivated behavior: An analysis of judgments of help-giving. Journal of Personality and Social Psychology, *39*, 186–200.
WEINER, B. (1985): "Spontaneous" causal thinking. Psychological Bulletin, *97*, 74–84.
WEINER, B. (1986): An attributional theory of motivation and emotion. New York: Springer Verlag.
WEINER, B. & KUKLA, A. (1970): An attributional analysis of achievement motivation. Journal of Personality and Social Psychology, *15*, 1–20.
WHITE, P. A. (1988): Causal processing: Origins and development. Psychological Bulletin, *104*, 36–52.
ZUCKERMAN, M. (1979): Attribution of success and failure revisted, or: The motivational bias is alive and well in attribution theory. Journal of Personality, *47*, 245–287.

Die Herausgeber zum folgenden Beitrag

Die „Equity"- oder ‚Ausgewogenheits'-Theorie, wie in der ersten Auflage dargestellt, ist reduzierbar auf, d. h. erklärbar durch, die Austauschtheorie mit weiterem Erklärungsanspruch. Kein anderer Versuch der Sozialpsychologie, nicht nur Verhaltens-, sondern auch Sozialwissenschaft zu sein und Erklärungen für sozialwissenschaftlich beschreibbar problematische Sachverhalte anzubieten, war so erfolgreich wie entmutigend. Das Angebot der Soziologie aus dem Kreis des Methodologischen Individualismus (in den Folgen von Homans) an die Sozialpsychologie war und ist so freundlich wie um theoretische Hilfe suchend. Eine verhaltensorientierte Sozialpsychologie, die sich im Revierdenken als Teilfach der Psychologie (in der Lehre) versteht und als sonst nichts, hat diese Ansinnen in den Wind geschlagen.

Wir müssen Abschied nehmen von der utilitaristischen Motivationstheorie sensu Smith, Bentham, Mill u. s. f. Lust und Schmerz, Gewinn und Verlust sind nicht die zentralen wie alleinigen Bestimmmungsfaktoren sozialen Austausches (normative Vorstellungen, die den „Manchester"-Kapitalismus als Ideologie so sehr bestimmten wie den dogmatischen Sozialismus). Den Behaviorismus von Skinner muß man sogar retten, da er nicht Lohn gegen Strafe stellte, sondern positive und negative Verstärkungen („reinforcements") gegen Strafen. Das entging den Sozialpsychologen wie den methodologischen Individualisten in den übrigen Sozialwissenschaften.

Der folgende Beitrag zeigt, daß es gegenwärtig einseitig wäre, unter den Gerechtigkeits-Theorien allein die „Equity"-Theorie zu behandeln. Diese Theorien beanspruchen jedoch nicht erklären zu können, wie Gerechtigkeitsnormen entstehen und sich durchsetzen und unter welchen Bedingungen sie sich wandeln. Hierzu ist u. a. auf die Theorie zu sozialen Einflüssen von Minoritäten (Bd. II) zu verweisen.

Gerechtigkeitstheorien

GÜNTER F. MÜLLER, Universität Bielefeld
MANFRED HASSEBRAUCK, Universität Mannheim

1. Thematischer Rahmen

Für die Neufassung dieses Kapitels schien es erforderlich, unterschiedliche Entwicklungen der sozialpsychologischen Gerechtigkeitsforschung zu berücksichtigen. Es war daher nicht mehr möglich, inhaltlich relevante Themen und Befunde unter nur *eine* Theorie zu subsumieren. Die im Mittelpunkt der ursprünglichen Kapitelversion stehende „Equity"-Theorie (MÜLLER & CROTT, 1978) hat die Forschung seither nicht mehr in dem Maße beherrscht. Das von ihr postulierte Prinzip, wonach Personen Wert auf ausgewogene Austauschverhältnisse legen, ist was seine Gültigkeit und Reichweite betrifft zunehmend kritisiert worden (vgl. MIKULA, 1981). Es wurden auch anders akzentuierte Ansätze formuliert und überprüft, deren gemeinsamer Nenner alsbald nur mehr darin bestand, daß sie (sozial)psychologische Beiträge zur Analyse gerechtigkeitsbezogenen Denkens, Fühlens oder Handelns leisteten (vgl. MIKULA, 1980; BIERHOFF, COHEN & GREENBERG, 1986; LIND & TYLER, 1988). Obwohl die Equity-Theorie im Bereich anwendungsorientierter Forschung nach wie vor einflußreich ist, ließ ihre grundwissenschaftliche Weiterentwicklung zu wünschen übrig (vgl. LEVENTHAL, 1980; FOLGER, 1986a). Schon zu Zeiten der Erstfassung dieses Kapitels war verschiedentlich vorgeschlagen worden, den Gültigkeitsbereich der Equity-Theorie auf leistungsbezogene Aufteilungssituationen einzuschränken (LERNER, 1975; MIKULA & SCHWINGER, 1978). Zudem hatte sich abgezeichnet, daß die Theorie wenig dazu sagen konnte, wie Gerechtigkeitsvorstellungen entstehen (LERNER, 1977) oder Urteile über Verfahrensgerechtigkeit zustande kommen (THIBAUT & WALKER, 1975). Inzwischen gibt es mehrere Schwerpunkte sozialpsychologischer Gerechtigkeitsforschung, die unterschiedliche Erkenntnisinteressen, Untersuchungsprioritäten und Theorieansätze zu erkennen geben. Der Forschungsgegenstand hat sich stark ausdifferenziert, so daß auch seine Darstellung neu strukturiert werden mußte. Das hier gewählte Vorgehen orientiert sich an Themen und Fragestellungen, die für einzelne Forschungsfelder typisch sind. Equitytheoretische Ansätze werden dabei solchen Gerechtigkeitsproblemen zugeordnet, die sich aus (Un)Gleichgewichtszuständen interpersonaler Beziehungen ergeben. Daneben werden weitere wichtige Themenbereiche behandelt. Die Frage, wie Kinder Wissen über Gerechtigkeit erwerben, gehört hierzu; ebenso die Frage, wann Prozeduren zur Beilegung interpersonaler Konflikte als fair und akzeptabel wahrgenommen werden. Das Kapitel behandelt überdies, welche Abhängigkeiten zwischen sozialem Kontext und distributiver Gerechtigkeit bestehen. Zudem wird versucht, eine integrative Perspektive sozialpsychologischer Gerechtigkeitsforschung zu skizzieren. Anders als in der ursprünglichen Kapitelversion sind Theorie und Empirie stärker miteinander verwoben. Auch wird ein besonderes Augenmerk darauf gerichtet, welche kognitiven Erklärungskonzepte einzelne Theorien besitzen und welche Experimente zu ihrer Überprüfung durchgeführt wurden.

2. Entwicklung von Gerechtigkeitsvorstellungen

Für ein besseres Verständnis dessen, was Gerechtigkeit kognitiv impliziert, haben entwicklungspsychologische Ansätze wichtige Beiträge geleistet. Ein Grund ist, daß Erwerb und Veränderung von Gerechtigkeitsvorstellungen von vornherein im Rahmen geistiger Entwicklungsprozesse untersucht wurden (vgl. MONTADA, 1982; MÜLLER, 1984), ein anderer, daß auf Grenzen sozialer Beeinflußbarkeit des Bewußtseins von Gerechtigkeit aufmerksam gemacht wurde.

Bedeutsame Forschungsbefunde gehen auf JEAN PIAGET (1954) zurück. Durch zahlreiche Untersuchungen zum moralischen Urteil beim Kind fand PIAGET heraus, daß Gerechtigkeitsprobleme je nach Altersstufe unterschiedlich wahrgenommen, kognitiv verarbeitet und gelöst werden. Dabei zeigte er vor allem, daß reife Gerechtigkeitsurteile ausdifferenzierter formal-operativer Denkstrukturen bedürfen und nicht vor einem Alter zwischen 10 und 15 Jahren zu erwarten sind. Der Weg dorthin ist nach PIAGET weder beliebig in seinen Stationen noch im Ausmaß seiner Modifizierbarkeit durch die soziale Umwelt. Kinder setzen sich zwar ständig aktiv mit entsprechenden Umweltanforderungen auseinander. Ihre Verstehensleistungen hierbei durchlaufen aber, so PIAGETS Annahme, eine regelhafte und durch Reifungsprozesse kodeterminierte Abfolge geistiger Entwicklungsstufen. Über diese gelangen Kinder schließlich auch zu autonom-moralischen Urteilsmaßstäben oder werden zumindest fähig, das Gerechtigkeitsverständnis wichtiger Bezugspersonen zu teilen und anzuwenden.

Der Erwerb eines Gerechtigkeitsbegriffs stellt gewisse Anforderungen was Kapazität und Komplexität der Informationsverarbeitung von und in sozialen Situationen betrifft. Entwicklungspsychologen stimmen darin überein, daß Kinder bis zu einem Alter von etwa sechs oder sieben Jahren noch nicht in der Lage sind, solche Anforderungen zu bewältigen. Denken und Handeln sind ichbezogen, die Ansprüche egozentrisch: „Gerechtigkeit" verbinden Kinder dieses Alters zumeist mit „Rechthaben" (PIAGET, 1954), in Aufteilungssituationen beanspruchen sie ungeachtet ihrer Leistungsbeiträge im allgemeinen den Löwenanteil (MIKULA, 1972), bei Fragen nach Schuld und Sühne haben sie in erster Linie die Schadensfolgen im Auge und weniger die jeweiligen Begleitumstände wie Schadensabsicht oder Fahrlässigkeit (vgl. HARRIS, 1977). Mit zunehmender Ausdifferenzierung geistiger Fähigkeiten, die auch einer biologischen Reifung von Gedächtnisfunktionen zugeschrieben wird (SEITELBERGER, 1978; CASE, 1985), können Kinder mehr soziale Informationen aufnehmen und abrufen und den für Gerechtigkeitsurteile notwendigen Schritt zu Ansprüchen anderer Personen hin vollziehen. Kognitiv noch relativ leicht zu bewältigen ist die Anwendung des Gleichheitsprinzips. Gleichheit ist ohne größere Vergleichs- und Bewertungsoperationen fest- und herstellbar und sollte nach PIAGET (1954) daher zur ersten *echten* Vorstellung gehören, die Kinder von Gerechtigkeit besitzen. Differenziert sich das Denken weiter aus, werden zunehmend auch Urteile und Handlungen möglich, die sich an Prinzipien mit größeren Verstandesanforderungen orientieren. Wie PIAGET annimmt, wird Gleichheit durch Billigkeit abgelöst, die einen Abgleich individueller Beiträge oder Bedürfnisse erfordert und erst situationsadäquat angewendet werden kann, wenn Kinder in der Lage sind, mit Verhältnisrelationen umzugehen. Diese Stufenabfolge wurde von DAMON (1977) später präzisiert und erweitert, indem auch Übergangsphasen zwischen Selbstbegünstigung, Gleichheit und Billigkeit definiert wurden. Übergänge zur zweiten Stufe sollten daran erkennbar sein, daß Kinder eigene Vorteile argumentativ zu rechtfertigen suchen, Übergänge zur dritten Stufe, daß Vorstellungen von Handlungsreziprozität und Verdienst in die Situationsbewertung einbezogen werden.

Die Zwangsläufigkeit, mit der einzelne Gerechtigkeitsprinzipien aufeinander folgen, und die logische Notwendigkeit, mit der solche Abfolgen aus der geistigen Entwicklung resultieren, impliziert ein Erklärungsmodell, das sich an der Ontogenese des Menschen orientiert und Veränderungen als gerichtet, universell und irreversibel betrachtet (vgl. MONTADA, 1982). Die Reichweite dieses Erklärungsmodells wurde ausgiebig untersucht, beim moralischen Urteil sogar bis in das Erwachsenenalter hinein (KOHLBERG, 1973). Dabei zeichnete sich im allgemeinen ab, daß Kinder mit zunehmendem Alter mehr Information berücksichtigen und verarbeiten, um zu einem bestimmten Gerechtigkeitsurteil zu gelangen. ANDERSON & BUTZIN (1978) fanden, daß 7–9jährige Kinder in der Lage sind, Zuteilungen vorzunehmen, die mit Bedürfnis- und Leistungsunterschieden zweier Personen korrespondieren. 4–6jährige Kinder können dies noch nicht. Ihre Zuteilungen lassen erkennen, daß sie die Menge vorhandener Information nur unzureichend ausschöpfen. Die Kinder konzentrieren sich auf Einzelmerkmale und entscheiden z. B. danach, welche Leistungsunterschiede vorhanden sind. Ähnliche Befunde liegen aus Studien zur ausgleichenden Gerechtigkeit vor (HARRIS, 1977; SURBER, 1977). Bei der Beurteilung von Schuldfragen zeigte sich, daß mögliche Handlungsintentionen mit zunehmendem Alter stärker berücksichtigt wurden als das jeweilige Handlungsresultat, und daß ältere Kinder differenzierter analysieren und begründen können, welcher Grad von Verantwortlichkeit jeweils angemessen erscheint. Im Gegensatz hierzu durchlaufen Präferenzen für ein bestimmtes Gerechtigkeitsprinzip (Gleichheit, Billigkeit, Reziprozität) nicht zwangsläufig die von PIAGET oder DAMON postulierten Stufenabfolgen. Wie zahlreiche Untersuchungen belegen, drücken sich zunehmende Differenzierungsleistungen nicht nur darin aus, daß Kinder in der Lage sind, komplexere Gerechtigkeitsvorstellungen zu entwickeln, sondern auch darin, daß sie die Anwendung dieser Vorstellungen mit Besonderheiten der jeweiligen Situation oder sozialen Beziehung in Einklang zu bringen versuchen. WENDER & GERLING (1985) fanden, daß Grundschulkinder durch empathieanregende Hinweisreize und Beobachtung gleichaltriger Vorbilder dahingehend zu beeinflussen waren, bedürftigkeitsorientierte Aufteilungen vorzunehmen, wohingegen sie ohne entsprechende Informationen Gleichaufteilungen bevorzugten. Bei unterschiedlichen Leistungsbeiträgen wurden auch umgekehrte Präferenzen festgestellt. Hier waren Gleichaufteilungen immer dann attraktiver, wenn sich Kinder als Mitglieder eines Teams betrachteten (CROTT, WENDER, OLDIGS & REIHL, 1975), wenn eine Aufteilung von positiven Konsequenzen zu erfolgen hatte (HASSEBRAUCK, 1985) oder wenn Aufteilungen von den Kindern offen ausgehandelt werden mußten (STREATER & CHERTKOFF, 1976). Diese Befunde legen es nahe, die Gültigkeit entwicklungspsychologischer Erklärungen zu relativieren. Wie MONTADA (1980) hierzu ausführt, determiniert eine Ausdifferenzierung kognitiver Strukturen nicht gleichzeitig auch deren Inhalt. Was als gerecht beurteilt wird und welche Begründung eigene Verhaltensweisen in dieser Richtung erfahren, kann um so stärker sozial überformt sein, je älter die Kinder werden. Die nun folgenden Ansätze beschreiben, welche Merkmale des sozialen Milieus besonders prägend wirken und wie dies die Wahl einzelner Gerechtigkeitsprinzipien beeinflußt.

3. Anwendung von Prinzipien distributiver Gerechtigkeit

Eine wichtige Frage lautet also, wie Personen lernen, mit Gerechtigkeitsvorstellungen umzugehen, und wie sie Wissen über eine situationsadäquate Anwendung von Aufteilungsprinzipien erwerben. LERNER (1974, 1977), ein einflußreicher Autor dieser Forschungsrichtung, postuliert, daß Gerechtigkeit für Kinder nicht nur kognitive, sondern auch motivationale Relevanz besitzt, und daß dem Aufteilungsverhalten ein zunächst unspezifisches, durch Sozialisation sich ausdifferenzierendes Streben nach Gerechtigkeit zugrundeliegt. Wie LERNER weiter annimmt, energetisiert dieses Motiv die Suche nach Information, was man selbst verdient oder beanspruchen kann und welche Umstände zu berücksichtigen sind, damit solche Ansprüche Zustimmung finden. Unterscheidensleistungen in dieser Richtung sollten vor allem durch solche Erfahrungen beeinflußt werden, die soziale Beziehungskonstellationen vermitteln. Der jeweilige Charakter wahrgenommener wechselseitiger Abhängigkeit in Aufteilungssituationen gilt folglich als besonders gerechtigkeitsrelevant und wird in sogenannten Mehr-Prinzipien-Ansätzen des Aufteilens näher bestimmt.

Obwohl sich eine ganze Reihe von Aufteilungsprinzipien definieren und unterscheiden lassen (vgl. DEUTSCH, 1975; LEVENTHAL, 1976; LERNER, MILLER & HOLMES, 1976), gibt es drei Prinzipien, deren Bedeutung besonders hervorgehoben wird (vgl. SCHWINGER, 1980). In Anlehnung an entwicklungspsychologische Ansätze sind dies das *Beitrags-, Gleichheits-* und *Bedürfnisprinzip.* Eine Anwendung des Beitragsprinzip ist voraussetzungsgebunden. Sie macht Aufteilungen davon abhängig, was einzelne Personen geleistet, aufgewendet oder investiert haben, um gemeinsame Ergebnisse zu erreichen oder Ressourcen zu vermehren. Die Anwendung des Gleichheitsprinzips erfordert keine Abklärung personenspezifischer Beiträge oder Einsätze. Auf gemeinsame Ergebnisse oder Ressourcen hat jeder Einzelne gleiche Ansprüche bzw. kann gleiches Nutzungsrecht geltend machen. Beim dritten Prinzip sind wiederum individuelle Voraussetzungen abzuklären. Diese erstrecken sich hier allerdings auf die Bedürftigkeit einzelner Personen oder besondere Umstände, die wie unverschuldete Not-, Zwangs- oder Krisenlagen akute Bedürfnissituationen schaffen. Die so begründbaren Ansprüche bestimmen dann auch die Aufteilung gemeinsamer Ressourcen.

Nach MIKULA (1980) geht konkreten Aufteilungen ein relativ komplexer Entscheidungsprozeß voraus. Um gerecht bewerten und handeln zu können, ist es erforderlich, ein dem sozialen Kontext entsprechendes Aufteilungsziel auszuwählen, sich auf eine zielkompatible Aufteilungsdevise festzulegen und diese durch Wahl einer geeigneten Handlungsstrategie in die Tat umzusetzen. Wie bereits angemerkt, betonen Mehr-Prinzipien-Ansätze solche Entscheidungskriterien, die mit Beziehungsmerkmalen zusammenhängen und durch Sozialisation vermittelt werden. Erlebens- und verhaltensbezogene Besonderheiten familiärer, freundschaftlicher oder konkurrenzbetonter Beziehungskonstellationen erschließen sich Kindern schon sehr früh. Hierdurch lernen Kinder sowohl zwischen Intentionen, Abhängigkeiten und Interaktionsformen zu unterscheiden, als auch zwischen Erwartungen und Bedeutungen, die mit Prozessen und Ergebnissen gemeinsamen Handelns verbunden sind. SCHWINGER (1980) und MIKULA (1980) typisieren Beziehungskonstellationen nach vorherrschenden (Ko)Orientierungen beteiligter Personen und leiten daraus Präferenzen für ein bestimmtes Aufteilungsprinzip ab. So sollte, wie sie meinen, in überwiegend ökonomischen oder wettbewerbsorientierten Beziehungen das Beitragsprinzip, in überwiegend kooperativen oder solidaritätsorientierten Beziehungen das Gleichheitsprinzip und in überwiegend persönlichen oder intimitätsorientierten Beziehungen das Bedürfnisprinzip zur Anwendung kommen.

Untersuchungen, in denen die Gültigkeit dieser Annahmen überprüft wurde, konnten eine Reihe von Beziehungseffekten nachweisen. LAMM & SCHWINGER (1980) fanden, daß Bedürftigkeit die Aufteilungsentscheidung stärker beeinflußt, wenn Teampartner enge Freunde sind als wenn sich diese nur oberflächlich kennen. BOSSONG (1983) stellte fest, daß Beitragsunterschiede in geschäftsmäßigen Beziehungen einen größeren Einfluß auf Verteilungspräferenzen haben als in freundschaftlichen Beziehungen. SCHWINGER (1984) zeigte darüber hinaus, daß das Bedürfnisprinzip in partnerorientierten Beziehungen nicht nur vorgezogen, sondern – verglichen mit den beiden anderen Aufteilungsprinzipien – auch als gerechter eingestuft wird. Da in diesen Studien ausnahmslos mit hypothetischen Situationsschilderungen gearbeitet wurde, bleiben die Aussagen jedoch auf unbeteiligtes Erleben und Reflektieren von Aufteilungsproblemen beschränkt.

Untersuchungen zum *tatsächlichen* Aufteilungsverhalten erbrachten weit weniger konsistente und stabile Befunde. So genügte oft schon die Erwartung eines direkten Kontakts mit einem ansonsten anonymen Arbeitspartner, damit Personen für sie vorteilhafte beitragsproportionale Aufteilungen zugunsten gleichmäßiger Teilungsvorschläge aufgaben (SHAPIRO, 1975). Ein ähnlicher Effekt trat auf, wenn die Mitbetroffenen über den gewählten Aufteilungsmodus informiert werden mußten (REIS & GRUZEN, 1976). Erst wenn kein Zusammentreffen in Aussicht stand, oder nur der Versuchsleiter über die Aufteilung informiert werden mußte, wandten Personen das Beitragsprinzip an. Im Falle vollkommen geheimer Aufteilungen tendierten sie sogar dazu, mehr zu beanspruchen, als dies von ihren Beiträgen her gesehen begründet erschien. Solche und andere Untersuchungsbefunde wurden durch verschiedene Autoren dahingehend interpretiert, daß Personen mit ihrem Aufteilungsverhalten mehr als nur ein Ziel verfolgen können (vgl. REIS, 1981; GREENBERG & COHEN, 1982; MIKULA, 1984). Der Anwendung von Aufteilungsprinzipien würde demzufolge nicht nur und notwendig das Motiv zugrunde liegen müssen, gerechte Verhältnisse herzustellen. Aufteilungen, die mit einem bestimmten Gerechtigkeitsprinzip übereinstimmen, können ebenso ein strategisches Mittel sein, um andere Bedürfnisse zu befriedigen. Naheliegend sind Bedürfnisse wie Unbehagen und zwischenmenschliche Konflikte zu vermeiden, kooperatives Einvernehmen zwischen Personen zu stärken, aber auch, egoistische Interessen zu verschleiern oder die eigene Person in vorteilhaftem Licht erscheinen zu lassen. Um instrumentelle Aspekte distributiver Gerechtigkeit mit Gerechtigkeitsmotiv-Annahmen zu verbinden, postuliert MIKULA (1984) Übergänge von Prioritäten des *Erwerbs* von Gerechtigkeitsprinzipien zu Prioritäten des strategischen *Gebrauchs* von Gerechtigkeitsprinzipien. Seiner Meinung nach vollziehen sich diese Übergänge gleichsam automatisch im Sozialisationsprozeß. Kinder lernen mit der Zeit verschiedene Gerechtigkeitsprinzipien kennen, sie lernen gleichzeitig aber auch verschiedene Konsequenzen, die eintreten (oder ausbleiben), wenn solche Prinzipien beachtet oder verletzt werden. So käme im Aufteilungsverhalten schließlich nicht mehr nur zum Ausdruck, ob und wie „gerecht" dieses ist, sondern ebenfalls, ob und wie „gerechtfertigt" es jeweils erscheint. Gerechtigkeit und Rechtfertigung sollten ihrerseits Teilkomponenten eines allgemeineren Bestrebens sein, das Zustandekommen gemeinsamer Ergebnisse zu kontrollieren, wünschenswerte Konsequenzen für sich selbst und andere herbeizuführen oder unerwünschte Konsequenzen zu vermeiden. Werden ungerechte oder ungerechtfertigte Aufteilungen wahrgenommen, sollte Kontrollverlust resultieren, ein aversiver psychischer Zustand, der aktivierend wirkt, um einer Bedrohung von Ansprüchen entgegenzuwirken. Hier schlägt der Ansatz Brücken zu balance-theoretischen Gerechtigkeitstheorien, die im nun folgenden Kapitelabschnitt dargestellt werden.

4. Gerechtigkeit als interaktive Balance

Historischer Ausgangspunkt balancetheoretischer Ansätze sind Arbeiten von HOMANS (1958, 1961). In diesen wird Gerechtigkeit als Regel sozialen Austauschs definiert, die Personen sagt, was sie bei der Interaktion mit anderen Personen für sich selbst als angemessene Ergebnisse erwarten und beanspruchen können. Ursprünglich formulierte HOMANS die Regel so, daß aktuelle Belohnungen und Aufwendungen, die eine Interaktion mit sich bringt, aufgerechnet und verglichen werden. Gleichwertige Ergebnisse für alle Beteiligten (Belohnungen minus Aufwendungen) sollten die Regel bestätigen, ungleichwertige sie verletzen. Später reformulierte HOMANS diese Regel, indem er Gleichwertigkeit an Ergebnis-*Verhältnissen* festmachte. Dazu führte er als weitere Kalkulationsgröße den Wert von Merkmalen ein, die Interaktionspartner qua Erfahrung, Alter, Status, Kompetenz o.ä. über aktuelle Aufwendungen hinaus zusätzlich in den Austausch investieren können. Die Regel geht nun von *relativer* Ergebnisgleichheit aus. HOMANS (1968, S.206) schreibt in diesem Zusammenhang: „Eine Person, die mit einer anderen in einer Tauschbeziehung steht, wird erwarten, daß sich die Gewinne einer jeden *proportional* zu ihren Investitionen verhalten und, falls beide von dritter Seite belohnt werden, daß diese dritte Instanz besagtes Verhältnis zwischen beiden respektiert." Auf dieser Proportionalitätsdefinition bauen auch die meisten anderen Balancetheorien der Gerechtigkeit auf.

Der Ansatz von ADAMS (1965) verbindet das Austauschkonzept von HOMANS mit der Dissonanztheorie von FESTINGER (1957). ADAMS interessierte sich vor allem für den unausgewogenen Austausch („inequity") und dafür, wie dieser das Erleben und Verhalten von Personen beeinflußt. Austauschverhältnisse können das Individuum entweder bevor- oder benachteiligen. In beiden Fällen sollen kognitive Dissonanz entstehen, im ersten Fall begleitet von Schuldgefühlen, im zweiten Fall von Ärger und Frustration. Unausgewogenheit impliziert die Wahrnehmung ungerecht(fertigt)er Vor- oder Nachteile in Beziehungen mit anderen. Sie gilt als grundlegend für die Gültigkeit des Ansatzes und ist in Abbildung 1 schematisch dargestellt.

$$\frac{\text{Eigene Ergebnisse}}{\text{Eigene Beiträge}} \gtrless \frac{\text{Ergebnisse anderer}}{\text{Beiträge anderer}}$$

Abbildung 1: Formale Darstellung wahrgenommener Unausgewogenheit in Austauschbeziehungen.

Wahrgenommene Unausgewogenheit schließt nach ADAMS sowohl direkte wie indirekte Austauschbeziehungen ein. Indirekte Beziehungen setzen nicht voraus, daß Personen miteinander interagieren. Wie bereits von HOMANS angemerkt, kann es ausreichen, daß Personen einen gemeinsamen („dritten") Partner haben und wissen oder sich denken können, was der Austausch mit diesem Partner jeweils abverlangt und einbringt. Prototypisch für den indirekten Austausch sind Beschäftigungsverhältnisse. Ihr thematisch wichtigstes Merkmal ist das der Lohngerechtigkeit. ADAMS selbst war ursprünglich stark an psychologischen Facetten dieses Merkmals interessiert. Seine Arbeiten trugen dazu bei, daß „Inequity"-Reaktionen auch heute noch sehr oft innerhalb eines Paradigmas über- oder unterbezahlter Arbeitsleistungen analysiert werden (s.u.).

Um wahrgenommene Unausgewogenheit wiederum ins Gleichgewicht zu bringen, gibt es nach ADAMS eine Reihe von Reaktionsmöglichkeiten. Individuen haben generell zunächst die Wahl, offen oder latent zu reagieren. Im ersten Fall können sie ihre eigenen Beiträge oder Ergebnisse korrigieren, indem sie entweder weniger in den Austausch einbringen oder versuchen, mehr für ihre Beiträge herauszubekommen. Sie können - direkt oder indirekt - aber auch darauf hinwirken, daß sich die Beiträge oder Ergebnisse der Vergleichspersonen ändern, bis der Austausch wiederum balanciert erscheint. Eine Beziehung abzubrechen oder mit anderen Austauschpartnern zu interagieren wären weitere Alternativen für den Fall, daß mögliche Ergebnis- oder Beitragsänderungen zu wenig Erfolg versprechen, um wahrgenommene Unausgewogenheit innerhalb der Beziehung zu eliminieren. Reagieren Individuen latent, gleichen ihre Strategien denen, die auch bei Einstellungsänderungen wirksam werden. Durch Addition, Subtraktion oder Substitution kognitiver Elemente lassen sich eigene oder fremde Beiträge oder Ergebnisse so umbewerten, daß der Eindruck gerechter Verhältnisse entsteht. Um wahrgenommene Unausgewogenheit zu reduzieren, werden neue konsonante Kognitionen hinzugefügt, dissonante Kognitionen eliminiert oder beide Strategien gleichzeitig benützt. Ob Personen offen oder latent reagieren und welche Reaktionsmöglichkeiten sie vorziehen, hängt nach ADAMS davon ab, wie zentral einzelne Austauschkomponenten im jeweiligen Selbstkonzept verankert sind und wie „ökonomisch" (ertragsmaximierend oder aufwandsminimierend) es zu gelingen verspricht, den Austausch zu balancieren. Sind besonders zentral verankerte Kognitionen bedroht (z.B. die Wertschätzung eigener Beiträge), wäre eher zu erwarten, daß Personen intervenieren und versuchen, Balance durch aktive Veränderung anderer Austauschkomponenten wieder herzustellen. Reaktionsmöglichkeiten wären, einen größeren Ergebnisanteil für sich selbst zu beanspruchen oder zu fordern, daß andere mehr in den Austausch einbringen. Bei gleichen Realisierungschancen würden Ökonomieerwägungen die Wahl der ersten Strategie nahelegen. Im Falle kognitiv schwächer verankerter Austauschkomponenten (Beiträge oder aktuelle Aufwendungen anderer Personen) wäre eher mit einer Veränderung der Einstellung diesen Komponenten gegenüber zu rechnen. Damit läßt sich u.a. erklären, weshalb Handlungsschwellen bei Bevorteiligung im allgemeinen höher liegen als bei Benachteiligung und weshalb bevorteilte Personen eher dazu neigen, den Wert von Beiträgen anderer herabzuwürdigen als für Kompensation oder Ergebnisausgleich zu sorgen (LEVENTHAL, YOUNTS & LUND, 1972; RIVERA & TEDESCHI, 1976). Werden durch erhöhte Selbstaufmerksamkeit oder empathieförderliche Hinweise stärker verankerte Kognitionen von Austauschgerechtigkeit angesprochen, kann es jedoch auch ökonomischer sein, die Einstellung dem Mehrgewinn gegenüber zu ändern als sich mit der Vorstellung zu belasten, andere Personen ausbeuten oder unfair behandeln zu wollen (GREENBERG, 1983; O'MALLEY & BECKER, 1984).

Eine Theorievariante, die Einflüsse früherer Austauschverhältnisse thematisiert, wurde von WEICK vorgeschlagen (1966; WEICK & NESSET, 1968).

Danach sollte „Inequity" nicht nur bei Vergleichen mit anderen Personen auftreten, sondern auch bei Vergleichen mit austauschrelevanten Erfahrungswerten der urteilenden Person selbst. Aktuelle Beiträge und Ergebnisse werden, so die Annahme, auch an *internen Standards* bemessen. Die Angemessenheit des Austausches sollte also nicht nur eine Funktion ausgewogener Verhältnisse mit anderen augenblicklich vorhandenen Vergleichspersonen sein, sondern auch eine Funktion der Übereinstimmung mit eigenen Ergebnis-Beitrags-Verhältnissen vergangener Austauschbeziehungen. Die Beachtung selbst-referentieller Vergleich lag analytisch wie pragmatisch auf der Hand. Bei neuen Beschäftigungsverhältnissen etwa sind Beiträge und Ergebnisse anderer häufig unbekannt, so daß die Angemessenheit von Gehaltsangeboten nicht daran beurteilt werden kann. Ähnliche Transparenzprobleme werfen soziale Beziehungen auf, weil Vergleiche mit anderen auch immaterielle Belohnungen (Zuneigung, Anerkennung) einschließen, deren Wert zunächst kaum abzuschätzen ist. Zur Frage, wie Inequity in solchen Situationen erlebt und reduziert wird und wie wichtig interne Standards für Gerechtigkeitsurteile sind, wurden eine Reihe von Untersuchungen durchgeführt. Ihre Ergebnisse lassen die Gerechtigkeitsrelevanz interner Standards als relativ gering erscheinen. Bereits WEICK & NESSET (1968) fanden, daß selbsterfahrungsbezogene Unausgewogenheit weit weniger aversiv beurteilt wird als Unausgewogenheit bei Vergleichen mit anderen Personen. AUSTIN, MCGINN & SUSMILCH (1980) stellten fest, daß zunehmende Abweichungen von internen Standards wohl die Unzufriedenheit, nicht jedoch das Empfinden von Ungerechtigkeit erhöht. Befunden von HASSEBRAUCK (1988) belegen, daß interne Standards dann keine nennenswerte Rolle mehr spielen, wenn interpersonale Vergleich möglich sind. Somit wirkt sich selbsterfahrungsbezogene Unausgewogenheit offenbar nur bei sehr eingeschränkten Informationsbedingungen auf das Erleben von Personen aus und ruft selbst da nicht zwangsläufig Ungerechtigkeitsempfindungen hervor.

Die Ansätze von HOMANS und ADAMS wurden durch WALSTER, BERSCHEID & WALSTER (1973) weiter entwickelt und zu einer allgemeinen „Equity"-Theorie ausgebaut. Dabei sind es vor allem kollektive Aspekte eines gerechten sozialen Austauschs, die weiterreichende Implikationen besitzen (vgl. auch WALSTER, WALSTER & BERSCHEID, 1978; AUSTIN & HATFIELD, 1980). Insbesondere Annahmen darüber, wie verschiedene *Gruppen* gerechtigkeitsbezogene Werte und Maßstäbe vermitteln, reichen über ursprüngliche Ansätze hinaus. Wie HOMANS und ADAMS gehen WALSTER, BERSCHEID & WALSTER zunächst davon aus, daß Personen tauschen und interagieren, um ihren individuellen Nutzen zu maximieren. Würde aber, so die Folgerung der Autoren, jeder nur an sich selbst und sein eigenes Wohlergehen denken, wäre ein friedliches Zusammenleben in zwischenmenschlichen Beziehungen, Gruppen, Organisationen und Gesellschaften permanent gefährdet. Um fortbestehen und funktionieren zu können, müssen soziale Einheiten daher in der Lage sein, egoistische Tendenzen einzuschränken. Ein wirkungsvolles Vorgehen hierfür ist es, für jeden verbindlich zu regeln, wie Beiträge und Ergebnisse zu verrechnen sind, und die Einhaltung dieser Regeln zu kontrollieren. Indem die soziale Einheit Verhalten belohnt, welches den Regeln eines ausgewogenen Austausches entspricht, und Verhalten bestraft, welches entsprechenden Regeln zuwiderläuft, lernen Personen, daß es langfristig auch dem eigenen Vorteil dient, auf selbstsüchtige Gewinnmaximierung zu verzichten. Erst wenn Personen die von der sozialen Einheit entwickelten oder für die soziale Einheit gültigen Regeln des Austauschs verinnerlicht und für sich selbst als handlungsleitend akzeptiert haben, wird Unausgewogenheit für sie relativierbar und als Zustand sinnfällig, der das Ungerechte einer Beziehung indiziert. Dieser Zustand sollte als um so aversiver erlebt werden, je mehr der tatsächliche Austausch von der Ausgewogenheitsregel abweicht. Gleichzeitig sollte die Motivation zunehmen, das Unbehagen zu reduzieren, und die Bereitschaft steigen, in hierfür zweckdienlicher Weise zu agieren. Den bereits von ADAMS genannten Reaktionsformen fügen WALSTER et al. eine Reihe weiterer Strategien hinzu. Der Vorteilsnehmer („harmdoer") kann seinen Schuldgefühlen etwa dadurch begegnen, daß er freiwillig auf Ergebnisanteile verzichtet oder dem Partner gestattet, seine Beiträge zu senken. Er kann aber auch kognitive Strategien benutzen, wie, die Nachteile und Leiden des Partners herunterzuspielen oder die Verantwortlichkeit für den eigenen Vorteil anderen Umständen zuzuschreiben. Der Benachteiligte („victim") hat die Möglichkeit, Kompensation zu fordern, gegebenenfalls in Koalition mit anderen Benachteiligten, oder sich am Vorteilsnehmer zu rächen. Starke Abhängigkeit vom Vorteilsnehmer kann aber auch dazu führen, daß der Benachteiligte die Situation so akzeptiert, wie sie ist, und versucht, den unausgewogenen Zustand sich selbst und anderen gegenüber zu rechtfertigen. Nach LERNER & MATTHEWS (1967) fällt dieses Personen immer noch leichter als mit der Vorstellung zu leben, daß die Welt ungerecht ist und daß sie zu schwach sind, einen angemessenen Austausch durchzusetzen.

Eine theoretische Seitenlinie der beschriebenen Ansätze sind Versuche zur Formalisierung des Balance-Prinzips. Schon HOMANS und ADAMS stellten Austauschrelationen algebraisch dar (vgl. Abb. 1). Die von ihnen verwendete Formel bildet (Un)Ausgewogenheitsverhältnisse aber nur dann psychologisch sinnvoll ab, wenn Ergebnisse und Beiträge einzelner Personen mit gleichem Vorzeichen in die Verhältnisberechnung eingehen. WALSTER et al. bemühten sich deshalb, eine Formel zu finden, die für jede beliebige Kombination positiver und negativer Austauschkomponenten zu plausibel interpretierbaren Resultaten (Ausgewogenheit/Unausgewogenheit) führt. Auf diese Formel braucht hier nicht mehr näher eingegangen zu werden. Ein Grund ist, daß selbst diese Formel zu unsinnigen Resultaten führt und es inzwischen als gesichert gelten kann, daß eine formale Darstellung des Balance-Prinzips nicht durch eine einzige Formel zu leisten ist (vgl. HARRIS, 1976; ALESSIO, 1980). Ein anderer Grund sind empirisch begründete Zweifel, daß (Un)Gerechtigkeitsurteile oder (Un)Ausgewogenheitsempfindungen durch einen Prozeß zustande kommen, der mathematisch modellierbar ist (REIS, 1984). Untersuchungen zur „kognitiven Algebra" zeigen, daß Personen je nach Art und Ähnlichkeit austauschrelevanter Beiträge ganz unterschiedliche Verrechnungsweisen benutzen, um zu Gerechtigkeitsurteilen zu gelangen (ANDERSON, 1976; FARKAS & ANDERSON, 1979). Ähnliche Befunde liegen zur Bedeutungsgewichtung einzelner Beiträge und Ergebnisse vor (VECCHIO, 1984). In neuerer Zeit ist es zwar gelungen, formale Modelle *makrosozialer* Gerechtigkeit zu entwerfen, die gute Anpassungsqualitäten besitzen (JASSO, 1986). Beim Versuch, diese Modelle auf den mikrosozialen oder interpersonalen Bereich zu übertragen, verschlechterten sich die Anpassungsqualitäten jedoch beträchtlich. Formalisierungen des Balance-Prinzips haben bislang also wenig beitragen können, die Präzision equity-theoretischer Aussagen zu erhöhen.

5. Gerechtigkeit und ökonomischer Austausch

Wie erwähnt, hat der Ansatz von ADAMS zahlreiche Untersuchungen angeregt, die den Bedingungen und Wirkungen (un)gerechter Entlohnung in Arbeitsbeziehungen galten. Austauschrelevante Ergebnisse sind hier Gehaltszahlungen, Beförderungen oder Statusinsignien, Beiträge umfassen (Hoch)Schulabschlüsse, Berufserfahrungen oder Leistungen in der aktuellen Arbeitssituation. Unausgewogenheit tritt auf, wenn Personen den Eindruck haben, das Verhältnis eigener Ergebnisse und Beiträge stimme nicht mit dem überein, was wichtige Vergleichspersonen erhalten und einbringen. Den nachteiligen Fall empfinden Personen zumeist als Unterbezahlung, den vorteiligen als Überbezahlung. Blancetheoretische Vorhersagen wurden für Entlohnungen auf Stunden- und Akkordbasis überprüft. Labor- und feldexperimentelle Befunde zeichnen dabei ein sehr konsistentes Bild, was Reaktionen auf *Unterbezahlung* betrifft (vgl. CARRELL & DITTRICH, 1978; MOWDAY, 1983). Bei stundenweiser Entlohnung fallen die Leistungen hier niedriger oder qualitativ schlechter aus als die von angemessen bezahlten Personen. Bei Akkordlohn wird mehr, dafür jedoch qualitativ schlechter produziert als bei angemessener Entlohnung. Mit beiden Reaktionen läßt sich Unausgewogenheit reduzieren, bei unbeeinflußbaren Ergebnissen durch direkte Beitragssenkung, bei beeinflußbaren Ergebnissen dadurch, den Ertrag zu erhöhen, ohne sich mehr anzustrengen. Obwohl auch die für Überbezahlung prognostizierten Effekte registriert wurden (mehr oder bessere Leistungen bei Stundenlohn, weniger oder qualitativ bessere Produkte bei Akkordlohn), ist ihre Interpretation als Kompensationsstrategie kritisiert worden (vgl. PRITCHARD, 1969). Um Gefühle von Überbezahlung hervorzurufen, wurden Personen in Experimenten oft als inkompetent oder unqualifiziert hingestellt, so daß sie mit Leistungssteigerungen auch versucht haben konnten, ihr angeschlagenes Selbstvertrauen wiederherzustellen. Waren Manipulationen nicht mit dieser Hypothek belastet, fielen prognostizierte Effekte deutlich schwächer aus (PRITCHARD, DUNNETTE & JORGENSON, 1972). Wie andere Untersuchungen zeigen, sind möglicherweise selbst diese Effekte noch konfundiert. MORSE, GRUZEN & REIS (1976) fanden, daß Beitragserhöhungen bei Überbezahlung auch ein Mittel sein können, sich selbst anderen gegenüber in vorteilhaftem Licht zu präsentieren. Ergebnissen von REIS & BURNS (1982) zufolge wurden Überbezahlungsreaktionen zudem vom Ausmaß objektiver Selbstaufmerksamkeit beeinflußt. Wie sich zeigte, trafen equitytheoretische Vorhersagen nur bei hoher Selbstaufmerksamkeit zu. Eine ähnliche Moderatorwirkung geht offenbar von der Attraktivität der Vergleichsperson aus (GRIFFITH, VECCHIO & LOGAN, 1989). Wurde diese Person als unattraktiv eingestuft, fanden auch keine Leistungssteigerungen statt. Ob Überbezahlung dazu motiviert, mehr oder besseres zu leisten, hängt also stark von situativen Bedingungen ab und läßt sich selbst dann nicht immer durch Vergleichsprozesse und ungerechtigkeitsbedingte Schuldgefühle erklären.

Die in Experimenten hergestellten Arbeitsbeziehungen beschränkten sich zumeist auf kurzzeitige Tätigkeiten wie Datenkodieren oder Korrekturlesen von Druckfahnen. Es ist daher eine empirisch offene Frage, ob die so gewonnenen Erkenntnisse auch für Lohngerechtigkeit in dauerhaften Arbeitsbeziehungen gültig sind. Ein wichtiges Problem, das jede Arbeitsorganisation lösen muß, ist es, Bemessungsgrundlage für Gehälter und Gehaltserhöhungen festzulegen. Eine Reihe von Feldstudien prüften deshalb, ob die Equity-Theorie anwendbar ist, Lösungen für dieses Problem zu liefern. Da Bemessungskriterien für Fixgehälter im Vordergrund standen, setzten die Untersuchungen zumeist an der Wahrnehmung von Beitragskomponenten an. FINN & LEE (1978) analysierten, welche Beiträge wissenschaftliche und nicht-wissenschaftliche Angestellte eines amerikanischen Gesundheitsamtes als wichtig für die Gerechtigkeit ihrer Entlohnung betrachteten. Die aus Laboruntersuchungen bekannten Leistungsgrößen spielten dabei eine vergleichsweise geringe Rolle. Ob die Mitarbeiter ihr Gehalt als gerecht oder ungerecht wahrnahmen und zufrieden damit waren oder nicht, hing stärker von sogenannten „Reife"-Variablen ab. Relevante Beiträge für wahrgenommene (Un)Gerechtigkeit waren in erster Linie Alter, Dienstzeit und Anzahl der Jahre, die seit dem höchsten Ausbildungsabschluß vergangen waren. Verdienst und Leistung können anderen Untersuchungen zufolge dennoch Bedeutung erlangen. Für Prämienzuteilungen oder Gehaltserhöhungen werden sie ganz offenbar als besonders wichtig betrachtet. BIRNBAUM (1983) führte eine Studie durch, in der Fakultätsmitglieder einer Universität angeben sollten, wie fair ihnen verschiedene Modelle der Gehaltsaufbesserung erschienen. Ausgangspunkt der Fragestellung war, wie *gleiche* Verdienste verrechnet werden sollten, als prozentuale Gehaltssteigerung, als Gehaltssteigerung um einen gleichen Fixbetrag, oder als Steigerung, die den Verdienst schlechter bezahlter Personen stärker gewichtet und entlohnt als den besser bezahlter Personen, so daß über die Zeit hinweg eine dem Verdienst angepaßte Gehaltsstruktur entsteht. Wie sich zeigte, erhält das Anpassungsmodell, das Verdienste langfristig am stärksten gewichtet, deutlich bessere Fairneßnoten als die zwei anderen Modelle. Auch LANDSBERG (1984) fand, daß leistungsabhängige Zuwendungsanteile als fairer eingestuft wurden als gehaltsabhängige oder gleichanteilige Zuwendungen. Allerdings stellte sich heraus, daß diese Präferenz nicht auf allen Hierarchiestufen der untersuchten Organisation gleich stark ausgeprägt ist. Im Gegensatz zu Führungskräften empfanden Sachbearbeiter gleichanteilige Zuwendungen als ebenso attraktiv wie leistungsabhängige Zuwendungen. Dies verweist auf die schon bekannte „Vehikelfunktion" von Gerechtigkeit. Leistungsabhängige Zuwendungen sind für untere Ränge oft weniger vorteilhaft als für obere Ränge, so daß gleiche Zuwendungen für alle den unteren Rängen mehr einbringen würden. Solche eine Vermischung von Gerechtigkeit und Eigennutz deuten auch Befunde von FOLGER & KONOVSKY (1989) an. Für die dort befragten Mitarbeiter eines Fertigungsbetriebs zeichnete sich eine zufriedenstellende Gehaltserhöhung etwa gleichgewichtig durch Leistungsbezug *und* Vorteilhaftigkeit aus.

Alles in allem fügen sich die unter realen Austauschbedingungen gefundenen Ergebnisse dennoch gut in den Rahmen experimentell gesicherter Erkenntnisse ein. Obwohl manche Vorhersagen spezifizierungsbedürftig sind, bewährt sich die Theorie also auch im Kontext echter Beschäftigungsverhältnisse.

6. Gerechtigkeit und Austausch in engen Sozialbeziehungen

Die Übertragung equitytheoretischer Überlegungen auf Liebesbeziehungen und andere enge Sozialbeziehungen ist nicht unproblematisch, denn enge Beziehungen unterscheiden sich von eher oberflächlichen zumeist im Hinblick auf ihre Zeitperspektive. Temporäre Imbalancen müssen nicht zwangsläufig zu Ungerechtigkeitserlebnissen und damit zu Unzufriedenheit führen, sofern die Hoffnung besteht, daß sich auf lange Sicht ein fairer Austausch einstellt. In Anlehnung an die Vorstellung, es existiere ein Konto, auf das Interaktionspartner Beiträge „einzahlen" und von dem sie Ergebnisse „abheben", könnte man bei engen Sozialbeziehungen an ein Konto mit „Überziehungskredit" denken, wobei die Höhe des „Überziehungskredits" von der Zeitperspektive der Interaktionspartner abhängt. Zudem ist es in engen Beziehungen ungleich schwerer als in ökonomischen, die für den Austausch relevanten Beiträge und Ergebnisse zu bestimmen, weil die Beiträge einer Person oft die Ergebnisse einer anderen Person sind. Ausgetauscht werden so unterschiedliche Qualitäten wie Sexualität, Verständnis, emotionale Unterstützung, materielle Sicherheit usw. Die oben angesprochene Subjektivität der Beurteilung von Ergebnissen und Beiträgen betrifft nicht nur die Beurteilung ihres Wertes, sondern auch ihre Berücksichtigung als Beitrag oder Ergebnis überhaupt. Erschwert wird die Bestimmung der Unausgewogenheit eines Austausches auch dadurch, daß es Nicht-Linearitäten zwischen der Intensität eines Ergebnisses und dessen positiver Valenz geben kann. Während in ökonomischen Beziehungen positive Ergebnisse wie Bezahlung, Status o.ä. im allgemeinen um so positiver bewertet werden, je mehr man von ihnen bekommt, muß dies bei Ergebnissen wie Intimität, Fürsorge oder Aufmerksamkeit nicht zwangsläufig ebenso sein.

Trotz dieser Schwierigkeiten gibt es empirische Evidenz dafür, daß Equity-Überlegungen auch in engen Sozialbeziehungen bedeutsam sind. So konnten UTNE, HATFIELD, TRAUPMANN & GREENBERGER (1984) feststellen, daß Ehepartner, die ihre Beziehung als unausgewogen erlebten, weniger zufrieden mit ihr waren als Ehepartner, die ihre Beziehung als ausgewogen betrachteten. Zugleich schätzten letztere ihre Beziehung als stabiler ein. Ähnliche Befunde finden sich bei DAVIDSON (1984), der negative Korrelationen zwischen dem Ausmaß an Unausgewogenheit und der Qualität einer Ehe berichtet. SPRECHER (1986) fragte insgesamt 502 Männer und Frauen nach ihrer Paarbeziehung und erhob dabei u.a. das Ausmaß wahrgenommener Unausgewogenheit sowie verschiedene positive und negative Emotionen, die in engen Sozialbeziehungen auftreten können (z.B. sexuelle Erregung, Sympathie, Zufriedenheit, Liebe, Ärger, Haß, Angst, Schuld usw.). Die Befunde zeigten, daß wahrgenommene Unausgewogenheit der Beziehung negativ mit positiven Emotionen und positiv mit negativen Emotionen korrelieren. Auch Ergebnisse anderer Querschnittsuntersuchungen sprechen für die Bedeutung von Equity-Überlegungen in engen Beziehungen (MICHEALS, EDWARDS & ACOCK, 1984; SPRECHER, 1988). Zu berücksichtigen ist allerdings, daß die Ausgewogenheit der Beziehung in der überwiegenden Zahl der Untersuchungen lediglich global mittels einer Frage erfaßt wurde. Wird wahrgenommene Unausgewogenheit differenzierter gemessen, fallen Korrelationen mit Gerechtigkeitsurteilen zumeist sehr viel niedriger aus (LUJANSKY & MIKULA, 1983; VANYPEREN & BUUNK, 1990).

Querschnittsuntersuchungen beantworten nicht die Frage, ob die Ausgewogenheit einer Beziehung die Zufriedenheit mit dieser oder umgekehrt die empfundene Zufriedenheit die Beurteilung der Ausgewogenheit beeinflußt. Ebensowenig liefern sie Informationen über den Zusammenhang zwischen Ausgewogenheit und der Stabilität einer Beziehung. Beginnend mit einer Arbeit von LUJANSKY & MIKULA (1983) wurden in den letzten Jahren einige Längsschnittuntersuchungen durchgeführt, die besser geeignet sind, die Einflußrichtung zu prüfen (z.B. CATE, LLOYD & HENTON, 1985; FELMLEE, SPRECHER & BASSIN, 1990). VANYPEREN und BUUNK (1990) haben Längsschnittdaten kausalanalytisch ausgewertet und analysiert, ob Zusammenhänge zwischen der zu einem Zeitpunkt t_1 erhobenen Ausgewogenheit und der Zufriedenheit zum Zeitpunkt t_2 größer ist als die zwischen Zufriedenheit bei t_1 und Ausgewogenheit bei t_2. Dabei zeigte sich, daß Ausgewogenheit eher zu Zufriedenheit führt als umgekehrt. Insgesamt gesehen ist die empirische Evidenz aus Längsschnittuntersuchungen allerdings nicht so eindeutig, wie es die zahlreichen Querschnittsuntersuchungen nahelegen. In Studien von LUJANSKY & MIKULA (1983) oder FEMLEE, SPRECHER & BASSIN (1990) finden sich z.B. keine bedeutsamen Zusammenhänge zwischen wahrgenommener Ausgewogenheit und Beziehungsqualität bzw. -stabilität, wobei andere Austauschvariablen wie absolute Höhe der positiven Ergebnisse, die mit einer Beziehung verbunden sind, durchaus zwischen aufrechterhaltenen und abgebrochenen Beziehungen zu differenzieren vermögen.

7. Ausgewogenheit in Beziehungen zwischen Helfer und Hilfeempfänger

Hilfreiches Verhalten zeichnet sich in den Augen vieler gerade durch das Fehlen von Egoismus aus. Insofern erscheinen Anwendungen einer auf Austausch basierenden Gerechtigkeitstheorie wie der Equity-Theorie auf den ersten Blick widersprüchlich.

Hilfreiches Verhalten kann nach Ansicht von Equity-Theoretikern (vgl. HATFIELD & SPRECHER, 1983) jedoch darin begründet sein, daß der Helfende durch sein Handeln eine zwischen ihm und dem Hilfeempfänger bestehende Unausgewogenheit ausgleichen möchte. Solche Formen kompensatorischen Helfens treten nicht nur auf, wenn der Helfer selbst Verursacher der wahrgenommenen Imbalance ist (vgl. SILVERMAN, RIVERA & TEDESCHI, 1979). Auch die Beobachtung der Hilfsbedürftigkeit einer anderen Person kann bereits unangenehme Gefühlszustände zur Folge haben und zu hilfreichem Verhalten motivieren (CIALDINI, DARBY & VINCENT, 1973). Weitere Determinanten prosozialen Verhaltens, wie die Anzahl anwesender Personen (LATANÉ, NIDA & WILSON, 1981), wie Verantwortungszuschreibungen oder Ähnlichkeiten zwischen Beobachter und Hilfsbedürftigem (WAGNER, HORNSTEIN & HOLLOWAY, 1982) können ebenfalls wahrgenommene Imbalancen zwischen Beobachter und Hilfsbedürftigen beeinflussen. In gleicher Weise gilt dies für die Übernahme der Perspektive des Hilfsbedürftigen (SCHROEDER, DOVIDIO, SIBICKY, MATTEWS & ALLEN, 1988).

Art und Intensität einer Hilfereaktion hängen von den antizipierten Kosten dieser Reaktion, den antizipierten Kosten des Nichthelfens und den erwarteten positiven Konsequenzen des Helfens ab (DOVIDIO, 1984; PILIAVIN, DOVIDIO, GAERTNER & CLARK, 1981). Zudem ist wichtig, daß der Helfer glaubt, durch sein Handeln einen unangenehmen emotionalen Zustand reduzieren zu können (CIALDINI, SCHALLER, HOULIHAN, ARPS, FULTZ & BEAMAN, 1987). Während die Beziehung zwischen Helfer und Hilfsbedürftigen aus der Sicht des Helfers *vor* der hilfreichen Handlung unausgewogen erscheint (und durch die Hilfeleistung ausbalanciert wird), kann sie beim Empfänger als *Folge* der Hilfe unausgewogen werden und Bestrebungen nach Wiedergutmachung auslösen. Sofern der Hilfeempfänger keine Möglichkeiten hierzu besitzt, reagiert er, wie auch die Equitytheorie vorhersagen würde, kognitiv: Der Wohltäter wird abgewertet, indem er negative Eigenschaften zugeschrieben bekommt (SHUMAKER & JACKSON, 1979).

Insgesamt betrachtet lassen sich verschiedene Einzelbefunde zum hilfreichen Verhalten auch aus einer equity-theoretischen Perspektive erklären. Allerdings liegen bislang kaum originäre empirische Arbeiten vor. Es werden überwiegend Ergebnisse reinterpretiert, die aus theoretisch anders akzentuierten Untersuchungen stammen.

8. Verfahrensgerechtigkeit

Bei den bisher beschriebenen Theorien und Befunden standen Aspekte *distributiver* Gerechtigkeit im Vordergrund, und es wurde zu (er)klären versucht, welche Urteils- und Verhaltenswirkungen von bestimmten *Ergebnissen* des Austausches oder Aufteilens ausgehen. Ergänzend dazu behandeln die nun folgenden Ansätze Aspekte *prozedualer* Gerechtigkeit und thematisieren Fragen, die mit Fairneß, Angemessenheit oder sozialen Akzeptanz von Verfahren der Ergebnis*findung* zusammenhängen.

In ersten Studien ging es um Bedingungen, die eine Fairneßbeurteilung *formeller Gerichtsverfahren* beeinflussen (THIBAUT & WALKER, 1975, 1978). Austausch-, Verteilungs- oder Schadensansprüche sind hier in solch einem Maße strittig, daß institutionelle Instanzen eingeschaltet werden, um den Konflikt zu lösen. Vermutet wurde, daß Verfahren als um so fairer wahrgenommen und beurteilt werden, je mehr Möglichkeiten sie den Kontrahenten zugestehen, das Prozeßgeschehen in eigener Sache zu beeinflussen. Nach THIBAUT & WALKER ist der Einfluß am geringsten, wenn die Instanz sowohl den Prozeß als auch die Entscheidung des Konflikts bestimmt („autocratic procedure"). Mehr Einfluß besitzen die Kontrahenten beim Schlichtungsverfahren („arbitration") und beim Vermittlungsverfahren („mediation"). Im einen Fall trifft die Instanz lediglich die Entscheidung, im anderen Fall gibt sie lediglich die Verfahrensregeln vor. Beim Erörterungsverfahren („moot") erstrecken sich die Einflußmöglichkeiten der Kontrahenten auf Prozeß und Entscheidung, beim Verhandlungsverfahren („bargaining") ist die Rolle der Instanz gar neutralisiert oder auf informelle Beratungsaktivitäten beschränkt. Die Akzente empirischer Forschung lagen zunächst bei den formelleren Verfahrensvarianten. Bezüge zur Gerichtsbarkeit sind hier besonders augenfällig, weil sich darin auch unterschiedliche Rechtssysteme widerspiegeln. So gelten autokratische Verfahren als typisch für das „inquisitorial system" kontinentaleuropäischer Gerichtsbarkeit und Schlichtungsverfahren als typisch für das „adversary system" angelsächsischer Gerichtsbarkeit. Die Vermutung, wonach letztere als fairer beurteilt und positiver erlebt werden als erstere, wurde zunächst auch empirisch bestätigt (LIND, KURTZ, MUSANTE, WALKER & THIBAUT, 1980). Später erschien es jedoch erforderlich, die Reichweite dieser Befunde zu relativieren (SHEPPARD, 1985; BARRETT-HOWARD & TYLER, 1986; LIND & TYLER, 1988). So zeigte sich zum Beispiel, daß Beurteilungsunterschiede verschwinden, wenn die Kontrahenten beim autokratischen Verfahren Optionen besitzen, strittige Positionen darzulegen oder Einspruch gegen einen Richterbescheid zu erheben. Auch wirkte sich nivellierend aus, wenn die Kontrahenten das Gefühl vermittelt bekamen, die Instanz würdige individuelle Sichtweisen, wobei es unwichtig erschien, ob das endgültige Votum hierdurch beeinflußt wurde oder nicht. Kodifizierte Befugnisse, den Verlauf eines Prozesses zu bestimmen und/oder zu entscheiden, reichen für sich gesehen offenbar nicht aus, Urteile von Verfahrensgerechtigkeit differentiell zu beeinflussen. Autoren wie SHEPPARD (1984) stellen deshalb als wichtig heraus, *wie* die Instanz jeweils mit strittigen Inhalten umgeht oder *wie* sie von kodifizierten Befugnissen Gebrauch macht. Daß die ursprünglich gefundene größere Fairneß von Schlichtungsverfahren auch kulturellen Einschränkungen unterliegt, zeigten Befunde von LEUNG & LIND (1986). Präferenzen autokratischen Verfahren gegenüber konnten lediglich bei einer US-amerikanischen Personengruppe, nicht jedoch bei einer chinesischen Vergleichsgruppe gefunden werden.

Zu Präferenzunterschieden zwischen formellen und informellen Verfahren der Konfliktschlichtung liegen nur wenige Untersuchungsergebnisse vor. MIKULA & MÜLLER (1983) analysierten, ob und wann Personen ein Verteilungsproblem eher gerichtlich oder durch persönliches Aushandeln zu lösen beabsichtigen. Hier traten klare Präferenzen für das informelle Verhalten zu Tage. Die Stärke der Präferenzen hing jedoch auch von der Art des Verteilungsgegenstands ab. Handelte es sich dabei um Verluste, nahm die Präferenz für eine formelle Regelung zu.

Den beschriebenen Untersuchungen lagen in der Regel keine elaborierte Theorien der Verfahrensgerechtigkeit zugrunde. Solche existieren derzeit nur in Ansätzen und haben die Forschung bislang noch nicht nennenswert beeinflußt. Arbeiten von LEVENTHAL (1980) oder LERNER & WHITEHEAD (1980) skizzieren eher programmatische Theorieperspektiven. Lediglich die Theorie der „Referenz-Kognitionen" von FOLGER (1986a, b) weist bereits einen gewissen Entwicklungsstand auf. Da diese Theorie beansprucht, auch Urteile distributiver Gerechtigkeit erklären zu können, wird ihr Grundkonzept kurz beschrieben. Das Kernelement der Theorie sind mentale Simulationen von Beziehungen zwischen Kognitionen *aktueller* Ereignisse (Verteilungsverfahren, Verteilungsergebnisse) und Kognitionen von Ereignissen, die aufgrund von Vorwissen, Vorstellungsvermögen, begründeten Erwartungen und dergleichen anstelle der aktuellen Ereignisse *hätten* eintreten *können* (Referenzkognitionen). Die psychische Distanz zwischen beiden Ereignisarten baut nach FOLGER affektives Potential auf. Bei großer Distanz ist dieses Potential gering. Man kann sich die Realität von Alternativereignissen nur mit Mühe vorstellen und beurteilt den „Ist"-Zustand deshalb relativ günstig. Bei kleiner werdender psychischer Distanz wird das affektive Potential größer, da tatsächliche und potentielle Ereignisse in größeren (Realitäts-)Wettstreit geraten. Die konkrete Reaktion hierauf ist nach FOLGER eine Funktion des Ausmaßes, in dem das aktuelle Ereignis gegenüber dem „Hätte-sein"-Ereignis ungünstiger ausfällt. Je vorteilhafter das referente Ereignis erscheint, desto ärgerlicher, unzufriedener, wütender sollte das aktuelle Ereignis stimmen. Dieser Effekt ist empirisch inzwischen gut belegt (vgl. FOLGER, 1986a, S. 154ff.; CROPANZANO & FOLGER, 1989). Würde eine Person vor Gericht in einer Sache scheitern, mit der ihr bekannte Personen vorher Erfolg gehabt haben, wäre der Theorie zufolge eine ähnliche Unzufriedenheitsreaktion zu erwarten. Daß die Reaktion nicht nur durch den Ausgang des Verfahrens, sondern auch durch das Verfahren selbst bedingt wird, unterstreicht eine Untersuchung von MARK (1985). Verfahrensgerechtigkeit wurde dort experimentell variiert und es zeigte sich, daß beim Eindruck größerer Willkür auch mehr Ärger geäußert wurde. Dennoch bleibt anzumerken, daß Effekte prozedualer (Un)Gerechtigkeit im allgemeinen schwächer ausfallen als Effekte distributiver (Un)Gerechtigkeit (TYLER & CAINE, 1981; TYLER, RASINSKI & MCGRAW, 1985). Eine mögliche Erklärung wäre jedoch in der Theorie von FOLGER angelegt. Da sich Verfahren zumeist aus vielen Ereigniskomponenten zusammensetzen, ist es denkbar, daß ihre mentale Simulation schwerer fällt als die von Ergebnissen. Ein geringerer Konkretheitsgrad prozeduraler Alternativen würde weniger Realitätswettstreit erzeugen und hierdurch auch die affektive Reaktion abschwächen.

9. Integration

Eine Möglichkeit, verschiedene Ansätze psychologischer Gerechtigkeitsforschung zusammenzuführen, bieten Überlegungen, wie Gerechtigkeit kognitiv repräsentiert sein kann. Ausgangspunkt hierfür soll die von IRLE (1975; FREY, IRLE, MÖNTMANN, KUMPF, OCHSMANN & SAUER, 1982) reformulierte Theorie kognitiver Dissonanz sein. Speziell das von ihr eingeführte Konstrukt subjektiver Hypothesen (H_s) besitzt Qualitäten, die eine konzeptuelle Integration erleichtern. Subjektive Hypothesen sind (Meta)Kognitionen die Kognitionen realer Ereignisse der physikalischen und sozialen Umwelt kohärent (assoziativ oder kausal) miteinander verknüpfen. Wie theoretisch postuliert wird, resultiert kognitive Dissonanz nicht aus dem Widerspruch wahrgenommener Ereignisse *per se*. Sie setzt vielmehr Widersprüchlichkeit von Ereignissen mit wenigstens einer Verknüpfungshypothese voraus, mit der sich das gemeinsame Auftreten entsprechender Ereignisse bislang zufriedenstellend erklären ließ. Je sicherer eine Person ist, daß eine bestimmte Verknüpfungshypothese zutrifft, desto größer sollte ihr Unbehagen sein, wenn sie hypothesen-diskrepante Ereignisse wahrnimmt. Das integrierende Moment subjektiver Hypothesen besteht darin, daß sich mit ihrer Hilfe epistemische Basiseinheiten definieren und zu Modellen komplexerer Vorstellungsmuster zusammensetzen lassen. Der hierarchische Charakter von H_s ist generalisierbar; Kognitionen, die beobachtbare Ereignisse verknüpfen, können ihrerseits wiederum durch übergeordnete Hypothesen verknüpft sein usw. Dies ist eine sehr nützliche Implikation, denn es gelingt mittels subjektiver Hypothesen, unterschiedliche Ebenen gerechtigkeitsrelevanter Vorstellungen zueinander in Beziehung zu setzen und die mitunter artifiziellen Grenzen vorliegender Ansätze aufzuheben.

Welche Ereignisse Spannungen im kognitiven System erzeugen und als wie virulente Ungerechtigkeit erlebt wird, hängt davon ab, wie entwickelt ein Gerechtigkeitsschema ist und welchen Organisiertheitsgrad es besitzt. So ließe sich mit PIAGET (1954) vermuten, daß Schemata auf der Ebene egozentrischer Teilungsansprüche so lange nicht durch „Prinzipien"-Argumente bedroht werden können, solange Kinder diese Schemata nicht durch Hypothesen über die soziale Akzeptanz von Anspruchsberechtigungen (neu)geordnet und miteinander verknüpft haben. In ähnlicher Weise dürften Ereignisse erst dann als widersprüchlich zu einfachen Teilungsregeln erfahren werden, wenn das Schema Hypothesen über Konventionen enthält, nach denen sich der Umgang mit mehreren Aufteilungsprinzipien (Gleichheit, Billigkeit, Bedürftigkeit) entscheiden läßt. Spannungen auf dieser Schema-Ebene würden im weiteren voraussetzen, daß Hypothesen über anerkannte Verfahren vorhanden sind, nach denen sich situative Umstände klären oder Konflikte der Anwendung von Gerechtigkeitsprinzipien behandeln und beilegen lassen. Auch Verfahrensregeln können wiederum verknüpft sein, durch Hypothesen etwa, wie es in einer „gerechten Welt" zugehen sollte (LERNER, 1980) oder welche Grundmaximen eine friedliche Koexistenz zwischen Menschen ermöglichen (RAWLS, 1972). Je nach individueller Lerngeschichte können Gerechtigkeitsschemata sehr unterschiedlich aufgebaut sein. Personenspezifische Reaktionen gleichen Austausch- und Verteilungssituationen gegenüber deuten auf solche Unterschiede hin (vgl. HUSEMAN, HATFIELD & MILES, 1987). Gerechtigkeitsvorstellungen können ausgesprochen differenziert, aber auch ausgesprochen primitiv sein. Die Komponenten eines Schemas können außerdem nur lose miteinander verkoppelt sein, so daß sich auftretende Spannungen relativ ökonomisch durch Schema-Anpassung absorbieren lassen. Nach BATESON (1982) wären überdies kognitive Kapazitätsgrenzen in Richtung zu stellen. Gerechtigkeitsschemata unterliegen Komplexitätseinschränkungen, insbesondere wenn sie noch handlungsleitend sein sollen. Ihre psychische Repräsentanz hängt nicht zuletzt aber auch davon ab, wie sie kognitiv mit anderen Vorstellungen vernetzt sind, die in und durch Beziehungssituationen sonst noch aktiviert werden können. In diesem Zusammenhang ist mitunter die Vermutung geäußert worden, Gerechtigkeit sei Teil einer (umfassenderen) Vorstellung von *Macht* und würde daher Schemakomponenten besitzen, die sich stimmig in Denk- und Handlungsmuster des Gewinns und Erhalts sozialer Überlegenheit einfügen („power balances an imbalance of exchange", vgl. NG, 1980, S. 177). Dies trifft so generell sicherlich nicht zu. Wie an der einen oder anderen Stelle dieses Kapitels angedeutet, sind ebensogut Vernetzungen mit anderen Vorstellungen möglich (Kooperation, Harmonie, Unterstützung), deren Aktivierungseffekte - zumindest auf interpersonaler Ebene - die von Macht oder persönlichem Vorteil sehr wahrscheinlich sogar überlagern dürften. Solche komplexe Wirkungszusammenhänge von Gerechtigkeitsschemata wurden bislang nicht untersucht; sie bieten sich für künftige Forschung an.

Literatur

ADAMS, J. S. (1965): Inequity in social exchange. In: L. BERKOWITZ (Ed.), Advances in Experimental Social Psychology (pp. 267–299). New York: Academic Press.

ALESSIO, J. C. (1980): Another folly for equity theory. Social Psychology Quarterly, *43,* 336–340.

ANDERSON, N. (1976): Equity judgements as information integration. Journal of Personality and Social Psychology, *39,* 291–299.

ANDERSON, N. & BUTZIN, C. A. (1978): Integration theory applied to children's judgement of equity. Developmental Psychology, *14,* 593–606.

AUSTIN, W. G. & HATFIELD, E. (1980): Equity-Theorie. Macht und soziale Gerechtigkeit. In: G. MIKULA (Hrsg.), Gerechtigkeit und soziale Interaktion. Bern: Huber.

AUSTIN, W., MCGINN, N. E. & SUSMILCH, CH. (1980): Internal standards revisited: Effects of social comparisons and expectancies on judgements of fairness and satisfaction. Journal of Experimental Social Psychology, *16,* 426–441.

BARRETT-HOWARD, E. & TYLER, T. R. (1986): Procedural justice an a criterion in allocation decisions. Journal of Personality and Social Psychology, *50,* 296–301.

BATESON, G. (1982): Geist und Natur. Frankfurt/M.: Suhrkamp.

BIERHOFF, W., COHEN, R. L. & GREENBERG, J. (1986): Justice in Social Relations. New York: Plenum Press.

BIRNBAUM, M. H. (1983): Perceived equity of salary policies. Journal of Applied Psychology, *68,* 49–59.

BOSSONG, B. (1983): Verteilungspräferenzen, Art der sozialen Beziehung und Bedürftigkeit. Zeitschrift für Exerimentelle und Angewandte Psychologie, *XXX*, 566–572.
CARRELL, M.RQ. & DITTRICH, J.E. (1978): Equity theory: The recent literature, methodological considerations, and new directions. Academy of Management Review, *3*, 202–210.
CASE, R. (1985): Intellectual Development. New York: Academic Press.
CATE, R.M., LLOYD, S.A. & HENTON, J.M. (1985): The effect of equity, equality, and reward level on the stability of students' premarital relationships. Journal of Social Psychology, *125*, 715–725.
CIALDINI, R.B., DARBY, B.L. & VINCENT, J.E. (1973): Transgression and altruism: A case for hedonism. Journal of Experimental Social Psychology, *9*, 502–516.
CIALDINI, R.B., SCHALLER, M., HOULIHAN, D., ARPS, K., FULTZ, J. & BEAMAN, A.L. (1987): Empathy-based helping: Is it selfishly motivated? Journal of Personality and Social Psychology, *52*, 749–758.
CROPANZANO, R. & FOLGER, R. (1989): Referent cognitions and task decision autonomy: Beyond equity theory. Journal of Applied Psychology, *74*, 293–299.
CROTT, H., WENDER, J., OLDINGS, J. & REIHL, D. (1975): Modifikation des Aufteilungsverhaltens bei Jungen in der dritten Grundschulklasse. Zeitschrift für Entwicklungspsychologie und Pädagogische Psychologie, *11*, 144–152.
DAMON, W. (1977): The Social World of the Child. San Francisco: Jossey-Bass.
DAVIDSON, B. (1984): A test of equity theory for marital adjustment. Social Psychology Quarterly, *47*, 36–42.
DEUTSCH, M. (1975): Equity, equality, and need. Journal of Social Issues, *31*, 137–149.
DOVIDIO, J.F. (1984): Helping behavior and altruism: An empirical and conceptual overview. In: L. BERKOWITZ (Ed.), Advances in Experimental Social Psychology (pp. 361–427). New York: Academic Press.
FARKAS, A.J. & ANDERSON, N. (1979): Multidimensional input in equity theory. Journal of Personality and Social Psychology, *37*, 879–896.
FELMLEE, D., SPRECHER, S. & BASSIN, E. (1990): The dissolution of intimate relationships: A hazard model. Social Psychology Quarterly, *53*, 13–30.
FESTINGER, L. (1957): A Theory of Cognitive Dissonance. Stanford: Standford University Press.
FINN, R.H. & LEE, S.M. (1978): Lohngerechtigkeit: Ihre Determination, Analyse und Korrelate. In: H.W. CROTT & G.F. MÜLLER (Hrsg.), Wirtschafts- und Sozialpsychologie (S. 83–98). Hamburg: Hoffmann und Campe.
FOLGER, R. (1986a): Rethinking equity theory: A referent cognitions model. In: H.W. BIERHOFF, R.L. COHEN & J. GREENBERG (Eds.), Justice in Social Relations (pp. 145–162). New York: Plenum.
FOLGER, R. (1986b): A referent cognitions theory of relative deprivation. In: J.M. OLSEN, C.P. HERMAN & M.P. ZANNA (Eds.), Relative Deprivation and Social Comparison: The Ontario Symposium (pp. 35–55). Hillsdale, NJ: Erlbaum.
FOLGER, R. & KONOVSKY, M.A. (1989): Effects of procedural and distributive justice on reactions to pay raise decisions. Academy of Management Journal, *22*, 115–130.
FREY, D., IRLE, M., MÖNTMANN, V., KUMPF, M., OCHSMANN, R. & SAUER, C. (1982): Cognitive dissonance: Experiments and theory. In: M. IRLE (Ed.), Studies in decision making (pp. 281–310). Berlin, New York: deGruyter.
GREENBERG, J. (1983): Overcoming egocentric bias in perceived fairness through self-awareness. Social Psychology Quarterly, *46*, 152–156.
GREENBERG, J. & COHEN, R.L. (1982): Equity and Justice in Social Behavior. New York: Academic Press.
GRIFFITH, R.W., VECCHIO, R.P. & LOGAN, J.W. (1989): Equity theory and interpersonal attraction. Journal of Applied Psychology, *74*, 394–401.
HARRIS, B. (1977): Developmental differences in the attribution of responsibility. Developmental Psychology, *13*, 257–265.

HARRIS, R.J. (1976): Handling negative inputs: On the plausible equity formulae. Journal of Experimental Social Psychology, *12*, 194–209.

HASSEBRAUCK, M. (1985). Retributive und distributive Gerechtigkeit im Aufteilungsverhalten von Kindern. Zeitschrift für Entwicklungspsychologie und Pädagogische Psychologie, *17*, 164–171.

HASSEBRAUCK, M. (1988): Die Bedeutung von Gerichtsurteilen: Der Einfluß intra- und interpersonaler Vergleiche. Zeitschrift für Sozialpsychologie, *19*, 131–138.

HATFIELD, E. & SPRECHER, S. (1983): Equity theory and recipient reactions to aid. In: J.D. FISHER, A. NADLER & B.M. DEPAULO (Eds.), New directions in helping (pp. 113–141). New York: Academic Press.

HOMANS, G.C. (1958): Human behavior as exchange. American Journal of Sociology, *63*, 597–606.

HOMANS, G.C. (1961): Social Behavior. New York: Hartcourt.

HOMANS, G.C. (1968): Elementarformen menschlichen Verhaltens. Köln: Westdeutscher Verlag.

HUSEMAN, R.C., HATFIELD, J.D. & MILES, E.W. (1987): New perspectives on equity theory: The equity sensitivity construct. Academy of Management Review, *12*, 222–234.

IRLE, M. (1975): Lehrbuch der Sozialpsychologie. Göttingen: Hofgrefe.

JASSO, G. (1986): A new representation of the just term in distributive justice theory. Journal of Mathematical Sociology, *12*, 251–274.

KOHLBERG, L. (1973): Continuities in childhood and adults. In: P.B. BALTES & K.W. SCHAIE (Eds.), Life-Span Developmental Psychology (pp. 383–429). New York: Academic Press.

LAMM, H. & SCHWINGER, T. (1980): Norms concerning distributive justice: Are needs taken into consideration in allocation decisions? Social Psychology Quarterly, *43*, 425–429.

LANDSBERG, I. (1984): Hierarchy as a mediator of fairness: A contingency approach to distributive justice in organizations. Journal of Applied Social Psychology, *12*, 124–135.

LATANÉ, B., NIDA, S.A. & WILSON, D.W. (1981): The effects of group size on helping behavior. In: J.P. RUSHTON & R.M. SORRENTINO (Eds.), Altruism and helping behavior. Social, personality, and developmental perspectives) (pp. 287–313). Hillsdale, N.J.: Erlbaum.

LERNER, M.J. (1974): Social psychology of justice and interpersonal attraction. In: T. HUSTON (Eds.), Foundations of Interpersonal Attraction (pp. 331–355). New York: Academic Press.

LERNER, M.J. (1975): Justice motive in social behavior. Journal of Social Issues, *31*, 1–20.

LERNER, M.J. (1977): The justice motive in social behavior. Journal of Personality, *45*, 1–52.

LERNER, M.J. (1980): Belief in the Just World. New York: Plenum Press.

LERNER, M.J. & MATTHEWS, Z. (1967). Reactions to suffering of others under conditions of indirect responsibility. Journal of Personality and Social Psychology, *4*, 319–325.

LERNER, M.J., MILLER, D.T. & HOLMES, J.G. (1976): Deserving and the emergence of forms of justice. In: L. BERKOWITZ & E. WALSTER (Eds.), Advances in Experimental Social Psychology (pp. 92–133). New York: Academic Press.

LERNER, M.J. & WHITEHEAD, L.A. (1980): Verfahrensgerechtigkeit aus der Sicht der Gerechtigkeitsmotiv-Theorie. In: G. MIKULA (Hrsg.), Gerechtigkeit und soziale Interaktion (S. 251–299). Bern: Huber.

LEUNG, K. & LIND, E.A. (1986): Procedural justice and culture: Effects of culture, gender, and investigator status on procedural preferences. Journal of Personality and Social Psychology, *50*, 1134–1140.

LEVENTHAL, G.S. (1976): Fairness in social relations. In: J. THIBAUT, J.T. SPENCE &

R. C. CARSON (Eds.), Contemporary Topics in Social Psychology (pp. 211–239). Morristown: General Learning Press.

LEVENTHAL, G. S. (1980): What should be done with equity theory. In: K. J. GERGEN, M. S. GREENBERG & R. H. WILLIS (Eds.), Social Exchange (pp. 27–55). New York: Plenum Press.

LEVENTHAL, G. S., YOUNTS, CH. M. & LUND, A. K. (1972): Tolerance for inequity in buyer-seller relationships. Journal of Applied Social Psychology, *2*, 308–318.

LIND, E. A., KURTZ, S., MUSANTE, L., WALKER, L. & THIBAUT, J. (1980): Procedure and outcome effects on reactions to adjudicated resolution of conflict of interest. Journal of Personality and Social Psychology, *39*, 643–653.

LIND, E. A. & TYLER, T. R. (1988): The Social Psychology of Procedure. New York: Plenum.

LUJANSKY, H. & MIKULA, G. (1983): Can equity theory explain the quality and the stability of romantic relationships? British Journal of Social Psychology, *22*, 101–112.

MARK, M. M. (1985): Expectations, procedural justice, and alternative reactions to being deprived of a desired outcome. Journal of Experimental Social Psychology, *21*, 114–137.

MICHEALS, J. W., EDWARDS, J. N. & ACOCK, A. C. (1984): Satisfaction in intimate relationships as a function on inequality, inequity, and outcomes. Social Psychology Quarterly, *47*, 347–357.

MIKULA, G. (1972): Die Entwicklung des Gewinnaufteilungsverhaltens bei Kindern und Jugendlichen. Zeitschrift für Entwicklungspsychologie und Pädagogische Psychologie, *4*, 151–164.

MIKULA, G. (1980): Die Rolle der Gerechtigkeit in Aufteilungserscheinungen. In: G. MIKULA (Hrsg.), Gerechtigkeit und soziale Interaktion (S. 141–184). Bern: Huber.

MIKULA, G. (1981): Konzepte der distributiven Gerechtigkeit als Grundlagen menschlichen Handelns und Wertens. In: W. MICHAELIS (Hrsg.), Bericht über den 37. Kongreß der Deutschen Gesellschaft für Psychologie in Zürich (S. 397–407). Göttingen: Hogrefe.

MIKULA, G. (1984): Justice and fairness in interpersonal relations. In: H. TAJFEL (Ed.), The Social Dimension (pp. 204–227). Cambridge: Cambridge University Press.

MIKULA, G. & MÜLLER, G. F. (1983): Procedural preferences in the allocation of jointly produced gains and losses. Journal of Social Psychology, *121*, 117–124.

MIKULA, G. & SCHWINGER, T. (1978): Intermember relations and reward allocation: Theoretical considerations of affects. In: H. BRANDSTÄTTER, J. H. DAVIS & H. SCHULER (Eds.), Dynamics of Group Decisions (pp. 229–250). Beverly Hills: Sage.

MONTADA, L. (1980): Gerechtigkeit im Wandel der Entwicklung. In: G. MIKULA (Hrsg.), Gerechtigkeit und soziale Interaktion (S. 301–330). Bern: Huber.

MONTADA, L. (1982): Entwicklung moralischer Urteilsstrukturen und Aufbau von Werthaltungen. In: R. OERTER & L. MONTADA (Hrsg.), Entwicklungspsychologie (S. 633–673). München: Urban & Schwarzenberg.

MORSE, S. J., GRUZEN, J. & REIS, H. T. (1976): The nature of equity-restoration: Some approval-seeking considerations. Journal of Experimental Social Psychology, *12*, 1–8.

MOWDAY, R. T. (1983[3]): Equity theory predictions of behavior in organizations. In: R. M. STEERS & L. W. PORTES (Eds.), Motivation and work behavior (pp. 124–146). New York: McGraw Hill.

MÜLLER, G. F. (1984): Gerechtigkeit und ihre Veränderung aus entwicklungspsychologischer Sicht. Universitas, *39*, 1079–1089.

MÜLLER, G. F. & CROTT, H. W. (1978): Gerechtigkeit in sozialen Beziehungen: Die Equity-Theorie. In: D. FREY (Hrsg.), Kognitive Theorien der Sozialpsychologie (S. 218–241). Bern: Huber.

NG, S. H. (1980): The Social Psychology of Power. London: Academic Press.

O'MALLEY, M. & BECKER, L. A. (1984): Removing the egocentric bias: The relevance of distress cues to evaluation of fairness. Personality and Social Psychology Bulletin, *10,* 235–242.

Piaget, J. (1954): Das moralische Urteil beim Kind. Zürich: Rascher.

Piliavin, J. A., Dovidio, J. F., Gaertner, S. L. & Clark, R. D. III (1981): Emergency intervention. New York: Academic Press.

Pritchard, R. D. (1969): Equity theory: A review and critique. Organizational Behavior and Human Performance, *4,* 176–211.

Pritchard, R. D., Dunnette, M. D. & Jorgenson, D. O. (1972): Effect of perception of equity and inequity on workers performance and satisfaction. Journal of Applied Psychology Monographs, *56,* 75–94.

Rawls, J. (1972): A Theory of Justice. London: Oxford University Press.

Reis, H. (1981): Self-presentation and distributive justice. In: J. T. Tedeschi (Ed.), Impression Management Theory and Social Psychological Research (pp. 269–291). New York: Academic Press.

Reis, H. (1984): The multi-dimensionality of justice. In: R. Folger (Ed.), The Sense of Injustice (pp. 25–61). New York: Plenum Press.

Reis, H. & Burns, L. B. (1982). The salience of the self in responses to inequity. Journal of Experimental Social Psychology, *18,* 464–475.

Reis, H. & Gruzen, J. (1976): On mediating equity, equality, and self-interest: The role of self-representation in social exchange. Journal of Experimental Social Psychology, *12,* 487–503.

Rivera, A. N. & Tedeschi, J. T. (1976): Public versue private reactions to positive inequity. Journal of Personality and Social Psychology, *34,* 895–900.

Schroeder, D. A., Dovidio, J. F., Sibicky, M. E., Matthews, L. L. & Allen, J. L. (1988): Empathic concern and helping behaivor: Egoism or altruism? Journal of Experimental Social Psychology, *24,* 333–353.

Schwinger, Th. (1980): Gerechte Güterverteilung: Entscheidung zwischen drei Prinzipien. In: G. Mikula (Hrsg.), Gerechtigkeit und soziale Interaktion (S. 107–140). Bern: Huber.

Schwinger, Th. (1984): Gerechtigkeit der Vergabe von Geld und Zuneigung nach drei Prinzipien in unterschiedlichen Sozialbeziehungen. Psychologische Beiträge, *26,* 55–73.

Seitelberger, F. (1978): Lebensstadien des Gehirns – Strukturelle und funktionale Aspekte. In: L. Rosenmayr (Hrsg.), Die menschlichen Lebensalter (S. 191–221). München: Piper.

Shapiro, E. G. (1975): Effects of future interaction on reward allociations in dyads: Equity or equality. Journal of Personality and Social Psychology, *31,* 873–880.

Sheppard, B. W. (1984): Third party conflict intervention. In: B. M. Stew & U. Cummings (Eds.), Research in Organizational Behavior (pp. 141–190). Greenwich: JAI Press.

Sheppard, B. W. (1985): Justice is no simple matter. Journal of Personality and Social Psychology, *49,* 4, 953–962.

Shumaker, S. A. & Jackson, J. S. (1979): The aversive effects of nonreciprocated benefits. Social Psychology Quarterly, *42,* 148–158.

Silverman, L. J., Rivera, A. N. & Tedeschi, J. T. (1979): Transgression-compliance: Guilt, negative affect or impression management. Journal of Social Psychology, *108,* 57–62.

Sprecher, S. (1986): The relation between inequity and emotions in close relationships. Social Psychology Quarterly, *49,* 309–321.

Sprecher, S. (1988): Investment model, equity, and social support determinants of relationship commitment. Social Psychology Quarterly, *51,* 318–328.

Streater, A. L. & Chertkoff, J. M. (1976): Distribution of rewards in a triad: A developmental test of equity theory. Child Development, *47,* 800–805.

Surber, C. F. (1977): Developmental processes in social inference: Averaging of intentions and consequences in moral judgement. Developmental Psychology, *13,* 654–665.

THIBAUT, J. W. & WALKER, L. (1975): Procedural Justice: A Psychological Perspective. Hillsdale: Erlbaum.
THIBAUT, J. W. & WALKER, L. (1978): A theory of procedure. California Law Review, *86*, 386–400.
TYLER, T. R. & CAINE, A. (1981): The influence of outcomes and procedures on satisfaction with formal leaders. Journal of Personality and Social Psychology, *41*, 642–655.
TYLER, T. R., RAGINSKI, K. & MCGRAW, K. (1985): The influence of perceived injustice on the endorsement of political leaders. Journal of Applied Social Psychology, *15*, 700–725.
UTNE, M., HATFIELD, E., TRAUPMANN, J. & GREENBERGER, D. (1984): Equity, marital satisfaction, and stability. Journal of Social and Personal Relationships, *1*, 323–332.
VANYPEREN, N. W. & BUUNK, B. P. (1990): Longitudinal study of equity and satisfaction in intimate relationships. European Journal of Social Psychology, *70*, 287–309.
VECCHIO, R. P. (1984): Models of psychological inequity. Organizational Behavior and Human Performance, *34*, 266–282.
WAGNER, S., HORNSTEIN, H. A. & HOLLOWAY, S. (1982): Willingness to help a stranger: The effects of social context and opinion similarity. Journal of Applied Social Psychology, *12*, 429–443.
WALSTER, E., BERSCHEID, E. & WALSTER, G. W. (1973). New directions in equity research. Journal of Personality and Social Psychology, *25*, 151–176.
WALSTER, E., WALSTER, G. W. & BERSCHEID, E. (1978): Equity Theory and Research. Boston: Allyn & Bacon.
WEICK, K. E. (1966): The concepts of equity in the perception of pay. Administrative Science Quarterly, *11*, 414–439.
WEICK, K. E. & NESSET, B. (1968): Preferences among form of equity. Organizational Behavior and Human Performance, *3*, 400–416.
WENDER, J. & GERLING, M. (1985): Empathie und Verursachungszuschreibung als Entwicklungsbedingungen der aufteilenden Gerechtigkeit. Zeitschrift für Entwicklungspsychologie und Pädagogische Psychologie, *17* (4), 341–350.

Die Herausgeber zum folgenden Beitrag

Die Autoren dieses Kapitels in der Erstauflage dieses Buches sind gescholten worden, daß sie das englische Wort „reactance" neusprachlich in „Reaktanz" eingedeutscht hätten. Dem Werkstattleiter des SFB 24 „Sozialwissenschaftliche Entscheidungsforschung" (1968–1983) der Deutschen Forschungsgemeinschaft war dieser Begriff in der Elektrotechnik in seinem fachlichen Sprachschatz geläufig: Reaktanz = Blindwiderstand. Jack Brehm, der diese Theorie psychologischen Blindwiderstandes ursprünglich formulierte, ist diese Analogie geläufig; er hielt ihre Erwähnung für überflüssig in der Annahme, daß zur allgemeinen Bildung von Verhaltens- und Sozialwissenschaftlern auch ein Minimum an naturwissenschaftlich-technischen Kenntnissen gehört.

Die Theorie handelt nicht von jeglicher Freiheit, nicht von Freiheiten von Hunger, von Unterdrückung, von Diskriminierung u. s. f. Sie handelt von der Freiheit zu autonomen Handlungen oder von Vorannahmen, Erwartungen und Handlungs-Entscheidungen, die behindert, gestört oder gar zunichte gemacht werden. Die Theorie enthält den Basis-Satz, daß alle Menschen an jedem raumzeitlichen Ort motiviert sind, ihre autonome Entscheidungsfreiheit aufrecht zu erhalten und/oder wiederherzustellen. Es ist bemerkenswert, daß dieser strikte, Allgeltung beanspruchende Basis-Satz die Fruchtbarkeit der Theorie bedingt, ob in gelernter Hilflosigkeit oder in der Sozialisation in einer Gesellschaft, in der Handlungsfreiheiten auf ein Minimum beschränkt werden, auf die Nischen, in denen man sich verstecken kann. (In der DDR bestand eine solche Nische darin, evangelischer Pastor zu werden.) Es gibt Handlungs-Spielräume, die gegeben erscheinen und gestört werden; diese Spielräume variieren von Gesellschaft zu Gesellschaft in extremem Maße.

Die Autoren behandeln die Beziehungen dieser Theorie zu anderen, verwandten Theorien. Der Entdeckungszusammenhang einer Theorie bestimmt nicht ihren Geltungszusammenhang. Man sollte jedoch beachten, daß Jack Brehm bis zu seiner Ph. D.-Promotion als erster Doktorand in der Theorie der kognitiven Dissonanz aufgewachsen ist. Er konnte sich nur von seinem Lehrer emanzipieren und Freiheit gewinnen, indem er eine neue, ihm gehörige Theorie entwarf. Die Anfangs- und Randbedingungen der Theorie kognitiver Dissonanz sind in denen der Theorie psychologischer Reaktanz aufgehoben: Eine Person ist überzeugt von ihrem Freiheits-Spielraum an Entscheidungs-Alternativen. Wider jede Erwartung wird dieser Spielraum durch Ausschluß oder Vorhebung einer beliebigen Alternative verringert. Das ist ein Fall kognitiver Dissonanz. Die Theorie psychologischer Reaktanz erklärt und prognostiziert Folgen, die von der Theorie kognitiver Dissonanz widersprüchlich behandelt oder nicht erklärt werden können. Die Theorie der psychologischen Reaktanz ist bis heute nicht auf die Theorie kognitiver Dissonanz reduzierbar, also durch eine allgemeinere Theorie erklärbar. Sie ist nicht überflüssig geworden, im Gegenteil!

Die Theorie der psychologischen Reaktanz

Dorothee Dickenberger, Universität Mannheim
Gisla Gniech, Universität Bremen
Hans-Joachim Grabitz, Universität Düsseldorf

Vorbemerkung

25 Jahre nach dem Erscheinen des Buches von Brehm (1966) hat die Reaktanztheorie bis heute ihre Popularität nicht eingebüßt. Seit dem Übersichtsartikel von Gniech & Grabitz (1978) aus einer früheren Auflage der Reihe „Theorien der Sozialpsychologie" sind lt. „CD-Rom Psych. Lit." 73 Aufsätze erschienen, die im Schlagwortkatalog den Terminus „Reactance" aufweisen (13 davon hatten allerdings nichts mit der hier diskutierten Theorie zu tun, so daß 60 Artikel übrigblieben). Inhaltlich sind in den 60 seit 1978 veröffentlichten Arbeiten folgende Thesen zu beobachten:

a) Es zeigt sich ein weiter zunehmendes Interesse an der Theorie der psychologischen Reaktanz in der Bundesrepublik Deutschland, aber neuerdings auch in anderen Ländern West- und Osteuropas sowie in Japan.
b) Einschlägige theoretische Entwicklungen sind: a) ein Konzept des Einflusses der Wichtigkeit von Freiheit sowie b) ein Konfliktmodell widerstrebender Reaktionstendenzen auf sozialen Einfluß.
c) Durch den integrativen Bezug zu den Kontrolltheorien und dem Konzept der „erlernten Hilflosigkeit" gibt es eine Reihe neuer Anwendungsfelder wie z. B. Arbeitslosigkeit, Erziehung, Rehabilitation, Kriminologie usw. und einen relativ neuen breiten Forschungsbezug zu Persönlichkeitsmerkmalen.
d) Hinsichtlich neuer methodischer Ansätze ist die Entwicklung eines Reaktanzfragebogens und die vermehrte Verwendung physiologischer Maße zu erwähnen.
e) Nach den bis 1978 vorgelegten Standardbüchern zur Reaktanztheorie (J. W. Brehm, 1966, 1972; S. S. Brehm, 1976, jetzt auch in deutscher Version: 1980; Wicklund, 1974) sind zwei weitere Monographien zur Theorie erschienen: Dickenberger (1979) sowie Brehm & Brehm (1981). Die neuere Entwicklung bis 1982 hatten wir bereits in weiteren Beiträgen an anderer Stelle dokumentiert (Dickenberger & Gniech, 1982; Gniech & Dickenberger, 1987).

1. Die Theorie

Die wesentlichen Aspekte der Reaktanz-Theorie lassen sich in folgenden Sätzen zusammenfassen:

a) Individuen haben die Freiheit, bestimmte Verhaltensweisen auszuführen.
b) Wenn die Person bemerkt, daß eine dieser freien Verhaltensweisen bedroht oder gar unmöglich gemacht wird, entsteht psychologische Reaktanz. Dieses ist ein motivationaler Zustand, die verlorene oder bedrohte Freiheit wiederherzustellen.
c) Die Stärke der Reaktanz hängt von drei Bedingungen ab, nämlich erstens der Wichtigkeit der Freiheit für die Person, zweitens dem Umfang der bedrohten oder eliminierten Freiheit und drittens der Stärke der Freiheitseinengung.
d) Die Reaktanz-Motivation äußert sich in unterschiedlichen Effekten. Diese Effekte werden weiter unten detailliert dargestellt.

1.1 Annahmen der Theorie

Die Aktionsfreiheit einer Person ist bestimmt durch die Möglichkeit und ihre Fähigkeit, mittels einer Entscheidung die augenblickliche Situation zu ändern oder (gegen den Wunsch anderer) beizubehalten, sei es z. B. durch Ausführung einer bestimmten Handlung oder durch Wahl einer bestimmten Alternative oder durch Einnahme einer bestimmten Attitüdenposition. Diese Aktionsfreiheit kann durch verschiedene Beschränkungen gefährdet werden. Darauf reagiert die Person mit einer motivationalen Erregung, nämlich mit psychologischer Reaktanz, die sich dann weiter in den unterschiedlichsten Effekten auswirkt.

Die verschiedenen *Arten von Freiheitseinengung* klassifiziert WICKLUND (1974) nach sozialem Einfluß, Barrieren sowie selbstverhängter Einengung und S. S. BREHM (1976) nach persönlicher, unpersönlicher sowie selbstauferlegter Freiheitseinengung. Die Einteilung von WICKLUND bezieht sich auf den Gesichtspunkt, ob die Person dazu gebracht werden soll, etwas Bestimmtes zu tun (sozialer Einfluß), oder ob sie daran gehindert wird, etwas Bestimmtes zu tun (Barriere, s. dazu auch HAMMOCK, 1972). Die Unterscheidung von S. S. BREHM betrifft die Komponente der Absicht bei der Freiheitseinengung: Persönliche Einengungen sind von der Willkür einer Person (oder einer Institution) bestimmt, wohingegen unpersönliche Einengungen unbeabsichtigt und zufällig auftreten.

Eine der wesentlichen Bedingungen für das Auftreten von psychologischer Reaktanz bei Fremdeinengung liegt unseres Erachtens nach darin, daß die Person die Freiheitseinengung als illegitim ansieht und sich ihr ausgeliefert fühlt. (GORDON, 1974, empfiehlt sogar, bei Reaktanz-Prozessen eher davon zu sprechen, daß das Individuum illegitime Pressionen zu vermeiden sucht, als daß man von Freiheitswiederherstellung spricht.)

Jede Art von Akzeptanz der Einengung, sei es aus sozialen Gründen oder aus der Tatsache, daß der einengenden Instanz in irgendeiner Form ein Glaubwürdigkeits-Kredit zugebilligt wird, ruft keine psychologische Reaktanz hervor.

HEILMAN & TOFFLER (1976) sowie auch BAER, HINKLE, SMITH & FENTON (1980) und SCHLENKER (1980) sehen Reaktanz im Zusammenhang mit „impression management". Sie postulieren, daß Personen bestrebt sind, sich als autonome Individuen darzustellen, und nur dann mit Reaktanz reagieren, wenn eine Freiheitsbedrohung innerhalb einer sozialen Beziehung zu Statusveränderungen führt. WRIGHT & BREHM (1982) argumentieren, daß Freiheitsbedrohungen jeder Art Personen motivieren, die verlorenen oder bedrohten Alternativen wieder verfügbar zu machen: Sie können in einer Analyse zahlreicher anderer Experimente zeigen, daß auch nichtsoziale und unbeabsichtigte Bedrohungen zu Reaktanz führen und daß Reaktanz auch auftritt, wenn andere Personen die Effekte gar nicht bemerken können (s.a. WRIGHT, 1986).

Selbstverursachte Freiheitseinengung entsteht dann, wenn eine Person sich zu einer bestimmten Position bekennt oder bezüglich verschiedener Alternativen eine Wahl trifft. Im Moment der Festlegung sind automatisch alle anderen Möglichkeiten aus dem Entscheidungsspielraum herausgenommen. Es existiert keine Entscheidungsfreiheit mehr. Besonders bei irreversiblen Entscheidungen unter relativ gleich attraktiven Alternativen ist das Auftreten von psychologischer Reaktanz wahrscheinlich. Es findet eine scheinbar unerklärliche Umbewertung der Alternativen statt: Die nichtgewählten Alternativen steigen in der Attraktivität (BREHM, 1972, S. 20–22; WICKLUND, 1974, S. 149–178).

Da der Verlust von Freiheit einen Kontrollverlust implizieren kann, wurden von WORTMAN & BREHM (1975) die Theorien der Reaktanz und der gelernten Hilflosigkeit integriert. Die Aussagen der Theorie gelernter Hilflosigkeit (SELIGMAN, 1975) stehen zunächst im Gegensatz zu denen der Reaktanztheorie – erstere postuliert als Folge von Kontrollverlust Passivität und Hilflosigkeit, letztere Aktivität und Aggressivität. Die Unterschiede in den Reaktionen werden von WORTMAN und BREHM durch Unterschiede in der Erwartung, Kontrolle ausüben zu können, erklärt: Ist die Kontrollerwartung hoch, so führt ein unkontrollierbares Ereignis zu Aktivität, um die Kontrolle wieder zu erlangen – nach häufiger Erfahrung von Unkontrollierbarkeit ist die Erwartung von Kontrolle gering, und die Erfahrung von Unkontrollierbarkeit führt zu Hilflosigkeit (s.a. CLIFFORD, 1979). (Vergleiche dazu auch das Kapitel über Kontrolltheorie in Band III der Theorien der Sozialpsychologie.)

Neben dem Verlust von Kontrolle werden noch weitere, weniger direkte Freiheitseinengungen als reaktanzevozierend behandelt: Belohnungen für bestimmte Handlungen können so interpretiert werden, daß dadurch andere Handlungen bedroht werden (s. CALDWELL et al., 1983; LEPPER, GREENE & NISBETT, 1973). Individuen können auch durch das Fehlen sozialer Distinktheit zu Reaktanz motiviert werden – die Reaktanz ist dann der Versuch sozialer Differenzierung (s. BREHM, 1984; PERSONNAZ, 1984).

Die Stärke der psychologischen Reaktanz (und damit auch die der Reaktanz-Effekte) ist im wesentlichen durch drei Komponenten bestimmt:

1. Der Umfang des (subjektiven) Freiheitsverlustes wird durch die absolute Größe - also z. B. die Anzahl der bedrohten oder eliminierten Alternativen - und durch die relative Reduktion des Freiheitsspielraums (GRABITZ-GNIECH, AUSLITZ & GRABITZ, 1975) bestimmt. (Für S. S. BREHM, 1976, S. 17/18, gehört der Freiheitsspielraum zu den Wichtigkeitsdeterminanten.)
2. Die Stärke der Einengung ist die zweite Variable, die die Stärke der Reaktanz beeinflußt. Je größer die Bedrohung einer Freiheit ist, desto mehr Reaktanz wird mobilisiert; die Reaktanz ist am größten, wenn eine Freiheit gänzlich ausgeschaltet wird. Dieser Aspekt ist insofern sehr schwer zu kontrollieren, als Implikationen für weitere Bedrohung der Freiheit eine Rolle spielen.
3. Die Wichtigkeit der eingeengten Freiheit ist eine Funktion des instrumentellen Werts, den eine Aktion besitzt, ein bestimmtes Bedürfnis der Person zu befriedigen, und der Stärke des Bedürfnisses. DICKENBERGER (1978) definiert Wichtigkeit einer Freiheit als Produkt der beiden Komponenten „Wichtigkeit einer Freiheit zu“ und „Wichtigkeit einer Freiheit von“[1].

Die Generalisierung von Situationen und Erlebnissen führt dazu, daß durch die Einengung auch andere, nicht betroffene Freiheiten als bedroht empfunden werden. Das heißt, erwartet eine Person von einer momentanen Freiheitseinengung weitere Einengungen in zukünftigen Situationen, die der momentanen hinsichtlich der Verhaltensfreiheit, der situativen Umstän-

---

[1] Die „Wichtigkeit einer Freiheit zu“ ist im Sinne BREHMS der instrumentelle Wert einer Freiheit zur Befriedigung relevanter Bedürfnisse. Folgende - aus dem Erwartung- x Wert-Konzept der Motivation entnommenen - Überlegungen führen zur Definition von „Wichtigkeit einer Freiheit von“ und der Gesamtwichtigkeit einer Freiheit: Ist die Erwartung (= Wahrscheinlichkeit, P_F), eine Freiheit ausüben zu können, gleich 1, so ist die freie Wahl relativ selbstverständlich. Ist die Erwartung für die Freiheit kleiner als 1, und gelingt es der Person dennoch, die Freiheit auszuüben, so kann sie ihr Selbstwertgefühl nicht nur dadurch erhöhen, daß sie weiß, frei gewählt zu haben, sondern auch durch das Wissen, gewählt zu haben, obwohl dies nicht selbstverständlich war. Die Befriedigung, die eine freie Wahl für die Person bringt, ist also abhängig von der Wahrscheinlichkeit, mit der diese Wahl möglich ist: Die Befriedigung durch die Freiheit (B_F) nimmt zu, je unwahrscheinlicher die Freiheit ist ($B = 1 - P_F$). Die Wichtigkeit der „Freiheit von“ wird definiert als Produkt aus der Wahrscheinlichkeit, die Freiheit ausüben zu können, und der Befriedigung durch die Freiheit ($P \times [1 - P_F]$). Dies bedeutet, daß mit abnehmender Erwartung der Freiheit die Wichtigkeit der „Freiheit von“ zunächst zu- und bei $P = 0{,}5$ wieder abnimmt. Die Gesamtwichtigkeit ist definiert als Produkt ihrer beiden Komponenten. Diese multiplikative Verknüpfung bedeutet, daß sowohl bei vollständiger Erwartung ($P = 1$) als auch bei absoluter Nicht-Erwartung ($P = 0$) die Wichtigkeit einer Freiheit unabhängig von ihrem instrumentellen Wert gleich 0 ist.

de oder der bedrohenden Person ähnlich sind, dann wirkt die Einengung stärker, als wenn es sich um ein einmaliges, begrenztes Ereignis handelt. Freiheitseinengung mit bedrohlichen Implikationen für die Zukunft führt also zu stärkerer Reaktanz.

Um die Wirkung von Implikation handelte es sich offensichtlich auch bei allen Befunden, in denen Personen selbst psychologische Reaktanz-Effekte zeigen, wenn sie Zeuge der Einengung anderer Personen werden (ANDREOLI, WORCHEL & FOLGER, 1974) oder sogar psychologische Reaktanz für andere Personen erleben können (attribuieren), wenn sie deren Einengung beobachten (WORCHEL, INSKO, ANDREOLI & DRACHMAN, 1974) oder lediglich einen Bericht von der Einengung anderer Personen erhalten (GNIECH, SCHMIDT & DICKENBERGER, 1977).

Eine Verstärkung der auftretenden Reaktanz ist auch dann zu erwarten, wenn Personen vorgewarnt sind, daß ihre Freiheit bedroht werden soll, z. B. durch die Mitteilung, daß eine Radiosendung sie zu einer bestimmten Meinung überreden soll (PETTY & CACIOPPO, 1979) oder daß jemand Angst einjagen und die Leser dadurch überzeugen will (FUKADA, 1986).

1.3 Reaktanzeffekte

Die Person ist bei Freiheitseinengung motiviert, ihre Freiheit wieder verfügbar zu machen. Wenn der Freiheitsspielraum nicht wieder durch die einengende Instanz restauriert wird (s. GRABITZ-GNIECH & GRABITZ, 1973b sowie NEZLEK & BREHM, 1975), wird die Person selbst reagieren. Die Vielfalt, in der Reaktanz-Abbau sich im Verhalten ausdrücken kann, wird von BREHM (1972) in zwei Klassen eingeteilt: In subjektive Effekte, die der Freiheitswiederherstellung dienen (das sind alle sich nicht im offenen Verhalten ausdrückenden Reaktionen, besonders kognitive Umstrukturierungen) und Verhaltens-Effekte (das sind alle sich direkt in Aktionen ausdrückenden Reaktanz-Manifestationen wie Attacken gegen den Einenger, die Einengung aufzuheben, oder das Verlassen der Situation). Die subjektiven Effekte sind kaum (wenn überhaupt) durch die Umwelt kontrollierbar. Deshalb ist ihre Auftretenswahrscheinlichkeit größer als die der „öffentlichen“ Reaktanz-Effekte, die – oft anti-sozial auf die Wiederherstellung des individuellen Freiheitsspielraumes gerichtet – von einer sozialen Gemeinschaft häufig nicht akzeptiert werden können. Psychologische Reaktanz wird eher im „Denken“ als im „Tun“ abgebaut (GNIECH, SCHMIDT & DICKENBERGER, 1977).

In diesem Zusammenhang sind zwei später noch ausführlicher zu behandelnde Gesichtspunkte von Bedeutung. Dieses sind erstens die Wirkung von „public-private“-Manipulationen in Reaktanz-Experimenten und zweitens die bereits mehrfach in der Literatur angesprochene Reaktanz-Hemmung bzw. -Unterdrückung.

Nach S. S. BREHM (1976) liegt die effektivste Art, Freiheit wiederherzustellen und Reaktanz abzubauen, in einer Aktion, die direkt auf Freiheitswiederherstellung gerichtet ist. Weiter gibt es indirekte Aktionen, wozu besonders die Implikationen zählen. In Situationen, in denen Freiheitswiederherstellung erschwert ist, kommt es unter anderem zu Attraktivitätsveränderungen. Und schließlich werden Aggressionen als Folge oder Begleiterscheinung von psychologischer Reaktanz genannt.

In neueren Forschungsarbeiten werden darüber hinaus noch weitere Manifestationen des Reaktanzmotivs genannt: Da Reaktanz als motivationale Erregung definiert ist, müßte sie sich auch über physiologische Maße nachweisen lassen. BAUM, FLEMMING & REDDY (1986) konnten zeigen, daß in der Reaktanzbedingung, in der Personen Kontrollerwartung hatten (keine oder erst kurze Arbeitslosigkeit), durch Erfahrung von Nicht-Kontingenzen das Norepinephin- und Epinephin-Niveau im Urin deutlich angestiegen war. Sie untersuchten als weitere Auswirkung von Reaktanz das Leistungsniveau bei einer nachfolgenden „embedded figure task". Entsprechend den Vorhersagen der Reaktanztheorie und der Theorie gelernter Hilflosigkeit wurde durch nicht-kontingentes „feedback" in einer früheren Aufgabe bei den Personen mit Kontrollerwartung (Reaktanz) die Ausdauer und Leistung bei der „embedded figure task" besser, bei Personen ohne Kontrollerwartung (längere Arbeitslosigkeit, Hilflosigkeit) schlechter.

Ob auch die von einer Person für wichtig gehaltenen Einstellungen durch Reaktanzprozesse verändert werden können, untersuchte KARPF (1978). Versuchspersonen erhielten eine schriftliche Mitteilung, in der gegen allgemein positive Werte wie Verläßlichkeit argumentiert wurde. Der Vergleich der Vorher- und Nachher- (1 Woche) Einstufungen dieser Werte ergab Veränderungen in die dem Einflußversuch entgegengesetzte Richtung.

Eine der Hauptschwierigkeiten bei der Prüfung der Reaktanz-Theorie liegt (wie bei vielen sozialpsychologischen Theorien) in den unterschiedlichen Operationalisierungen der abhängigen Variablen (hier: Reaktanz). Die Aussage, daß Reaktanz-Effekte sich in direkter oder indirekter Aktion ausdrücken, gibt wenig Information. Genaugenommen ist zu fordern, daß wie bei vielen theoretischen Aussagen in den Naturwissenschaften auch in den Sozialwissenschaften die Operationalisierung des Konzeptes mit enthalten sein sollte. Die Widersprüche in den empirischen Belegen zu dieser Theorie resultieren vermutlich nicht zuletzt daraus, daß die verschiedenen Experimentatoren ganz unterschiedliche Manifestationen der theoretischen Variablen „Reaktanz" untersucht haben. Inwieweit unterschiedliche Operationalisierungen dabei auf unterschiedliche theoretische Interpretationen des Konzeptes zurückgehen, sei dahingestellt.

Im folgenden sollen die unterschiedlichen Manifestationen von Reaktanz (an Beispielen) näher erläutert werden.

1. Direkte Wiederherstellung der Freiheit: Wenn jemandem beim Broteinkauf während der Wahl zwischen X und Y gesagt wird, er dürfe heute nur Brot der Marke X kaufen, dann kann die Freiheit durch Kauf der Marke Y wiederhergestellt werden. Die direkte Art, eine Freiheit wiederherzustellen, ist zweifelsohne die effektivste. Allerdings ist diese Vorgehensweise nicht immer realisierbar, z.B. dann nicht, wenn eine irreversible Elimination von Alternativen vorliegt (wenn z.B. Brot der Marke X nicht mehr produziert wird), oder auch dann nicht, wenn der offene Widerstand zu aversiven Konsequenzen ärgeren Ausmaßes führt, als es die Einengung der Freiheit darstellt. Auf diese öffentliche Freiheitswiederherstellung wird oft zugunsten einer indirekten und weniger durch die einengende Instanz kontrollierbaren Art der Freiheitswiederherstellung verzichtet.

2. Indirekte Wiederherstellung der Freiheit: Engagiert sich die Person in eine dem bedrohten Verhalten ähnliche Handlung, oder übt die Person das bedrohte Verhalten in einer anderen Situation aus, so spricht man von implizierter Freiheitswiederherstellung. Außerdem kann die Person nach S. S. BREHM (1976) die Freiheit implizit wiederherstellen, indem sie der nächsten Aufforderung der einengenden Person, etwas zu tun oder nicht zu tun, nicht nachkommt. Zum anderen kann die Person ihre Freiheit indirekt wiederherstellen, indem sie andere zur Ausführung des bedrohten Verhaltens motiviert oder die sie dabei beobachtet.

3. Aggressionen: Psychologische Reaktanz ist mit einer Abnahme der sozialen Orientierung einer Person und oft mit Aggressionen verbunden. Diese aggressiven Tendenzen, die psychologische Reaktanz begleiten, haben eine zweifache Bedeutung: Einmal dienen sie der Freiheitswiederherstellung, indem die einengende Instanz körperlich oder auch nur psychisch mit dem Ziel attackiert wird, die Freiheitseinengung aufzuheben. Zum anderen sind daneben diffuse Aggressionen (Wut) nachgewiesen worden, die keinem Zweck dienen (WORCHEL, 1974) und die als Gegenstück zu dem „Aus-dem-Feld-Gehen" bei Einengungen angesehen werden können. WICKLUND (1974, S.140) bezeichnet diese verschiedenen reaktanzbegleitenden Aggressions-Arten als „instrumental-" und „angry aggression". WORTMAN & BREHM (1975) nennen sie „functional aggression" und „reflexive fighting" und diskutieren dabei die Frage, ob Aggressionen als Begleiterscheinung von psychologischer Reaktanz nur dann auftritt, wenn die Freiheitseinengung von Individuen vorgenommen wird, oder ob sie auch bei einer nicht-sozialen Quelle zu beachten ist. Die funktional der Freiheitswiederherstellung dienende Aggression ist nur sinnvoll bei einengenden Personen anzuwenden; Aggression gegenüber unbelebten reaktanzerzeugenden Freiheitseinengern deutet auf die zweite Art von Aggression hin, die hauptsächlich der Erregungsabfuhr dienen dürfte.

4. Attraktivitätsveränderungen: In manchen Situationen ist die Freiheitswiederherstellung durch eine Handlung nicht möglich. S. S. BREHM (1976, S. 19) schreibt dazu, daß der Eingeengte „auf seiner Reaktanz sitzenbleibt". Er kann hoffen, daß sie sich mit der Zeit abbaut. Trotzdem bedeutet das nicht, daß diese psychologische Reaktanz „unentdeckbar" ist. Sie drückt sich in Attraktivitätsveränderungen bzgl. der eingeengten Verhaltensweisen oder der Alternativen bei eingeschränkter Wahl aus. Diese Art der Freiheitswiederherstellung kann der Öffentlichkeit verborgen bleiben. Sie ist besonders bei totaler Freiheits-Ausschaltung (nicht so sehr bei Bedrohung) zu erwarten.

In der Literatur wird häufig von Unterdrückung („suppression" WICKLUND, 1974, S. 81–85 sowie S. S. BREHM, 1976, S. 61–62; WICKLUND, 1977) der

Reaktanz geschrieben. Diese tritt auf, wenn eine Hemmung der Reaktanz-Manifestation durch zu starke Kontrolle der einengenden Instanz vorhanden ist oder aber wenn die Reaktanz-Reaktion eine sozial stark unerwünschte Komponente enthält.

Andererseits kann aber auch die bei sozialem Einfluß intendierte Verhaltensweise - nämlich Konformität - Reaktanz-Manifestationen unterdrücken. DICKENBERGER & GNIECH (1982) haben ein Modell entwickelt, das eine Erklärung dafür liefert, wie die beiden entgegengesetzten Kräfte - Konformität und Reaktanz - zusammenwirken. Ausgangspunkt dieser Überlegungen ist das lerntheoretische Konfliktmodell von MILLER (1944) für Annäherungs- und Vermeidungstendenzen. Die zwei Achsen in dem MILLERschen Modell werden von ihm als „Aktions-Potential" und „Nähe zum Ziel" bezeichnet. Die Kräfte entstehen durch Verstärkung (Annäherungsgradient) und wachsen mit zunehmender Nähe zum Ziel, d.h. dem Ort, wo aufgrund früherer Erfahrung die Belohnung bzw. Strafe erwartet wird. Das Aktionspotential einer jeden der beiden Kräfte wächst unabhängig von den anderen mit dem Näherkommen an das Ziel, wobei allerdings der negative Gradient (Vermeidung) steiler ist. Der Konflikt ist nicht so sehr zwischen den beiden Kräften zu sehen, sondern eher zwischen den *Verhaltenstendenzen.* Die Ambivalenz der Verhaltenstendenzen kann aber nicht direkt beobachtet werden, sondern ist nur als Ausdruck der dominanten Kraft zu sehen.

Auf den hier zur Diskussion stehenden Bereich übertragen, kann man die Variable, die laut Reaktanztheorie den Betrag an Druck ausmacht, irgendetwas zu tun oder zu lassen, mit MILLERS Konstrukt der „Nähe zum Ziel" vergleichen. Unterschiedliche Stärke des sozialen Einfluß-Versuches kann z.B. operationalisiert sein durch kleiner werdende zeitliche Abstände in der Vorentscheidungsphase von einem Wahlpunkt oder in abnehmendem räumlichen Abstand von der Einflußquelle. LINDER & CRANE (1970) und LINDER, WORTMAN & BREHM (1971) haben den Zeitfaktor zu diesem Zweck benutzt und argumentieren, daß die Größe der Freiheitsbedrohung mit näherrückendem Entscheidungszeitpunkt ansteigt. HAMMOCK & BREHM (in BREHM, 1966, S.78) haben ein Experiment entworfen und durchgeführt, bei dem die freiheitsbedrohende Barriere dadurch eingeführt wird, daß der Versuchsleiter auf einem Tisch Objekte räumlich nah oder weiter entfernt vor einer wählenden Versuchsperson hinlegt.

Man kann davon ausgehen, daß jeder soziale Einfluß eine Verhaltensänderung in eine bestimmte Richtung herbeiführen will. Deshalb wird, wenn der soziale Einfluß einsetzt, zunächst nur die Tendenz nachzugeben vorhanden sein. Diese Konformitätstendenz wächst mit zunehmendem sozialem Einfluß, bis ein bestimmter Wert erreicht ist. Wenn der Einflußversuch freiheitseinengende Qualität für die Person gewinnt, wird eine zweite Motivation (nämlich die, die Freiheit wiederherzustellen, also psychologische Reaktanz) auftreten, die sich in der Tendenz, Widerstand gegen den Druck zu zeigen, manifestiert. Diese zweite Motivation wächst mit zunehmendem, als freiheitseinengend erlebtem sozialem Einfluß, allerdings schneller bzw. stärker als die Anpassungstendenz. Parallel zum Aversions-Gradienten im MILLERschen Modell ist der Reaktanz-Vektor der

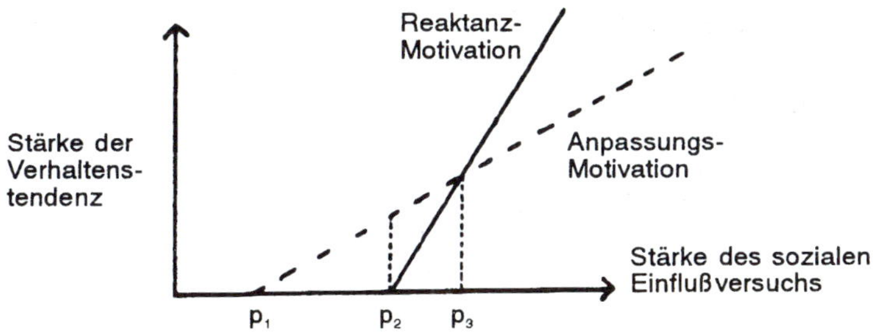

Abbildung 1: Konfliktmodell der entgegengesetzten Verhaltenstendenzen bei psychologischer Reaktanz

steilere. Dies kann man sich dadurch erklären, daß, wenn eine Freiheit mit zunehmendem Druck bedroht wird, noch weitere Freiheiten durch Implikationen bedroht werden, so daß der Ansatzpunkt breiter wird.

Entsprechend Abbildung 1 ist der resultierende Reaktanz-Effekt durch Subtraktion der gepunkteten Linie (Konformitäts-Gradient) zu bestimmen. Daraus ergibt sich ein Verhaltensmuster, wie es in Abbildung 2 dargestellt ist.

Als Verhaltensausdruck erwartet man mit zunehmendem sozialem Einfluß zunächst eine zunehmende Konformitätstendenz (von p nach p), dann nach Auftreten der Reaktanz-Motivation eine abnehmende Konformitätstendenz (von p nach p) und schließlich aktive Opposition (nach p). Auf diese Weise kann man mit Hilfe des Konflikt-Modells von MILLER (1944)

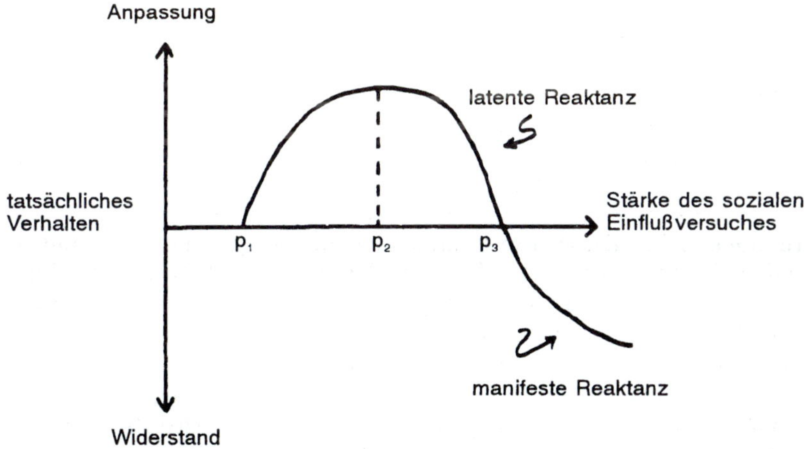

Abbildung 2: Verhaltenseffekte nach der Kombination der entgegengesetzen Kräfte

in gewissen sozialen Einfluß-Situationen mit freiheitseinengendem Akzent neben dem theoretisch erwarteten aktiven Widerstand gegen die Freiheitseinengung (sog. manifeste Reaktanz) auch „weniger Konformität" als „latente Reaktanz" erklären, da angenommen werden kann, daß in manchen Situationen zwar Reaktanz-Motivation wirksam ist, aber dies nur weniger stark als die Tendenz nachzugeben.

Brehm & Brehm (1981) unterscheiden in diesem Zusammenhang - „interactive effects of force and importance of freedom" - drei mögliche Verhaltensverläufe in Abhängigkeit von der Wichtigkeit der durch einen Einflußversuch bedrohten Freiheit. Die folgende Abbildung stellt ihre Überlegungen dar:

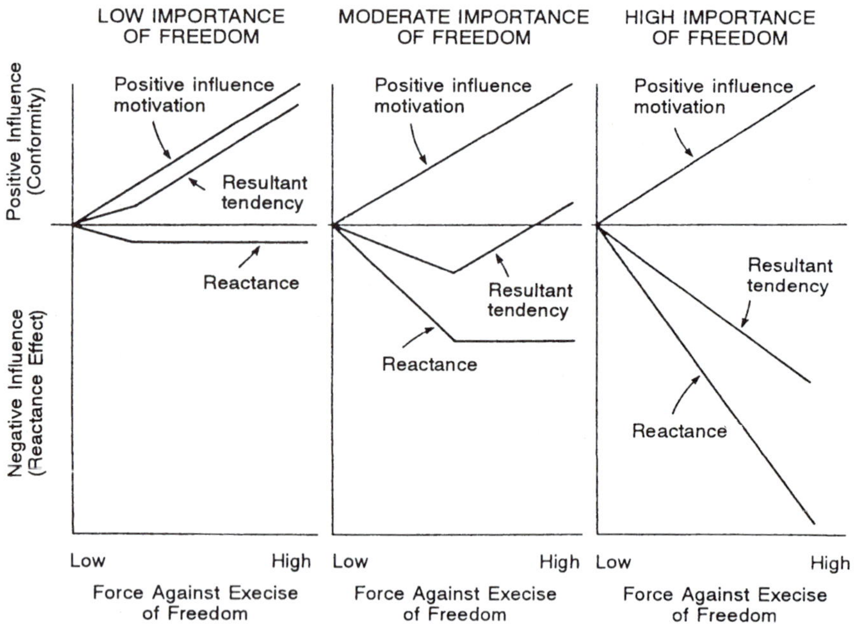

Abbildung 3: Brehm, S.S. & Brehm, J.W. Psychological Reactance, New York: Academie Press 1981, S.60

Sie argumentieren, daß der Verlauf der rechten Kurve nur dann realisiert wird, wenn die bedrohte Freiheit „is more important than most other aspects of life or even than life itself". In allen anderen Fällen kann die - positive - soziale Kraft so mächtig werden, daß trotz Reaktanztendenzen das Verhaltensergebnis der Richtung (aber nicht der Stärke) des sozialen Einflusses entspricht.

In diesem Zusammenhang ist die Variable „public-private" bzw. „öffentlich-anonym" bei der Reaktion von Bedeutung (Raven & Kruglanski, 1970; B.E. Goodstadt, 1971; Frey & Gniech, 1977). Besonders bei sanktionsmächtigen Zeugen des Verhaltens zeigt sich die Reaktanz oft nicht direkt oder nicht sofort. DICKENBERGER & GRABITZ-GNIECH (1972) fanden einen „delay"-Effekt bei psychologischer Reaktanz; BREHM & MANN (1975) fanden dasselbe Phänomen und nennen es „sleeper"-Effekt; die Reaktanz wird sozusagen gespeichert, bis sich die Möglichkeit ergibt, die verlorene Freiheit wiederherzustellen. Die Frage, ob sich psychologische Reaktanz bei Unterdrückung über längere Zeiträume von selbst abbaut, ist noch nicht untersucht worden. Theoretisch könnte man einen solchen Effekt mit einer Abnahme der Wichtigkeit der eingeengten Freiheit erklären. Wichtigkeit einer persönlichen Freiheit wird bei GORDON (1974) in Zusammenhang mit zunehmender Strukturierung des Freiheitsspielraumes gebracht. Bei sinnlosen Bezeichungen der Alternativen wird der einengende Druck stärker als illegitim und willkürlich erlebt, und die Reaktanz-Effekte sind größer.

Von einer Aufgabe der Freiheit, um das soziale Milieu nicht zu stören, ist in einem Experiment von GRABITZ-GNIECH (1971) die Rede. Auch hier spielt indirekt die (fehlende) Willkür bei der Einengung eine Rolle, denn wird die Freiheit von einer vom Individuum akzeptierten Gruppe mit einer Begründung (die die Person selbst miterarbeitet hat) eingeengt, dann zeigen sich keine Reaktanz-Effekte.

Reaktanz als ein auf Freiheitswiederherstellung gerichteter motivationaler Zustand müßte, so WORCHEL & BREHM (1971), vollständig reduziert sein, sobald die bedrohte Alternative wieder verfügbar ist. Eine Reihe von Experimenten (WORCHEL & BREHM, 1971; WORCHEL & ARNOLD, 1973; ARCHER & BERG, 1978) fand unterstützende Ergebnisse zu dieser Annahme. SCHWARZ (1984) kritisiert allerdings die Durchführung, indem er argumentiert, daß nicht die entstandene Reaktanz abgebaut wurde, sondern durch die zeitliche Nähe von Bedrohung und Wiederherstellung die Entstehung von Reaktanz verhindert wurde. Für die Arbeit von GRABITZ-GNIECH & GRABITZ (1973) galt dieses Argument nicht, allerdings fand hier auch nicht der erwartete vollständige Reaktanzabbau statt. Ihre Interpretation, daß Reaktanz nur dann abgebaut wird, wenn für die Person sowohl der Freiheitsspielraum wiederhergestellt ist als auch Kontrolle über die einengende Instanz besteht, wurde von SCHWARZ (1984) experimentell geprüft. Er fand allerdings keinen Unterschied zwischen diesen Bedingungen. Der Abbau von Reaktanz durch eine zeitlich verzögerte Wiederherstellung fand in beiden Gruppen statt, allerdings nicht vollständig. DICKENBERGER (1984) prüfte folgende Annahme zur Erklärung dieses Ergebnisses: Reaktanz als Folge der Bedrohung einer Alternative führt zu Attraktivitätssteigerung dieser Alternative. Durch aktive, also selbstverursachte Freiheitswiederherstellung müßte das Reaktanzmotiv reduziert sein und die Attraktivität der Alternative auf den Status quo ante gesunken sein. Das Engagement für die bedrohte Alternative müßte aber gleichzeitig aufgrund dissonanztheoretischer Überlegungen zu einer (erneuten) Attraktivitätssteigerung dieser Alternative im Sinne von „effort justification" führen. Die Ergebnisse unterstützen die Argumentation.

Geht man von Überlegungen aus wie MERZ (1986), der die Gefahr von Reaktanzeffekten z. B. im klinischen Kontext bannen will, so sollte nach obigen Ergebnissen die Freiheit ohne zeitliche Verzögerung und von anderen Personen restauriert werden, um so die Entstehung von Reaktanz zu verhindern. MERZ konnte zeigen, daß die Fragebogen-Instruktion, so offen und ehrlich wie möglich zu antworten, weniger offene Antworten brachte, als wenn der Zusatz „Das können Sie natürlich selbst entscheiden, wie offen..." die Freiheit wiederherstellte.

1.4 Reaktanz und Persönlichkeit

Neben den situativen Determinanten von Reaktanz wird häufig auch eine individuell unterschiedliche Bereitschaft angenommen, psychologische Reaktanz zu mobilisieren. SCHWARTZ (1974, S. 62) spricht z. B. davon, daß manche Personen möglicherweise eine niedrigere Toleranzschwelle haben, Reaktanz zu erleben. S. S. BREHM (1976, S. 21) meint, daß eine erhöhte Verwundbarkeit in bezug auf Reaktanz-Erregung besonders bei klinischen Gruppen die oft auftretende diffuse Wut und Feindseligkeiten erklären helfen kann.

Persönlichkeitsvariablen wurden in zahlreichen Untersuchungen auf ihre reaktanz- (oder hilflosigkeits-) determinierende Qualität untersucht. In bezug auf die Variable Geschlecht bietet sich ein vielfältiges Bild - in einer Vielzahl hier nicht einzeln genannter Studien (s. BREHM & BREHM, 1981) ergeben sich bei Männern und Frauen oder Jungen und Mädchen keine Reaktanzunterschiede. Es sind aber auch deutliche Effekte zu finden. In der Einkaufs-Studie von WEINER-REGAN & BREHM (1977) zeigen Frauen deutlichere Reaktanzeffekte als Männer. Der Unterschied wird durch die höhere Kompetenz von Frauen in Einkaufssituationen erklärt. Umgekehrt fanden JOSEPH, JOSEPH, BARTO & MCKAY (1982) als Folge eines offensichtlich angsterzeugenden Rollenspiels Reaktanz in Form von verringerten Angstwerten nur bei Männern. GANNON, HEISER & KNIGHT (1985) argumentieren, daß nicht das Geschlecht per se, sondern das Ausmaß an Geschlechtsrollenorientierung die Reaktanzstärke determiniert. Sie postulierten, daß mit hoher maskuliner und/oder geringer femininer Geschlechtsrollenausprägung höhere Kontrollerwartungen einhergehen als mit hoher femininer und/oder geringer maskuliner Geschlechtsrollenausprägung. Nach einer Serie mit nonkontingentem feedback waren (lösbare) Anagramme (und Mathematikaufgaben) zu lösen. Für das Geschlecht der Vpn ergaben sich keine signifikanten Effekte. Aber Personen mit hoher maskuliner Geschlechtsrollenausprägung zeigten deutliche Leistungsverbesserungen, Personen mit geringer maskuliner Geschlechtsrollenausprägung typische Leistungsverschlechterungen (gelernte Hilflosigkeit) gegenüber den jeweiligen Kontrollgruppen ohne nonkontingentes feedback (für die Mathematikaufgaben zeigten sich die Effekte nicht - vermutet wurde, daß die Aufgaben insgesamt zu schwierig waren).

Die Autoren CHERULNIK & CITRIN (1974) verbinden den Gesichtspunkt der Attribution des Kontrollverlustes eines Individuums zu persönlichen und externen Ursachen der Reaktanz-Quelle mit dem Persönlichkeitsmerkmal (s. ROTTER, 1979) interne vs. externe Kontrolle bei der Vp. Die Persönlichkeitseigenschaft bezieht sich auf die unterschiedliche Sicht von Personen, wichtige Dinge in ihrem Leben - wie Erfolge und Mißerfolge -

als unter persönlicher (intern-orientiert) bzw. unter äußerer (extern-orientiert) Kontrolle stehend zu sehen. Wie vorhergesagt, zeigen Interne stärkere Reaktanz, wenn sie direkt durch eine Person eingeengt werden, wohingegen Externe stärker auf unpersönliche Freiheitseinengungen reagieren. Dieses Ergebnis weist darauf hin, daß im Hinblick auf die Auslösung von Reaktanz ein Zusammenhang zwischen dem Organisationsselbstverständnis einer Person (nämlich, daß sie Erfolge als aus sich selbst bedingt oder von außen verursacht ansieht) und dem Ursprung der Freiheitseinengung besteht. Je nachdem, wie die Person orientiert ist, bewertet sie nach dem Ursprungsort die Schwere der Einflußnahme. Ähnliche Gesichtspunkte finden sich in der Arbeit von RALL (1972), der die Kompetenz („felt competence") als Reaktanz-Ursache angibt. Das Konzept der Kompetenz wurde bereits 1959 von WHITE als „Fähigkeit eines Organismus, sich mit seiner Umwelt wirkungsvoll auseinanderzusetzen" bezeichnet und stellt einen Spezialaspekt von Kontrolle bzw. Freiheit dar.

Herzinfarktgefährdete Personen (Typ A) werden als hoch wettbewerbs- und leistungsorientiert, hektisch und aggressiv beschrieben. Entgegengesetzt werden Typ B-Personen charakterisiert. Personen vom Typ A reagieren nach GLASS (1977) auf unkontrollierbare Stressoren mit erhöhter Anstrengung. Entsprechend konnten RHODEWALT & COMER (1982) und RHODEWALT & DAVISON (1983) zeigen, daß Reaktanzeffekte als Folge von Freiheitsbedrohung nur bei Typ A-Personen auftreten.

DUVAL & WICKLUND stellten 1972 einen Bezug zwischen objektiver Selbstaufmerksamkeit und Konformität her. SWART, ICKES & MORGENTHALER (1978) zeigten, daß auch bei Freiheitsbedrohung Konformität auftritt, wenn die Personen im Zustand objektiver Selbstaufmerksamkeit sind (Spiegel-Bedingung). CARVER & SCHEIER (1981) zeigen, daß Ergebnisse zu – manipulierter – objektiver Selbstaufmerksamkeit vergleichbar sind mit solchen zu – dispositionalem – Selbstbewußtsein.

Hohe Selbstaufmerksamkeit und hoher Selbstwert führten in einer Studie von BROCKNER et al. (1983) nach Mißerfolgserlebnissen zu erhöhten Leistungen bei Anagramm-Aufgaben. Bei mehreren Mißerfolgserlebnissen zeigten Personen mit hohem Selbstwert Reaktanz, Personen mit geringem Selbstwert dagegen Hilflosigkeitseffekte.

Eine wesentliche methodische Neuerung in der Erfassung des Konstrukts „psychologische Reaktanz" ist in dem Reaktanzfragebogen von MERZ (1983) zu sehen. Er enthält 18 Items in Ich-Form und ist Produkt einer Itemanalyse. Der Reaktanzwert (ein Summenwert aus den positiven Antworten zum Fragebogen) macht Aussagen über die Bereitschaft einer Person, psychologische Reaktanz zu mobilisieren. Personen mit hohem Testwert haben eine niedrige Toleranzschwelle in bezug auf Reaktanzerregung, Personen mit niedrigem Testwert sind eher unempfindlich bezüglich einer Reaktanzerzeugung (MERZ, 1983, S. 76).

Der Fragebogen korreliert mit Autonomie- und Dominanzstreben, Nervosität, emotionaler Labilität, Unsicherheit und Gehemmtheit sowie Depression und den entsprechenden Attributionsmustern (MERZ, 1983, S. 80). Hier verweist der Autor auf den Zusammenhang, daß es besonders solche

Personen, die unsicher sind, zum Schutz des eigenen Freiheits- und Kontrollspielraumes nötig haben, rebellierend zu reagieren.

1.5 Verbindungen zu anderen Theorien

Wie bereits an anderen Stellen dieser Arbeit ausgeführt wurde, gibt es eine Reihe von Beziehungen der Reaktanztheorie zu benachbarten Theorien. Eine Integration mit der Theorie der gelernten Hilflosigkeit kann, wie oben dargestellt wurde, als erfolgreich angesehen werden. Auch mit verschiedenen persönlichkeitstheoretischen Konzepten ist eine gelungene Verbindung vorhanden. Im folgenden werden einige Ausweitungen und Neuformulierungen der Reaktanztheorie im Rahmen anderer theoretischer Modelle kurz dargestellt.

1.5.1 Altruismus, Hilfesuchverhalten und Reaktionen auf Hilfe

Die in unserer Gesellschaft bestehenden rechtlichen und moralischen Normen schreiben vor, daß man in Not geratenen Personen Hilfe gewährt. Seit dem Fall Genovese (s. ROSENTHAL, 1964), bei dem 38 Zeugen die Ermordung einer Frau ohne einzugreifen beobachteten, wird das Phänomen der Hilfeverweigerung diskutiert. Es gibt dabei zwei Gesichtspunkte: die generelle Hilfeverweigerung und die Verweigerung von Unterstützung nach einem Gefallen, der einer Person getan wird. Eine Erklärung für die Hilfeverweigerung liefert die Reaktanz-Theorie, wenn die um Hilfe gebetene Person sich durch die Bitte um Hilfe in ihrer freien Entscheidung eingeengt fühlt (BERKOWITZ, 1970). Wie SCHWARTZ (1974) in einem Experiment nachwies, wirkt eine starke Bedeutung der Hilfe (z. B. zukünftige Konsequenzen sind impliziert) als illegitimer Druck. Ist sich das Individuum solcher Konsequenzen bewußt, so sinkt seine „Reaktanz-Schwelle", und es wird leichter dazu tendieren, Hilfe zu verweigern.

Implikationen in Form der Verpflichtung, auch in Zukunft Hilfe zu leisten, bestehen z. B. dann, wenn der Hilfesucher sich in großer Abhängigkeit befindet. JONES (1969, 1970) hat gezeigt, daß einer abhängigen Person weniger Hilfe gegeben wurde (wenn es möglich war, Hilfe zu verweigern). Generell zeigt sich, daß Hilfe verweigert wird, wenn man sich eingeengt bzw. moralisch verpflichtet sieht (BERKOWITZ, 1973). Nach GUYDOSCH (1974) beeinflußt ein großer Wunsch nach eigener Entscheidung das Hilfeverhalten, bei Einengung wird der Partner als unfair bezeichnet, und es wird ihm weniger Hilfe gegeben.

Eine besondere Form der Freiheitseinengung kann darin gesehen werden, daß der Hilfesuchende vorher dem Helfer einen Gefallen getan hat. (DREWS, 1970, hat über die Akzeptanz von kleinen Gefälligkeiten eine Arbeit geschrieben, in der sie u. a. die Wirkung von Kosten, die dem Helfer entstehen, um überhaupt Hilfe leisten zu können, untersucht. Solche Kosten für den Helfer mindern die Annahme von Gefälligkeiten. DREWS erklärt das mit Reaktanz.) Ein Gefallen kann vom Helfenden als Bestechungsversuch interpretiert werden, durch den er sich in seiner freien

Entscheidung eingeengt sieht, ob er überhaupt helfen will oder nicht. Es ist in diesen Fällen wahrscheinlich, daß Reaktanz mobilisiert und zur Demonstration der Freiheit die Hilfe verweigert wird (KAHN & TICE, 1973 sowie ORGAN, 1974; ex-post geben GERGEN, ELLSWORTH, MASLACH & SEIPEL, 1975, eine reaktanztheoretische Erklärung ihrer Ergebnisse, indem sie einem vorherigen Gefallen die Bedeutung von Bestechung zuschreiben).

Eine theoretische Schwierigkeit bei der Verbindung von Reaktanz und Hilfeverhalten stellt die Reziprozitätsnorm dar, die hinsichtlich der Gewährung von Hilfeleistung existiert. Nach HARRIS & MEYER (1973) sind die aus der Reaktanz-Theorie hinsichtlich Hilfeverhalten ableitbaren Hypothesen überhaupt nicht haltbar. Es scheint eine Modifikation der Art notwendig zu sein, daß man zwischen öffentlich kontrolliertem Verhalten (keine Möglichkeit, Reaktanz in Form von Hilfeverweigerung zeigen zu können) und nichtkontrolliertem bzw. sogar gänzlich privatem Verhalten unterscheiden muß. In den Arbeiten von JONES (1969, 1970) wurde die Hilfe nur dann verweigert, wenn die Vp die Bitte ablehnen konnte. Gab es diese Möglichkeit nicht, wurde die Hilfe gegeben. Über die zugrunde liegenden Attitüden sagt JONES nichts, darüber findet man einiges in den Arbeiten von REGAN (1971), FRASER & FUJITOMI (1972) und GUYDOSCH (1974). FRASER & FUJITOMI (1972) schreiben, daß sich das Reaktanz-Potential bei Freiheitseinengung nicht unbedingt in Hilfeverweigerung ausdrücken muß, sondern sich auch in anderen Variablen zeigen kann. Im Experiment von REGAN (1971) wurde nicht das Reaktanz-Konzept geprüft, dennoch besteht zu dem bisher Gesagten eine Verbindung insofern, als die Ergebnisse des Experiments zeigen, daß starker normativer Druck immer zu Hilfeleistungen führt, daß allerdings dabei eine Diskrepanz zwischen privater Einstellung und öffentlichem Verhalten bestehen kann.

GUYDOSCH (1974) schreibt, daß sogar Überanpassung als Reaktanz-Manifestation auftreten kann, wenn das erstrebenswerte Antikonformitätsverhalten unmöglich ist. Beachtenswert bei der Untersuchung von Hilfeverweigerung erscheint auch ein von M. S. GOODSTADT (1971) erwähnter Gesichtspunkt. In Anlehnung an HEIDER (1958) unterscheidet er ein Ablehnen von Hilfe wegen Fehlens von Fähigkeiten (lack of can) von einer Ablehnung wegen Fehlens der Absicht (lack of trying). Nur im zweiten Fall erscheint eine Erklärung mit Hilfe der Reaktanz-Theorie überhaupt sinnvoll.

1.5.2 Kontrolltheorie

Ein grundlegendes Problem der Reaktanz-Theorie ist u. E. die bislang unzureichende Analyse der wesentlichen Aspekte von „Freiheit", deren Bedrohung oder Verlust die postulierte Motivation (Reaktanz) erzeugen. Die vorliegende Beschreibung von Freiheit als „Möglichkeit, zwischen Alternativen frei wählen zu können", reicht insofern nicht aus, als in zu vielen Fällen auf diese Möglichkeit verzichtet wird, ohne daß Reaktanz entsteht. Eine Spezifizierung, die vorgenommen wurde, ist, daß nicht Verlust von Wahlfreiheit, sondern der Verlust der Kontrolle über die Ereignisse der individuellen Umwelt ausschlaggebend ist. Dieser Gesichtspunkt liegt auch dem Versuch von WORTMAN & BREHM (1975) zugrunde, die die Reaktanz-Theorie und das Konzept der „gelernten Hilflosigkeit" (SELIGMAN, 1975) zu integrieren versuchen. Mit der Vorstellung des „Kontrollverlustes" lassen sich manche empirischen Befunde besser erklären als mit der des „Verlustes der Wahlfreiheit". (Zum Beispiel das Ergebnis, daß aktive, willentliche Einengungen der Freiheit weniger Reaktanz erzeugen als vom Zufall gesteuerte. Zwar gehen in beiden Fällen Wahlalternativen verloren, die Kontrolle über die Ursache des Verlustes aber geht nur in einem Fall verloren. Mit „Kontrollverlust" läßt sich auch erklären, unter welchen Bedingungen Zuwachs an Wahlfreiheit - s. BREHM & ROZEN, 1971 - Reaktanz erzeugt.).

1.5.3 Die Theorie der kognitiven Dissonanz

Die Dissonanztheorie (s. dazu auch das entsprechende Kapitel in diesem Band der Kognitiven Theorien der Sozialpsychologie) macht Vorhersagen in einigen Bereichen, in denen auch die Reaktanztheorie Anwendung findet: Zum Beispiel implizieren Entscheidungen zwischen zwei Alternativen, daß damit die nicht gewählte eliminiert ist. Nach der Dissonanztheorie sollte die gewählte Alternative an Attraktivität zunehmen, die nicht gewählte abnehmen („spreading apart"-Effekt); nach der Reaktanztheorie sollte die eliminierte, d.h. nicht-gewählte Alternative attraktiver werden, die gewählte an Attraktivität verlieren („regret"-Effekt). Die experimentellen Ergebnisse zur Attraktivitätsveränderung nach Entscheidungen sind widersprüchlich (s. WALSTER & WALSTER, 1970).

FREY et al. (1984) benutzen das Paradigma der Reversibilität von Attraktivitätsurteilen über Entscheidungsalternativen nach einem Zeitintervall, wie es in Reaktanzexperimenten auch oft mit einer Bedrohung angewendet wurde (s. Fußnote FREY et al., 1984, S. 448). Die Daten bei FREY et al. sprechen eindeutig für die Dissonanztheorie.

DICKENBERGER (1978) stellt dar, daß beide Theorien u-förmige Verläufe in ihren Effekten voraussagen. Der Brasilianer CERVI-DA-COSTA (1982) zeigt in einem kritischen Experiment zu beiden Theorien, daß eher dissonanztheoretische Vorhersagen eintreffen.

1.5.4 Die Güter-Theorie („commodity theory") von BROCK

Das bekannteste experimentelle Paradigma in der Reaktanz-Forschung beinhaltet die Bewertungsveränderung von Objekten (Bilder, Schallplatten, Süßigkeiten usw.). Einige Autoren versuchen, diese Attraktivitätsveränderungen unabhängig von der Reaktanz-Theorie zu erklären. Zum Beispiel weisen ZAJONC, SHAVER, TAVRIS & VON KREFELD (1972) einen empirischen Zusammenhang zwischen der Häufigkeit von Reizdarbietungen und einem Attraktivitätsanstieg nach und führen die Reaktanz-Theorie nur am Rande an.

Eine andere Theorie, die im folgenden kurz behandelt werden soll, bringt den Attraktivitätsanstieg von Objekten in Beziehung zu ihrer Knappheit. Diese sog. Güter-Theorie („commodity"-Theorie von BROCK, 1968) besagt, daß jedes Gut danach bewertet wird, wie reichlich es zur Verfügung steht: Je unerreichbarer, ausgedrückt in Knappheit, ein Gut ist, desto höher wird es bewertet (diese Argumentation entspricht der im Hinblick auf Individuen geführten Diskussion beim „hard-to-get“-Phänomen).

WORCHEL, LEE & ADEWOLE (1975) führten im Rahmen dieser Theorie ein Experiment durch. Sie ließen Kekse, die entweder reichlich oder knapp vorhanden waren, nach Präferenz beurteilen. Genauer: Es gab entweder konstant viel bzw. konstant wenig Kekse oder aber einen Wechsel (von „wenig nach viel“ bzw. von „viel nach wenig“). Die Veränderung der Mengen wurde entweder mit zu schwacher bzw. zu starker Nachfrage oder als zufällig erklärt. Dazu wurde die Zahl der angeblichen Mitbewerber (= andere Vpn) von hoch nach niedrig variiert. Die Ergebnisse zeigen, daß a) Knappheit, b) ein Abnehmen des Vorrates und c) große Nachfrage den Wert des Gutes vergrößern.

Da WORCHEL et al. (1975) die Güter-Theorie nicht für eine eigenständige theoretische Erklärung halten, benutzen sie die Reaktanz-Theorie zur Erklärung ihrer Ergebnisse. Reaktanz wird als intervenierender Prozeß für den Attraktivitätsanstieg angenommen. Knappheit stellt eine Bedrohung der Wahlfreiheit dar.

2. Anwendungen der Reaktanz-Theorie auf einzelne Verhaltensbereiche

In bezug auf die Anwendung reaktanztheoretischer Vorhersagen und Aussagen auf das Verhalten sind gegenüber den 1978 (GNIECH & GRABITZ) angeführten sieben Bereichen (die nur in den Absätzen 2.2.3 „Territorialverhalten“ mit einer Arbeit, 2.2.5 „Konsumentenreaktion und politisches Verhalten“ mit zwei neuen Arbeiten und 2.2.7 „Anwendung der Theorie auf das Verhalten von klinischen Gruppen“ mit sechs neuen Arbeiten ergänzt werden) zwei zusätzliche Aspekte hinzugekommen: Erziehung und Kriminologie.

2.1 Negative Attitüdenänderung (Bumerang-Effekt)

Ein besonders in bezug auf die Anwendung der Theorie beachtenswertes Ergebnis stellt die einengende Wirkung von Verhaltens- bzw. Attitüden-Vorhersagen dar. Es existiert eine Reihe theoretischer Arbeiten, die die Reaktanz-Theorie mit der Änderung von Attitüden in Beziehung bringen (BREHM, 1968; FREY, 1971; GRABITZ & GRABITZ-GNIECH, 1973; KIESLER & MUNSON, 1975). Neben der reaktanzerzeugenden Wirkung von Zensuren (etwa Pressezensuren), die den verbotenen Inhalt attraktiver (hörenswerter) macht und eine Attitüdenänderung in die negative zensierte (= verbotene) Richtung bewirkt (WORCHEL & ARNOLD, 1973; WORCHEL, ARNOLD & BAKER, 1975) wird in den meisten Fällen gezeigt, daß Personen sich bei Festlegung auf eine Attitüde eingeengt sehen und einen Bumerang-Effekt zeigen, der reaktanztheoretisch zu erklären ist (RAVEN & KRUGLANSKI, 1970; HELLER, PALLAK & PICEK, 1973; GNIECH, 1978). Eine besondere Art der Festlegung auf eine bestimmte Attitüde (bzw. auf Verhalten) ist in Prognosen zu sehen (BERMANT & STARR, 1972; HANNAH, HANNAH & WATTIE, 1975; FREY & GNIECH, 1977). Es deutet sich in den experimentellen Befunden an, daß Verhaltensvorhersagen und Zensuren unbeabsichtigte Wirkungen haben können, weil sie von den Individuen möglicherweise als freiheitsreduzierender Eingriff aufgefaßt werden, gegen den sie angehen müssen, um ihre Freiheit wiederherzustellen. Der beabsichtigte Effekt einer Anpassung bleibt aus, kann sogar einen Widerstand erzeugen.

2.2 Negativistisches Verhalten in psychologischen Experimenten

In jeder empirischen Untersuchung wirken unkontrollierte Aspekte, die die Effekte der unabhängigen Variablen beeinträchtigen. Ein wesentlicher Nebeneffekt (Artefakt) entsteht aus dem Gefühl der Vp, in ihrer Verhaltensweise eingeengt worden zu sein, woraufhin sie die Anweisungen des Vl boykottiert, um ihre Freiheit wiederherzustellen: Sie zeigt Reaktanz (BERMANT & STARR, 1972; LANGE, 1972; MERTENS, 1975, GNIECH, 1976). Widerstandsverhalten aufgrund psychologischer Reaktanz wird erzeugt einmal durch erzwungene Teilnahme (s. GRABITZ-GNIECH & DICKENBERGER, 1975), wozu die ganze Diskussion der Freiwilligkeit bei der Teilnahme an psychologischen Experimenten (ROSENTHAL & ROSNOW, 1975) gehört, zweitens ist Argwohn gegenüber Täuschungsmanövern (GRABITZ-GNIECH & SCHMIDT, 1973; GRABITZ-GNIECH & DICKENBERGER, 1975) ein wesentlicher reaktanzerzeugender Faktor, und drittens ist jede Art von Festlegung auf bestimmte Reaktionen, sei es durch aggressive Instruktionen (GRABITZ-GNIECH & ZEISEL, 1974), sei es durch Verhaltensprognosen (BERMANT & STARR, 1972) oder nur durch Reaktivität, d.h. das Gefühl, gemessen zu werden (TIMAEUS, 1974; GNIECH, 1976), gefährlich für den Ablauf eines Experimentes, weil die Ergebnisse durch Reaktanz-Effekte verfälscht werden können.

2.3 Territorialverhalten

Die Dynamik bezüglich des persönlichen Lebensraumes ist anlog zu sehen zur Einschränkung der persönlichen Freiheit: Je weniger man hat, desto mehr möchte man haben, und das entspricht nach EDNEY (1975) in etwa den Aussagen, die die Reaktanz-Theorie macht. Invasionen des persönlichen Territoriums werden als unangenehm erlebt, und die Person versucht, die Einengung zu vermeiden, indem sie den Einflußversuch eines näherrückenden Sprechers zurückweist (ALBERT & DABBS, 1970). Wenn Vpn in einem sehr kleinen Raum diskutieren müssen, dann erzeugt die körperliche Nähe feindselige Gefühle, und die Person versucht, Reaktanz abzubauen, indem sie durch Argumente aus dieser unangenehmen Situation zu entkommen sucht (DABBS, 1971). STOKOLS (1972) schreibt, man müsse bei eingeengtem Territorialverhalten zwischen der physikalischen Dimension, nämlich Dichte („density"), und der psychologischen Empfindung, nämlich Gedrängel („crowding") (vgl. auch den Beitrag über „crowding" in Bd. 2 der Theorien der Sozialpsychologie) unterscheiden. STOKOLS hat versucht, ein sozialpsychologisches Modell über das Gedrängel zu formulieren. Dabei nennt er u. a. die Reaktanz-Theorie als Erklärung für die unangenehmen Empfindungen bei intensiver Einschränkung der räumlichen Privatsphäre: Der Freiheitsspielraum ist eingeengt, und die Person geht dagegen an, versucht, den ursprünglichen Bereich wieder verfügbar zu machen. MANDERSCHEID (1975) hat die Ideen von STOKOLS in eine Theorie räumlicher Effekte aufgenommen. Er hält reaktanztheoretische Vorhersagen für relevant bezüglich des Verhaltens bei Raum-Restriktionen (dabei sagt er, daß die Reaktanz-Theorie eher auf Verhaltenskonsequenzen anzuwenden sei, die Dissonanz-Theorie eher auf kognitive Elemente). Wenn eine Person einen Raum als bedrohlich voll erlebt, wird sie Reaktanz erleben und zu entkommen versuchen oder sich bemühen, ihre Freiheit in irgendeiner anderen Art wiederzugewinnen. Wenn die Person räumlich bedrängt wird oder ihr räumlich etwas nahegelegt wird, wird sie gegen den Einfluß Widerstand zeigen.

Aus verhaltensphysiologischer Perspektive diskutieren GNIECH & PREUSS (1980) das Verhalten in „sozialen" Räumen und erklären Territorialverhalten als Freiheits- bzw. Kontrollmacht zur Sicherung des persönlichen Lebensraumes mit Hilfe der Reaktanztheorie. Invasionen und Barrieren wirken als Freiheitseinengung und rufen Reaktanzmotive mit entsprechenden Effekten hervor.

2.4 Kaufverhalten

Das klassische Reaktanz-Experiment zum Käuferverhalten wurde von WEINER & BREHM (1966) durchgeführt. Es wurde verbal (s. u.) und mittels Geld (Geldwert des Brotes beigefügt oder ein noch höherer Betrag beigefügt) ein sozialer Einfluß dahingehend ausgeübt, eine bestimmte Brotmarke zu kaufen. Interessant ist, daß in diesem Experiment ein weniger starkes Nachgeben bei größerer Bedrohung der Käuferfreiheit als Reaktanz interpretiert wurde. Diese Reaktanz trat nur bei weiblichen Käufern auf, d. h. die Kundinnen des Supermarktes kauften z. B. zu 24 Prozent die Brotmarke X, wenn kein verbaler Einfluß vorgenommen wurde (Kontrollgruppe), bei mäßigem Einfluß („please try") kauften 70 Prozent der Frauen das Brot, und bei starkem Einfluß („you are going to buy") sank diese Anpassung auf 51 Prozent. In einem anderen Kontext, nämlich in der Umfrageforschung, wurde ein Experiment in Anlehnung an das von WEINER & BREHM von DOOB & ZABRACK (1971) durchgeführt. Geld erhöhte generell die Rücklaufquote von Fragebogen, aber wenn dem zu beantwortenden Bogen ein relativ hoher Geldbetrag beigefügt wurde – also ein starker monetärer Einfluß stattfand –, zeigten die Befragten Reaktanz insofern, als sie zu höherem Prozentsatz entweder das Geld oder den *unausgefüllten* Fragebogen zurücksandten. Die Ergebnisse von WEINER & BREHM konnten also repliziert werden: Einfluß führt zu Konformität innerhalb eines bestimmten, niedrigen Bereiches der Einflußstärke. Darüber hinaus erzeugt Beeinflussung Reaktanz, da die Person sich eingeengt fühlt.

McGillis & Brehm (1973) haben das Experiment von Weiner & Brehm (1966) etwas modifiziert repliziert. Sie setzten ein Modell ein, das die Freiheit implizit für andere Käufer wiederherstellte. („I don't feel that I have to buy..."). In den Ergebnissen zeigt sich ebenfalls das von Weiner & Brehm gefundene zunehmende Nachgeben bei moderatem Einfluß („please try" = 40 Prozent Kauf), das bei stärkerer Bedrohung zurückgeht („you will buy only..." = 17 Prozent Kauf).

Diese Abnahme der Befolgung des sozialen Einflusses bei zunehmender Bedrohung wird als Reaktanz-Verhalten interpretiert. Wenn ein Modell sich öffentlich weigert, der Empfehlung nachzukommen, scheint die Freiheit der Vpn implizit wiederhergestellt zu werden, denn sie zeigen in diesem Fall *kein* Widerstandsverhalten.

2.5 Konsumentenreaktionen und politisches Verhalten

Einer der ersten Autoren, der die Reaktanz-Theorie auf Konsumentenverhalten angewendet hat, ist Kroeber-Riehl (1973, 1975), wobei er den Gesichtspunkt des Widerstandes gegen Beeinflussung besonders beachtet. Heilman (1976) hat ein Reaktanz-Experiment mit Supermarkt-Kunden durchgeführt. Die Kunden wurden auf dem Weg zum Laden hin oder vom Laden weg angesprochen, eine Petition zu unterzeichnen, die einen Preisstopp für Fleisch und Gemüse forderte. Vor Unterzeichnung wurde den Vpn eine Karte gezeigt, auf der sie gedruckt lasen, entweder lediglich „Raymond T. Finster ... hat sich gegen die Resolution ausgesprochen, weil sie die Wirtschaft gefährdet". Oder aber der Satz war mit dem Zusatz versehen „... Er sagte, daß den Leuten verboten werden sollte, solche Petitionen zu verteilen oder zu unterschreiben". Dieser zweite Kommentar rief einen beachtlichen Bumerang-Effekt hervor, denn signifikant mehr Leute unterzeichneten den Aufruf. Dieser Effekt wird als Widerstand gegen den Einflußversuch interpretiert, mit dem die Vp ihre Entscheidungsfreiheit wiederherstellen will.

Zwei weitere Feldstudien befassen sich mit der Reaktion von Studenten auf die Vorschrift, eine bestimmte Cafeteria (= Mensa) benutzen zu müssen (West, 1975), und mit der Reaktion von Hausfrauen auf die Maßnahme, phosphathaltige Waschmittel per Gesetz zu verbieten (Mazis, Settle & Leslie, 1973 sowie Mazis, 1975). West (1975) fand, daß sich die Einstellung gegenüber dem Essen in einer bestimmten „Mensa" deutlich verbesserte, wenn die Studenten eine Kommunikation erhielten, daß die Mensa A für etwa zwei Wochen aufgrund eines Feuers geschlossen bleiben müsse und daß sie in anderen Häusern essen müßten. West schließt, daß eine an sich nur mäßig attraktive oder sogar negativ beurteilte Alternative (wie das Mensaessen) besser beurteilt wird, wenn sie eliminiert wird, und daß dafür wahrscheinlich Reaktanz-Prozesse verantwortlich sind.

In den Untersuchungen von MAZIS (1975) et al. (1973) zeigte sich, daß sich Hausfrauen in einem Distrikt, wo Phosphat-Detergentien verboten worden waren (Miami), im Vergleich zu denen in einem Kontrolldistrikt (Tampa), die weiter alle Waschmittel kaufen konnten, in ihrer Kaufentscheidung eingeengt fühlten. Sie zeigten Reaktanz, indem sie erstens die phosphathaltigen Waschmittel als besser beurteilten und zweitens gegenüber den Umweltschutzmaßnahmen der Regierung negativer eingestellt waren.

In einer methodisch recht aufwendigen Arbeit hat LONG (1978) eine Zwei-Faktoren-Theorie politischer Entfremdung getestet und gefunden, daß eine kritische Einschätzung der soziopolitischen Realität eine Reaktanz-Motivation entstehen läßt. Je diskrepanter die demokratischen Ideale und deren praktische Umsetzung gesehen werden, desto mehr fühlten sich die Befragten durch das soziopolitische System bedroht, und desto größere politische Hoffnungslosigkeit breitete sich aus.

Zum Bereich Konsumentenverhalten haben CLEE & WICKLUND (1980) einen Übersichtsartikel vorgelegt, in dem sie die Reaktanztheorie mit allen Aussagen zu psychologischen Freiheiten auf das breite Feld von manipulativen Werbeanzeigen, Unerreichbarkeit von Produkten und Einschränkungen seitens der Regierung anwenden. Sie subsumieren diese Einflußversuche unter den Begriffen Freiheitseinengung bzw. -bedrohung und weisen auf potentielles Widerstandsverhalten hin, das die Theorie der psychologischen Reaktanz in solchen Konstellationen wahrscheinlich werden läßt.

2.6 Interpersonale Attraktivität und romantische Liebe

Eine zunächst nicht unbedingt mit dem Nahelegen- bzw. Eliminations-Paradigma in Zusammenhang zu bringende Form von Alternativen ist in Partnerverhältnissen zu sehen: Als „aufdringlich" oder „erdrückend" empfundene Zuneigung engt den Freiheitsspielraum ein, genau wie der Entzug eines bestimmten Partners bzw. das Verbot, mit ihm zusammensein zu dürfen, als Freiheitsbedrohung erlebt werden. Der erstgenannte Fall der einengenden Liebe wird in der Literatur nicht mit der Reaktanz-Theorie in Zusammenhang gebracht. Wohl aber die Elimination eines Partners bzw. die Bedrohung einer Beziehung. Besonders das „hard-to-get"-Phänomen (WALSTER, WALSTER, PILIAVIN & SCHMIDT, 1973), welches sich auf den Sachverhalt bezieht, daß „Abwesenheit das Herz höher schlagen" läßt bzw. ein sich rar machender Partner an Attraktivität gewinnt, wird des öfteren mit reaktanztheoretischen Argumenten erklärt.

Ein ähnliches Phänomen wird von DRISCOLL, DAVIS & LIPETZ (1972) als „Romeo-Julia-Effekt" bezeichnet. Dabei handelt es sich um die Beobachtung, daß elterliches (verbietendes) Eingreifen in eine Liebesbeziehung das Gefühl des Verliebtseins (romantic love) bei dem Paar intensiviert. Es wurden Fragebogen-Daten von Paaren, die in einer Longitudinal-Studie untersucht worden waren, analysiert. Es zeigte sich, daß Opposition der Eltern gegen eine Beziehung (meist aus externen sozialen wie rassischen, religiösen, sozioökonomischen oder moralischen Gründen) die Intensität der Liebesbeziehung erhöht. Dieses wird von Autoren mit psychologischer Reaktanz der Liebenden gegenüber Freiheitsverlust oder -bedrohung erklärt. Dieses Phänomen ist schon aus der Gruppendynamik bekannt: Bei Bestehen eines äußeren Feindes (Bedrohung) wächst der Zusammenhalt von Gruppen.

2.7 Gesundheitspsychologische Bereiche

Der Schwerpunkt des Praxisbezugs liegt bezüglich der Theorie der psychologischen Reaktanz zunehmend auf präventiven und rehabilitativen Maßnahmen innerhalb klinisch-psychologischer Problemstellungen.

Eine Anwendung sozialpsychologischer Theorien auf die klinische Praxis ist bei S. S. BREHM (1976, deutsch 1980) dargestellt. Sie geht dabei vor allem auf den therapeutischen Einfluß und seine Wirkung ein. Bezüglich der Reaktanz-Theorie wird nach einem einführenden Kapitel in zwei weiteren Kapiteln einmal die Therapeut-Klient-Beziehung mit dem prosozialen Aspekt, zum anderen paradoxe Effekte in der Therapie und die Vermeidung solcher unerwünschten Ausgänge behandelt.

RICE & SCHOENFELD (1975) verwenden als Erklärungsansatz von Alkoholiker-Verhalten die Reaktanz-Theorie. Sie schreiben, daß die Persönlichkeitsdynamik von Alkoholikern psychologische Reaktanz gegen solche Behandlungsarten hervorruft, die interne Kontrolle vermeiden bzw. verhindern (z. B. Konditionieren). Interne Kontrolle über das Verhalten, d. h. das Gefühl, alle positiven und negativen Ereignisse als Konsequenzen seiner eigenen Aktionen zu sehen, ist für eine effektive Therapie bei Alkoholikern offensichtlich sehr wichtig. Einige Beobachtungen zeigen, daß bei aversivem Konditionieren oft Widerstand gegen die Therapie auftrat. Dieses erklären die Autoren mit psychologischer Reaktanz.

In einer Kontroverse über die Interpretation von Experimentaldaten zur Reaktanz- und Dissonanztheorie haben GORDON (1976, 1978) sowie HARRIS & HARVEY (1978) sich nicht einigen können, ob Frustration oder psychologische Reaktanz bei Mißerfolgen einer Entspannungstherapie verantwortlich sind. TENNEN et al. (1981) dagegen schlagen vor, den Reaktanz-Mechanismus als aktive Strategie zur paradoxen Intervention in Psychotherapien einzusetzen. Die Anwendung in speziellen klinischen Problemfeldern wird hier diskutiert.

RHODEWALT & STRUBE (1985) fanden, daß Typ A (streßgeplagte, herzinfarktgefährdete) Personen eher reaktant (s. RHODEWALT & COMER, 1982) reagieren als Typ B-Individuen, und bringen dies in Zusammenhang mit der Beobachtung der schlechteren gesundheitlichen Erholung von Typ A-Personen nach einer Verletzung. Da Typ A-Individuen sich für alles verantwortlich fühlen und sehr sensibel auf alle außergewöhnlichen, sie einengenden Ereignisse reagieren, wirken nicht nur Krankheit oder Verletzung bei diesen Personen reaktanzerregend, sondern auch die zur Heilung von Krankheiten oder Verletzungen notwendige Behandlung. Der Widerstand gegen die Behandlung aber verzögert die Gesundung.

Hughes & Falk (1981) schildern Widerstände aus der Beratungspraxis. Sie diskutieren Techniken, Reaktanz je nach Ziel der Beratung zu vermeiden oder hervorzurufen, ebenso wie die damit verbundenen ethischen Gesichtspunkte.

Eine etwas speziellere Population wird bei Chenitz (1983) untersucht, nämlich Senioren nach ihrem Eintritt in ein Alters- bzw. Pflegeheim. Es zeigte sich, daß es für alte Menschen sehr wichtig ist, selbst zu bestimmen, was mit ihnen geschieht. Eine unbegründete und unter Ausschaltung ihrer Mitsprache vorgenommene Einweisung in ein Pflege- oder Altersheim führt häufig zu Gefühlen des Freiheits- und Kontrollverlustes. Im Verhalten zeigt sich dies im Rückzug aus der Gemeinschaft, Depression, Aggression und allgemeinem Widerstand. Senioren, die die Entscheidung selbst trafen bzw. daran rational und emotional beteiligt wurden, zeigten die Oppositions- oder Hilflosigkeitsreaktionen nicht. Die Autorin macht Vorschläge für die Praxis des Einweisungsprozesses.

2.8 Widerstand bei der Kindererziehung

In drei Beiträgen zur Sozialpsychologie der Pädagogik hat Dickenberger (1979, 1983, 1985) den Einfluß (elterlicher) Erziehung auf kindliches Verhalten untersucht. Sie berichtet über eine u-förmige Beziehung zwischen der Wichtigkeit von Freiheit und erzieherischen Verboten. Zunächst wird die verbotene Handlungsalternative verstärkt gezeigt, und erst nach immer wiederkehrendem Verbot schwächt sich diese Tendenz ab. Widerstand tritt in späteren Phasen nur dann auf, wenn die Freiheitsaktivitäten (gleich Ungehorsam) hin und wieder erfolgreich waren. Soll eine unerwünschte Verhaltensweise endgültig gelöscht werden, so darf das Kind keinerlei Erwartung haben, dieses Verhalten doch noch ausführen zu können. Das Abwägen zwischen autoritärer und permissiver Erziehung muß sich am Erfolg der elterlichen Intervention orientieren: Wird Gehorsam gewünscht, darf keine Verhaltensfreiheit möglich sein; ist kreative Entwicklung (mit Schaffung von Verteidigungsstrategien gegen Verbote) das Ziel, so genügen Gebote. Reaktanzvermeidung kann durch die Vermeidung von Verboten bewirkt werden.

2.9 Kriminologie und Forensische Psychologie

In einer neueren Arbeit hat Minor (1987) die Theorie auf Bewährungsrückfälle angewendet. Da die Maßnahmen, die sich aus der Reaktanztheorie ergeben, von denen abweichen, die im Rechtssystem (der USA) vorgesehen sind, werden die sich ergebenden Implikationen für die Behandlung von Kriminellen bezüglich ihrer Bewährungshilfe diskutiert.

Den Aspekt der Rechtssprechung in einem simulierten Vergewaltigungsfall haben Lenehan & O'Neill (1981) in einem Reaktanzexperiment überprüft. Sie fanden, daß bei versuchter Einflußnahme auf die Urteilsfreiheit von Versuchspersonen (durch Angabe eines Schadens für den Angeklagten bzw. ein Urteil des Staatsanwaltes gegen die Angeklagten) Reaktanz auftrat.

2.10 Reaktanz bei Tieren?

Im Hinblick auf die Frage, ob es Reaktanz bei Tieren gibt, erweist sich diese mentalistische Konzeption von „Freiheit" zunächst insofern als hinderlich, als das Vorhandensein eines subjektiven Empfindens von Freiheit durch Tiere nicht (verbal) bestätigt werden könnte. Würde man bei Tieren als Folge der Einschränkung von Wahlfreiheit ähnliches Verhalten beobachten wie beim Menschen, so bliebe demnach die Frage offen, ob dieses Verhalten auch durch dieselben Prozesse des Erlebens vermittelt wird. Der Nachweis von „Reaktanzverhalten" bei Tieren würde darüber hinaus die Frage aufwerfen, inwieweit dieses Verhalten ein Produkt der Ontogenese oder Phylogenese ist (CATANIA, 1980). Allerdings würde ein solcher Nachweis nicht nur die Theorie auf ein breiteres Fundament stellen, sondern auch dazu beitragen, einiges von der Kritik an Theorie und Forschung zur Reaktanz (z.B. WESTCOTT, 1988) abzuschwächen.

Inhaltlich bezieht sich „Freiheit" innerhalb der Reaktanz-Theorie nicht auf abstrakte Betrachtungen, sondern auf konkrete Verhaltensmöglichkeiten. Das bedeutet, daß die Vorhersagen der Reaktanz-Theorie, zumindest soweit sie beobachtbares Verhalten betreffen, auch im Animalversuch überprüft werden könnten. Eine solche gezielte Überprüfung der Reaktanz-Theorie an Tieren ist u.W. bislang nicht erfolgt. Jedoch gibt es eine Reihe von Tierexperimenten aus anderen Forschungskontexten; die Ergebnisse zeigen u.E., daß „reaktantes" Verhalten bei Tieren nicht auszuschließen ist. Eine damit zusammenhängende Frage ist, ob Widerstand im Verhalten von Tieren (und Menschen) allein Folge des Verlustes von Wahlfreiheit ist. In Untersuchungen zum Belohnungskontrast, zur extinktionsinduzierten Aggression oder zur frustrativen Nichtbelohnung sind Verhaltensmuster beobachtet worden, die große Ähnlichkeit zum Reaktanzverhalten aufweisen. Ein Vergleich der unterschiedlichen experimentellen Manipulationen sowie der Aspekt der jeweils erzeugten Verhaltensmuster wäre demnach im Hinblick auf eine breiter angelegte Theorie zum Widerstandsverhalten nicht uninteressant.

3. Abschließende Bemerkungen

Es zeigt sich insgesamt nach heutigem Forschungsstand, daß die Reaktanztheorie auch zunehmend als strategische Variante bei sozialen Einflußversuchen in Erwägung gezogen wird: Verbote sollen bestimmtes Verhalten geradezu provozieren. Die ethische Diskussion in bezug auf solche Manipulationen wird dabei nur in Einzelfällen geführt.

Zusammenfassend ist festzuhalten, daß die Theorie der psychologischen Reaktanz mehr an Eigenständigkeit gewonnen hat, daß man aber den eher subjektivistisch orientierten „Freiheitsbegriff" besser definieren müßte. Es handelt sich ja tatsächlich um das Vorhandensein von Handlungs- und Wahlalternativen und die Möglichkeit, diese für sich zu benutzen. Deshalb ist eine Nähe zu Kontroll- und Machttheorien gegeben.

Literatur

Albert, S. & Dabbs, J.M. jr. (1970): Physical distance and persuasion. Journal of Personality and Social Psychology, *15,* 265-270.

Andreoli, V.A., Worchel, S. & Folger, R. (1974): Implied threat to behavioral freedom. Journal of Personality and Social Psychology, *30,* 765-771.

Archer, R.L. & Berg, J.H. (1978): Disclosure reciprocity and its limits. A reactance analysis. Journal of Experimental Social Psychology, *14,* 527-540.

Baer, R., Hinkle, S., Smith, K. & Fenton, M. (1980): Reactance as a function of actual versus projected autonomy. Journal of Personality and Social Psychology, *38,* 416-422.

Baum, A, Fleming, R. & Reddy, D.M. (1986): Unemployment stress: Loss of control, reactance and learned helplessness. Journal of Social Science and Medicine, *22,* 509-516.

Berkowitz, L. (1970): The self, selfishness, and altruism. In: Macaulay, J. & Berkowitz, L., Altruism and helping behavior. New York: Academic Press.

Berkowitz, L. (1973): Reactance and the unwillingness to help others. Psychological Bulletin, *791,* 310-317.

Bermant, C. & Starr, M. (1972): On telling people what they are likely to do: Three experiments. Proceedings of the Annual Convention of the APA, *7,* 171-172.

Brehm, J.W. (1966): A theory of psychological reactance. New York: Academic Press.

Brehm, J.W. (1968): Attitude change from threat to attitudinal freedom. In: Greenwald, A.G., Brock, T.C. & Ostrom (Eds.), Psychological Foundations of attitudes. New York: Academic Press.

Brehm, J.W. (1972): Responses to loss of freedom. A theory of psychological reactance. Morristown: General Learning Press.

Brehm, J.W. & Mann, M. (1975): Effect of importance of freedom and attraction to group members on influence produced by group pressure. Journal of Personality and Social Psychology, *31,* 816-824.

Brehm, J.W. & Rozen, E. (1971): Attractiveness of old alternatives when a new, attractive alternative is introduced. Journal of Personality and Social Psychology, *20,* 261-266.

Brehm, S.S. (1976): The application of social psychology to clinical practice. New York: Wiley.

Brehm, S.S. (1980): Anwendung der Sozialpsychologie in der klinischen Praxis. New York: Academic Press.

Brehm, S.S. (1984): La réactance psychologique et la différenciation sociale. Bulletin de Psychologie, *37,* 471-474.

Brehm, S.S. & Brehm, J.W. (1981): Psychological reactance. A theory of freedom and control. New York: Academic Press.

Brock, T.C. (1968): Implications of commodity theory for value change. In: Greenberg, A.G., Brock, T.C. & Ostrom, T.M. (Eds.), Psychological foundations of attitudes. New York: Academic Press.

Brockner, J., Gardner, M., Bierman, J., Mahan, T., Thomas, B., Weiss, W., Winters, L. & Mitchell, A. (1983): The roles of self-esteem and self-consciousness in the Wortman-Brehm model of reactance and learned helplessness. Journal of Personality and Social Psychology, *45,* 199-209.

CALDWELL, D.F., O'REILLY III, C.A. & MORRIS, J.H. (1983): Responses to an organizational reward: A field test of the sufficiency of justification hypothesis. Journal of Personality and Social Psychology, *44,* 506–514.

CARVER, C.S. & SCHEIER, M.F. (1981): Self-consciousness and reactance. Journal of Research in Personality, *15,* 16–29.

CATANIA, A.C. (1980): Freedom of choice: A behavioral analysis. In: BOWER, G.H. (Ed.), The psychology of learning and motivation (Vol. 14). New York: Academic Press, 97–145.

CERVI-DA-COSTA, N. (1982): Manifestacao de dissonancia cognitiva e de reactancia psicologica em situacao de decisao. Revista-Interamericana-de-Psicologia, *16,* 130–138.

CHENITZ, W.-C. (1983): Entry into a nursing home as status passage: A theory to guide nursing practice, Geriatric Nursing, *4,* 92–97.

CHERULNIK, D. & CITRIN, M.M. (1974): Individual differences in psychological reactance: The interaction between locus of control and mode of elimination of freedom. Journal of Personality and Social Psychology, *29,* 398–404.

CLEE, M.A. & WICKLUND, R.A. (1980): Consumer behavior and psychological reactance. Journal of Consumer Research, *6,* 389–405.

CLIFFORD, M.M. (1979): Effects of failure: Alternative explanations and possible implications. Educational Psychologist, *14,* 44–52.

DABBS, J.M. (1971): Physical closeness and negative feelings. Psychonomic Science, *23,* 141–143.

DICKENBERGER, D. (1978): Vergleich zweier Theorien: Reformulierte Theorie der kognitiven Dissonanz und erweiterte Theorie der psychologischen Reaktanz. Bericht über den 31. Kongreß der Deutschen Gesellschaft für Psychologie. Göttingen: Hogrefe.

DICKENBERGER, D. (1979): Ein neues Konzept von Freiheit: Konsequenzen für die Theorie der psychologischen Reaktanz. Weinheim: Beltz.

DICKENBERGER, D. (1983): Reaktanztheorie – Widerstand bei der Kindererziehung. In: HAISCH, J. (Hrsg.), Angewandte Sozialpsychologie. Bern, Stuttgart: Huber.

DICKENBERGER, D. (1985): Reaktanz und Erziehung. Bildung und Erziehung, *38,* 441–453.

DICKENBERGER, D. (1985): Reaktanzeffekt gezeigt – und was passiert danach? In: Bericht über den 34. Kongreß der Deutschen Gesellschaft für Psychologie in Wien 1984. Göttingen: Hogrefe.

DICKENBERGER, D. & GNIECH, G. (1982): The theory of psychological reactance. In: IRLE, M. (Ed.), Studies in decision making. Social psychological and socio-economic analyses. Berlin, New York: de Gruyter, 311–341.

DICKENBERGER, D. & GRABITZ-GNIECH, G. (1972): Restrictive conditions for the occurrence of psychological reactance: Interpersonal attraction, need for social approval, and a delay factor. European Journal of Social Psychology, *2,* 177–198.

DOOB, A. & ZABRACK, M. (1971): The effect of freedom – threatening instructions and monetary inducement on compliance. Journal of Behavioral Science, *3,* 408–412.

DREWS, J.L. (1970): Some determinants of favor acceptance. Dissertation Abstracts International, *30,* (7-A), 3094.

DRISCOLL, R., DAVIS, K.E. & LIPETZ, M.E. (1972): Parental interference and romantic love: The Romeo and Juliet effect. Journal of Personality and Social Psychology, *24,* 1–10.

DUVAL, S. & WICKLUND, R.A. (1972): A theory of objective self-awareness. New York: Academic Press.

EDNEY, J.J. (1975): Territoriality and control: A field experiment. Journal of Personality and Social Psychology, *31,* 1108–1115.

FRASER, S.C. & FUJITOMI, I. (1972): Perceived prior compliance, psychological reactance, and altruistic contributions. Proceedings of the 80th Annual Convention of the APA, *7,* 247–248.

FREY, D. (1971): Der augenblickliche Stand der „forced compliance"-Forschung. Zeitschrift für Sozialpsychologie, *2,* 323–342.

FREY, D. & GNIECH, G. (1977): Negative Attitüdenänderung als Folge von freiheitseinengendem Einfluß. Bericht aus dem SFB 24 der Universität Mannheim.

FREY, D., KUMPF, M., IRLE, M. & GNIECH, G. (1984): Re-evaluation of decision alternatives dependent upon the reversibility of a decision and the passage of time. European Journal of Social Psychology, *14,* 447–450.

FUKADA, H. (1986): Psychological processes mediating persuasion-inhibiting effect of forewarning in fear-arousing communication. Psychological Reports, *58,* 87–90.

GANNON, L., HEISER, P. & KNIGHT, S. (1985): Learned helplessness versus reactance: The effects of sex-role stereotypy. Sex Roles, *12,* 791–806.

GERGEN, K.J., ELLSWORTH, H.P., MASLACH, C. & SEIPEL, M. (1975): Obligation, donor resources and reactions to aid in three cultures. Journal of Personality and Social Psychology, *31,* 390–400.

GLASS, D.C. (1977): Behavior patterns, stress and coronary disease. Hillsdale, N.J.: Lawrence Erlbaum Ass.

GNIECH, G. (1976): Störeffekte in psychologischen Experimenten. Stuttgart: Kohlhammer.

GNIECH, G. (1978): Experimenteller Bias (dargestellt am Beispiel der Attitüdenforschung). In: PETERMANN, F. & HORMUTH, S., Einstellungsmessung. Köln: Kiepenheuer & Witsch.

GNIECH, G. & DICKENBERGER, D. (1987^2, 1983): Reaktanz. In: FREY, D. & GREIF, S. (Hrsg.), Sozialpsychologie (Ein Handbuch in Schlüsselbegriffen). München, Weinheim: Psychologische Verlagsunion.

GNIECH, G. & GRABITZ, H.-J. (1978): Freiheitseinengung und psychologische Reaktanz. In: FREY, D. (Hrsg.), Kognitive Theorien der Sozialpsychologie. Wien: Huber.

GNIECH, G. & PREUSS, V. (1980): Territorialität: Über das Verhalten in „sozialen" Räumen. In: WITTE, E.H. (Hrsg.), Beiträge zur Sozialpsychologie. Weinheim: Beltz.

GNIECH, G., SCHMIDT, B. & DICKENBERGER, D. (1977): Antizipierte Reaktanz: Welche Reaktionen auf Freiheitseinengungen erwarten andere? Bericht aus dem Sonderforschungsbereich, 24, Universität Mannheim.

GOODSTADT, B.E. (1971): When coercion fails. Dissertation Abstracts International, Vol.32, (6-B), 3618–19.

GOODSTADT, M.S. (1971b): Helping and refusal to help: A test of balance and reactance theories. Journal of Experimental Social Psychology, *7,* 610–622.

GORDON, D.A. (1974): Some limiting conditions for the theory of psychological reactance: The function of meaningfulness of task and personality. Dissertation Abstracts International, *34,* (12–13), 6210.

GORDON, R.M. (1976): Effects of volunteering and responsibility on the perceived value and effectiveness of a clinical treatment. Journal of Consulting and Clinical Psychology, *44,* 799–801.

GORDON, R.M. (1978): Imprecision or dissonance? A reply to HARRIS and HARVEY. Journal of Consulting and Clinical Psychology, *46,* 329–330.

GRABITZ, H.-J. & GRABITZ-GNIECH, G. (1973): Der kognitive Prozeß vor Entscheidungen: Theoretische Ansätze und experimentelle Untersuchungen. Psychologische Beiträge, *15,* 522–549.

GRABITZ-GNIECH, G. (1971): Some restrictive conditions for the occurrence of psychological reactance. Journal of Personality and Social Psychology, *19,* 188–196.

GRABITZ-GNIECH, G. & DICKENBERGER, D. (1975): Opposition bei Versuchspersonen im psychologischen Experiment, hervorgerufen durch Hypothesenkenntnis, Argwohn gegenüber Täuschung sowie erzwungene Teilnahme. Psychologische Beiträge, *17,* 392–405.

GRABITZ-GNIECH, G. & GRABITZ, H.-J. (1973a): Psychologische Reaktanz: Theoreti-

sches Konzept und experimentelle Untersuchungen. Zeitschrift für Sozialpsychologie, *4,* 19–35.
GRABITZ-GNIECH, G. & GRABITZ, H.-J. (1973b): Der Einfluß von Freiheitseinengung und Freiheitswiederherstellung auf den Reaktanz-Effekt. Zeitschrift für Sozialpsychologie, *41,* 361–365.
GRABITZ-GNIECH, G. & SCHMIDT, B. (1973): Der Einfluß von freiheitseinengenden Instruktionen eines psychologischen Experimentes auf das Versuchspersonenverhalten. Archiv für Psychologie, *125,* 153–165.
GRABITZ-GNIECH, G. & ZEISEL, B. (1974): Bedingungen für Widerstandsverhalten in psychologischen Experimenten: Ton der Instruktion sowie Einstellung zum Forschungsgegenstand und Studienfach der Versuchsperson. Zeitschrift für Sozialpsychologie, *3,* 138–148.
GUYDOSCH, R.M. (1974): Overcompliance as a response mode to Psychological reactance. Dissertation Abstracts International, *34,* (10 V-A), G 7, 45.
HAMMOCK, TH. E. (1972): The effect of barriers upon the attractiveness of goal objects. Dissertation Abstracts International, *32* (8 A), 4709.
HANNAH, T.E., HANNAH, R. & WATTIE, B. (1975): Arousal of psychological reactance as a consequence of predicting an individual's behavior. Psychological Reports, *37,* 411–420.
HARRIS, B. & HARVEY, J.-H. (1978): Social psychological concepts applied to clinical processes: On the need for precision. Journal of Consulting and Clinical Psychology, *46,* 326–328.
HARRIS, M.B. & MEYER, F.W. (1973): Dependency, threat and helping. Journal of Social Psychology, *90,* 239–242.
HEIDER, F. (1958): The psychology of interpersonal relations. New York: Wiley.
HEILMAN, M.E. & TOFFLER, B.L. (1976): Reacting to reactance: An interpersonal interpretation of the need for freedom. Journal of Experimental Social Psychology, *12,* 519–529.
HELLER, J.F., PALLAK, M.S. & PIECK, J.M. (1973): The interactive effects of intent and threat on boomerang attitude change. Journal of Personality and Social Psychology, *26,* 273–279.
HUGHES, J.N. & FALK, R.S. (1981): Resistance, reactance and consultation. Journal of School Psychology, *19,* 134–142.
JONES, R.A. (1969): Choice, degree of dependence and possibility of future dependence as determinants of helping behavior. Proceedings of the 77th Annual Convention of the APA, *4,* 381–382.
JONES, R.A. (1970): Choice, degree of dependence, and possibility of future dependence as determinants of helping behavior. Dissertation Abstracts International, *30* (8-B), 3857.
JOSEPH, C.A., JOSEPH, C., BARTO, J. & MCKAY, T.D. (1982): Effects of sex of subject and emotional role-playing on reactance. Perceptual and Motor Skills, *54,* 1281–1282.
KAHN, A. & TICE, T.E. (1973): Returning a favor and retaliating harm: The effects of stated intentions and actual behavior. Journal of Experimental Social Psychology, *8,* 43–56.
KARPF, R.J. (1978): Altering values via psychological reactance and reversal effects. The Journal of Social Psychology, *106,* 131–132.
KIESLER, C.A. & MUNSON, P.A. (1975): Attitudes and opinions. Annual Review of Psychology, *26,* 415–456.
KROEBER-RIEL, W. (1973): Werbung als beeinflussende Kommunikation. In: KROEBER-RIEL, W. (Hrsg.), Konsumentenverhalten und Marketing. Opladen: Westdeutscher Verlag, 137–162.
KROEBER-RIEL, W. (1975): Konsumentenverhalten. München: Vahlen.
LANGE, L. (1972): Unkontrollierte sozialpsychologische Faktoren in der Versuchssituation als Beeinträchtigungsmöglichkeiten für die Validität psychologischer Experimente. Probleme und Ergebnisse der Psychologie, *42,* 5–23.

LENEHAN, G.E. & O'NEILL, P. (1981): Reactance and conflict as determinants of judgment in a moch jury experiment. Journal of Applied Social Psychology, *11*, 231-239.

LEPPER, M.R., GREENE, D. & NISBETT, R.E. (1973): Undermining children's intrinsic interest with extrinsic reward: A test of the "overjustification„„ hypothesis. Journal of Personality and Social Psychology, *28*, 129-137.

LINDER, D.E. & CRANE, K.A. (1970): Reactance theory analysis of predecisional cognitive processes. Journal of Personality and Social Psychology, *15*, 258-264.

LINDER, D.E., WORTMAN, C.B. & BREHM, J.W. (1971): Temporal changes in predecision preferences among choice alternatives. Journal of Personality and Social Psychology, *19*, 282-284.

LONG, S. (1978): Political alienation: Reality and reactance. Journal of Social Psychology, *104*, 115-121.

MANDERSCHEID, R.W. (1975): A theory of spatial effects. In: TRAPPL, R. & PICHLER, F.R. (Eds.), Progress in cybernetics and systems research. Volume I. Washington, D.C.: Hemisphere.

MAZIS, M.B. (1975): Antipollution measure and psychological reactance theory: A field experiment. Journal of Personality and Social Psychology, *31*, 654-660.

MAZIS, M.B., SETTLE, R.B. & LESLIE, D.C. (1973): Elimination of phosphate detergents and psychological reactance. Journal of Marketing Research, *10*, 390-395.

MCGILLIS, D.B. & BREHM, J.W. (1973): Compliance as a function of inducements that threaten and freedom restoration - A field experiment. Unpublished Manuscript: Duke University.

MERTENS, W. (1975): Sozialpsychologie des Experiments. Das Experiment als soziale Interaktion. Hamburg: Hoffmann & Campe.

MERZ, J. (1983): Fragebogen zur Messung der psychologischen Reaktanz. Diagnostica, *XXIX*, 75-82.

MERZ, J. (1986): Zum Abbau von psychologischer Reaktanz in praxis-relevanten Situationen. Psychologische Beiträge, *28*, 560-568.

MILLER, N.E. (1944): Experimental studies of conflict. In: HUNT, M.MCV. (Ed.), Personality and the behavior disorders. New York: Ronald.

MINOR, K.I. (1987): Reactance and recidivism: Implications for probation policy and research. Perceptual and Motor Skills, *64*, 1047-1050.

NEZLEK, J. & BREHM, J.W. (1975): Hostility as a function of the opportunity to counteraggress. Journal of Personality, *43*, 421-433.

ORGAN, D.W. (1974): Social exchange and psychological reactance in a simulated superior-subordinate relationship. Organizational Behavior and Human Performance, *12*, 132-142.

PERSONNAZ, B. (1984): Perspectives sur les liens entre innovation et différenciation sociale, et réactance psychologique et „libertance". Bulletin de Psychologie, *37*, 501-506.

PETTY, R.E. & CACIOPPO, J.T. (1979): Effects of forwarning of persuasive intent and involvement on cognitive responses and persuasion. Personality and Social Psychology Bulletin, *5*, 173-176.

RALL, M.L. (1972): Reactance to a threatened loss of freedom in the attitudinal verbal reinforcement situation. Dissertation Abstracts International, (4-A), 1837.

RAVEN, B.H. & KRUGLANSKI, A.W. (1970): Conflict and power. In: SWINGLE, P. (Ed.), The structure of conflict. New York: Academic Press.

REGAN, D.T. (1971): Effects of a favor and liking on compliance. Journal of Experimental Social Psychology, *7*, 627-635.

RHODEWALT, F. & COMER, R. (1982): Coronary-prone behavior and reactance: The attractiveness of eliminated choice. Personality and Social Psychological Bulletin, *8*, 152-158.

RHODEWALT, F. & DAVIDSON, J. Jr. (1983): Reactance and the coronary-prone behavior pattern: The role of self-attribution in responses to reduced behavioral freedom. Journal of Personality and Social Psychology, *44*, 220-228.

RHODEWALT, F. & STRUBE, M. J. (1985): A self-attribution-reactance model of recovery from injury in Type A individuals. Journal of Applied Social Psychology, *15,* 330–344.
RICE, D. P. & SCHOENFELD, L. S. (1975): Aversive conditioning and cognitive mediators with alcoholic respondents. British Journal of Addiction, *70,* 165–174.
ROSENTHAL, A. M. (1964): Thirty-eight witnesses. New York: McGraw-Hill.
ROSENTHAL, R. & ROSNOW, R. L. (1975): The volunteer subject. New York: Wiley.
ROTTER, J. B. (1979): Comments on section IV: Individual differences and perceived control. In: PERLMUTER, L. C. & MONTY, R. A. (Eds.), Choice and perceived control. Hillsdale, N. J.: Erlbaum, 263–269.
SCHLENKER, B. R. (1980): Impression management: The self-concept, social identity, and interpersonal relations. Belmont, Calif.: Brooks/Cole.
SCHWARTZ, S. H. (1974): Awareness of interpersonal consequences, responsibility denial, and volunteering. Journal of Personality and Social Psychology, *30,* 57–63.
SCHWARZ, N. (1984): When reactance effects persist despite restoration of freedom: Investigations of time delay and vicarious control. European Journal of Social Psychology, *14,* 405–419.
STOKOLS, D. (1972): A social psychological model of human crowding phenomena. Journal of the American Institute of Planners, *38,* 72–85.
SWART, C., ICKES, W. & MORGENTHALER, E. S. (1978): The effect of objective self awareness on compliance in a reactance situation. Social Behavior and Personality, *6,* 135–139.
TENNEN, H., PRESS, S., ROHRBAUGH, M. & WHITE, L. (1981): Reactance theory and therapeutic paradox: A compliance-defiance model. Psychotherapy Theory, Research and Practice, *18,* 14–22.
TIMAEUS, E. (1974): Experiment und Psychologie. Zur Sozialpsychologie psychologischen Experimentierens. Göttingen: Hogrefe.
WALSTER, E. W. & WALSTER, E. (1970): Choice between negative alternatives: Dissonance reduction or regret? Psychological Reports, *26,* 995–1005.
WALSTER, E., WALSTER, G. W., PILIAVIN, J. & SCHMIDT, L. (1973): „Playing hard to get“: Understanding an elusive phenomenon. Journal of Personality and Social Psychology, *26,* 113–121.
WEINER, J. & BREHM, J. W. (1966): Buying behavior as a function of verbal and monetary inducements. In: BREHM, J. W., A theory of psychological reactance. New York: Academic Press, 82–90.
WEINER-REGAN, J. & BREHM, J. W. (1977): Konsequenzen eingeschränkter Entscheidungsfreiheit am Beispiel des Kaufverhaltens. In: KOCH, J.-J. (Hrsg.), Sozialer Einfluß und Konformität. Weinheim: Beltz, 1977.
WEST, S. G. (1975): Increasing attractiveness of college cafeteria food: A reactance theory perspective. Journal of Applied Psychology, *60,* 656–658.
WESTCOTT, M. R. (1988): The psychology of human freedom. New York: Springer.
WHITE, R. W. (1959): Motivation reconsidered: The concept of competence. Psychological Review, *66,* 297–333.
WICKLUND, R. A. (1974): Freedom and reactance. New York: Wiley.
WICKLUND, R. A. (1977): The negativistic and rebellious human: Psychological reactance. In: PETERMANN, F. & HORMUTH, S.: Sozialpsychologie der Einstellungsänderung. Köln: Kiepenheuer & Witsch.
WORCHEL, S. (1974): Three types of arbitrary on the instignation to aggression. Journal of Personality, *42,* 300–318.
WORCHEL, S. & ANDREOLI, V. A. (1974): Attribution of causality as a means of restoring behavioral freedom. Journal of Personality and Social Psychology, *29,* 237–245.
WORCHEL, S. & ARNOLD, S. E. (1973): The effects of censorship and attractiveness of the censor on attitude change. Journal of Experimental Social Psychology, *9,* 365–377.
WORCHEL, S., ARNOLD, S. E. & BAKER, M. (1975): The effects of censorship on attitude

change: The influence of censor and communication characteristics. Journal of Applied Social Psychology, *5,* 227–239.
WORCHEL, S. & BREHM, J. W. (1971): Direct and implied social restoration of freedom. Journal of Personality and Social Psychology, *18,* 294–304.
WORCHEL, S., LEE, J. & ADEWOLE, A. (1975): Effects of supply and demand on ratings of object value. Journal of Personality and Social Psychology, *32,* 906–914.
WORTMAN, C. B. & BREHM, J. W. (1975): Responses to uncontrollable outcomes: An integration of reactance theory and the learned helplessness model. In: BERKOWITZ, L. E. (Ed.), Advances in experimental social psychology, Volume 8, New York: Academic Press.
WRIGHT, R. A. (1986): Attitude change as a function of threat to attitudinal freedom and extent of agreement with a communicator. European Journal of Social Psychology, *16,* 43–50.
WRIGHT, R. A. & BREHM, S. S. (1982): Reactance as impression management: A critical review. Journal of Personality and Social Psychology, *42,* 608–618.
ZAJONC, R. B., SHAVER, PH., TAVRIS, C. & VAN KREFELD, D. (1972): Exposure, satiation, and stimulus discriminability. Journal of Personality and Social Psychology, *71,* 270–280.

Die Herausgeber zum folgenden Beitrag

Die Theorie der kognitiven Dissonanz kann als eine der einflußreichsten sozialpsychologischen Theorien bezeichnet werden. Ein Grund für die langanhaltende Popularität der Theorie lag vor allem darin, daß es dem Begründer der Theorie – Leon Festinger – gelungen ist, damals junge Sozialpsychologen zu begeistern und aus der Theorie interessante und für die weitere Forschung relevante Hypothesen abzuleiten. Im Rahmen dieser Theorie waren die gegensätzlichsten Phänomene und Verhaltensweisen Gegenstand empirischer Forschung: Reaktionen auf unterschiedliche Belohnungen und Bestrafungen, Attraktivitätsveränderungen von Alternativen nach Entscheidungen, Informationssuche und -vermeidung vor und nach Entscheidungen, die Auswirkungen vergeblicher Anstrengungen auf erwartungsdiskrepante Ereignisse, die Relevanz von unglaubwürdigen Kommunikatoren auf die Einstellungsänderung, Hilfeverhalten, alle Arten von Gruppenprozessen, die Beeinflussung von biologisch elementaren Motiven durch Dissonanz, usw. Man könnte die Liste möglicher Sachverhalte, die Gegenstand dissonanztheoretischer Überprüfungen waren, fortsetzen. Nachdem diese Theorie in den 60er und 70er Jahren die bedeutendste sozialpsychologische Theorie war, hat sie in den 80er Jahren allerdings an Attraktivität etwas verloren und wurde insbesondere von Theorien der Informationsverarbeitung hinsichtlich der Forschungsintensität überflügelt. Ein Grund dieser abnehmenden Attraktivität der Dissonanztheorie bestand in einem Trend in der nordamerikanischen Sozialpsychologie, sich von Theorien mit motivationalen Konstrukten ab- und sich eher solchen der Informationsverarbeitung zuzuwenden. Heutzutage ist bereits wieder eine Umkehr von diesem Trend in Richtung motivationaler Konzepte zu erkennen. Die Gültigkeit einer Theorie darf natürlich nicht daran gemessen werden, wie attraktiv sie in einer bestimmten Wissenschaftsepoche ist. Es dürfte schwerfallen, eine Theorie in Konkurrenz zur Theorie der kognitiven Dissonanz zu etablieren, die fähig ist, eine solche Vielfalt von Sachverhalten zu erklären.

Die Theorie der kognitiven Dissonanz

DIETER FREY, Universität Kiel
ANNE GASKA, Universität Kiel

1. Einleitung

Die Theorie der kognitiven Dissonanz hat seit ihrer ersten Veröffentlichung 1957 mehr als jede andere sozialpsychologische Theorie zu empirischer Forschung angeregt. Schon 1978 weisen MÖNTMANN und IRLE darauf hin, daß mehr als 900 Veröffentlichungen zu dieser Theorie vorliegen; seither sind etwa 200 weitere Veröffentlichungen dazu gekommen. Sie wurde die einflußreichste aller aus der Gestaltpsychologie hervorgegangenen kognitiven Konsistenztheorien. Allerdings haben die Forschungen zur Theorie in den letzten Jahren beträchtlich nachgelassen. So weisen BAGBY, PARKER & BURY (1990) im Science Citation Index and Social Science Citation Index nach, daß die Referenzen für die Dissonanztheorie in den letzten 15 Jahren substanziell zurückgegangen sind, während z. B. die Referenzen für die Attributionstheorie konstant geblieben sind (s. auch JONES, 1985). Die Gründe dieses Nachlassens der Attraktivität sind verschiedenartig. Ob es daran liegt, daß diese Theorien zu eng und damit unfähig sind, breite Aspekte des sozialen Lebens zu erklären (GERGEN, 1987), mag bezweifelt werden. Wir vermuten, daß dieses eher mit der starken Tendenz zu rein kognitiven Orientierungen zusammenhängt (s. auch GREENWALD & RONIS, 1978; INNES, 1980; ARONSON, 1980, 1987; FREY, 1979a, b, c; FREY et al., 1982), während die motivationalen Ansätze in den Hintergrund gedrängt werden.

Der vorliegende Beitrag soll den gegenwärtigen Stand der Forschungen zur Dissonanztheorie aufzeigen. Zunächst werden die theoretischen Grundlagen der Theorie erörtert (Abschnitt 2) und die Modifikationen dargestellt, die im Anschluß an FESTINGERS erste Fassung (1957) veröffentlicht wurden (Abschnitt 3). Nach Ausführungen über Probleme der Dissonanzreduktion (Abschnitt 4) werden anschließend auf den verschiedenen paradigmatischen Forschungsfeldern der Theorie der kognitiven Dissonanz der Stand der Forschung präsentiert (Abschnitt 5), wobei insbesondere solche Untersuchungsergebnisse aufgeführt werden, die „common sense"-Vorstellungen widersprechen. In Abschnitt 6 werden exemplarische Anwendungsbereiche der Dissonanztheorie erörtert. Im Schlußteil soll geprüft werden, inwieweit die von der Dissonanztheorie erklärten Ergebnisse auch durch andere Theorien erklärbar sind (Abschnitt 7).

2. Die Theorie der kognitiven Dissonanz

Die Theorie der kognitiven Dissonanz von LEON FESTINGER (1957) ist als eine Fortsetzung seiner früheren Arbeiten zu sehen[1]. Bereits die Arbeiten zum Anspruchsniveau (FESTINGER, 1942), die Theorie des informellen Gruppendrucks (FESTINGER, 1950) sowie die Theorie der sozialen Vergleichsprozesse (FESTINGER, 1954; vgl. auch den Beitrag von FREY et al. in diesem Band) können als Vorläufer der Dissonanztheorie gewertet werden. Wesentliche Aspekte der Theorie der kognitiven Dissonanz sind in diesen Theorien bereits enthalten.

Die Theorie der kognitiven Dissonanz geht von der Annahme aus, daß Personen ein Gleichgewicht ihres kognitiven Systems anstreben. Dahinter steckt das Gesetz der Prägnanz bzw. der guten Gestalt der Gestaltpsychologie, wonach die Wahrnehmung von Ereignissen in „sinnvoller" Weise strukturiert wird (vgl. FREY, 1987). Konsistenztheorien übertragen diesen Wahrnehmungsaspekt auf den kognitiven Bereich. Wie bei allen kognitiven Konsistenztheorien (vgl. WICKLUND & FREY, 1981; STAHLBERG & FREY, 1987) sind Kognitionen die zentralen Konzepte der Theorie. Unter Kognitionen (bei FESTINGER: „cognitive elements") werden dabei Meinungen, Glaubensweisen, Wissenseinheiten usw. verstanden. Allgemein ausgedrückt können sie als Bewußtseinsprozesse bezeichnet werden.

FESTINGER (1957) unterscheidet zwischen Kognitionen, die in irrelevanter und solchen, die in relevanter Beziehung zueinander stehen. Zwei Kognitionen stehen in einer *relevanten* Beziehung zueinander, wenn beide im kognitiven System des Individuums etwas miteinander zu tun haben: Die Kognition „Ich studiere Sozialpsychologie" und die Kognition „Die Prüfungsanforderungen werden verschärft" stehen in einer relevanten Beziehung. Zwei Kognitionen stehen in einer *irrelevanten* Beziehung, wenn sie zusammenhanglos nebeneinander auftreten. Beispiel: „Ich studiere Sozialpsychologie" und „Es regnet in London".

Relevante Beziehungen zwischen Kognitionen können konsonant und dissonant sein. Zwei Kognitionen stehen in einer *dissonanten Beziehung,* wenn ohne Berücksichtigung anderer Kognitionen aus der einen Kognition das Entgegengesetzte der anderen folgt. Das gemeinsame Auftreten der Kognitionen „Ich konsumiere täglich 20 Zigaretten" und „Rauchen ist extrem gesundheitsschädlich" erzeugt Dissonanz, wenn sie für eine Person miteinander unvereinbar sind. Zwei Kognitionen stehen in einer *konsonanten Beziehung,* wenn sie für eine Person miteinander vereinbar sind: z. B. „Ich rauche" und „Rauchen beruhigt mich". FESTINGER meint dabei nicht logische oder kausale Unvereinbarkeiten, sondern psychologische. Was für eine Person A psychologisch vereinbar ist, mag für Person B psychologisch unvereinbar sein.

Die Höhe der kognitiven Dissonanz ist nach FESTINGER (1957, S. 18) abhängig vom Verhältnis der dissonanten zu den konsonanten Kognitionen

---

[1] Siehe den Beitrag von MOSCOVICI (1989), in dem die Verdienste FESTINGERS gewürdigt werden.

sowie von der Wichtigkeit der in der dissonanten Beziehung stehenden Kognitionen. Kognitive Dissonanz entsteht z. B. dadurch, daß eine Person eine Entscheidung zwischen zwei Alternativen (z. B. zu rauchen oder nicht zu rauchen) getroffen hat; je höher die Anzahl und Wichtigkeit der Kognitionen, die unvereinbar mit der gefällten Entscheidung sind und die implizieren, daß die spezifische Entscheidung nicht hätte gefällt werden sollen, um so größer ist die Dissonanz.

Kognitive Dissonanz erzeugt eine Motivation, die entstandene Dissonanz zu reduzieren. Diese Reduktion kann auf verschiedener Weise durch Veränderung des kognitiven Systems erfolgen:

1. Addition neuer konsonanter Kognitionen
2. Subtraktion von dissonanten Kognitionen (Ignorieren, Vergessen, Verdrängen)
3. Substitution von Kognitionen: Subtraktion dissonanter bei gleichzeitiger Addition konsonanter Kognitionen.

Durch alle drei Veränderungen kann erreicht werden, daß der Anteil dissonanter gegenüber dem Anteil konsonanter Kognitionen verringert wird, wobei der jeweilige Prozeß der Addition, Subtraktion bzw. Substitution oft ein hohes Ausmaß an kognitiver Verzerrung erfordert. Welche der Kognitionen nach der Entstehung der Dissonanz addiert, subtrahiert oder substituiert werden, hängt vom Änderungswiderstand der beteiligten Kognitionen ab. Dieser Widerstand einer Kognition gegen Änderung ist nach FESTINGER (1957, S. 24) vor allem durch die Anzahl der Kognitionen, die mit einer Kognition in konsonanter Weise verbunden sind, bestimmt. Je größer die Anzahl konsonanter Beziehungen einer Kognition zu anderen Kognitionen ist, um so schwerer kann eine Kognition zum Zwecke der Reduktion kognitiver Dissonanz verändert werden und um so größer ist die Wahrscheinlichkeit, daß bei einer Änderung dieser Kognition neue dissonante Beziehungen entstehen. Besonders änderungsresistent sind demnach solche Kognitionen, die bei einer Veränderung neue Dissonanz – vielleicht sogar in stärkerem Maße als vor der Veränderung – erzeugen würden.

FESTINGER (1957) zählt vier Klassen von Anfangsbedingungen auf, unter denen die Wahrscheinlichkeit des Auftretens kognitiver Dissonanz hoch ist:

1. Dissonanz nach Entscheidungen („postdecisional dissonance“),
2. Forcierte Einwilligung („forced compliance“),
3. Selektive Auswahl von neuen Informationen („selective exposure“),
4. Einstellungsänderung und soziale Unterstützung („social support“).

Im Mittelpunkt seiner Arbeit (FESTINGER, 1957; FESTINGER, 1964) steht der Aspekt kognitiver Dissonanz nach Entscheidungen. Es wird jedoch an keiner Stelle behauptet, daß die Dissonanztheorie ausschließlich auf Sachverhalte *nach* Entscheidungen beschränkt sei.

3. Modifikationen der Theorie der kognitiven Dissonanz

Da bei FESTINGER (1957) die Bedingungen, unter denen Dissonanz entsteht, nicht eindeutig sind, haben im Anschluß an die Theorieformulierung mehrere Autoren versucht die Bedingungen zu spezifizieren, unter denen kognitive Dissonanz entsteht. Auf diese Modifikationen soll kurz eingegangen werden.

3.1 Der theoretische Standpunkt von BREHM & COHEN (1962)

BREHM & COHEN (1962) argumentieren, das Bestehen einer kognitiven Inkonsistenz sei keine ausreichende Bedingung für die Entstehung von Dissonanz. Zwei weitere Faktoren müßten berücksichtigt werden: Selbstverpflichtung (commitment) und Freiwilligkeit bzw. Entscheidungsfreiheit (volition). FESTINGER (1964) hat diesen Präzisierungen von BREHM & COHEN (1962) zugestimmt: Auch er betrachtet Selbstverpflichtung und unter bestimmten Bedingungen ebenso Entscheidungsfreiheit als notwendige Bedingung für das Entstehen von Dissonanz.

Der Commitment-Begriff hat bei BREHM & COHEN mehrere Bedeutungen. Eine Person handelt z. B. selbstverpflichtend, wenn sie sich fest für eine Handlung oder Entscheidung ausspricht und diese Festlegung nur unter großen Schwierigkeiten - wenn überhaupt - rückgängig gemacht werden kann. Die Autoren fassen „Commitment" als eine kontinuierliche Variable auf, die ihrer Ansicht nach die Dissonanztheorie auf den folgenden drei Ebenen präzisiert:

a) Präzisierung der Faktoren der Dissonanzentstehung,
b) Präzisierung der Faktoren der Dissonanzhöhe und
c) Präzisierung der Richtung der Dissonanzreduktion.

Unter Entscheidungsfreiheit verstehen BREHM & COHEN Kontrolle des eigenen Verhaltens.
Ein wesentlicher Unterschied zu FESTINGERS Auffassung - der oft übersehen wird - besteht darin, daß nach BREHM & COHEN die Dissonanz um so größer ist, je stärker mit den dissonanten Kognitionen gleichzeitig zentrale Motive einer Person tangiert werden. Für BREHM & COHEN (1962) sind frustrierte Motive und Bedürfnisse dissonanzerzeugend; Inkonsistenzen („non fitting cognitions") sind für sie lediglich eine sekundäre Quelle kognitiver Dissonanz.

3.2 Der theoretische Standpunkt von ARONSON (1968, 1969)

Nach ARONSON (1968, 1969) sind aus der Dissonanztheorie nur dann klare Voraussagen ableitbar, wenn eine der betreffenden Kognitionen eine feste Erwartung darstellt, die widerlegt wurde. ARONSON (1969) schlägt vor, besonders solche Erwartungen zu verwenden, die sich auf das Selbstkonzept beziehen, da er glaubt, die Erwartungen über das eigene Verhalten seien fester als Erwartungen über die soziale und physikalische Umwelt. Nach ARONSON (1968, 1969) bestand in den meisten Experimenten zur Prüfung der Theorie kognitive Dissonanz zwischen dem Selbstkonzept und Kognitionen über ein Verhalten, das zu diesem Selbstkonzept im Widerspruch stand. Er beschränkt die Theorie der kognitiven Dissonanz auf eine „Selbsttheorie"; Dissonanz entsteht nach ihm letztlich nur dann, wenn die Person selbst betroffen ist, wobei die Höhe der Dissonanz vom Ausmaß der Selbstbedrohung abhängt. Es ist also nicht die Inkonsistenz per se, die zu kognitiver Dissonanz und zu Einstellungsänderungen führt, sondern ein Verhalten, das den eigenen Selbstwert bedroht. Ähnlich argumentieren STEELE & LIU (1981, 1983), insofern als ihrer Ansicht nach Einstellungsänderungen nach einstellungsdiskrepantem Verhalten daraus resultieren, daß die Menschen vor sich selbst beweisen müssen, in Übereinstimmung mit positiven Werten gehandelt zu haben. Verhalten konträr zu einer Wertposition bedroht das Selbstimage, so daß es notwendig wird, die Werte wieder zu bestätigen. Einstellungsänderung ist somit nichts anderes als eine Affirmation der Werte. Zwar zeigen die Untersuchungen von ARONSON (1968), GREENWALD, PRATKANIS, LEIPPE & BAUMGARDNER (1986) und SCHLENKER (1982), daß die Dissonanzeffekte robust sind, wenn das Selbstkonzept betroffen ist, doch ist solch eine Beschränkung der Theorie auf eine „Selbsttheorie" unseres Erachtens nicht sinnvoll, da eine derartige Reduzierung der Theorie und der Phänomene, die sie zu erklären vermag, in keiner Weise gerecht wird.

3.3 Der theoretische Standpunkt von BRAMEL (1968)

Nach BRAMEL (1968) entsteht Dissonanz, wenn Menschen inkompetent und/oder unmoralisch entschieden haben. Er behauptet, daß in allen Experimenten zur Überprüfung der Dissonanztheorie nicht nur Erwartungsdiskrepanzen erzeugt wurden, sondern auch Gefühle wie Inkompetenz und/oder Unmoralität. Alle drei Komponenten haben nach Ansicht von BRAMEL (1968) aber eine gemeinsame Ursache, insofern als sie ein Gefühl der Minderwertigkeit und damit der sozialen Zurückweisung („feeling of social rejection") bewirken. Nur in Situationen, in denen ein Gefühl der sozialen Mißbilligung entsteht, tritt nach BRAMEL (1968) auch Dissonanz auf. Dissonanz ist also letztlich Angst vor sozialer Mißbilligung. Auch durch diese Reformulierung reduziert BRAMEL die Theorie der kognitiven Dissonanz auf eine Angst- und Selbsttheorie. Unseres Erachtens muß Unvereinbarkeit von Kognitionen sich nicht notwendig nur auf inkompetentes oder unmoralisches Verhalten beziehen, sondern entsteht immer, wenn zwei Kognitionen miteinander im Widerspruch stehen.

3.4 Der theoretische Standpunkt von WICKLUND & BREHM (1976)

WICKLUND & BREHM (1976) (vgl. auch SOGIN & PALLAK, 1976) sind der Auffassung, daß kognitive Dissonanz nur dann entsteht, wenn eine Person für eine Entscheidung, ein Verhalten und die daraus entstehenden Konsequenzen Verantwortlichkeit kogniziert. Verantwortlichkeit für ein Verhalten oder eine Entscheidung liegt nach WICKLUND & BREHM (1976) vor, wenn eine Person einerseits volle Entscheidungsfreiheit bezüglich einer bestimmten Entscheidung hat und sie andererseits die negativen Konsequenzen einer Entscheidung oder Handlung vorhersagen kann. WICKLUND & BREHM (1976) nennen die Dissonanztheorie deshalb eine Theorie der verantwortlichen Entscheidungen („responsible decisions"). Je weniger Verantwortlichkeit eine Person kogniziert, d.h. je weniger Entscheidungsfreiheit sie für ein bestimmtes Verhalten hatte, und je eher die (negativen) Konsequenzen ihrer Entscheidung vorhersehbar waren, um so höher war die entstandene Dissonanz bei erwartungsdiskrepanten Ereignissen. Unter bestimmten Bedingungen fühlt sich die Person nach WICKLUND & BREHM (1976) allerdings auch für unvorhersehbare Konsequenzen ihrer Entscheidung verantwortlich, und zwar wenn sie einen Zusammenhang zwischen ihrer eigenen (freiwilligen) Entscheidung und den Konsequenzen kogniziert. Negative unvorhergesehene Informationen bewirken also dann Dissonanz, wenn die Person eine Aufgabe freiwillig, nicht aber wenn sie sie unfreiwillig durchführte. Der entscheidende Faktor ist also Freiwilligkeit bzw. Verantwortlichkeit für Verhalten.

3.5 Der theoretische Standpunkt von IRLE (1975)

Die Modifikation der Dissonanztheorie von IRLE (1975, 1991) ist allgemeiner als die übrigen Ansätze. Das Ziel IRLEs ist es, die ursprüngliche Formulierung von FESTINGER (1957) zu präzisieren. Während die bisher behandelten Modifikationen nur auf Handlungsentscheidungen eingehen, unterscheidet er zwischen Handlungs- und Erkenntnisentscheidungen. Es spielt seiner Ansicht nach keine Rolle, ob eine Entscheidung nur im Gehirn einer Person stattfindet (z.B. Entscheidungen für bestimmte Hypothesen, Wertsysteme, Einstellungen) oder ob sie sich bereits im offenen Verhalten manifestiert.

Die Modifikation von IRLE geht von der Annahme aus, daß Personen subjektive Hypothesen besitzen, die die Beziehungen von Kognitionen beschreiben und erklären. Zwei Kognitionen, die gleichzeitig in einem kognitiven Feld auftreten, sind in einer konsonanten Beziehung, wenn dieses Auftreten eine Hypothese des Selbst bestätigt. Zwei Kognitionen sind in einer dissonanten Beziehung, wenn sie mit einer Hypothese des Selbst unvereinbar sind[2].

Im Gegensatz zu FESTINGER definiert IRLE die theoretischen Variablen „Höhe der kognitiven Dissonanz" und „Änderungswiderstand" als unabhängig voneinander. Die Höhe der kognitiven Dissonanz ist abhängig von

---

[2] Der Begriff der Hypothese des Selbst ist mit dem Commitment-Begriff von BREHM & COHEN identisch. Sich auf eine Entscheidung X festgelegt zu haben, ist identisch mit einer subjektiven Hypothese, daß X die beste aller Alternativen sei. Erst wenn eine bestimmte Hypothesenstärke gegeben ist bzw. ein bestimmtes Maß an Commitment erreicht ist, entsteht Dissonanz.

der Sicherheit über die Richtigkeit der Hypothese sowie der Anzahl der Hypothesen, die von einem Ereignis widerlegt werden. Die Art der Dissonanzreduktion ist nach IRLE abhängig vom Änderungswiderstand der Kognitionen. Erzeugt ein Ereignis kognitive Dissonanz, so wird mit höchster Wahrscheinlichkeit diejenige Kognition geändert, welche im Vergleich zu den übrigen an der dissonanten Beziehung unmittelbar beteiligten Kognitionen die relativ geringste Resistenz gegen Änderung besitzt. Die Resistenz einer Kognition ist wie bei FESTINGER (1957) und BREHM & COHEN (1962) von der Anzahl der Kognitionen abhängig, die zu dieser Kognition in einer konsonanten Beziehung stehen. Analog dazu wird die Resistenz einer Hypothese gegen Änderungen um so stärker sein, je mehr diese Hypothese mit anderen Hypothesen verknüpft ist. Die Reformulierung der Theorie läßt die Behauptung zu, daß sich die Kognitionen einer theoretischen (abstrakten) Realität gegen Änderungen in einer gegebenen dissonanten kognitiven Einheit resistenter erweisen kann als die anderen beteiligten Kognitionen, die responsiv zur konkreten Realität sind. Dies war von FESTINGER bezweifelt worden.

3.6 Anmerkungen zu den Modifikationen und Konklusionen

Es gibt bisher kein Experiment, in dem versucht wird, die Brauchbarkeit der verschiedenen Modifikationen systematisch zu überprüfen. Die Modifikation von IRLE (1975, 1991) weist den größten Allgemeinheitsgrad auf; sie ist die einzige Modifikation, die die Dissonanztheorie explizit nicht auf Handlungsentscheidungen beschränkt, sondern auf Erkenntnisentscheidungen erweitert. Insbesondere die Untersuchungen zur sequentiellen Informationsverarbeitung (im sogenannten Vorentscheidungsprozeß) unterstützen IRLES Auffassung der Anwendbarkeit der Dissonanztheorie auf Erkenntnisentscheidungen.

Alle Ansätze, die die Theorie der kognitiven Dissonanz einschränken, sind u.E. unnötig zu kurz gegriffen. Wir gehen von folgenden Annahmen aus: Kognitive Dissonanz entsteht immer dann, wenn eine Person mindestens eine tentative Handlungs- oder Erkenntnisentscheidung getroffen hat, wobei eine vage Präferenz für eine Alternative allerdings nicht ausreicht, sondern ein gewisser Grad an Festlegung bestehen muß, da sonst jegliche Kognitionen miteinander vereinbar wären. Eine endgültige Festlegung auf eine Alternative ist aber nicht erforderlich. Notwendig für die Entstehung kognitiver Dissonanz ist weiterhin ein hoher Grad an Entscheidungsfreiheit: Dies ist bei Erkenntnisentscheidungen immer gegeben, da man unterstellen kann, daß diese freiwillig getroffen und aufrechterhalten werden. Im Gegensatz dazu wird man zu Handlungsentscheidungen oft gezwungen; nur wenn dabei die Illusion einer Entscheidungsfreiheit aufrechterhalten wird, kann daher kognitive Dissonanz entstehen.

Es wird also hier die Auffassung vertreten, daß Informationen, die einer Entscheidung (subjektiven Hypothese) widersprechen, nur dann Dissonanz erzeugen, wenn die Person sich selbst in irgendeiner Form als Ursache bzw. kausalen Faktor kogniziert. Unter Kausalität wird dabei verstanden, daß eine Person, die freiwillig eine Entscheidung getroffen oder eine Handlung durchgeführt hat, eine klare Verbindung zwischen sich selbst und der Konsequenz der Entscheidung kogniziert. Wichtig ist also die interne Attribution von negativen bzw. Entscheidungen widersprechenden Informationen. Dabei ist es unerheblich, ob die negativen Konsequenzen vorhersehbar waren oder nicht. Kausalität kann meistens dann wahrgenommen werden, wenn die Entscheidung freiwillig ist. Aus dieser Perspektive ist auch klar, warum z. B. in den Experimenten zur sequentiellen Informationsverarbeitung Dissonanz entsteht: Die Vpn formulieren (freiwillig) eine subjektive Hypothese (tentative Entscheidung) über die Richtigkeit einer Entscheidungsalternative. Unvorhergesehen werden sie mit Informationen konfrontiert, die dieser subjektiven Hypothese oder tentativen Entscheidung widersprechen. Die Vpn müssen den Widerspruch intern (kausal) attribuieren, da er durch den Inhalt ihrer Hypothese bzw. tentativen Entscheidung zustande gekommen ist. Können sie das Auftreten extern attribuieren (z. B. aufgrund der Willkür des Vl wie im Experiment von SOGIN & PALLAK, 1976), entsteht keine Dissonanz. Die hier vertretene Auffassung hat sowohl den Vorteil einer hohen Allgemeinheit als auch den Vorteil, die meisten Ergebnisse zur Dissonanztheorie integrieren zu können. Wie zuvor allerdings erwähnt, bedarf es dringend Forschungen, die die unterschiedlichen Hypothesen der verschiedenen Versionen empirisch überprüfen.

4. Zum Problem der Dissonanzreduktion

Die Aussage von FESTINGER (1957) und anderen Dissonanztheoretikern, daß die Art und das Ausmaß der Reduktion kognitiver Dissonanz vom Änderungswiderstand der beteiligten Kognitionen abhängt, ist sehr abstrakt. Die Erklärungskraft der Theorie der kognitiven Dissonanz steht und fällt aber mit ihrer Fähigkeit, die Dann-Komponente zu präzisieren. In vielen Experimenten zur Überprüfung der Dissonanztheorie wurde nur *eine* abhängige Variable gemessen (die mutmaßlich die Kognition mit dem geringsten Änderungswiderstand repräsentierte), ohne zu überprüfen, welche anderen Kognitionen bzw. Hypothesen bei der Vp vorhanden waren. Mißt man andere Kognitionen oder Hypothesen nicht, bzw. induziert man die Änderungsresistenz dieser Hypothesen und Kognitionen nicht, so ist es sehr schwer, konkrete Vorhersagen über kognitive Änderungen zu machen. Ein typisches Beispiel dieser „Sackgassenforschung" ist die frühere Forschung zur selektiven Informationssuche, in der man davon ausging, daß Dissonanz allein durch Addition konsonanter Kognitionen reduziert werden kann, ohne zu berücksichtigen, daß diese Reduktionsart nur unter ganz spezifischen Randbedingungen stattfindet.

Fast alle Autoren, die spezifische Hypothesen über die Art der Reduktion kognitiver Dissonanz aufgestellt haben (GLASS, 1968; IRLE, 1975; WICKLUND & BREHM, 1976; FREY, 1975b), betonen, daß die Dissonanzreduktion sowohl nach dem Prinzip der Einfachheit als auch nach dem Prinzip der Effizienz erfolgt. Eine Reduktion soll nicht nur einen geringen kognitiven Aufwand erfordern und geringe Änderungen des kognitiven Systems nach sich ziehen, sondern soll auch vollständige, größtmögliche und damit stabile Dissonanzreduktionen erbringen. Unter bestimmten Bedingungen führen geringe kognitive Änderungen zu unstabiler Dissonanzreduktion, so daß das Individuum nach kurzer Zeit gezwungen ist, neue kognitive Änderungen vorzunehmen. Ein geringer kognitiver Aufwand wird also dann nachteilig sein, wenn die Stabilität nicht gewährleistet ist.

Einige Experimente, in denen versucht wird, die Art und das Ausmaß der Dissonanzreduktion konkreter zu bestimmen, sollen im folgenden dargestellt werden: WALSTER, BERSCHEID & BARCLAY (1967) wiesen z. B. nach, daß eine präferierte Dissonanzreduktionsstrategie nicht verwendet wird, wenn eine Person einen zukünftigen Angriff („attack") auf diese Dissonanzreduktionsalternative antizipiert. Die Vpn werteten im Experiment eine Alternative z. B. nicht ab, wenn sie glaubten, in der Zukunft Informationen über diese Alternative zu erhalten. Die Abwertung wäre zwar die Strategie mit dem geringsten Aufwand gewesen, aber nicht die stabilste, die Vpn konnten für die Zukunft nicht ausschließen, daß diese Reduktionsart ineffizient sein würde. GÖTZ-MARCHAND, GÖTZ & IRLE (1974) variierten unterschiedliches Wissen über die verschiedenen Möglichkeiten der Dissonanzreduktion. Die Vpn führten in der 1. Sitzung einen Intelligenztest durch und erhielten in der 2. Sitzung (fiktives) negatives Feedback über ihre Intelligenz. Als zentrale abhängige Variablen, mit denen die Dissonanzreduktion gemessen werden sollte, dienten Konformität und Bewertung des Tests, die entweder an erster oder an fünfter Stelle der Messung standen. Entscheidend war nun, ob die Vpn über die abhängigen Variablen informiert waren oder nicht. Anpassung an das erhaltene fiktive Intelligenzergebnis (Konformität) zeigte sich nur dann, wenn diese Variablen an erster Stelle im Posttest standen und die Vpn nicht wußten, welche anderen Reduktionsarten noch folgen würden. In allen anderen Bedingungen wurde Konformität als Reduktionsstrategie weniger stark angewandt, was mit der Annahme konsistent ist, daß Kognitionen über die eigene Intelligenz höchst änderungsresistent sind. Ebenso zeigte sich, daß die Strategie der Testabwertung nicht aufgegriffen wurde, wenn diese Variable an fünfter Stelle stand, und die Vpn diese Reduktionsart nicht antizipierten; in allen anderen Bedingungen wurde sie in starkem Maße verwendet. Die Änderung einer Kognition über die eigene Intelligenz, die eine hohe Änderungsresistenz hat, wurde also nur dann benutzt, wenn die Vpn keine andere Alternative sahen, ihre Dissonanz zu reduzieren. FREY (1975 b) fand in einem ähnlichen Experiment, daß die Dissonanzreduktion auf einen Modus mit geringer Änderungsresistenz nicht verwendet wird, wenn die Vpn das Vorhandensein von Öffentlichkeit antizipieren. Der Test wurde nach Erhalt dissonanter, selbstbedrohender Informationen in der öffentlichen Bedingung signifikant weniger abgewertet als in der Anonymitätsbedingung. Durch eine Testabwertung könnte zwar die Dissonanz reduziert werden, aber durch die antizipierten negativen Sanktionen anderer würde eine neue Dissonanz entstehen. Unter bestimmten Bedingungen sind Dissonanzreduktionsmechanismen also situativen und normativen Beschränkungen unterworfen.

Trotz - oder gerade wegen - der zahlreichen Diskussionen über die Faktoren der Dissonanzentstehung und Dissonanzreduktion wurden aus der Theorie Hypothesen abgeleitet und geprüft. Auf die Vielfalt der empirischen Untersuchungen soll im folgenden eingegangen werden. Es erübrigt sich fast zu sagen, daß nur ein Bruchteil der Publikationen zur Dissonanztheorie erwähnt werden kann.

5. Empirische Forschungen zur Theorie der kognitiven Dissonanz

5.1 Dissonanz nach Entscheidungen („postdecisional dissonance")

5.1.1 Attraktivitätsveränderungen von Entscheidungsalternativen

Die Theorie der kognitiven Dissonanz postuliert, daß nach nahezu allen Entscheidungen, bei denen die Person aus mehreren Entscheidungsalternativen eine Alternative auswählt, kognitive Dissonanz entsteht. Die positiven Aspekte der nicht gewählten Alternative(n) und die negativen Aspekte der gewählten Alternative(n) sind dissonant zu der Entscheidung. Alle Kognitionen, die implizieren, daß die Entscheidung hätte gefällt werden sollen, sind konsonant; alle Kognitionen, die gegen die spezifische Entscheidung sprechen, sind dissonant. Die Dissonanz kann entweder durch Revision der Entscheidung oder aber durch Änderung der Kognitionen über die Attraktivität der Alternative reduziert werden. Die Revision der Entscheidung ist oft mit hohem psychischen und materiellen Aufwand verbunden, so daß diese Reduktionsart unter Umständen erneut hohe Dissonanz erzeugt; kognitive Änderungen über die Alternativen sind dagegen im allgemeinen mit geringerem Aufwand verbunden und haben deshalb einen geringeren Änderungswiderstand[3]. Kognitionen über negative Aspekte der gewählten Alternative können eliminiert und/oder Kognitionen über positive Aspekte addiert werden; ebenso können Kognitionen über negative Aspekte der nicht gewählten Alternative addiert und/oder Kognitionen über positive Aspekte der nicht gewählten Alternative eliminiert werden. Man paßt also die Kognitionen der Entscheidung an. Das Ergebnis dieses Prozesses wäre ein Ansteigen der Attraktivität der gewählten und/oder ein Absinken der Attraktivität der nicht gewählten Entscheidungsalternative. Dieser „spreading apart of alternatives" genannte Effekt ist nach FESTINGER (1957) die effektivste und häufigste Art der Dissonanzreduktion nach Entscheidungen. Das klassische Experiment zu dieser Hypothese stammt von BREHM (1956). Seine Vpn sollten neun Konsumartikel wie z.B. einen Toaster, eine Taschenlampe usw., in eine Rangordnung

[3] Es ist allerdings kein Axiom der Theorie, daß Kognitionen über die Entscheidung eine höhere Änderungsresistenz haben als z.B. Kognitionen über die Attraktivität der Entscheidungsalternative.

bringen und hatten anschließend die Möglichkeit, zwischen der jeweils zweit- bzw. drittattraktivsten Alternative oder zwischen der zweit- und neuntattraktivsten Alternative zu wählen. BREHM stellte fest, daß die Attraktivität der jeweils gewählten Alternative zu- und die der nicht gewählten abnahm. Nachfolgende Untersuchungen zeigten, daß die entstandene Dissonanz und der darauf folgende „spreading apart"-Effekt um so stärker sind, je mehr positive Aspekte die nicht gewählte im Vergleich zur gewählten Alternative enthält oder anders formuliert: Die kognitive Dissonanz bei Entscheidungen ist um so höher, je größer die Anzahl und Wichtigkeit von Kognitionen, die implizieren, daß die Entscheidung falsch ist. Der „spreading apart"-Effekt wurde besonders in Untersuchungen innerhalb des Marketingbereichs repliziert (vgl. dazu RAFFÉE, SAUTER & SILBERER, 1973).

Man kann annehmen, daß der „spreading apart"- Effekt um so stärker wird, je weniger Chancen eine Person zur Revision ihrer Entscheidung sieht. Dabei spielt durchaus auch der Zeitraum zwischen Entscheidung und Messung der Attraktivität der Entscheidungsalternativen eine Rolle, wie FREY, KUMPF, IRLE & GNIECH (1984) in einem Experiment nachweisen. Ähnlich wie bei BREHM sollten die Vpn Konsumartikel (hier Bücher) in eine Rangordnung bringen und hatten dann die Möglichkeit, zwischen dem zweit- und drittattraktivsten Buch zu wählen. Die Messung der Attraktivität wurde zu unterschiedlichen Zeitpunkten vorgenommen (sofort anschließend, 3 Minuten, 10 Minuten oder 30 Minuten später). Bei revidierbaren Entscheidungen nahm der „spreading apart"-Effekt mit zunehmender Zeit ab, während er bei nicht revidierbaren Entscheidungen zunahm.

Diese Untersuchungsergebnisse stehen im Gegensatz zu den Ergebnissen von WALSTER (1964) und von BREHM & WICKLUND (1970), in denen gefunden wurde, daß es kurz nach der Entscheidung zu einem gegenläufigen Effekt (dem sogenannten „regret"-Effekt) kommt. Dieser „regret"-Effekt wurde dadurch erklärt, daß sich das Individuum nach der Entscheidung mit den dissonanten Kognitionen auseinandersetzen muß, was eine zeitweilige Erhöhung der Attraktivität der nicht gewählten und eine Verringerung der Attraktivität der gewählten Alternative bewirkt. Die Reaktanztheorie wiederum (vgl. den Beitrag von GNIECH et al. in diesem Band) erklärt diesen Sachverhalt damit, daß sich die Person durch die Entscheidung auf eine Alternative festgelegt hat und deshalb die eliminierte Alternative an Attraktivität steigt, um die Freiheit der Entscheidung wiederherzustellen. Insgesamt bleiben die experimentellen Ergebnisse zur Überprüfung des „regret"-Effekts allerdings widersprüchlich (vgl. auch WALSTER & WALSTER, 1970). Vermutlich dürfte er am ehesten bei Vpn mit geringem Selbstwertgefühl auftreten, bei denen der „spreading-apart-"Effekt ohnehin weniger ausgeprägt ist. Dies hängt damit zusammen, daß sie die Welt weniger selbstwertdienlich strukturieren können (vgl. dazu STAHLBERG, OSNABRÜGGE & FREY, 1985).

Man kann annehmen, daß sich nach Entscheidungen nicht nur die Attraktivität der Alternativen verändert, sondern auch die Sicherheit über die Richtigkeit der Entscheidung. KNOX & INKSTER (1968) können z. B. nachweisen, daß Vpn, die Wetten bei Pferderennen abgeschlossen hatten, nach dem Wettabschluß über die Richtigkeit ihrer Entscheidung sicherer waren als vor dem Wettabschluß. Bei Gruppen ist dieser Prozeß der zunehmenden (Schein-)Sicherheit dabei noch stärker als bei Individuen (siehe dazu FREY, 1991).

5.1.2 Die Generalisierbarkeit der Ergebnisse in Nachentscheidungssituationen: Kognitive Konsequenzen illegitimer Handlungsentscheidungen

Die Vorhersagen der Dissonanztheorie hinsichtlich der Veränderung der Attraktivität von Entscheidungsalternativen zur Reduktion kognitiver Dissonanz lassen sich auf alle denkbaren Handlungen und Entscheidungen anwenden, unabhängig davon, ob diese Verhaltensweisen sozial erwünscht oder nicht erwünscht, legitim oder illegitim sind. DAVIS & JONES (1960) konnten z.B. nachweisen, daß Personen, die sich anderen gegenüber aggressiv verhalten, unter Bedingungen mit hoher Dissonanz dieses Verhalten rechtfertigen und das Opfer abwerten. Auch Untersuchungen, die im Rahmen der „Equity"-Theorie (vgl. den Beitrag von MÜLLER & HASSEBRAUCK in diesem Band) und der „Theorie der gerechten Welt" (vgl. LERNER & SIMMONS, 1966) durchgeführt wurden, zeigen, daß ein nicht wiedergutzumachender Schaden eine Abwertung des Opfers bewirkt (DAVIDSON, 1964; WALSTER & PRESTHOLDT, 1966). Ebenso wurden die Leiden des Opfers unterschätzt (BROCK & BUSS, 1962) und nur begrenzte Verantwortlichkeit für die Handlung (SYKES & MATZA, 1968) übernommen. Der Rechtfertigungsdruck für das Verhalten ist im allgemeinen um so stärker, je weniger die Chance besteht, eine Wiedergutmachung zu leisten, d.h. je weniger eine Entscheidung oder ein Verhalten revidierbar ist. Diese Ergebnisse weisen eine starke Relevanz für die Analyse abweichenden Verhaltens auf: Man kann davon ausgehen, daß Personen solches Verhalten vor sich selbst und vor anderen rechtfertigen müssen, wobei die Dissonanz durch behauptete Minimierung von Entscheidungsfreiheit durch Abwertung des Opfers, durch Anzweiflung der Illegitimität des Verhaltens usw. reduziert werden kann. Die Theorie der gerechten Welt, die „Equity"-Theorie und die Theorie der Neutralisationstechniken von SYKES & MATZA (1968) machen speziell in diesem Bereich die gleichen Vorhersagen wie die Dissonanztheorie. Letztlich kann jegliches Verhalten, das oberflächlich betrachtet als „unmenschlich" bezeichnet werden kann, dissonanztheoretisch erklärt werden, insofern als Menschen es durch kognitive Umstrukturierung zu rechtfertigen versuchen. Beispiele: das Verhalten der Vpn im Milgram-Experiment (GÜNTHER, 1987), das Verhalten der Vpn im Gefängnis-Experiment von Zimbardo (BIERBRAUER, 1987), das Verhalten der Vpn in den klassischen Experimenten von ASCH und SHERIF (PROSE, 1987) usw. Konformität und Gehorsam - auch wenn daraus unmoralisches und bestialisches Verhalten entsteht (siehe SS und SA) - werden von dem Täter so gerechtfertigt, daß sein Verhalten in Übereinstimmung mit einer höheren Moral oder einem höheren Wertesystem steht. Genauso kann aber auch die Passivität gegenüber Unrecht (mangelnde Zivilcourage) dissonanztheoretisch erklärt werden: Die Lethargie, Passivität, die mangelnde Zivilcourage werden gerechtfertigt, indem man die Opfer verniedlicht, Verantwortung ablehnt, die Handlung auf später verschiebt usw. Dissonanzreduktion liefert also

Rechtfertigungen und Entschuldigungen für jegliches Handeln. Das kognitive und affektive System wird der Handlung angepaßt.

5.1.3 Die Wirkungen unerwarteter negativer Konsequenzen nach Entscheidungen: „fait accompli"-Effekt

Welchen Einfluß haben nach einer Entscheidung plötzlich und unerwartet auftretende negative Konsequenzen („fait accompli")? BREHM (1959) stellte fest, daß sich bei unerwartet auftretenden negativen Konsequenzen einer Entscheidung die Attraktivität dieser Alternative erhöht, sofern sich die Personen für die negativen Konsequenzen verantwortlich fühlen. Auch COOPER (1971) und PALLAK et al. (1974) fanden ähnliche Ergebnisse. Negative Konsequenzen, die zufällig auftreten oder für welche die Person externe Faktoren verantwortlich machen kann, führen dagegen zu keiner Änderung der Attraktivität der Entscheidung oder Handlung.

Bei PALLAK, SOGIN & VAN ZANTE (1974) sollten die Vpn bei hoher bzw. niedriger Entscheidungsfreiheit eine relativ langweilige Aufgabe bearbeiten. Anschließend wurden sie vom Vl informiert, daß die Ergebnisse nutzlos seien (unvorhersehbare negative Konsequenzen). Die Attribution für die negativen Konsequenzen wurde dadurch variiert, daß den Vpn gesagt wurde, die Nützlichkeit dieser Ergebnisse seien vom Zufall (externe Attribution) oder von der Person selbst (interne Attribution) abhängig. Unter der Bedingung hohe Entscheidungsfreiheit/interne Attribution zeigte sich eine positivere Bewertung der Aufgabe als Form der Dissonanzreduktion im Vergleich zu den drei anderen Bedingungen. SOGIN & PALLAK (1976) konnten BREHM & JONES (1970), COOPER (1971) sowie PALLAK et al. (1974) replizieren. Negative Konsequenzen für den Akteur selbst bewirken also unter der Bedingung voller Entscheidungsfreiheit und interner Attribution seitens der Person das paradoxe, aber von der Dissonanztheorie vorhersagbare Ergebnis, daß die Attraktivität der Aufgabe bzw. der Entscheidungsalternative steigt, unabhängig davon, ob die negativen Konsequenzen vorhersehbar waren oder nicht (FREY, IRLE & HOCHGÜRTEL, 1979).

5.1.4 Dissonanz und kognitive Prozesse bei vorläufigen Entscheidungen

Wie oben schon erwähnt, behauptet FESTINGER, daß der Anwendungsbereich der Dissonanztheorie sich überwiegend auf die Situation *nach* Entscheidungen beschränkt. Vor Entscheidungen sei die Bewertung der Attraktivität der Alternativen ebenso wie die Informationsaufnahme unverzerrt und wäre Gegenstand der Konflikttheorie. Ausgangspunkt für diese Annahme FESTINGERS (1964) bilden Forschungen, in denen er „spreading apart"-Effekte bei Experimenten im sogenannten Vorentscheidungsprozeß nicht oder nur schwächer feststellen konnte. Wir hatten zuvor schon begründet, daß die Theorie der kognitiven Dissonanz nicht nur auf Prozesse nach vollzogenen, endgültigen Entscheidungen anwendbar ist, sondern auch auf vorläufige (tentative) Entscheidungen angewandt werden kann (vgl. dazu JECKER, 1968; IRLE, 1975; FREY, 1986). Vorläufige und endgültige Entscheidungen unterscheiden sich lediglich in bezug auf das Ausmaß des

Festgelegtseins.[4] Kognitive Dissonanz, die durch widersprechende Informationen hervorgerufen wird, kann nach tentativen Entscheidungen leichter durch Entscheidungsrevisionen reduziert werden, während die Dissonanz nach endgültigen Entscheidungen leichter durch eine Attraktivitätsveränderung der Alternativen abgebaut werden kann (vgl. OCHSMANN & FREY, 1977). Deshalb ist es nicht erstaunlich, wenn im Vorentscheidungsprozeß der „spreading apart"-Effekt geringer ist. Dies ist außerdem dadurch zu erklären, daß ein hoher Prozentsatz von Vpn im allgemeinen eliminiert werden muß, weil diese ihre vorläufige Entscheidung änderten (vgl. FESTINGER, 1964, und die darin beschriebenen Experimente).

Zwar sind die Ergebnisse über die unterschiedliche Bewertung der Attraktivität von Entscheidungsalternativen im Vorentscheidungsprozeß zweideutig, doch zeigen Untersuchungen, die im Rahmen der sequentiellen Informationsverarbeitung durchgeführt wurden (vgl. GRABITZ & GRABITZ-GNIECH, 1973; FREY, 1981a), daß Informationen, die einer präferierten Alternative oder Hypothese widersprechen, in ihrer Wertigkeit unterschätzt und Informationen, die dieser Alternative oder Hypothese entsprechen, in ihrer Wertigkeit überschätzt werden. Dieser als „Inertia"-Effekt in die Literatur eingegangene Effekt kann dissonanztheoretisch leicht erklärt werden: Das Auftreten von Informationen, die einer subjektiven Hypothese einer Person widersprechen, erzeugt kognitive Dissonanz, die durch Unterschätzung der Wertigkeit der Informationen bzw. der Veränderung der Hypothese reduziert wird.

5.1.5 Kognitive Konsequenzen irrtümlicher Selbsteinschätzungen

In den zuvor erwähnten Untersuchungen zur sequentiellen Informationsverarbeitung wurden die Vpn mit Informationen konfrontiert, die ihrer eigenen Hypothese widersprachen. Die bestehende Dissonanz wurde durch Verzerrung der widersprechenden Information oder durch Änderung der Hypothese reduziert. In einer Reihe von Experimenten wurden Vpn mit fiktiven Testergebnissen konfrontiert, die einem abgegebenen Urteil bzw. einer Entscheidung über einen Aspekt des Selbst – z.B. Intelligenz – widersprachen. Dabei konnte konsistent nachgewiesen werden (vgl. FREY, 1975b; 1978a; FREY & KUMPF, 1973; WYER & FREY, 1983; FREY & STAHLBERG, 1986; FRIES, FREY & PONGARTZ, 1977; FRIES & FREY, 1980; IRLE & KROLAGE, 1973; KUMPF & GÖTZ-MARCHAND, 1973; STEINER, 1968), daß Vpn versuchen, die Dissonanz, die aufgrund der Diskrepanz zwischen Selbsteinschätzung und dem erhaltenen (fiktiven) Ergebnis entstand, dadurch zu reduzieren, daß sie die dissonanten Informationen auf externe (Abwertung der Quelle der Information) oder auf intern variable Ursachen (die Kognition einer geringen Anstrengung während der Durchführung des Tests) zurückführen. Es zeigte sich bei positiver Abweichung im allgemeinen eine stärkere Angleichung an das erhaltene Ergebnis als bei negativer Abweichung, was durch die unterschiedliche Änderungsresistenz der Kognition

---

[4] Über die Prozesse vor Entscheidungen siehe vor allem FEGER (1978a, 1978b).

Selbsteinschätzung in den genannten Situationen erklärt werden kann. Personen haben nicht nur das Bedürfnis nach einer Bestätigung ihrer Urteile oder Erwartungen, sondern wollen auch in wünschenswerten Dimensionen so gut wie möglich abschneiden (vgl. dazu die Aussagen der Theorie der sozialen Vergleichsprozesse).

5.2 Kognitive Konsequenzen forcierter Einwilligung („forced-compliance")

5.2.1 Die Relevanz unterschiedlicher Rechtfertigungen und Belohnungen

Wenn Personen ein Verhalten zeigen, das mit ihrer privaten Meinung unvereinbar ist, entsteht kognitive Dissonanz. Die Kognitionen „Ich glaube X" und „Ich zeigte ein Verhalten NON-X" sind miteinander unvereinbar. In der Dissonanzliteratur nennt man diese Prozedur der Dissonanzerzeugung forced compliance, induced compliance oder lediglich compliance. Meistens wird die Person durch externe Anreize „forciert", das einstellungsdiskrepante Verhalten zu zeigen. Von allen Paradigmen ist dieses das in der dissonanztheoretischen Forschung am häufigsten verwandte. Diese Art des Verhaltens hat durchaus eine hohe Korrespondenz zu unserem Alltag: Sehr oft kommt es vor, daß wir Verhaltensweisen zeigen müssen, die eigentlich unserem Werte- und Einstellungssystem widersprechen. Dadurch entsteht Dissonanz. Eine Möglichkeit der Dissonanzreduktion liegt darin, die Einstellung dem Verhalten anzupassen, sofern der Änderungswiderstand der Kognition über die Einstellung im Vergleich zu den anderen Kognitionen gering ist. Äußerst stabile Effekte auf Einstellungs- und Verhaltensänderung haben dabei Rollenspiele. Die Dissonanz ist um so höher, je mehr Entscheidungsfreiheit eine Person für ihr Verhalten kogniziert, je höher die aversiven Konsequenzen dieses Verhaltens für sie selbst und/oder andere sind, und je geringer die Rechtfertigung für dieses Verhalten ist.

In vielen Experimenten wurde die Rechtfertigung des Verhaltens über die Höhe der Belohnung bzw. der angedrohten Bestrafung operationalisiert. Das klassische Experiment wurde von FESTINGER & CARLSMITH (1959) durchgeführt (für eine ausführliche Besprechung siehe OSNABRÜGGE & FREY, 1987 a). Dabei sollten die Vpn, die an einer langweiligen experimentellen Aufgabe teilgenommen hatten, gegen Bezahlung von einem bzw. zwanzig Dollar einer anderen wartenden Vp (in Wirklichkeit ein Mitwisser) erzählen, daß die Aufgabe im Experiment interessant und vergnüglich sei. Im Anschluß daran gaben die Vpn eine Bewertung darüber ab, wie interessant sie die Aufgabe selbst gefunden hatten. Wie von der Dissonanztheorie vorhergesagt, bewerteten die Vpn, die nur einen Dollar erhalten hatten, die Aufgabe als signifikant interessanter als die Vpn, die zwanzig Dollar erhalten hatten. Nach der Dissonanz-Theorie erleben nämlich die Personen, die nur einen Dollar erhalten, stärkere Dissonanz (aufgrund fehlender Rechtfertigung) und reduzieren diese durch eine Veränderung ihrer Meinung in Richtung auf das gezeigte Verhalten.

In den sechziger Jahren bestand eine Kontroverse zwischen den Dissonanz- und den Inzentivtheoretikern über die Frage, ob nach einstellungsdiskrepantem Verhalten generell hohe oder niedrige Belohnungen effektiver zur Änderung von Einstellung seien (vgl. dazu FREY, 1971). Wie sich in mehreren Untersuchungen (CARLSMITH, COLLINS & HELMREICH, 1966; FREY, 1975a; FREY & IRLE, 1972; LINDER, COOPER & JONES, 1967; NEL, HELMREICH & ARONSON, 1969; SHERMAN, 1970 usw.) zeigte, sind ein hoher Grad an Selbstverpflichtung und Entscheidungsfreiheit sowie das Auftreten negativer Konsequenzen, für die die Vp verantwortlich sind (internale Attribution) die entscheidenden Variablen: Insgesamt kann als bestätigt gelten, daß nur unter diesen Bedingungen die von der Dissonanztheorie vorhergesagte indirekte Beziehung zwischen Belohnung und Einstellungsänderung zu erwarten ist, d.h., daß sich die Attraktivität einer Handlung oder einer Aufgabe mit abnehmender Belohnung erhöht. Die ursprüngliche Fassung der Dissonanztheorie, die diese Beziehungen auf alle situativen Bedingungen (also auch auf Zustände niedriger Dissonanz bzw. reduzierter Entscheidungsfreiheit usw.) anwandte, mußte revidiert werden. Allerdings gilt auch bei hoher Entscheidungsfreiheit die umgekehrt proportionale Beziehung zwischen Belohnung und Einstellungsänderung nicht uneingeschränkt. GERARD, CONOLLEY & WILHELMY (1974) postulieren z.B., daß bei exzessiven („oversufficient-") Belohnungen trotz Entscheidungsfreiheit der finanzielle Anreiz in seiner Wirkung die Dissonanz übersteigt und deshalb eher die Vorhersagen der Inzentivtheorie zutreffen. Diese Überlegungen konnten von GERARD et al. (1974) und ebenso von FREY, IRLE, KUMPF, OCHSMANN & SAUER (1975) gestützt werden.

5.2.2 Entscheidungsfreiheit, Commitment, aversive Konsequenzen und Verantwortlichkeit

Wie zuvor schon bei der Modifikation von BREHM & COHEN erwähnt, sind Entscheidungsfreiheit und Commitment notwendige Bedingungen, damit es zu Dissonanz und damit auch zu Einstellungsänderungen kommt. Die Effekte der beiden Variablen sind dabei sehr robust (vgl. Frey & Irle, 1972; LINDER, COOPER & JONES, 1967; NEL, HELMREICH & ARONSON, 1969 usw.).

NEL et al. (1969) beobachteten, daß einstellungsdiskrepantes Verhalten per se keine Dissonanz und damit keine Einstellungsänderung erzeugt. Nur wenn das einstellungsdiskrepante Verhalten gegenüber einer Gruppe, die noch keine feste Einstellung hatte, gezeigt wurde, erfolgte eine Einstellungsänderung. (Die Vpn sollten sich entgegen ihrer Meinung dafür aussprechen, daß Marihuana legalisiert werden sollte; dies sollte eine Gruppe von Schülern vorgespielt werden, die bisher noch keine feste Meinung zu diesem Problem hatten.) Es scheint also so zu sein, daß negative aversive Konsequenzen die Voraussetzung für eine Dissonanzerregung sind. Ebenso wichtig ist, daß die negativen Konsequenzen irreversibel sind. So wiesen z.B. auch COOPER & WORCHEL (1970) nach, daß einstellungsdiskrepantes Verhalten, das ähnlich operationalisiert war wie bei FESTINGER & CARLSMITH (1959), nur dann zur Einstellungsänderung führte, wenn die angeblich wartende Vp der tatsächlichen Vp scheinbar Glauben schenkte, nicht aber wenn sie unbeeinflußt blieb. In einer Studie von COOPER, ZANNA & GOETHALS (1974) - wiederum dem Paradigma von FESTINGER & CARLSMITH ähnlich - zeigte sich, daß Einstellungsänderungen nach diskrepantem Verhalten nur dann auftraten, wenn dieses nur gegenüber einer Person gezeigt wurde, die man mochte, nicht aber gegenüber einer anderen Person. Auch hier war der scheinbare Erfolg der Beeinflussung notwendige Bedingung. Einstellungsdiskrepantes Verhalten allein ist also keine ausreichende Bedingung, um Effekte kognitiver Dissonanz auszulösen. GOETHALS & COOPER (1975) fanden, daß einstellungsdiskrepantes Verhalten z.B. nur dann zu Einstellungsänderungen führte, wenn es einer Quelle gezeigt wurde, die für die Vp negative Konsequenzen produzieren konnte. Dabei braucht das einstellungsdiskrepante Verhalten nicht faktisch durchgeführt zu werden, sondern es reicht bereits die Zustimmung dazu (vgl. WATERMAN, 1969; WICKLUND, COOPER & LINDER, 1967).

Die Forschung zeigt zwar, daß die Variable der Entscheidungsfreiheit sehr konsistente Effekte bringt, allerdings muß betont werden, daß Verantwortlichkeit als weitere Variable von hoher Relevanz ist. Verantwortlichkeit ist eine gemeinsame Funktion der wahrgenommenen Freiheit und der wahrgenommenen Vorhersehbarkeit der Konsequenzen des Verhaltens. COOPER & BREHM (1971) beobachteten, daß ihre Vpn die Aufgabe nur interessant fanden, wenn eine relative Deprivation vorhersehbar war, sie aber trotzdem bereit waren mitzumachen. Ebenso zeigte COOPER (1971), daß Dissonanz nur dann entsteht, wenn Entscheidungsfreiheit und klare Vorhersehbarkeit möglicher negativer Konsequenzen gegeben waren. Wenn die Vpn sagen konnten, daß das Ergebnis unvorhersehbar war, oder wenn sie keine Entscheidungsfreiheit hatten, wurde Verantwortlichkeit abgelehnt und es zeigte sich keine Dissonanz.

Bezüglich der Verantwortlichkeit für das ungewünschte Ereignis ist als weitere Bedingung eine internale bzw. persönliche Attribution seitens der Person notwendig. Das heißt, daß sie die Ursache des Ereignisses internal ansieht (vgl. auch COOPER, 1971; WICKLUND & BREHM, 1976). Durch Ablehnung der persönlichen Verantwortlichkeit für das ungewünschte Ereignis, kann der Zustand vermieden werden. Sowohl die Behauptung durch den Druck der Umgebung gezwungen worden zu sein als auch die Behauptung unvorhersehbarer Konsequenzen bewirken, daß die Person keine Dissonanz verspüren wird.

GOETHALS, COOPER & NAFICY (1979) versuchten, den Begriff der Vorhersehbarkeit zu klären. Sie unterschieden zwischen einem Ereignis, das zum Zeitpunkt der Handlung vorhersehbar war und einem Ereignis, das zwar zunächst unvorhersehbar schien, das man retrospektiv aber hätte antizipieren müssen. Diese Konsequenzen werden anschließend als vorhersehbar bezeichnet und führen letztlich zu kognitiver Dissonanz. Die Menschen fragen sich also, ob die Konsequenzen ihrer Handlung bekannt waren und - nach der Handlung - ob die Konsequenzen zum Zeitpunkt der Entscheidung hätten bekannt sein müssen. Wenn beide Antworten positiv ausfallen, war die Konsequenz vorhersehbar. Eindeutig vorhersehbare Konsequenzen sowie retrospektiv vorhersehbare erzeugen Dissonanz. Entscheidend sind also die Bewertung der aversiven Konsequenzen sowie die Einschätzung der Verantwortlichkeit, die - wie gesagt - von der Wahlfreiheit und der Vorhersehbarkeit abhängig ist. Erst wenn sowohl aversive Konsequenzen erkannt als auch die Verantwortlichkeit akzeptiert werden, entsteht Dissonanz.

Es muß auch hier wieder herausgestellt werden, daß Dissonanzreduktion nicht immer über Einstellungsänderung erfolgen muß. Sehr oft sind die ursprünglichen Einstellungen sehr salient und Vpn können dann z. B. argumentieren, daß ihr einstellungsdiskrepantes Verhalten eher schwach war. Vpn können ihr Verhalten, die Konsequenzen oder ihre persönliche Verantwortlichkeit also umbewerten, wenn sie sehen, daß Einstellungsänderung negative Konsequenzen hat.

5.2.3 „self-affirmation" und einstellungsdiskrepantes Verhalten

In mehreren Experimenten können STEELE und LIU (1983) nachweisen, daß Einstellungsänderungen nach einstellungsdiskrepantem Verhalten ausbleiben, wenn Menschen bestimmte Aspekte des Selbst, die mit dem diskrepanten Verhalten zu tun haben, bekräftigen können. Sie konfrontierten ihre Vpn mit einstellungsdiskrepantem Verhalten; vor der Einstellungsmessung hatte aber ein Teil der Vpn die Möglichkeit, einen selbstrelevanten Wert durch das Ausfüllen einer Wertskala zu artikulieren, wobei sich ergab, daß die Vpn, die ihren Selbstwert auf der Werteskala artikulieren konnten, keine Einstellungsänderung zeigten. Das Aktivieren eines positiven Teils des Selbstkonzeptes (self-affirmation) verringert also bestehende Dissonanz und verhindert Einstellungsänderung, auch wenn diese selbstbestätigenden Gedanken nicht die kognitiven Inkonsistenzen selbst verringern können.

In einem früheren Experiment konfrontierten STEELE & LIU (1981) ihre Vpn mit einem einstellungsdiskrepantem Aufsatz, in dem sie sich dagegen aussprechen sollten, daß für Behinderte mehr Spenden gesammelt werden. Diejenigen Vpn, dic eine spätere Möglichkeit erwarteten, blinden Studenten zu helfen, zeigten keine dissonanzreduzierende Einstellungsänderung. Wenn also das einstellungsdiskrepante Verhalten mit der Antizipation eines zukünftigen Verhaltens verbunden ist, in der die konträre Einstellung oder der Wert erneut bestätigt werden kann, so tritt keine Dissonanz oder darauffolgende dissonanzreduzierende Einstellungsänderung auf, auch wenn der affirmierende Response die spezifische Inkonsistenz nicht wiederherstellen kann. Die Erwartung einer wertbestätigenden Handlung erzeugt eine Kognition, in der der singuläre diskrepante Akt als weniger repräsentativ für eine Selbstdisposition gesehen werden kann. Die Erwartung einer Gelegenheit, sich in Zukunft wertfestigend zu verhalten, reicht also aus, um den Dissonanzeffekt zu eliminieren.

5.2.4 Die Relevanz unterschiedlicher Bestrafungen bei forcierter Einwilligung

Im Rahmen des „forbidden toy"-Paradigmas wurde überprüft, inwieweit unterschiedliche Bestrafungen bzw. Strafandrohungen auf kognitive Änderungen einen Einfluß haben. Von allen Experimentalparadigmen innerhalb der Forschung zur forcierten Einwilligung hat das „forbidden toy"-Paradigma, das zum ersten Mal von ARONSON & CARLSMITH (1963) angewandt wurde, die konsistentesten Ergebnisse für die Dissonanztheorie erbracht. Die Vpn (Kindergartenkinder) von ARONSON & CARLSMITH (1963) sollten zunächst eine Rangordnung von mehreren Spielzeugen aufstellen und erhielten dann die Instruktion, mit dem jeweils zweitattraktivsten Spielzeug nicht zu spielen. Eine Übertretung dieses Gebotes sollte eine hohe bzw. niedrige Strafe nach sich ziehen. Anschließend wurden die Vpn mit dem gesamten Spielzeug allein gelassen und durften mit allem außer dem verbotenen spielen. Kurze Zeit später wurde die Attraktivität des verbotenen Spielzeugs im Vergleich zu den anderen Spielzeugen zum zweiten Mal gemessen. ARONSON & CARLSMITH (1963) fanden, daß das verbotene Spielzeug bei hoher Strafandrohung attraktiver bewertet wurde als bei niedriger Strafandrohung. In mehreren Replikationen dieser generellen Prozedur (als Überblick siehe FREY, 1984) zeigte sich, daß Kinder bei geringer Strafandrohung das verbotene Spielzeug stärker abwerten als Kinder bei hoher Strafandrohung. Geringere Strafandrohungen scheinen also unter bestimmten Bedingungen zur Verinnerlichung von Werten bzw. zur Veränderung von Einstellungen effektiver zu sein. Die Dissonanztheorie erklärt diese Ergebnisse folgendermaßen: Die Kognitionen „Ich mag dieses (verbotene) Spielzeug" und „Ich spiele nicht mit diesem Spielzeug" erzeugen Dissonanz. Bei hoher Strafandrohung hat die Person genügend Rechtfertigung für ihr Verhalten und kann dadurch die Dissonanz reduzieren. Geringe Strafandrohung erzeugt dagegen keine ausreichende Rechtfertigung („insufficient justification") für das Nichtspielen; die entstehende Dissonanz wird deshalb durch Abwertung des verbotenen Spielzeugs reduziert. Die Ergebnisse innerhalb des „forbidden toy"-Paradigmas können – ebenso wie die Ergebnisse hinsichtlich der Belohnungsrelevanz innerhalb der „forced compliance"-Experimente – durch die Selbstwahrnehmungstheorie von BEM (1972) erklärt werden; allerdings hat diese Theorie einen geringen Geltungsbereich.

5.2.5 Kognitive Auswirkungen von (unnötigen) Anstrengungen: „effort-justification"

Die Theorie der kognitiven Dissonanz behauptet, daß die Attraktivität einer Aufgabe, für die man sich freiwillig verpflichtet hat, um so mehr ansteigt, je höher der Aufwand (effort) für diese Aufgabe ist. Die aufgrund der hohen oder unnötigen Anstrengung entstandene Dissonanz kann durch Erhöhung der Attraktivität der Aufgabe reduziert werden. Zwar hatten frühere Experimente zur „effort justification"-Hypothese von ARONSON (1961) und YARYAN & FESTINGER (1961) methodische Mängel, aber auch GERARD & MATHEWSON (1966) und ZIMBARDO (1965) konnten mit methodisch einwandfreieren Versuchsplänen die „effort justification"-Hypothese bestätigen. Auch Untersuchungen von INSKO, WORCHEL, SONGER & ARNOLD (1973), PERRY (1971), SHAFFER & HENDRICK (1971), SHAFFER & HENDRICK (1974) und WICKLUND, COOPER & LINDER (1967) haben konsistente Ergebnisse gebracht. Durch dieses Phänomen ist auch erklärbar, warum Menschen - für Außenstehende oft unbegreiflich - an bestimmten Entscheidungen festhalten. Es handelt sich dabei meistens um Ereignisse, in die eine Person sehr viel Energie, Zeit oder Geld investiert hat, so daß sie sich nur schwer entschließen kann, ihre Entscheidungen zu ändern (also z. B. ein Aktienpaket zu verkaufen, die Blockade gegenüber einer Innovation aufzugeben usw.).

5.2.6 Dissonanz und die Wirkung unglaubwürdiger oder unattraktiver Kommunikatoren auf die Einstellungsänderung

Was geschieht, wenn eine Vp sich freiwillig einem unglaubwürdigen oder unattraktiven Kommunikator aussetzt? Diese Situation ist derjenigen sehr ähnlich in der sich eine Vp unnötigem Aufwand hingibt („effort justification") bzw. unter geringer Belohnung ein einstellungsdiskrepantes Verhalten durchführt. Gemäß der Inzentivtheorie wird angenommen, daß ein Kommunikator um so effektiver die Meinungen von Menschen beeinflussen kann, je attraktiver und glaubwürdiger er in der Kognition des Empfängers der Kommunikation ist. COHEN, TERRY & JONES (1959) berichten aber auch von Ausnahmen, die in späteren Experimenten (COOPER, DARLEY & HENDERSON, 1974; HIMMELFARB & ARAZI, 1974; JONES & BREHM, 1967; KIESLER & CORBIN, 1965) repliziert werden konnten. In all diesen Untersuchungen hatten die Vpn explizite Entscheidungsfreiheit, entweder einem sehr oder einem wenig glaubwürdigen bzw. hoch oder niedrig attraktiven Kommunikator zuzuhören oder Aufgaben von ihm durchzuführen. Die Entscheidung, einem wenig glaubwürdigen Kommunikator zuzuhören oder seinen Wünschen nachzukommen, erzeugt Dissonanz und Rechtfertigungsdruck. Diese Dissonanz kann durch Abwertung des Kommunikators nicht reduziert werden, da die Person ihre Wahl freiwillig getroffen hat. Eine effektivere Reduktion kognitiver Dissonanz besteht in diesem Fall darin, die Einstellung bezüglich der in der Kommunikation vertretenen Meinung des unglaubwürdigen Kommunikators zu verändern. Die Theorie der kognitiven Dissonanz sagt also vorher, daß unglaubwürdige Kommunikatoren (allerdings nur unter Bedingungen völliger Entscheidungsfreiheit!) mehr Einstellungsänderung bewirken als glaubwürdige Kommunikatoren. Die obigen Untersuchungen haben eine Parallele zu den älteren „Heuschrecken"-Untersuchungen von ZIMBARDO, WEISENBERG, FIRESTONE & LEVY (1965) und SMITH (1961), in denen gefunden wurde, daß Vpn, die von einem unbeliebten Vl instruiert wurden, Heuschrecken zu essen, deren Geschmack angenehmer beurteilten, als wenn sie von einem beliebten Vl darum gebeten wurden. Bei diesen Experimenten kann allerdings kritisch eingewandt werden, daß sich in der negativen Kommunikatorbedingung signifikant mehr Vpn weigerten, die Heuschrecken zu essen und deshalb Selbstselektion vorliegt.

Insgesamt zeigen sich also im Bereich der forcierten Einwilligung konsistente Ergebnisse, und zwar insofern als niedrige Rechtfertigungen für Aufgaben und Verhaltensweisen zu einer Erhöhung der Attraktivität dieser Aufgaben und Verhaltensweisen führen, wenn Personen die Illusion einer Entscheidungsfreiheit haben (vgl. dazu auch STEINER, 1972).

5.3 Die selektive Suche nach neuen Informationen („selective exposure to information“)

In den vorhergehenden Kapiteln wurde betont, daß Personen kognitive Dissonanz durch Änderung (Addition, Subtraktion und Substitution) von Kognitionen reduzieren können und diese Veränderung eine Umbewertung von Einstellungen hinsichtlich der Richtigkeit der gewählten und der nicht gewählten Alternative bewirkt. Die Addition von neuen konsonanten Kognitionen kann oft durch deren Abruf aus dem Gedächtnis vorgenommen werden, was freilich nur möglich ist, solange solche Kognitionen vorhanden sind. Unter bestimmten Bedingungen müssen die Personen erst aktiv neue konsonante Informationen in ihrer Umwelt suchen. Entsprechend der Theorie der kognitiven Dissonanz bevorzugen Personen nach Entscheidungen solche Informationen, die die Dissonanzreduktion erleichtern, während sie dissonante, reduktionserschwerende Informationen vermeiden. Die Hypothese der selektiven Auswahl von Informationen behauptet also, daß man die gewählte Entscheidungsalternative durch die selektive Auswahl von Informationen abzusichern versucht.

EHRLICH, GUTTMAN, SCHONBACH & MILLS (1957) z.B. konnten in einer Untersuchung nachweisen, daß Autokäufer, die erst vor kurzer Zeit ein Auto gekauft hatten, stärker nach Informationen (Werbeannoncen) über den gekauften als über die zuvor in Betracht bzw. nicht in Betracht gezogenen Wagen suchten. Diese selektive Auswahl war bei Autobesitzern, die ihren Wagen schon länger besaßen, weniger vorhanden.

Die Dissonanztheorie sagt vorher, daß Menschen nach Entscheidungen dazu tendieren, entscheidungsunterstützende gegenüber entscheidungswidersprechenden Informationen zu suchen. Gleichzeitig stellt sie die Hypothese auf, daß eine kurvenlineare Beziehung zwischen der Dissonanzhöhe und der selektiven Informationssuche und Informationsvermeidung besteht. Je höher die Dissonanz ist, um so stärker versuchen Menschen, ihre Entscheidung durch die Suche nach entscheidungsunterstützenden Informationen abzusichern. Ist die Dissonanz aber so hoch, daß dadurch Dissonanz nicht mehr adäquat reduziert werden kann, läßt die selektive Informationssuche nach. Im Extremfall suchen die Entscheider nach entscheidungswidersprechenden Informationen, um ihre Entscheidung - sofern dies möglich ist - zu revidieren. Dasselbe wird von FESTINGER hinsichtlich der Vermeidung dissonanter Informationen vorhergesagt: Je höher die Dissonanz ist, um so mehr werden dissonante Informationen vermieden; ist die Dissonanz aber extrem groß, werden dissonante Informationen sogar gesucht, um eine Entscheidungsrevision vorzubereiten. Die Kurvenlinearität gilt also nur für reversible, nicht aber für irreversible Entscheidungen (vgl. FREY, 1982).

In ihrem Sammelreferat kommen FREEDMAN & SEARS (1965) zu dem Schluß, daß die Dissonanztheorie auf dem Gebiet der Informationssuche versagt habe und für diesen Bereich keine Vorhersagekraft hat. Sie übersehen dabei allerdings die - teilweise katastrophalen - methodischen Mängel fast aller „selective exposure“-Experimente, auf die sie sich beziehen (einschließlich ihrer eigenen). Dieser Vorwurf konnte zudem durch eine präzisere Formulierung und intensive Forschung ausgeräumt werden. FESTINGER selbst schränkte den Allgemeinheitsgrad der „selective exposure"-Hypothese ein, indem er in seiner Revision (FESTINGER, 1964) Ausnahmen von der Regel, daß konsonante gegenüber dissonanten Informationen vermehrt gesucht werden, einräumt. Dissonante Informationen werden dann sogar aktiv gesucht, wenn sie als nützlich gelten oder wenn die Person meint, die dissonante Information widerlegen zu können. Die Widerlegung einer dissonanten Information ist unter Umständen eine bessere Dissonanzreduktionsstrategie als die naive Vermeidung dieser Information. Dieses konnte FREY (1981a, b, c, d; 1986) in einer Serie von Untersuchungen nachweisen. Neben der Relevanz der Nützlichkeit und Widerlegbarkeit dissonanter Informationen zeigten sich folgende Ergebnisse: Die Selektivität der Informationssuche stieg mit zunehmender Informationsüberlastung, wenn Informationen mit Kosten verbunden waren, wenn eine Entscheidung irreversibel war oder wenn die Informationssuche unter Zeitdruck stattfand. Ebenso war bei Vpn mit hoher Angst und hoher Unsicherheit die Selektion höher.

Die experimentellen Forschungen von FREY und Mitarbeitern (vgl. FREY, 1986) bestätigen, daß dissonante Informationen dann gesucht werden, wenn das kognitive System so stabil ist, daß die dissonante Information integriert oder widerlegt werden kann. Das kognitive System kann aber auch schon so schwach sein, daß dissonante Informationen gesucht werden, um eine Entscheidungsrevision zu beschleunigen.

Neuere Forschungen zeigen (vgl. FREY, 1991), daß der „selective exposure"-Effekt keineswegs auf Einzelentscheider beschränkt ist. Bei Gruppen lassen sich diese Effekte zum Teil sogar stärker beobachten als bei Einzelpersonen. Die wichtigsten Ergebnisse der bisherigen Forschungen mit Gruppen lauten (vgl. FREY, 1991):

a) Homogene Gruppen, also Gruppen, deren Mitglieder ähnlicher Auffassung sind, zeigen stärkere Verzerrungen zu ihren Gunsten als heterogene Gruppen.
b) Heterogene Gruppen mit nur einem Minoritätsmitglied sind selektiver als solche mit zwei Minoritätsmitgliedern.
c) Repräsentanten von Gruppen sind selektiver als Nichtrepräsentanten.

Insgesamt sind Gruppen auch wesentlich sicherer, daß sie die richtige Entscheidung getroffen haben. Sie wiegen sich in einer Illusion der Unangreifbarkeit. Inwieweit solche „groupthink"-Phänomene (vgl. JANIS, 1972) auch auf andere Bereiche der Dissonanztheorie anwendbar sind, ist bisher noch unerforscht. (Genauso unerforscht ist, ob solche Gruppenphänomene auch für andere Theorien dieses Bandes relevant sind.) Insgesamt zeigen aber solche Forschungen, daß es eine Illusion wäre zu glauben, daß Gruppen „objektiver" bei der Informationsverarbeitung sind als Einzelpersonen.

5.4 Kognitive Konsequenzen von Meinungsdiskrepanzen mit anderen Personen: Einstellungsänderung und die Suche nach sozialer Unterstützung

„Soziale Kommunikationen und Interaktionen mit anderen Menschen stellen, falls diese nicht die eigene Meinung teilen, immer eine potentielle Quelle kognitiver Dissonanz dar. Interaktionen mit Gleichgesinnten dagegen können eine Reduktion von Dissonanz erleichtern, indem sie entsprechende neue konsonante kognitive Elemente liefern." FESTINGER (1957) spricht diese Probleme in dem Kapitel „social support" an. Er versucht hier, Aspekte seiner Theorie des sozialen Einflusses und der Theorie der informellen Kommunikation und des informellen Gruppendrucks in die Dissonanztheorie zu integrieren.

Wird eine Person mit Informationen und Meinungen anderer Personen konfrontiert, die zu ihrem bestehenden System von Kognitionen im Widerspruch stehen, so entsteht kognitive Dissonanz. Diese Dissonanz ist um so geringer, je geringer die Glaubwürdigkeit des Kommunikators, je geringer die Diskrepanz zwischen Empfänger und Sender und je weniger fest die betroffene Einstellung in das kognitive System eingebettet ist, d.h. je weniger konsonante Kognitionen mit der Einstellung verbunden sind. Die Person hat mehrere Dissonanzreduktionsmöglichkeiten: Änderung der eigenen Meinung in Richtung auf die in der Kommunikation vertretene Meinung, Änderung der Meinung des Kommunikators oder anderer, Abwertung des Kommunikators oder der Kommunikation, Verzerrung des Inhaltes der Kommunikation, Suche nach sozialer Unterstützung für die eigene Meinung usw. In diesem Zusammenhang soll insbesondere auf den zuerst und den zuletzt angesprochenen Punkt näher eingegangen werden, da zu diesem Problembereich zahlreiche empirische Untersuchungen vorliegen.

5.4.1 Einstellungsänderung bei Meinungsdiskrepanzen zwischen Kommunikator und Empfänger

In den meisten Untersuchungen, in denen die Einstellungsänderung als Dissonanzreduktionsstrategie gemessen wurde, versuchte man, die übrigen Dissonanzreduktionsmechanismen zu blockieren. Ein Forschungsschwerpunkt besteht darin, zu untersuchen, welcher Zusammenhang zwischen der Diskrepanz und der Höhe einer Einstellungsänderung besteht, da über diesen Sachverhalt neben der Theorie der kognitiven Dissonanz auch andere Theorien Aussagen machen. Empirische Untersuchungen erbrachten widersprüchliche Ergebnisse: Mit zunehmender Diskrepanz zwischen dem Kommunikator und dem Empfänger nimmt die Einstellungsänderung des Empfängers in Richtung auf die in der Kommunikation vertretene Meinung zu (vgl. z.B. ZIMBARDO, 1960) oder aber ab (vgl. HOVLAND, HARVEY & SHERIF, 1957). Eine zentrale vermittelnde Variable, die die Widersprüche erklären könnte, scheint die Glaubwürdigkeit des Kommunikators zu sein: ARONSON, TURNER & CARLSMITH (1963) sowie BOCHNER & INSKO (1966) fanden, daß bei Kommunikatoren mit hoher Glaubwürdigkeit die Einstellungsänderung mit zunehmender Diskrepanz ansteigt, während bei Kommunikatoren mit niedriger Glaubwürdigkeit die Einstellungsänderung mit zunehmender Diskrepanz abnimmt. Dieser Sachverhalt läßt sich durch den Änderungswiderstand von Kognitionen erklären: Hohe Glaubwürdigkeit des Kommunikators bewirkt einen hohen Änderungswiderstand der Kognitionen über den Kommunikator; zur Reduktion der Dissonanz wird deshalb eher die eigene Meinung geändert. Bei niedriger Glaubwürdigkeit des Kommunikators kann dieser leicht abgewertet werden, so daß die eigene Meinung nicht mehr zur Reduktion kognitiver Dissonanz geändert zu werden braucht.

Die Dissonanztheorie liefert aber auch eine Erklärung dafür, daß Einstellung durch Beeinflussungsversuche noch verfestigt oder sogar in beeinflussungskonträre Richtung verändert werden können. Dieses Phänomen wurde von HOVLAND et al. (1957) als Bumerangeffekt und von SHERIF & HOVLAND (1961) als Kontrasteffekt bezeichnet und im Rahmen ihrer Assimilations-Kontrast-Theorie erklärt (vgl. STAHLBERG, 1987). Nach der Dissonanztheorie tritt der Bumerangeffekt immer dann auf, wenn die Einstellung, die verändert werden soll, besonders änderungsresistent ist. Das kann bei stark emotional und affektiv gefärbten Vorurteilen und Werten, wie auch bei anderen zentralen Einstellungen der Fall sein. Man kann sich diesen Vorgang folgendermaßen erklären: Die einstellungsdiskrepante Kommunikation erzeugt Dissonanz; die attackierte Kognition hat aber einen zu hohen Änderungswiderstand, als daß sie in Richtung auf die in der Kommunikation vertretene Meinung geändert werden könnte. Die Änderungsresistenz der Kognition über die Kommunikation ist also geringer als die der betroffenen Kognition, so daß die bestehende Dissonanz durch Verfestigung der Ausgangseinstellung reduziert wird; durch diese Verfestigung kann eine psychologische Distanzierung von der Kommunikation sowie eine Abwertung der Kommunikation leicht erfolgen. Neben der Verfestigung der eigenen Meinung werden also Abwertungsprozesse der Kommunikation und des Kommunikators festzustellen sein. Aus dem Dissonanzreduktionsprozeß geht die angegriffene Einstellung gefestigt hervor.

VON CRANACH, IRLE & VETTER (1965) wiesen in zwei Experimenten nach, daß bei geringer Verankerung einer Einstellung in ein übergreifendes Wertesystem eine Annäherung an die konträre Kommunikation, bei starker Verankerung hingegen eine Verfestigung der ursprünglichen eigenen Einstellung (Bumerangeffekt) erfolgt (siehe auch HALVERSON & PALLAK, 1974; RHINE & POLOWNIAK, 1971; SHERIF, KELLEY, RODGERS, SARUP & TITTLER, 1973). Insgesamt kann davon ausgegangen werden, daß der Bumerangeffekt dissonanztheoretisch über den Änderungswiderstand von Kognitionen leicht zu erklären ist. Dadurch scheint eine Integration der Assimilations-Kontrast-Theorie in die Dissonanztheorie möglich zu sein.

5.4.2 Die Suche nach sozialer Unterstützung

Eine weitere Möglichkeit, angegriffene Einstellungen zu stabilisieren, besteht in der Suche nach sozialer Unterstützung, wodurch neue mit der eigenen Meinung konsonante Elemente studiert werden können.

Soziale Unterstützung wird nicht nur gesucht, wenn das kognitive System attackiert und verunsichert wird, sondern auch, wenn das Individuum aufgrund einer diskrepanten Kommunikation seine Meinung ändert. Die Änderung der Einstellung erzeugt insofern neue Dissonanz, als durch die geänderte Kognition früher konsonante Beziehungen zu anderen Kognitionen dissonant werden. Die Person befindet sich also erneut in einem Zustand kognitiver Dissonanz, der allerdings geringer ist als der vorherige, da immer diejenige Reduktionsart gewählt wird, welche die geringste neue Dissonanz entstehen läßt. Um diese Dissonanz niedrig zu halten, werden solche Kommunikationen bevorzugt, die die neue Einstellung bestätigen und die früher eingenommene Position angreifen. Warum wurde nun die Dissonanz nicht durch die Beibehaltung der früheren Meinung und durch anschließende selektive Informationssuche reduziert? Wahrscheinlich wäre die neue Dissonanz immer noch größer gewesen als die durch Änderung der Einstellung entstandene. Es zeigt sich hier wiederum die Relevanz des Änderungswiderstandes von Kognitionen.

Als Beispiel der Bedeutung sozialer Unterstützung für die Reduktion kognitiver Dissonanz kann die klassische Untersuchung von FESTINGER, RIECKEN & SCHACHTER (1956) genannt werden. Es konnte gezeigt werden, daß eine Gruppe, bei deren Mitgliedern starke Dissonanz durch die Nichtbestätigung ihres Glaubenssystems erzeugt wurde (der vorausgesagte Weltuntergang trat nicht ein), ihren Glauben nicht aufgab, sondern ihre Dissonanz durch Verfestigung („bolstering") der ursprünglichen Einstellung reduzierte und plötzlich damit begann, Anhänger für ihren Glauben zu rekrutieren. Wenn Beeinflussungsversuche erfolgreich sind und neue Anhänger gewonnen werden, so entspricht dies der Addition neuer konsonanter Kognitionen. Ähnliche Ergebnisse zeigte eine Untersuchung von BANTSON (1975). In vergleichbarer Weise haben FESTINGER (1957) und FESTINGER, RIECKEN & SCHACHTER (1956) die Entstehung des Christentums dissonanztheoretisch erklärt: Nach dem unerwarteten Ausbleiben der Wiederkunft Jesu Christi zu Lebzeiten der Jünger setzten bei diesen und anderen Christen verstärkte Missionsbestrebungen ein. Diese Missionsbestrebungen können ein Mittel zur Reduktion kognitiver Dissonanz gewesen sein (vgl. auch SCHÖNBACH, 1966).

BRODBECK (1956) fand, daß Vpn, die mit einer einstellungsdiskrepanten Kommunikation konfrontiert worden waren, eher Kommunikationspartner präferierten, deren Meinung mit der ihren übereinstimmt als Vpn, die einer einstellungskonvergenten Kommunikation ausgesetzt waren. MACCOBY, MACCOBY, ROMNEY & ADAMS (1961) stellten fest, daß Vpn, die ihre Meinung aufgrund einer einstellungsdiskrepanten Kommunikation änderten, solche Personen präferierten, deren Meinung mit der ihren übereinstimmte, wohingegen Vpn, die trotz der Gegenkommunikation standhaft blieben, solche Personen suchten, die mit der beibehaltenen Meinung übereinstimmten. Dies kann, wie oben erwähnt, dadurch erklärt werden, daß die Änderung einer Einstellung mit neuer Dissonanz verbunden ist, was vor allem auf die psychologische Inkompatibilität der neuen Meinung mit Kognitionen, die sich auf die frühere Meinung beziehen, zurückzuführen ist. Die neue Dissonanz kann durch soziale Unterstützung für die neue Meinung reduziert werden.

Andererseits zeigen aber auch Untersuchungen von Brodbeck (1956), Festinger & Thibaut (1952), Festinger, Gerard, Hymowitsch, Kelley & Raven (1952) und Schachter (1951) in Diskussionssituationen, daß Personen Kommunikationen mit Abweichlern gegenüber Kommunikationen mit Konformisten bevorzugen. Der Widerspruch läßt sich durch das Ergebnis eines Experiments von Schachter (1951) leicht lösen, in dem gefunden wurde, daß die Kommunikationen mit Abweichlern abrupt abgebrochen werden, wenn keine Erfolgsmöglichkeit für eine Einstellungsänderung bei den Abweichlern gesehen wird.

5.5 Interpretation der Dissonanzerregung

5.5.1 Die kognitive Kontrolle von Motivationen durch Dissonanz

Die Reduktion kognitiver Dissonanz kann zu einer Verstärkung oder zu einer Verminderung der Ausprägung biologisch elementarer Bedürfnisse, wie z.B. nach Flüssigkeit oder Nahrung führen. Die Operationalisierung zur Überprüfung dieser Hypothesen erfolgte wie bei den Experimenten zur forcierten Zustimmung: Die Vpn sollten sich freiwillig verpflichten, eine gewisse Zeit nichts zu essen oder zu trinken; sie kamen dann wieder ins Labor und erfuhren, daß sie diesen Zustand unter hoher oder niedriger Rechtfertigung für einige weitere Stunden freiwillig fortsetzen sollten. Je höher die Rechtfertigung für dieses Verhalten ist, um so geringer ist die Dissonanz. Es zeigte sich konsistent, daß die Vpn unter Bedingungen hoher Dissonanz über geringeren Hunger und Durst berichteten, und daß auch in physiologischen Messungen ein geringeres Maß an ungesättigten Fettsäuren und ein höherer Blutzuckergehalt nachweisbar ist (Brehm, 1962; Brehm & Crocker, 1962; Brehm, Back & Bogdonoff, 1964; Brock & Grant, 1963; Mansson, 1969). Motivationen bzw. biologische Bedürfnisse können also offensichtlich kognitiv kontrolliert werden. Daß auch das Ausmaß des empfundenen Schmerzes kognitiv kontrolliert werden kann, zeigt eine Untersuchung von Zimbardo, Cohen, Weisenberg, Dworkin & Firestone (1969). Sie gaben ihren Vpn entweder minimale oder hohe Rechtfertigung für Elektroschocks. Vpn mit hoher Dissonanz (minimale Rechtfertigung) empfanden die Schocks weniger schmerzhaft als Vpn mit niedriger Dissonanz (hohe Rechtfertigung). Die Selbstberichte korrespondierten exakt mit den physiologischen (GSR)-Messungen (vgl. auch Gerard, 1967; Nisbett & Schachter, 1966 und Quanty & Becker, 1974). Gerade zu diesen Untersuchungen zeigen sich die Querverbindungen der Dissonanztheorie zur Theorie der kognizierten Kontrolle (vgl. Osnabrügge, Stahlberg & Frey, 1985).

5.5.2 Dissonanz als Erregungszustand

Sofern Dissonanz ein Erregungszustand ist, müßte diese auch auf das Abschneiden in Leistungssituationen ähnliche Auswirkungen haben wie andere Erregungszustände: Erregungszustände verringern Reaktionen mit hoher Auftrittswahrscheinlichkeit und erhöhen Reaktionen mit niedriger Auftrittswahrscheinlichkeit (vgl. SPENCE, FARBER & MCFANN, 1956). PALLAK (1970) sowie PALLAK & PITTMAN (1972) konnten dies nachweisen. Bei PALLAK (1970) wurde kognitive Dissonanz dadurch erzeugt, daß die Vpn freiwillig einen einstellungsdiskrepanten Aufsatz schreiben sollten. Bei einem anderen Teil der Vpn wurde ein Erregungszustand durch die Androhung eines Elektroschocks induziert, während eine Kontrollgruppe von Vpn weder das Schreiben eines Essays noch das Erhalten eines Elektroschocks antizipieren sollte. Nach diesen Manipulationen führten die Vpn eine Lernaufgabe zur Paarassoziation durch. Wenn die Existenz dissonanter Kognitionen erregend ist, müßten die Vpn, die Dissonanz erleben, im Paarassoziationslernen besser abschneiden als Vpn, die in keinem Erregungszustand waren. Die Ergebnisse von PALLAK (1970) bestätigen diese Hypothese. Vpn in der Dissonanzbedingung waren so gut wie Vpn in der Schock-Erregungs-Bedingung und beide signifikant besser als Vpn in der Kontrollbedingung. Ähnliche Ergebnisse zeigten die Experimente von COTTRELL, RAJECKI & SMITH (1974), COTTRELL & WALCK (1967), PALLAK & ANDREW (1970); WATERMAN (1969) und WATERMAN & KATKIN (1967). Nach diesen Experimenten kann man folgendes annehmen: Manipulationen von kognitiver Dissonanz durch einstellungsdiskrepantes Verhalten erzeugen Effekte, die ähnlich anderen Erregungszuständen sind. Die Höhe kognitiver Dissonanz verändert die Leistung bei Aufgaben, die unabhängig von der Manipulation kognitiver Dissonanz (und deshalb unabhängig von der Dissonanzreduktion) sind. Die Höhe der Dissonanz interagiert mit Responsedominanz bei der Leistung in Aufgaben, die eindeutig nicht instrumental für die Dissonanzreduktion waren.

PALACK & PITTMAN (1972) zeigten, daß Dissonanzmanipulationen die Leistung bei simplen Aufgaben verbesserte, bei komplexen Aufgaben aber verschlechterte. In einer zweiten Studie wurde gleichzeitig nachgewiesen, daß dieselbe Dissonanzmanipulation Einstellungsänderungen erzeugte. Insgesamt bestätigen also diese Studien, daß Dissonanz energetisierende Eigenschaften hat. Es gibt allerdings nur sehr wenig Versuche, Dissonanzerregung direkt zu messen. FAZIO & COOPER (1983) geben einen Überblick über diese Experimente. CROYLE & COOPER (1983) zeigten z.B., daß die Vpn, die in der typischen Situation des einstellungsdiskrepanten Verhaltens waren, physiologisch erregt waren; dies wurde durch die Häufigkeit der spontanen elektrodermalen Aktivität gemessen. Nur Vpn in der hohen Dissonanzbedingung (hohe Entscheidungsfreiheit) hielten dieses erhöhten Erregungslevel auch nach dem Schreiben des Aufsatzes bei.

Einen direkten Beweis der Dissonanzerregung liefert eine Studie von COOPER, ZANNA & TAVES (1978). Die Vpn führten ein einstellungsdiskrepantes Verhalten unter Bedingungen hoher bzw. niedriger Entscheidungsfreiheit durch und bekamen entweder ein Placebo oder Phenolbarbital (Phenolbarbital hat den Effekt einer objektiven Beruhigung und einer Reduktion von Erregung). Während in der Placebo-Bedingung die typischen Effekte gefunden wurden, zeigte sich weder unter niedriger noch unter hoher Entscheidungsfreiheit bei den Vpn in der Phenolbarbital-Bedingung irgendeine Einstellungsänderung. Faktische Erregung scheint also eine notwendige Komponente der Einstellungsänderung nach einstellungsdiskrepantem Verhalten zu sein.

5.5.3 Die Fehlattribution von Dissonanz als Erregungszustand

Die im Abschnitt zuvor aufgeführten Experimente haben gezeigt, daß die meisten Techniken zur Erzeugung kognitiver Dissonanz einen Erregungszustand bewirken. Folgt man der affektiv-kognitiven Labeling-Theorie von SCHACHTER & SINGER (1962) sowie SCHACHTER (1964) (vgl. Hammerl et al. in diesem Band), so kann man annehmen, daß die Reaktion auf den Erregungszustand von der Etikettierung (cognitive labeling) der Erregung abhängig ist. Nach SCHACHTER & SINGER (1962) ist eine Emotion eine Funktion der autonomen physiologischen Erregung und eines kognitiven Labels. Die Erregung ist notwendig, um die Emotion zu erfahren; die jeweilig verfügbare Interpretation der Erregung bestimmt aber die Art der Emotion. Emotionen können verändert werden, wenn die Erregung fälschlicherweise einem externen Stimulus attribuiert wird. WORCHEL & ARNOLD (1974) folgern, daß sich die Einstellungsänderung erhöhen müsse, wenn die durch die Dissonanz entstandene Erregung mit einer davon unabhängig auftretenden Erregung gekoppelt und derselben Quelle attribuiert wird. Die Vpn von WORCHEL & ARNOLD (1974) sollten sich mit oder ohne Entscheidungsfreiheit einer einstellungsdiskrepanten Kommunikation aussetzen. Bei der Hälfte der Vpn (Unterbrechungsbedingung) wurde die Rede während des Konklusionssatzes unterbrochen; bei der anderen Hälfte hörten die Vpn die Rede bis zum Schluß (keine Unterbrechungsbedingung). Vpn in der Bedingung Entscheidungsfreiheit/Unterbrechung zeigten signifikant mehr Einstellungsänderung als Vpn in den drei anderen Bedingungen. Man kann annehmen, daß sich die durch die kognitive Inkonsistenz und durch Unterbrechung erzeugten Erregungszustände kombinieren und deshalb zu einer erhöhten Einstellungsänderung führen. Kombinierte Erregungszustände führen also dann zu stärkeren Effekten, wenn sie auf dieselbe Quelle attribuiert werden. Im Experiment von WORCHEL & ARNOLD (1974) wurde die durch die Unterbrechung entstandene Erregung kausal auf die Dissonanzmanipulation attribuiert. DRACHMAN & WORCHEL (1976) zeigen, daß kognitive Dissonanz nur dann zu einer Einstellungsänderung führt (vorausgesetzt, daß die Einstellung den geringsten Änderungswiderstand hat), wenn die Erregung auf kognitive Dissonanz attribuiert wird. Ihre Vpn sollten ein einstellungsdiskrepantes Verhalten unter hoher Entscheidungsfreiheit ausführen. Gleichzeitig wurden ihnen positiv bzw. negativ erregende Bilder (Sex- bzw. Gewaltszenen) oder keine Bilder vorgelegt. Es zeigte sich, daß weder bei Vorlage positiver noch negativer Bilder eine Einstellungsänderung stattfand, wohl aber in der Versuchsbedingung ohne Bilder. DRACHMAN & WORCHEL (1976) argumentieren, daß die Vpn die Erregung durch die kognitive Dissonanz den erregenden Bildern zuschrieben und deshalb keine Einstellungsänderung zeigten.

Auch ZANNA & COOPER (1974) weisen nach, daß die Zuschreibung von Erregung die Dissonanzreduktion determiniert. Sie gaben ihren Vpn in einer „forced compliance"-Situation Placebos, wobei entweder gesagt wurde, daß die Pillen erregend, beruhigend oder ohne Nebenwirkungen seien. Vpn, die keine Nebenwirkungen erwarteten, zeigten einen Dissonanzeffekt, d.h. Vpn mit hoher Entscheidungsfreiheit änderten ihre Einstellung in Übereinstimmung mit dem Verhalten stärker als Vpn mit niedriger Entscheidungsfreiheit. Konnten die Vpn ihre Erregung der Pille attribuieren, wurde der Dissonanzeffekt eliminiert. Waren die Vpn hingegen der Meinung, daß die Pille beruhigend sei, änderten Vpn mit hoher Entscheidungsfreiheit ihre Einstellung signifikant stärker als in der Kontrollbedingung (vgl. auch PITTMAN, 1975; ZANNA, HIGGINS & TAVES, 1976; GONZALES, COOPER & ZANNA, 1975).

FAZIO et al. (1977) fanden eine Fehlattribution gegenüber einem aversiven Experimentalzimmer, in dem die Vp saß, und GONZALES & COOPER (1976) beobachteten eine Fehlattribution gegenüber einem neuen fluorescenten Licht. Die Anwesenheit einer externalen Quelle, auf die eine bestehende Dissonanz attribuiert werden kann, minimiert demnach die Einstellungsänderung.

Die Effekte der Fehlattribution von Dissonanz wurden aber auch in anderen Experimentalparadigmen nachgewiesen. So konfrontierten z.B. FRIES & FREY (1980) ihre Vpn mit negativen Ergebnissen über ihre eigene Intelligenz. Vor der Rückgabe der fiktiven Ergebnisse nahmen sie eine Pille (Placebos) ein, die als erregend oder beruhigend beschrieben wurde. Konnte die Erregung des negativen Testergebnisses der (erregenden) Pille zugeschrieben werden, so wurde der Intelligenztest weniger stark in seiner Zuverlässigkeit abgewertet; unter der Beruhigungsbedingung wurde der Intelligenztest dagegen extrem abgewertet (vgl. dazu auch FREY, FRIES & OSNABRÜGGE, 1983).

Genauso wie man fälschlicherweise eine Erregung, die dadurch entstanden ist, daß man freiwillig ein ungewünschtes Ereignis produziert hat (z.B. einstellungsdiskrepantes Verhalten) auf eine externale Quelle attribuieren kann, ist es möglich, eine Erregung, die tatsächlich durch eine externale Quelle verursacht ist, auf die Dissonanz zurückzuführen. Die Attribution external verursachter Erregung auf das eigene einstellungsdiskrepante Verhalten erhöht vermutlich die Dissonanzmotivation und so die Höhe der Einstellungsänderung. In einer Studie von COOPER, ZANNA & TAVES (1978) nahmen die Vpn zunächst Amphetamine und schrieben anschließend unter hoher oder niedriger Entscheidungsfreiheit einen Aufsatz entgegen ihrer privaten Meinung. Wenn diese Tablette als Placebo deklariert wurde, attribuierten die Vpn ihre Erregung aufgrund des Amphetamins auf das einstellungsdiskrepante Verhalten. Unter dieser Bedingung änderten sie ihre Einstellungen signifikant mehr als die anderen Vpn des Experiments. Interessanterweise zeigte sich, daß Vpn mit niedriger Entscheidungsfreiheit die auch Amphetamin nahmen, ebenfalls mehr Einstellungsänderung zeigten. Die Erregung durch die Tablette überzeugte die Vpn, daß sie für die Konsequenzen ihres einstellungsdiskrepanten Verhaltens verantwortlich waren, obwohl sie faktisch keine Entscheidungsfreiheit hatten. Tatsächlich gaben die Vpn unter dieser Bedingung auch mehr Entscheidungsfreiheit an. Wenn Dissonanzerregung also durch eine Beruhigungspille blockiert wird, kommt es zu keinen Effekten (vgl. auch COOPER & FAZIO, 1984).

Ist Dissonanzerregung ein allgemeiner oder ein aversiver Zustand? ZANNA, HIGGINS & TAVES (1976) machten eine Replikation der ursprünglichen Studie von ZANNA & COOPER (1974). Die Pille, die die Vpn nahmen, wurde entweder als spannungserzeugend oder als eine angenehme Erregung erzeugend beschrieben. Die Frage war, ob unter beiden Bedingungen eine Einstellungsänderung stattfindet. Die Ergebnisse sind insofern konsistent mit der Ansicht, daß Dissonanzerregung aversiv ist, als Vpn in der Spannungsbedingung ihre Einstellungen nicht änderten (sie konnten die Dissonanz auf die spannungserzeugende Tablette attribuieren), wohingegen es in der angenehmen Erregungsbedingung zur Einstellungsänderung kam.

Ähnlich fanden HIGGINS, RHODEWALT & ZANNA (1978), daß Erregung als Diskomfort und nicht als arousel per se die kritische Komponente des dissonanten Zustandes ist. In einem Experiment von COOPER, FAZIO & RHODEWALT (1987) sollten die Vpn unter hoher oder niedriger Entscheidungsfreiheit ein einstellungsdiskrepantes Verhalten durchführen, anschließend konnten sie einen humorvollen Cartoonfilm sehen. Dieser wurde entweder vor oder nach der Erhebung der Einstellung gezeigt, so daß der Cartoon also als Fehlattributionsstimulus dienen konnte. Die Reihenfolge hatte bei Vpn mit hoher Entscheidungsfreiheit starke Konsequenzen: Wurde der Cartoon vor der Einstellungsmessung gesehen, wurde er als lustiger bezeichnet, was eine geringe Einstellungsänderung zur Folge hatte. Vpn, die den Film erst später sahen, änderten ihre Einstellungen stärker und fanden den Cartoon weniger lustig. Bei Vpn mit niedriger Entscheidungsfreiheit zeigten sich keine signifikanten Effekte.

In einem Experiment von RHODEWALT & COMER (1979) sollten die Vpn unter hoher Entscheidungsfreiheit sich wieder einstellungsdiskrepant verhalten, wobei zuvor Elektroden bei ihnen angebracht wurden. Die Vpn wurden dabei gebeten, entweder zu lächeln, die Stirn zu runzeln (frown) oder die Gesichtsmuskeln zu entspannen. Die letzte Gruppe zeigte die typischen Effekte einer mittleren Einstellungsänderung, während die Vpn, die die negative Gesichtsstellung ausführen sollten, sehr starke Einstellungsänderung zeigten. Vermutlich wurde dieses als Anzeichen genommen, daß die Erregung unangenehm war, bzw. das Stirnrunzeln wurde als negative Kognition gesehen, die die Dissonanz noch verstärkte. Lächelnde Vpn änderten ihre Einstellung nicht; ihr Gesichtsausdruck brachte sie dazu, die Erregung positiv zu interpretieren. Sie beschrieben sich auch als glücklicher auf der Stimmungsskala als alle anderen Personen.

Die obigen Ergebnisse zeigen, daß Dissonanzerregung unter bestimmten Bedingungen auch als positive Emotion interpretiert werden kann. Wenn die Erregung positiv etikettiert wird und einer externalen Quelle zugeschrieben wird, dann entsteht keine Dissonanz und kein Druck, die Einstellung zu ändern. Ebenso besteht kein Anlaß zur Einstellungsänderung, wenn die Erregung negativ interpretiert wird, aber auf eine externale Quelle zugeschrieben wird. COOPER & FAZIO (1984) differenzieren deshalb zwischen Dissonanzmotivation und Dissonanzerregung. Dissonanzmotivation tritt nur auf, wenn das Individuum den Zustand der Erregung negativ interpretiert und die Erregung darauf zurückführt, daß sie mit voller Entscheidungsfreiheit aufgrund ihrer persönlichen Handlung aversive Konsequenzen herbeigeführt hat. Nur diese Dissonanzmotivation hat FESTINGER (1957) beschrieben.

Die Ergebnisse zur Fehlattribution von Erregung können weder von der Selbstwahrnehmungstheorie von BEM (1972) noch von der Theorie von KELLEY (1967, 1972), der eine Attributionsanalyse unter Einschluß von BEMS Interpretation in ein allgemeineres Modell der Informationsverarbeitung liefert, erklärt werden. Die oben berichteten Ergebnisse konnten nur auftreten, wenn inkonsistente Kognitionen Erregung erzeugt haben. Nach diesen Ergebnissen liegt es nahe, die Modelle von BEM und KELLEY fast ausschließlich nur auf Beobachter-Vpn anzuwenden.

5.5.4 Kann Alkohol Dissonanzreduktion verhindern?

Basierend auf den Annahmen, daß kognitive Dissonanz als ein unangenehmer emotionaler Zustand wahrgenommen wird, und Alkohol einen Effekt auf das daraus resultierende Verhalten hat, sagten STEELE, SOUTHWICK & CRITCHLOW (1981) vorher, daß unter sozialen Trinkern (also keine Alkoholiker!) Dissonanzerregung die Menge des getrunkenen Alkohols steigern würde und das Trinken die Dissonanz und die darauffolgende Einstellungsänderung reduzieren würde. Die Vpn sollten verschiedene Arten von alkoholischen Getränken (Bier, Wodka) unter dem Vorwand testen, den Geschmack einzuschätzen. Tatsächlich wurde aber die getrunkene Menge registriert und zwar sofort nachdem unterschiedliche Dissonanz dadurch erzeugt worden war, daß die Vpn freiwillig einen Aufsatz für oder gegen Erhöhung der Studiengebühren unter der Bedingung völliger Entscheidungsfreiheit schreiben sollten. Im Anschluß an die Trinkaufgabe erfolgte die Einstellungsmessung, wobei sich folgendes ergab: Obwohl die Dissonanzentstehung keinen Effekt auf die Höhe des Trinkens hatte, zeigte sich insgesamt, daß das Trinken ausreichend war, um dissonanzreduzierende Einstellungsänderungen zu eliminieren. Dies gilt sowohl für leichte als auch für schwere soziale Trinker. Diese Effekte traten jedoch nicht auf, wenn es sich bei den Getränken um Wasser, Cola oder Kaffee handelte. Die Autoren schließen daraus, daß einige Formen des Alkoholmißbrauchs entstehen, weil durch verstärktes Trinken eine Art der Dissonanzreduktion erreicht werden kann. Die theoretische Implikation besteht darin, daß Dissonanz durch Verhaltensweisen reduziert werden kann, die zwar das unangenehme Gefühl der Dissonanz vermindern, aber keine kognitiven Änderungen beinhalten, also die entstandene Inkonsistenz nicht beseitigen.

6. Die Theorie der kognitiven Dissonanz und ihre Anwendung in verschiedenen Bereichen

Exemplarisch sollen im folgenden einige Bereiche genannt werden, in denen die Dissonanztheorie angewandt wurde.

Die Theorie der kognitiven Dissonanz hat eine hohe Relevanz bei der Auswahl, Beurteilung und Förderung von Personen im Bereich der Wirtschaft und Verwaltung. Die Personenwahrnehmung spielt in Unternehmen besonders bei Personalentscheidungen eine zentrale Rolle. In der Forschung zur Personenwahrnehmung und -beurteilung wurde eine starke Tendenz aufgezeigt, sich bei weiteren Urteilen über eine Person von spontanen Präferenzen oder Eigenschaftszuschreibungen (erster Eindruck) leiten zu lassen (Halo-Effekt). So werden bei einer Person, die z.B. aufgrund bestimmter äußerer Merkmale einen negativen ersten Eindruck hinterläßt, in der Folge ungeschickte Verhaltensweisen im Vorstellungsgespräch oder eventuelle Lücken in der fachlichen Ausbildung unverhältnismäßig stark gewichtet werden. Ist dagegen der erste Eindruck einer Person positiv, so wird der Beurteiler Informationen über eher wenig erwünschte Eigenschaften der Person geringere Bedeutung beimessen. Über solche dissonanztheoretisch interpretierbaren Beurteilungsfehler hinausgehend, konnte sogar nachgewiesen werden, daß Beurteiler, die bereits ein vorläufiges Urteil über eine Person gebildet haben, Interviewfragen so auswählen, daß die Antworten des Interviewten zwangsläufig ihr Urteil bestätigen müssen. Der Beurteilte wiederum, der sich aufgrund verbaler und nonverbaler Hinweisreize des Interviewers mit entsprechenden Vorurteilen konfrontiert sieht, verhält sich - ohne sich des ablaufenden Prozesses bewußt zu sein - so, daß er den an ihn gestellten Erwartungen entspricht und letztlich die Annahmen des Interviewers über seine Person bestätigt (SNYDER & SWANN, 1978). Die Kenntnis solcher Beurteilungsfehler ist somit bei Personalentscheidungen, die zumindest teilweise auf persönlicher Urteilsbildung basieren, unerläßlich (vgl. auch die Bedeutung, die dem Training von Beurteilungen im Assessment Center zugewiesen wird).

Neben den genannten Beispielen treten dissonanztheoretisch erklärbare Wahrnehmungsverzerrungen auch bei anderen Beurteilungen personeller und betrieblicher Gegebenheiten auf. So zeigten in einer Untersuchung von WILPERT (1977) Mitarbeiter einer höheren Führungsebene eine weitaus negativere Einschätzung der Fähigkeiten und Fertigkeiten ihrer Untergebenen als diese sich selbst zuschrieben. Außerdem nahmen sie ihren Entscheidungsstil als wesentlich stärker dezentral wahr als ihre Untergebenen. Dissonanztheoretisch interpretiert ist die dargestellte Sichtweise von Führungspersonen der höheren Ebene konsonant mit der Überzeugung von einer gegenüber den untergeordneten Mitarbeitern höheren Qualifikation und von einem partizipativen (und damit sozial erwünschten) Führungsstil. Die in der Untersuchung von WILPERT (1977) bei Mitarbeitern der niedrigen Führungsebene festgestellte höhere Einschätzung der eigenen Fertigkeiten und Fähigkeiten (die vermutlich in vielen Fällen mit einer Geringschätzung der Fähigkeiten des Vorgesetzten einhergeht) ist wiederum konsonant mit dem Wunsch nach einem positiven Selbstbild, zu dem grundsätzlich alle Menschen tendieren (STAHLBERG, OSNABRÜGGE & FREY, 1985), sowie mit eigenen Aufstiegswünschen und -ansprüchen. Solche durch Dissonanzreduktionsprozesse verzerrte Urteilsunterschiede stellen in Unternehmungen mit Sicherheit ein erhebliches Konfliktpotential dar, wohingegen die Kenntnis und Reflexion entsprechender Prozesse der sozialen Wahrnehmung u. U. eine Konsensbildung erleichtert.

Relevant für den Bereich der Arbeits-, Betriebs- und Organisationspsychologie ist auch das Phänomen der Dissonanz durch einstellungsdiskrepantes Verhalten. Führungspersonen sehen sich häufig gezwungen, einstellungsdiskrepante Verhaltensweisen durchzuführen, z. B. wenn sie notwendige Entscheidungen, denen sie selbst möglicherweise nicht rückhaltlos zustimmen, Untergebenen gegenüber zu vertreten haben. Denkbar wäre in diesem Zusammenhang der Fall von aus betrieblichem Interesse notwendigen Entlassungen trotz des Wissens um die negativen sozialen Folgen für die Betroffenen. An einer der wenigen Stellen, an denen FESTINGER (1957) die Dissonanztheorie auf den Bereich von Führung und Organisation anwendet, weist er zudem darauf hin, daß auch Status- und Rollenänderungen wie z. B. der Aufstieg in eine Führungsposition durch veränderte Aufgaben und neue Erwartungen an den Positionsinhaber häufig zunächst einstellungsdiskrepantes Verhalten erfordern. Hat eine Person vorher z. B. bestimmte Entscheidungen des Vorgesetzten kritisiert, das Personalbeurteilungssystem als ungerecht betrachtet und den Unternehmenszielen eher gleichgültig gegenübergestanden, so sieht er jetzt möglicherweise die Notwendigkeit, selbst entsprechende Entscheidungen zu treffen, Personalbeurteilungen abzugeben oder die Unternehmensziele gegenüber den Untergebenen zu vertreten. In allen genannten Situationen entsteht kognitive Dissonanz und damit gleichzeitig das Bedürfnis, diese zu reduzieren. Die Dissonanztheorie sagt hier vorher, daß der innerpsychische Konflikt durch Anpassung der Einstellung an die übernommene Rolle reduziert wird. Langfristig betrachtet tragen die Prozesse der Einstellungsänderung nach einstellungsdiskrepantem Verhalten so zur betrieblichen Sozialisation bei, denn im Zuge der Übernahme neuer Positionen und Aufgaben ist zu erwarten, daß sich individuelle Einstellungen in immer stärkerem Ausmaß den in einer Unternehmung herrschenden Normen und Werten anpassen (vgl. dazu auch OSNABRÜGGE & FREY, 1987 b).

6.2 Klinische Psychologie

Die Dissonanztheorie wurde in den letzten Jahren zunehmend mehr auch im Bereich der Klinischen Psychologie eingesetzt. Man kann von einer regelrechten Dissonanztherapie sprechen. KRISCH & JANIG (1980) wandten das Prinzip der Entscheidungsfreiheit, das zentral für Dissonanzentstehung ist, auf ihre Therapie an und untersuchten das Ausmaß des Therapieerfolgs in Abhängigkeit davon, ob sich Personen freiwillig oder unfreiwillig in eine angstbesetzte Situation (einstellungsdiskrepante Handlung) begaben. Bei den Vpn handelte es sich um 25 Studenten, die gezwungen oder freiwillig über ein vorgegebenes Thema vor Videokameras zu referieren hatten. Es zeigte sich, daß Personen, die sich freiwillig dem Referat unterzogen (und bei denen daher Dissonanz bestand) ihre anfängliche Angst stärker reduzierten als Vpn, die das Referat gezwungenermaßen hielten. Vpn mit

Entscheidungsfreiheit verminderten ihre Angst darüber hinaus auch schneller, nämlich bereits kurz nach ihrer Entscheidung für das Referat als Vpn ohne Entscheidungsfreiheit. Die technologische Herstellung der Bedingung Freiheit bei der Entscheidung für eine Situation führte also auch zu einem schnelleren Erreichen des angestrebten Zieles.

Auch in Untersuchungen von COOPER (1980) wurde gezeigt, daß die Dissonanztheorie psychotherapeutisch anwendbar ist. Die Symptome einer Schlangenphobie wurden stärker reduziert, wenn der Aufwand für die Therapie hoch (vs. niedrig) war, was aber nur dann auftrat, wenn die Vpn unter hoher Entscheidungsfreiheit handelten. Ebenso zeigte sich in einem weiteren Experiment bei Vpn, die mehr Selbstbehauptung lernen wollten und an einer schwierigen Übungstherapie teilnahmen, wiederum der Effekt der Entscheidungsfreiheit, denn Vpn mit hoher Entscheidungsfreiheit wurden mehr assertiv. AXSOM & COOPER (1985) zeigten, daß Vpn mit Übergewicht mehr Gewicht verloren, wenn die Therapie mit hohem als mit niedrigem Aufwand verbunden war. Diese Effekte waren sogar noch nach sechs Monaten bzw. einem Jahr vorhanden. Ebenso zeigte AXSOM (1989) bei Personen mit Schlangenfurcht, daß Personen, die hohen Aufwand antizipierten, bei hoher Entscheidungsfreiheit ihr Verhalten stärker änderten.

TOTMAN (1976) leitete aus dissonanztheoretischen Überlegungen die Hypothese ab, daß sich der Erfolg einer Placebobehandlung von Schlaflosigkeit dadurch maximieren läßt, daß dem Klienten Entscheidungsfreiheit für oder gegen die Behandlung gegeben wird und daß die Entscheidung dem Klienten möglichst schwer gemacht wird. Die freiwillig in einer angeblichen Versuchsreihe mit neuen Schlaftabletten (tatsächlich Placebos) teilnehmenden Klienten konnten entweder eines von zwei Präparaten auswählen (Entscheidungsfreiheitsbedingung) oder sie bekamen eines zugeteilt (keine Entscheidungsfreiheit). Bei den Klienten ohne Entscheidungsfreiheitsbedingung sollte keine Dissonanz entstehen. Eine Bewertung der Behandlung als erfolgreich war deshalb bei diesen Klienten nicht zu erwarten. TOTMAN (1976) folgert aus seinen Befunden, die eindeutig einen verbesserten Schlaf der Klienten mit Entscheidungsfreiheit ergaben, daß „post decisional dissonance“ als Therapietechnik auch bei schwerer Schlaflosigkeit Anwendung finden kann.

Die Theorie der kognitiven Dissonanz macht auch darauf aufmerksam, daß eine hohe Belohnung für ein Verhalten eine gewünschte Veränderung von Einstellungen verhindern kann. Eine Überprüfung dieser Vorhersage im Klinischen Bereich nahmen BOGART, LOEP & RUTHMAN (1969) vor. Sie gaben postpsychiatrischen Klienten für die Teilnahme an einem Rehabilitationsprogramm große (bis zu 8 Dollar) und kleine (bis zu 3 Dollar) Belohnungen, die jedoch im Laufe der Untersuchung immer seltener gegeben wurden. Es zeigte sich, daß bei kleinen Belohnungen die Anwesenheitsquote von 82 Prozent auf 88 Prozent anstieg und nicht abnahm, wenn die Belohnung ausgesetzt wurde. Bei großen Belohnungen stieg die Anwesenheitsquote zwar von 90 Prozent auf 95 Prozent, sie sank jedoch wieder auf 75 Prozent, wenn die Belohnung ausblieb.

Die Dissonanztheorie ist natürlich keine umfassende Therapietheorie in dem Sinne, daß sie alle Prozesse erklärt, die in einer Therapie von

Bedeutung sein können. Trotzdem kann die Berücksichtigung zentraler Variablen der Dissonanztheorie (wie Entscheidungsfreiheit, Höhe der Dissonanz und Rechtfertigung des Aufwandes) bestimmte Aspekte, die über Erfolg und Mißerfolg einer Therapie entscheiden, beeinflussen. Insbesondere die Entscheidungsfreiheit von Klienten ist im Rahmen von Therapien verschiedentlich technologisch manipuliert worden. Die freie Wahl einer Therapieform oder eines Präparates im Rahmen einer Therapie durch den Klienten ist nach den Befunden z. B. bei Phobikern oder bei Patienten, die unter Schlaflosigkeit leiden, für den Therapieerfolg von Bedeutung (zur Vertiefung vgl. Haisch, Osnabrügge & Frey, 1983).

6.3 Politische Psychologie

Dissonanzprozesse sind sehr stark bei der Beurteilung von Politikern und bei dem Besuch von Wahlveranstaltungen wirksam. Es konnte gezeigt werden, daß es nicht zufällig ist, wer auf eine bestimmte Wahlveranstaltung geht; meistens sind 90 Prozent Anhänger des jeweiligen Redners. Die Beurteilung der Qualität der Argumente bei Streitgesprächen von Politikern ist sehr stark von der Präferenz des Beurteilers abhängig, denn während CDU-Wähler die Qualität des CDU-Kandidaten wesentlich besser beurteilen und die Qualität des SPD-Kandidaten abwerten, zeigt sich bei SPD-Sympathisanten das umgekehrte Verhalten (vgl. Sauer, Frey, Ochsmann, Kumpf & Irle, 1977). Gerade dieses Beispiel zeigt, daß es eine objektive Welt nicht gibt, sondern daß das Urteils- und Präferenzsystem eindeutig die Suche und Bewertung von Informationen leiten. Diese Prozesse können sowohl dissonanztheoretisch erklärt werden als auch durch alternative Theorien wie die Selbstwerttheorie oder durch rein informationstheoretische Ansätze (vgl. dazu Strack, 1987; Schwarz, 1987).

6.4 Pädagogische Psychologie

Ein Aspekt der Pädagogischen Psychologie besteht darin, zu erklären, wie der Mechanismus der Wertverinnerlichung vor sich geht und welche Erziehungsstrategien effektiv sind. Auch hier wird sehr oft auf die Dissonanztheorie Bezug genommen. Als Beispiel sei hier die Erkenntnis genannt, daß unter gewissen Bedingungen niedrige Belohnungen und niedrige Strafen effektiver für die Verinnerlichung moralisch ethischer Prinzipien sind als hohe Strafen oder hohe Belohnungen. Dies hat für die Vermittlung von Lerninhalten hohe Relevanz.

7. Alternativerklärungen zur Dissonanztheorie

7.1 Theorie der Selbstwahrnehmung

Die Theorie der Selbstwahrnehmung, auf die im vorherigen Text jeweils nur kurz Bezug genommen wurde, beruht auf einer sehr knappen und einfachen Prämisse. Nach Bem (1972) verhalten sich Personen wie externe Beobachter: Sie schließen aus der Beobachtung ihres eigenen Verhaltens und/oder den Umständen, unter denen dieses Verhalten stattfindet, auf ihre eigenen Einstellungen und Emotionen oder andere interne Zustände. In dem Maß, in dem die internen Hinweise schwach, zweideutig oder uninterpretierbar sind, ist das Individuum funktional in derselben Lage wie ein außenstehender Beobachter, der sich notwendigerweise auf jene selben externen Hinweise verlassen muß, um die internen Zustände des Individuums zu erschließen.

Es besteht insofern ein starker Zusammenhang zwischen Bems Theorie und der von Schachter (1964), als beide Theorien annehmen, daß externe Variablen die Zuschreibung von internen Zuständen beeinflussen. Je geringer die externen Gründe sind, ein Verhalten auszuführen, um so eher schließt eine Person, daß das Verhalten ihre eigenen Einstellungen und Stimmungen widerspiegelt. Der Paradigmenwechsel von motivations- und konsistenzzentrierten Ansätzen zu attributionsorientierten Fragestellungen hat die Theorie von Bem stark begünstigt.

Nach Auffassung von Bem (1965, 1967, 1972) lassen sich die Ergebnisse einer Reihe von Experimenten, die zur Überprüfung von Vorhersagen der Theorie der kognitiven Dissonanz durchgeführt wurden, ebenfalls mit Hilfe der Selbstwahrnehmungstheorie erklären. Bem erläutert seine theoretische Alternative vorzugsweise am klassischen Experiment von Festinger & Carlsmith (1959): Die Person geht ähnlich wie ein externer Beobachter vor, der eine positive Äußerung über die Aufgabe im Experiment hört und zudem weiß, daß dafür ein geringer bzw. größerer Geldbetrag gezahlt worden ist. Würde ein solcher Beobachter zu einer Einschätzung der tatsächlichen Meinung der Vp hinsichtlich der experimentellen Aufgabe aufgefordert, so würde er, in Abhängigkeit vom gezahlten Geldbetrag, zu unterschiedlichen Ergebnissen kommen. Die Äußerungen, für die zwanzig Dollar gezahlt wurden, sind wenig glaubwürdig und lassen keinen Schluß auf die tatsächliche Einstellung zu. Um die bestmögliche Schätzung zu erreichen, kann der Beobachter in diesem Fall der beobachteten Person die Einstellung einer zufällig ausgewählten Person unterstellen. Wird nur ein Dollar gezahlt, so kann der finanzielle Anreiz als motivierende Variable für die Äußerungen ausgeschlossen werden. Die Folgerung, daß Einstellung und gezeigtes Verhalten übereinstimmen, scheint hier nahezuliegen.

Es wurden eine Reihe von Replikationen von Dissonanzexperimenten durchgeführt, in denen die Vpn entweder eine Beschreibung der Durchführung eines Experimentes erhielten oder tatsächlich die Durchführung eines Experimentes beobachteten. In der Literatur werden diese Untersuchungen als „interpersonelle Simulationen“ bezeichnet, wobei der Erfolg solcher Simulationen ganz offensichtlich auch von Details bei der Reproduktion der ursprünglichen Situation abhängt (vgl. als Überblick Grabitz und Grabitz-Gniech, 1973). Insgesamt haben die interpersonellen Simulationen von Jones et al. (1968) gezeigt, daß die interpersonellen Replikationen von Bem nur unter ganz spezifischen Bedingungen zutreffen, und zwar, wenn die Vpn die ursprüngliche Einstellung der wirklichen Vpn nicht kennen. Auch die experimentellen Befunde von Cooper & Worchel (1970),

NEL, HELMREICH & ARONSON (1969) und GOETHALS & COOPER (1972), in denen Dissonanzeffekte nur dann auftraten, wenn die Vpn glaubten, Schaden angerichtet zu haben, können mit der Selbstwahrnehmungstheorie und der Attributionstheorie nicht erklärt werden, da der Schluß vom Verhalten auf die Einstellung nicht nur unter diesen Bedingungen auftreten sollte. Experimente von COHEN (1959) und GREEN (1974) legen nahe, daß die Einstellungsänderung um so stärker ist, je einstellungsdiskrepanter das Verhalten war. Diese Ergebnisse sind nur dissonanztheoretisch nicht aber mit Hilfe der Selbstwahrnehmungstheorie von BEM zu erklären.

Ebenso widerlegen die Experimente zu „misattribution of arousal" eine der Hauptannahmen der Theorie der Selbstwahrnehmung von BEM, und zwar die Möglichkeit von Vorhersagen ohne Rekurs auf motivationale Konzepte. Die Attributionstheorie sagt über wichtige Phänomene, über die die Dissonanztheorie Aussagen macht, z. B. über Vermeidungsverhalten, selektive Informationssuche usw. nichts aus. Sie unterstellt, daß Einstellungen immer eine geringere Änderungsresistenz haben als Verhaltensweisen und sie geht immer nur von Schlußfolgerungen von Einstellungen auf das Verhalten aus, während die Dissonanztheorie spezifische Aussagen macht. Hinsichtlich des Anwendungsbereichs „einstellungsdiskrepantes Verhalten" kann die Kontroverse u. E. am besten wie folgt gelöst werden: Dissonanz ist für die Einstellungsänderung verantwortlich, wenn das Verhalten tatsächlich einstellungsdiskrepant ist; demgegenüber spielt Selbstwahrnehmung eine Rolle, wenn das Verhalten nur leicht diskrepant von der eigenen Einstellung ist. Die Dissonanztheorie trifft also zu, wenn das Verhalten innerhalb des Ablehnungsbereichs (latitude of rejection) einer Person fällt, während die Selbstwahrnehmungstheorie für den Akzeptanzbereich (latitude of acceptance) der Person gilt. FAZIO et al. (1977) konnten dies durch entsprechende Experimente bestätigen, in denen sich Erregung nur nachweisen ließ, wenn das Verhalten innerhalb des Ablehnungsbereichs war, nicht aber wenn es innerhalb des Akzeptierungsbereichs lag. Abschließend läßt sich also sagen, daß die Selbstwahrnehmungstheorie die Dissonanztheorie auf keinen Fall völlig ersetzen kann, da sie nur über ganz spezifische Bereiche Aussagen macht.

7.2 Die „Impression-Management"-Theorie

TEDESCHI, SCHLENKER & BONOMA (1971) sind der Auffassung, daß Menschen durch die Sozialisation lernen, anderen gegenüber eine kontinuierliche Persönlichkeit zu präsentieren. Die Dissonanzeffekte entstehen ihrer Ansicht nach nicht durch eine mögliche Unvereinbarkeit von Kognitionen, sondern nur dadurch, nach außen hin konsistent erscheinen zu wollen. Da sie gegenüber anderen - auch gegenüber dem Versuchsleiter - konsistent und sozial erwünscht auftreten wollen, ändern sie ihre Einstellungen. Nach Ansicht der Impression-Management-Theorie sind diese Einstellungsänderungen keine wirklichen Einstellungsänderungen, sondern dienen ausschließlich der Selbstpräsentation.

Die meisten Untersuchungen der Impression-Management-Theorie wurden mit Hilfe der „Bogus-Pipeline" als abhängiges Maß durchgeführt. Dabei werden die Vpn überzeugt, daß der Vl ihre wirklichen Meinungen mit Hilfe eines elektronischen Gerätes exakt messen kann. Dies sollte entsprechend der Ansicht der Impression-Management-Theorie Einstellungsänderungen, wie sie die Dissonanztheorie vorhersagt, reduzieren. Die Forschungen auf diesem Gebiet sind allerdings sehr widersprüchlich und unterstützen keineswegs eindeutig die Impression-Management-Theorie.

Genauso wie die Selbstwahrnehmungstheorie erfordert die Impression-Management-Theorie keine Annahmen über internale Zustände, Spannungen oder Erregungen. Aufgrund dessen ist die Entdeckung der Effekte von Erregung letztlich auch ein Gegenbeweis für die Impression-Management-Theorie.

Eine neue Fassung der Impression-Management-Theorie wurde von SCHLENKER (1982) vorgelegt; die Grundlage dieser neuen Theorie ist das Bestreben der Menschen, eine positive Sicht ihrer eigenen Identität zu wahren. Wenn sie verantwortlich für negative Ereignisse sind, unternehmen sie eine Vielzahl von Entschuldigungen und Erklärungen, um ihr Verhalten zu rechtfertigen.

Die Einstellungsänderung ist eine Möglichkeit dieser Entschuldigung und dient dem Schutz der Identität. Allerdings ist diese Fassung nahezu identisch mit einer Dissonanzanalyse. In dieser Neufassung von SCHLENKER wird das Verhalten als Schutz einer positiv bewerteten Identität gegenüber anderen und gegenüber der Person selbst gedeutet, während es die Dissonanztheorie schlicht als die Reduktion von Spannung aufgrund eines Verhaltens, das negative Konsequenzen erzeugt hat, erklärt. In der neuen Fassung von SCHLENKER wird die Einstellungsänderung nicht als bloßer machiavellistischer öffentlicher Akt interpretiert, der keine Beziehung zur eigenen Einstellung hat. Sein Identitätsansatz ähnelt eher den Selbstwertversionen der Dissonanztheorie von ARONSON (1969). Inwieweit dieser Faktor tatsächlich der zentrale Vermittler der Einstellungsänderung ist, bleibt aber sehr fraglich[6].

7.3 Neugier- und Komplexitätstheorien

Viel gewichtiger scheint die zu erwartende Konfrontation der Dissonanztheorie mit der Komplexitäts-, Neugier- und Variationstheorie (vgl. z.B. BERLYNE, 1968; MADDI, 1968 u.a.) zu sein. Generell wird der Dissonanztheorie und allen anderen Konsistenztheorien die Annahme unterstellt, daß Menschen bestrebt sind, das Erwartete und Vertraute zu bestätigen und zu suchen. Demgegenüber machen Neugier-, Vielfalts- und Komplexitätstheoretiker die Vorhersage, daß Personen neuartige, komplexe, dissonante Informationen suchen. Beide Theorien treffen wahrscheinlich jeweils nur unter ganz spezifischen Bedingungen zu.

---

[6] Wenn zum Beispiel die Öffentlichkeit einstellungsdiskrepantes Verhalten nicht kennt oder wahrnimmt, dann besteht nach TEDESCHI et al. auch kein Grund zur Dissonanzreduktion.

8. Schlußbemerkungen

Im vorliegenden Beitrag wurde absichtlich nicht auf die Relevanz von Persönlichkeitsvariablen eingegangen. Der Grund liegt zum einen darin, daß die meisten in der Literatur beschriebenen Persönlichkeitsvariablen, die in Dissonanzexperimenten eingeführt wurden (wie z.B. Ängstlichkeit, Selbstsicherheit, internale/externale Kontrolle, Rigidität, Feldabhängigkeit usw.), inkonsistente Ergebnisse zeigen. Außerdem sind die Autoren der Auffassung, daß die Einführung von Persönlichkeitsvariablen nur in den seltensten Fällen einen Fortschritt für die Theorienbildung bringt. Persönlichkeitsunterschiede können zwar Auswirkungen auf die Höhe der kognitive Dissonanz, auf die Dissonanztoleranz und auf unterschiedliche Dissonanzreduktionspräferenzen haben, dadurch können aber von vorneherein keine Aussagen über die internen Mechanismen der Theorie gemacht werden.

Die Theorie der kognitiven Dissonanz ist eine der umstrittensten Theorien in der Sozialpsychologie. Einer der Gründe dafür mag sein, daß viele Vorhersagen dieser Theorie dem „gesunden Menschenverstand" widersprechen. Keine andere sozialpsychologische Theorie hat aber in den letzten 30 Jahren mehr empirische Forschung initiiert als die Dissonanztheorie. Weite Bereiche menschlichen Verhaltens können von dieser Theorie erklärt und vorhergesagt werden. Trotz der massiven Kritik an ihr wird es doch schwierig sein, eine alternative Theorie zu etablieren, die alle bisherigen Ergebnisse erklären kann.

COOPER & FAZIO (1984) weisen darauf hin, daß die Dissonanztheorie gegenüber der ursprünglichen Formulierung auf Bereiche der Theorien der physiologischen Erregung, der Lerntheorien, der sozialen Urteilstheorien, der Impression-Management-Theorie und der Rollentheorie ausgedehnt wurde. Die Sozialpsychologie war in den 80er Jahren relevant für das Entstehen neuer Balance-Theorien wie z.B. die „self evaluation maintenance theory" (TESSER, 1988), die „self discrepancy theory" (HIGGINS, 1989), die „action identification theory" (VALLACHER & WEGNER, 1985) und die „symbolic self completion theory" (WICKLUND & GOLLWITZER, 1982). Alle diese Theorien haben Bausteine der Dissonanztheorie vereinigt und versuchen, eine Vielzahl sozialer Phänomene zu erklären.

Zu berücksichtigen ist ein Aspekt, auf den LORD (1989) hinweist, und zwar die erhöhte Schwierigkeit Dissonanzeffekte zu erzielen, wenn die Akzeptanzbereiche für Dissonanz in Gesellschaften immer größer werden. Je mehr Relativismus, Indifferenz und Ignoranz herrscht, um so schwieriger ist es, Dissonanz zu erzeugen. Kulturepoche, Zeitgeist und gesellschaftliches Wertesystem entscheiden also, welche Kognitionen als dissonant empfunden werden. Die Theorie der kognitiven Dissonanz gilt u.E. unabhängig von Raum und Zeit und ist keine Theorie, die nur auf den Westen beschränkt ist.

Literatur

ARONSON, E. (1961): The effects of effort on the attractiveness of rewarded and unrewarded stimuli. Journal of Abnormal and Social Psychology, *63,* 375–380.

ARONSON, E. (1966): The psychology of insufficient justification: An analysis of some conflicting data. In: S. FELDMAN (Ed.), Cognitive consistency 115–133. New York: Academic Press.

ARONSON, E. (1968): Dissonance theory: Progress and problems. In: R. P. ABELSON et al. (Eds.), Theories of cognitive consistency, A sourcebook. Chicago, Rand McNally (im folgenden abgekürzt als TOCCAS).

ARONSON, E. (1969): The theory of cognitive dissonance: A current perspective. In: L. BERKOWITZ (Ed.), Advances in experimental social psychology, Vol. 4. New York: Academic Press.

ARONSON, E. (1980): Persuasion via self-justification. Larger commitments for smal rewards. In: L. FESTINGER (Ed.), Retrospectives in social psychology (pp. 3–21). Oxford: Oxford University Press.

ARONSON, E. (1987): The long view. In: J. MILLS (Chair), Reflections on cognitive dissonance: Thirty years later. Symposium conducted at the 95th Annual Meeting of the American Psychological Association, New York City.

ARONSON, E. & CARLSMITH, J. M. (1963): Effect of the severity of threat of the valuation of forbidden behavior. Journal of Abnormal and Social Psychology, *66,* 584–588.

ARONSON, E. & MILLS, J. (1959): The effect of severity of initiation on liking for a group. Journal of Abnormal and Social Psychology, *59,* 177–181.

ARONSON, E., TURNER, J. & CARLSMITH, J. M. (1963): Communicator credibility and communication discrepancy as determinants of opinion change. Journal of Abnormal and Social Psychology, *67,* 31–36.

AXSOM, D. (1989): Cognitive Dissonance and Behavior Change in Psychotherapy. Journal of Experimental Social Psychology, *25,* 234–252.

AXSOM, D. & COOPER, J. (1985): Cognitive Dissonance and Psychotherapy: The Role of Effort Justification in Inducing Weight Loss. Journal of Experimental Social Psychology, *21,* 149–160.

BAGBY, R. M, PARKER, J. D. A. & BURY, A. S. (1990): A Comparative Citation Analysis of Attribution Theory and the Theory of Cognitive Dissonance. Personality and Social Psychology Bulletin, *16,* 2, 274–283.

BANTSON, C. D. (1975): Rational processing or rationalization?: The effect of disconforming information on a stated religious believe. Journal of Personality and Social Psychology, *32,* 1, 176–184.

BEM, D. J. (1965): An experimental analysis of self-persuasion. Journal of Experimental Social Psychology, *1,* 199–218.

BEM, D. J. (1966): Inducing belief in false confessions. Journal of Personality and Social Psychology, *3,* 707–710.

BEM, D. J. (1967): Self-perception: An alternative interpretation of cognitive dissonance phenomena. Psychological Review, *74,* 183–200.

BEM, D. J. (1972): Self-perception theory. In: L. BERKOWITZ (Ed.), Advances in experimental social psychology, *6,* 1–62, New York: Academic Press.

BERLYNE, D. E. (1968): Conflict and information-theory variables as determinants of human perceptual curiosity. In: H. FOWLER (Ed.), Curiosity and exploratory behavior. New York: MacMillan.

BIERBRAUER, G. (1987): Das Stanford-Gefängnisexperiment und seine Folgen. In: D. FREY & S. GREIF (Hrsg.), Sozialpsychologie. Ein Handbuch in Schlüsselbegriffen (S. 429–433). München: Psychologie Verlags Union.

BOCHNER, S. & INSKO, C. (1966): Communicator discrepancy, source credibility, and influence. Journal of Personality and Social Psychology, *4,* 614–621.

BOGARD, K., LOEB, A. & RUTMAN, J. (1969): Behavioral consequences of cognitive

dissonance. Paper presented on the meeting of the Eastern Psychological Association.
BRAMEL, D. (1968): Dissonance, expectation, and the self. In: R. ABELSON et al. (Eds.), TOCCAS.
BREHM, J. W. (1956): Post-decision changes in the desirability of alternatives. Journal of Abnormal and Social Psychology, *52,* 384–389.
BREHM, J. W. (1959): Increasing cognitive dissonanz by a fait accompli. Journal of Abnormal and Social Psychology, *58,* 379–382.
BREHM, J. W. (1962): An experiment on thirst. In: J. W. BREHM & A. R. COHEN (Eds.), Explorations in cognitive dissonance. New York: Wiley.
BREHM, J. W. & COHEN, A. R. (1962): Explorations in cognitive dissonance. New York: Wiley.
BREHM, J. W. & CROCKER, J. C. (1962): An experiment on hunger. In: J. W. BREHM & A. R. COHEN (Hrsg.), Explorations in cognitive dissonance. New York: Wiley.
BREHM, J. W. & JONES, R. A. (1970): The effect on dissonance of surprise consequences. Journal of Experimental Social Psychology, *6,* 420–431.
BREHM, J. W. & WICKLUND, R. A. (1970): Regret and dissonance reduction as a function of post-decision salience of dissonant information. Journal of Personality and Social Psychology, *14,* 1–7.
BREHM, M. L., BACK, K. W. & BOGDONOFF, M. D. (1964): A physiological effect of cognitive dissonance under stress and deprivation. Journal of Abnormal and Social Psychology, *69,* 303–310.
BROCK, T. C. & BUSS, A. H. (1962): Dissonance, aggression, and evaluation of pain. Journal of Abnormal and Social Psychology, *65,* 197–202.
BROCK, T. C. & GRANT, L. D. (1963): Dissonance, awareness, and motivation. Journal of Abnormal and Social Psychology, *67,* 53–60.
BRODBECK, M. (1956): The role of small groups in mediating the effects of propaganda. Journal of Abnormal and Social Psychology, *52,* 166–170.
CARLSMITH, J. M. & FREEDMAN, J. L. (1968): Bad decisions and dissonance: Nobody's perfect. In: R. P. ABELSON et al. (Eds.), TOCCAS, 485–490.
CARLSMITH, J. M., COLLINS, B. E. & HELMREICH, R. (1966): Studies in forced compliance I. Attitude change produced by face-toface role playing and anonymous essay writing. Journal of Personality and Social Psychology, *4,* 1–13.
COHEN, A. R. (1959): Communication discrepancy and attitude change: A dissonance theory approach. Journal of Personality, *27,* 386–396.
COHEN, A. R., TERRY, H. I. & JONES, C. B. (1959): Attitudinal effects of choice in exposure to counter-propaganda. Journal of Abnormal and Social Psychology, *58,* 388–391.
COLLINS, B. E. (1969): The effect of monetary inducements on the amount of attitude change induced by forced compliance. In: A. C. ELMS (Ed.), Role playing reward and attitude change, 209–233. Princeton: Van Nostrand.
COLLINS, B. E. & HOYT, M. F. (1972): Personal responsibility-forconsequences: An integration and extension of the „forced compliance“ literature. Journal of Experimental Social Psychology, *8,* 558–593.
COOPER, J. (1971): Personal responsibility and dissonance: The role of foreseen consequences. Journal of Personality and Social Psychology, *18,* 354–363.
COOPER, J. (1980): Reducing Fears and Increasing Assertiveness: The Role of Dissonance Reduction. Journal of Experimental Social Psychology, *16,* 199–213.
COOPER, J. & BREHM, J. W. (1971): Prechoice awareness of relative deprivation as a determinant of cognitive dissonance. Journal of Experimental Social Psychology, *7,* 571–581.
COOPER, J. & FAZIO, R. H. (1984): A new look at dissonance theory. In: L. BERKOWITZ (Ed.), Advances in experimental social psychology, *17,* 229–266. Orlando, FL: Academic Press.
COOPER, J. & GOETHALS, G. R. (1974): Unforeseen events and the elimination of cognitive dissonance. Journal of Personality and Social Psychology, *29,* 441–445.

COOPER, J. & MACKIE, D. (1983): Cognitive dissonance in an intergroup context. Journal of Personality and Social Psychology, *44,* 536–544.
COOPER, J. & WORCHEL, S. (1970): Role of undesired consequences in arousing cognitive dissonance. Journal of Personality and Social Psychology, *16,* 199–206.
COOPER, J., DARLEY, J. M. & HENDERSON, J. E. (1974): On the effectiveness of deviant- and conventional-appearing communicators: A field experiment. Journal of Personality and Social Psychology, *29,* 752–757.
COOPER, J., FAZIO, R. H. & RHODEWALT, F. (1978): Dissonance and humor: Evidence for the undifferentiated nature of dissonance arousal. Journal of Personality and Social Psychology, *36,* 280–285.
COOPER, J., ZANNA, M. P. & GOETHALS, G. R. (1974): Mistreatment of an esteemed other as a consequence affecting dissonance reduction. Journal of Experimental Social Psychology, *10,* 224–233.
COOPER, J., ZANNA, M. P. & TAVES, P. A. (1978): Arousal as a necessary condition for attitude change following induced compliance. Journal of Personality and Social Psychology, *36,* 1101–1106.
COTTRELL, N. B. & WALCK, D. L. (1967): Energizing effects of cognitive dissonance upon dominant and subordinate responses. Journal of Personality and Social Psychology, *6,* 132–138.
COTTRELL, N. B., RAJECKI, D. W. & SMITH, D. U. (1974): The energizing effects of postdecision dissonance upon performance of an irrelevant task. Journal of Social Psychology, *93,* 81–92.
CRANCH, M. L. v., IRLE, M. & VETTER, H. (1965): Zur Analyse des Bumerangeffektes; Größe und Richtung der Änderung sozialer Einstellungen als Funktion ihrer Verankerung in Wertsystemen. Psychologische Forschung, *28,* 535–561.
CROYLE, R. & COOPER, J. (1983): Dissonance arousal: Physiological evidence. Journal of Personality and Social Psychology, *45,* 782–791.
DAVIDSON, J. R. (1964): Cognitive familiarity and dissonance reduction. In: L. FESTINGER (Ed.), Conflict, decision and dissonance, 45–60. Stanford: Stanford University Press.
DAVIS, K. E. & JONES, E. E. (1960): Changes in interpersonal perception as a means of reducing cognitive dissonance. Journal of Abnormal and Social Psychology, *61,* 402–410.
DRACHMAN, D. & WORCHEL, S. (1976): Misattribution of arousal as a means of dissonance reduction. Sociometry, *39,* 53–59.
EHRLICH, D., GUTTMAN, J., SCHONBACH, P. & MILLS, J. (1957): Postdecision exposure to relevant information. Journal of Abnormal and Social Psychology, *54,* 98–102.
ELKIN, R. A. & LEIPPE, M. R. (1986): Physiological arousal, dissonance, and attitude change: Evidence for a dissonancearousal link and a „don't remind me“ effect. Journal of Personality and Social Psychology, *11,* 55–65.
FAZIO, R. H. & COOPER, J. (1983): Arousal in the dissonance process. In: J. T. CACIOPPO & R. E. PETTY (Eds.). Social psychophysiology: A sourcebook (pp. 122–152). New York: Guilford Press.
FAZIO, R. H., ZANNA, M. P. & COOPER, J. (1977): Dissonance and selfperception: An integrative view of each theory's proper domain of application. Journal of Experimental Social Psychology, *13,* 464–479.
FEGER, H. (1978a): Konflikterleben und Konfliktverhalten. Bern: Huber.
FEGER, H. (1978b): Studien zur intraindividuellen Konfliktforschung. Bern: Huber.
FESTINGER, L. (1942): Wish, expectation and group standards as factors influencing level of aspiration. Journal of Abnormal and Social Psychology, *37,* 184–200.
FESTINGER, L. (1950): Informal social communication. Psychological Review, *57,* 271–282.
FESTINGER, L. (1954): A theory of social comparison processes. Human Relations, *7,* 117–140.
FESTINGER, L. (1957): A theory of cognitive dissonance. Stanford: Stanford University Press.

FESTINGER, L. (1964): Conflict, decision, and dissonance. Stanford: Stanford University Press.
FESTINGER, L. & CARLSMITH, J.M. (1959): Cognitive consequences of forced compliance. Journal of Abnormal and Social Psychology, *58*, 203–210. Deutsche Übersetzung in M. IRLE (Hrsg.), Texte aus der experimentellen Sozialpsychologie. Neuwied: Luchterhand.
FESTINGER, L. & THIBAUT, J. (1952): Interpersonal communication in small groups. Journal of Abnormal and Social Psychology, *5*, 327–346.
FESTINGER, L., RIECKEN, H. & SCHACHTER, S. (1956): When prophecy fails. Minneapolis: University of Minneapolis Press.
FESTINGER, L., GERARD, H.B., HYMOWITCH, B., KELLEY, H.H. & RAVEN, B. (1952): The influence process in the presence of deviates. Human Relations, *5*, 327–346.
FREEDMAN, J.L. & SEARS, D. (1965): Selective exposure. In: L. BERKOWITZ (Ed.), Advances in experimental social psychology, Vol. 2, 58–98. New York: Academic Press.
FREY, D. (1971): Der augenblickliche Stand der „forced compliance"-Forschung. Zeitschrift für Sozialpsychologie, *2*, 323–342.
FREY, D. (1975a): Dissonanzreduktion nach tatsächlichem und antizipiertem attitüdendiskrepantem Verhalten. Archiv für Psychologie, *127*, 23–34.
FREY, D. (1975b): Zum Problem der Reduktion kognitiver Dissonanz in Öffentlichkeitssituationen. Zeitschrift für experimentelle und angewandte Psychologie, *22*, 561–572.
FREY, D. (1978): Reactions to success and failure in public and in private conditions. Journal of Experimental Social Psychology, *14*, 172–179.
FREY, D. (1979a): Dissonanztheoretische Forschung: Ein Überblick. In: S. HORMUTH (Hrsg.), Sozialpsychologie der Einstellungsänderung (S. 30–49). Königstein/Ts.: Athenäum-Hain.
FREY, D. (1979b): Einführung und Schlußbemerkung zum Symposium über „Die Theorie der kognitiven Dissonanz". In: L.H. ECKENSBERGER (Hrsg.), Bericht über den 31. Kongreß der Deutschen Gesellschaft für Psychologie in Mannheim 1978 (S. 355; 379–380). Göttingen: Hogrefe.
FREY, D. (1979c): Zwei aktuelle Forschungsrichtungen in der Dissonanztheorie: ‚Selective exposure to information' und ‚Misattribution of arousal'. In: L.H. ECKENSBERGER (Hrsg.), Bericht über den 31. Kongreß der Deutschen Gesellschaft für Psychologie in Mannheim 1978 (S. 362–364). Göttingen: Hogrefe.
FREY, D. (1981a): Informationssuche und Informationsbewertung bei Entscheidungen. Bern: Huber.
FREY, D. (1981b): Postdecisional preference for decision-relevant information as a function of the competence of its source and the degree of familiarity with this information. Journal of Experimental Social Psychology, *17*, 51–67.
FREY, D. (1981c): Reversible and irreversible decisions: Preference for consonant information as a function of attractiveness of decision alternatives. Personality and Social Psychology Bulletin, *7*, 621–626.
FREY, D. (1981d): The effect of negative feedback about oneself and cost of information on preferences for information about the source of this feedback. Journal of Experimental Social Psychology, *17*, 42–50.
FREY, D. (1982): Different levels of cognitive dissonance, information seeking, and information avoidance. Journal of Personality and Social Psychology, *43*, 1175–1183.
FREY, D., IRLE, M., MÖNTMANN, V., KUMPF, M., OCHSMANN, R. & SAUER, C. (1982): Cognitive dissonance: Experiments and theory. In: M. IRLE (Ed.), Studies in Decision-Making (S. 281–310), Berlin, New York: Walter de Gruyter, Inc.
FREY, D. (1984): Die Theorie der kognitiven Dissonanz. In: D. FREY & M. IRLE (Hrsg.), Theorien der Sozialpsychologie: Band I. Kognitive Theorien der Sozialpsychologie (S. 243–292). Bern: Huber.
FREY, D. (1986): Recent research on selective exposure to information. In: L. BER-

KOWITZ (Ed.), Advances in Experimental Social Psychology: Vol. 19. (pp. 41–80). NY: Academic Press.
FREY, D. (1987): Kognitive Theorien in der Sozialpsychologie. In: D. FREY & S. GREIF (Hrsg.), Sozialpsychologie. Ein Handbuch in Schlüsselbegriffen (S. 50–67). München: Psychologie Verlags Union.
FREY, D. (1991): Informationssuche und Informationsbewertung bei Einzel- und Gruppenentscheidungen und mögliche Auswirkungen auf Politik und Wirtschaft. In: D. FREY (Hrsg.), Bericht über den 37. Kongreß der Deutschen Gesellschaft für Psychologie in Kiel 1990. Band II (S. 45–56). Göttingen: Hogrefe.
FREY, D. & HORNUNG, R. (1978): Rauchen und die Reduktion kognitiver Dissonanz. Ein Überblick über empirische Untersuchungen. Psychologische Beiträge, *20*, 251–266.
FREY, D. & IRLE, M. (1972): Some conditions to produce a dissonance and an intensive effect in a „forced compliance" situation. European Journal of Social Psychology, *2*, 45–54.
FREY, D. & KUMPF, M. (1973): Reaktionen auf kognitive Dissonanz in Abhängigkeit von sozialer Angst und öffentlicher bzw. anonymer Übermittlung diskrepanter Informationen. Unveröffentlichtes Manuskript, Sonderforschungsbereich 24, Universität Mannheim.
FREY, D. & STAHLBERG, D. (1986): Selection of information after receiving more or less reliable self-threatening information. Personality and Social Psychology Bulletin, *12*, 434–441.
FREY, D., FRIES, A. & OSNABRÜGGE, G. (1983): Reactions of failure after taking a placebo: A study of dissonance reduction. Personality and Social Psychology Bulletin, *9*, 481–488.
FREY, D., IRLE, M. & HOCHGÜRTEL, G. (1979): Performance of an unpleasant task: Effects of over vs. under-payment on perception of adequacy of rewards and attractiveness of the task. Journal of Experimental Social Psychology, *15*, 275–284.
FREY, D., KUMPF, M., IRLE, M. & GNIECH, G. (1984): Re-evaluation of decision alternatives dependent upon the reversibility of a decision and the passage of time. European Journal of Social Psychology, *14*, 447–450.
FREY, D., IRLE, M., KUMPF, M., OCHSMANN, R. & SAUER, C. (1975): Der Einfluß von fünf unterschiedlichen Belohnungsstufen auf Attitüdenänderungen bei attitüdendiskrepantem und attitüdenkongruentem Verhalten. In: W. TACK (Hrsg.), Bericht über den 29. Kongreß der Deutschen Gesellschaft für Psychologie in Salzburg 1974 (S. 259–261). Göttingen: Hogrefe.
FREY, D., IRLE, M., MÖNTMANN, V., KUMPF, M., OCHSMANN, R. & SAUER, C. (1982): Cognitive dissonance: Experiments and theory. In: M. IRLE (Ed.), Studies in Decision-Making (S. 281–310). Berlin, New York: Walter de Gruyter, Inc.
FRIES, A. & FREY, D. (1980): Misattribution of arousal and the effects of self-threatening information. Journal of Experimental Social Psychology, *16*, 405–416.
FRIES, A., FREY, D. & PONGRATZ, L. (1977): Ängstlichkeit, Selbsteinschätzung und kognitive Dissonanz. Archiv für Psychologie, *129*, 83–98.
GERARD, H. B. (1967): Choice difficulty, dissonance, and the decision sequence. Journal of Personality, *35*, 91–108.
GERARD, H. B. & MATHEWSON, G. C. (1966): The effects of severity of initiation on liking for a group: A replication. Journal of Experimental Social Psychology, *2*, 278–287.
GERARD, H. B., CONOLLEY, E. S. & WILHELMY, R. A. (1974): Compliance, justification and cognitive change. In: L. BERKOWITZ (Ed.), Advances in experimental social psychology, Vol. 7. New York: Academic Press.
GERGEN, K. J. (1978): Toward a generative theory. Journal of Personality and Social Psychology, *36*, 1344–1360.
GLASS, D. G. (1968): Individual differences and the resolution of cognitive dissonance. In: R. P. ABELSON et al. (Eds.), TOCCAS, 615–623.
GOETHALS, G. R. & COOPER, J. (1972): Role of intention and postbehavioral conse-

quence in the arousal of cognitive dissonance. Journal of Personality and Social Psychology, *23,* 298-301.
GOETHALS, G. R. & COOPER, J. (1975): When dissonance is reduced: The timing of self-justificatory attitude change. Journal of Personality and Social Psychology, *32,* 361-367.
GOETHALS, G. R., COOPER, J. & NAFICY, A. (1979): Role of foreseen, foreseeable, and unforeseeable behavioral consequences in the arousal of cognitive dissonance. Journal of Personality and Social Psychology, *37,* 1179-1185.
GÖTZ-MARCHAND, B., GÖTZ, J. & IRLE, M. (1974): Preference of dissonance reduction modes as a function of their order, familiarity and reversibility. European Journal of Social Psychology, *4,* 201-228.
GONZALES, A. E. J. & COOPER, J. (1976): What to do with leftover dissonance: Blame it on the lights (Data reported in ZANNA & COOPER).
GONZALES, A. E. J., COOPER, J & ZANNA, M. P. (1975): Social affiliation and cognitive labeling under differential labels of dissonance evoked arousal. Unpublished manuscript. Princeton University.
GRABITZ, H.-J. & GRABITZ-GNIECH, G. (1973): Der kognitive Prozeß vor Entscheidungen: Theoretische Ansätze und experimentelle Untersuchungen. Psychologische Beiträge, *15,* 522-549.
GREEN, D. (1974): Dissonance and self-perception analysis of „forced compliance". When two theories make competing predictions. Journal of Personality and Social Psychology, *29,* 819-828.
GREENWALD, A. G. (1975): On the inconclusiveness of „crucial" cognitive tests of dissonance versus self-perception theories. Journal of Experimental Social Psychology, *11,* 5, 490-499.
GREENWALD, A. G. & RONIS, D. L. (1978): Twenty years of dissonance: Case study of the evolution of a theory. Psychological Review, *85,* 53-57.
GREENWALD, A. G., PRATKANIS, A. R., LEIPPE, M. R. & BAUMGARDNER, M. H. (1986): Under what conditions does theory obstruct research progress? Psychological Review, *93,* 216-229.
GÜNTHER, U. (1987): Gehorsam bei Elektroschocks: die Experimente von Milgram. In: D. FREY & S. GREIF (Hrsg.), Sozialpsychologie. Ein Handbuch in Schlüsselbegriffen (S. 445-452). München: Psychologie Verlags Union.
HAISCH, J., OSNABRÜGGE, G. & FREY, D. (1983): Dissonanztheorie - Dissonanztherapie. Zur Bestimmung therapeutischer Techniken aus der Dissonanztheorie. In: J. HAISCH (Hrsg.), Angewandte Sozialpsychologie (S. 39-56). Bern: Huber.
HALVERSON, R. R. & PALLAK, M. S. (1974): The effect of commitment and attitude extremity on cognitive structure and resistance to attack. Unpublished manuscript, University Iowa.
HIGGINS, E. T. (1989): Self-discrepancy theory: What patterns of self-beliefs cause peoble to suffer? In: L. BERKOWITZ (Ed.), Advances in experimental social psychology, *22,* 93-136. Orlando, FL: Academic Press.
HIGGINS, E. T., RHODEWALT, F. & ZANNA, M. P. (1979): Dissonance motivation: Its nature, persistence, and reinstatement. Journal of Experimental Social Psychology, *15,* 16-34.
HIMMELFARB, S. & ARAZI, D. (1974): Choice and source attractiveness in exposure to discrepant messages. Journal of Experimental Social Psychology, *10,* 6, 516-527.
HOVLAND, C. I., HARVEY, O. J. & SHERIF, M. (1957): Assimilation and contrast effects to communication and attitude change. Journal of Abnormal and Social Psychology, *55,* 244-252.
INSKO, C. A., WORCHEL, S., SONGER, E. & ARNOLD, S. E. (1973): Effort, objective self-awareness, choice, and dissonance. Journal of Personality and Social Psychology, *28,* 262-269.
IRLE, M. (1975): Lehrbuch der Sozialpsychologie, Göttingen, Toronto, Zürich: Hogrefe.
IRLE, M. (1991): Die Theorie der Laienepistemologie (KRUGLANSKI) und die (revi-

dierte) Theorie der Kognitiven Dissonanz. Bericht über den 37. Kongreß der Deutschen Gesellschaft für Psychologie in Kiel 1990 (S. 84–91). Göttingen: Hogrefe.

IRLE, M. & KROLAGE, J. (1973): Kognitive Konsequenzen irrtümlicher Selbsteinschätzungen. Zeitschrift für Sozialpsychologie, *4*, 36–50.

JANIS, I. L. (1972): Victims of groupthink, a psychological study of foreign-policy decisions and fiascoes. Boston, Atlanta, Dallas: Houghthon Mifflin Company.

JECKER, J. D. (1968): Conflict and dissonance: A time of decision. In: R. P. ABELSON et al. (Eds.), TOCCAS.

JONES, E. E. (1985): Major developments in social psychology in the past five decades. In: G. LINDZEY & E. ARONSON (Eds.). The handbook of social psychology: Vol. 1. Theory and method (2nd ed.) (pp. 47–107)). New York: Random House.

JONES, R. A. & BREHM, J. W. (1967): Attitudinal effects of communicator attractiveness when one chooses to listen. Journal of Personality and Social Psychology, *6*, 64–70.

JONES, R. A. & LINDER, D. E., KIESLER, C. A., ZANNA, M. & BREHM, J. W. (1968): Internal states of external stimuli: Observers' attitude judgements and the dissonance-self-persuasion controversy. Journal of Experimental Social Psychology, *4*, 247–269.

KELLEY, H. H. (1967): Attribution theory in social psychology. In: D. LEVINE (Ed.), Nebraska Symposium on Motivation. Vol. 15. Lincoln: University of Nebraska Press.

KELLEY, H. H. (1972): Attribution in social interaction. In: E. E. JONES et al. (Eds.), Attribution; Perceiving the causes of behavior. McCaleb-Seiler.

KIESLER, C. A. & CORBIN, L. H. (1965): Commitment, attraction, and conformity. Journal of Personality and Social Psychology, *2*, 890–895.

KNOX, R. E. & INKSTER, J. A. (1968): Postdecision dissonance at post time. Journal of Personality and Social Psychology, *8*, 319–323.

KRISCH, K. & JANIG, H. (1980): Die Wirkung kognitiver Dissonanz bei der Reizüberflutung: Eine Analogstudie am Beispiel Sprechangst. Zeitschrift für Experimentelle und Angewandte Psychologie, *27*, 445–459.

KUMPF, M. & GÖTZ-MARCHAND, B. (1973): Reduction of cognitive dissonance as a function of magnitude of dissonance, differentiation, and self-esteem. European Journal of Social Psychology, *3*, 255–270.

LEPPER, M. R., ZANNA, M. P. & ABELSON, R. P. (1970): Cognitive irreversibility in a dissonance reduction situation. Journal of Personality and Social Psychology, *16*, 191–198.

LERNER, M. J. & SIMMONS, C. (1966): Observer's reaction to the „innocent victim" Compassion or rejection? Journal of Personality and Social Psychology, *4*, 203–210.

LINDER, D. E., COOPER, J. & JONES, E. E. (1967): Decision freedom as a determinant of the role of incentive magnitude in attitude change. Journal of Personality and Social Psychology, *6*, 245–254.

LORD, C. G. (1989): The Disappearance of Dissonance in an Age of Relativism. Personality and Social Psychology Bulletin, Vol. 15, No. 4, 513–518.

MACCOBY, E. E., MACCOBY, N., ROMNEY, A. K. & ADAMS, J. S. (1961): Social reinforcement in attitude change. Journal of Abnormal and Social Psychology, *63*, 109–115.

MADDI, S. R. (1968): The pursuit of consistency and variety. In: R. P. ABELSON et al. (Eds.), TOCCAS, 267–274.

MANSSON, H. H. (1969): The relation of dissonance reduction to cognitive, perceptual, consummatory and learning measures of thirst. In: P. G. ZIMBARDO (Ed.), The cognitive control of motivation, 78–97. Glenview, Illinois: Scott, Foresman.

MÖNTMANN, V. & IRLE, E. (1978): Bibliographie der wichtigsten seit 1956 erschienenen Arbeiten zur Theorie der kognitiven Dissonanz. In: L. FESTINGER, Theorie der kognitiven Dissonanz. IRLE, M. & MÖNTMANN, V. (Hrsg.), Bern: Huber.

MOSCOVICI, S. (1989): Obituary: Leon Festinger. European Journal of Social Psychology, *19*, 263-269.
NEL, W., HELMREICH, R. L. & ARONSON, E. (1969): Opinion change in the advocate as a function of the persuasibility of his audience: A clarification of the meaning of dissonance. Journal of Personality and Social Psychology, *12*, 117-124.
NISBETT, R. E. & SCHACHTER, S. (1966): Cognitive manipulation of pain. Journal of Experimental Social Psychology, *2*, 227-236.
OCHSMANN, R. & FREY, D. (1977): Kognitive Dissonanz und Attraktivitätsveränderungen von Alternativen nach Entscheidungen. Artikel innerhalb des Workshops „Attraktivität". Zeitschrift für Sozialpsychologie.
OSNABRÜGGE, G. & FREY, D. (1987a): Kognitive Folgen forcierter Zustimmung: Das klassische Experiment von Festinger und Carlsmith. In: D. FREY & S. GREIF (Hrsg.), Sozialpsychologie. Ein Handbuch in Schlüsselbegriffen (S. 459-464). München: Psychologie Verlags Union.
OSNABRÜGGE, G. & FREY, D. (1987b): Dissonanztheoretische Aspekte der Führung. In: A. KIESER, G. REBER & R. WUNDERER (Hrsg.), Handwörterbuch der Führung. Enzyklopädie der Betriebswirtschaftslehre: Band 10 (S. 147-156). Stuttgart: C. E. Poeschel Verlag.
OSNABRÜGGE, G., STAHLBERG, D. & FREY, D. (1985): Die Theorie der kognizierten Kontrolle. In: D. FREY & M. IRLE (Hrsg.), Theorien der Sozialpsychologie: Band III. Motivations- und Informationsverarbeitungstheorien (S. 127:172). Bern: Huber.
PALLAK, M. S. (1970): The effect of expected choice and relevant or irrelevant dissonance of incidental retention. Journal of Personality and Social Psychology, *14*, 271-280.
PALLAK, M. S. & ANDREW, J. (1970): The effects of expected shock and relevant or irrelevant dissonance on incidental retension, Psychonomic Science, *18*, 323-326.
PALLAK, M. S. & PITTMAN, T. S. (1972): General motivation effects of dissonance arousal. Journal of Personality and Social Psychology, *21*, 349-358.
PALLAK, M. S., SOGIN, S. R. & VAN ZANTE, A. (1974): Bad decisions: Effect of volution, locus of causality and negative consequences on attitude change. Journal of Personality and Social Psychology, *30*, 217-227.
PEPITONE, A., MCCAULEY, C. & HAMMOND, P. (1967): Changes in attractiveness of forbidden toys as a function of severity of threat. Journal of Experimental Social Psychology, *3*, 221-229.
PERRY, B. L. (1971): Differential effort in counterattitudinal advocacy: Effects on attitude change and extinction. PhD thesis. Michigan State University, East Lansing.
PITTMAN, T. S. (1975): Attribution of arousal as a mediator in dissonance reduction. Journal of Experimental Social Psychology, *11*, 53-63.
PROSE, F. (1987): Gruppeneinfluß auf Wahrnehmungsurteile: Die Experimente von Sherif und Asch. In: D. FREY & S. GREIF (Hrsg.), Sozialpsychologie. Ein Handbuch in Schlüsselbegriffen (453-458). München: Psychologie Verlags Union.
QUANTY, M. B. & BECKER, L. A. (1974): Physiological indices of dissonance arousal and reduction in a stressful situation. Unpublished manuscript. University of Missouri - Columbia.
RAFFÉE, H, SAUTER, B. & SILBERER, G. (1973): Theorie der kognitiven Dissonanz und Konsumgüter-Marketing. Wiesbaden: Gabler Verlag.
RHINE, R. J. & POLOWNIAK, W. A. (1971): Attitude change, commitment and ego involvement. Journal of Personality and Social Psychology, *19*, 246-250.
RHODEWALT, F. & COMER, R. (1979): Induced-compliance attitude change: Once more with feeling. Journal of Experimental Social Psychology, *15*, 35-47.
SAUER, C., FREY, D., OCHSMANN, R., KUMPF, M. & IRLE, M. (1977): Kognitive Konsequenzen bei der Wahl eines Verlierers. Zeitschrift für Soziologie, *3*, 297-301.
SCHACHTER, S. (1951): Deviation, rejection, and communication. Journal of Abnormal and Social Psychology, *46*, 190-207.

SCHACHTER, S. (1964): The interaction of cognitive and physiological determinants of emotional state. In: L. BERKOWITZ (Ed.), Advances in experimental social psychology, Vol. 1, 49–80. New York: Academic Press.

SCHACHTER, S. & SINGER, J. E. (1962): Cognitive, social and physiological determinants of emotional state. Psychological Review, *69,* 379–399.

SCHER, S. J. & COOPER, J. (1989): Motivational basis of dissonance: The singular role of behavior consequences. Journal of Personality and Social Psychology, *56,* 899–906.

SCHLENKER, B. R. (1982): Translating actions into attitudes: An identity-analytic approach to the explanation of social conduct. In: L. BERKOWITZ (Ed.), Advances in Experimental Social Psychology (Vol. 15). NY: Academic Press.

SCHÖNBACH, P. (1966): Dissonanz und Interaktionssequenzen. Kölner Zeitschrift für Soziologie und Sozialpsychologie, *2,* 253–270.

SCHWARZ, N. (1987): Affekt und Informationsverarbeitung. In: D. FREY & S. GREIF (Hrsg.), Sozialpsychologie. Ein Handbuch in Schlüsselbegriffen (S. 101–104). München: Psychologie Verlags Union.

SCHWARZ, N., FREY, D. & KUMPF, M. (1980): Interactive effects of writing and reading a persuasive essay on attitude change and selective exposure. Journal of Experimental Social Psychology, *16,* 1–17.

SHAFFER, D. R. & HENDRICK, C. (1971): Effects of actual effort and anticipated effort on task enhancement. Journal of Experimental Social Psychology, *7,* 435–447.

SHAFFER, D. R. & HENDRICK, C. (1974): Dogmatism and tolerance for ambiguity as determinants of differential reactions to cognitive inconsistency. Journal of Personality and Social Psychology, *29,* 601–608.

SHERIF, M. & HOVLAND, C. I. (1961): Social judgement. New Haven: Yale University Press.

SHERIF, C. W., KELLEY, M., RODGERS, H. L., SARUP, G. & TITTLER, B. I. (1973): Personal involvement, social judgement, and action. Journal of Personality and Social Psychology, *27,* 311–327.

SHERMAN, S. J. (1970): Effects of device and incentive on attitude change in a discrepant behavior situation. Journal of Personality and Social Psychology, *15,* 245–252.

SMITH, E. (1961): The power of dissonance techniques to change attitudes. Public Opinion Quarterly, *25,* 626–639.

SNYDER, M. & EBBESEN, E. B. (1972): Dissonance awareness: A test of dissonance theory versus self-perception theory. Journal of Experimental Social Psychology, *8,* 502–517.

SNYDER, M. & SWANN, W. B. Jr. (1978): Behavioral confirmation in social interaction: From social perception to social reality. Journal of Experimental Social Psychology, *14,* 148–162.

SOGIN, S. R. & PALLAK, M. S. (1976): Bad decisions, responsibility, and attitude change: Effects of volition, foreseeability, and locus of causality of negative consequences. Journal of Personality and Social Psychology, *33,* 3, 300–306.

SPENCE, K. W., FARBER, I. E. & MCFANN, H. H. (1956): The relation of anxiety (drive) level to performance in competitional and noncompetitional paired-associates learning. Journal of Experimental Psychology, *52,* 296–305.

STAHLBERG, D. (1987): Assimilation und Kontrast. In: D. FREY & S. GREIF (Hrsg.), Sozialpsychologie. Ein Handbuch in Schlüsselbegriffen (S. 111–121). München: Psychologie Verlags Union.

STAHLBERG, D. & FREY, D. (1987): Konsistenztheorien. In: D. FREY & S. GREIF (Hrsg.), Sozialpsychologie. Ein Handbuch in Schlüsselbegriffen (S. 214–221). München: Psychologie Verlags Union.

STAHLBERG, D., OSNABRÜGGE, G. & FREY, D. (1985): Die Theorie des Selbstwertschutzes und der Selbstwerterhöhung. In: D. FREY & M. IRLE (Hrsg.), Theorien der Sozialpsychologie: Band III. Motivations- und Informationsverarbeitungstheorien (S. 79–124). Bern: Huber.

STEELE, C.M. & LIU, T.J. (1981): Making the Dissonant Act Unreflective of Self: Dissonance Avoidance and the Expectancy of a Value-Affirming Response. Journal of Personality and Social Psychology Bulletin, Vol.7, No.3, 393-397.

STEELE, C.M. & LIU, T.J. (1983): Attitudes and Social Cognition. Dissonance Processes as Self-Affirmation. Journal of Personality and Social Psychology, *45*, 5-19.

STEELE, C.M., SOUTHWICK, L.L. & CRICHTLOW, B. (1981): Dissonance and alcohol: Drinking your troubles away. Journal of Personality and Social Psychology, *40*, 831-846.

STEINER, I.D. (1968): Reactions to adverse and favorable evaluations of one's self. Journal of Personality, *36*, 553-563.

STEINER, I.D. (1972): Group process and productivity. New York: Academic Press.

STRACK, F. (1987): Soziale Informationsverarbeitung. In: D. FREY & S. GREIF (Hrsg.), Sozialpsychologie. Ein Handbuch in Schlüsselbegriffen (S.306-311). München: Psychologie Verlags Union.

SYKES, G.M. & MATZA, D. (1968): Techniken der Neutralisierung. Eine Theorie der Delinquenz. In: F. SACK & R. KÖNIG (Hrsg.), Kriminalsoziologie. Frankfurt am Main.

TEDESCHI, J.T., SCHLENKER, B.R. & BONOMA, T.V. (1971): Cognitive dissonance: Private ratiocination or public spectacle? American Psychologist, *26*, 685-695.

TESSER, A. (1988): Toward a self-evaluation maintenance model of social behavior. In: L. BERKOWITZ (Ed.), Advances in experimental social psychology (Vol.21, pp.181-227). Orlando, FL: Academic Press.

TOTMAN, R. (1976): Cognitive dissonance in the placebo-treatment of insomnia: A pilot experiment. British Journal of Medical Psychology, *49*, 393-400.

TURNER, E.A. & WRIGHT, J. (1965): Effects of severity of treat and perceived availability on the attractiveness of objects. Journal of Personality and Social Psychology, *2*, 128-132.

VALLACHER, R.R. & WEGNER, D.M. (1985): Action identification theory. Hillsdale, NJ: Erlbaum.

WALSTER, E. (1964): The temporal sequence of post-decision processes. In: L. FESTINGER (Ed.), Conflict, decision, and dissonance, 112-127. Stanford: Stanford University Press.

WALSTER, E. & PRESTHOLDT, P. (1966): The effect of misjudging another: Overcompensation or dissonance reduction? Journal of Experimental Social Psychology, *2*, 85-97.

WALSTER, G.W. & WALSTER, E. (1970): Choice between negative alternatives: Dissonance reduction of regret? Psychological Reports, *26*, 995-1005.

WALSTER, E., BERSCHEID, E. & BARCLAY, A.M. (1967): A determinant of preference among modes of dissonance reduction. Journal of Personality and Social Psychology, *7*, 211-216.

WATERMAN, C.K. (1969): The facilitating and interfering effects of cognitive dissonance on simple and complex paired associates learning tasks. Journal of Experimental Social Psychology, *5*, 31-42.

WATERMAN, C.K. & KATKIN, E.S. (1967): Energizing (dynamogenic) effect of cognitive dissonance on task performance. Journal of Personality and Social Psychology, *6*, 126-131.

WICKLUND, R.A. & BREHM, J.W. (1976): Perspectives on cognitive dissonance. Hillsdale, New Jersey: Erlbaum.

WICKLUND, R.A. & FREY, D. (1981): Cognitive consistency: Motivational vs. nonmotivational perspectives. In: J. FORGAS (Ed.), Social Cognition: Perspectives on Everyday Understanding (S.141-163). London: Academic Press.

WICKLUND, R.A. & GOLLWITZER, P.M. (1982): Symbolic selfcompletition. Hillsdale, NJ: Erlbaum.

WICKLUND, R.A., COOPER, J. & LINDER, D.E. (1967): Effects of expected effort on attitude change prior to exposure. Journal of Experimental Social Psychology, *3,* 416–428.

WILPERT, B. (1977): Führung in deutschen Unternehmen. Berlin 1977. In: A. KIESER, G. REBER & R. WUNDERER (Hrsg.), Enzyklopädie der Betriebswirtschaftslehre. Handwörterbuch der Führung. Stuttgart: Poeschel Verlag.

WORCHEL, S. & ARNOLD, S. E. (1974): The effect of combined arousal states on attitude change. Journal of Experimental Social Psychology, *10,* 6, 549–560.

WYER, R. S., Jr. & FREY, D. (1983): The effects of feedback about self and others on the recall and judgments of feedback-relevant information. Journal of Experimental Social Psychology, *19,* 540–559.

YARYAN, R. & FESTINGER, L. (1961): Preparatory action and belief in the probable occurrence of future events. Journal of Abnormal and Social Psychology, *63,* 603–606.

ZANNA, M. P. & COOPER, J. (1974): Dissonance and the pill: An attribution approach to studying the arousal properties of dissonance. Journal of Personality and Social Psychology, *29,* 5, 703–709.

ZANNA, M. P. & COOPER, J. (1976): Dissonance and the attribution process. In: J. H. HARVEY, W. J. ICKES & R. F. KIDD (Eds.), New directions in attribution research, Hillsdale, NJ: Erlbaum.

ZANNA, M. P., HIGGINS, E. T. & TAVES, P. A. (1976): Is dissonance phenomenologically aversive? Journal of Experimental Social Psychology, *12,* 530–538.

ZIMBARDO, P. G. (1960): Involvement and communication discrepancy as determinants of opinion conformity. Journal of Abnormal and Social Psychology, *60,* 86–94.

ZIMBARDO, P. G. (1965): The effect of effort and improvisation on self-persuasion produced by role-playing. Journal of Experimental Social Psychology, *1,* 103–120.

ZIMBARDO, P. G., WEISENBERG, M., FIRESTONE, I. & LEVY, B. (1965): Communicator effectiveness in producing public conformity and private attitude change. Journal of Personality, *33,* 233–255.

ZIMBARDO, P. G., COHEN, A. R., WEISENBERG, M., DWORKIN, L. & FIRESTONE, I. (1969): The control experimental pain. In: P. G. ZIMBARDO (Ed.), The cognitive control of motivation, 100–125. Glenview, Illinois: Scott, Foresman, 100–125.

Die Herausgeber zum folgenden Beitrag

Wie andere Kapitel ist der vorliegende Beitrag neu in den Theorienband aufgenommen worden. Das Elaboration-Likelihood-Modell von Petty und Cacioppo versucht, eine Vielzahl inkonsistenter Forschungsergebnisse aus der Einstellungsänderungsforschung in ein relativ einfaches Modell theoretisch zu integrieren. Danach können Einstellungen entweder über den zentralen oder den peripheren Weg der Informationsverarbeitung verändert werden (d. h. aufgrund von intensivem Abwägen der Pro- und Contraargumente in bezug auf eine Einstellungsposition oder aufgrund der bloßen Übernahme einer Einstellungsposition, z. B. weil sie von einem glaubwürdigen Kommunikator vertreten wird). Dabei gilt nur der Weg über die zentrale Informationsverarbeitung als Garant für stabile Einstellungsänderungen und langfristige Verhaltensauswirkungen. Petty und Cacioppo gelingt es mit diesem Modell, auch eine Vielzahl von Minitheorien der Einstellungsänderungsforschung zu integrieren, wie z. B. die Inokulationstheorie, die Assimilations-Kontrast-Theorie sowie die überwiegend an der Inzentivtheorie orientierten Forschungsarbeiten der Yale-Gruppe. Gerade dieser Ansatz ist ein gutes Beispiel, wie jahrzehntelange Forschung im Einstellungsbereich viel fruchtbarer hätte sein können, wenn zuvor ein klares theoretisches Modell, wie es Petty und Cacioppo nachgeliefert haben, vorhanden gewesen wäre. Dieses Modell kann fast als Vorbild dafür gelten, wie der beklagenswerte Zustand einer Überbetonung von Empirie zugunsten reflektierter Theorienbildung verändert werden kann.

Das Elaboration-Likelihood-Modell von Petty und Cacioppo

DAGMAR STAHLBERG, Universität Kiel
DIETER FREY, Universität Kiel

1. Das Theoriedefizit in der Einstellungsforschung

Die Einstellungsforschung ist von Anbeginn an ein zentraler Gegenstand der Sozialpsychologie gewesen, vor allem zwischen den 30er und den 60er Jahren. Danach sank das Interesse an dieser Forschungsrichtung, eine Entwicklung, die primär durch zwei Erkenntnisse in Gang gesetzt wurde:

1. Zum einen mußte die naive Sicht, daß durch die Kenntnis von Einstellungen gute Verhaltensvorhersagen möglich seien, revidiert werden. Die in der Folgezeit vorherrschende pessimistische Sicht der prognostischen Bedeutsamkeit von Einstellungen für die Verhaltensvorhersage (vgl. z.B. WICKER, 1969) führte zu einer Verlagerung der Schwerpunkte in der sozialpsychologischen Forschung zunächst hin zur Gruppenforschung. Erst nach und nach begannen Sozialpsychologen über das einfache Problem des Einstellungs-Verhaltenszusammenhanges hinaus differenziertere Fragen nach den situativen, methodischen und individuellen Determinanten der Höhe des Einstellungs-Verhaltenszusammenhanges und nach den Prozessen zu stellen, durch die Einstellungen Verhalten beeinflussen können. Erst aufgrund dieser Forschungsarbeiten ließ sich eine Wiederbelebung des Interesses an der Einstellungsforschung in den späten siebziger Jahren beobachten (vgl. EAGLY & HIMMELFARB, 1978; sowie CIALDINI, PETTY & CACIOPPO, 1981).
2. Zum anderen gibt es wohl kein Gebiet innerhalb der Sozialpsychologie, das eine solche Vielfalt von Theorien und einander widersprechenden Daten hervorgebracht hat wie die Einstellungsforschung (vgl. MCGUIRE, 1985). So faßten HIMMELFARB und EAGLY (1978) in einem Überblicksreferat den Stand der Einstellungsforschung wie folgt zusammen: Nach vielen Forschungsdekaden ließen sich nur wenige einfache direkte Schlußfolgerungen darüber ziehen, auf welchem Wege Einstellungen erfolgreich verändert werden könnten (vgl. S. 594). Trotz großer Forschungsanstrengungen ließen sich kaum verläßliche Effekte der intensiv untersuchten Kommunikator-, Kommunikations-, Medien-, Kontext- und Rezipientenvariablen auf die Einstellungsänderung nachweisen. Jede dieser unabhängigen Variablen begünstigte die Einstellungsänderung in bestimmten Situationen, hatte keinen Effekt in anderen Situationen und erwies sich schließlich unter bestimmten (nicht immer klar identifizierten) Randbedingungen auch als dem Ziel der Einstellungsänderung

abträglich. Diese Inkonsistenz der verschiedenen Forschungsergebnisse war zu einem großen Teil der vorherrschenden theoretischen oder besser atheoretischen Grundorientierung vieler Einstellungsprojekte zuzuschreiben. Insbesondere im Anschluß an die Yale-Studies (vgl. z. B. HOVLAND, JANIS & KELLEY, 1953), die in den 50er Jahren der Einstellungsforschung wichtige Impulse gaben, zeigte sich, wie unproduktiv Forschung werden kann, die sich ohne klaren theoretischen Rahmen ad hoc formulierten oder von der Praxis diktierten Fragestellungen zuwendet (vgl. als Übersicht dazu IRLE, 1975; STAHLBERG & FREY, im Druck).

Einen solchen klar formulierten theoretischen Rahmen, durch den sich viele der bis in die heutige Zeit hinein widersprüchlichen Forschungsergebnisse und theoretischen Vorhersagen integrieren lassen, stellt das von PETTY und CACIOPPO (1981) entwickelte Elaboration Likelihood Model (ELM) dar[1]. Als eine umfassende Theorie der Einstellungsänderung bietet das ELM einen allgemeinen Bezugsrahmen, um die vermittelnden Mechanismen zu verstehen, die bei erfolglosen und erfolgreichen Einstellungsänderungsversuchen wirksam werden. Im folgenden sollen die Grundannahmen der Theorie vorgestellt werden. In einem zweiten Schritt wird das große integrative Potential dieser theoretischen Position für bisherige Befunde der Einstellungsforschung aufgezeigt und der Stand der empirischen Überprüfung dieser theoretischen Annahmen dargestellt.

2. Die Grundannahmen des Elaboration-Likelihood-Modells

Das ELM-Modell unterscheidet zwischen zwei Wegen, auf denen Einstellungsänderungen durch Überzeugungsversuche hervorgerufen werden: Der erste Weg der Überzeugung wird dann eingeschlagen, wenn eine Person dazu *motiviert und fähig* ist, die angebotenen Informationen und Argumente sorgfältig zu verarbeiten und zu bewerten (tiefe Verarbeitung von Informationen und Argumenten – *zentraler Weg*). Die durch die Botschaft erreichte Einstellungsänderung wird in diesem Falle primär eine Funktion der Güte der dargebotenen Argumente und der Überzeugungskraft von gegebenen Informationen sein. Der zweite Weg der Überzeugung wird dagegen dann relevant, wenn eine Person nicht motiviert und/oder fähig ist, sich mit den dargebotenen Informationen und Argumenten wirklich auseinanderzusetzen. In diesem Falle wird sie sich nicht durch die Güte der Argumente oder den Überzeugungsgehalt der Informationen beeinflussen lassen. Vielmehr wird sie ihre Einstellungen primär dann ändern, wenn in der Überzeugungssituation gewisse Reize vorhanden sind (Verstärker, wie z. B. die Attraktivität des Kommunikators), die sie zu einer Annahme der Botschaft

---

[1] Auf eine Übersetzung dieses Namens etwa als das „Modell der Wahrscheinlichkeit der (tiefen) Verarbeitung (einstellungsrelevanter Informationen)" soll wegen der Umständlichkeit einer solchen Formulierung verzichtet werden.

verleiten, weil sie z.B. die Botschaftsposition mit positiven Gefühlen koppeln (Beeinflußbarkeit durch periphere Reize – *peripherer Weg*).

Diese Annahme des zentralen und peripheren Weges der Einstellungsänderung bildet die integrative Basis, die es PETTY und CACIOPPO erlaubt, eine Vielzahl von Forschungsergebnissen in einen neuen theoretischen Rahmen zu stellen. Primäres Ziel der Autoren ist es dabei einerseits, diejenigen Variablen herauszuarbeiten, die die Entscheidung für einen der beiden Wege determinieren. Andererseits macht die Theorie Vorhersagen über die Konsequenzen von Einstellungen, die auf dem zentralen oder peripheren Weg geändert oder gebildet wurden.

PETTY und CACIOPPO fassen die Grundannahmen ihrer Theorie in sieben Postulaten zusammen. Bevor diese Postulate im folgenden dargestellt werden, vorweg eine kurze Erläuterung des Einstellungsbegriffes, wie er von den Autoren in ihren Arbeiten gebraucht wird: Einstellungen (attitudes) werden als allgemeine Bewertungen (general evaluations) der eigenen Person, anderer Menschen, Objekte oder Sachverhalte verstanden. Diese allgemeinen Bewertungen beruhen auf Verhaltens-, affektiven und kognitiven Erfahrungen und beeinflussen wiederum Verhalten, Affekte und Kognitionen[2]. Die anschließende Darstellung der Postulate des ELM-Modells folgt den Ausführungen von PETTY und CACIOPPO (1986a, b).

Postulat 1: Personen sind motiviert, adäquate Einstellungen (correct attitudes) zu erwerben bzw. zu besitzen.

Das erste Prinzip des Modells orientiert sich an FESTINGERS (1954) Theorie der sozialen Vergleichsprozesse (vgl. auch das entsprechende Kapitel in diesem Band), die postuliert, daß Menschen motiviert sind, angemessene bzw. korrekte Einstellungen zu besitzen. Inkorrekte Einstellungen können nachteilige affektive, kognitive und/oder Verhaltenskonsequenzen haben. Das Adjektiv richtig oder korrekt darf in diesem Zusammenhang nicht als richtig oder falsch nach einem objektiven oder absoluten Bewertungsstandard verstanden werden. Vielmehr nimmt FESTINGER an, daß aus Ermangelung eines solchen Standards der Vergleich mit der sozialen Realität, d.h. mit den Einstellungen relevanter Bezugspersonen, zur Validierung der eigenen Einstellungsposition herangezogen wird. Vertreten andere relevante Bezugspersonen dieselbe Einstellungsposition wie man selbst, so wird durch diese Information die Gültigkeit der eigenen Einstellung bestätigt.

Postulat 2: Obwohl Menschen grundsätzlich adäquate Einstellungen besitzen möchten, ist die Intensität und die Art und Weise, in der sie bestimmte einstellungsrelevante (divergente oder konvergente) Informationen verarbeiten, von ihren Fähigkeiten und ihrer Motivationslage abhängig. Beide,

---

[2] PETTY und CACIOPPO (1981, 1986a, b) stützen sich auf ein eindimensionales Einstellungskonzept, indem sie – aus der Sicht anderer Einstellungskonzepte pars pro toto – Einstellungen auf ihre affektive Komponente reduzieren (einen Überblick über andere Einstellungsmodelle geben STAHLBERG & FREY, 1990).

Fähigkeiten[3] und Motivationslage, werden wiederum von individuellen und situationalen Faktoren beeinflußt[4].

Wenn also eine Person genügend motiviert und mit relevanten Fähigkeiten ausgestattet ist, sprechen PETTY und CACIOPPO von einer großen Wahrscheinlichkeit der tiefen oder intensiven Verarbeitung einer Information (Elaboration Likelihood). Eine tiefe oder intensive Verarbeitung bedeutet, daß die Aufmerksamkeit gegenüber den dargebotenen Informationen hoch ist und daß versucht wird, relevante Assoziationen, Bilder und Erfahrungen aus dem Gedächtnis abzurufen. Die intensive Auseinandersetzung mit den neuen Informationen bewirkt ferner, daß die dargebotenen Argumente bzw. die subjektive Interpretation oder Reaktion auf diese Argumente (eigene neugenerierte Argumente oder Gegenargumente) in die vorhandene Einstellungsstruktur (das Einstellungsschema) integriert werden. Dabei sprechen PETTY und CACIOPPO von einem Kontinuum der Verarbeitungstiefe. Den einen Pol dieses Kontinuums bildet die sehr oberflächliche Verarbeitung des Botschaftsinhaltes, bei der gar nicht oder kaum über die dargebotenen Argumente nachgedacht wird. In diesem Fall wird ein Einstellungswandel primär Folge der Anwesenheit peripherer Reize sein, wie z. B. die Attraktivität des Kommunikators oder die Anwesenheit anderer positiv stimmender Reize (peripherer Weg). Den gegenüberliegenden Pol stellt die intensive, tiefe Verarbeitung der Botschaft dar, bei der jedes einzelne Argument hinsichtlich Qualität und Implikationen beurteilt und in die Einstellungsstruktur integriert wird (zentraler Weg der Einstellungsänderung). Eine intensive Informationsverarbeitung kann dabei objektiv, d.h. unvoreingenommen, oder z. B. durch die Ausgangseinstellung beeinflußt also verzerrt bzw. voreingenommen sein (vgl. dazu Postulat 5). Die Motivation und Fähigkeit zur intensiven Verarbeitung einstellungsrelevanter Informationen werden ihrerseits wiederum durch individuelle und situationale Faktoren beeinflußt, wie die folgenden Beispiele zeigen:

a) *Eigenschaften der Kommunikation selbst.* Ist z. B. das Thema für die Person subjektiv von hoher Bedeutung, wird sie vermutlich sehr motiviert sein, eine relevante Information gründlich zu verarbeiten. Ist das dargebotene Informationsmaterial sehr komplex, sollte sie weniger dazu in der Lage sein, es zu verstehen und zu bewerten.
b) *Eigenschaften des Kommunikationskontextes.* Wird eine Person über die Beeinflussungsabsicht vorinformiert, könnte sie besonders motiviert sein, die dargebotenen Argumente kritisch zu durchleuchten. Steht die Person

---

[3] Der Begriff der Fähigkeit wird im vorliegenden Zusammenhang sehr weit gefaßt und umfaßt sowohl teilweise angeborene Fähigkeiten, wie z. B. Intelligenz, als auch erworbene Voraussetzungen wie Wissensbestände und schließlich situativ bedingte Fähigkeiten, wie z. B. sich nicht konzentrieren können, weil man abgelenkt ist.

[4] PETTY und CACIOPPO (1986 b) weisen selbst darauf hin, daß der Grundgedanke des ELM, daß die Tiefe der Verarbeitung von Informationen in Abhängigkeit von Merkmalen der Situation schwankt, auch in verschiedenen anderen theoretischen Ansätzen innerhalb der kognitiven (Sozial-)Psychologie wiederzufinden ist. Eine Gegenüberstellung dieser verschiedenen Ansätze mit dem ELM findet sich ebenda.

dagegen unter Zeitdruck oder ist ablenkenden Reizen/Störungen ausgesetzt, wird ihre Fähigkeit zur intensiven Informationsverarbeitung möglicherweise herabgesetzt sein.

c) *Eigenschaften der Rezipienten.* Denken bestimmte Rezipienten grundsätzlich gern über Probleme nach, könnten sie stets motivierter sein, eine Botschaft gründlich zu analysieren. Und umfangreiches Vorwissen über das Thema der Kommunikation wird ihnen die tiefe Verarbeitung neuer Informationen wahrscheinlich erleichtern.

d) *Eigenschaften der Kommunikatoren.* Plädiert ein Kommunikator für eine Einstellungsänderung, die seinen persönlichen Interessen dient, könnte dies die Rezipienten zu einer kritischen und genauen Verarbeitung der dargebotenen Informationen motivieren. Hat der Kommunikator eine angenehme Stimme oder Erscheinung, wird die Auseinandersetzung mit der Botschaft vermutlich erleichtert.

e) *Medium der Botschaft.* Möglicherweise führen audiovisuelle Medien ein Thema lebhafter oder anschaulicher vor Augen und motivieren daher die Rezipienten zu intensiverer Auseinandersetzung mit einer Botschaft. Print-Medien könnten eine tiefere Verarbeitung von (komplexen) Informationen erlauben als eine audiovisuelle Darbietung des gleichen Materials, da erstere wiederholtes und genaues Lesen ermöglichen.

Postulat 3: Eine Vielzahl von Variablen (z. B. der Inhalt der Kommunikation, Merkmale des Kommunikators oder des Kommunikationskontextes usw.) kann das Ausmaß und die Richtung der Einstellungsänderung auf drei verschiedenen Wegen beeinflussen: a) indem sie als Argumente wahrgenommen werden b) indem sie als periphere Reize wirken und c) indem sie das Ausmaß und die Richtung der Verarbeitung des Botschaftsinhaltes bestimmen.

Die Feststellung, ein Merkmal der Kommunikation diene als Argument, bedeutet in der Sprache des ELM, daß es sich hierbei um eine Information handelt, die die dargebotene Einstellungsposition stützt oder widerlegt. So könnten für Tennisfans die Werbespots für eine bestimmte Turnschuhmarke, in der Tennisszenen mit dem Tennisstar Yannick Noah gezeigt werden, als Argumente für die Güte dieses Produktes gewertet werden (da Noah Turnschuhe dieser Marke trägt und besonders leichtfüßig Tennis spielt, können die Schuhe so schlecht nicht sein).

Für andere Rezipienten, denen Yannick Noah aufgrund ihrer mangelnden Vertrautheit mit dem Tennissport nicht bekannt ist, können dagegen die Ästhetik der dargebotenen Bewegungen und die Attraktivität des Protagonisten periphere Verstärkerreize darstellen, die positive Gefühle erzeugen, die mit dem dargebotenen Produkt assoziiert werden. Schließlich könnte für eine dritte Gruppe von Personen die Tatsache, daß eine Einstellungsposition von Yannick Noah vertreten wird, dazu führen, daß Argumente für oder gegen diese Position besonders sorgfältig verarbeitet werden, weil man aus anderen Erfahrungen weiß, daß Yannick Noah häufig interessante Positionen vertritt, oder auch weil man in der Vergangenheit schon einmal auf eine Werbung hereingefallen ist, in der ein Tennisstar der Werbeträger war.

Zusammenfassend zeigt das beschriebene Beispiel, daß entsprechend der Annahmen des ELM ein und dasselbe Merkmal (hier: der Kommunikator Yannick Noah) für unterschiedliche Personengruppen als überzeugendes Argument für ein Produkt/eine Einstellungsposition, als verstärkender peripherer Reiz und als Determinante der Verarbeitungstiefe der Botschaft herangezogen werden kann.

Postulat 4: Variablen, die die Motivation und/oder die Fähigkeit einer Person beeinflussen, eine Botschaft relativ objektiv zu verarbeiten, können sowohl zu einer intensiveren wie auch zu einer oberflächlicheren Argumentenverarbeitung führen.

Variablen, die die Motivation oder Fähigkeit einer Person erhöhen, eine Botschaft in relativ objektiver Weise zu verarbeiten, werden dazu führen, daß schlagkräftige, überzeugende Argumente als solche erkannt werden und daher großen Einfluß auf die Einstellungsstruktur ausüben, während weniger überzeugende angreifbare Argumente als unzureichend durchschaut und damit von geringer Bedeutung für die Einstellungsänderung sein werden. Der Unterschied zwischen dem Einfluß starker und schwacher Argumente auf die Einstellungsänderung sollte unter der Bedingung hoher verarbeitungsrelevanter Motivation und Fähigkeit also maximal werden.

Andererseits sollten Variablen, die die Verarbeitungstiefe reduzieren, weil sie die Motivation oder Fähigkeit zu objektiver Verarbeitung herabsetzten, zu einer Nivellierung der Effekte starker und schwacher Argumente auf die Einstellungsstruktur führen: Sowohl die Qualität der starken als auch die Mängel der schwachen Argumente werden nicht (vollständig) erkannt. Eine Botschaft, die starke Argumente enthält, sollte also mehr Zustimmung bei sorgfältigem Nachdenken/tiefer Verarbeitung als bei eher oberflächlichem Nachdenken oder Nachprüfen/weniger intensiver Verarbeitung erzeugen. Dagegen sollte eine Botschaft, die primär auf schwachen Argumenten beruht, weniger Einstellungsänderungen in der angesonnenen Richtung hervorrufen bei tiefer im Vergleich zu oberflächlicher Verarbeitung. Durch die Manipulation der Argumentenqualität ist es somit möglich festzustellen, ob eine bestimmte Variable die Verarbeitung von Argumenten in einer relativ objektiven Weise erhöht oder reduziert. Sollte die in Frage stehende Variable die Botschaftsverarbeitung erhöhen, so müßte sich dies in einer Polarisierung der Einstellungen von Rezipienten niederschlagen, die mit starken oder schwachen Argumenten konfrontiert wurden. Umgekehrtes gilt für eine Variable, die eine Reduktion der Verarbeitungstiefe erzeugt.

Neben der Betrachtung der Effekte der Argumentengüte auf den Einstellungswandel schlagen Petty und Cacioppo (1986a, b) weitere Methoden vor, um die Tiefe oder Intensität der Informationsverarbeitung zu erfassen:

a) Man fragt die Vpn direkt, wie intensiv sie sich mit der Botschaft auseinandergesetzt haben. Das Problem ist hier natürlich, daß Personen nicht immer direkten Zugang zu den eigenen kognitiven Prozessen besitzen (vgl. NISBETT & WILSON, 1977).

b) Die Gedanken-Auflistungstechnik von BROCK (1967) und GREENWALD (1968): Hier sollen die Vpn alle Gedanken auflisten, die ihnen vor, während oder nach der Botschaft gekommen sind. Diese Gedanken werden anschließend in theoretisch sinnvollen Einheiten kategorisiert (z. B. Gegenargumente, Gedanken über den Kommunikator usw.).

c) Psychophysiologische Messungen (Elektromyographie [EMG] der Gesichtsmuskulatur). Mit diesen Methoden ist es möglich, positive und negative Reaktionen auf Stimuli zu unterscheiden sowie kognitiv aufwendigere und weniger aufwendige Prozesse zu differenzieren (vgl. CACIOPPO & PETTY, 1981 a, b; zur Diskussion der Vor- und Nachteile dieser Methoden, vgl. auch PETTY & CACIOPPO, 1986 b).

Postulat 5: Variablen, die dazu führen, daß Botschaften in relativ verzerrter Weise verarbeitet werden, verstärken oder verhindern (aufgrund motivational oder fähigkeitsbedingter Voreingenommenheiten) positive oder negative kognitive Reaktionen auf bestimmte Botschaftsinhalte.

Eine tiefere Verarbeitung von Botschaftsinhalten kann objektiv oder verzerrt sein. Eine relativ intensive objektive Verarbeitung würde dazu führen – wie schon oben beschrieben –, daß die in der Botschaft dargebotenen schlüssigen Argumente als solche erkannt und besonders hoch bewertet, während schwächere Argumente entlarvt und zurückgewiesen werden. Eine intensive aber verzerrte Verarbeitung sollte sich dagegen darin äußern, daß bestimmte positive Gedanken und Assoziationen zu bestimmten Botschaftsinhalten und negative Gedanken zu anderen Inhalten in besonderem Maße evoziert werden[5].

Bei der verzerrten Verarbeitung wirkt die ursprüngliche Einstellung einer Person quasi als Schema bei der Verarbeitung von Informationen. Auf diese Weise kann es z. B. zu einem positiven kognitiven Bias gegenüber der in der Botschaft angesonnenen Position kommen, der die Wahrscheinlichkeit angenehmer bzw. botschaftsstützender Gedanken erhöht und/oder die Wahrscheinlichkeit negativer kognitiver Reaktionen auf die vorgetragenen Argumente reduziert. Während der objektiv verarbeitende Rezipient motiviert oder fähig ist, die Implikationen einer Botschaft unvoreingenommen und sorgfältig zu durchdenken, ist im Gegensatz dazu ein verzerrt verarbeitender Rezipient motiviert oder fähig, eine *bestimmte* Art von Gedanken zu generieren, oft zur Verteidigung seiner ursprünglichen Einstellung. So wird z. B. ein Parlamentsabgeordneter, der sich mit einer öffentlichen Kritik

[5] Das Konzept der objektiven Verarbeitung von Botschaftsinhalten hat viel mit dem aus der Forschung zur Informationsverarbeitung stammenden Begriff des „Bottom-up"-Verarbeitens gemein, da hier die Elaboration relativ unparteiisch und datenorientiert erfolgt. Eine relativ verzerrte Botschaftsverarbeitung steht dagegen dem Gegenkonzept, der „Top-down"-Verarbeitung, sehr nahe: Hier wird die Verarbeitung quasi von oben kommend durch ein Einstellungsschema und seine Anwendung auf die Daten (Informationen/Argumente) geleitet.

an der letzten Diätenerhöhung konfrontiert sieht, hoch motiviert und aufgrund seiner guten Vorbereitung auch befähigt sein, Argumente zu generieren, warum eine solche Diätenerhöhung vonnöten war, während er versuchen wird, die Argumente gegen eine solche Erhöhung zu widerlegen.

Postulat 6: Wenn die Motivation und/oder die Fähigkeit zur intensiven Verarbeitung von Argumenten gering ist, so werden periphere Hinweisreize wichtige Einstellungsdeterminanten. Umgekehrt werden periphere Hinweisreize relativ unwichtige Einflußfaktoren, wenn sich die Intensität oder Sorgfalt, mit der Informationen verarbeitet werden, erhöht.

PETTY und CACIOPPO nehmen an, daß zentrale und periphere Wege der Einstellungsänderung nicht unabhängig voneinander beschritten werden: Immer dann wenn eine Person entweder nicht genügend motiviert ist, eine Botschaft intensiv zu verarbeiten, oder nicht dazu in der Lage ist (fehlende Fähigkeiten), wird sie dazu tendieren, die Botschaft unter Rückgriff auf periphere Reize zu beurteilen.

Postulat 7: Einstellungsänderungen, die durch die intensive Verarbeitung von Argumenten oder Informationen und damit auf dem zentralen Weg der Informationsverarbeitung hervorgerufen werden, sind stabiler über die Zeit, erlauben bessere Verhaltensvorhersagen und weisen gegenüber Gegenargumenten eine größere Resistenz auf als Einstellungsänderungen, die lediglich Folge der Reaktion auf periphere Reize sind.

Ob eine Einstellung auf dem zentralen oder dem peripheren Weg erworben oder verändert wurde, besitzt nach PETTY und CACIOPPO (1986b) wichtige Implikationen für die Stabilität dieser Einstellung, für ihre prognostische Validität in bezug auf Verhalten und für ihre Resistenz gegenüber zukünftigen Angriffen/Änderungsversuchen. Die Autoren nennen verschiedene Ursachen, die für diese Effekte verantwortlich sein sollten. Einstellungsänderungen über den zentralen Weg basieren auf einer intensiven Auseinandersetzung mit dem Inhalt der Botschaft und der Integration neuer Informationen in ein bestehendes Einstellungsschema. Da das Einstellungsschema unter diesen Bedingungen häufiger aufgerufen, geprüft und modifiziert wird als bei der Orientierung an peripheren Reizen (peripherer Weg), steht zu erwarten, daß im erstgenannten Fall das Einstellungsschema in sich konsistenter und verfügbarer sein wird. Einstellungsstrukturen jedoch, die konsistent und leicht verfügbar sind, sollten wiederum zeitlich überdauernder, besser gegen Gegenangriffe gefeit und bessere Prädiktoren von Verhalten sein als Einstellungen, die diese Eigenschaften nicht oder in geringerem Maße aufweisen (vgl. auch FAZIO, SANBONMATSU & POWELL, 1986; FAZIO & WILLIAMS, 1986).

Neben der widerspruchsfreien Struktur und großen Verfügbarkeit von Einstellungen, die auf zentralem Wege erworben wurden, nennen PETTY und CACIOPPO auch motivationale Einflußgrößen, die für die größere Stabilität, Resistenz und prognostische Validität dieser Einstellungen verantwortlich gemacht werden können. Die Selbstwahrnehmung, daß eine neue Einstellungsposition aufgrund intensiven Nachdenkens und sorgfältiger Informationsverarbeitung erworben wurde, kann die Sicherheit oder Überzeugung vertiefen, daß die gewonnene Einstellungsposition die adäquate oder „richtige" sei. Einstellungen wiederum, die mit großer Sicherheit und/oder Überzeugung innegehalten werden, werden über die Zeit hinweg besonders stabil sein und können durch Gegenargumente schwerer verändert werden. Ebenso werden sie einen verläßlichen Orientierungsanker für einstellungsrelevantes Verhalten abgeben.

3. Zusammenfassung der theoretischen Position

Das ELM nimmt an, daß Personen grundsätzlich an adäquaten Einstellungspositionen interessiert sind. Nicht immer jedoch werden sie motiviert oder aufgrund ihrer Fähigkeiten dazu in der Lage sein, einstellungsrelevante Informationen auch tatsächlich mit der notwendigen Sorgfalt zu verarbeiten und damit den zentralen Weg der Einstellungsbildung zu beschreiten. Wenn Personen sowohl motiviert als auch fähig zu intensiver Verarbeitung von Botschaften sind, kann dies in relativ objektiver, unvoreingenommener Weise oder aber in verzerrter, voreingenommener Form geschehen. Sind sie jedoch nicht motiviert und/oder nicht in der Lage, Informationen intensiv zu verarbeiten, können trotzdem Einstellungsänderungen hervorgerufen werden, weil sich Personen in diesem Fall an peripheren Reizen orientieren. Diese können zu einfachen Verknüpfungen affektiver Zustände mit dem Botschaftsinhalt oder einfachen Schlußfolgerungen über die Angemessenheit der angesonnenen Standpunkte führen. Allerdings sind Einstellungen, die auf zentralem Wege erzeugt werden, stabiler, resistenter gegen zukünftige Angriffe und bessere Prädiktoren von Verhalten.

4. Die empirische Überprüfung des ELM

Auf den vorangegangenen Seiten wurde das ELM in seinen Basispostulaten beschrieben. Im folgenden werden die wichtigsten empirischen Untersuchungen dargestellt, in denen die Vorhersagen des ELM überprüft wurden. Dabei wird zunächst die Frage erörtert, welche Faktoren die Motivation und die Fähigkeit zur Verarbeitung einstellungsrelevanter Kommunikationen beeinflussen (objektive sowie voreingenommene Verarbeitung). In einem weiteren Abschnitt wird das ELM-Postulat betrachtet, daß bei einem Mangel an Motivation und/oder Fähigkeit zur tiefen Informationsverarbeitung periphere Reize als Einflußgrößen des Einstellungswandels an Bedeutung gewinnen. Anschließend wird die Forschungsevidenz zu der Frage betrachtet, ob Einstellungen, die auf zentralem Weg erworben wurden, tatsächlich zeitlich überdauernder, besser gegen Beeinflussungsversuche gefeit und validere Verhaltensprädiktoren sind, als Einstellungen, die auf dem peripheren Weg gebildet wurden. Schließlich werden offene Fragen im Rahmen des ELM diskutiert.

4.1 Faktoren, die das Ausmaß objektiver Verarbeitung beeinflussen

4.1.1 Effekte der Ablenkung

Werden Personen während der Konfrontation mit einer einstellungsdiskrepanten Kommunikation durch eine gleichzeitig zu erfüllende Aufgabe (z. B. den Kommunikator zu beobachten, um anschließend seinen Charakter zu beurteilen) von der Konzentration auf den Inhalt der Botschaft etwas abgelenkt, so zeigen sie stärkeren Einstellungswandel als nicht-abgelenkte Vergleichspersonen (einen Überblick über entsprechende Arbeiten geben BARON, BARON & MILLER, 1973). FESTINGER und MACCOBY (1964) folgerten aus diesen Ergebnissen, daß ablenkende Reize Personen bei der Konfrontation mit einstellungsdiskrepanten Kommunikationen daran hindern könnten, Gegenargumente gegen das Gehörte, Gelesene oder Gesehene zu produzieren oder die Quelle der Botschaft abzuwerten.

PETTY und CACIOPPO (1986a, b) schlagen im Rahmen des ELM eine ähnliche, jedoch etwas erweiterte Erklärung von Ablenkungseffekten vor: Ablenkung würde die Fähigkeit zu einer tiefen Verarbeitung der Botschaft reduzieren. Dies hätte nach dem ELM zur Folge, daß Botschaften, die starke Argumente enthalten und daher vornehmlich positive kognitive Reaktionen (unterstützende Gedanken) hervorrufen, unter Ablenkungsbedingungen weniger Einstellungswandel erzeugen sollten, als wenn sich die Rezipienten ganz auf den Inhalt der Botschaft konzentrieren können (keine Ablenkung): Die positiven kognitiven Reaktionen werden unter der Ablenkungsbedingung unterbrochen oder verhindert. Botschaften, die auf schwachen Argumenten basieren, sollten dagegen unter Ablenkungsbedingungen stärkeren Einstellungswandel bewirken als unter Nicht-Ablenkungsbedingungen, da in diesem Fall die Produktion von negativen kognitiven Reaktionen (Gegenargumenten) unterdrückt wird. Abgelenkte Personen erkennen also die Gewichtigkeit guter Argumente nur teilweise, können aber auch die Schwachpunkte weniger schlagkräftiger Argumente übersehen.

PETTY, WELLS und BROCK (1976) führten ein Experiment durch, in dem sie die oben beschriebenen Annahmen überprüften. Die Manipulation der Argumentenqualität liefert dazu den wichtigsten experimentellen Ansatzpunkt. Wie schon weiter oben beschrieben, würde das ELM unter Einbezug des Faktors Argumentenqualität vorhersagen, daß abgelenkte Personen durch starke Argumente in geringerem, durch schwache Argumente aber in stärkerem Maße überzeugt werden sollten als nicht abgelenkte Personen. In der Untersuchung wurde den Vpn zunächst mitgeteilt, es gehe um ihre Fähigkeit, mehrere Dinge gleichzeitig zu tun, und zwar einer informativen Botschaft zuzuhören und eine Wahrnehmungsaufgabe zu lösen (das Protokollieren von Wahrnehmungsreizen, die per Bildschirm dargeboten wurden). Die studentischen Vpn hörten dann eine den eigenen Einstellungen widersprechende Einstellungsbotschaft, in der ein Kommunikator für die

Erhöhung der Studiengebühren plädierte. Diese Botschaft enthielt für die Hälfte der Vpn starke und für die übrigen schwache Argumente. Ein starkes Argument ist nach PETTY und CACIOPPO (1986b) definiert als eine Information, die primär positive, d.h. das Ansinnen der Botschaft unterstützende Gedanken hervorruft. Ob dies der Fall ist, wird empirisch, d.h. durch ausführliche Vortests festgestellt, in denen Vpn aufgefordert werden, ihre spontanen Gedanken zu jedem der dargebotenen Argumente aufzuschreiben (Gedanken-Auflistungs-Technik). Ein starkes Argument im vorliegenden Zusammenhang wäre z.B. „Man sollte die Studiengebühren erhöhen, um mehr Bücher für die Bibliothek kaufen zu können“. Ein Argument ist dagegen schwach, wenn die Vpn als kognitive Reaktionen überwiegend negative Assoziationen generieren (dies wäre möglicherweise der Fall bei folgendem Argument „Die Studiengebühren sollten erhöht werden, damit die Fakultätsmitglieder besser bezahlt werden können“). Die Vpn wurden weiterhin unterschiedlich starker Ablenkung ausgesetzt, indem die zu protokollierenden Wahrnehmungsreize in unterschiedlicher Frequenz auf den Bildschirmen erschienen.

Als Ergebnis zeigte sich das vom ELM vorhergesagte Datenmuster: Nur bei geringer Ablenkung resultierten starke verglichen mit schwachen Argumenten in einem größeren Einstellungswandel, nicht jedoch bei starker Ablenkung: Hier erwiesen sich die starken Argumente nicht als wirksamer als die schwachen Argumente. Diese Effekte auf der Einstellungsebene spiegelten sich auch in kognitiven Reaktionen der Vpn auf den Botschaftsinhalt wider: So reduzierte hohe Ablenkung das Ausmaß positiver Reaktionen auf starke Argumente (z.B. die Produktion botschaftsunterstützender Argumente) und das Ausmaß negativer Reaktionen auf schwache Argumente (z.B. die Produktion von Gegenargumenten). Diese und andere Ergebnisse (vgl. PETTY & CACIOPPO, 1986a, b) bestätigen die Annahme des ELM, daß Ablenkung als ein Faktor betrachtet werden kann, der die Verarbeitungstiefe steuert, indem er die Fähigkeit von Personen zur Informationsverarbeitung herabsetzt.

4.1.2 Der Einfluß von Stimmungen

In vielen Beeinflussungsversuchen, namentlich in der Werbung, wird versucht, die Rezipienten einer Botschaft in gute Stimmung zu versetzen, um so die Akzeptanz der Botschaft zu erhöhen. Dies wäre nach dem ELM immer dann erfolgreich, wenn eine gute Stimmung als peripherer Reiz wirkt, der die Annahme der Botschaft erleichtert. Tatsächlich zeigte sich aber in mehreren Arbeiten zum Einfluß von Stimmungen auf kognitive Prozesse, daß Personen, die in gute Stimmung gebracht wurden, kognitive Anstrengungen vermeiden (vgl. ISEN, 1987). Ausgehend von diesen Befunden untersuchten BLESS, BOHNER, SCHWARZ und STRACK (1990) die Auswirkungen von Stimmungen auf den Einstellungswandel. Um die Hypothese zu prüfen, daß gute Stimmung tatsächlich die Verarbeitungstiefe beeinflußt, wurde neben der Stimmung wiederum die Güte der Argumentation variiert. Gute bzw. schlechte Stimmung wurde dadurch erzeugt, daß die Vpn sich zunächst intensiv an ein sehr angenehmes bzw. sehr unangenehmes Lebensereignis aus ihrer Vergangenheit erinnern sollten. Die Botschaft argumentierte den studentischen Vpn gegenüber wiederum für eine Erhöhung der Studiengebühren. Wie erwartet zeigte sich, daß sich die Vpn, die in gute Stimmung versetzt worden waren und daher zu einer relativ oberflächlichen Verarbeitung der dargebotenen Botschaftsargumente neigen sollten, nicht in unterschiedlicher Weise von guten und schlechten Argumenten beeinflussen ließen. Vpn in schlechter Stimmung zeigten dagegen deutlich mehr Einstellungswandel nach der Konfrontation mit starken als nach der Exposition an schwache Argumente (intensive Informationsverarbeitung). Auch in dieser Untersuchung spiegelten sich die Einstellungsänderungsdaten in den kognitiven Reaktionen auf die Botschaften wider.

WORTH und MACKIE (1987) stellten ebenfalls fest, daß positive Stimmung im Vergleich zu neutraler Stimmung zu oberflächlicherer Verarbeitung von Einstellungsbotschaften führt: Personen, die in gute Stimmung versetzt worden waren, ließen sich im Ausmaß der Einstellungsänderung nicht durch die Güte der Argumentation beeinflussen, wohl aber durch periphere Reize wie den Expertenstatus des Kommunikators. Dieser Befund entspricht dem Postulat 6 des ELM, das besagt, daß bei fehlender Motivation oder Fähigkeit zur intensiven Auseinandersetzung mit Einstellungsbotschaften (oberflächliche Informationsverarbeitung) periphere Reize die Annahme oder Ablehnung der angesonnenen Position maßgeblich bestimmen. Genau entgegengesetzte Zusammenhänge zeigten sich bei den Personen in neutraler Stimmung: Hier erwies sich die Manipulation der Argumentenqualität als einflußreich, weniger dagegen der Expertenstatus des Kommunikators. Auch dieser Befund entspricht den Annahmen des ELM: Sind Personen motiviert und in der Lage, dargebotene Informationen gründlich zu verarbeiten - und lassen sich infolgedessen durch gute Argumente stark, durch schlechte Argumente dagegen kaum beeinflussen - spielen periphere Reize kaum eine Rolle im Überzeugungsprozeß.

MACKIE und WORTH (1989) gingen in weiteren Experimenten der Frage nach, welche Prozesse diese Stimmungseffekte vermitteln. Zum einen formulierten sie eine motivationale Erklärung: Personen in guter Stimmung vermeiden die intensive Auseinandersetzung mit (ihren eigenen Ansichten widersprechenden) Einstellungsbotschaften, weil sie solche Verhaltensweisen vermeiden, die ihre gute Stimmung beenden könnten. Zum anderen formulierten sie eine Erklärung, die statt motivationaler Defizite geringere Verarbeitungsfähigkeiten bei den Vpn mit guter Stimmung annimmt: Durch positive Stimmung werden viele positive Erinnerungen und Assoziationen geweckt, deren Verarbeitung eine gewisse Kapazität beansprucht und damit von der Verarbeitung externer Reize ablenkt. Erste experimentelle Befunde von MACKIE und WORTH (1989) sprechen für die Verarbeitungskapazitätserklärung der berichteten Stimmungseffekte. Wurde den Vpn mit der induzierten guten Stimmung die Möglichkeit gegeben, selbst zu bestimmen, wie lang sie sich mit einer einstellungsdiskrepanten Botschaft auseinandersetzen wollten, beschäftigten sie sich länger mit der Botschaft als Vpn in neutraler Stimmung. Unter dieser Bedingung der „unbegrenzten Auseinandersetzungsmöglichkeit" ließen sich die Vpn mit der guten Stimmung ebenso wie die neutral gestimmten Vpn von schlagkräftigen Argumenten stärker beeinflussen als von weniger überzeugenden Argumenten; die gutgestimmten Vpn kompensierten ihre geringere Verarbeitungskapazität durch die längere Verarbeitungszeit. Die motivationale Erklärung – gute Stimmung führt zur Vermeidung der kognitiven Auseinandersetzung mit der stets einstellungsdiskrepanten Botschaft – hätte dagegen geringere Expositionszeiten vorhergesagt, wenn die Vpn die Länge ihrer Auseinandersetzung mit der Botschaft selbst bestimmen konnten. Unabhängig von der Art der vermittelnden Prozesse bleibt jedoch mit BLESS et al. festzuhalten, daß bei schlüssiger, überzeugender Argumentation nicht anzuraten ist, die Rezipienten durch periphere Reize in besonders gute Stimmung zu versetzen, weil dies die Verarbeitungstiefe und damit den Einfluß starker Argumente reduzieren könnte (S. 344).

4.1.3 Wiederholung der Botschaft

Die Wiederholung von Einstellungsbotschaften kann Einstellungsänderungen bei den Rezipienten verstärken, abschwächen oder das Ausmaß der erzielten Effekte nicht beeinflussen (vgl. PETTY & CACIOPPO, 1986a, b). Zusammenfassen lassen sich bisherige Forschungsergebnisse noch am besten durch die Annahme, daß die Wiederholung von überzeugenden Kommunikationen zunächst die Zustimmung zu den angesonnenen Positionen erhöht, bei einer hohen Zahl von Wiederholungen dann aber wieder reduziert (CALDER & STERNTHAL, 1980; GORN & GOLDBERG, 1980). CACIOPPO und PETTY (1979b) schlagen im Rahmen des ELM ein Zwei-Stufen-Modell der Einstellungsänderung durch wiederholte Botschaften vor, das der beschriebenen Datenlage Rechnung trägt. Auf der ersten Stufe (moderate Zahl von Wiederholungen) werden Wiederholungen es dem Rezipienten leichter machen, die Argumente intensiv zu verarbeiten. Der Vorteil von Wiederholungen ist am offensichtlichsten, wenn einmalige Expositionen an die Botschaft nicht ausreicht, sie in ihrer Komplexität vollständig zu erfassen (also z. B. wenn die Rezipienten geringe kognitive Fähigkeiten besitzen, wenn das dargebotene Material sehr komplex ist usw.). Hat eine Person dann sämtliche Implikationen einer Botschaft hinreichend verarbeitet, beginnt die zweite Stufe. In dieser Phase werden weitere Wiederholungen nicht zu noch positiveren Einstellungen gegenüber der in der Botschaft vertretenen Position führen, sondern es sind negativere Einstellungen als Konsequenz von Reaktanzeffekten (vgl. das entsprechende Kapitel in diesem Band) oder Langeweile zu erwarten.

Betrachten wir in diesem Abschnitt zunächst die erste Phase. CACIOPPO und PETTY (1985) konfrontierten ihre studentischen Vpn mit einer Botschaft, in der für Prüfungsverschärfungen plädiert wurde, und maßen anschließend die Einstellungen der Vpn zu diesem Thema. Dabei wurden zwei experimentelle Faktoren variiert: die Qualität der Argumentation (die Vpn erhielten entweder eine Botschaft mit starken oder eine mit schwachen Argumenten) und die Zahl der Darbietungen (einmalig oder dreimalig). Als Ergebnis zeigte sich die erwartete Interaktion: Bei nur einmaliger Darbietung führte die unterschiedliche Qualität der Argumentation nicht zu Unterschieden in den erzielten Einstellungsänderungen, während nach mehrmaliger Darbietung die starken Argumente mehr Einstellungswandel als die weniger schlagkräftigen Botschaften hervorriefen. Wiederholte Darbietungen führten also zu einer tieferen Verarbeitung der dargebotenen Botschaften.

CACIOPPO und PETTY (1979 b) konnten in eigenen Experimenten aber auch Belege dafür finden, daß insgesamt eine kurvilineare Beziehung zwischen der Zahl von Botschaftswiederholungen und der erzielten Einstellungsänderung vorliegt. Während in ihrer Untersuchung die dreimalige Vorgabe einer Einstellungsbotschaft (Forderung nach Ausgabenerhöhungen durch die Universität) im Vergleich zur einmaligen Darbietung zu verstärktem Einstellungswandel führte, sank das Ausmaß hervorgerufener Einstellungsänderungen bei den Vpn wieder ab, die sich der Kommunikation fünfmal aussetzen mußten (2. Phase). Dieser verminderte Einstellungswandel ging – wie aufgrund der Modellannahmen zu erwarten – einher mit der verstärkten Produktion von Gegenargumenten gegen den Botschaftsinhalt bei gleichzeitigem Rückgang der unterstützenden Gedanken.

4.1.4 Das Bedürfnis nach Kognition (Need for Cognition)

CACIOPPO und PETTY (1982) sowie CACIOPPO, PETTY und MORRIS (1983) greifen in ihren Arbeiten die Annahme von COHEN, STOTLAND und WOLFE (1955) u.a. auf, daß Personen sich darin unterscheiden, inwieweit sie anstrengende kognitive Analysen vornehmen und als angenehm empfinden. Um diese interindividuellen Unterschiede meßbar zu machen, entwickelten sie die sogenannte „Need for Cognition“-Skala (NC-Skala). Diese Skala enthält Items wie die folgenden: „I would prefer complex to simple problems, Thinking ist not my idea of fun, I prefer my life filled with puzzles that I must solve“ usw. Der Einbezug des „Need for Cognition“-Konstruktes in das ELM führt zu folgenden Vorhersagen: Personen mit hohem Bedürfnis nach Kognition sollten stärkeres kognitives Engagement zeigen und deshalb relevante Argumente tiefer verarbeiten.

CACIOPPO, PETTY und MORRIS (1983) konfrontierten zur Überprüfung dieser Annahme Vpn mit hohem und niedrigem Bedürfnis nach Kognition mit starken oder schwachen Argumenten einer einstellungskonträren Botschaft (Erhöhung der Studiengebühren). Personen mit hohem Bedürfnis nach Kognition verarbeiteten die Botschaft sorgfältiger als Vpn mit niedrigem Bedürfnis nach Kognition; die erstgenannten Vpn zeigten deutlich stärkeren Einstellungswandel nach der Konfrontation mit starken als nach der Auseinandersetzung mit schwachen Argumenten. Dieser Effekt der Argumentenqualität fiel bei den Vpn mit geringem „Need for Cognition“ deutlich geringer aus.

In einer weiteren Untersuchung stellten CACIOPPO, PETTY, KAO und RODRIGUEZ (1986) fest, daß die oben beschriebenen Effekte des Faktors Bedürfnis nach Kognition nicht dadurch zu erklären sind, daß sich beide Gruppen in der Variablen Intelligenz unterscheiden: Selbst wenn das Ausmaß verbaler Intelligenz statistisch kontrolliert wurde (Kovarianzanalyse), zeigte sich weiterhin die Interaktion zwischen dem „Need for Cognition“-Faktor und der Argumentenqualität. PETTY und CACIOPPO (1986 b) schließen hieraus, daß die NC-Skala tatsächlich die Motivation mißt, sich mit komplexem Material auseinanderzusetzen und nicht die Fähigkeit, solches Material adäquat zu verarbeiten.

4.1.5 Persönliche Relevanz oder persönliche Betroffenheit

PETTY und CACIOPPO (1986a, b) betrachten die persönliche Relevanz eines Einstellungsthemas dann als gegeben, wenn das Thema wichtige Implikationen für das eigene Leben besitzt. In der frühen Einstellungsforschung ging man zunächst aufgrund theoretischer Überlegungen und verschiedener empirischer Befunde davon aus, daß ein hohes Ausmaß persönlicher Relevanz eines Einstellungsthemas unabhängig vom Inhalt der eigenen Einstellung (pro oder contra) mit erhöhter Resistenz gegenüber Überzeugungsversuchen verbunden sein sollte (vgl. SHERIF & HOVLAND, 1961; SHERIF, SHERIF & NEBERGALL, 1965).

Im ELM nehmen PETTY und CACIOPPO (1986a, b) dagegen an, daß die persönliche Relevanz eines Einstellungsthemas dazu führt, daß Personen stärker motiviert sein sollten, themenrelevante Argumente intensiv zu verarbeiten. Wenn z.B. in der Nähe des Wohnortes einer Person ein Atomkraftwerk (AKW) gebaut werden soll, wird dieses Thema für sie möglicherweise wichtigere Implikationen besitzen, als wenn sie Hunderte von Kilometern entfernt vom nächsten AKW wohnt. Deshalb wird die erstgenannte Person, die persönlich durch das Einstellungsthema betroffen ist, ein besonders starkes Interesse daran haben, möglichst adäquate Meinungen und Einstellungen zu erwerben. Sie wird daher - unabhängig von ihrer Ausgangseinstellung - zur intensiveren Verarbeitung möglicher Einstellungsbotschaften zu diesem Thema neigen als die nicht persönlich betroffene Person.

Studien von PETTY und CACIOPPO (1979b) bestätigen diese Annahme. In einem ihrer Experimente wurden studentische Vpn mit einer einstellungsdiskrepanten Botschaft konfrontiert, in der für eine Verschärfung der Prüfungsordnung argumentiert wurde. Anschließend wurden die Einstellungen zu diesem Thema erfaßt. Neben dem bereits bekannten Faktor Qualität der Argumentation wurde die persönliche Relevanz des Einstellungsthemas wie folgt manipuliert: Den Vpn der Bedingung „hohe Relevanz“ wurde erklärt, die Prüfungsverschärfung solle in der eigenen Universität eingeführt werden, während den Vpn der Bedingung „geringe Relevanz“ mitgeteilt wurde, dies solle an einer anderen Universität geschehen. Als Ergebnis zeigte sich die erwartete Interaktion beider Faktoren: Unter der Bedingung hoher persönlicher Relevanz wurden die Vpn deutlich mehr von guten als von schlechten Argumenten beeinflußt, während sich in der Bedingung niedriger Relevanz kein solcher Effekt der Botschaftsqualität beobachten ließ. Dieses Ergebnis bestätigt die Annahme, daß ein hohes Ausmaß persönlicher Relevanz dazu führt, daß Personen Einstellungsbotschaften intensiver verarbeiten. Die gefundene Wechselwirkung zwischen persönlicher Relevanz und der Argumentenqualität wurde zudem in mehreren anderen Untersuchungen repliziert (vgl. z.B. PETTY & CACIOPPO, 1984).

Johnson und Eagly (1989) weisen allerdings darauf hin, daß sich bei einer anderen sehr wichtigen Art der persönlichen Betroffenheit, nämlich der Wertrelevanz eines Einstellungsthemas[6] unabhängig von der Argumentenqualität eine deutlich geringere Beeinflußbarkeit der persönlich betroffenen Personen zeigt (vgl. die o. g. Annahmen von Sherif und Mitarbeitern). Unter Bedingungen hoher Wertrelevanz wurden die eigenen Einstellungspositionen verteidigt und Gegenargumente gegen die dargebotenen einstellungsdiskrepanten Informationen generiert. Johnson und Eagly (1989)l analysierten 38 Studien, in denen das Zusammenwirken verschiedener Arten persönlicher Betroffenheit mit der Qualität dargebotener Argumente auf das Ausmaß von Einstellungsänderungen untersucht worden war. Diese Analyse zeigt, daß eine tiefe relativ objektive Botschaftsverarbeitung bei hoher persönlicher Betroffenheit wie von Petty und Cacioppo angenommen nur dann erfolgt, wenn das betrachtete Einstellungsthema für die Rezipienten wichtige Konsequenzen besitzen könnte, ohne daß es jedoch in bezug zu zentralen Werten steht. Eine solche Situation sollte nach Johnson und Eagly primär dann vorliegen, wenn neue Einstellungen gebildet werden, nicht aber, wenn bestehende Einstellungen geändert werden sollen. Bedeutender für den Prozeß der Einstellungsänderung ist möglicherweise daher die Wertrelevanz einer Einstellung, die dazu führt, daß Personen durch intensive Gegenargumentation die eigene Einstellungsposition gegen Angriffe zu verteidigen suchen. Diesen Prozeß werden wir weiter unten noch eingehender als voreingenommene Verarbeitung oder „biased processing“ betrachten.

4.1.5 Weitere Faktoren, die das Ausmaß der objektiven Informationsverarbeitung beeinflussen

Neben den bislang beschriebenen Variablen nennen Petty und Cacioppo noch eine Reihe weiterer Faktoren, die das Ausmaß der objektiven Verarbeitung einer Botschaft beeinflussen, indem die Fähigkeit der Informationsverarbeitung entweder erhöht oder reduziert wird. Es können nicht alle Forschungsergebnisse, die hierzu vorliegen, an dieser Stelle dargestellt werden (vgl. für einen vollständigeren Überblick die Monographie von Petty und Cacioppo, 1986b). Im folgenden kann nur kurz auf diese weiteren Faktoren verwiesen werden:

Persönliche im Vergleich zu kollektiver Verantwortlichkeit für ein Einstellungsurteil. Es gibt eine Vielzahl von Untersuchungen, die nachweisen, daß das Engagement einer einzelnen Person zur Lösung einer Aufgabe nachläßt, wenn diese Aufgabe in einer Gruppe durchgeführt wird (social loafing effect, vgl. Latané, Williams & Harkins, 1979). Desgleichen werden Einstellungsbotschaften weniger intensiv verarbeitet, wenn eine Person erwartet, die Aufgabe der Beurteilung von dargebotenen Informationen mit

---

[6] „Value-relevant involvement“ oder Wertrelevanz eines Einstellungsthemas liegt nach Johnson und Eagly (1989) dann vor, wenn dieses Thema in engem Bezug zu zentralen Werten einer Person steht.

anderen Rezipienten zu teilen (vgl. z.B. BRICKNER, HARKINS und OSTROM, 1985).

- *Die Körperhaltung des Rezipienten.* Personen, die liegen, neigen zu einer tieferen Verarbeitung von Botschaften als Personen, die sitzen oder stehen (PETTY, WELLS, HEESACKER, BROCK & CACIOPPO, 1983).
- *Die Komplexität und Verständlichkeit der Botschaft.*
- *Die Intelligenz oder Bildung des Rezipienten.*
- *Das Medium der Botschaft.* Zum Beispiel sollte die schriftliche Vorgabe von Informationen bei ausreichend motivierten Empfängern die intensive Verarbeitung der dargebotenen Argumente erleichtern, da die Rezipienten das Verarbeitungstempo selbst bestimmen können).
- *Die Herzrate.* Hohe Herzschlagfrequenzen gehen einher mit intensiverer Informationsverarbeitung (vgl. z.B. CACIOPPO, 1979).
- *Die Zahl der Kommunikatoren,* die eine bestimmte Einstellungsposition vertreten. Die Zahl der Kommunikatoren kann gemäß des ELM auf zweierlei Weise Einfluß auf den Überzeugungsprozeß nehmen. Zum einen kann sie als peripherer Reiz wirken (Vertreten viele Kommunikatoren dieselbe Position, können die Rezipienten sich leichter beeinflussen lassen, nach dem Motto: So viele können sich nicht irren). Zum anderen kann die Tatsache, daß viele Kommunikatoren dieselbe Position vertreten, dazu führen, daß die Rezipienten die Argumente besonders sorgfältig verarbeiten (HARKINS & PETTY, 1981b).

Alle genannten Variablen können das Ausmaß der Botschaftsverarbeitung beeinflussen. Sie tun es in den beschriebenen Fällen in relativ objektiver Weise, d.h. sie führen dazu, daß die Güte schlagkräftiger und die Defizite schwacher Argumente erkannt werden, und zwar unabhängig von der Einstellungsposition, die die Rezipienten selbst vertreten. Intensive Verarbeitung einer Kommunikation kann aber auch darin bestehen, daß man versucht, die eigene Position gegen einen Angriff zu verteidigen, indem man Gegenargumente gegen die Botschaft entwickelt. Diese Art der Reaktionen auf Botschaften nennen PETTY und CACIOPPO „biased elaboration“ oder voreingenommene Informationsverarbeitung.

4.2 Faktoren, die das Ausmaß voreingenommener Informationsverarbeitung beeinflussen

4.2.1 Vorkenntnisse

Wenn eine Person bereits eine organisierte Wissensstruktur bzw. eine festgefügte Einstellung (ein Schema) bezüglich einer Themenstellung besitzt, wird die Informationsverarbeitung im Sinne der Aufrechterhaltung des bestehenden Schemas beeinflußt (vgl. z.B. WYER & SRULL, 1984). Je mehr themenbezogene Vorkenntnisse vorhanden sind, um so größer wird die Tendenz sein, Informationen zu widerlegen, die dem eigenen Schema widersprechen bzw. besonders rezeptiv auf solche Informationen zu reagieren, die sich in die eigene Wissensstruktur hineinfügen (vgl. PETTY und

Cacioppo, 1986a, b; sowie die Kapitel über die Hypothesentheorie der Wahrnehmung und die Dissonanztheorie in diesem Band).

Cacioppo, Petty und Sidera (1982) überprüften zunächst die Annahme, daß bestehende Wissensstrukturen oder Schemata positive Reaktionen (unterstützende Gedanken) zu einstellungskongruenten Botschaftsinhalten begünstigen. Sie konnten diese Hypothese bestätigen: Sprachen die dargebotenen einstellungskongruenten Informationen bestehende Wissensstrukturen an und fielen damit quasi auf fruchtbaren Boden, wurde der Inhalt der Botschaft als überzeugender beurteilt, und es wurden mehr unterstützende Gedanken produziert, als wenn keine dominanten Wissensstrukturen angesprochen wurden. Ersteres war z. B. dann der Fall, wenn die Studenten einer katholischen Universität, die stark religiös ausgerichtete Wissensstrukturen besaßen, mit religiösen Argumenten gegen die Todesstrafe (Leben ist ein geheiligtes Gut) und nicht mit juristischen Argumenten (Das Leben ist ein verfassungsrechtlich geschütztes Gut) konfrontiert wurden. Gegenteiliges zeigte sich bei Studenten mit juristisch ausgerichteten Beurteilungsschemata.

Aber auch die Reaktionen auf einstellungsdiskrepante Kommunikationen werden durch das Ausmaß des Vorwissens modifiziert. Wood (1982) konnte nachweisen, daß ein großes Maß an Vorkenntnissen (hier: über Umweltschutz) dazu führt, daß Vpn auf einstellungsdiskrepante Botschaften mit vermehrten Gegenargumenten und weniger unterstützenden Gedanken reagieren als Vpn mit geringem Vorwissen. Erstere ließen sich dementsprechend weniger durch die Botschaft beeinflussen, in der *gegen* die Notwendigkeit des Umweltschutzes argumentiert wurde.

Bestehende Wissensstrukturen stärken nach Ansicht von Petty und Cacioppo primär die Fähigkeit von Personen, sich in voreingenommener Weise mit Einstellungsbotschaften auseinanderzusetzen. Wird die eigene bisherige Einstellungsposition verteidigt, kann dies also zum einen der schemageleiteten Informationsverarbeitung zugeschrieben werden. Zum anderen kann aber auch angenommen werden, daß insbesondere dann, wenn Einstellungen in enger Beziehung zu grundlegenden Werten stehen (vgl. die Ausführungen zur Wertrelevanz eines Einstellungsthemas in Abschnitt 4.1.5), motivationale Faktoren an voreingenommener Verarbeitung beteiligt sein können. Neben der Wertrelevanz sind diesbezüglich primär die Faktoren Vorwarnungen über den Botschaftsinhalt und die Beeinflussungsabsicht untersucht worden, auf die im folgenden näher eingegangen wird.

4.2.2 Vorwarnungen in bezug auf den Inhalt einer Botschaft oder in bezug auf die Überzeugungsabsicht

Papageorgis (1968) unterscheidet zwei Arten der Vorwarnung: Entweder man informiert eine Person im voraus über den Inhalt der Botschaft *(Warnung vor dem Botschaftsinhalt)* oder man warnt sie davor, daß sie beeinflußt werden soll *(Warnung vor der Überzeugungsabsicht).* Es gibt sowohl Studien, die zeigen, daß Vorwarnungen Einstellungsänderungen reduzieren als auch solche, die belegen, daß Vorwarnungen zu vermehrtem Einstellungswandel führen können (vgl. z. B. Cooper & Jones, 1970). Auch auf diesem Gebiet erlaubt es das ELM, bislang widersprüchlich erscheinende Forschungsergebnisse neu zu ordnen. Die Überlegungen von PETTY und CACIOPPO gehen dahin, daß Effekte beider Arten von Vorwarnungen überwiegend von der Motivation und der Fähigkeit einer Person abhängen, über das Einstellungsthema nachzudenken. Bei niedriger Motivation und/oder Fähigkeit sollten Vorwarnungen den Einfluß peripherer Reize wie Glaubwürdigkeit des Kommunikators usw. erhöhen. Bei hoher Motivation und Fähigkeit oder starker Festlegung auf die Ausgangsposition sollten dagegen Vorwarnungen im Sinne einer intensiven voreingenommenen Informationsverarbeitung zu erhöhter Resistenz gegen einen Beeinflussungsversuch führen. In diesem Fall sollten Personen versuchen, während der Erwartung der Botschaft durch Gegenargumentation und die Suche nach unterstützenden Argumenten für die eigene Ausgangsposition letztere zu verteidigen (biased processing).

In Übereinstimmung mit dieser Argumentation zeigte sich, daß *Vorwarnungen über Botschaftsinhalte* Einstellungsänderungen dann am stärksten verhinderten, wenn genügend Zeit zwischen der Warnung und der Präsentation der Botschaft vorhanden war, so daß die Vpn Gegenargumente gegen den Botschaftsinhalt sowie die eigene Position stützende Gedanken generieren konnten (vgl. z.B. FREEDMAN & SEARS, 1965; HASS & GRADY, 1975). Verschiedene Studien arbeiteten ferner mit der Gedanken-Auflistungs-Technik sowie mit psychophysiologischen Messungen, um die Effekte von Vorwarnungen über den Inhalt einer Botschaft zu erfassen. Auch hier zeigte sich, daß Personen, die mit entsprechenden Vorwarnungen konfrontiert wurden, die Periode zwischen Vorwarnung und dem tatsächlichen Empfang der Botschaft dazu nutzten, ihre ursprünglichen Meinungen abzusichern und Gegenargumente gegen den erwarteten Botschaftsinhalt zu produzieren (CACIOPPO & PETTY, 1979a u.a.). Diese voreingenommene Informationsverarbeitung bewirkt eine größere Resistenz gegenüber der folgenden Botschaft.

Eine *Vorwarnung über die Beeinflussungsabsicht* des Kommunikators könnte auch bewirken, daß die Quelle der Botschaft und damit auch die Botschaft selbst abgewertet und nicht näher betrachtet wird (peripherer Reiz-Effekt)[7]. Experimentelle Befunde von PETTY und CACIOPPO (1979a) sprechen jedoch dafür, daß Vorwarnungen auch in bezug auf die Beeinflussungsabsicht eher die voreingenommene Informationsverarbeitung intensivieren, d.h. zur Gegenargumentation anregen, als daß sie als einfache Ablehnungsreize wirksam werden. In ihrer Untersuchung wurden die studentischen Vpn mit einstellungsdiskrepanten Botschaften konfrontiert (Plädoyer für eine Prüfungsverschärfung). Als zusätzlicher Faktor wurde die

---

[7] Eine ähnliche Erklärung möglicher Vorwarnungseffekte wurde in der Literatur aus der Reaktanztheorie (vgl. das entsprechende Kapitel in diesem Band) abgeleitet: Die Vorwarnung über die Beeinflussungsabsicht ruft Reaktanz hervor, da sich die Rezipienten in ihrer Freiheit, die eigene Einstellungsposition zu vertreten, beeinträchtigt fühlen. Die Zurückweisung der Einstellungsbotschaft und das Beharren auf der eigenen Einstellungsposition würde einer direkten Wiederherstellung dieser bedrohten Meinungsfreiheit gleichkommen.

persönliche Relevanz des Einstellungsthemas manipuliert (Prüfungsverschärfungen an der eigenen vs. an einer fremden Universität). Wie vorhergesagt, verringerte die Vorwarnung die allgemeine Zustimmung zum Botschaftsinhalt und intensivierte die voreingenommene Informationsverarbeitung, d.h. sie führte zur vermehrten Produktion von Argumenten, um die eigene Position zu stützen und die propagierte Position zu widerlegen. Dieser Effekt war jedoch nur unter der Bedingung hoher persönlicher Relevanz des Themas signifikant. Daraus folgerten die Autoren, daß die Warnung nicht als einfacher Ablehnungsreiz wirke. Ein solcher Reiz sollte nach dem ELM nur oder zumindest stärkeren Einfluß unter Bedingungen geringer Relevanz ausüben (vgl. das Postulat 6).

4.2.3 Weitere Faktoren, die eine voreingenommene Informationsverarbeitung hervorrufen

Neben bestehenden Wissensstrukturen und Vorwarnungen begünstigen auch andere Faktoren eine voreingenommene Botschaftsverarbeitung. Auch diese sollen hier nur zusammenfassend angesprochen werden (für eine ausführlichere Diskussion vgl. wiederum PETTY & CACIOPPO, 1986a, b).

- Sehr häufige Wiederholungen von Botschaften führen zu verstärkter Gegenargumentation gegen die Botschaften (vgl. auch die in Abs. 4.1.3 beschriebenen zwei Phasen der Effekte von Botschaftswiederholungen).
- Die enge Beziehung des Einstellungsthemas zu eigenen grundlegenden Wertvorstellungen (Wertrelevanz, vgl. Abs. 4.1.5) motiviert Personen zur intensiven voreingenommenen Informationsverarbeitung (Verteidigung der eigenen Position).
- Reaktionen des Publikums auf die vorgetragene Botschaft, wie z.B. kritische Zwischenrufe können zu voreingenommener Verarbeitung (Produktion von Gegenargumenten) führen, wenn sie nicht in adäquater Weise pariert werden.

Ob die hier genannten Faktoren tatsächlich zu intensiverer, wenn auch voreingenommener Verarbeitung führen und nicht einfach als peripherer Reiz die Annahme und Ablehnung der Botschaft fördern, ist nicht in jedem Fall eindeutig festzulegen. Statt zu vermehrter Gegenargumentation anzuregen, könnten z.B. Reaktionen einer Zuhörerschaft auch als einfacher Hinweis auf die (fehlende) Qualität der Kommunikation gewertet werden („Wenn keiner Beifall klatscht, wird der Inhalt der Botschaft nicht sehr überzeugend gewesen sein."). PETTY und CACIOPPO (1986b) belegen die „biased processing"-Erklärung mit der Tatsache, daß in der Mehrzahl der genannten Untersuchungen auch die Gedanken-Auflistungs-Technik eingesetzt wurde, und so die verstärkte Produktion von Gegenargumenten bzw. die eigene Position stützenden Gedanken direkt nachgewiesen werden konnte. Weiterhin zeigte sich der Effekt dieser Faktoren auch oder sogar primär unter Bedingungen hoher persönlicher Relevanz des Einstellungsthemas, Bedingungen, unter denen periphere Reize kaum wirksam sein sollten (vgl. das Postulat 6 des ELM).

4.3 Verarbeitungstiefe und der Einfluß peripherer Reize

4.3.1 Persönliche Relevanz und die Eigenschaften des Kommunikators als peripherer Reiz

Einen der wichtigsten peripheren Reize stellt der Expertenstatus des Kommunikators dar. Nach dem ELM wäre zu erwarten, daß ein erheblicher Einfluß dieses Faktors nur dann zu beobachten sein wird, wenn die Motivation und/oder die Fähigkeit fehlt, über relevante Argumente intensiv nachzudenken (Postulat 6). Mit dieser Annahme lassen sich inkonsistente Befunde aus der Einstellungsforschung integrieren, da nicht immer der aus lerntheoretischer Sicht postulierte größere Überzeugungserfolg von Experten im Vergleich zu Nicht-Experten gefunden werden konnte (vgl. die Arbeiten der Yale-Gruppe, HOVLAND, JANIS & KELLEY, 1953).

Die Hypothese einer Wechselwirkung zwischen dem Einfluß peripherer Reize und der Intensität der Informationsverarbeitung wurde in einem Experiment von PETTY, CACIOPPO und GOLDMAN (1981) überprüft. In dieser Untersuchung wurden drei Faktoren variiert: Die persönliche Relevanz des Einstellungsthemas, die Argumentenqualität und die Quellenkompetenz. In der Bedingung hoher Relevanz argumentierte der Sprecher, daß eine Prüfungsverschärfung an der Universität der Botschaftsrezipienten im folgenden Jahr eingeführt werden sollte. In der Bedingung niedriger Relevanz kündigte der Sprecher eine solche Änderung der Prüfungsordnung für frühestens nach zehn Jahren an. Die Hälfte der Studenten hörte acht sehr überzeugungskräftige Argumente, die für die Prüfungsverschärfung plädierten, die andere Hälfte hörte acht schwache Argumente. Weiterhin wurde der Hälfte der Studenten erzählt, daß der Botschaftsinhalt von einer örtlichen Highschoolklasse stamme, während die übrigen erfuhren, es handele sich um eine Botschaft, die von einer Universitätskommission unter Leitung eines renommierten Professors erarbeitet worden wäre. Anschließend sollten die Vpn ihre Einstellungen gegenüber der Prüfungsverschärfung abgeben. Dabei zeigte sich zunächst, daß starke Argumente mehr Einstellungswandel hervorriefen als schwache Argumente. Gleiches galt für die Expertenquelle im Vergleich zur Botschaft der Highschoolklasse. Theoretisch von größerer Bedeutung sind jedoch die ebenfalls gefundenen Interaktionen: Die Wechselwirkung zwischen den Faktoren Relevanz und Botschaftsqualität replizierte das bereits bekannte Ergebnis, daß die Argumentenqualität eine wichtige Determinante der Überzeugung bei hoher, weniger aber bei niedriger persönlicher Relevanz des Themas ist. Zusätzlich zeigte die Interaktion Relevanz x Expertentum des Kommunikators, daß Experten im Vergleich zu den Nicht-Experten vor allem dann vermehrten Einstellungswandel hervorrufen konnten, wenn das Einstellungsthema von geringer und nicht von hoher persönlicher Bedeutung war.

Auch andere Studien, in denen Eigenschaften des Kommunikators als periphere Reize variiert wurden, stützen das Postulat 6 des ELM unabhängig davon, ob es sich um die Glaubwürdigkeit oder die Attraktivität des Kommunikators bzw. sein mehr oder weniger Sympathie erzeugendes Verhalten handelte (vgl. zusammenfassend PETTY & CACIOPPO, 1986b): Kommunikatoreigenschaften erwiesen sich nur dann als wichtige Determinanten von Einstellungsänderungen, wenn die dargebotenen Botschaften Themen betrafen, die keine hohe persönliche Relevanz für die Rezipienten besaßen, und diese somit nicht zur intensiven Auseinandersetzung mit den Botschaftsinhalten motiviert waren.

4.3.2 Das Zusammenwirken anderer peripherer Reize mit weiteren Faktoren, die die objektive Informationsverarbeitung beeinflussen

Auch die Manipulation peripherer Reize wie bestimmte Eigenschaften der Kommunikation selbst erwiesen sich primär dann als wirksam, wenn Personen nicht besonders motiviert oder befähigt waren, Botschaftsinhalte intensiv zu verarbeiten. PETTY und CACIOPPO (1984) untersuchten als peripheren Reiz die Erhöhung der Anzahl der Argumente einer Botschaft. Ein einfacher Orientierungsreiz zur Bewertung von Botschaften könnte z. B. für wenig motivierte Personen in der Annahme bestehen, eine Botschaft sei um so überzeugender, je mehr Argumente sie enthielte. Als Plädoyer für eine Prüfungsverschärfung erhielten unterschiedliche Gruppen von Vpn entweder neun starke, drei starke, neun schwache oder drei schwache Argumente. Die Botschaft war entweder von hoher oder geringer persönlicher Relevanz. Anschließend sollten die Vpn ihre Einstellung zur propagierten Prüfungsverschärfung angeben. Wiederum zeigte sich die theoretisch bedeutsame Interaktion Relevanz x Botschaftslänge: Die Anzahl der Argumente erwies sich nur bei geringer persönlicher Relevanz des Einstellungsthemas als Determinante des Einstellungswandels, nicht jedoch bei hoher Relevanz. Weitere Variablen, die nachgewiesenermaßen als periphere Reize wirken, d. h. Einstellungswandel unabhängig von der Argumentenqualität und primär bei geringer persönlicher Betroffenheit durch ein Einstellungsschema beeinflussen, sind z. B. fingierte physiologische Rückmeldungen angeblicher eigener positiver oder negativer Reaktionen auf ein Einstellungsobjekt sowie angenehme Musik (vgl. PETTY & CACIOPPO, 1986 b).

Zwischen anderen Faktoren, die ebenso wie die persönliche Relevanz die Tiefe der Verarbeitung beeinflussen, und peripheren Reizen konnten die theoretisch zu erwartenden Interaktionen ebenfalls nachgewiesen werden. Hierzu zählen Faktoren wie Ablenkung und das Bedürfnis nach Kognition (vgl. z. B. HAUGTVEDT, PETTY & CACIOPPO, 1986, zitiert nach PETTY & CACIOPPO, 1986 b). Ferner wurde gefunden, daß die Glaubwürdigkeit sowie die Attraktivität der Quelle einen stärkeren Einfluß auf die Einstellungsänderung hatten, wenn komplexe Botschaften über Video oder per Audiotape präsentiert, als wenn sie in geschriebener Form dargeboten wurden (vgl. z. B. CHAIKEN & EAGLY, 1983). Das ELM erklärt diese Effekte mit der Annahme, daß bei schriftlicher Darbietung eher die Chance besteht, komplexes Material intensiv und gründlich zu verarbeiten. Zu einer ähnlich intensiven Informationsverarbeitung wären die Rezipienten dagegen bei einer Videodarbietung nicht in der Lage. Daher orientierten sie sich zur Bewertung der Kommunikation verstärkt an peripheren Reizen.

Weitere Untersuchungen legen die Vermutung nahe, daß periphere Reize auch dann besondere Bedeutung erlangen können, wenn Botschaften sehr vage formuliert oder zu umfangreich sind. In diesen Fällen ist die Fähigkeit oder die Motivation, themenrelevante Argumente zu verarbeiten, ebenfalls reduziert (vgl. als Überblick PETTY & CACIOPPO, 1986b).

Insgesamt bestätigen die hier dargestellten und zitierten Arbeiten das Postulat 6 des ELM. Sie zeigen, daß verschiedene einfache periphere Reize wie die Glaubwürdigkeit oder Attraktivität der Quelle, die Anzahl von Argumenten, angenehme Musik usw. großen Einfluß auf das Einstellungsurteil nur dann nehmen, wenn die Motivation oder Fähigkeit zur intensiven Informationsverarbeitung gering ist. Allerdings haben wir bislang primär solche Faktoren betrachtet, die das Ausmaß objektiver Informationsverarbeitung beeinflussen. Wechselwirkungen in bezug auf den Überzeugungsprozeß werden vom ELM aber auch zwischen peripheren Reizen und den Determinanten der voreingenommenen Informationsverarbeitung angenommen.

4.3.3 Das Zusammenwirken peripherer Reize mit Faktoren, die die voreingenommene Informationsverarbeitung beeinflussen

Als einen wichtigen Faktor, der das Ausmaß voreingenommener Informationsverarbeitung steuert, haben wir in Abschnitt 4.2.1 das Bestehen von themenrelevanten Wissensstrukturen kennengelernt. Umfangreiche bestehende Wissensstrukturen begünstigen dabei die intensive, aber voreingenommene Informationsverarbeitung, also die vorrangige Produktion von Argumenten, die die eigene Position stützen und den antizipierten Botschaftsinhalt widerlegen. Dem Postulat 6 des ELM folgend sollten periphere Reize ihren Einfluß also insbesondere dann geltend machen, wenn kaum bestehende Wissensstrukturen bezüglich des Themas vorhanden sind.

Diese Annahme wurde von WOOD und KALLGREN (1988) in einer Untersuchung geprüft, in der sie studentische Vpn einer einstellungsdiskrepanten Kommunikation aussetzten: Ein Kommunikator, der entweder Experte oder kein Experte auf dem Gebiet des Umweltschutzes war („graduate student in environmental geology" oder in „modern languages"), argumentierte gegen eine zu restriktive Umweltpolitik. Neben dem Expertenstatus des Kommunikators wurde ferner sein Sympathiewert variiert, indem er als angeblicher Studienortwechsler eine positive oder abfällige Beurteilung der Studenten seines neuen Studienortes abgab, zu denen auch die Vpn gehörten. Als Faktor, der die voreingenommene Informationsverarbeitung beeinflussen sollte, wurde das Ausmaß bestehender Wissensstrukturen zum Thema Umwelt erfaßt. Die Vorhersagen lauteten entsprechend des ELM, daß die peripheren Reize Experten- und Sympathiestatus des Kommunikators nur unter der Bedingung geringen Vorwissens von großem Einfluß auf die anschließend gemessenen Einstellungen sein sollten. Sie ließen sich eindeutig für den Sympathiefaktor, nicht jedoch für den Expertenstatus des Kommunikators bestätigen: Bei den Personen mit weniger umfangreichen Wissensstrukturen erwies sich der sympathische Kommunikator als deutlich einflußreicher als der unsympathische. In der Vpn-Gruppe mit komplexeren Wissensstrukturen zeigte sich dagegen kein vergleichbarer Effekt.

In einer anderen Untersuchung derselben Autoren (WOOD, KALLGREN &

Priesler, 1985) bestätigte sich ebenfalls die Interaktion bestehende Wissensstruktur x peripherer Reiz (hier Länge der Argumente). Die Vpn wurden wiederum in zwei Gruppen nach dem Umfang vorhandener Wissensstrukturen in bezug auf das Thema Umweltschutz eingeteilt. Anschließend wurden sie mit starken oder schwachen Argumenten gegen ihre eigene Position konfrontiert. Die Argumente waren darüber hinaus unabhängig von ihrer Qualität entweder sehr lang und wortreich oder kurz und prägnant formuliert (peripherer Reiz). Es zeigte sich, daß Vpn mit niedrigem Wissen von der Länge der Botschaften beeinflußt wurden: Längere Botschaften erzeugten höheren Einstellungswandel. Die Vpn mit gut ausgebildeten Wissensstrukturen wurden dagegen nur durch die Qualität der Argumente beeinflußt und änderten ihre Einstellungen zudem insgesamt weniger als die Vpn mit schwächer ausgeprägten Wissensstrukturen. Auch in weiteren Arbeiten bestätigte sich die Annahme des ELM einer Interaktion zwischen Faktoren, die die voreingenommene Informationsverarbeitung steuern, und peripheren Reizen (vgl. Petty & Cacioppo, 1986b).

4.4 Konsequenzen des Einstellungserwerbs auf peripherem oder zentralem Wege

Das Postulat 7 des ELM besagt, daß Einstellungen, die auf dem zentralen Weg der Informationsverarbeitung erworben werden, stabiler über die Zeit sind, bessere Verhaltensvorhersagen erlauben und eine größere Resistenz gegenüber Gegenargumenten aufweisen. Empirische Belege für diese Annahmen sollen im folgenden dargestellt werden.

4.4.1 Zeitliche Stabilität

Eine Überprüfung der Annahme, daß Einstellungen, die auf zentralem Wege erzeugt oder verändert wurden, über die Zeit hinweg stabiler sein sollten als vergleichbare Einstellungen, die auf peripherem Wege erworben wurden, erfordert, daß zunächst Einstellungen über den zentralen oder den peripheren Weg möglichst in vergleichbarem Ausmaß erzeugt bzw. geändert werden. Anschließend muß die zeitliche Stabilität der geänderten Einstellung über mindestens zwei Meßzeitpunkte hinweg betrachtet werden. In einer Untersuchung von Petty, Cacioppo, Haugtvedt und Heesacker (1986, zitiert nach Petty & Cacioppo, 1986b) wurde zum einen die persönliche Betroffenheit durch das Einstellungsthema variiert, indem in einer Botschaft für eine Prüfungsverschärfung an der eigenen oder einer entfernten Universität plädiert wurde. Ferner wurden Botschafts- und Kommunikatoreigenschaften gleichzeitig manipuliert, um sowohl für wenig als auch für sehr persönlich betroffene Vpn eine einflußreiche und eine weniger einflußreiche Botschaft zu kreieren. Die einflußreiche Botschaft enthielt starke Argumente und wurde von einem hochglaubwürdigen Kommunikator vorgetragen. Die wenig einflußreiche Botschaft bestand aus schwachen Argumenten und wurde von einer wenig glaubwürdigen Quelle dargeboten. Wie erwartet zeigte sich bei diesem Versuchsplan, daß in der direkt an die Kommunikation anschließenden Einstellungsmessung diejenigen Vpn einen hohen Einstellungswandel zeigten, die mit den einflußreichen Botschaften konfrontiert worden waren, unabhängig davon, ob das Einstellungsthema für sie persönliche Relevanz besaß oder nicht. Zehn bis vierzehn Tage später zeigte sich dagegen für die wenig betroffenen Vpn kein Unterschied mehr zwischen den starken und schwachen Botschaften, während dieser Unterschied für die persönlich betroffenen Vpn stabil geblieben war.

Auch andere Faktoren, die sich in der ELM-Forschung als Determinanten der intensiven Botschaftsverarbeitung erwiesen haben, können zu besonderer Stabilität des erzeugten Einstellungswandels beitragen: Über die Zeit hinweg stabiler Einstellungswandel war dann zu beobachten, wenn interessante oder persönlich involvierende Themen angesprochen wurden, wenn Personen über das Einstellungsobjekt bereits Vorkenntnisse besaßen, wenn die Auseinandersetzung mit der Botschaft lang andauerte, wenn ein nachfolgendes Interview antizipiert wurde oder die Personen während der Exposition an die Botschaft nicht abgelenkt wurden (vgl. COOK & FLAY, 1978).

4.4.2 Einstellungen und Verhalten

Einstellungen, die über den zentralen Weg verändert wurden, sollten dem ELM zufolge bessere Prädiktoren beobachtbaren Verhaltens abgeben als Einstellungen, die auf peripherem Wege erzeugt wurden. Zur Überprüfung dieser Annahme führten PETTY, CACIOPPO und SCHUMANN (1983) die folgende Untersuchung durch: Vpn lasen und beurteilten Anzeigen für Wegwerfrasierer und andere Produkte. Anschließend wurden ihre Einstellungen zu den Produkten und ihre Kaufintentionen erhoben. Variiert wurde die persönliche Relevanz des Einstellungsthemas Wegwerfrasierer, indem den Vpn in Aussicht gestellt wurde, anschließend als Geschenk entweder entsprechende Rasiergeräte oder aber andere Produkte auswählen zu können. Unter der Bedingung hoher Relevanz ergab sich ein engerer Zusammenhang zwischen den gemessenen Einstellungen und Verhaltensintentionen als unter geringer Relevanz. Ebenso verhielt es sich in einer weiteren Untersuchung über die Wirkung von Werbung (SCHUMANN, PETTY & CACIOPPO, 1966, zitiert nach PETTY & CACIOPPO, 1986b), in der die Tiefe der Verarbeitung über die Zahl der Botschaftswiederholungen variiert wurde. Mit zunehmender Wiederholung der Werbung und damit intensiverer Verarbeitung des Dargebotenen wuchs die Korrelation zwischen der Einstellung und der Intention, das angepriesene Produkt (einen Füller) auch zu erwerben.

CACIOPPO, PETTY, KAO und RODRIGUEZ (1986) schließlich fanden heraus, daß Personen, die sich durch ein hohes Bedürfnis nach Kognition auszeichneten, stärkere Einstellungs-Verhaltenskonsistenz aufwiesen. Untersucht wurde dies im Rahmen der Präsidentschaftswahlen in den U.S.A. 1984, indem Einstellungen zu und Wahlentscheidungen für MONDALE oder REAGAN zueinander in Beziehung gesetzt wurden. Insgesamt zeigen die genannten Studien in konsistenter Weise, daß Korrelationen zwischen (geänderten) Einstellungen und Verhalten höher ausfallen, wenn situationale Bedingungen oder dispositionelle Faktoren die Motivation oder Fähigkeit von Personen erhöhen, einstellungsrelevante Informationen intensiv zu verarbeiten, als wenn es an solcher Motivation oder entsprechenden Fähigkeiten mangelt.

4.4.3 Resistenz gegenüber Gegenargumenten

Manche Einstellungen sind zeitlich sehr überdauernd, allerdings nur dann, wenn sie nicht attackiert werden. Dies gilt z.B. für die sogenannten Truismen (McGuire, 1964) - Einstellungen, die Personen im Laufe ihrer Sozialisation erworben haben und die nie hinterfragt wurden (z.B. daß es vernünftig ist, sich regelmäßig die Zähne zu putzen). Entsprechend der Überlegungen von McGuire (1964) besitzen Menschen nämlich sehr wenig Übung darin, solche Glaubensweisheiten zu verteidigen, weil sie normalerweise nie dazu herausgefordert werden und daher keine Gegenargumente gegen Angriffe parat haben werden. Folgt man dem ELM, ist die geringe Resistenz von Truismen oder ähnlichen Einstellungen dadurch zu erklären, daß solche Einstellungen ohne tiefes Nachdenken, d.h. auf peripherem Wege geformt wurden. Man erwirbt sie in der Kindheit von mächtigen und/oder geliebten Expertenquellen wie Eltern, Lehrern usw. ohne intensive kognitive Auseinandersetzung mit den Argumenten, die für oder gegen eine bestimmte Einstellungsposition sprechen. Solche auf dem peripheren Wege erworbenen Einstellungen sollten viel anfälliger gegenüber Gegendarstellungen sein als Einstellungen, die auf zentralem Wege verändert oder gebildet wurden (vgl. Postulat 7).

Diese Vorhersage des ELM unterzogen Petty, Cacioppo, Haugtvedt und Heesacker (1986, zitiert nach Petty & Cacioppo, 1986) einer direkten Überprüfung. Wiederum war es in einem ersten Schritt erforderlich, vergleichbaren Einstellungswandel bei zwei Gruppen von Vpn auf zentralem und auf peripherem Wege hervorzurufen. Alle studentischen Vpn hörten zunächst eine einstellungsdiskrepante Kommunikation, in der mit starken Argumenten von einem Experten für eine Verschärfung der Prüfungsordnung plädiert wurde. Für die Hälfte der Vpn war die Botschaft jedoch persönlich wenig relevant (Einführung der Verschärfung an einer anderen Universität). Zudem wurden diese Vpn noch durch Nebenaufgaben von einer intensiven Verarbeitung der Botschaft abgelenkt. Für die übrigen Vpn war die Botschaft von hoher Relevanz (Prüfungsverschärfung an der eigenen Universität), und sie wurden kaum von der Verarbeitung der Botschaft abgelenkt. Die erstgenannte Gruppe sollte also zu einem eventuellen Einstellungswandel auf peripherem Wege gelangen (orientiert am Expertenstatus der Quelle), während bei den zuletztgenannten Vpn ein Einstellungswandel auf zentralem Wege - also über eine intensive Verarbeitung der starken Argumente - hervorgerufen werden sollte. Anschließend wurden beide Gruppen unter vergleichbaren Bedingungen (keine Ablenkung) einer weiteren Botschaft ausgesetzt, in der Argumente für ihre Ausgangseinstellungen (keine Prüfungsverschärfung!) dargeboten wurden. In den Ergebnissen zeigte sich, daß nach der Exposition an die erste Kommunikation zunächst beide Vpn-Gruppen ein vergleichbares Maß an Einstellungswandel aufwiesen. Durch die zweite Botschaft ließen sich jedoch die Vpn, die ihre Ausgangseinstellungen nach der ersten Botschaft auf dem peripheren Wege geändert hatten, stärker beeinflussen als die Vpn der Bedingung „zentraler Weg der ersten Einstellungsänderung". Damit bestätigte sich das Postulat 7 des ELM auch in seinem letzten Aspekt: Auf dem zentralen Wege erworbene Einstellungen sind besser gegen spätere Angriffe gefeit als auf dem peripheren Weg geänderte Einstellungen.

5. Die Komplexität der Vorhersagen des ELM

In den vorangegangenen Abschnitten wurden die Grundpostulate des ELM dargestellt. Anschließend wurden Untersuchungen referiert, die diese Postulate überprüften. Zusammenfassend läßt sich festhalten, daß das ELM in der Lage ist, eine Vielzahl bislang widersprüchlicher Ergebnisse der Einstellungsforschung zu integrieren, und daß das Modell durch direkte Überprüfungen in seinen Vorhersagen gut bestätigt wurde. PETTY und CACIOPPO selbst weisen allerdings darauf hin, daß viele der dargestellten Untersuchungen die Bedingungen für das Auftreten intensiver oder aber oberflächlicher Informationsverarbeitung in einfacher und idealtypischer Weise hergestellt haben. Tatsächlich wird jedoch in der Realität das Zusammenspiel verschiedener Variablen häufig zu sehr viel komplexeren Datenlagen führen, als dies in den dargestellten Untersuchungen der Fall war. So ist davon auszugehen, daß einige Variablen multiple Effekte auf die Informationsverarbeitung haben werden; sie beeinflussen die Intensität der Informationsverarbeitung möglicherweise unter verschiedenen Stufen eines weiteren Faktors in unterschiedlicher, potentiell sogar gegenläufiger Weise. Oder sie affizieren unter bestimmten Bedingungen die objektive Informationsverarbeitung, wirken jedoch unter anderen Bedingungen als periphere Reize bzw. rufen voreingenommene Informationsverarbeitung hervor. Entsprechende Forschungsbefunde lassen sich an folgenden Beispielen verdeutlichen.

PETTY, CACIOPPO und HEESACKER (1981) untersuchten die Wirkung rhetorischer Fragen auf die Tiefe der Verarbeitung einer Einstellungsbotschaft. Zunächst gingen sie davon aus, daß rhetorische Fragen die Motivation der Rezipienten, die Botschaft intensiv zu verarbeiten, erhöhen sollten. Demgemäß sollte der Qualität der Argumente beim Einsatz rhetorischer Fragen stärkere Bedeutung für den Einstellungswandel zukommen als beim Verzicht auf solche rhetorischen Mittel. Dieser Effekt der rhetorischen Fragen sollte vor allem dann zu beobachten sein, wenn Personen nicht ohnehin durch starke persönliche Relevanz des Themas zu intensiver Verarbeitung des Botschaftsinhaltes neigen. Bei sehr hoher Relevanz könnte der Einsatz rhetorischer Fragen dagegen sogar zu einer verringerten Fähigkeit zur Informationsverarbeitung führen, da der eigene Gedankengang ständig durch die rhetorischen Fragen unterbrochen wird (Ablenkung). Um diese Annahmen zu überprüfen, variierten PETTY et al. (1981) den Einsatz rhetorischer Fragen, die persönliche Relevanz des Themas und die Argumentenqualität. Wie vorhergesagt ergab sich für den hervorgerufenen Einstellungswandel eine Interaktion zweiter Ordnung: Bei geringer Relevanz führte der Einsatz rhetorischer Fragen zu einer tieferen Verarbeitung der Botschaft; nur wenn rhetorische Fragen gestellt wurden, änderten die Vpn nach starker Argumentation ihre Einstellungen deutlich stärker als nach schwacher Argumentation. War die Relevanz dagegen hoch, wurde die Verarbeitungstiefe durch die rhetorischen Fragen reduziert; Vpn dieser Bedingung zeigten im Vergleich zu den Vpn, denen keine rhetorischen Fragen dargeboten wurden, keine unterschiedliche Beeinflußbarkeit durch starke und schwache Argumente.

In den meisten Forschungsarbeiten, die im Rahmen des ELM durchgeführt wurden, versuchte man zunächst, die Bedingungen für den zentralen oder den peripheren Weg der Einstellungsänderung eindeutig und voneinander klar abgrenzbar herzustellen. So waren die Vpn z. B. in starkem Maße oder so gut wie gar nicht durch ein Einstellungsthema betroffen. Außerhalb des Labors werden Personen aber oft unsicher sein, ob ein Themengebiet für sie persönlich relevant ist oder nicht. Oder – um einen anderen Faktor zu betrachten, der die Intensität der Informationsverarbeitung beeinflußt – sie haben ein mittleres statt eines hohen oder niedrigen Wissens über ein spezielles Gebiet. PETTY und CACIOPPO (1986b) nehmen nun an, daß bei einer mittelmäßigen Motivation zur intensiven Verarbeitung einer Botschaft periphere Reize wie z. B. Quellencharakteristika von Personen zur Entscheidung darüber herangezogen werden, wie intensiv sie sich mit dem Inhalt der Botschaft auseinandersetzen sollten. So zeigte sich z. B., daß attraktive und fachkundige Kommunikatoren Rezipienten mit mittlerer bzw. unklarer Betroffenheit durch potentielle Prüfungsverschärfungen („viele Universitäten würden eine solche Prüfungsverschärfung zur Zeit diskutieren") zu intensiverer Informationsverarbeitung motivierten: Beide Arten von Kommunikatoren riefen stärkere Effekte der Botschaftsqualität hervor als weniger attraktive und fachkundige Botschaftsquellen (für einen Überblick vgl. PETTY & CACIOPPO, 1986b).

Diese Untersuchungen zeigen zusammen mit den schon weiter oben berichteten Studien über den Einfluß von Kommunikatorvariablen, daß die Effekte der betrachteten Faktoren sehr vielschichtig sind. Ist die persönliche Relevanz eines Einstellungsthemas hoch, können Quellenfaktoren als Argumente dienen, oder sie beeinflussen die Bewertung der Argumente. Wenn dagegen die persönliche Relevanz niedrig ist, können dieselben Quellenfaktoren als periphere Reize der Botschaftsakzeptanz fungieren, und wenn schließlich die persönliche Relevanz moderat oder zweifelhaft ist, können die Quellenfaktoren das Ausmaß der Verarbeitung beeinflussen. Da alle diese Effekte in Abhängigkeit bestimmter Randbedingungen auftreten werden, kann es nicht überraschen, daß in bezug auf die Effekte von Kommunikatoreigenschaften sehr unterschiedliche und sogar widersprüchliche Befunde in der Einstellungsliteratur berichtet wurden. Auch hier erlaubt das ELM eine Neuordnung und Integration bisheriger Forschungsergebnisse unter einem einheitlichen theoretischen Rahmen.

6. Schlußbemerkung

Im ELM wird von zwei grundsätzlichen Wegen der Einstellungsänderung und Einstellungsbildung ausgegangen. Der zentrale Weg beruht auf sorgfältiger, „tiefer“ (wenn auch manchmal verzerrter) Betrachtung der Argumente, die in bezug auf ein Thema vorliegen. Der periphere Weg dagegen ist an den Einfluß einfacher affektiver Reize oder simpler Inferenzen über das angemessene Maß an Botschaftsakzeptanz gebunden. Wenn die Randbedingungen der Überzeugungssituation bewirken, daß die Verarbeitungsintensität hoch ist, wird der zentrale Weg der Einstellungsänderung beschritten. Sind Personen aufgrund der Randbedingungen dagegen nicht fähig oder nicht motiviert, die Botschaftsargumente intensiv zu verarbeiten, erfolgt Einstellungswandel auf dem peripheren Wege. Die Grundannahme des ELM besteht also darin, daß die verschiedensten Variablen kurz- und/oder langfristigen Einstellungswandel dadurch beeinflussen, daß sie die Tiefe, in der Argumente (objektiv oder voreingenommen) verarbeitet werden, verringern oder erhöhen.

Mit diesen Annahmen kann das ELM eine Vielzahl inkonsistenter Ergebnisse in der Einstellungsforschung erklären. Die Grundannahmen des Modells konnten in einer Reihe von Experimenten bestätigt werden. Allerdings zeigen die Ausführungen über die komplexen Wirkungen einzelner Faktoren auf das Ausmaß möglicher Einstellungsänderungen in Abhängigkeit spezifischer Randbedingungen auch, daß die post hoc Interpretation von Effekten im Sinne des ELM leichter möglich sein wird als eine genaue Vorhersage des komplexen Zusammenwirkens verschiedener Variablen. Letzteres wird erst dann möglich sein, wenn die Effekte der neu einzuführenden Faktoren mitsamt ihren Wechselwirkungen auf die Intensität und Qualität der Informationsverarbeitung bekannt sind oder valide vorhergesagt werden können. Dies dürfte jedoch in komplexen Situationen häufig Probleme aufwerfen.

Nichtsdestotrotz kann das ELM als ein wichtiger ordnungsstiftender Rahmen angesehen werden, der es erlaubt, die Wirksamkeit vieler Determinanten des Einstellungswandels auf wenige zentrale vermittelnde Variablen (Verarbeitungsmotivation und -fähigkeit) zu reduzieren. Kommunikatoren, die daran interessiert sind, langfristig stabile, gegen Gegenargumente gefeite und verhaltenssteuernde Einstellungen zu einem bestimmten Thema zu erzeugen, sollten in die Qualität ihrer Botschaft investieren und gleichzeitig sicherstellen, daß die potentiellen Rezipienten dazu willens und in der Lage sind, die Botschaft intensiv zu verarbeiten. Eine Vielzahl von Variablen, die die Intensität der Informationsverarbeitung beeinflussen, wurde in diesem Beitrag diskutiert.

In den letzten Jahren hat das ELM wachsende Aufmerksamkeit in der Einstellungsforschung hervorgerufen. Ähnliche Modelle wurden von anderen Autoren vorgeschlagen (Chaiken, 1987; Chaiken, Liberman & Eagly, 1989). In einem Überblick über die aktuelle Einstellungsforschung (vgl. Tesser & Shaffer, 1990) werden bereits viele Arbeiten zitiert, die die Fruchtbarkeit dieses Modells aufzeigen. Und auch der zukünftigen Einstellungsforschung wurde ein weites Feld noch offener Fragen erschlossen, so daß anzunehmen ist, daß sich die Forschungsaktivitäten auf diesem Gebiet weiter intensivieren werden. In diesem Zusammenhang muß auch auf die Übertragbarkeit des ELM auf andere Bereiche der Sozialpsychologie außerhalb der Einstellungsforschung hingewiesen werden. Auch hier bieten sich interessante Perspektiven an, auf die schon PETTY und CACIOPPO (1986b) verweisen, wie z.B. in der Forschung zum Minderheiteneinfluß (MAASS & CLARK, 1984) zur interpersonalen Attraktion und in der Selbstkonzeptforschung.

Literatur

BARON, R.A., BARON, P. & MILLER, N. (1973): The relation between distraction and persuasion. Psychological Bulletin, *80*, 310–323.

BLESS, H., BOHNER, G., SCHWARZ, N. & STRACK, F. (1990): Mood and persuasion: A cognitive response analysis. Personality and Social Psychology Bulletin, *16*, 331–345.

BRICKNER, M.A., HARKINS, S.G. & OSTROM, T.M. (1986): The effects of personal involvement: Thought provoking implications for social loafing. Journal of Personality and Social Psychology, *51*, 763–769.

BROCK, T.C. (1967): Communication discrepancy and intent to persuade as determinants of counterargument production. Journal of Experimental Social Psychology, *3*, 269–309.

CACIOPPO, J.T. (1979): The effects of exogenous changes in heart rate on the facilitation of thought and resistance to persuasion. Journal of Personality and Social Psychology, *37*, 487–496.

CACIOPPO, J.T. & PETTY, R.E. (1979a): Attitudes and cognitive response: An electrophysiological approach. Journal of Personality and Social Psychology, *37*, 2181–2199.

CACIOPPO, J.T. & PETTY, R.E. (1979b): Effects of message repetition and position on cognitive responses, recall, and persuasion. Journal of Personality and Social Psychology, *37*, 97–109.

CACIOPPO, J.T. & PETTY, R.E. (1981a): Electromyograms as measures of extent and affectivity of information processing. American Psychologist, *36*, 441–456.

CACIOPPO, J.T. & PETTY, R.E. (1981b): Electromyographic specificity during covert information processing. Psychophysiology, *18*, 518–523.

CACIOPPO, J.T. & PETTY, R.E. (1982): The need for cognition. Journal of Personality and Social Psychology, *42*, 116–131.

CACIOPPO, J.T. & PETTY, R.E. (1985): Central and peripheral routes to persuasion; The role of message repetition. In: A. MITCHELL & L. ALWITT (Hrsg.), Psychological processes and advertising effects (S. 222–333). Hillsdale, NJ: Erlbaum.

CACIOPPO, J.T. & PETTY, R.E. (1986): Social processes. In: M.G.H. COLES, E. DONCHIN & S. PORGES (Hrsg.), Psychophysiology: Systems, processes, and applications (S. 646–679). New York: Guilford Press.

CACIOPPO, J.T., PETTY, R.E. & MORRIS, K. (1983): Effects of need for cognition on message evaluation, recall, and persuasion. Journal of Personality and Social Psychology, *45*, 805–818.

CACIOPPO, J.T., PETTY, R.E., KAO, C.F. & RODRIGUEZ, R. (1986): Central and peripheral routes to persuasion: an individual difference perspective. Journal of Personality and Social Psychology, *51*, 1032–1043.

CACIOPPO, J.T., PETTY, R.E. & SIDERA, J. (1982): The effects of a salient self-schema on the evaluation of proattitudinal editorials: Top-down versus bottom-up message processing. Journal of Experimental Social Psychology, *18,* 324–338.

Calder, B.J. & Sternthal, B. (1980): Television commercial wearout: An information processing view. Journal of Marketing Research, *17,* 173–186.

Chaiken, S. (1987): The heuristic model of persuasion. In: M.P. Zanna, J.M. Olson & C.P. Herman (Hrsg.), Social Influence: The Ontario Symposium (Bd. 5, S. 3–39). Hillsdale, NJ: Erlbaum.

Chaiken, S. & Eagly, A.H. (1983): Communication modality as a determinant of persuasion: The role of communicator salience. Journal of Personality and Social Psychology, *45,* 241–256.

Chaiken, S., Liberman, A. & Eagly, A.H. (1989): Heuristic and systematic information processing within and beyond the persuasion context. In: I.S. Uleman & J.A. Bargh (Hrsg.), Unintended thought (S. 212–252). New York: Guilford Press.

Cialdini, R.B., Petty, R.E. & Cacioppo, J.T. (1981): Attitude and attitude change. Annual Review of Psychology, *32,* 357–404.

Cohen, A., Stotland, E. & Wolfe, D. (1955): An experimental investigation of need for cognition. Journal of Abnormal and Social Psychology, *51,* 291–294.

Cook, T.D. & Flay, B. (1978): The temporal persistence of experimentally induced attitude change: An evaluative review. In: L. Berkowitz (Hrsg.), Advances in experimental social psychology (Bd. 11, S. 1–57), New York: Academic Press.

Cooper, J. & Jones, R.A. (1970): Self-esteem and consistency as determinants of anticipatory opinion change. Journal of Personality and Social Psychology, *14,* 312–320.

Eagly, A.H. & Himmelfarb, S. (1978): Attitudes and opinions. Annual Review of Psychology, *29,* 517–554.

Fazio, R.H., Sanbonmatsu, D.M. & Powell, M.C. (1986): On the automatic activation of attitudes. Journal of Personality and Social Psychology, *50,* 229–238.

Fazio, R.H. & Williams, C.J. (1986): Attitude accessibility as a moderator of the attitude-perception and attitude-behavior relations: an investigation of the 1984 presidential election. Journal of Personality and Social Psychology, *51,* 505–514.

Festinger, L. (1954): A theory of social comparison processes. Human Relations, *7,* 117–140.

Festinger, L. & Maccoby, N. (1964): On resistance to persuasive communications. Journal of Abnormal and Social Psychology, *68,* 359–366.

Freedman, J.L. & Sears, D.O. (1965): Warning distraction and resistance to influence. Journal of Personality and Social Psychology, *1,* 262–266.

Gorn, G. & Goldberg, M. (1980): Children's responses to repetitive TV commercials. Journal of Consumer Research, *6,* 421–425.

Greenwald, A.G. (1968): Cognitive learning, cognitive response to persuasion, and attitude change. In: A. Greenwald, T. Brock & T. Ostrom (Hrsg.), Psychological foundations of attitudes (S. 148–170). New York: Academic Press.

Harkins, S.G. & Petty, R.E. (1981): The multiple source effect in persuasion: The effects of distraction. Personality and Social Psychology Bulletin, *7,* 627–635.

Hass, R.G. & Grady, K. (1975): Temporal delay, type of forewarning, and resistance to influence. Journal of Experimental Social Psychology, *11,* 459–469.

Hovland, C.I., Janis, I. & Kelley, H.H. (1953): Communication and persuasion. New Haven, CT: Yale University Press.

Irle, M. (1975): Lehrbuch der Sozialpsychologie. Göttingen: Hogrefe.

Isen, A.M. (1987): Positive affect, cognitive processes, and social behavior. In: L. Berkowitz (Hrsg.), Advances of Experimental Social Psychology (Bd. 20, S. 205–253). New York: Academic Press.

Johnson, B.T. & Eagly, A.H. (1989): The effects of involvement on persuasion: A Meta-analysis. Psychological Bulletin, *106,* 290–314.

Latané, B., Williams, K. & Harkins, S.G. (1979): Many hands make light the work: The causes and consequences of social loafing. Journal of Personality and Social Psychology, *37,* 822–832.

Maass, A. & Clark, R.D. (1984): Hidden impact of minorities: Fifteen years of minority influence research. Psychological Bulletin, *95*, 428–450.

Mackie, D.M. & Worth, I.T. (1989): Processing deficits and the mediation of positive affect in persuasion. Journal of Personality and Social Psychology, *57*, 27–40.

McGuire, W.J. (1964): Inducing resistance to persuasion: Some contemporary approaches. In: L. Berkowitz (Hrsg.), Advances in experimental social psychology (Bd. 1, S. 191–229). New York: Academic Press.

McGuire, W.J. (1985): Attitudes and attitude change. In: G. Lindzey & E. Aronson (Hrsg.), Handbook of social psychology (Bd. 2, S. 223–346). New York: Random House.

Nisbett, R.E. & Wilson, T.D. (1977): Telling more than we can know: Verbal reports on mental processes. Psychological Review, *84*, 231–259.

Papageorgis, D. (1968): Warning and persuasion. Psychological Bulletin, *70*, 271–282.

Petty, R.E. & Brock, T.C. (1976): Effects of responding or not responding to hecklers on audience agreement with a speaker. Journal of Applied Social Psychology, *6*, 1–17.

Petty, R.E. & Cacioppo, J.T. (1979a): Effects of forewarning of persuasive intent and involvement on cognitive responses and persuasion. Personality and Social Psychology Bulletin, *5*, 173–176.

Petty, R.E. & Cacioppo, J.T. (1979b): Issue-involvement can increase or decrease persuasion by enhancing message-relevant cognitive responses. Journal of Personality and Social Psychology, *37*, 1915–1926.

Petty, R.E. & Cacioppo, J.T. (1981): Attitudes and persuasion: Classic and contemporary approaches. Dubuque, IA: Wm. C. Brown.

Petty, R.E. & Cacioppo, J.T. (1984): The effects of involvement on responses to argument quantity and quality: Central and peripheral routes to persuasion. Journal of Personality and Social Psychology, *46*, 69–81.

Petty, R.E. & Cacioppo, J.T. (1986a): The Elaboration Likelihood Model of persuasion. In: L. Berkowitz (Hrsg.), Advances in Experimental Social Psychology (Bd. 19, S. 123–205). New York: Academic Press.

Petty, R.E. & Cacioppo, J.T. (1986b): Communication and persuasion: Central and peripheral routes to attitude change. Springer: New York.

Petty, R.E., Cacioppo, J.T. & Goldman, R. (1981): Personal involvement as a determinant of argument-based persuasion. Journal of Personality and Social Psychology, *41*, 847–855.

Petty, R.E., Cacioppo, J.T. & Heesacker, M. (1981): The use of rhetorical questions in persuasion: A cognitive response analysis. Journal of Personality and Social Psychology, *40*, 432–440.

Petty, R.E., Cacioppo, J.T. & Schumann, D. (1983): Central and peripheral routes to advertising effectiveness: The moderating role of involvement. Journal of Consumer Research, *10*, 134–148.

Petty, R.E., Wells, G.L. & Brock, T. (1976): Distraction can enhance or reduce yielding to propaganda: Thought disruption versus effort justification. Journal of Personality and Social Psychology, *34*, 874–884.

Petty, R.E., Wells, G.L., Heesacker, M., Brock, T. & Cacioppo, J.T. (1983): The effects of recipient posture on persuasion: A cognitive response analysis. Personality and Social Psychology Bulletin, *9*, 209–222.

Sherif, M. & Hovland, C.I. (1961): Social Judgment: Assimilation and contrast effects in communication and attitude change. New Haven: Yale University Press.

Sherif, C.W., Sherif, M. & Nebergall, R.E. (1965): Attitude and attitude change: The social judgment-involvement approach. Philadelphia, PA: W.B. Saunders Co.

Stahlberg, D. & Frey, D. (1990): Einstellungen I: Struktur, Messung und Funktionen. In: M. Hewstone, W. Stroebe, J.P. Codol & G.M. Stephenson (Hrsg.), Sozialpsychologie. Eine Einführung (S. 144–170), Heidelberg: Springer.

STAHLBERG, D. & FREY, D. (im Druck): Einstellung und Verhalten, Stuttgart: Kohlhammer.

TESSER, A. & SHAFFER, D. (1990): Attitudes and Attitude change. Annual Review of Psychology, *41,* 479–523.

WICKER, A.W. (1969): Attitudes versus actions: The relationship of verbal and overt behavioral responses to attitude objects. Journal of Social Issues, *25,* 41–78.

WOOD, W. (1982): Retrieval of attitude-relevant information from memory: Effects on susceptibility to persuasion and on intrinsic motivation. Journal of Personality and Social Psychology, *42,* 798–810.

WOOD, W. & KALLGREN, C.A. (1988): Communicator attributes and persuasion: recipients access to attitude relevant information in memory. Personality and Social Psychology Bulletin, *14,* 172–182.

WOOD, W., KALLGREN, C.A. & PRIESLER, R.M. (1985): Access to attitude-relevant information in memory as a determinant of persuasion. Journal of Experimental Social Psychology, *21,* 73–85.

WORTH, I.T. & MACKIE, D.M. (1978): Cognitive mediation of positive affect in persuasion. Social Cognition, *5,* 76–94.

WYER, R.S. & SRULL, T. (1984): The handbook of social cognition. Hillsdale, NJ: Erlbaum.

Die Herausgeber zum folgenden Beitrag

Ein großer Teil sozialpsychologischer Forschung bezog und bezieht sich auf die Entstehung und Veränderung von sozialen Einstellungen und Urteilen. Praktiker und auch Forscher waren allerdings oft enttäuscht, wenn sie feststellten, daß solche Einstellungen und Urteile häufig nicht mit Verhalten korrespondieren. Es wurde sogar überlegt auf das Einstellungskonzept ganz zu verzichten. In den letzten Jahrzehnten sozialpsychologischer Forschung wurden jedoch sehr detaillierte Kenntnisse darüber gewonnen, unter welchen Bedingungen Einstellungen gute Prädiktoren tatsächlichen Verhaltens darstellen. Die wichtigsten dieser Erkenntnisse werden im folgenden abschließenden Kapitel dargestellt. Dabei soll bevorzugt auf die beiden populärsten Modelle über den Zusammenhang zwischen Einstellungen und Verhalten eingegangen werden, nämlich auf das Modell des überlegten Handelns (Fishbein & Ajzen, 1975) und das erweiterte Modell des geplanten Verhaltens (Ajzen & Madden, 1986). Daran anschließend werden relevante handlungspsychologische Positionen vorgestellt wie das Rubikonmodell der Handlungsphasen (Heckhausen, 1990; Kap. 6; Gollwitzer, 1990, 1991 a, b) und die Unterscheidung zwischen Absichten und Vorsätzen (Gollwitzer, im Druck).

Dem ersten Modell zufolge läßt sich Verhalten aus der Kenntnis zweier Komponenten vorhersagen: Die eine Komponente besteht aus den sehr spezifisch zu erfassenden Einstellungen einer Person gegenüber diesem Verhalten, die andere aus den von der handelnden Person wahrgenommenen subjektiven Normen (Annahmen der handelnden Person darüber, welches Verhalten relevante Bezugspersonen von ihr erwarten). Aus der Kenntnis dieser Komponenten lassen sich nach Fishbein und Ajzen Verhaltensintentionen und aufgrund dieser schließlich konkretes Verhalten vorhersagen.

Mitte der 80er Jahre wiesen allerdings Ajzen und Madden (1986) darauf hin, daß das Fishbein- und Ajzen-Modell nur dann eine treffende Verhaltensvorhersage erlauben würde, wenn das vorherzusagende Verhalten vollständig der willentlichen Kontrolle unterliegen würde. Eine Vielzahl von Verhaltensweisen wird aber nicht nur von der Verhaltensintention der handelnden Person abhängig sein, sondern darüber hinaus von situativen und personellen Randbedingungen, die die Ausführung der Verhaltensintentionen begünstigen oder behindern. Das von Ajzen und Madden vorgeschlagene Modell des geplanten Verhaltens berücksichtigt diese Komponente der willentlichen Kontrolle und erlaubt damit eine Prognose von Verhalten insbesondere in Situationen, in denen Verhalten nicht nur durch die eigenen Intentionen beeinflußt wird. Mit den abschließend behandelten Arbeiten von Heckhausen und Gollwitzer wird konkreter auf die psychologischen Prozesse eingegangen, die dafür verantwortlich sind, daß Intentionen in Verhalten umgesetzt werden.

Einstellung und Verhalten: Die Theorie des überlegten Handelns und die Theorie des geplanten Verhaltens

DIETER FREY, Universität Kiel
DAGMAR STAHLBERG, Universität Kiel
PETER M. GOLLWITZER, Max-Planck-Institut München

1. Die klassische Studie von La Piere über Einstellungen und Verhalten: Die große Enttäuschung

Eine der bekanntesten Studien zum Zusammenhang zwischen Einstellungen und Verhalten wurde 1934 von LA PIERE veröffentlicht. In den frühen 30er Jahren bereiste LA PIERE zusammen mit einem chinesischen Ehepaar die Vereinigten Staaten. Zu Beginn dieser Reise sorgte sich LA PIERE, ob er gemeinsam mit seinen Reisebegleitern Aufnahme in Hotels und Restaurants finden würde, da er sich sehr wohl der zu dieser Zeit weitverbreiteten Vorurteile gegenüber Chinesen bewußt war. Zu seiner Überraschung jedoch wurden er und das chinesische Ehepaar nur in einem einzigen der über 200 besuchten Hotels und Gaststätten zurückgewiesen. Sechs Monate nach diesen unerwartet positiven Erfahrungen versandte LA PIERE Briefe an alle auf dieser Reise besuchten Etablissements und fragte nach, ob das jeweilige Hotel oder Restaurant Angehörige der chinesischen Rasse als Besucher akzeptieren würde. In Übereinstimmung mit dem bestehenden Vorurteil, aber in klarem Widerspruch zu dem zuvor gezeigten tatsächlichen Verhalten, antworteten 92 Prozent der Befragten mit einem eindeutig negativen Bescheid.

In den folgenden Jahren wurde dieser Befund LA PIERES häufig als Beleg für die fehlende Konsistenz zwischen Einstellungen und anderen verbalen Angaben auf der einen Seite und beobachtbarem Verhalten auf der anderen Seite zitiert. Gemeinsam mit anderen Studien (AJZEN & FISHBEIN, 1970; COREY, 1937), die ebenfalls keine enge Beziehung zwischen Einstellungen und Verhalten feststellen konnten, führten diese Ergebnisse zu einer weitgehend pessimistischen Sicht der Möglichkeit, Verhalten durch Einstellungen vorherzusagen (siehe WICKER, 1969).

Dieses pessimistische Fazit wird jedoch nicht in allen Studien bestätigt, in denen der Zusammenhang zwischen Einstellungen und Verhalten analysiert wurde (FISHBEIN & COOMBS, 1974; NEWTON & NEWTON, 1950; siehe als Überblick auch AJZEN & FISHBEIN, 1977). Zusammengenommen zeigen die frühen Einstellungs-Verhaltens-Studien, daß die undifferenzierte Frage nach dem Zusammenhang zwischen Einstellungen und Verhalten nicht besonders fruchtbar ist. Daher schlugen einige Autoren in den späten 60er Jahren vor, neue Fragen zu stellen, wie z. B. „Unter welchen Umständen besteht ein Zusammenhang zwischen Einstellungen und Verhalten?", „Welche anderen Faktoren bestimmen die Enge des Zusammenhanges, falls er gefunden wird?" und „Durch welche vermittelnden Variablen beeinflussen Einstellungen Verhalten?" (ZANNA & FAZIO, 1982). Im folgenden sollen einige der Faktoren, die die Enge des Zusammenhanges zwischen Einstellungen und Verhalten moderieren, diskutiert werden. Anschließend soll auf die zwei wichtigsten umfassenden Einstellungs-Verhaltens-Modelle Bezug genommen werden. Am Ende des Beitrages werden dann Modelle und Thesen vorgestellt, die die zwei populärsten Modelle ergänzen könnten.

2. Moderierende Faktoren des Einstellungs-Verhaltens-Zusammenhangs

2.1 Meßtheoretische Faktoren

Ein wichtiger Faktor, der für fehlende Einstellungs-Verhaltens-Übereinstimmung verantwortlich sein kann, ist die Art der Messung der beiden Konstrukte. Dabei ist einer der am häufigsten genannten Vorbehalte gegenüber der Einstellungs- und Verhaltensmessung, daß beide Sachverhalte nicht vergleichbar spezifisch erfaßt werden. Nach AJZEN und FISHBEIN (1977) können sowohl Einstellungen als auch Verhaltensweisen in bezug auf vier verschiedene Aspekte beschrieben werden:

a) Der *Handlungsaspekt* („action element"): Welches Verhalten soll untersucht werden (z. B. jemanden wählen, jemandem helfen oder etwas kaufen)? Das Verhalten kann sehr allgemein sein und eine Klasse verschiedener Verhaltensweisen umfassen (jemandem helfen), oder es kann eine sehr eng umrissene Verhaltensweise darstellen (z. B. jemandem 100 DM leihen); es kann eine einzelne Verhaltensweise, eine ganze Verhaltenssequenz oder wiederholtes Verhalten beinhalten.
b) Der *Zielaspekt* („target element"): Auf welches Objekt bzw. Ziel ist das Verhalten gerichtet; z. B. den Bundeskanzler (wählen), einem Freund (helfen), ein neues Auto (kaufen)?
c) Der *Kontextaspekt* („context element"): In welchem Kontext wird das Verhalten ausgeführt; z. B. innerhalb eines totalitären oder demokratischen Systems (wählen), öffentlich oder privat (helfen) oder mit leerem oder gut gefülltem Portemonnaie (einkaufen)?
d) Der *Zeitaspekt* („time element"): Zu welchem Zeitpunkt soll das Verhalten ausgeführt werden; z. B. im Herbst 1995, sofort oder innerhalb der nächsten zwei Jahre?

Alle in diesem Beitrag vorgestellten Theorien über Einstellungen und Verhalten erfordern, daß die Einstellungs- *und* die Verhaltenskomponente operational so definiert werden müssen, daß sie hinsichtlich Ziel-, Handlungs-, Kontext- und Zeitelementen einen vergleichbaren Spezifikationsgrad aufweisen (Prinzip der Korrespondenz) (vgl. AJZEN & FISHBEIN, 1977). In vielen Studien wurde allerdings kein Wert darauf gelegt, eine solche enge Korrespondenz zu gewährleisten. So wurden Einstellungen häufig in sehr *allgemeiner* Form erfaßt (indem z.B. nur einer oder zwei der oben genannten Aspekte spezifiziert wurden), während das Verhaltensmaß in sehr *spezifischer* Weise operationalisiert wurde. Eine enge Beziehung zwischen Einstellungen und Verhalten kann aber nach AJZEN und FISHBEIN (1977) nur dann erwartet werden, wenn beide Maße in ihrem Spezifikationsgrad übereinstimmen. In einem Überblick über Arbeiten zum Zusammenhang zwischen Einstellungen und Verhalten fanden die genannten Autoren überzeugende Belege für die Korrespondenzhypothese. Substantielle Korrelationen zwischen Einstellungen und Verhalten fanden sich nur dann, wenn beide Konzepte vergleichbar spezifisch erfaßt worden waren. DAVIDSON und JACCARD (1979) unterzogen die Korrespondenzhypothese darüber hinaus einer direkten Prüfung, indem sie bei Frauen Einstellungen und Verhalten in bezug auf die Einnahme der Antibabypille über einen Zweijahreszeitraum untersuchten. Globale Einstellungen gegenüber Empfängnisverhütung korrelierten nicht bedeutsam mit dem untersuchten Verhalten ($r = 0.08$). In dem Maße aber, wie die Einstellung zunehmend spezifischer erhoben wurde, stieg diese Korrelation an (bis zu einer Korrelation von $r = 0.57$ für die Einstellung, die Antibabypille in den nächsten zwei Jahren einzunehmen).

An dieser Stelle muß jedoch darauf hingewiesen werden, daß die Überlegungen AJZENS und FISHBEINS (1977) nicht implizieren, daß globale Einstellungsmaße (die z.B. nur in bezug auf den Zielaspekt spezifiziert wurden) unbrauchbar zur Verhaltensvorhersage sind. Sofern das Verhalten ähnlich global operationalisiert wird, kann sich auch in diesem Fall ein sehr bedeutsamer Zusammenhang zwischen Einstellungen und Verhalten ergeben. So ist ein enger Zusammenhang anzunehmen zwischen den globalen Einstellungen gegenüber dem Energiesparen und der generellen zugehörigen Verhaltenstendenz, die sich aus einzelnen Verhaltensweisen in unterschiedlichen Kontexten zusammensetzt, wie z.B. für kurze Entfernungen statt des Autos das Fahrrad zu benutzen, ein Absenken der durchschnittlichen Raumtemperatur anzustreben usw. („multiple acts") und/oder wiederholten Messungen einer Verhaltensweise, wie z.B. die Bevorzugung des Fahrrades zu verschiedenen Jahreszeiten (siehe z.B. FISHBEIN & AJZEN, 1974; LISKA, 1978; WORTMANN, STAHLBERG & FREY, 1988). Globale Einstellungen sind also dann gute Verhaltensprädiktoren, wenn auf der Verhaltensseite wiederholte Messungen ein und derselben Handlung oder multipler Handlungen vorliegen; weniger relevant sind sie, wenn es um die Vorhersage singulärer Handlungen geht (vgl. auch ROSCH & FREY, 1987).

Viele Autoren konzeptualisieren Einstellung als ein Konstrukt, das sich aus kognitiven, affektiven und Verhaltens-Komponenten zusammensetzt (z. B. ROSENBERG & HOVLAND, 1960). In der Forschung zum Zusammenhang zwischen Einstellungen und Verhalten wurden Einstellungen dagegen meist auf ihre affektive oder kognitive Komponente reduziert[1]. Diese Einschränkung des Einstellungskonzeptes ist primär auf ökonomische Überlegungen zurückzuführen, da viele Instrumente zur Einstellungsmessung auf eindimensionalen Einstellungskonzepten basieren (z. B. die Likert-Skala oder das semantische Differential). In den Fällen, in denen die affektive Komponente einer Einstellung die gesamte Einstellungsstruktur zufriedenstellend widerspiegelt (Konsistenz der affektiven und kognitiven Komponenten), können eindimensionale Einstellungsmaße Verhalten durchaus angemessen vorhersagen. Nicht immer allerdings wird eine solche Konsistenz zwischen affektiven und kognitiven Einstellungskomponenten vorliegen. Nach ROSENBERG (1968) sollten affektiv-kognitiv *inkonsistente* Einstellungen eine geringe zeitliche Stabilität aufweisen[2]. Dies legt die Annahme nahe, daß Einstellungen, die sich durch affektiv-kognitive Inkonsistenz und damit geringe Stabilität auszeichnen, Verhalten weniger gut vorhersagen können als affektiv-kognitiv konsistente Einstellungen. Verschiedene Studien NORMANS (1975) bestätigen dies: Affektiv-kognitiv konsistente Einstellungen erwiesen sich in allen Fällen als bessere Verhaltensprädiktoren als inkonsistente Einstellungen.

Befunde von BAGOZZI und BURNKRAUT (1979) sprechen obendrein dafür, daß affektive Reaktionen gegenüber einem Einstellungsobjekt nur selten die gesamte kognitive Struktur der entsprechenden Einstellung repräsentieren. Ein einfaches affektives Urteil allein kann nicht in jedem Fall die Menge all der Meinungen widerspiegeln, die mit einem gegebenen Einstellungsobjekt verbunden sind. Ist letzteres der Fall, z. B. weil die Einstellungsstruktur sehr kompliziert und differenziert ist, kann angenommen werden, daß mit der Einstellung zusammenhängendes Verhalten besser vorhergesagt werden kann, wenn neben der affektiven Komponente auch die komplexen Meinungen einer Person in bezug auf das Einstellungsobjekt (kognitive Komponente) berücksichtigt werden.

SCHLEGEL (1975) ging davon aus, daß eine Einstellungsstruktur um so

---

[1] Im später zu besprechenden Modell von FISHBEIN und AJZEN wird die Einstellung (zum Verhalten!) auf zweierlei Weise operationalisiert: Durch direkte Einstellungsmessung über das semantische Differential (affektive Komponente) oder durch die Erwartungs x Wert Produkte, d. h. durch die Produktsumme aus den Wahrscheinlichkeiten bestimmter Verhaltenskonsequenzen multipliziert mit der jeweiligen Bewertung dieser Konsequenzen (kognitive Komponente).

[2] Wenn sich Personen der Inkonsistenz ihrer Einstellungskomponenten bewußt werden, werden sie eine oder beide Komponenten so verändern, daß wieder affektiv-kognitive Konsistenz besteht. Die Arbeiten ROSENBERGS (1968) stützen die Annahme, daß die affektiv-kognitive Konsistenz einer Einstellung mit ihrer zeitlichen Stabilität und ihrem Widerstand gegen Beeinflussungsversuche zusammenhängt.

komplexer und hierarchischer organisiert und folglich um so weniger leicht durch eine einfache affektive Reaktion abbildbar ist, je mehr persönliche Erfahrungen eine Person mit dem in Frage stehenden Einstellungsobjekt besitzt. Diese Hypothese konnte er in eigenen Arbeiten über Einstellungen zum Marihuanakonsum bestätigen. Daran anknüpfend weisen SCHLEGEL und DITECCO (1982) nach, daß bei Einstellungen, die *nicht* auf direkten Erfahrungen (wiederum mit dem Marihuanakonsum) beruhten, affektive Einstellungsmaße eine zufriedenstellende Verhaltensvorhersage erlaubten. Eine zusätzliche Berücksichtigung der gesamten kognitiven Struktur führte unter dieser Bedingung nicht zu einer substantiellen Verbesserung der Verhaltensvorhersage. Basierten die Einstellungen dagegen auf direkten Erfahrungen mit dem Marihuanakonsum, änderte sich das Bild: Versuche, den tatsächlichen Marihuanakonsum allein auf der Basis der affektiven Einstellungskomponente vorherzusagen, waren dann weniger erfolgreich. Die Verhaltensvorhersage konnte jedoch erheblich verbessert werden, wenn zusätzlich die kognitiven Strukturen der entsprechenden Einstellung, d.h. die diversen Meinungen über das Einstellungsobjekt, berücksichtigt wurden.

Die Frage, ob Einstellungen, die auf persönlichen Erfahrungen mit dem Einstellungsobjekt beruhen, bessere Prädiktoren beobachtbaren Verhaltens sind als Einstellungen, die nicht aus eigener Erfahrung entstanden sind, wurde auch in einem Forschungsprogramm von FAZIO und ZANNA (1981) untersucht. Die Befunde von SCHLEGEL und DITECCO (1982) und die Ergebnisse der Untersuchungen von FAZIO und ZANNA (1981) erscheinen zunächst als widersprüchlich, was ihre Implikationen für den Effekt der direkten Erfahrung auf den Zusammenhang zwischen Einstellungen und Verhalten angeht. SCHLEGEL und DITECCO argumentieren, daß das Wissen von Personen nach direkten Erfahrungen mit dem Einstellungsobjekt vielschichtiger sein sollte, d.h. die Einstellungsstrukturen wären komplexer. Diese komplexen Einstellungsstrukturen ließen sich nicht in einer einzigen affektiven Reaktion zusammenfassen, und daher sollte letztere nur eine mäßig gute Verhaltensvorhersage erlauben. Im Gegensatz dazu postulieren FAZIO und ZANNA (1981), daß sich Einstellungen, die über direkte Erfahrungen erworben werden, durch eine größere Klarheit (bessere Unterscheidbarkeit von anderen möglichen Einstellungspositionen), eine bessere Verfügbarkeit und eine größere zeitliche Stabilität auszeichnen sollten. Personen sollten zudem von solchen Einstellungen stärker überzeugt sein. Infolge dieser ihnen zugeschriebenen Eigenschaften sollten Einstellungen, die auf direkten Erfahrungen beruhen, leichter abrufbar (verfügbarer) sein und zu einem engeren Zusammenhang zwischen Einstellungen und Verhalten führen.

In einem interessanten Forschungsprogramm konnten FAZIO und seine Kollegen (siehe zusammenfassend FAZIO & ZANNA, 1981) demonstrieren, daß direkte Erfahrungen mit einem Einstellungsobjekt die Enge des Zusammenhanges von Einstellungen und Verhalten tatsächlich entscheidend beeinflußten. So analysierten z.B. REGAN und FAZIO (1977) Einstellungen und Verhalten von Studenten zum Thema studentische Wohnungsnot. Verhalten (wie z.B. das Unterzeichnen von Aufrufen an die verantwortlichen Stellen) wurde besser durch solche Einstellungen vorhergesagt, die auf direkten Erfahrungen mit der Wohnungsknappheit beruhten. Dieses Ergebnis konnte auch durch mehrere experimentelle Studien untermauert werden (REGAN & FAZIO, 1977). Weiter konnte belegt werden, daß Einstellungen, die auf direkten Erfahrungen basieren, bessere Verhaltensprädiktoren darstellen, weil sie leichter abrufbar sind und sich durch größere Klarheit und zeitliche Stabilität auszeichnen (FAZIO, CHEN, MCDONEL & SHERMAN, 1982).

Der Widerspruch zwischen den theoretischen Überlegungen und Befunden von SCHLEGEL und DITECCO einerseits und FAZIO und Kollegen andererseits löst sich auf, wenn man eine kurvilineare Beziehung zwischen dem Ausmaß direkter Erfahrungen und der Stärke des Zusammenhangs zwischen Einstellungen und Verhalten annimmt[3]. Bei geringen Graden persönlicher Erfahrungen werden Einstellungen, die stärker auf persönlichen Erfahrungen basieren, bessere Verhaltensvorhersagen erlauben (verantwortlich dafür sind vermittelnde Variablen wie die leichte Abrufbarkeit usw., siehe oben). Nimmt das Ausmaß persönlicher Erfahrung jedoch weiterhin zu, wird die Einstellungsstruktur zunehmend komplexer und kann schließlich nicht mehr durch eine einzige affektive Reaktion abgebildet werden. Von diesem Punkt an wird daher ein weiterer Zuwachs an Erfahrungen zu einem Absinken der Vorhersagekraft der affektiven Einstellungskomponente in bezug auf korrespondierendes Verhalten führen. Allerdings kann dieser Rückgang des Vorhersagepotentials vollständig kompensiert werden, wenn Maße der kognitiven Einstellungsstruktur in die Verhaltensprädiktion einbezogen werden. Geschieht dies, bleiben Einstellungen, die auf direkten Erfahrungen basieren, in jedem Falle bessere Verhaltensprädiktoren als andere Einstellungen.

Wie die dargestellten Forschungsarbeiten zeigen, wurde eine Reihe von Faktoren spezifiziert, die die Enge des Einstellungs-Verhaltens-Zusammenhanges moderieren. Darüber hinaus wurden aber in den siebziger Jahren verschiedene theoretische Modelle entwickelt, in denen Verhalten durch mehrere Modellkomponenten vorhergesagt wird. Diese Modelle gehen also über die Annahme einer bloßen Einstellungs-Verhaltens-Beziehung hinaus, indem neben der Einstellungskomponente andere Verhaltensprädiktoren einbezogen werden. Erst die gemeinsame Betrachtung aller solcher Komponenten führt gemäß dieser theoretischen Ansätze zu einer befriedigenden

---

[3] Neben dem Ausmaß direkter Erfahrungen kann man sich eine weitere Variable vorstellen, die einen Einfluß auf die Stärke des Zusammenhangs zwischen Einstellung und Verhalten ausübt, nämlich die Ambiguität der mit dem Einstellungsobjekt verbundenen Konsequenzen, wobei diese beiden Variablen sicherlich nicht unabhängig sind. Die studentische Wohnungsnot hat z.B. klar negative Konsequenzen (geringe Ambiguität der Konsequenzen) und löst deshalb auch eher ein bestimmtes Verhalten aus. Der Konsum von Marihuana hat aber verschiedene positive und negative Konsequenzen (größere Ambiguität der Konsequenzen), z.B. angenehme Gefühle, rechtliche Probleme, Kenntnis einer möglichen psychischen Abhängigkeit, Anerkennung durch die Gruppe usw. Je nachdem welche Konsequenzen für das Individuum im Vordergrund stehen, wird es verschiedene Verhaltensweisen zeigen.

Verhaltensvorhersage. Das Modell, das in der wissenschaftlichen Forschung dabei die größte Beachtung gefunden hat, ist das Modell des überlegten Handelns von FISHBEIN und AJZEN (1975).

Dieser Ansatz und seine Erweiterung zum Modell des geplanten Verhaltens sollen im folgenden dargestellt werden.

3. Die Theorie des überlegten Handelns

Die Theorie des überlegten Handelns beschäftigt sich - wie der Name schon sagt - mit der Vorhersage von Handlungen, über deren Ausführung oder Unterlassung eine Person nachdenkt. Die Theorie des überlegten Handelns bezieht sich also auf Einstellungen gegenüber Verhaltensweisen und nicht - wie z. B. die Mehrzahl der Einstellungsänderungstheorien - auf die Einstellungen gegenüber Objekten, Personen oder Institutionen (vgl. ROSCH & FREY, 1987; STAHLBERG & FREY, 1990a). Sie betont die kausalen Beziehungen zwischen Meinungen (beliefs), Einstellungen, Verhaltensintentionen und tatsächlichem Verhalten[4]. Der Theorie zufolge werden Handlungen direkt von Intentionen gesteuert, d.h. die *einzige* direkte Determinante des Verhaltens ist die Intention einer Person, eine Handlung auszuführen oder zu unterlassen. Zur Verhaltensvorhersage ist es daher erforderlich, nach den Faktoren zu suchen, die wiederum die Verhaltensintention determinieren.

3.1 Determinanten der Intention: Einstellung und subjektive Norm

Nach der Theorie des überlegten Handelns (siehe Abb. 1) sind die Verhaltensintentionen eines Menschen eine Funktion zweier Basisdeterminanten, der Einstellungskomponente und der sozialen/subjektiven Normkomponente. Es wird davon ausgegangen, daß beide Komponenten weitgehend unabhängig voneinander sind, so daß eine additive Verknüpfung möglich ist (zur Kritik anderer skalentheoretischer Voraussetzungen siehe ORTH, 1985).

Mit der *Einstellungskomponente,* d.h. der *Einstellung gegenüber dem Verhalten* („attitude toward the behavior") wird erfaßt, ob die Durchführung eines bestimmten Verhaltens von der handelnden Person positiv oder negativ bewertet wird. Die *subjektive Normkomponente* bezieht sich auf die individuelle Wahrnehmung des sozialen Umgebungsdrucks, ein bestimmtes Verhalten durchzuführen oder zu unterlassen. Da es sich um wahrgenom-

---

[4] Personen setzen sich Ziele und entwickeln Strategien, mit denen sie diese Ziele erreichen wollen. Diese Ziele müssen der handelnden Person nicht bewußt sein. Handlungen zur Erreichung dieser Ziele werden auch dann erfolgreich ausgeführt, wenn das zugehörige Ziel nicht bewußt ist. Sofern man diese Handlungen perfekt beherrscht, wird man auch keine expliziten, bewußt reflektierten Verhaltenspläne zu ihrer erfolgreichen Ausübung benötigen. Mit solchen automatisierten, habituellen Handlungen befaßt sich die Theorie von FISHBEIN und AJZEN nicht.

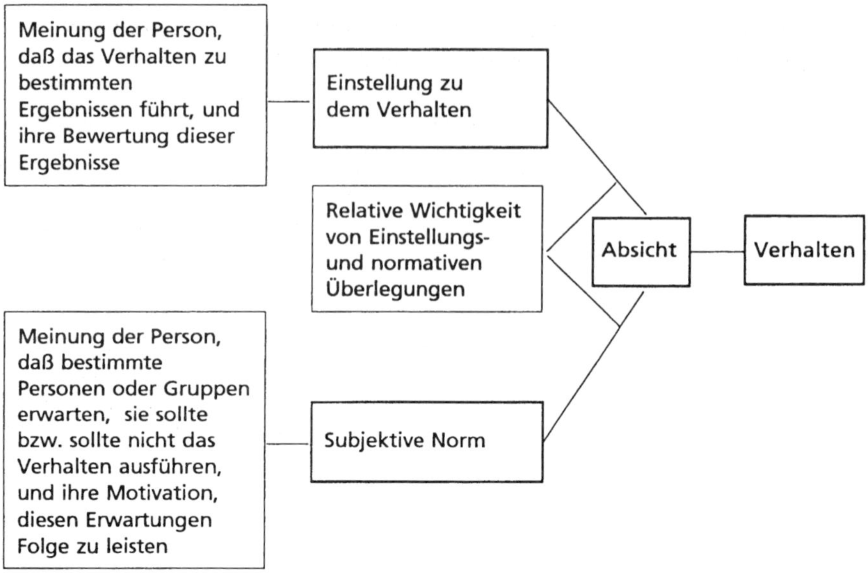

Abbildung 1 faßt die wichtigsten Bestandteile der Theorie des überlegten Handelns noch einmal zusammen: Die Konstrukte der Theorie sind motivationaler Natur; die unmittelbare Antezedenz jeglichen Verhaltens ist die Intention, das Verhalten durchzuführen; je stärker diese Intention ist, um so mehr wird die Person versuchen, das Verhalten zu zeigen, und um so größer ist auch die Wahrscheinlichkeit, daß das Verhalten tatsächlich ausgeführt wird. Die Intention ist abhängig von zwei Determinanten, nämlich der Einstellung zum Verhalten und der subjektiven Norm. Beide Aspekte werden nach ihrer relativen Bedeutung gewichtet. Entsprechend des Erwartungs x Wert-Modells beeinflussen Verhaltensbeliefs die Einstellung gegenüber dem Verhalten, während normative Beliefs die Determinanten der subjektiven Normen sind.

Abbildung 1: Determinanten individuellen Verhaltens: Die Theorie des überlegten Handelns (Nach Ajzen & Fishbein, 1980)

mene Vorschriften handelt, wird dieser Faktor von Fishbein und Ajzen (1975) als *subjektive* Norm bezeichnet.

Die Theorie postuliert nun, daß Personen ein Verhalten dann ausführen, wenn sie es positiv bewerten und wenn sie glauben, daß für sie bedeutsame Personen es ebenfalls positiv bewerten würden, wenn sie dieses Verhalten zeigen würden. Das Gewicht jeder der beiden Komponenten kann dabei in Abhängigkeit der spezifischen Situation variieren. Bei Abwesenheit relevanter Bezugspersonen wird der Einstellungsdeterminante ein sehr hohes Gewicht zukommen. Andererseits mag die starke Verankerung einer Person in einer Gruppe bewirken, daß Einstellungen irrelevant für die Verhaltensvorhersagen werden und der subjektiv erlebte soziale Druck die primäre oder sogar einzige Verhaltensdeterminante darstellt. Das Modell des überlegten Handelns nimmt also an, daß die Verhaltensintention direkt proportional zur gewichteten Summe der Einstellung gegenüber dem Verhalten und der subjektiven Norm ist (siehe Gleichung 1).

Gleichung 1: $B \sim I \propto [w_1 A_B + w_2 SN]$

In dieser Gleichung ist B das Verhalten, I die Intention der Person, das Verhalten B auszuführen, A_B die Einstellung der Person gegenüber der Ausübung des Verhaltens B, SN die subjektive Norm der Person bezüglich der Ausübung des Verhaltens B und w_1 bzw. w_2 sind empirisch zu ermittelnde Gewichtungen, die die relative Wichtigkeit von A_B und SN bestimmen. Die wellenförmige Linie (~) soll ausdrücken, daß eine Intention nur dann Vorhersagekraft hat, wenn sie nicht vor der Ausübung des Verhaltens geändert wurde (vgl. AJZEN, 1985, S. 13), womit darauf hingewiesen wird, daß diese Gleichung nur dann optimale Verhaltensvorhersagen erlaubt, wenn Intentionen kurz vor Ausführung des Verhaltens gemessen werden.

3.2 Determinanten der Einstellungs- und subjektiven Norm-Komponente

a) Die Grundlagen der Einstellungskomponente

Nach der Theorie des überlegten Handelns wird die Einstellung gegenüber einem Verhalten von aktuellen Überzeugungen (beliefs) in bezug auf dieses Verhalten determiniert. Diese Verhaltensüberzeugungen beziehen sich auf die Auftretenswahrscheinlichkeit potentieller Konsequenzen der Verhaltensausführung (z. B. werden intensive Prüfungsvorbereitungen mit hoher Wahrscheinlichkeit gute Prüfungsnoten nach sich ziehen). Im Rahmen des Modells werden dann die Verhaltensüberzeugungen durch die Bewertung der jeweils betrachteten Verhaltenskonsequenz gewichtet, indem die Auftretenswahrscheinlichkeit einer Verhaltenskonsequenz mit ihrer Bewertung multipliziert wird (im o. g. Fall z. B. mit der positiven Berwertung guter Noten). Diese Annahme kennzeichnet das Modell des überlegten Handelns als eine sogenannte Erwartungs x Wert-Theorie. Die endgültige Einstellung zum in Frage stehenden Verhalten ergibt sich schließlich als Summe aller in bezug auf dieses Verhalten relevanten Verhaltensüberzeugungen x Bewertungs-Produkte. Diese Zusammenhänge lassen sich formal wie folgt darstellen:

Gleichung 2: $A_B \propto \sum_{i=1}^{n} b_i e_i$

A_B steht für die Einstellung gegenüber dem Verhalten B; b_1 ist die Überzeugung (subjektive Wahrscheinlichkeit), daß die Ausführung des Verhaltens B zur Konsequenz i führen wird; e_i ist die Bewertung des Verhaltensergebnisses i, und die Summe bezieht sich auf die n salienten Verhaltensüberzeugungen (= verhaltensbezogene Meinungen).

Eine Person, die glaubt, daß die Ausführung eines bestimmten Verhaltens mit hoher Wahrscheinlichkeit zu positiven und/oder mit geringer Wahrscheinlichkeit zu negativen Konsequenzen führen wird, wird demnach eine positive Einstellung zur Ausführung eines solchen Verhaltens besitzen, während eine Person, die glaubt, daß die Ausführung eines solchen Verhaltens mit hoher Wahrscheinlichkeit negative bzw. mit geringer Wahrscheinlichkeit positive Konsequenzen nach sich ziehen wird, sich vermutlich durch eine negative Einstellung zum Verhalten auszeichnen wird.

b) Die Grundlage der subjektiven Normkomponente

Die subjektive Normkomponente ergibt sich ebenfalls als eine Funktion von Überzeugungen und deren Bewertung. Im Gegensatz zu den gerade dargelegten Verhaltensüberzeugungen handelt es sich hierbei allerdings um die Überzeugungen einer Person darüber, inwieweit relevante Bezugspersonen oder Gruppen die Ausführung des Verhaltens begrüßen oder ablehnen würden (Wahrnehmung der Erwartung anderer). Inwieweit die wahrgenommenen Erwartungen der relevanten Bezugspersonen verhaltenswirksam werden, hängt wiederum von deren Bewertung ab, d.h. genauer von der Motivation einer Person, sich gemäß den vermuteten Wünschen der Bezugspersonen zu verhalten. Herrscht die Neigung vor, dem Druck zu widerstehen, hat die subjektive Norm nur eine geringfügige Bedeutung für die Verhaltenstendenz. Dieser Sachverhalt läßt sich durch die folgende Gleichung ausdrücken:

Gleichung 3: $SN \propto \sum_{j=1}^{n} b_j m_j$

Dabei ist SN wieder die subjektive Norm, b_j die angenommene normative Überzeugung der Bezugspersonen j, m_j ist die Motivation der Person zur Konformität mit der Bezugsperson, und n ist die Anzahl der überhaupt in Betracht gezogenen relevanten Bezugspersonen (vgl. AJZEN, 1985, S. 14).

Das folgende Beispiel soll das Modell von FISHBEIN und AJZEN noch einmal veranschaulichen. Eine Person wird aktives Energiesparverhalten am ehesten dann zeigen,

- wenn sie erstens überzeugt ist, daß Energiesparen mit großer Wahrscheinlichkeit (Erwartung) zu positiven Konsequenzen (Wert) führen wird (z. B. zur Sicherung des Energiebedarfs für zukünftige Generationen) und mit geringer Wahrscheinlichkeit zu negativen Konsequenzen (z. B. Umweltschäden) (Einstellungskomponente)
- und wenn sie zweitens im Sinne der subjektiven Normkomponente meint, daß Freunde, Familie und Kollegen es sehr positiv bewerten würden, wenn sie energiesparendes Verhalten zeigt (normative Überzeugungen/Erwartungen), und wenn sie ferner motiviert ist, sich diesen Erwartungen ihrer Bezugspersonen entsprechend zu verhalten (Konformitätsmotivation).

Nach dem Modell von FISHBEIN und AJZEN (1975), das nicht nur in der psychologischen Forschung, sondern durchaus auch zur Vorhersage wirtschaftlichen Verhaltens herangezogen wurde (z. B. bei Kaufentscheidungen), ist die Kenntnis der beschriebenen Komponenten ausreichend, um Verhaltensintentionen und damit auch Verhalten vorherzusagen. Alle anderen Faktoren, die ebenfalls Einfluß auf das Verhalten nehmen könnten, bewirken dies nach dem Modell nur vermittelt durch die Einstellungs- oder die subjektive Normkomponente. So sollten z. B. demographische Charakteristika oder Persönlichkeitsvariablen nach FISHBEIN und AJZEN keinen direkten Einfluß auf Verhalten ausüben, sondern nur insofern relevant sein, als sie Überzeugungen und/oder Bewertungen beeinflussen, die ihrerseits Auswirkungen auf die Einstellungen gegenüber dem Verhalten oder auf die subjektive Norm haben.

3.3 Empirische Überprüfung der Theorie

Die Theorie des überlegten Handelns wurde in einer Vielzahl empirischer Arbeiten überprüft (als Überblick vgl. AJZEN & FISHBEIN, 1980; AJZEN, 1985). Um das Modell vollständig testen zu können, bedarf es der Messung folgender Variablen:

a) Einstellungen. Zur Überprüfung der Theorie des Modells werden zum einen die Einstellungskomponenten (Überzeugungen in bezug auf mögliche Verhaltenskonsequenzen und die Bewertung dieser Konsequenzen) erfaßt. Aus diesen Komponenten können über das oben beschriebene Erwartungs x Wert-Modell die Einstellungen errechnet werden. Ferner erfolgt eine direkte Messung der Einstellung in der Regel über ein semantisches Differential.

b) Subjektive Normen. Auch hier werden zunächst die beiden Komponenten der normativen Überzeugungen und der Motivation zur Konformität erfaßt. Gleichzeitig wird wiederum eine direkte Messung der subjektiven Normen vorgenommen.

c) Die Intention, eine Verhaltensweise auszuführen.

d) Das tatsächliche Verhalten wird entweder direkt beobachtet oder durch Angaben der untersuchten Person (Verhaltensbericht) erfaßt.

Das Ausmaß, in dem die Theorie des überlegten Handelns Verhaltensintentionen vorhersagt, wird normalerweise durch multiple Regressionsanalysen ermittelt. Die dabei errechneten Regressionskoeffizien- ten werden als Schätzungen von w_1 und w_2, also der Gewichte der Einstellungs- und normativen Komponente (siehe Gleichung 1) betrachtet. Wann immer es möglich ist, werden die Korrelationen zwischen Intention und Verhalten sowie diejenigen zwischen direkten (A_B, SN) und indirekten ($\sum b_i e_i$, $\sum b_j m_j$) Messungen der Einstellungen und subjektiven Normen erfaßt (vgl. AJZEN, 1985, S. 15).

In der Mehrzahl der Untersuchungen, in denen die Theorie des überlegten Verhaltens überprüft wurde, konnte das jeweils in Frage stehende Verhalten gut prognostiziert werden.

Nehmen wir den Fall, daß eine Frau vor der Wahl steht, die Anti-Baby-Pille zu nehmen oder nicht (vgl. AJZEN & FISHBEIN, 1980). Sie muß Fragen der physiologischen Nebeneffekte, der Moral und der Effektivität dieser Methode der Empfängnisverhütung abschätzen. In der Untersuchung von AJZEN und FISHBEIN (1980) unterschieden sich Frauen in ihren Überzeugungen bezüglich der negativen Konsequenzen der Pilleneinnahme. Je sicherer sich eine Frau war, daß die Pille nicht zu negativen Konsequenzen führt, um so mehr intendierte sie, die Pille zu nehmen. Ebenso zeigte sich, daß Intentionen gut durch die Überzeugung vorhergesagt werden konnten, die Pille sei die beste verfügbare Methode zur Schwangerschaftsvermeidung. Die Intention, die Pille zu nehmen, hing allerdings auch davon ab, ob bei den Frauen moralische Bedenken vorlagen. Die Haupteinwände auf der normativen Seite bezogen sich auf die Ansichten des Partners und der Ärzte. Wenn diese Bezugspersonen die Pille befürworteten, förderte dies die Intention, die Pille einzunehmen.

Eine Durchsicht der relevanten Forschung zeigt ferner, daß die Theorie des überlegten Handelns gute Verhaltensprognosen in sehr unterschiedlichen Bereichen menschlichen Verhaltens erlaubt. Das Spektrum der Verhaltensweisen, die Gegenstand der Theorieüberprüfung waren, reichte von einfachen, strategischen Wahlen in experimentellen Spielen bis hin zu wichtigen persönlichen Handlungen, wie z. B. eine Abtreibung durchzuführen, Marihuana zu rauchen oder die Entscheidung zwischen mehreren Kandidaten bei einer politischen Wahl zu treffen (vgl. dazu Tabelle 1; für eine zusammenfassende Übersicht s. AJZEN, 1985, S. 17).

Im allgemeinen handeln Menschen in Übereinstimmung mit ihren Intentionen. Bis auf eine Ausnahme übersteigen alle in Tabelle 1 berichteten Intentions-Verhaltens-Korrelationen (vgl. Spalte 1) r = 0.70, d.h. fast 50 Prozent der Verhaltensvarianz kann aufgrund des Modells des überlegten Handelns vorhergesagt werden. Die geringste Korrelation ergab sich hinsichtlich der Vorhersage, ob man ein zusätzliches Kind haben wolle. In diesem Fall war die Intentions-Verhaltens-Korrelation nur r = 0.55. Dieser vergleichsweise geringe Korrelationskoeffizient kann dadurch erklärt werden, daß die Geburt eines zusätzlichen Kindes natürlich nur teilweise die Folge des freien Entschlusses und damit der Intention einer Person ist. Weiterhin stellte sich heraus, daß die theoretisch angenommene lineare Kombination von Einstellung und subjektiver Norm in jedem Fall höchst genaue Vorhersagen der Intention erlaubten (Spalte 2). Sowohl die Einstellung als auch die subjektive Norm liefert signifikante Beiträge zur Erklärung der Intention, wobei in den meisten Studien der relative Beitrag der Einstellungskomponente den der subjektiven Normkomponente übersteigt. Die Forschungsergebnisse bestätigen außerdem die Annahmen über die Determinanten der Einstellungs- und der subjektiven Normkomponente: Verhaltensüberzeugungen und Konsequenzbewertungen können genutzt werden, um die Einstellung gegenüber einem Verhalten vorherzusagen (Spalte 7), während die Betrachtung der normativen Überzeugungen und der Motivation zur Konformität zu einer guten Schätzung der subjektiven Norm führt (Spalte 8).

In den meisten Studien, die die Theorie des überlegten Handelns überprüfen, übersteigt – wie oben erwähnt – bei der Verhaltensvorhersage der relative Beitrag der Einstellungskomponente den der subjektiven Norm. Für eine Einschätzung des Gewichts subjektiver Normen bietet die Theorie der sozialen Identität (TAJFEL, 1978) einen interessanten Ansatzpunkt. Nach dieser Theorie läßt sich menschliches Verhalten nach den situativen Um-

Tabelle 1: Forschungsergebnisse zur Theorie des überlegten Handelns (Originaltabelle aus Ajzen, 1985, S. 17)

Criterion	Correlation	Multiple correlation	Correlations		Regression coefficients		Correlations	
	I–B	I–A_B; SN	I–A_B	I–SN	I–A_B	I–SN	$A_B - \sum b_i e_i$	$SN - \sum b_j m_j$
Cooperation in prisoner's dilemma game[a] (Ajzen, 1971)	0.82	0.82	0.75	0.69	0.53	0.40	—	—
Having another child[b] (Vinokur-Kaplan, 1978)	0.55	0.85	0.65	0.83	0.19	0.70	—	—
Choice of career orientation[c] (Ajzen & Fishbein, 1980)	—	0.86	0.83	0.64	0.67	0.29	0.81	0.83
Use of birth control pills (Ajzen & Fishbein, 1980)	0.85	0.89	0.81	0.68	0.64	0.41	0.79	0.60
Voting choice in 1976 presidential election (Ajzen & Fishbein, 1980)	0.80	0.83	0.81	0.71	0.61	0.27	0.79	0.73
Having an abortion[d] (Smetana & Adler, 1980)	0.96	0.76	0.50	0.69	0.21	0.46	0.58	—
Infant feeding[b] (Manstead, Proffitt & Smart, 1983)	0.82	0.78	0.73	0.60	0.61	0.22	—	—
Smoking marijuana[a] (Ajzen, Timko & White, 1982)	0.72	0.80	0.79	0.45	0.74	0.13	—	—
Reenlisting in the military (Shtilerman, 1982)	0.87	0.77	0.77	0.43	0.73	0.08*	0.64	0.41

[a] No beliefs were elicited or assessed in these studies.
[b] Only indirect (belief-based) measures of A_B and SN were obtained in these studies.
[c] Behavior was not assessed in this study.
[d] Only a belief-based measure of SN was obtained in this study.
* Not significant; all other coefficients $p < 0.05$.

ständen differenzieren, unter denen es ausgeführt wird. Situationen variieren auf einem Kontinuum zwischen primär interindividuell orientiertem Verhalten einerseits, bei dem das Individuum vorrangig aufgrund persönlicher Dispositionen (Werte, Interessen usw.) entscheidet, und primär intergruppal orientiertem Verhalten andererseits, bei dem die Person vorrangig als Mitglied einer sozialen Gruppe handelt. Subjektiven Normen könnte nach dieser Unterscheidung dann eine größere Bedeutung für die Vorhersage von Verhaltensintentionen zukommen, wenn das Individuum als Mitglied einer sozialen Gruppe handelt[5].

3.3 Grenzen der Anwendung des Modells des überlegten Handelns

Entsprechend der Theorie des überlegten Handelns läßt sich Verhalten unmittelbar aus Verhaltensintentionen ableiten. Intentionen sagen Verhalten aber nur dann vorher, wenn folgende zwei Bedingungen gegeben sind: Zum einen müssen die Intentionen kurz vor Ausführung des Verhaltens reflektiert werden, und zum anderen muß das Verhalten unter willentlicher Kontrolle stehen. Auf einige Aspekte, die die Intentions-Verhaltens-Beziehungen moderieren, wird im folgenden eingegangen. Willentliche Kontrolle heißt dabei, daß Menschen, wenn sie es wollen, bestimmte Verhaltensweisen auch ohne Probleme ausführen können. Unter normalen Umständen kann man, wenn man sich dazu entschieden hat, z. B. spazierengehen, ins Kino gehen, ein bestimmtes Waschpulver benutzen usw. Die Theorie des überlegten Handelns (FISHBEIN und AJZEN, 1975, sowie AJZEN und FISHBEIN, 1980) wurde konstruiert, um solche - der willentlichen Kontrolle unterliegenden - Verhaltensweisen vorherzusagen und ihre psychologischen Determinanten zu verstehen. Zu nicht unter willentlicher Kontrolle stehendem Verhalten gehören z. B. Gewohnheiten. Oft fallen Menschen in solch vertraute Reaktionsmuster zurück, wodurch die Theorie ihre prädiktive Fähigkeit verliert. Diese Vorgänge könnten erklären, warum es so schwierig ist, Gewohnheitshandlungen wie Trinken und Rauchen zu ändern; es handelt sich hier überwiegend um nicht überlegtes und oft auch um nicht „freiwilliges“ Verhalten.

3.3.1 Effekte der Zeit auf die Intentionsänderung

Die Attraktivität von Zielen steht in inverser Beziehung zur psychologischen Distanz von diesem Ziel und der Vermeidungsgradient ist steiler als der Annäherungsgradient (vgl. LEWIN, 1946, 1951; MILLER, 1944). Dementsprechend werden negative Aspekte eines Verhaltens um so *salienter,* je näher

[5] Für die Verhaltensvorhersage könnten bei intergruppal orientiertem Verhalten eine Vielzahl von Variablen eine Rolle spielen, die hier nur in Stichworten genannt werden können: Meinungsführer, Gruppendiskussionen, Gruppendenken (groupthink) und Gruppendruck, soziales Netzwerk, Mund-zu-Mund-Propaganda, soziale Normen (Kirche, Gewerkschaften, Schule, Betriebe, Vereine usw.). Je mehr das soziale Netzwerk aktiviert werden kann, um so mehr haben soziale Normen Chancen sich durchzusetzen.

das Verhalten rückt. Dieses kann bewirken, daß Intentionen kurz vor einer Handlung revidiert werden, weil bestimmte positive oder negative Aspekte plötzlich umgewichtet werden.

Viele Änderungen von Intentionen sind ein Ergebnis neuer unvorhersehbarer Ereignisse, die die Einstellungen gegenüber dem Verhalten oder die subjektive Norm ändern und so eine Revision der Intention herbeiführen können. Die Intentions-Verhaltens-Korrelationen sind deshalb meistens um so stärker, je geringer das vergangene Zeitintervall zwischen der Messung der Intention und des Verhaltens ist. Dies konnte z.B. in Studien zur Körpergewichtsreduktion nachgewiesen werden (Sejwacz, Ajzen & Fishbein, 1980).

Sich auf kurzfristige Verhaltensvorhersagen zu beschränken ist aber oft von geringem Interesse. So müssen z.B. Produktanbieter in der Lage sein, das Kaufverhalten von Konsumentengruppen über Monate oder gar Jahre hinweg im voraus zu antizipieren. Ebenso müssen Banken, Fluglinien, Fernsehanstalten und andere Organisationen die Reaktionen ihrer Kunden langfristig vorhersehen, bevor irgendein Service angeboten wird. Das heißt, es muß z.B. aufgrund gemessener Intentionen im Rahmen der Marktforschung vorhergesagt werden, wie hoch der Prozentsatz derjenigen sein wird, die ein bestimmtes Auto kaufen oder eine bestimmte neu einzurichtende Fluglinie nutzen wollen. Man spricht in diesem Falle von Aggregatintentionen, die viel stabiler als individuelle Intentionen sind. Denn eine Vielzahl von nichtantizipierbaren Ereignissen kann Änderungen in den Intentionen von Individuen hervorrufen, wie z.B. plötzliche Krankheit, ein Lottogewinn oder Arbeitsplatzverlust. Hierbei handelt es sich jedoch größtenteils um Zufallsereignisse, die nur einige Individuen treffen. Die durch sie hervorgerufenen Änderungen von Intentionen werden dabei in unterschiedliche Richtungen gehen, so daß die aggregierten Intentionen relativ stabil bleiben und daher auch befriedigende Verhaltensvorhersagen erlauben (vgl. Frey & Gülker, 1987).

Ein gutes Beispiel hierfür ist die Forschung zur Familienplanung. In einer Studie von Bumpass und Westoff (1969) wurden Frauen mit zwei Kindern gefragt, wieviele Kinder in ihrer Familienplanung vorgesehen waren. Sechs bis zehn Jahre später wurden dieselben Frauen erneut interviewt, um Informationen über die tatsächliche Anzahl ihrer Kinder zu erhalten. Nur 41 Prozent der Frauen hatten tatsächlich die Anzahl der Kinder, die sie geplant hatten; die restlichen hatten entweder mehr oder weniger Kinder als geplant. Im Durchschnitt stimmte jedoch die tatsächliche Familiengröße (3,3 Kinder) präzise mit der intendierten Familiengröße (ebenso 3,3 Kinder) überein. Vorhersagen auf dem Aggregatniveau sind also oft selbst dann sehr verläßlich, wenn individuelles Verhalten nicht mit den geäußerten Einzel-Intentionen übereinstimmt.

3.3.2 Sicherheit der Intentionen

Intentionen variieren in der mit ihnen verbundenen Sicherheit (Stärke) sowie in ihrer Richtung, und es können durchaus Änderungen in ihrer Stärke auftreten, ohne daß dies im Verhalten sichtbar wird. Stellen wir uns zwei Wähler vor, die beide intendieren, die SPD zu wählen. Die Intention des Wählers A ist stark, d.h. er ist sich sehr sicher, daß er die SPD wählen möchte. Der Wähler B intendiert ebenfalls, die SPD zu wählen, ist sich dieser Absicht aber weitaus weniger sicher. Bei wem wird die Verhaltensvorhersage eher zutreffen? Wenn eine Person angibt, daß die Wahrscheinlichkeit, die SPD zu wählen, 0,70 und die Wahrscheinlichkeit, die CDU zu wählen, 0,30 betrage, so bewirkt das Auftreten neuer Informationen während der Wahlkampagne vielleicht eine Reduktion der Wahrscheinlichkeit für die SPD (z.B. auf 0,65) und einen Anstieg für die CDU (z.B. auf 0,35). Trotz dieser Änderung in der Stärke der Absicht würde die Person vermutlich immer noch die SPD wählen. Wird eine Intention also mit großer Sicherheit geäußert, so werden auch neue Informationen ein geplantes Verhalten nicht ändern. Bei Verhaltens-Intentionen, die mit geringer Sicherheit assoziiert sind, können dagegen schon nichtantizipierte Ereignisse von geringer Wichtigkeit die Intention so verändern, daß sofort auch eine Verhaltensänderung erfolgt. Intentions-Verhaltens-Korrelationen sollten also höher ausfallen, wenn Intentionen mit großer statt niedriger Sicherheit verknüpft sind.

AJZEN, WHITE und TIMKO (1982) überprüften den Einfluß der Sicherheit auf die Intentions-Verhaltens-Beziehungen: In ihren Untersuchungen sollten Collegestudenten angeben, inwieweit sie beabsichtigten, ein Mitglied eines Vpn-Pools für psychologische Experimente zu werden. Zusätzlich hatten sie einzuschätzen, wie sicher sie sich der von ihnen geäußerten Absicht wären. Später wurden sie gebeten, tatsächlich an einem Experiment teilzunehmen. Die Vpn wurden per Mediansplit in je eine Gruppe mit hoher und niedriger Sicherheit in den zuvor geäußerten Absichten eingeteilt. Die Intentions-Verhaltens-Korrelation war signifikant höher bei Vpn mit hoher Intentionssicherheit als bei Vpn mit niedriger Sicherheit. Einen analogen Befund berichten FAZIO und ZANNA (1978) für Einstellungen: Mit hoher Sicherheit verbundene Einstellungen waren bessere Prädiktoren für Verhalten als Einstellungen, die mit niedriger Sicherheit verbunden waren.

3.3.3 Öffentliche Festlegung auf die Intentionen (Commitment)

Neben der Sicherheit, mit der die Intention geäußert wird, spielt für die Güte der Verhaltensprognose auch eine Rolle, ob sich eine Person der von ihr geäußerten Absicht öffentlich verpflichtet fühlt (Commitment). SHERMAN (1980) wies nach, daß allein das öffentliche Aussprechen einer Intention eine erhöhte Verhaltensbereitschaft bewirkt. Bei Vpn, die öffentlich vorhersagten, wie sie sich verhalten würden, war die Wahrscheinlichkeit, sich tatsächlich so zu verhalten, im Vergleich zu Personen, die keine öffentliche Vorhersage gemacht hatten, erhöht.

3.3.4 Interindividuelle Unterschiede

a) Self-Monitoring

Nach SNYDER (1974, 1982) lassen sich Personen danach differenzieren, inwieweit ihr Verhalten (nicht ihre Intentionen!) eher von situationalen Hinweisreizen (Cues) oder von inneren Merkmalen (Einstellungen, Werten,

Dispositionen) gesteuert wird. Er entwickelte die sogenannte Self-Monitoring-Skala, um zu erfassen, ob eine Person mehr von inneren Merkmalen (niedriges Self-Monitoring) oder von situationalen Erfordernissen und Anreizen (hohes Self-Monitoring) geleitet wird. Die Intentionen von Personen mit hohem Self-Monitoring, die sensitiv gegenüber externen Cues sind, werden sehr schnell durch unvorhersehbare Ereignisse verändert. Die Intentionen von Personen mit niedrigem Self-Monitoring werden durch externe Ereignisse dagegen nur wenig beeinflußt und sind deshalb relativ stabil (vgl. dazu AJZEN, TIMKO & WHITE, 1982; SNYDER & SWANN, 1976; ZANNA, OLSON & FAZIO, 1980). Es überrascht daher nicht, daß in verschiedenen Untersuchungen höhere Einstellungs-Verhaltens-Korrelationen für Vpn mit niedrigerem Self-Monitoring im Vergleich zu Personen mit hohem Self-Monitoring festgestellt werden konnten. Vermutlich besitzt die Einstellungskomponente für die Intentionsvorhersage bei Personen mit geringem Self-Monitoring höheres Gewicht als bei Personen mit hohem Self-Monitoring. Umgekehrt dürfte aber der subjektiven Normkomponente stärkere Bedeutung bei der Intentionsvorhersage von Personen mit hohem Self-Monitoring als von Personen mit niedrigem Self-Monitoring zukommen: Eine Person mit hohem Self-Monitoring ist gegenüber einer Person mit niedrigem Self-Monitoring sensitiver für die Erwartungen der Umgebung und eher motiviert, dem Druck dieser Erwartungen zu entsprechen.

b) Selbstaufmerksamkeit

Eine Voraussetzung für die Gültigkeit der Theorie des überlegten Handelns ist die Bedingung, daß Einstellungen, Intentionen und deren Implikationen für das Verhalten kurz vor der Ausführung reflektiert werden. Genau diese Bedingung ist Gegenstand der Theorie der Selbstaufmerksamkeit (DUVAL & WICKLUND, 1972; WICKLUND, 1975; siehe auch den Beitrag von WICKLUND & FREY in diesem Band). Die Aufmerksamkeit einer Person, die sich (aufgrund ihrer Persönlichkeitsdisposition oder aufgrund situationaler Bedingungen) in einem Zustand hoher Selbstaufmerksamkeit befindet, ist primär auf das eigene Selbst gerichtet, d.h. auf eigene Gefühle, Normen, Einstellungen und andere innere Zustände, während geringe Selbstaufmerksamkeit einen Zustand beschreibt, in dem die Aufmerksamkeit einer Person nach außen, auf die personale und nicht-personale Umwelt gerichtet ist. Mit Selbstaufmerksamkeit wird also ein Zustand charakterisiert, in dem die Person sich selbst als Objekt sieht und somit in den Brennpunkt ihrer Aufmerksamkeit rückt. Gegenstand der Selbstaufmerksamkeit können alle Aspekte sein, die eine Person als Teil ihres Selbst wahrnimmt, also auch die in der Theorie des überlegten Handelns relevanten Komponenten der Einstellung zum Verhalten und der subjektiven Normen inklusive der zugehörigen Überzeugungen und Bewertungen.

Der Zustand der Selbstaufmerksamkeit bewirkt generell eine Aktualisierung und Intensivierung all dieser Aspekte, die in den Brennpunkt der Aufmerksamkeit gelangen, wie auch eine Aktualisierung des Bedürfnisses nach Widerspruchsfreiheit. Hieraus folgt, daß eine Person im Zustand der Selbstaufmerksamkeit bemüht sein sollte, die Einstellung und das Verhalten miteinander in Einklang zu bringen. In verschiedenen Untersuchungen konnte tatsächlich nachgewiesen werden, daß der Zusammenhang zwischen der gemessenen Einstellung und einem späteren Verhalten unter Selbstaufmerksamkeitsbedingungen erhöht ist (Selbstaufmerksamkeit wurde dabei sowohl als Persönlichkeitsdisposition erfaßt als auch situativ manipuliert). Die Theorie der Selbstaufmerksamkeit erklärt diesen Effekt durch das Motiv, wahrgenommene Diskrepanzen zwischen aktualisierten Einstellungen und tatsächlichem Verhalten zu beseitigen. Solche Diskrepanzen werden im Zustand der Selbstaufmerksamkeit als (besonders) aversiv erlebt. Die Theorie des überlegten Handelns betrachtet den Effekt als Ergebnis des Umstandes, daß im Zustand der Selbstaufmerksamkeit Einstellungen und Intentionen gedanklich besonders präsent (salient) sind und daher Verhaltensentscheidungen auch eher beeinflussen können.

c) Selbstkonsistenz

Bem und Allen (1974) folgend läßt sich argumentieren, daß nur bei Personen, die ihr eigenes Verhalten als über verschiedene Situationen hinweg konsistent beschreiben, ein enger Zusammenhang zwischen Einstellungen und Verhalten beobachtbar sein dürfte. Für solche Personen, die sich selbst als relativ inkonsistent in ihrem Verhalten charakterisieren, ist dagegen nur eine geringe Einstellungs-Verhaltens-Korrelation zu erwarten. Zanna, Olson und Fazio (1980) konnten in ihren Arbeiten diese Hypothese stützen: Verhaltenskonsistenz in der Vergangenheit ging tatsächlich mit einem engeren Zusammenhang zwischen Einstellungen und Verhalten einher als vergangene Verhaltensvariabilität in vergleichbaren Situationen.

4. Die Theorie des geplanten Verhaltens

Wie bereits ausgeführt greift die Theorie des überlegten Handelns dort zu kurz, wo nicht willentlich kontrollierbare Komponenten die Ausführung des intendierten Verhaltens beeinflussen. Da dies potentiell immer der Fall sein kann, darf man intendierte Verhaltensweisen auch als Ziele betrachten, deren Verwirklichung mit einem gewissen Grad an Unsicherheit verbunden ist.

4.1 Die neue Komponente (perceived behavioral control)

In einer Ergänzung der Theorie des überlegten Handelns - der Theorie des geplanten Verhaltens - gehen Ajzen (1985) sowie Ajzen und Madden (1986) davon aus, daß Intentionen als alleinige Prädiktoren für Verhalten dann unzureichend sind, wenn die persönliche Kontrolle über das Verhalten eingeschränkt ist. Die Theorieergänzung berücksichtigt deshalb als neue Komponente, inwieweit das vorherzusagende Verhalten überhaupt von der handelnden Person uneingeschränkt kontrolliert werden kann *(perceived behavioral control).* Diese wahrgenommene bzw. tatsächliche willentliche Verhaltenskontrolle über das in Frage stehende Verhalten soll sowohl die Verhaltensabsicht (Intention) als auch das Verhalten determinieren (vgl. Abb. 2).

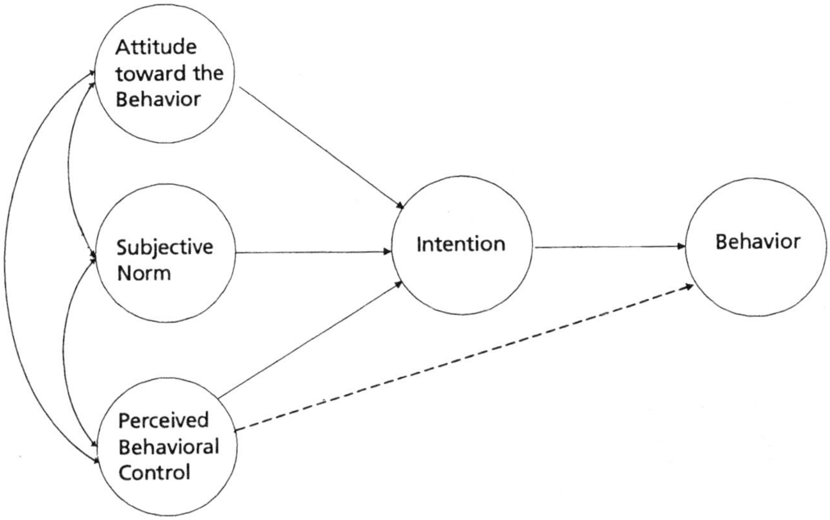

Abbildung 2: Die Theorie des geplanten Verhaltens: Version 1 ohne gestrichelte Linie, Version 2 mit gestrichelter Linie (Originalabbildung aus AJZEN & MADDEN, 1985, S. 458)

Intentionen sagen nach der Theorie des geplanten Verhaltens „nur" den Versuch einer Verhaltensausführung vorher, nicht notwendigerweise aber eine tatsächliche Ausführung - wie noch bei der Theorie des überlegten Handelns. Wenn das Verhalten also nicht auftritt, können sich entweder die Intentionen geändert haben (*nach* dem Zeitpunkt ihrer Messung) oder die Verhaltensrealisierung kann der Kontrolle der Person entzogen sein. Verhaltensintentionen - so die neue Theorie - sind daher bessere Prädiktoren von *versuchtem* als von *tatsächlichem* Verhalten. Um Verhalten vorherzusagen, müssen wir also wissen, inwieweit die Personen Kontrolle über ihr Verhalten wahrnehmen und auch tatsächlich ausüben können.

Bei der neuen Komponente - der Verhaltenskontrolle - ist zwischen tatsächlicher und wahrgenommener Verhaltenskontrolle zu unterscheiden. *Tatsächliche* Verhaltenskontrolle ist sehr schwer zu ermitteln, *wahrgenommene* Verhaltenskontrolle dagegen relativ einfach. Letztere ist die Überzeugung einer Person, wie leicht oder wie schwierig ein Verhalten für sie auszuüben ist. Je mehr Ressourcen, Fertigkeiten und Verhaltensmöglichkeiten Personen zu besitzen glauben, um so größer wird die wahrgenommene Kontrolle über das Verhalten sein.

Genauso wie Überzeugungen (beliefs) bezüglich der Konsequenzen des Verhaltens als Determinanten von Einstellungen gesehen werden und normative Überzeugungen als Determinanten subjektiver Normen, werden Überzeugungen darüber, Ressourcen, Fertigkeiten und Verhaltensmöglichkeiten zu besitzen, als Determinanten der wahrgenommenen Verhaltenskontrolle gesehen. Diese wahrgenommene Verhaltenskontrolle kann auf vergangenen eigenen Erfahrungen beruhen, aber auch auf Beobachtungen und den Erfahrungen anderer Personen.

4.2 Zwei Einflußmöglichkeiten der neuen Komponente

Den Überlegungen AJZENS und MADDENS folgend kann die wahrgenommene Verhaltenskontrolle auf zweierlei Weise zur Vorhersage von Verhalten beitragen. Zum ersten wird die wahrgenommene Verhaltenskontrolle unabhängig von der Einstellungs- und der sozialen Normkomponente die Intention, das Verhalten auszuführen, beeinflussen. Direkte Determinante des Verhaltens ist damit wiederum ausschließlich die Verhaltensintention, und Einflüsse der wahrgenommenen Verhaltenskontrolle auf das Verhalten würden nur durch die Verhaltensintention vermittelt. Dieser motivationale Effekt der wahrgenommenen Verhaltenskontrolle wird in einer ersten Version des Modells des geplanten Verhaltens postuliert (vgl. Abb. 2) und wie folgt erklärt: Personen, die sich aufgrund mangelnder Fähigkeiten, Ressourcen oder externer Hindernisse nicht in der Lage sehen, ein bestimmtes Verhalten zu zeigen, werden in der Regel auch keine entsprechende Verhaltensintention entwickeln. Dies gilt auch dann, wenn sie sehr positive Einstellungen gegenüber dem Verhalten besitzen und davon überzeugt sind, daß für sie persönlich wichtige Bezugspersonen die Durchführung dieses Verhaltens begrüßen würden. Die erste Version der Theorie geht über die Theorie des überlegten Handelns also insofern hinaus, als sie einen direkten kausalen Einfluß der wahrgenommenen Verhaltenskontrolle auf die Intention postuliert, einen Effekt also, der nicht über die Einstellungen oder sozialen Normen vermittelt wird. Die Abbildung 2 verdeutlicht zum zweiten, daß AJZEN und MADDEN auch davon ausgehen, daß sich die drei genannten Komponenten - Einstellungen, subjektive Normen und wahrgenommene Verhaltenskontrolle - wechselseitig beeinflussen können, so daß auch von indirekten Einflüssen der wahrgenommenen Verhaltenskontrolle - vermittelt über ihre Beziehungen zur Einstellungs- und subjektiven Normkomponente - auf die Verhaltensintention auszugehen ist.

In der zweiten Version der Theorie des geplanten Verhaltens wird zusätzlich zu den bisher beschriebenen Effekten der wahrgenommenen Verhaltenskontrolle angenommen, daß letztere dann einen direkten, d.h. nicht über die Verhaltensintention vermittelten Einfluß, auf das Verhalten ausübt, wenn sie die tatsächliche Kontrolle über das Verhalten reflektiert (vgl. die gestrichelte Linie in der Abb. 2). In dieser Modellversion würde also das tatsächliche Verhalten nicht mehr ausschließlich durch die Verhaltensintention determiniert werden, sondern es wird ein direkter Einfluß der wahrgenommenen Kontrolle auf das Verhalten postuliert. In dem Ausmaß, wie die wahrgenommene Kontrolle die tatsächliche Kontrolle widerspiegelt (z.B. in hohem Maße dann, wenn Vorerfahrungen mit dem intendierten Verhalten vorliegen), wird erstere auch direkten Einfluß auf beobachtbares Verhalten nehmen. Es ist also strenggenommen nicht die wahrgenommene, sondern die tatsächliche Kontrolle, die für direkte Verhaltenseffekte verantwortlich ist.

Die Theorieausweitung setzt also wahrgenommene Verhaltenskontrolle über das Verhalten sowohl als zusätzliche Determinante der Intention (Version 1) als auch des Verhaltens (Version 2) ein.

AJZEN und MADDEN (1986) konnten die Überlegenheit dieses erweiterten Modells in Untersuchungen über Einstellungen und Verhalten von Studenten in bezug auf gute Prüfungsleistungen bestätigen. Dies ist insofern nicht verwunderlich, als Studenten keine uneingeschränkte Kontrolle über ihre Prüfungsleistungen besitzen. Die zusätzliche Berücksichtigung von wahrgenommener Kontrolle im Modell des geplanten Verhaltens verbessert deshalb die Vorhersage von Prüfungsleistungen.

4.3 Determinanten der wahrgenommenen Verhaltenskontrolle

4.3.1 Internale Faktoren

a) Interindividuelle Unterschiede

Menschen unterscheiden sich in ihrer Fähigkeit, Kontrolle über eigene Handlungen auszuüben und Kontrollmöglichkeiten in angemessener Weise wahrzunehmen. ROTTER (1966) entwickelte eine Skala zum internalen vs. externalen „Locus of control", um die generalisierten Erwartungen einer Person darüber zu ermitteln, wieviel Einfluß sie auf die Ereignisse und deren Konsequenzen in ihrem Leben zu haben glaubt[6]. Die Attribution internaler Kontrolle über das Erreichen spezifischer Verhaltensziele sollte dazu ermutigen, das Verhalten zu realisieren. Ob diese Versuche erfolgreich sein werden, hängt davon ab, wie realistisch die Kontrollerwartungen einer Person sind, also von der tatsächlich vorhandenen Kontrolle. Da Kontrollerwartungen jedoch häufig nur Kontrollillusionen sind (vgl. OSNABRÜGGE, STAHLBERG und FREY, 1985), wird auf der Basis wahrgenommener Kontrolle initiiertes Verhalten oft nicht erfolgreich ausgeführt werden können. Eine Person, die dagegen keine Kontrolle erwartet, wird unabhängig davon, ob sie objektiv Kontrolle besitzt, nur wenig motiviert sein, das Verhalten zu realisieren. So kann es passieren, daß eine Person, die hinsichtlich ihrer Kontrollmöglichkeiten pessimistisch ist, ein bestimmtes Verhalten gar nicht erst zu initiieren versucht und deshalb nie herausfindet, daß ihr Pessimismus unberechtigt ist. Es ist daher anzunehmen, daß die wahrgenommene Verhaltenskontrolle mit der Verhaltensausführung korreliert. Diese Korrelation wird aber nur dann hoch sein, wenn die wahrgenommene Verhaltenskontrolle der tatsächlichen Kontrolle weitgehend entspricht. BANDURAS

---

[6] Die so gemessenen Kontrollerwartungen wurden zu vielen verschiedenen Verhaltensweisen in bezug gesetzt (vgl. LEFCOURT, 1982). Wichtig ist dabei, daß generalisierte Kontrollerwartungen weniger bedeutsam sind als *spezifische,* d.h. situationsbezogene Kontrollerwartungen.

Arbeiten über „self-efficacy" (1977, 1982), der Erwartung, ein bestimmtes Verhalten erfolgreich ausführen zu können (= wahrgenommene Verhaltenskontrolle), sprechen ebenfalls dafür, daß wahrgenommene Verhaltenskontrolle die Ausführung der Handlung begünstigt (siehe z. B. BANDURA, ADAMS und BEYER, 1977).

b) Informationen, Fertigkeiten und Fähigkeiten

Häufig kommt es vor, daß man eine Handlung ausführen möchte und plötzlich bemerkt, daß die nötigen Informationen, die nötigen Fertigkeiten und Fähigkeiten fehlen. Auf die Tatsache, daß unser Verhalten eine Funktion nicht nur der Intention (trying) ist, sondern auch der Fähigkeit (ability), hat als erster HEIDER (1958) in seiner Analyse naiver Verhaltenserklärungen hingewiesen.

c) Selbstdisziplin und Willensstärke

Selbstdisziplin und Willensstärke sind wichtig, um bestimmte Verhaltensziele zu erreichen. An Gewicht abnehmen, den Konsum von Alkohol und Zigaretten einschränken oder aufgeben, der Versuchung widerstehen, auf eine Party zu gehen anstatt zu arbeiten, sind wichtige Beispiele. Menschen sind zwar stets bemüht, Ziele dieser Art zu erreichen, bleiben aber dabei häufig erfolglos („Der Geist ist willig, aber das Fleisch ist schwach", „Mein Charakter ist meinem Verstand in keiner Weise gewachsen"). Menschen mit hoher Willenskraft und Selbstdisziplin gehen möglicherweise von vornherein davon aus, hohe Kontrolle über ihr Verhalten zu besitzen, und werden deshalb bei positiven Einstellungen und subjektiv wahrgenommenen Normen eher entsprechende Verhaltensintentionen entwickeln. Ferner sollten sie auch eher dazu in der Lage sein, einmal gefaßte Absichten auch in tatsächliches Verhalten umzusetzen.

In seiner Analyse der Handlungskontrolle hat KUHL (1981, 1982) das Konzept der Handlungs- und Lageorientierung eingeführt, was dem Konstrukt Selbstdisziplin sehr ähnlich ist. Handlungsorientierte Personen richten ihre Aufmerksamkeit auf die Realisierung von Handlungen und nutzen ihre Kenntnisse und Fähigkeiten, um die Ausführung einer ins Auge gefaßten Handlung zu kontrollieren. Lageorientierte Personen richten ihre Aufmerksamkeit dagegen auf ihre Gedanken und Gefühle in der Gegenwart, Vergangenheit oder Zukunft anstatt auf die Handlungsausführung. KUHL (1982) fand eine höhere Intentions-Verhaltens-Korrelation für handlungsorientierte im Vergleich zu lageorientierten Personen.

d) Zwänge und Gewohnheiten

Menschen sind oft unfähig, Gewohnheiten und Zwangsverhaltensweisen wie etwa das Grübeln über gewisse Ereignisse, ständiges Händewaschen, Stottern usw. trotz gegenteiliger Intentionen abzustellen; eine Person besitzt bezüglich solcher Verhaltensweisen wenig internale Kontrolle. So demonstrieren z. B. BENTLER und SPECKARDT (1979, 1981), daß Gewohnheiten einen direkten Einfluß auf Verhalten ausüben, der nicht durch die Komponenten der subjektiven Norm und der Einstellung vermittelt wird, wie dies das Modell des überlegten Verhaltens postulieren würde. Im Modell des geplanten Handelns finden die Effekte von Gewohnheiten im Konzept der „wahrgenommenen Verhaltenskontrolle“ Berücksichtigung.

4.3.2 Externale Faktoren

Ungünstige Gelegenheiten (keine Verfügbarkeit von Ressourcen wie Geld oder Zeit) und unerwartete Ereignisse (etwa Krankheiten, Unfälle, Reifenpannen, schlechtes Wetter) machen die Ausführung eines intendierten Verhaltens oft unmöglich.

Häufig ist die Realisierung von Verhaltensweisen auch vom Verhalten anderer Personen abhängig. In besonderem Maße gilt dies für Verhaltensweisen, die eine Kooperation erfordern. Kooperation setzt die Bereitschaft und den Willen aller beteiligten Personen voraus. Experimentelle Untersuchungen zur Kooperation und zum Wettbewerb bestätigen diese Annahme. AJZEN und FISHBEIN (1970) berechneten Korrelationen von etwa $r = 0.90$ zwischen Kooperationsstrategien der beiden Spieler in Gefangenendilemma-Spielen. Die Wahl von kooperativen Verhaltensweisen hängt also maßgeblich vom Verhalten des Gegenübers ab.

Insgesamt läßt sich also feststellen, daß eine Vielzahl von internalen und externalen Faktoren mitbestimmt, ob wir in der Lage sind, ein intendiertes Verhalten auszuführen.

4.4 Empirische Überprüfungen

Im Zentrum des neuen Modells (Modell des geplanten Verhaltens) steht das Konstrukt „wahrgenommene Verhaltenskontrolle“. Dabei wird postuliert, daß durch diese Variable das Verhalten einerseits direkt und andererseits indirekt über die Verhaltensintentionen beeinflußt wird. In zwei Experimenten wurden diese Annahmen von AJZEN und MADDEN (1986) überprüft. Im ersten Experiment wurde der Besuch der Vorlesungen durch College-Studenten über eine Periode von sechs Wochen betrachtet; in Experiment 2 wurde das Verhaltensziel untersucht, eine gute Note (A) in einem Kurs zu erhalten. Einstellungen, subjektive Normen, wahrgenommene Verhaltenskontrolle und Intentionen wurden zu verschiedenen Zeitpunkten gemessen. Die Theorie des geplanten Verhaltens erlaubte genauere Vorhersagen der Intentionen und des Verhaltens als die Theorie des überlegten Handelns. AJZEN und MADDEN (1986) fanden, daß sie die Verhaltensintention für den Besuch einer Vorlesung, aber auch die Intention, die Note „A“ (sehr gut) zu bekommen, sowie die Tatsache, tatsächlich ein „A“ zu bekommen, besser vorhersagen konnten, wenn die Variable der wahrgenommenen Verhaltenskontrolle berücksichtigt wurde.

In beiden Experimenten war die wahrgenommene Verhaltenskontrolle ein besserer Prädiktor beim Verhaltenskriterium als bei der Intention. Dies war im zweiten Experiment vor allem dann der Fall, wenn gegen Ende des Semesters eine präzisere Einschätzung der Verhaltenskontrolle möglich war.

TESSER und SHAFFER (1990) wiesen nach, daß die zusätzliche Berücksichtigung von (zur wahrgenommenen Kontrolle ähnlichen) Variablen wie locus of control, self-efficacy und self-confidence zu besseren Vorhersagen a) der Verhaltensintentionen bezüglich Zahnhygenie (MCCAUL et al., 1988) und b) der Intentionen und des Verhaltens bezüglich des Alkoholtrinkens (SCHLEGEL et al., 1987) sowie der Brustvorsorgeuntersuchungen (RONIS & KAISER, 1989) führt.

Auch in Studien, die im Rahmen anderer Ansätze durchgeführt wurden, wie z. B. dem der „Protection-Motivation-Theorie" (z. B. ROGERS, 1983; MADDUX & ROGERS, 1983; MADDUX et al., 1986) wurde versucht, „self-efficacy"-Erwartungen, „Ergebnis"-Erwartungen und „Ergebnis"-Bewertungen zu erfassen. Alle drei Variablen korrelierten signifikant und in etwa gleich hoch mit Verhaltensintentionen. Ebenso fand WURTELE (1988), daß gesundheitsbezogene Verhaltensintentionen durch Manipulationen der wahrgenommenen Anfälligkeit und teilweise auch der Selbstwirksamkeit beeinflußt werden können. ABELSON und LEVI (1985) vermuten, daß man die besten Verhaltensvorhersagen machen kann, wenn man nicht nur das entsprechende Zielverhalten berücksichtigt (z. B. Rauchen), sondern ebenso die Alternative (z. B. Nicht-Rauchen). KENDZIERSKI und LAMASTRO (1988) fanden, daß Einstellungen darüber, sein Gewicht *nicht* zu reduzieren, ein besserer Prädiktor für die Anzahl der Tage war, sein Gewicht zu reduzieren, als Einstellungen darüber, das eigene Gewicht zu reduzieren. JACCARD et al. (1989) fanden, daß weder die Einstellung gegenüber Diaphragma-Nutzung noch die Einstellung zum Schwangerwerden eine konsistente Diaphragma-Benutzung vorhersagte. Wenn jedoch die Differenz zwischen beiden Einstellungen als Prädiktor genommen wurde, gab es relativ gute Vorhersagen.

4.5 Zusammenfassende Bewertung der Theorie des überlegten Handelns und der Theorie des geplanten Verhaltens

Die Theorie des überlegten Handelns ist ein Spezialfall der Theorie des geplanten Verhaltens. Die zwei Theorien sind identisch, wenn das Ausmaß der Kontrolle über internale und externale Faktoren einen maximalen Wert erreicht und damit die subjektive Erfolgswahrscheinlichkeit der Handlungsausführung gegen 1.0 geht. Wenn dies der Fall ist, sprechen wir von reinem volitionalen Verhalten, bei dem die Theorie des überlegten Handelns direkt angewandt werden kann. Unter diesen Umständen wird die Messung einer Intention, welche sich gut aus Einstellungen und subjektiven Normen vorhersagen läßt, ein guter Prädiktor des Verhaltens sein, es sei denn, daß sich die Intention in dem Zeitraum zwischen Messung und Beobachtung des Verhaltens ändert. Wenn die willentliche Kontrolle über das intendierte Verhalten in irgendeiner Weise eingeschränkt ist, lassen sich Verhaltensintentionen und tatsächliches Verhalten treffsicherer mit dem Modell des geplanten Verhaltens vorhersagen, in welchem außer den Einstellungen und den subjektiven Normen auch die kognizierte Verhaltenskontrolle als Determinante für das Verhalten Berücksichtigung findet.

5. Weiterführende theoretische Modelle

5.1 Das Modell von SIMON

Den besprochenen Modellen liegt ein Bild des rationalen, überlegt handelnden Menschen zugrunde. Letztlich fußen sie auf den Prinzipien des methodischen Individualismus[7] und orientieren sich dabei an dem Verhaltensmodell der Ökonomie.

In Abgrenzung zu den neoklassischen Handlungstheorien (und damit auch in Abgrenzung zu den Modellen von AJZEN und FISHBEIN) hat SIMON (1981) die begrenzte Rationalität des Individuums postuliert. Er unterstellt, daß sich jedes Individuum aufgrund seines eingeschränkten Zugangs zu Daten und seiner begrenzten Verarbeitungskapazität nur ein sehr verzerrtes (subjektives) Abbild der (objektiven) Realität verschaffen kann. Dabei orientiert nach SIMON das Individuum sein Handeln *nicht* an der Erreichung *optimaler Handlungsergebnisse* (wie es AJZEN sagen würde), sondern bildet stattdessen ein Anspruchsniveau und ist prinzipiell bereit, jede Handlungsmöglichkeit zu wählen, deren Nutzen auf oder über diesem Anspruchsniveau liegt. Das bedeutet, daß das Individuum im Entscheidungsprozeß nicht versucht, den maximalen Nutzen anzustreben, sondern *zufriedenstellendes (satisfizierendes) Verhalten zeigt* (geringster Aufwand). Das Individuum sucht nicht mehr die beste, sondern eine gute Handlungsmöglichkeit: Satisfizierung statt Maximierung.

Bei knapper Zeit (für die Informationssuche) oder bei länger anhaltender vergeblicher Suche nach einer befriedigenden Handlungsmöglichkeit nimmt die Wahrscheinlichkeit einer Senkung des Anspruchsniveaus zu. Die Kenntnis mehrerer guter Handlungsmöglichkeiten veranlassen das Individuum, sein Anspruchsniveau zu erhöhen. Im letzteren Fall kann dies beispielsweise sukzessiv mit der Absicht geschehen, Handlungsmöglichkeiten zu eliminieren. Des weiteren ist der Ablauf des Entscheidungsprozesses ebenso abhängig von der Höhe des Anspruchsniveaus des Individuums, wie das Anspruchsniveau seinerseits wiederum vom Verlauf des Entscheidungsprozesses beeinflußt wird.

---

[7] Der methodische Individualismus geht von folgenden Postulaten aus:
1. Das Individuum handelt rational in dem Sinne, daß es versucht, die Handlungen mit dem maximal realisierbaren Nutzen zu wählen.
2. Das Wissen des Individuums ist unvollkommen und durch Informationen veränderbar oder anders ausgedrückt, das Individuum ist lernfähig.
3. Die Präferenzen des Individuums sind zwar gegeben, aber wie sein gesamtes Verhalten veränderbar. Es wird vom Prinzip der Nutzenmaximierung ausgegangen; das Ziel des Individuums besteht also darin, durch Anwendung des Kosten-Nutzen-Kalküls einen relativen Vorteil zu erhalten. Es handelt sich damit beim methodischen Individualismus ebenso um ein Modell des überlegten Handelns.

Die Berücksichtigung dieses Ansatzes impliziert folgendes: Menschen wählen keineswegs immer das Verhalten, was eigentlich aufgrund (rationaler) Kosten-Nutzen-Erwägungen angebracht wäre (wie es auch in den Modellen von FISHBEIN und AJZEN unterstellt wird). Aufgrund von Zeitdruck, Angst, Euphorie kommt es oft zu Handlungen, die in dem entsprechenden Moment als situationsadäquat betrachtet werden; es wird dabei häufig aber nicht berücksichtigt, ob sie langfristig gesehen optimal sind.

Die Implikationen aus dem vorherigen für die Modelle von FISHBEIN und AJZEN bestehen darin, daß sie viele Verhaltensentscheidungen in der Realität gar nicht beschreiben; unberücksichtigt bleibt z. B. nicht überlegtes (mindless) Verhalten, weil der Erwartungs x Wert-Prozeß nur bei hoher Elaborationswahrscheinlichkeit durchlaufen wird. Vermutlich ist es so, daß die rationalen Modelle von FISHBEIN und AJZEN nur dann verfolgt werden, wenn die Bereitschaft, sich intensiv mit einem Thema einer Verhaltensentscheidung auseinanderzusetzen, groß ist (vgl. dazu die Ausführungen über das Elaboration-Likelihood-Modell von STAHLBERG und FREY in diesem Band). Ein Problem in diesem Zusammenhang ist die Reaktivität der Messungen: Wenn man Personen zwingt, Angaben zu allen Modellkomponenten zu machen, werden sie dies auch tun und möglicherweise bemüht sein, eine gewisse Konsistenz zwischen den Modellkomponenten herzustellen. Wenn aber genügend Zeit zwischen diesen Messungen und der Verhaltensausführung vergeht, ist die Verhaltensentscheidung möglicherweise schon wieder suboptimal. Letztlich hängt dieser Aspekt auch mit einer Tendenz des Nichtzuendedenkens zusammen, was bedeutet, daß es aufgrund von „(Denk-)Faulheit" und „Bequemlichkeit" zu suboptimalen Entscheidungen kommt. Man ist dabei pessimistisch, daß die Entscheidung überhaupt zu optimieren ist; man kann Furcht vor kognitiv-affektiven Inkonsistenzen haben, weil man affektiv eigentlich „lieber unvernünftig" entscheiden würde; oder man befürchtet Inkonsistenzen zwischen eigenen Einstellungen und subjektiven Normen. Die Folge dieser Haltungen ist eine ungenügende Elaboration verschiedener Alternativen, so daß man sich schließlich für eine „sichere, konfliktfreie", aber möglicherweise suboptimale Alternative entscheidet.

5.2 Theorie der Schutzmotivation

Die Theorie der Schutzmotivation (ROGERS, 1983) wird überwiegend herangezogen, um Vorhersagen im Bereich der Gesundheitspsychologie zu machen. Sie will erklären und vorhersagen unter welchen Bedingungen Menschen gesundheitsschädigendes Verhalten beibehalten und unter welchen Bedingungen sie solches Verhalten in Richtung gesundheitsbewußtes Handeln ändern (z. B. Inanspruchnahme von Vorsorgeuntersuchungen). Die Theorie nimmt an, daß die gesundheitsbewußten Einstellungen und Verhaltensweisen durch die Höhe der Schutzmotivation hervorgerufen werden, die wiederum von folgenden Faktoren abhängt:

1. Die Folgen in dem Fall, daß ein gesundheitsschädigendes Verhalten beibehalten wird, müssen als sehr schwerwiegend eingeschätzt werden (bzw. die Folgen des *nicht* gesundheitsbewußten Handelns).
2. Die Person muß erkennen, daß die Wahrscheinlichkeit hoch ist, von solchen Konsequenzen persönlich betroffen zu werden.
3. Die Person muß wahrnehmen, daß das gesundheitsbewußte Verhalten tatsächlich eine effektive Maßnahme zur Vermeidung der o.g. negativen Konsequenzen darstellt und daß sie das Verhalten selbst auch ausführen kann.
4. Die intrinsischen und extrinsischen Belohnungen für das bisher gezeigte Verhalten dürfen im Vergleich zu den Belohnungen für das neue Verhalten nicht allzu groß sein bzw. die Verhaltenskosten für das gesundheitsbewußte Verhalten dürfen nicht allzu hoch sein.

Je mehr solcher Faktoren vorliegen, desto eher zeigen Personen in der Tat gesundheitsbewußtes Verhalten. Unsere These ist nun die, daß der Allgemeinheitsgrad dieser Schutzmotivationstheorie viel größer ist, als man bisher angenommen hat. Schutzmotivation ist nicht nur im Bereich der Gesundheit relevant, sondern genauso beim Umweltverhalten, bei wirtschaftlichem Verhalten (z.B. rechtzeitiges wirtschaftliches Agieren) und bei politischem Verhalten.

Menschen und Gruppen werden erst dann ein Verhalten (auch Gewohnheiten) ändern, wenn sie glauben, daß die Beibehaltung dieses Verhaltens früher oder später zu sehr stark negativen Konsequenzen (für sie und/oder die Allgemeinheit) führt, wenn sie glauben, sie besäßen Verhaltensalternativen, die solche möglichen negativen Konsequenzen verhindern könnten, und wenn die Kosten-Nutzen-Relation des Alternativverhaltens im Vergleich zu der des bisher gezeigten Verhaltens nicht ungünstig ausfällt. Mit Hilfe dieser Theorie lassen sich sowohl Beharrungs- und Trägheitseffekte von Verhalten erklären (trotz positiver Einstellungen zum neuen Verhalten) als auch die Änderung von Verhalten. Im Gegensatz zu den bisherigen Modellen wird hier herausgestellt, wie relevant persönliche Betroffenheit und persönliche Gefährdungen, aber auch die Kosten einer neuen sowie die intrinsische und extrinsische Belohnung einer alten Verhaltensweise sind. Die Theorie der Schutzmotivation liefert quasi eine Checkliste, welche Dimensionen angesprochen werden müssen, damit es zu Verhaltensänderungen kommt. Zwar mögen FISHBEIN und AJZEN behaupten, daß die meisten Aspekte in ihre Komponenten Einstellungen oder subjektive Normen integriert werden können, mit Sicherheit wäre aber in ihrem Modell nicht vorhanden, daß hier *Verhaltensalternativen* gegeneinander abgewogen werden müssen (vgl. dazu die Einstellungs- Verhaltens-Modelle von TRIANDIS, 1977; PAGEL & DAVIDSON, 1984; BOYD & WANDERSMAN, 1991).

5.3 Das Rubikonmodell der Handlungsphasen

In einer exzellenten konzeptuellen Analyse des Modells des überlegten Handelns und seiner Variante, dem Modell des geplanten Verhaltens, kommen EAGLY und CHAIKEN (im Druck, Kap. 4) zu der Einschätzung, daß beide Modelle es unterlassen, auf die psychologischen Prozesse einzugehen, die die Umsetzung einer Intention in die Tat vermitteln. Genau diese Lücke füllen Überlegungen zum Handlungsverlauf, wie sie von HECKHAUSEN (1990, Kap. 6) und GOLLWITZER (1990, 1991 a, b) angestellt wurden. Danach läßt sich der Handlungsverlauf in vier unterscheidbare Phasen einteilen, wenn man diesen aus motivationspsychologischer Sicht als einen Versuch versteht, Wünsche zu verwirklichen. Die ersten beiden Phasen sind hier interessant. So wird davon ausgegangen, daß zumindest nicht-depressive Menschen mehr Wünsche haben, als sie verwirklichen können. In der ersten Handlungsphase, der *prädezisionalen Phase,* muß deshalb zwischen Wünschen gewählt werden. Gewählt wird nach Kriterien der Realisier- und Wünschbarkeit, und die Entscheidung für einen bestimmten Wunsch verwandelt diesen in ein verbindliches Ziel. Damit ist die erste Phase abgeschlossen und die zweite eröffnet, die sog. *postdezisionale* Vorhandlungsphase. Hier geht es darum, die Realisierung des verbindlichen Ziels voranzutreiben.

Der Übergang vom prädezisionalen Abwägen von Wünschen zum Bedenken der Realisierung verbindlicher Ziele, wird im Handlungsphasenmodell metaphorisch als das Überschreiten des Rubikon bezeichnet. Entscheidend ist hier, daß Wünsche in verbindliche Ziele verwandelt werden und somit nach dem Überschreiten des Rubikon eine Intention vorliegt, den vorher unverbindlichen Wunsch verwirklichen zu wollen. Diese Intention kann sich auf ein relativ konkretes, einzelnes Verhalten beziehen (wie z. B. die Eltern besuchen) oder auch Verhaltensergebnisse spezifizieren (wie z. B. eine gute Note in einer Prüfung erzielen). Es handelt sich also genau um solche Intentionen, wie sie von den Modellen des überlegten Handelns und geplanten Verhaltens ins Auge gefaßt werden.

HECKHAUSEN und GOLLWITZER gehen nun davon aus, daß die Beschäftigung mit den in den jeweiligen Phasen zu bewältigenden Aufgaben unterschiedliche kognitive Orientierungen auslöst, die für die Lösung dieser Aufgaben funktional sind. GOLLWITZER (1990, 1991 b) nützt die Überlegungen der Würzburger Schule zum Thema Bewußtseinslagen (mind-set), um gezielte Hypothesen darüber zu entwickeln, welche charakteristischen kognitiven Orientierungen beim Abwägen von Wünschen in der prädezisionalen Phase bzw. beim Planen der Realisierung verbindlicher Ziele in der präaktionalen Phase zu erwarten sind. In verschiedenen experimentellen Studien (siehe HECKHAUSEN & GOLLWITZER, 1987; GOLLWITZER & HECKHAUSEN, 1987; GOLLWITZER & KINNEY, 1989; GOLLWITZER, HECKHAUSEN & STELLER, 1990) konnte nachgewiesen werden, daß die Bewußtseinslage beim Planen folgende kognitiven Merkmale aufweist:

a) es kommt zu einer bevorzugten Verarbeitung solcher Informationen, die sich auf die Handlungsinitiierung und -durchführung beziehen;
b) die anreizbezogenen Informationen werden parteiisch (das gewählte Ziel unterstützend) und die realisierungsbezogenen Informationen werden subjektiv (d. h. die eigenen Handlungsmöglichkeiten überschätzend) analysiert; und schließlich besteht
c) eine selektive Verarbeitung verfügbarer Informationen.

Alle diese drei Merkmale sind natürlich funktional in dem Sinne, daß sie die Verwirklichung der mit dem Überschreiten des Rubikon gefaßten Intention voranzutreiben vermögen. Eine bevorzugte Verarbeitung von initiierungsbezogener Information (siehe a) erleichtert das Aufsuchen und Finden günstiger Gelegenheiten zum Handeln. Die Parteinahme für die Intention und ein erhöhter Optimismus bezüglich der Realisierungschancen (siehe b) verhindert, daß angesichts von Schwierigkeiten vorschnell aufgegeben wird. Schließlich reduziert die selektive Verarbeitung verfügbarer Informationen (siehe c) die Anfälligkeit für irrelevante Ablenkungen, die die Intentionsrealisierung nur auf die lange Bank schieben würden. Insofern beschreiben die experimentellen Arbeiten zur Bewußtseinslage des Planens (GOLLWITZER, 1990, 1991 b) Prozesse der Informationsverarbeitung, die die Realisierung von Intentionen begünstigen. Sie füllen damit die von EAGLY und CHAIKEN (im Druck) beklagte Lücke in den FISHBEIN- und AJZEN-Modellen.

5.4 Die Unterscheidung zwischen Absichten und Vorsätzen

GOLLWITZER (im Druck) postuliert, daß es neben Intentionen, wie sie am Rubikon zwischen Wünschen und Zielen gebildet werden, einen zusätzlichen Typus von Intention gibt, der eine andere Funktion erfüllt und sich strukturell und in der Wirkungsweise von der am Rubikon gebildeten Intention unterscheidet. Er bezeichnet die am Rubikon gebildeten Intentionen als Zielintentionen oder Absichten, weil man sich hier die Ausführung eines bestimmten Verhaltens oder das Erreichen bestimmter Verhaltensergebnisse zum Ziel setzt („Ich beabsichtige, x zu tun oder zu erreichen!"). Den anderen Typus von Intention nennt er Vorsatz, weil in Vorsätzen festgelegt wird, wann, wo und wie man die Realisierung der Zielintention in Angriff nehmen will. Man nimmt sich vor: „Ich will in der Situation x die Handlung y ausführen!" Während die Absicht die eigene Person auf das Erreichen eines Zielzustandes oder die Ausführung eines Verhaltens verpflichtet, legt der Vorsatz die Ausführung eines bestimmten Verhaltens beim Auftreten der im Vorsatz spezifizierten Gelegenheit fest.

Wie aber wirken Vorsätze? GOLLWITZER vermutet, daß bereits ins Auge gefaßte Gelegenheiten vergleichsweise effektiver wahrgenommen werden und daß ihnen obendrein besondere Aufmerksamkeit zugewandt wird. Weiterhin dürfte beim Auftreten einer vorab ins Auge gefaßten Gelegenheit die Ausführung der Vorsatzhandlung beschleunigt werden. Vorsätze delegieren somit die Auslösung der unterschiedlichen Handlungen an antizipierte Gelegenheiten im situativen Umfeld. Von der Selbstkontrolle, die noch beim Fassen des Vorsatzes zum Ausdruck kommt, wird auf externale Kontrolle des Verhaltens durch spezifizierte Gelegenheiten umgeschaltet.

GOLLWITZER (im Druck) berichtet experimentelle Untersuchungen seiner Forschungsgruppe zu diesem Problem der Wirkungsweise von Vorsätzen.

In *Wahrnehmungsexperimenten* wurde eine günstige Gelegenheit (in diesem Falle eine einfache geometrische Figur, die in ein Verkehrszeichen umgestaltet werden sollte) in einem komplexen Situationskontext (abstrakte Strichzeichnungen) versteckt. Die studentischen Vpn wurden gebeten, nach dieser Gelegenheit zu suchen, d.h. sie sollten in einer Menge geometrischer Figuren diese bestimmte Figur erkennen. Dabei wurden zwei Vpn-Gruppen gebildet: Beide Gruppen erklärten sich bereit, aus einer vorgegebenen geometrischen Figur ein Verkehrszeichen gestalten zu wollen. Nur eine der beiden Gruppen wurde jedoch aufgefordert, diese Gestaltungs*absicht* durch konkrete Vorsätze zu ergänzen, *wie* man diese Figur im einzelnen gestalten wolle (welche Farben, Informationsgehalte usw.). Die Vpn dieser Vorsatzgruppe waren in ihrer Suchleistung der bloßen Absichtsgruppe überlegen. Sie entdeckten die versteckte geometrische Figur häufiger und machten seltener den Fehler, diese Figur in Bildern zu vermuten, in denen sie nicht versteckt war.

In *Aufmerksamkeitsexperimenten* wurde geprüft, inwieweit eine antizipierte Gelegenheit die Aufmerksamkeit unwillkürlich auf sich zu ziehen vermag. Den Vpn wurden auf das linke und rechte Ohr gleichgetaktet jeweils verschiedene Wörter gleicher Länge in schneller Abfolge präsentiert (sog. dichotisches Hören), und sie wurden gebeten, die Wörter des rechten Ohrs schnellstmöglich nachzusprechen. Dadurch waren die Wörter des linken Ohrs nicht mehr bewußt. Gelingt es vorsatzbezogenen Wörtern trotzdem, Aufmerksamkeit auf sich zu ziehen? Um dies zu prüfen, wurden auf dem nichtbeachteten linken Ohr in gewissen Abständen vorsatzbezogene Wörter, die aus anstehenden Projekten (Zielintentionen) der Vpn stammten (z.B. eine Seminararbeit schreiben) und antizipierte Handlungsgelegenheiten und -mittel dargeboten. Weiterhin wurde eine zusätzliche Aufmerksamkeitsaufgabe eingeführt (das schnelle Ausschalten eines unregelmäßig aufleuchtenden Kontrollichts), wenn zeitgleich auf dem linken Ohr Vorsatzwörter präsentiert wurden. Obwohl es den Vpn nicht bewußt war, zogen die dargebotenen Vorsatzwörter dennoch Aufmerksamkeit ab, die dann für das Ausschalten des Kontrollichtes fehlte, d.h. die Reaktionszeiten beim Ausschalten des Lichtes verlangsamten sich.

In *Reaktionszeitexperimenten* wurde die Schnelligkeit untersucht, mit der die Vpn auf vorgegebene günstige Gelegenheiten mit einer zielrealisierenden Handlung reagieren. In einem dieser Experimente wurden die günstigen Gelegenheiten nur kurzfristig präsentiert, und es wurde bestimmt, inwieweit es den Vpn dennoch gelang, davon Gebrauch zu machen. Vpn, die diese Gelegenheiten in Vorsätzen mit bestimmten Handlungen verknüpft hatten, gelang dies besser als Vpn, die sich nur ein verbindliches Ziel gesetzt hatten (bloße Absicht).

Die Ausführung der Vorsatzhandlung wurde schließlich auch unter Bedingungen untersucht, in denen die im Vorsatz spezifizierte Gelegenheit subliminal, d.h. unterhalb der Schwelle bewußter Wahrnehmung dargeboten wurde. Im einzelnen ging es dabei um die durch einen Vorsatz spezifizierte Handlung, sich bei einer unfreundlichen Person über eine erfahrene Beleidigung zu beschweren, sobald man dieser ansichtig wird. GOLLWITZER (im Druck) prüfte, ob bereits die subliminale Präsentation des Gesichts des Beleidigers Prozesse anregt, die die Ausführung der Beschwerde begünstigen. Die Vpn hatten positive und negative personenbeschreibende Adjektive zu lesen, die durch einen Lichtblitz eingeleitet wurden, der entweder (für die Vpn nicht bewußt erkennbar) das Gesicht des Beleidigers oder einer anderen neutralen Person enthielt. Im Vergleich zur neutralen Person wurden beim Gesicht des Beleidigers positive Adjektive deutlich langsamer gelesen, negative Adjektive geringfügig schneller. Das Aussprechen positiver Adjektive scheint angesichts des Beleidigers gehemmt, was sicherlich der Ausführung der Vorsatzhandlung entgegenkommt. Bemerkenswert ist, daß diese Hemmung durch eine subliminale Darbietung des Gesichts des Beleidigers erzielt wurde. Sie kann folglich nicht bewußt gewollt gewesen sein, sondern muß allein auf die Präsenz der im Vorsatz spezifizierten Gelegenheit (Gesicht des Beleidigers) zurückgeführt werden. Diese Ergebnisse dokumentieren damit eine direkte, nicht bewußt initiierte Kontrolle der Vorsatzhandlung durch die im Vorsatz spezifizierte Gelegenheit.

Die skizzierten Experimente verweisen auf verschiedene Effekte von Vorsätzen, die alle die Initiierung zielrealisierenden Handelns begünstigen. Entfalten Vorsätze diese Effekte auch im sogenannten „wirklichen Leben" und erleichtern sie so das Verwirklichen von Absichten im Alltag? GOLLWITZER (im Druck) berichtet dazu folgendes: Studenten, die ihre über Weihnachten zu erledigenden Projekte (etwa die Absicht, eine alte Freundschaft wiederaufleben zu lassen) mit Vorsätzen ausstatteten, *wann, wo* und *wie* sie damit beginnen wollten, hatten nach Weihnachten ihre Projekte mit über doppelt so hoher Häufigkeit (62 Prozent vs. 22 Prozent) erledigt als Vpn ohne Vorsätze. Diese Zahlen galten auch für ein aufgetragenes Alltagsprojekt (rechtzeitig einen Brief zu schreiben und abzuschicken). Bittet man die eine Hälfte der Vpn, zur Verwirklichung dieses Projektes konkrete Vorsätze zu fassen, ist die Erledigungsrate bei diesen Vpn mehr als doppelt so hoch (71 Prozent vs. 32 Prozent) als bei den Vpn, die nicht explizit aufgefordert wurden, Vorsätze zu fassen.

In den FISHBEIN- und AJZEN-Modellen findet der Intentionstyp „Vorsatz" keine Berücksichtigung. Bei den von diesen Autoren beschriebenen Intentionen handelt es sich um Zielintentionen (Absichten). Nach FISHBEIN und AJZEN setzt man sich mit Intentionen die Ausführung eines bestimmten Verhaltens oder das Erreichen eines Verhaltensergebnisses zum Ziel. Daß derartige Zielintentionen durch weitere Intentionen (Vorsätze) ergänzt werden können (müssen), die sich auf das Wann, Wo und Wie der Realisierung der Zielintention beziehen, wird nicht thematisiert. Dies ist insofern von Nachteil, als sich in den oben beschriebenen Studien zeigt, daß eine ergänzende Vorsatzbildung die Realisierungschance der Zielintention durch das Ingangsetzen einer Reihe verschiedener kognitiver Prozesse zu erhöhen vermag. Damit ignorieren die FISHBEIN- und AJZEN-Modelle eine wichtige, jeder Person zur freien Verfügung stehende Strategie der Erhöhung des Zusammenhangs von (Ziel-)Intentionen und Verhalten, nämlich das Fassen von Vorsätzen.

6. Weitere Diskussionspunkte

6.1 Die Veridikalität von Selbstberichten

Einstellungsforscher vergessen häufig, daß Antworten durch Tendenzen zur sozialen Erwünschtheit beeinflußt werden. Tatsächlich dienen Einstellungs- und Intentionsäußerungen von Personen jedoch häufig dazu, sich selbst oder anderen gegenüber ein möglichst positives Bild der eigenen Person zu zeichnen (zu den verschiedenen Funktionen von Einstellungen siehe

Stahlberg & Frey, 1988, 1990b; Stroebe & Jonas, 1990). So werden Personen z. B. bereitwillig umweltbewußte Einstellungen/Intentionen äußern, weil sie diese Einstellungen für sozial erwünscht halten. Für konkretes Verhalten können dann die Kosten leicht den Nutzen der positiven Selbstdarstellung übersteigen. Deshalb fällt das Verhalten (insbesondere natürlich auch dann, wenn es nicht öffentlich erfolgt) sehr viel weniger umweltfreundlich aus als zuvor geäußerte Einstellungen oder Verhaltensintentionen.

Die Veridikalität von Selbstberichten ist außerdem ein Problem, wenn sie stellvertretend für direkt beobachtetes Verhalten erfaßt werden (vgl. Warshaw et al., 1986; Hessing et al., 1988). So kann man z. B. nachweisen, daß Einstellungen und subjektive Normen mit selbstberichteter Steuerabgabe korrelieren, aber nicht mit dem tatsächlichen Verhalten. Dabei braucht die Abweichung nicht durch „strategisches" Verhalten begründet zu sein; es kann auf vollkommen unbewußte Prozesse zurückzuführen sein, seine eigene Ehrlichkeit und Aufrichtigkeit zu überschätzen (Dissonanzreduktion).

6.2 Ursachenanalyse (reason analysis)

Eine der aufregendsten Forschungen hinsichtlich einer nicht rationalen Beziehung zwischen Einstellungen und Verhalten ist die Arbeit von Wilson et al. (1989) über die Ursachenanalyse (reason analysis). Wilson und Kollegen gehen davon aus, daß Personen sehr oft keine richtigen bewußten Annahmen über die Gründe ihrer Einstellungen haben. Wenn sie Gründe für ihre Einstellungen angeben sollen, generieren sie Material, das mit dem tatsächlichen kognitiven Inhalt ihrer Einstellung nicht unbedingt korrespondieren muß. Eine sofortige Einstellungsmessung repräsentiert dann dieses saliente aber nicht repräsentative kognitive Material, was deshalb im nachfolgenden Verhalten nicht reflektiert wird. Wilson kann in einer Reihe von Forschungen nachweisen, daß die Korrelationen zwischen Einstellungen und Verhalten reduziert werden, wenn Personen die Gründe für bestimmte Einstellungen angeben (vgl. Wilson et al., 1989). Diese Effekte treten allerdings weniger auf, wenn auf die Affekt-Komponente rekruiert wird. Vermutlich werden durch die Anordnung von Wilson die kognitiven Aspekte einer Einstellung besonders salient, affektive Reaktionen dagegen weniger salient. Die Effekte sind offenbar vor allem dann relevant, wenn es affektiv-kognitive Inkonsistenzen gibt, was von Millar & Tessar (1989) auch nachgewiesen wurde.

6.3 Verhaltensprognose bei mehreren Verhaltensalternativen

Bekannterweise kann man laut Fishbein und Ajzen bzw. Ajzen und Madden die positiven oder negativen Konsequenzen eines bestimmten Verhaltens betrachten und in Anbetracht der daraus erhaltenen positiven bzw. negativen Differenzen das Ausführen bzw. Unterlassen dieses Verhaltens vorhersagen. Vollkommen unabhängig davon wäre aber, inwieweit man gleichzeitig konkurrierende Verhaltensweisen oder Ziele und deren Realisierungen reflektiert und gegen das in Frage stehende Verhalten abwägt. Oft haben Menschen mehrere Verhaltens-Optionen, die mehr oder weniger funktionale Äquivalenz besitzen. Bei mehreren Verhaltensalternativen sollte man daher eine Reaktionshierarchie berücksichtigen. So sind sicher bei vielen Menschen durchaus positive Einstellungen zum umweltbewußten Verhalten, soziale Normen, die umweltbewußtes Verhalten vorschreiben, und die Motivation, diesen soziale Normen genüge zu tun, vorhanden. Allerdings konkurrieren diese Kognitionen und Affekte oft mit anderen Kognitionen und Affekten, wie z. B. Trägheitsmotiven, Selbsterhöhungsmotiven oder materiellen Anreizen und Motiven. Umweltbewußtsein wird z. B. meist hoch bewertet, doch oft haben letztlich Egoismus, Trägheit oder Sparsamkeit bzw. Geiz noch einen höheren Stellenwert und bewirken, daß sich Menschen nicht umweltbewußt verhalten. Umweltbewußtsein verliert in solchen Situationen an Salienz. Diese Aspekte der Priorität bzw. Hierarchie von Verhaltensalternativen wird in den vorliegenden Modellen u. E. bisher vernachlässigt. Es wird lediglich von positiven Einstellungen zur Intention bzw. positiven Sozialnormen ausgegangen. Die Ausgangsfrage ist, unter welchen Bedingungen sich z. B. eine positive Einstellung zur Umwelt in Konkurrenz zu anderen positiven Einstellungen durchsetzt. Insofern wäre es gut, jeweils auch die nächstrangigen Verhaltensalternativen und deren Vor- und Nachteile zu erfassen. Denn bei etwa gleich attraktiven Alternativen entscheidet man vermutlich danach, welche mit den potentiell größten Nachteilen verbunden ist.

6.4 Relevanz der Modelle für andere Disziplinen

Die Problematik der Einstellungs-Verhaltens-Änderung und der Verhaltensprognose ist vor allem relevant für die Wirtschaftswissenschaften, denn hier geht es darum, das auch Verhalten von Konsumenten, Unternehmern, Sparern, Steuerzahlern, Innovatoren, Aktionären vorherzusagen (vgl. z. B. FREY & GÜLKER, 1987). Damit es aufgrund bestehender Einstellungen über Intentionen zur Initiierung und Durchführung von Kauf- oder Verkaufsverhalten kommt, bedarf es konkreter Vorstellungen über das Wann, Wo und Wie des geplanten Verhaltens (vgl. den Abschnitt über Vorsätze). Ohne diese Operationalisierungen bleiben Personen in Zielen, Plänen, Erwartungen, Wünschen und Intentionen stecken. Dies ist eine wichtige Erkenntnis, die in der Verhaltensforschung und in der Ökonomie immer dann vernachlässigt wird, wenn man davon ausgeht, daß sich aus Stimmungen, Erwartungen oder Einstellungen unmittelbare Verhaltensvorhersagen ableiten lassen.

6.5. Verhalten als Determinante von Einstellungen

Während des ganzen Kapitels wurde immer wieder die Bedeutung von Einstellungen als motivationale Größe für Verhalten betont; es sei allerdings darauf hingewiesen, daß eine Vielzahl von Forschungsarbeiten natürlich den umgekehrten Weg gegangen ist, indem untersucht wurde, welche Auswirkungen Verhalten auf Einstellungen hat. Diese Forschungen, die insbesondere im Bereich der Selbstwahrnehmungstheorie, der Dissonanztheorie und der Impression-Management-Theorie abgehandelt wurden, sind relativ konsistent (vgl. als Überblick TESSER & SHAVER, 1990).

Literatur

ABELSON, R. P. & LEVI, A. (1985): Decision making and decision theory. In: G. LINDZEY & E. ARONSON (Hg.), Handbook of Social Psychology, 231–309. Hillsdale, NJ: Erlbaum.

AJZEN, I. (1982): On behaving in accordance with one's attitudes. In: M. P. ZANNA, E. T. HIGGINS & C. P. HERMAN (Hg.), Consistency in Social Behavior: The Ontario symposium 2, 3–15. Hillsdale, NJ: Erlbaum.

AJZEN, I. (1985): From Intentions to Actions: A Theory of Planned Behavior. In: J. KUHL & J. BECKMANN (Hg.), Action Control, S. 11–39. Berlin, Heidelberg, New York, Tokyo: Springer.

AJZEN, I. & FISHBEIN, M. (1970): The prediction of behavior from attudinal and normative variables. Journal of Experimental Social Psychology, *6,* 466–487.

AJZEN, I. & FISHBEIN, M. (1977): Attitude-behavior relations: A theoretical analysis and review of empirical research. Psychological Bulletin, *84,* 888–918.

AJZEN, I. & FISHBEIN, M. (1980): Understanding attitudes and predicting social behavior. Englewood-Cliffs, N. J.: Prentice-Hall.

AJZEN, I. & MADDEN, T. J. (1986): Prediction of goal directed behavior: attitudes, intentions, and perceived behavioral control. Journal of Experimental Social Psychology, *22,* 453–474.

AJZEN, I., TIMKO, C. & WHITE, J. B. (1982): Self-monitoring and the attitude-behavior relation. Journal of Personality and Social Psychology, *42,* 426–435.

AJZEN, I., WHITE, J. B. & TIMKO, C. (1982): Direct experience, confidence, and the attitude-behavior relation. Unpublished manuscript, University of Massachusetts.

BAGOZZI, R. P. & BURNKRAUT, R. E. (1979): Attitude organization and the attitude-behavior relationship. Journal of Personality and Social Psychology, *37,* 913–929.

BANDURA, A. (1977): Self-efficacy: Toward a unifying theory of behavioral change. Psychological Review, *84,* 191–215.

BANDURA, A. (1982): Self-efficacy mechanism in human agency. American Psychologist, *37,* 122–147.

BANDURA, A., ADAMS, N. E. & BEYER, J. (1977): Cognitive processes mediating behavioral change. Journal of Personality and Social Psychology, *35,* 125–239.

BEM, D. J. & ALLEN, A. (1974): On predicting some of the people some of the time: The search for cross-situational consistencies in behavior. Psychological Review, *81,* 506–520.

BENTLER, P. M. & SPECKART, G. (1979): Models of attitude-behavior relations. Psychological Review, *86,* 452–464.

BENTLER, P. M. & SPECKART, G. (1981): Attitudes „cause" behaviors: A structural equation analysis. Journal of Personality and Social Psychology, *40,* 226–238.

BOYD, B. & WANDERSMAN, A. (1991): Predicting Undergraduate Condom Use with FISHBEIN and AJZEN and the Triands Attitude-Behavior Models: Implication for Public Health Interventions. Journal of Applied Social Psychology, *21, 22,* 1810–1830.

BUMPASS, L. & WESTOFF, C. (1969): The later years of child bearing. Princeton, NJ: Princeton University Press.

COREY, S. M. (1937): Professed attitudes and actual behavior. Journal of Educational Psychology, *28,* 271–280.

DAVIDSON, A. R. & JACCARD, J. J. (1979): Variables that moderate the attitude-behavior relation: Results of a longitudinal survey. Journal of Personality and Social Psychology, *37,* 1364–1376.

DUVAL, S. & WICKLUND, R. A. (1972): A Theory of Objective Self-Awareness. New York: Academic Press.

EAGLY, A. H. & CHAIKEN, S. (im Druck): The psychology of attitudes. Ft. Worth, TX: Harcourt, Brace, Jovanovich.

FAZIO, R. H. & ZANNA, M. P. (1978): Attidunal qualities relating to the strength of the attitude-behavior relationship. Journal of Experimental Social Psychology, *14,* 398–408.

FAZIO, R. H. & ZANNA, M. P. (1981): Direct experience and attitude-behavior consistency. In: L. BERKOWITZ (Hg.), Advances in Experimental Social Psychology, *14,* S. 162–202. New York: Academic Press.

FAZIO, R. H., CHEN, J., MCDONEL, E. C. & SHERMAN, S. J. (1982): Attitude accessibility, attitude-behavior consistency, and the strength of the object-evaluation association. Journal of Experimental Social Psychology, *18,* 339–357.

FISHBEIN, M. & AJZEN, I. (1974): Attitudes toward objects as predictors of single and multiple behavioral criteria. Psychological Review, *81,* 59–74.

FISHBEIN, M. & AJZEN, I. (1975): Belief, attitude, intention, and behavior: An introduction to theory and research. Reading, Mass.: Addison-Wesley.

FISHBEIN, M. & COOMBS, F. S. (1974): Basis for decision: an attitudinal analysis of voting behavior. Journal of Applied Social Psychology, *4,* 95–124.

FREDRICKS, A. J. & DOSSETT, K. L. (1983): Attitude-behavior relations: A comparison of the FISHBEIN-AJZEN and the BENTLER-SPECKART models. Journal of Personality and Social Psychology, *45,* 501–512.

FREY, D. (1986): Recent research on selective exposure to information. In: L. BERKOWITZ (Hg.), Advances in Experimental Social Psychology, *19,* 41–80. Orlando: Academic Press.

FREY, D. & GÜLKER, G. (1987): Psychologie und Volkswirtschaftslehre: Möglichkeiten einer interdisziplinären Zusammenarbeit. In: E. BOETTCHER, P. HERDER-DORNREICH & K. E. SCHENK (Hg.), Jahrbuch für neue politische Ökonomie, S. 168–191. Tübingen: Siebeck-Mohr.

GOLLWITZER, P. M. (1990): Action phases and mind-sets. In: E. T. HIGGINS & R. M. SORRENTINO (Hg.), Handbook of motivation and cognition: Foundations of social behavior, *2,* 53–92. New York: Guilford Press.

GOLLWITZER, P. M. (1991 a): Handlungsphasen und Bewußtseinslagen: In: D. FREY (Hg.), Bericht über den 37. Kongreß der Deutschen Gesellschaft für Psychologie in Kiel 1990: Band II. Göttingen: Hogrefe.

GOLLWITZER, P. M. (1991 b): Abwägen und Planen. Bewußtseinslagen in verschiedenen Handlungsphasen. Göttingen: Hogrefe.

GOLLWITZER, P. M. (im Druck): The intention-to-behavior process. In: M. HEWSTON & W. STROEBE (Hg.), European Review of Social Psychology 4. Chichester: J. Wiley & Sons.

GOLLWITZER, P. M. & HECKHAUSEN, H. (1987): Breadth of attention and the counterplea heuristic: Further evidence on the motivational and volitional mind-set distinction. Max-Planck-Institut für psychologische Forschung: München. Unveröffentlichtes Manuskript.

GOLLWITZER, P. M. & KINNEY, R. F. (1989): Effects of deliberative and implemental mind-sets on the illusion of control. Journal of Personality and Social Psychology, *54,* 531–542.

GOLLWITZER, P. M., HECKHAUSEN, H. & STELLER, B. (1990): Deliberative and implemental mind-sets: Cognitive tuning toward congruous thoughts and information. Journal of Personality and Social Psychology, *59,* 1119–1127.

HECKHAUSEN, H. (1990): Motivation und Handeln. Heidelberg: Springer.

HECKHAUSEN, H. & GOLLWITZER, P.M. (1987): Thought contents and cognitive functioning in motivational versus volitional states of mind. Motivation and Emotion, *11,* 101-120.

HEIDER, F. (1958): The psychology of interpersonal relations. New York: Wiley.

HESSING, D.J., ELFFERS, H. & WEIGEL, R.H. (1988): Exploring the limits of self-reports and reasoned action: An investigation of the psychology of tax evasion behavior. Journal of Applied Social Psychology, *18,* 405-413.

JACCARD, J., HELBIG, D.W., WAN, C.K., GUTMAN, M.A. & KRITZ-SILVERSTEIN, D.C. (1989): Individual differences in attitude-behavior consistency: the prediction of contraceptive behavior. Journal of Applied Social Psychology.

KAHNEMANN, D. & TVERSKY, A. (1984): Choices, values and frames. American Psychologist, *39,* 341-350.

KENDZIERSKI, D. & LAMASTRO, V.D. (1988): Reconsidering the role of attitudes in expercise behavior: A decision theoretic approach. Journal of Applied Social Psychology, *18,* 737-759.

KUHL, J. (1981): Motivational and functional helplessness: The moderating effect of state versus action orientation. Journal of Personality and Social Psychology, *40,* 155-170.

KUHL, J. (1982): Action- vs. state-orientation as a mediator between motivation and action. In: W. HACKER, W. VOPERT & M. VON CRANACH (Hg.), Cognitive and motivational aspects of action. Amsterdam, NL: North-Holland Publishing Co.

LA PIERE, R.T. (1934): Attitudes vs. Actions. Social Forces, *13,* 230-237.

LEFCOURT, H.M. (1982): Locus of control: Current trends in theory and research (2nd Ed.). Hillsdale, NJ: Erlbaum.

LEWIN, K. (1946): Action research and minority problems. Journal of Social Issues, *2,* 34-46.

LEWIN, K. (1951): Field theory in social science. New York: Harper.

LISKA, J. (1978): Situational and topical variations in credibility criteria. Communication Monographs, *45,* 85-92.

LISKA, A.E. (1984): A critical examination of the causal structure of the FISHBEIN/AJZEN attitude-behavior model. Social Psychology Quarterly, *47,* 61-74.

MADDUX, J.E. & ROGERS, R.W. (1983): Protection motivation and self efficacy: A revised theory of fear appeals and attitude change. Journal of Experimental Social Psychology, *19,* 469-479.

MADDUX, J.E., NORTON, L.W. & STOLTENBERG, C.D. (1986): Self-efficacy expectancy, outcome expectancy, and outcome value: Relative effects on behavioral intentions. Journal of Personality and Social Psychology, *4,* 783-789.

MANSTEAD, A.S.R., PROFITT, C. & SMART, J.L. (1983): Predicting and understanding mothers' infant feeding intentions and behavior: Testing the theory of reasoned action. Journal of Personality and Social Psychology, *44,* 657-671.

MCCAUL, K.D., O'NEILL, H.K. & GLASGOW, R.E. (1988): Predicting the performance of dental hygiene behaviors: an examination of the FISHBEIN and AJZEN model and self-efficacy expectations. Journal of Applied Social Psychology, *18,* 114-128.

MILLAR, M.G. & TESSER, A. (1989): The effects of affective-cognitive consistency and thought on attitude behavior relations. Journal of Experimental Social Psychology, *25,* 189-202.

MILLER, N.E. (1944): Experimental studies of conflict. In: J. MCV. HUNT (Hg.), Personality and the behavior disorders. New York: Ronald Press.

NEWTON, N. & NEWTON, M. (1950): Relationship of ability to breast feed and maternal attitudes toward breast feeding. Pediatrics, *11,* 869-875.

NORMAN, R. (1975): Affective-cognitive consistency, attitudes, conformity, and behavior. Journal of Personality and Social Psychology, *32,* 83-91.

ORTH, B. (1985): Bedeutsamkeitsanalyse bilinearer Einstellungsmodelle. Zeitschrift für Sozialpsychologie, *18, 1,* 152-159.

OSNABRÜGGE, G., STAHLBERG, D. & FREY, D. (1985): Die Theorie der kognizierten

Kontrolle. In: D. FREY & M. IRLE (Hg.), Theorien der Sozialpsychologie. Band III: Motivations- und Informationsverarbeitungstheorien, 127–175. Bern: Huber.

PAGEL, M. D. & DAVIDSON, A. R. (1984): A Comparison of Three Social-Psychological Models of Attitude and Behavioral Plan: Prediction of Contraceptive Behavior. Journal of Personality and Social Psychology, *4, 3,* 517–533.

REGAN, D. T. & FAZIO, R. H. (1977): On the consistency between attitudes and behavior: Look to the method of attitude formation. Journal of Experimental Social Psychology, *13,* 28–45.

ROGERS, R. W. (1983): Cognitive and psychological processes in fear appeals and attitude change: A revised theory of protection motivation. In: J. T. CACIOPPO & R. E. PETTY (Hg.), Social Psychophysiology: A Sourcebook, 153–176. New York: Guilford Press.

RONIS, D. L. & KAISER, M. K. (1989): Correlates of breast self-examination in a sample of college women: Analyses of linear structural relations. Journal of Applied Social Psychology, *19,* 1068–1084.

ROSCH, M. & FREY, D. (1987): Soziale Einstellungen. In: D. FREY & S. GREIF (Hg.), Sozialpsychologie: Ein Handbuch in Schlüsselbegriffen, S. 296–305. München-Wien-Baltimore: Urban & Schwarzenberg.

ROSENBERG, M. J. (1968): Hedonism, inauthenticity, and other goads toward expansion of a consistency theory. In: R. P. ABELSON, E. ARONSON, W. J. MCGUIRE, T. M. NEWCOMB, M. J. ROSENBERG & P. H. TANNENBAUM (Hg.), Theories of Cognitive Consistency: A sourcebook, 73–111. Chicago: Rand McNally.

ROSENBERG, M. J. & HOVLAND, C. I. (1960): Cognitive, affective, and behavioral components of attitudes. In: C. I. HOVLAND & M. J. ROSENBERG (Hg.), Attitude Organization and Change, New Haven: Yale University Press.

ROTTER, J. B. (1966): Generalized expectancies for internal versus external control of reinforcement. Psychological Monographs, *80* (1, Whole No. 609).

SARVER, V. T., Jr. (1983): AJZEN and FISHBEIN's „theory of reasoned action": A critical assessment. Journal for the Theory of Social Behavior, *13,* 155–163.

SCHIFTER, D. B. & AJZEN, I. (1985): Intention, perceived control, and weight loss: An application of the theory of planned behavior. Journal of Personality and Social Psychology, *49,* 843–851.

SCHLEGEL, R. P. (1975): Multidimensional measurement of attitude towards smoking marijuana. Canadian Journal of Behavioral Science, *7,* 387–396.

SCHLEGEL, R. P. & DITECCO, D. (1982): Attitudinal structures and the attitude-behavior relation. In: M. P. ZANNA, E. T. HIGGINS & C. P. HERMAN (Hg.), Consistency in Social Behavior: The Ontario symposium 2, 17–49. Hillsdale, NJ: Erlbaum.

SCHLEGEL, R. P. & D'AVERNAS, J. R., ZANNA, M., DITECCO, D. & MANSKE, S. R. (1987): Predicting alcohol use in young adult males: A comparison of the FISHBEIN-AJZEN Model and Jessors' Problem Behavior Theory. Drugs Soc.: Journal of Contemporary Issues, *1,* 7–24.

SEJWACZ, D., AJZEN, I. & FISHBEIN, M. (1980): Predicting and understanding weight loss: Intentions, behaviors, and outcomes. In: I. AJZEN & M. FISHBEIN (Hg.), Understanding attitudes and predicting social behavior. Englewood Cliffs, N.J.: Prentice-Hall.

SHERMAN, S. J. (1980): On the self-erasing nature of errors of prediction. Journal of Personality and Social Psychology, *39,* 211–221.

SHTILERMAN, M. (1982): The influence of decision making process on the relationship between attitudes, intentions, and behavior. Unpublished master's thesis. Tel-Aviv University.

SIMON, H. A. (1981): Entscheidungs-Verhalten in Organisationen. Landsberg am Lech.

SMETANA, J. G. & ADLER, N. E. (1980): FISHBEIN's value x expectancy model: An examination of some assumptions. Personality and Social Psychology Bulletin, *6,* 89–96.

SNYDER, M. (1974): Self-monitoring of expressive behavior. Journal of Personality and Social Psychology, *30,* 526–537.

SNYDER, M. (1977): When believing means doing: A cognitive social psychology of action. American Psychological Association. San Francisco, Calif.

SNYDER, M. (1982): When believing means doing: Creating links between attitudes and behavior. In: M.P. ZANNA, C.P. HERMAN & E.T. HIGGINS (Hg.), Consistency in social behavior: The Ontario Symposium, *2,* 105–130. Hillsdale, N.J.: Erlbaum.

SNYDER, M. & SWANN, W.B., Jr. (1976): When actions reflect attitudes: The politics of impression management. Journal of Personality and Social Psychology, *34,* 1034–1042.

SPECKART, G. & BENTLER, P.M. (1982): Application of attitude-behavior models to varied content domains. Academic Psychology Bulletin, *4,* 453–465.

STAHLBERG, D. & FREY, D. (1988): Attitudes I: Structure, Measurement and Functions. In: M. HEWSTONE, W. STROEBE, J.-P. CODOL & G.M. STEPHENSON (Hg.), Introduction to Social Psychology: A European Perspective, p. 142–166. Oxford: Basil Blackwell Ltd.

STAHLBERG, D. & FREY, D. (1990a): Erwartungsbildung und Erwartungsveränderung bei Börsenakteuren. In: P. MAAS & J. WEIBLER (Hg.), Börse und Psychologie – Plädoyer für eine neue Perspektive, S. 102–139. Köln: Deutscher Institutsverlag.

STAHLBERG, D. & FREY, D. (1990b): Einstellungen I: Struktur, Messungen und Funktionen. In: W. STROEBE, M. HEWSTONE, J.-P. CODOL & G.M. STEPHENSON (Hg.), Sozialpsychologie: Eine Einführung, S. 144–170. Berlin, Heidelberg: Springer.

STROEBE, W. & JONAS, K. (1990): Einstellungen II: Strategien der Einstellungsänderung. In: W. STROEBE, M. HEWSTONE, J.-P. CODOL & G.M. STEPHENSON (Hg.), Sozialpsychologie: Eine Einführung, S. 171–205. Berlin, Heidelberg: Springer.

TAJFEL, H. (1978): Differentiation between social groups. London: Academic Press.

TESSER, A. & SHAFFER, D.R. (1990): Attitudes and attitude change. Annual Review Psychology, 479–523.

TRIANDIS, H.C. (1977): Interpersonal behavior. Monterey, CA: Brooks/Cole.

VINOKUR-KAPLAN, D. (1978): To have – or not to have – another child: Family planning attitudes, intentions, and behavior. Journal of Applied Social Psychology, *8,* 29–46.

WARSHAW, P.R., CALANTONE, R. & JOYCE, M. (1986): A field application of the FISHBEIN and AJZEN intention model. Journal of Social Psychology, *126,* 135–136.

WICKER, A.W. (1969): Attitudes versus actions: The relationship of verbal and overt behavioral responses to attitude objects. Journal of Social Issues, *25,* 41–47.

WICKLUND, R.A. (1975): Objective self-awareness. In: L. BERKOWITZ (Hg.), Advances in Experimental Social Psychology, *8,* 238–275. New York: Academic Press.

WILSON, T.D., DUNN, D.S., KRAFT, D. & LISLE, D.J. (1989): Introspection, attitude change, and attitude-behavior consistency: The disruptive effects of explaining why we feel the way we do. Advances of Experimental Social Psychology, *22,* 287–343.

WORTMANN, K., STAHLBERG, D. & FREY, D. (1988): Energiesparen. In: D. FREY, C. GRAF HOYOS & D. STAHLBERG (Hg.), Angewandte Psychologie. Ein Lehrbuch, S. 298–316. München: Psychologie Verlags Union.

WURTELE, S.K. (1988): Increasing women's calcium intake: the role of health beliefs, intentions, and health value. Journal of Applied Social Psychology, *18,* 627–639.

ZANNA, M.P., OLSON, J.M. & FAZIO, R.H. (1980): Attitude-behavior consistency: An individual difference perspective. Journal of Personality and Social Psychology, *38,* 432–440.

ZANNA, M.P. & FAZIO, R.H. (1982): The attitude-behavior relation: Moving toward a third generation of research. In: M.P. ZANNA, E.T. HIGGINS and C.P. HERMAN (Hg.), Consistency in Social Behavior: The Ontario symposium, *2,* Hillsdale. NJ: Erlbaum.

Schlußwort der Herausgeber

Der Stand der Theorienbildung in der Psychologie und Sozialpsychologie (auch der Theorien, die diesem überarbeiteten Band dargestellt wurden) entspricht in vielem natürlich nicht dem Ideal, wie es z. B. POPPER in der Formulierung der Struktur einer guten Theorie postuliert. Diesen Zustand kann man beklagen und kann an den Theorien (zu Recht) vieles kritisieren oder gar resignieren, daß die Psychologie nie den Stand erreicht, den einige naturwissenschaftliche Theorien möglicherweise erreichen. U. E. sollte man aber den nicht immer befriedigenden Zustand unserer Theorien mit einer anderen Geisteshaltung begegnen, nämlich daß man ihn als Herausforderung betrachtet und in konstruktiv kritischer Weise Theorien modifiziert, revidiert, mehrere Theorien zu einer allgemeinen integriert usw. Theoretisches Arbeiten dieser Art ist oft wichtiger als Experimente durchzuführen. Unsere Wissenschaft verlangt nach mehr Theorienreflexion.

Sicherlich mag der eine oder andere Leser, der sich mit den Theorien der Sozialpsychologie zum erstenmal beschäftigt, frustiert worden sein: a) aufgrund der Fülle des empirischen Materials (wobei die Darstellungen der Theorien in diesem Band natürlich nur einen Bruchteil des veröffentlichten Materials berücksichtigen können!), b) aufgrund der teilweisen Inkonsistenz von Forschungsergebnissen, c) aufgrund der Vielfalt von Theorien (einige mit kleinem, andere mit großem Anwendungsbereich) und d) aufgrund der Tatsache, daß man für jedes widersprüchliche Ergebnis doch immer Erklärungsmöglichkeiten einer Theorie finden kann. Zur Verwirrung mag für den in der Sozialpsychologie noch nicht erfahrenen Leser auch beitragen, daß oft versucht wird, ein und dasselbe Phänomen mit verschiedenen Theorien zu erklären. Frustiert werden wohl vor allem Personen sein, die an sogenannten monokausalen Erklärungen orientiert sind und die letztlich auch eine simple Erklärungswelt einer komplexen vorziehen.

Sicherlich mag zu der Unzufriedenheit auch beitragen, daß wir in der Sozialpsychologie (aber auch in anderen Disziplinen der Psychologie) oft Begriffsverwirrungen haben und unterschiedliche Forscher denselben Sachverhalt mit verschiedenen Wörtern benennen. Dieses hat aber die Sozialpsychologie - wie gesagt - sowohl mit anderen Disziplinen innerhalb der Psychologie als auch mit Disziplinen der Wirtschafts- und Sozialwissenschaften (ja teilweise auch der Naturwissenschaften) gemein. Der mit Theorien eher Vertraute wird allerdings schnell konstatieren, daß es weder bezüglich der Begriffe eine Wahrheit gibt (nur Personen, die von der Informationsflut überlastet sind, rufen nach Begriffsdogmatismus) noch innerhalb der Theorien. Theorien sind nie perfekt und müssen immer aufs neue verfeinert und verbessert werden. Die Herausforderung an alle Studierenden der Sozialwissenschaften ist die, mögliche auftauchende Frustrationen beim Lesen solcher Texte positiv umzusetzen und konstruktuv kritische Vorschläge für Weiterentwicklungen und Verbesserungen zu machen. Um neue, verbesserte Theorien zu konstruieren, bedarf es aber nicht nur eines Höchstmaßes an Kreativität, sondern auch eines Höchstmaßes an Geduld und Mut, neue Gedankengebäude zu entwerfen und dem Veröffentlichungsprozeß zu unterziehen.

Mögen recht viele Leser durch das Studieren dieses Theorienbandes stimuliert werden, die Theorien weiterzuentwickeln.

Sachwortverzeichnis

Theorien der Sozialpsychologie

Herausgegeben von Dieter Frey und Martin Irle

Inhaltsverzeichnisse der Bände II und III

Band II

Gruppen- und Lerntheorien

Herausgegeben von Dieter Frey und Martin Irle

Gruppentheorien

Lern- und Austauschtheorien

Band III

Motivations- und Informationsverarbeitungstheorien

Herausgegeben von Dieter Frey und Martin Irle

Motivationstheorien

Gabi Osnabrügge, Dieter Frey: Theorien zur kognitiven Kontrolle
Jürgen Schultz-Gambard: Crowding: Sozialpsychologische Erklärungen der Wirkung von Dichte und Enge

Informationsverarbeitungstheorien

Jürgen Beckmann, Axel Mattenklott: Theorien zur sozialen Urteilsbildung
Fritz Strack: Urteilsheuristiken
Norbert Schwarz: Theorien konzeptgesteuerter Informationsverarbeitung in der Sozialpsychologie
Arie W. Kruglanski, Mark W. Baldwin, Shelagh M. J. Towson: Die Theorie der Laienepistemologie

Heinz Schuler (Hrsg.)

Lehrbuch Organisationspsychologie

Nachdruck 2001 der 2., korrigierten Auflage 1995. 542 Seiten, 45 Abb., 28 Tab., Gb DM 98.– / Fr. 85.– / öS 715.– / ab 1.1.2002 € 49.95 [D] (ISBN 3-456-82637-0)

Die Organisationspsychologie befaßt sich mit dem Erleben und Verhalten von Menschen in Wirtschafts- und Verwaltungsorganisationen. Sie ist ein interessantes Forschungsgebiet und ein fruchtbares Feld praktischer psychologischer Arbeit. Dieses Lehrbuch verbindet die wissenschaftlichen mit den praktischen Aspekten der Organisationspsychologie, erschließt ein weitreichendes Verständnis der Rolle des Menschen in Arbeitsorganisationen und eröffnet den Zugang zu konkreten Gestaltungsmöglichkeiten.

Ekkehart Frieling / Karlheinz Sonntag (Hrsg.)

Lehrbuch Arbeitspsychologie

2., vollständig überarbeitete und erweitere Auflage 1999. 564 Seiten, 216 Abb., 88 Tab., Gb DM 98.– / Fr. 85.– / öS 715.– / ab 1.1.2002 € 49.95 [D] (ISBN 3-456-82932-9)

Das Lehrbuch führt in die Grundlagen und Modellvorstellungen zur Analyse, Bewertung und Gestaltung menschlicher Arbeit ein. An einer Vielzahl konkreter Beispiele werden Analyse-, Interventions- und Evaluationsmethoden und -instrumente dargestellt.

Die Preisangaben in öS gelten für Österreich als «unverbindliche Preisempfehlung».

http://Verlag.HansHuber.com

Verlag Hans Huber
Bern Göttingen Toronto Seattle

Werner Herkner

Lehrbuch Sozialpsychologie

2., unveränderte Auflage 2001. 560 Seiten, 180 Abb., 90 Tab., Gb DM 79.– / Fr. 69.– / öS 577.– / ab 1.1.2002 € 39.95 [D] (ISBN 3-456-83571-X)

Dieter Gröschke attestiert dem Lehrbuch in der Praxis der Kinderpsychologie und Kinderpsychiatrie, «dass es sich um eine der besten Darstellungen heutiger sozialpsychologischer Forschung auf höherem Anspruchsniveau handelt, klar strukturiert, umfassend informativ und als Arbeitsbuch solide verfasst».

Dieter Frey / Martin Irle (Hrsg.)

Theorien der Sozialpsychologie

Band II: Soziales Lernen, Interaktion und Gruppenprozesse

Zweite revidierte Auflage 2001. Etwa 350 Seiten, Abb., Tab., Kt etwa DM 49.80 / Fr. 44.80 / öS 364.– / ab 1.1.2002 € 26.95 [D] (ISBN 3-456-83513-2)

Ziel dieses dreibändigen Werks ist es nach wie vor, einen Überblick über die einflussreichsten und wichtigsten Theorien der Sozialpsychologie zu geben. Der Neuauflage der Bände II und III ist eine umfassende Revision der bereits enthaltenen Theorien vorausgegangen; außerdem wurden wichtige aktuelle Theorien und Modelle zusätzlich aufgenommen.

Band III: Motivations- und Informations-Verarbeitungstheorien

Unveränderter Nachdruck. 327 Seiten, 6 Abb., 1 Tab., Kt DM 44.80 / Fr. 40.30 / öS 327.– / ab 1.1.2002 € 22.95 [D] (ISBN 3-456-81395-3)

Inhalt des dritten Bandes in Stichworten: Affiliation, Impression-Management, symbolische Selbstergänzung, Selbstschutzwert und Selbstwerterhöhung, kognitive Kontrolle, Crowding, soziale Urteilsbildung, Urteilsheuristiken, konzeptgesteuerte Informationsverarbeitung, Laienepistemologie.

Die Preisangaben in öS gelten für Österreich als «unverbindliche Preisempfehlung».

http://Verlag.HansHuber.com

Verlag Hans Huber
Bern Göttingen Toronto Seattle